暢銷紀念版

在善惡的邊緣了解人性

The Lucifer Effect
Understanding How Good People Turn Evil

路西法效應

菲利普・金巴多 Philip G. Zimbardo————著

孫佩妏、陳雅馨————譯

路西法的震撼：天堂就在地獄的隔壁

黃富源

　　留美時期，我曾經聽過一個故事，這個故事的內容是這樣的：一位有名的畫家，受人囑託要完成一幅「天使與魔鬼」的畫作，於是積極開始工作，很快他找到了一位六歲小男孩，紅潤的臉頰，雪白的牙齒，明亮的眼睛，烘托著天真無邪的神情，簡直就是在世的天使。畫家以他為模特兒，很快地完成了天使的部分。然而畫家卻沒辦法找到他心目中的魔鬼模特兒，執著的藝術個性，使他不願因陋就簡地隨便找來模特兒完成畫作，暫停的畫筆就此擱下，而且一擱就是三十年。

　　三十年後的一個夜晚，這個畫家在一個都市旅行，當畫家正漫步在一條漆黑的街道上時，一位跌跌撞撞的路人伸手向他要錢，畫家仔細端詳了這位路人，竟興奮地高呼：「就是你！就是你！邪惡的眼神，滿臉的貪婪，全身的罪惡，你就是魔鬼的化身，跟我回到畫室去，我會給你足夠買酒的錢！」

　　展開了塵封已久的畫布，畫家準備著手繪圖之際，這位魔鬼模特兒看到三十年前圖畫上的天使時，竟不禁掩面號啕大哭起來，原來他就是三十年前的天使男孩。就像《聖經》中所描述的路西法背叛上帝，成為撒旦，人事滄桑，三十年間竟是如此令人難加逆料！

　　遠隔著千里的太平洋，身處異國，剛聽到這個故事時，的確是令我驚異不已的，至於這個畫家是不是米開朗基羅？這幅畫最後有沒有完成？對我而言都不重要。多年來由於工作的關係，我到過法院、看守所，也常常出入監獄；多年經歷方才明白，原來天使與魔鬼之間，僅只是當初的一念之差，人可以由天真無邪而步入罪惡，同樣地，只要有決心，也可能由魔鬼渡化成天使！不過由天使成為魔鬼的過程，真如同這則故事所意涵的暗

示：成為萬惡的魔鬼，當事人不可能也不可以去怨懟他人，面對人生歧途或坦道，我們只能對自己的生命與前途負全責？

另一次震撼教育，是三十多年前第一次讀到金巴多教授在史丹佛大學所做的監獄實驗，當時更是驚駭難名，久久不能自己。一位善良的大學生，竟然可以在短短日子裡，成為凌虐人犯的惡魔，所謂的自持、自律與秉心良善的人性，在極端嚴酷、挫折、壓力與權威脅迫的狀況下，卻是如此的不堪一擊。在金巴多教授的實驗中，似乎直指出：個人難以抵抗情境的壓力，在某些情境下，由天使轉換成魔鬼，幾乎成了必然的結果，情境的力量可能大於個人的人格特質與自我控制。

一個故事，一個實驗，前者張力十足，後者立論嚴謹、析理冷靜，同樣都發人深省，但是卻也使人判斷兩難！人格特質與情境力量，到底孰是造成天使，轉變成惡魔的最重要動力？這個難以釐清的課題，事實上也是犯罪學界對犯罪或暴力行為成因上的最大爭議點。這個爭論不只是從三十年前金巴多教授的史丹佛虐囚實驗開始的，這個爭論，早在人類開始對抗犯罪與暴行時，就已經開始了，爭論的過程，更隨著人類歷史的發展而加劇，直到今天，還是莫衷一是眾說紛紜的。

犯罪學界與金巴多教授最類似的研究，首推「標籤理論」（labeling theory），認為人之所以會成為犯罪者，是整個社會尤其是有權力的人，對當事者標籤的過程，這個過程正與金巴多教授所謂的「路西法效應」一樣。犯罪乃因政治上有權勢的個人或團體（特別是政府部門的社會控制機構），對社會中居於劣勢者的反應所產生，標籤理論犯罪學家，認為犯罪者並非天生的邪惡者，而是被那些擁有經濟、政治及社會權勢者所加諸的一種「偏差行為者的身分」。所以犯罪者身分乃肇因於當事者與他人互動過程中，其行為不被社會所接受，形成一種較為劣等或甚至被遺棄的感覺，犯罪者形成的過程，正是將一個普通人向戲劇導演一樣，逐漸「惡魔戲劇化」（dramatization of evil）的過程。至於金巴多教授實驗所討論的另一個議題，善良的學生為何會在短短的時間內成為不顧他人死活尊嚴，而肆意凌虐同屬人類的囚犯扮演者呢？心理學界與警察學界

則特別探討了，在權威壓力下所可能產生的絕對性的服從和沒有監控的暴力，不過截至今日，嚴格說來，這些議題仍未完全被釐清。

無論近三十年來，犯罪學對犯罪者「被標籤」（labialization）的形成過程，警察學對「執法者暴行」（brutality of law enforcement officer）的研究，與心理學對「毀滅性服從」（destructive obedience）的研究，從來沒有停止過。時間仍舊流逝，轉眼間從事犯罪學研究工作的我，也倏忽過完了自己人生中很重要的三十年，更令人感慨的是，在三十年後我竟還有機會再次細讀金巴多教授對「史丹佛監獄實驗」的進一步詮釋，尤其金巴多教授更將這個震撼學界的囚犯研究，與幾年前美伊戰爭中，美軍對被俘伊拉克士兵的虐待調查進行比較。這三十年來，我從一位警察大學的學生，轉變為警大的教授和教務長，金巴多教授的「史丹佛監獄實驗」始終縈繞心中。為了能深入體會「史丹佛監獄實驗」的情境，在美期間我還曾親赴史丹佛大學參觀金巴多教授「史丹佛監獄實驗」現場實景，試圖感受實驗時的各種情境。我個人非常重視這個實驗，因為金巴多教授的研究對培育治安幹部而言，是一個非常重要的啟示，參酌相關學科的知識，對於全國廣大的執法人員而言，更是重要。其原因如下：

一、執法人員是除了軍人以外，在執行公務時，唯一可以配戴致命武器的公務人員，必要時可以使用。若執法人員在情境壓力有可能失控去虐待民眾或人犯，武器的配備將可能是助長失控執法人員的幫兇，而增加虐待的嚴重程度。

二、如果「情境」是決定暴力使用與否的最關鍵因素，那麼情境因素中可不可以細分出各種變項？這些變項的加重與減輕，會不會使得暴力使用獲得控制？

三、執法人員在可能造成暴力使用的不利情境下，如何自處？那些特質或方法是可以在遭遇不利情境之前，就預先訓練或儲備的能力，以預防在發生與金巴多教授「史丹佛監獄實驗」相似情境時獲得免疫，而不去傷害當事者？

四、執法人員如果不幸遭遇到可能傾向使用暴力的不利情境下，如何能夠自我察覺，進以自我警惕？採取必要措施與方法，以抑止非法過度使用暴力的可能？

五、上述執法人員在可能傾向使用暴力的不利情境下的自制能力與自覺能力，可否透過教育訓練來得到？

這五項原因，是執法領域研究者很關心的事，也是國內所有執法教育單位所需要關心的問題，更是執法人與執法督導人員所應關心的。看完了商周出版所出版的《路西法效應》，內心是心存感激的，因為在這本書中已大部分回答了以上五個問題。換句話說，《路西法效應》用最深刻的實驗和最新進的虐囚調查為材料，凝練其中精華，足以提供執法人員的訓練單位，以什麼樣的內容、教材或情境演練，教育自己的幹部能夠克制自己的非法暴力行為。

其中最具體的十個步驟，確實是最精彩實用的教戰守則；對法官與檢察官而言，這本書更能提供相關的線索，讓法官更客觀地考察，影響「暴行」的情境、系統與整合的各種因子，以進行更公平的起訴與審判；對第一線的執法人員而言，這更是一本時時提醒自己，如何在不利情境與權威壓力下，力抗蔑視人性尊嚴的心靈魔鬼，還諸人性本善面目，公正執法的工作指導。個人很誠懇的推薦這本集金巴多教授三十年思考、經驗與智慧的心血結晶，給司法執法界的學術與實務同仁。

其次，在我們的社會裡，仍舊存在著非執法人員的暴力問題，家庭暴力不就是最明顯的例子？這本書，對於日常生活的衝突與暴力，如何獲得圓緩的解決，也有頗值得參考之處。如果大家都能熟讀這本書，然後身體力行金巴多教授處理暴力的原則，相信我們的國家社會，將會充滿更多的理性與溫馨。

（本文作者為犯罪博士、銘傳大學犯罪防治學系講座教授兼社會科學院院長、
　前中央警察大學犯罪防治系教授兼警察大學教務長）

每個人心中都有一個惡魔

黃揚名

二〇一四年五月二十一日，台灣發生了一件空前未有的憾事——台北捷運隨機殺人事件，共造成四死二十四傷。社會上一片撻伐之聲，不論是針對犯案者本人或是他的父母、學校等等，彷彿他是台灣萬惡之首，除了他之外，台灣沒有其他惡人似的。

但其實我們每個人的心中，可能都住著一個惡魔，在未來的某一天，你、我也都有可能犯下更駭人聽聞的刑案。我相信，多數人對於這樣的說法，應該都認為是無稽之談，但在看了《路西法效應》這本書之後，相信你會改觀的。

《路西法效應》緣起於史丹佛監獄實驗（Stanford Prison Experiment, SPE），在這實驗中，一群年輕的男性被隨機分配為獄卒或是囚犯，原本預計執行兩週的實驗，在六天後草草結束，因為獄卒的行為出現超乎想像的改變，且有多名囚犯情緒崩潰。

這個實驗可以算是心理學史上最重要的實驗之一，有以下幾個原因：一、這個實驗證實了，權力的賦予、角色的認同會讓一般人的行為產生巨大的改變，甚至讓他們做出違反人性的事情。如果不是因為這個實驗血淋淋的證據，大家應該都不會相信，平凡的小老百姓會變得如此殘忍，以為只有像希特勒那樣兇殘的人，才會做出喪失人性的事情。二、這個研究嚴重違反了研究倫理，對於部分的參與者造成心理上的創傷，後續人體相關的研究都引以為鑒。SPE 的計畫主持人金巴多教授後續還做了很多關於角色、態度改變的研究，是這領域相當重要的研究者，在二〇〇四年發生波灣虐囚案時，他也擔任了專家證人，為虐囚者的行為改變提供科學的解釋。因為 SPE 帶來的負面效應，也讓金巴多教授後來進行人不少與助人相

關的研究，並創立了一個中心，協助害羞的人走出自己的世界。

這本書的大部分章節鉅細靡遺描述了這個研究進行的始末，以及不同角色的心情轉折，其中當然包括金巴多教授自己的轉折。在一個訪問影片中，金巴多教授提到了他和研究夥伴都沉醉在實驗參與者行為上巨變的驚訝之中，直到他當時的女友（現任老婆）克麗斯汀娜‧馬斯勒（Christina Maslach）教授說：「如果這研究的發展是你想要的，那我想我並不認識真正的你！」這句話，讓金巴多教授驚覺這個實驗或許有其重要性，但它對人性的傷害已經遠遠超乎原本的預期，也因此提前結束了實驗。

在台灣社會最接近 SPE 的例子，大概就是二〇一三年發生的洪仲丘事件，一名役男在關禁閉時，因為被過度操練而致死的案件。雖然現在真相還未完全釐清，但可以確定的是，在洪仲丘已經身心俱疲的狀態下，有人繼續操練才會造成這樣的憾事。為什麼那個人或那些人可以做出這樣不人道的事情？相信多數人都想不透，但若可以從服從權威、角色扮演的角度切入，不難理出一個頭緒。

在《路西法效應》這本書中，對於這類行為背後的心理歷程做了詳細的介紹，也提供了讀者方法，可以不要因為服從權威、過度沉浸在自己被賦予的角色中，而做出了自己往後會後悔的行為。

在台灣，不少檯面上政治人物的言行，就常常被鄉民們拿出來嘲諷，原因不外乎，他們對同一件事情的態度、看法，竟然可以因為自己的角色轉變，而有了近一百八十度的轉變。俗語說「換個位置換個腦袋」，替這些不一致的行為下了很好的註解，畢竟多數人都想扮演好自己的角色，因為扮演好自己的角色有某種程度上的重要性。

在此，與大家分享一個我在當兵時發生的小故事。有一次，長官要大家針對一個議題做表決，其中大長官屬意的是 A 方案，我的小長官屬意的是 B 方案。在投票前的休息時間，大長官私下和我都覺得 A 方案比較好，後來投票時，我也就投了 A 方案，最後 A 方案也獲得通過。事後，小長官很生氣的罵了我，他說：「你不知道你是我的屬下，應該要認同我的決定嗎？」雖然當時我不盡然認同這樣的說法，但時過境遷回想起這件事情，

還是會有所掙扎：難道當人們有新的角色時，就應該放棄原本的自我嗎？到底「我」是一個真實存在的概念，還是一個我們虛幻的想像，其實「我」只不過是為了滿足外界對於「你」這個角色的期待而產生的副產品。

當「我」這個概念不存在或不重要時，所作所為是否就完全不受規範，也不需要承受任何責任？過去的研究和歷史告訴我們，事實似乎就是如此，人們若認為自己的行為只是被告知、要求、做了該做的事時，就有較高的可能性會做出極端的行為。例如，在米爾格蘭（Milgram）的實驗中，實驗參與者被告知要遵守他人的指令，在另一個人答題錯誤時去電擊他，即便電擊本身已經到達會致人於死的程度，還有六成以上的實驗參與者會繼續電擊他人。此外，當個人的責任被稀釋或「我」被忽略時，人們的行為也會有很大的轉變。例如，一群人路過一名倒在路旁的老人，可能沒有人會停下腳步，但若是自己一個人路經這位老人身旁，則因為沒有他人可以分擔責任，就會傾向去協助這位老人。這些證據都顯示了，「我」的認同，對人們的行為有很重大的影響。

雖然 SPE 證實了權力的賦予、角色的認同會改變一個人，就像書名借用聖經中的角色「路西法」的故事一樣，從極善的天使變為撒旦身旁的走狗。但造成這樣改變的，絕對不是外力可以獨自達成的。從 SPE 實驗後續的結果分析，就可以發現實驗參與者的人格特質，影響了他們在這實驗中的行為改變，顯示人們還是可以對抗環境的影響，發展出不同的樣貌。

最後，想請大家一起思考，為什麼人們的行為模式這麼容易受到外在因素的影響？其實這樣的運作方式是符合演化原則的，因為如果我們的行為模式固定不變，當外在環境有所改變時，必然會造成滅絕的後果。因此，所有的行為模式都並非二分的制度，而是一個連續性的維度，可以適性去做改變。倘若我們能夠用這個角度來重新思考人們的行為，對於人在善惡間的自由轉換，或許也就不那麼意外了！我們也要提醒自己，雖然多數的例子都是從善變為惡的，但這個轉變並非單方向的轉變，也並非不可逆的。

我相信不少讀者在閱讀《路西法效應》時，心中會感到不安、不舒服，

甚至會感到不捨。但若一九七一年沒有 SPE 這個研究，後續還是很有可能會有類似的研究，我們該慶幸的是，執行這個研究的研究者金巴多教授，用很坦率的方式來描述研究的始末，以及協助大家去了解這研究對探索人類行為的重要性。所以，與大家共勉，在紛紛擾擾的外在環境下，能夠善惡分明，時時都能做一個問心無愧的自己。

（本文作者為輔仁大學心理學系副教授）

目錄

前言

我很想說，寫這本書就像一個愛的奉獻，但費時兩年才完成的分秒過程感受並非如此。不斷重看「史丹佛監獄實驗」（Stanford Prison Experiment, SPE）錄影帶、一再重讀他們準備的資料，對我而言無疑都是情感的折磨。時間已模糊了那些獄卒惡形惡狀的記憶，也模糊了犯人們受的痛苦折磨，以及我消極容忍虐行繼續的罪行——姑息的罪惡。

我甚至也忘記此書的前半部起筆於三十年前，是和另一間出版社簽約合作，但在開始動筆之後我很快便放棄了；雖然當時的我十分貼近事實，但卻還沒有再經歷一次這些體驗的準備。很慶幸我並沒有將它束之高閣，並且強迫自己重拾筆墨，因為現在時機成熟了。如今我更有智慧、能以更成熟的觀點切入，完成這項困難的任務。此外，阿布葛拉伊布監獄虐囚案[1]與史丹佛監獄事件的相似性，正好提供一個機會，印證了監獄實驗的效度，並清楚地揭示心理動力（psychological dynamic）如何推動真實監獄中駭人聽聞的虐待事件。

第二個阻礙我寫作的情感因素，來自於全身投入阿布葛拉伊布監獄虐囚案的調查。身為一位軍事監獄守衛的專家證人（expert witness），我反而像是調查記者，而非社會心理學家。我必須了解與這位年輕人關涉的每件事情，常常與他見面訪談，與他家人通電話或通信聯繫，了解他在矯治中心任職以及在軍隊中的情況，曾經與他一同服務的軍方人員也是我的調查對象。透過這些資料的蒐集，我慢慢能夠了解他當時身處於阿布葛拉伊布監獄 1A 層的感受，知道他是如何度過四十個從下午四點到凌晨四點的夜班值勤。

擔任一位必須在審判中證明是由情境力量導致他犯下虐行的專家證人，我被准許調閱數百張墮落惡行的數位照片資料，這著實是這項工作中，醜陋又令人生厭的部分。此外，我也在這次任務中得以接觸到當時

所有軍事和民事調查委員會的報告。而因為被告知在審判中不得攜帶任何寫有細節的筆記，所以我只能盡可能地記住所有關鍵點和結論。在獲知伊凡・契普・費德里克中士（Sergeant Ivan "Chip" Frederick）被處以重判後，原本承受的情緒壓力更加沉重，而我也因此成為他與他的妻子瑪莎非正式的心理諮商輔導員。經過一些日子，在他們心中，我也成為他們的「菲爾叔叔」。

當時的我既沮喪又憤怒，首先，雖然我已多次詳述那些直接型塑他犯下惡行的軍中情境，但軍方卻仍不接受任何這些能減輕刑罰的陳述，減輕他的判決。原告和法官拒絕接受情境力量可能影響個人行為的概念。他們和這個文化中的大多數人一樣，都抱持標準的個人主義觀念，相信錯誤完全是個人「性格傾向」造成，這也就意味著，契普・費德里克中士是在理性決定下犯下惡行。更讓我難過的是，我發現有許多「獨立」調查報告清楚地將虐囚的罪責指向高階主管，認為他們管理失當或不在現場領導才是釀成罪行的主因。這些來自於上將和政府高層的報告，證實了軍事和民事命令串連成一個「大染缸」，把好好的士兵們變成了「壞蘋果」。

在史丹佛監獄實驗之後，我開始撰寫這本書，著手描寫情境力量左右行為的方式，這個力量遠超過我們所想，或者也得承認，它能在許多情境脈絡中形塑我們的行為。然而，當時的我忽略了讓好人為惡的更大動力——「系統」，情境是由這個更複雜更強大動力創造所出來的。社會心理學有大量的資料能佐證，在特定情境脈絡下，情境力量遠遠勝於個體力量。我將會在本書的章節中，針對這類社會心理學資料加以說明。大多數心理學家對於深植於政治、經濟、宗教、歷史、文化中能夠定義情境且界定合法性的力量，已經麻木了。想要全面且完整的了解人類行為動力，就必須先能辨識個人、情境及系統力量的範圍與限制。

要改變或避免不恰當的個體或團體行為，就必須了解他們帶入了什麼力量、優點和弱點到情境之中。接著我們必須更清楚地辨識出，情境力量在特定行為底下複雜的全貌。修正這些情境力量或者學習避免它

們，都能大大影響與減少不當的個體行為，效果遠大於只是在情境中針對個人的錯誤糾舉。也就是說，用公共衛生取向取代治療個體疾病與錯誤的標準醫學模式。除非對系統的真實力量有足夠的敏銳，並且充分了解系統運作的規定與法則，否則行為與情境的轉換，對我們而言是瞬息萬變的。而我也會在書中再三強調：「試圖去理解情境和系統如何影響個體行為，並不是為了替誰辯護，或是為了免除他／她所犯下非道德或非法行為的責任。」

為了解釋為何我將大部分的職業生涯投注在邪惡心理學的研究上——包含暴力、匿名、攻擊、酷刑及恐怖主義——我必須先提一提情境的型塑力量對我的影響。我出生於紐約南布朗克斯區的貧民猶太區，成長環境影響了我日後對生活及重要事件的看法。發展有用的「街頭智慧」策略是在都市貧民區生活的生存法則，也就是要懂得辨認出誰有權，能幫助你或反對你，對哪些人該積極奉承而哪些人不該，要能夠辨認細微的情境線索，知所進退，何時應互惠，這一切，都是決定你是否能魚躍龍門的關鍵。

在那個海洛因及古柯鹼尚未入侵南布朗克斯區的時光，貧民區充斥著身無分文的人，一群沒有玩具和電子遊樂器的猶太小孩，能一同玩耍便是最大的快樂。但這些小孩後來有些成為犯罪的受害者，有些成為加害人，有些我認為是好孩子，最後卻為非作歹，導致他們如此的原因，有時候是十分顯而易見的。讓我們來舉個例子，想像一下，只要唐尼一犯錯，唐尼的父親就剝光唐尼的衣服，罰他跪在浴缸裡的硬果仁核上；這位虐待狂般的父親在平時卻性情和善，在同棟公寓的女士們面前更是魅力十足。而正值青少年期的唐尼，性情因父親虐行的傷害而走偏了路，最後進了監牢。另一個孩子為了狠狠發洩挫折而活生生剝掉貓皮。有些人剛加入幫派時，都必須先歷經偷竊、打架、胡作非為、恐嚇去猶太教堂的女孩和猶太小孩等等這類的儀式。這些都不會被認為是邪惡甚至壞事，因為他們只不過是聽從老大命令和遵從幫派規矩罷了。

對我們而言，這些影響小孩的系統力量還存在於高大可惡的管理員

猛然俯身踢你一腳，沒良心的房東可以因為沒繳房租逐出房客一家老小，把家當丟在路上等。我仍然為他們惡劣的行徑而感到可恥。但其實我們最大的敵人是警察，他們會在我們在街上（用掃帚柄和斯伯丁橡膠球）玩曲棍球時，將我們一一撲倒，不說明任何理由就沒收我們的掃帚柄球桿，並且嚴禁我們在街上玩球。但是方圓一哩內沒有其他可供遊戲的場地，我們僅有的就是街道，雖然對路人而言，我們的粉紅塑膠球有些危險。我記得有一次條子來的時候，我們把球桿藏了起來，但沒想到他們將我單獨叫出來，叫我說出球桿的位置。我拒絕回答，一名警察說要逮捕我，並且用力把我推向警車，我的頭狠狠地撞上了車門。自此以後，除非保證安全，我再也不相信穿制服的大人。

在這全然缺乏父母監督的成長背景下——因為在那時候，小孩和父母從不一起上街——引起我對人性來由的好奇，特別是人性的黑暗面。因此《路西法效應》在我心中已醞釀多年，從我的貧民區經驗一直到正式的心理科學訓練，這些經驗都讓我不斷質疑，企圖從實證上找到答案。

這本書的架構有點特別，第一章首先概述人類性格的轉變，好人和天使如何轉而為非作歹變成壞人，甚至成為萬惡不赦的惡魔。這也接著引發一個基本問題：我們真正了解自己多少？一旦面臨陌生情境，當下有多少把握知道自己會做什麼、不會做什麼？我們是否會像上帝最愛的天使路西法一樣無法抵抗誘惑，對他人做出難以置信的事？

接著在陳述史丹佛監獄實驗的幾個章節中，將會呈現被隨機分派成犯人和獄卒的大學生在模擬監獄中行為轉變的過程——情況後來演變得過度逼真。這幾章的記錄形式就好比電影劇本，如同有一位旁白講述正上演的故事，並輔以一點心理學的詮釋。只有在實驗結束之後——實驗比預期中早結束——才做出結論，並且思考從中學得的教訓，描述和解釋蒐集到的證據，並闡述參與其中的心理歷程。

史丹佛實驗得到的其中一個主要結論是：不論是細微或明顯的情境因素，皆可支配個體的抵抗意志。我們將藉由社會科學的研究來詳述這現象。我們看到廣大的受試者——大學生、市民志願者等等——能夠符

合、遵守、服從,輕易地被誘惑去做在「情境力量場域」(situational force fields)之外沒有辦法想像的事。一系列心理動力運作過程,包括去個人化、服從威權、被動面對威脅、自我辯護與合理化,都是誘發好人為惡的因素。「去人性化」是讓平凡人性情大變、變得冷漠無情、甚至肆無忌憚地犯罪的主要運作過程之一,這就好比白內障,它能遮蔽人的思考,並促使當事人覺得其他人牲畜不如,認為敵人就應該受到折磨、酷刑和殲滅。

有了這些分析工具之後,我們將轉而探討在伊拉克阿布葛拉伊布監獄中,美軍獄警虐待與折磨囚犯的成因。有一派主張這些不道德的施虐事件是一些調皮士兵(俗稱「壞蘋果」)所為,我們將以有相同情境力量和心理運作歷程的史丹佛監獄實驗來審視這派說法。虐囚過程都記錄在士兵們拍攝的「戰利照片」中,我們將深入檢視地點、人物、情境,來為此事件下結論。

最後,我們要將整個環環相扣的敘述從個人、情境到系統串連起來。藉著近半打的虐囚案調查報告和關於人權和法律資料的證據,我採納檢察立場,在審判中加入「系統」的概念。藉著法律限制的是個人操守,而非針對情境和系統的前提下,我會控訴四位高階軍事主管,並延伸此論據,一同控訴布希政權內部民事命令的指揮共犯結構。讀者們可將自己視為陪審團,決定這些證據是否能讓每位被告的罪名成立。

這場探索陰暗心與靈的旅程,在最後一章將會有所轉折。我將在最後宣布好消息:人性終究是良善的,人們可以透過一些方法,利用個體力量來挑戰情境與系統力量。在引用文獻與真實案例中,總是有些個人得以抵抗,不屈服於誘惑。這些人並不是天生有善良之神嘉惠,而是直覺上深知心理與社會的抵抗戰術。我會在文中詳述一套策略與戰術,協助所有人去對抗不願接受的社會影響。這些建議綜合於我的個人經驗,而許多專精於「影響力與說服」(influence and persuasion)社會心理學的同事們也貢獻了他們的智慧。

最後,當大多數人都選擇讓步不抵抗時,這時反叛者常會被視為對

抗遵守、順從、服從之類強大勢力的英雄。由於這樣的英雄勇於行事不畏犧牲，我們會認為他們與眾不同。這樣獨特的個體確實存在，但他們應被視為英雄中的例外，少數會犧牲自己的英雄。比方說，他們是基於博愛主義的理想而奉獻自己的生命。但大部分的英雄卻是由時勢造就，在登高一呼之下毅然決定行動。因此，《路西法效應》將以頌揚存在於你我身邊的平凡英雄作為結尾。在「邪惡的平庸性」（banality of evil）的概念裡，平凡人要對其同類最殘酷與墮落的卑劣行為負責，而我主張「英雄主義的平庸性」（banality of heroism），則對每位隨時願意盡人性本份的男男女女揮動英雄的旗幟。號角一旦響起，他們會明白這是朝著他們而來。當我們面對情境和系統的強大壓力時，都該堅持人類本性中最好的本質——以頌揚人性尊嚴來對抗邪惡。

致謝

本書由構思到實現，最後到以此形式出版，乃經過一段很長的旅程，沒有得到多方協助實在無法完成。

實證研究

一切要從一九七一年八月說起，我們在史丹佛大學計畫、執行、分析這項監獄實驗。此研究來自於一群選修監獄心理學的大學生報告，主導這研究計畫的是大衛‧傑夫（David Jaffe），而大衛後來在史丹佛監獄實驗中扮演監獄官。為了準備這項實驗，也為了更了解囚犯與監獄工作人員的心理狀態，並探索心理學本質在所有監獄實驗中的關鍵點，我在史丹佛大學的暑期課程教授以上主題。與我合作的講師是安德魯‧卡羅‧派瑞史考特（Andrew Carlo Prescott），先前在加州監獄長期服刑，剛剛獲准假釋；卡羅是我們「成人假釋管理委員會」（Adult Authority Parole Board）不可多得的顧問，也是強有力的領導者。兩位研究所學生：威廉‧科特‧班克斯（William Curtis Banks）及克雷格‧哈尼（Craig Haney）全心投入這特別實驗中的每個環節。克雷格以這些經驗為跳板，如今已是心理學界與法學界的成功人士，大力提倡囚犯人權，並與我一同撰寫了許多監獄制度相關主題的論文與文章。我非常感謝上述每位對此研究在理論與實務上的貢獻，即使在研究完成多年之後亦如是。另外我要感謝每位自願參與研究的大學生們，經過數十年，有些人還對此實驗久未忘懷。如同我在文中所述，對於他們因實驗而受到的後續影響及痛苦，我致上深深的歉意。

第二手研究

蒐集已歸檔的監獄實驗影帶，並將副本影帶轉檔為 DVD 格式的責

任，落到了尚・布魯齊（Sean Bruich）及史考特・湯普森（Scott Thompson）身上，他們是兩位優秀的史丹佛大學學生。除了強調這些資料中的重要情節之外，尚及史考特也協助整合從各式各樣研究蒐集來的大量背景資料。

譚雅・金巴多（Tanya Zimbardo）及瑪瑞莎・艾倫（Marissa Allen）負責接下來的工作，組織並收集廣泛來自新聞剪報、我的筆記，及各式各樣文章的背景資料。另一組來自史丹佛大學的學生則負責文獻查詢，工作非常熟練，特別是基蘭・奧康納（Kieran O'Connor）和麥特・艾斯特拉達（Matt Estrada）。麥特同時將我與伊凡・費德里克中士的錄音訪問轉成可迅速理解的文字檔。

我珍惜同僚與學生們在許多章節的第一、二次草稿中給予的回饋，其中包括：亞當・布瑞克瑞奇（Adam Breckenridge）、史蒂芬・邊克（Stephen Behnke）、湯姆・布萊斯（Tom Blass）、羅絲・麥德蒙（Rose McDermott）及傑森・威佛（Jason Weaver）。我特別感謝安東尼・普拉卡尼斯（Anthony Pratkanis）及欣蒂・王（Cindy Wang）對最後一章「如何抵抗負面影響」提供的協助，同樣感謝芝諾・佛朗哥（Zeno Franco）對「英雄主義」提供的心理學新觀點。

我對於阿布葛拉伊布與其他戰區軍事情勢的了解，受益於兩位海軍士官長：馬西亞・德魯（Marcia Drewry），以及同時是軍事心理學家的賴瑞・詹姆斯上校（Colonel Larry James）。道格・布雷斯威爾（Doug Bracewell）不斷提供我書中有關阿布葛拉布兩章主題的有用線上資訊。蓋瑞・梅爾斯（Gary Myers）身為費德里克中士的律師，不僅長期為這案件無酬服務，還提供我所需要的所有原始資料及資訊，讓我能理解案件複雜的背景。對於晚班值勤士兵因「有趣、好玩」所拍攝的「戰利照片」中的性暗示，亞當・金巴多（Adam Zimbardo）也分析得十分有見地。

我最要感謝的是鮑伯・強森（Bob Johnson）（與和我合撰心理學教科書《核心概念》〔Core Concepts〕的伙伴），鮑伯閱讀了全部的原稿，並

且不斷提供寶貴意見以臻改進。沙夏・羅穆斯基（Sasha Lubomirsky）也致力於此，他整合鮑伯與羅絲・金巴多（Rose Zimbardo）教授的意見。羅絲是著名的英國文學教授，確保書中文句都適當地將我的訊息傳達給一般讀者。感謝每一位以風度與智慧完成此艱鉅任務的伙伴。

也感謝藍燈書屋的編輯威爾・墨菲（Will Murphy），他秉持謹慎的態度和多數編輯早已失去的技藝，勇敢地去蕪存菁，保留最重要的主題。琳・安德森（Lynn Anderson）與文森・史卡拉（Vincent La Scala）稱職地展現出令人敬佩且精明的工作能力，總是持續且清楚地接收我的訊息。約翰・布洛克曼（John Brockman）則是本書可以順利出版的守護神。

最後，在日以繼夜的寫作之後，我疼痛的身軀又準備接受按摩治療師來治療了。來自舊金山微風治療按摩中心（Healing Winds Massage）的傑瑞・修伯（Jerry Huber），以及咕拉拉海洋 Spa（Gualala Sea Spa）的安・霍林斯沃思（Ann Hollingsworth），都在我藏匿於西浪樓（Sea Ranch）寫作期間，幫助我消除疲勞。

每位協助者、家人、朋友、同僚與學生們，是你們讓我將心中想法付諸文字、落筆成稿，最後出版成書，請接受我最誠摯的感謝。

菲爾・金巴多

第1章
邪惡心理學：情境上的性格轉換

> 心靈擁有其自我棲息之地，其中可能創造出地獄的天堂，也可能是
> 天堂的地獄。
>
> ——約翰・米爾頓，《失樂園》

注視下頁那張漂亮的圖片一段時間，然後閉上眼睛，試著從記憶中回想它。

你的心靈之眼是否看見純白的天使們在黑暗的天堂上飛舞？或者你看見許多長角的黑魔鬼占據地獄亮白的天空？在藝術家艾雪（M. C. Escher）的創作中，兩種視覺出現的機會是同等的。但是一旦察覺到善與惡同時並存時，你將再也無法只見其一不聞其二。所以從現在開始，我將不會同意你再回頭好整以暇地將「好與完美」的一面與「邪惡和敗壞」的一面輕易劃為黑白兩道。在這本書的奇特旅程中，我希望你能一再思考一個問題：「我有可能成為惡魔嗎？」

艾雪的圖呈現了三個心理事實：第一，這世界充斥善與惡，從前如此，現在如此，以後也一定如此；第二，善與惡的分界可以互相滲透且模糊不清：第三，天使可以變成惡魔，令人難以相信的是，惡魔也可能變為天使。

路西法變成撒旦的例子，或許可以讓你更清楚記得這個善惡大逆轉。路西法是光之守護者，是上帝最寵愛的天使，直到他挑戰上帝的權威，帶領一群墮落天使投身地獄。在米爾頓的《失樂園》中，撒旦自負地說：「在天堂為奴，不如在地獄為王。」在地獄裡，路西法撒旦變成一個說謊者，靠著自誇、矛刺、喇叭與旗幟，成為空穴來風的冒牌頂替者，其作為可媲美現今許多國家元首。在一次魔鬼領袖的群魔會議[1]中，

撒旦得知他無論如何都無法再回到天堂，他的親信別西卜（Beelzebub）
於是提出最邪惡的計畫，以毀壞上帝最愛的傑作——人類——來報復上
帝。但縱使撒旦成功引誘亞當和夏娃忤逆上帝走向罪惡，上帝仍宣稱終
有一日他們將可獲得救贖。然而，上帝卻任憑撒旦遊走禁制邊緣。於是
撒旦謀同女巫誘惑人類，女巫因此成為驅魔者的眼中釘。撒旦一族的恐
怖手段，孕育出了前所未見的邪惡體系。

　　路西法的罪孽，被中古世紀思想家認定為「貪愛」*。對詩人但丁而

---

*　　作者注：貪愛（cupiditas），英文為貪慾（cupidity），指的是對財富與權勢的強大慾望，自私地將
　　　他人所有占為己有。比如說縱慾和強暴是貪愛的一種形式，因為涉及利用他人來滿足私己的慾
　　　望。又如謀財害命也是。與貪愛相對為純愛（caritas），在純愛中，每個個體都是在愛的環戒之中
　　　相互關聯，並擁有其獨特的價值。「推己及人」之道或許不足以詮釋純愛的意涵，「Caritas et
　　　amor, Deus ibi est」（哪有仁慈，哪裡有愛，上帝便與你同在）或許更能表達純愛的意境。

言，從「貪愛」湧現之罪惡乃豺狼虎豹之惡，彷彿其精神內部有個深邃的黑洞，用再多權力和金錢都無法滿足。耽溺於貪愛的人，不論外在自我價值為何，都為貪愛利用，或用以強化自我。在但丁描寫的地獄中，因貪愛而犯罪的惡人要歸在第九層地獄，以冰湖凍結。因為他們一生自私地只為自己，所以判處在冰凍的自身中乞求永恆。為了讓人們只看見自己，撒旦與他的部屬將人類的眼，從所有生物的和諧之愛中移開。

豺狼之惡使人類偏離慈悲，只求自身利益。在第九層地獄中，罪人受制於貪得無厭之心，所以凍結在自我囚禁的監獄裡，那裡的囚犯與獄卒，全都活在自我中心的現實中。

研究撒旦起源的歷史學家伊蓮・佩格斯（Elaine Pagels），以挑釁的論點提出反映真實人性的撒旦心理：

撒旦令人著迷之處在於他異於常人的特質，他喚起貪婪、嫉妒、欲望和憤怒，這些都被視為最壞的衝動，甚至可將人類比喻為禽獸的暴虐……。最糟的是，邪惡似乎與超自然能力密切相關——在戰慄之中我們發現，邪惡正是馬丁・布伯（Martin Buber）描述的上帝（全然他者〔wholly other〕）顛倒的魔鬼性格。[2]

我們害怕魔鬼，卻為他著迷。我們創造魔鬼陰謀的神話，對此信以為真，並且相信自己足以籌組力量去反抗。我們排擠「他者」，視之為危險的異己，對非我族類的過度縱慾與道德悖逆感到毛骨悚然，這全是出於對「他者」的無知。研究「邪惡化身」的宗教學教授大衛・法蘭克福特（David Frankfurter）在妖魔化他者的社會架構下，做出以下說明：

「社會性他者」（social other）好比食人族、魔鬼、巫師、吸血鬼，或是以上綜合體，象徵一概為對立的邪惡形象。這些社會邊緣人的故事，就像一齣充斥野蠻行為、淫蕩習俗與怪物的劇本。但我們在思忖「差異性」之際懼喜交加的心情——因殖民、傳教、軍隊入侵時殘暴行為而產生

的傷感情緒——確實會影響我們形成個人層面的幻想。[3]

天使、惡魔，以及其他泛泛眾生的轉變

我寫《路西法效應》是為了試圖了解，好人或一般人如何轉變而去為非作歹的過程。首先，我們得面對最基本的問題：「是什麼讓人為惡？」我們暫且摒除宗教的善惡二分法，以及先天不良或後天失調的原則。我們將以生活中的真實人們為例子，看他們是如何投入自己的工作，並且在人性混雜的大鍋爐中生存下來。換句話說，我們想要了解的是：性格如何在強大情境壓力下產生轉變？

讓我們為邪惡下一個定義。我的定義十分簡單，基於心理學一個原則：**邪惡建立於涉及傷害、虐待、命令、缺乏人性、毀滅無辜他者的刻意行為，或使用權威、系統力量鼓勵且允許他人這麼做，並從中取得利益。簡而言之，也就是「明知故犯」。**[4]

驅使人類行為的動力為何？是什麼決定了人類的思考和行動？是什麼讓我們一部分的人道德感深重、正直不阿，而相對地又是什麼讓人容易拋棄禮規、犯下罪錯？我們在回答這些人性問題時，是否都先假設是「**內在因子**」決定了我們向上提升或向下沉淪？而都忽略了「**外在因子**」對於人類思考、感覺及行動的影響？在什麼狀況下，我們會成為情境或群體行為下的產物？有什麼事是你自信絕不會在任何脅迫下做出的呢？

因為自我中心的偏見，大多數人都有認為自己是最特別的幻覺。這個自利歸因的保護罩，讓許多人一廂情願地相信自己在許多自陳測驗中處於平均值之上。我們往往習慣在自己的小世界中以管窺天，卻常常忽略了腳下踩踏著滑溜的斜坡。這種情況在強調個人取向的社會中十分常見，例如歐美社會，但較少見於亞洲、非洲和中東等強調群體取向的社會。[5]

在我們探索良善與邪惡的旅程中，請你先試著回答以下三個問題：你真的了解自己多少？你擁有哪些優點、哪些缺點？你的自我認知，是

來自一個過去曾經出現相同行為的類似情境，還是在一個過去習慣飽受挑戰的新情境？根據這個脈絡來思考，你究竟有多了解日常生活中與你互動的人們，包括你的家人、朋友、同事及情人？

本書其中一項重點就在於強調，我們對於自己的認識往往來自昔日相同情境下的有限經驗，這其中牽涉了規則、法律、政策等各種外在壓力。我們上學、度假、聚會，支付帳單和稅金，日日年年如此，但是當我們暴露在全新、陌生的環境下，過去經驗或習慣無法應付時，會是如何呢？開始一個新工作、第一次和網友見面、參加新社團、遭警察逮捕、從軍當兵、參加某個教派，或自願擔任實驗受試者……，當習以為常的遊戲規則動搖了，你的老方法可能將不如從前一般好用。

現在，我希望你在看見不同形式的惡行時，能不斷詢問自己：「我也會這麼做嗎？」我們將在後面章節檢視「盧安達屠殺事件」、發生在南美洲蓋亞那的「人民聖殿集體自殺事件」、越南的「美萊大屠殺」，駭人的納粹集中營、全世界軍事和警方的嚴刑拷打、神父性侵教徒事件，以及搜查「安隆」和「世界通訊」詐欺案中其公司主管可恥欺瞞行為的有關跡象。最後，我們會看看從這些恐怖事件中得到的線索，能如何解釋伊拉克阿布葛拉伊布監獄虐囚案。我們將會發現，這些都與社會心理學研究所提供的線索環環相扣，特別是後來廣為人知的史丹佛監獄實驗。

邪惡是「根深柢固」或「虛無易變」？

壁壘分明地辨別好人與壞人能讓我們感到安心，至少是基於以下兩點理由：第一，它建立了一則二分法的定律，在這樣的定律之下，邪惡被認定為**性格天生的**。大部分人將邪惡視為一種內在不變的特質，也就是說，我們認定有些人性與生俱來，是他人所沒有的，因此，壞胚子最後必定依循他們的本性展露邪惡的一面，諸如希特勒、史達林、伊迪・阿敏將軍、薩達姆・海珊，這些在世代之中我們視為惡魔的執行大屠殺的暴君們；然而，我們也無法否認生活之中有更多常見的「惡人」，

如：毒販、強暴者、皮條客、老人詐騙集團，還有那些恃強凌弱摧毀兒童幸福的犯罪者。

其次，維持善惡二分法可令好人「免責」，好人們甚至不必反省自己是否可能造成、維持、延續或姑息以下這些情境——行為不良、犯罪、破壞公物、嘲弄、欺弱、強暴、酷刑、恐怖行動，以及暴力。並且，好人們可能會這麼說：「這就是世界運轉的方式，我們並不能改變什麼——至少確定我不能。」

另外一個觀點則是將「邪惡」視為**漸進式**，也就是隨著環境不同，我們都可能為惡；代表任何人可在任何時間，或多或少表現出某項的特質（如聰慧、自傲、誠實或惡毒），而這些特質無論是朝向善或惡的一面，都是可被改變的。漸進式的觀點，意味著某項特質的獲得是藉由經驗、專注學習或外界提供犯罪機會的介入而來，簡言之，無論遺傳、個性或家世背景為何，我們都可以選擇學習向善或向惡。[6]

另一種理解：特質、情境、系統

「特質論」之於「漸進論」，正對比於「特質的」之於「情境的」因子會如何影響行為。當面對一些不尋常的舉動、一些突發事件或一些反常無理的現象時，傳統取向是以某些導致行為的固有特質為了解來源，例如基因、個性、品格、自由意念等傾向，要是論及暴力行為，則研究其兇殘的人格特質，要是提及英雄壯舉，則搜尋個人利他奉獻的基因。

為什麼美國岩城郊社區爆發高中生槍械掃射，造成幾十名學生和老師死傷？[7]為什麼兩個英國學生會在購物中心綁架三歲孩童，最後還冷血殺害？為什麼無數巴基斯坦和伊拉克青年男女會成為自殺攻擊炸彈客？為什麼許多歐洲國家的人民，明明曉得極有可能被納粹逮捕，危及自身和家人生命安全，仍然選擇保護猶太人？為什麼許多國家裡的「吹哨人」譯1冒著個人損失的風險挺身而出，揭露當局者不公不義的行為？

譯1　吹哨人（whistle-blower）：指那些挺身揭發上位者弊端黑幕的人。

對於以上問題，傳統的觀點（支持者大多擁有個人主義色彩濃厚的文化背景）會試圖以病理學及英雄主義來解釋。現今精神醫學、臨床心理學、人格與衡鑑心理學皆傾向特質論，而我們大多的體制也基於法律、醫學、宗教的立場，認為疾病、罪責、犯法應指向病者和罪者，因此，面對以上這些問題，將以「誰」的問題為出發點來了解這些事件：「誰」該負起責任？「誰」是罪魁禍首？「誰」應受譴責，而「誰」又應得讚揚？

社會心理學家（如我）在試圖了解非常態的行為原因時，會盡量避免這類針對特質的論斷，社會心理學家以自提的問題開始，尋求是「什麼」造成結果，在「什麼」狀況下會造成特定的反應，「什麼」事件會引發行為，「什麼」情境下最接近當事者狀況。社會心理學家會問，何種程度的個體行動可以追溯外在因子，如情境變項和特定安排下的環境歷程。

「特質取向」和「情境取向」就如同「健康醫療模式」和「公共衛生模式」。醫療模式嘗試在受影響的個人身上找尋病灶的來源，相對地，公共衛生模式的研究者認為，疾病的觸角衍生自環境創造出的致病狀態，生病常常只是環境病原體導致的最後結果。舉例來說，一個出現學習障礙的孩童，醫療模式會給予許多藥物上和行為上的處方來克服這項缺陷。但是從情境取向來看，由許多案例中可以了解，根本問題可能不只如此，尤其是低經濟水準這個外在因素。問題可能出自誤食家中牆壁剝落的油漆而造成鉛中毒，因此，結論就會是因為貧窮而使病情惡化。

從情境取向這種觀點來解釋問題，並非僅是概念分析上的抽象變化，更提供了解決個人與社會問題極為不同的方式。這樣的分析方式有著重要的涵義，並且提供直覺敏銳的心理學家們走入大眾的生活，試圖理解為什麼人們會這樣做事、那樣做事，理解該怎麼做才能讓生活變得更好。只是，在個人主義當道的社會中，很少不受特質論所影響的人，每每一發現問題，首要就是觀看動機、特徵、基因和個人病史。大多數人在理解他人行為時，都傾向高估特質的重要性，而低估情境因素。

在接下來的幾章，我將提供一系列真實的證據來對抗特質論，並且擴展焦點顯示人們如何沉浸於情境中，因情境釋放的力量而改變性格。人和情境常常處於相互影響的狀態，縱使認為自己擁有穩定一致的人格，也可能不是真的。獨自工作與在團體中的自己可能不同，在浪漫氛圍中和在學校環境中不同、和朋友一起與陪伴陌生群眾時不同、旅行中或藏身自家小窩中的自己，也都可能不同。

女巫之錘和歐洲獵巫行動

《女巫之錘》（*The Malleus Maleficarum*）[譯 2/8] 是首先記載廣泛使用「特質論」來理解邪惡的書籍，它後來成為宗教審判的《聖經》，是宗教審判必讀的著作。書中內容起於一個亟待解答的迷團：在全善全能的上帝之下，惡魔何以仍舊存在？其中一種解答是，上帝允許它們存在是為了讓人們接受考驗，屈服於淫威之下的就下地獄，能抵抗邪惡者便得以上天堂。然而，因為亞當和夏娃的墮落，上帝會限制惡魔對人類的直接影響。所以惡魔們以派遣巫師作為中介者為策略，執行惡魔對人類的召喚，導致人們淪喪良知。

於是為了防止邪惡蔓延，處置散布各處的巫師，許多天主教國家以找出並消滅巫師為解決之道。從茫茫人海中找出惡魔的臥底，「識別」是首要工作，然後以各式各樣的嚴厲酷刑逼供，讓這些人承認自己的確為「異端」（heresy），接著便殲滅這些「異端」（也就是我們熟知的獵巫行動）。無法在這樣的考驗下存活的就如此死去，簡單且直接。

就算不提起許多精密規劃的恐怖行動、酷刑和數以千計的未知滅族行動所造成的大量死傷數目，光是這種大幅簡化複雜議題的概念，就足以教人燃起一把對於宗教審判的無名火。形成「巫師」這樣低鄙的類別

譯 2 《巫師之錘》（*The Witches' Hammer*）：中世紀記戴女巫刑求最有名的書籍之一，作者為雅各·史班哲（Jakob Sprenger）和漢瑞奇·克萊門（Heinrich Kramer）兩名道明會神職人員，於一四七八年出版，出版的目的在於挑戰所有反對巫術存在的爭論，並且指出地方官員如何定義、審問並指控女巫們。

框架，提供社會快速解決惡魔的方式，只要惡魔使者的身分一被確認，就是酷刑、下油鍋、上火架。

在都由男性主導的教會及國家中，我們不難想見為何女性比男性更容易被冠上巫師之名。[9]這些「異端」通常會因為幾種形式受到威脅：守寡、貧窮、醜陋、畸形，少數幾個特別的例子則是太傲慢和太有威權。宗教審判的工具，目前仍現形於世界各處的監獄中，在軍事或律法審問中心中更是標準執行程序。（之後我們到阿布葛拉伊布監獄參訪時，會有更多的描述。）

系統力量由上而下的施壓優勢

整個社會體制如何像個大機器般地不斷創造、轉發意識型態？換句話說，它是怎麼被更高階的因子——也就是系統的力量——所創造且形塑。不單只是特質和情境，「系統」也必須納入複雜行為樣貌的考量之中。

當非法或是不道德的行為發生在像警察、懲治者、士兵等專業的公職人員身上時，這些人通常會被刻板印象地認為是少見的「壞蘋果」，意指他們是少數的例外，必須擺在好壞界線的邊緣地帶。而制訂這個界線的人，通常是這整個系統的護衛者，他們希望能隔離問題、轉移視聽者的焦點，好讓注意力和責備都落到督導不周或失職的上位者身上。像這種「蘋果特質論」，再次忽略了「蘋果間」的界線，以及可能的腐敗情況對所有蘋果的影響。於是，系統分析，應聚焦在有權設定這些界線標記的人物。

這些有權設定這些界線的權勢菁英，通常就在玻璃帷幕之後規劃許多「我們」日常生活的情境，人們就在他們打造的社會結構下日復一日地生活。社會學家米爾斯（C. Wright Mills）[10]曾啟示我們這個力量的黑洞。這些權勢菁英所處的社會地位，讓他們得以輕易勝過我們任何人，他們可以決定許多重要議題並且產生重大的結果。只是，他們關鍵性的地位，遠遠比他們所下的決策更有巨大的影響力；錯誤的行動，遠遠比

錯誤決策更嚴重。他們聽從現代社會主要階級和系統的命令,操縱大型財團法人,運作國家機器並自認有特權,指導軍隊組織,壟斷社會建構的策略命令公告,集中了最有效的手段,享有權力、財富和名聲。

當這些各式各樣壟斷的權力接合起來,他們便開始定義、實現有如喬治·歐威爾(George Orwell)在《一九八四》裡所預言的我們的生活。這些軍事結合宗教的力量是最終的至高系統,它將掌理今日美國生活的資源和品質。

> 如果一個權力引起了長期的憂慮,就會變成恐懼。
>
> ——賀佛爾,《激情心靈狀態》
>
> (Eric Hoffer, *The Passionate State of Mind*)

創造「敵人」的力量

這種創造「敵人」的力量,通常是不自己做骯髒事,就好像黑手黨老大總是把失誤丟給小弟承擔。系統「向下」(幾乎沒有「向上」的機會)發佈影響和創造溝通優勢階層。當權勢菁英想要摧毀敵國,宣傳老手就會施行製造仇恨的計畫。讓一個社會群體憎恨另一個社會群體,隔離他們、使他們痛苦,甚至殺害他們,這需要透過「敵意想像」這種心理建構,經由宣傳深植於人們心中,讓他者轉變成「敵人」。「敵意想像」是戰士最有力的動機,它能讓裝滿仇恨和恐懼彈藥的槍聲響起,而這種懼怕敵人的心像,威脅著人們內心安樂和社會國家安全,鼓吹父母送孩子上戰場,讓政府改變優先法案,把犁刀變成刺刀。

這些全可以透過話語和圖像達成,海報、電視、雜誌封面、電影、網路上的戲劇化視覺影像,伴隨著強烈的恐懼和憤恨情緒,「敵意想像」於是刻進人類腦海深處。這個過程起始於創造對他人的刻板印象,先排除對方的人性,認定他人是無價值且邪惡的,是不可解的怪物。深刻的大眾恐懼,加上敵人威脅逼近,原本講道理的人,行為開始變得不理性,思考獨立自主的人開始不經意地盲目遵從,愛好和平者變成驍勇善

戰的戰士。

社會哲學家山姆・金恩（Sam Keen）出色地描述了這些由國家宣傳無中生有的敵意影像，傳遞戰爭、展現這些力量的轉換，在人類精神上形成「敵人印象」[11]。為消滅敵人的欲望辯解，雖然有些事後諸葛，但還是能為官方記錄解套，卻未針對傷害作批判性的分析。

族群屠殺是敵意印象最極端的例子。我們已經知道希特勒如何使用宣傳機器，將猶太裔鄰居、同事甚至朋友，變成「全民公敵」，並且宣告他們應得「最後的審判」，他們在國小課本中，以圖片和文字強調所有猶太人都是可恥、且不值得同情的。

接下來，我會舉一些近代的例子，說明種族屠殺者如何使用強暴作為污衊人性的武器，然後，我會展示當事人的複雜心路歷程。這個去人性化的部分，都可以藉由實驗控制的方式及系統性分析來加以區分，並將關鍵性部分獨立出來。

違背人性的犯罪：種族滅絕、強暴，以及恐怖攻擊

三千多年來的記載，教導我們沒有人和國家可以免於邪惡勢力。在荷馬《特洛依戰爭》裡，希臘軍方的指揮官阿伽門農在進攻敵人之前告訴他的士兵們：「我們要讓敵方無一倖免，就連母親子宮裡的孩子也不例外，只要是人，就必須完全去除其存在⋯⋯。」這句可惡的話，竟出自當時最文明是哲學、法學和古典戲劇起源國度的一位貴族之口。

同樣地，我們生於「大規模謀殺的世紀」。在由政府下達死亡命令，由士兵和市民執行的系統化謀殺下，已超過五千萬人因此喪命。一九一五年，鄂圖曼土耳其人屠殺了一百五十萬亞美尼亞人；二十世紀中，納粹肅清六百萬猶太人、三百萬蘇聯戰俘、兩百萬波蘭人和成千上萬「不被喜歡」的人們；史達林蘇聯帝國謀害了兩千萬俄羅斯人；毛澤東政府殘殺三千萬名自己國家的人民；柬埔寨共產主義的紅色高棉政權殺死一

百七十萬人民；伊拉克海珊的復興黨，被指控殺害十萬庫德族人；二〇〇六年，種族滅絕在蘇丹的達爾富爾地區爆發開來，然而，這事件卻被這世界大部分人所隨意忽略。[12]

盧安達強暴事件

位於非洲中心的盧安達，愛好和平的圖西族學到一件事情，即使只是簡單的大砍刀，也可以造成大規模的摧毀。胡圖人從一九九四年開始大規模屠殺圖西族，幾個月內就遍及全國，軍隊用砍刀和狼牙棒殺害了數以千計的無辜男人、女人、孩童。聯合國統計，約有八十萬到百萬盧安達人民在三個月內被謀害，是有史以來最兇惡殘暴的大屠殺，消滅了四分之三的圖西族人口。一個受害者回憶當時傷害他的其中一人所說過的話：「我們要殺光所有的圖西族，然後有一天，胡圖族的孩子們會問：『圖西族的小孩到底長什麼樣子？』」

屠殺從前的朋友、隔壁的好鄰居，都只是「奉命行事」。一位胡圖族的屠殺者在十年後的一個訪談中提到：「殺害自己的鄰居是再糟不過的事情，我們曾經一起喝酒，他的牛會在我的土地上吃草，他就好比是我的親戚。」一個胡圖族的母親敘述她是如何活活打死一名鄰居的小孩，這個小孩又是怎麼帶著驚訝，眼睜睜地看著昔日的友人、鄰居奪走他的生命。她說，一名政府人員告訴他們圖西族是他們的敵人，而且給了她一根狼牙棒，再給她丈夫一把砍刀，用來對抗敵人。她辯稱這是「幫」那孩子一忙，因為他的雙親已在先前的謀殺中過世，這可以避免讓他成為可憐的孤兒。

直到最近，世人才開始注意被大規模強暴的盧安達婦女。對她們來說，那是駭人的恐怖攻擊，更是精神上的羞辱。經由一些記錄發現，這事件起於胡圖族領導者西爾維斯特市長（Mayor Silvester Cacumbibi），他偕眾輪暴了昔日好友的女兒；受害者表示，他在犯下惡行時告訴她：「我們不會浪費任何一顆子彈在妳身上，我們要強暴妳，讓妳生不如死！」

在南京事變中婦女受日軍性侵事件（後面還會提到）中，因為早期調查的錯誤，也因為中國人「家醜不可外揚」的文化而隱瞞、模糊了事實，以至於我們對南京受害婦女的心理歷程，並不如盧安達事件婦女來得了解。[13]

當布塔雷（Butare）這個村莊的人民在邊界奮力抵抗胡圖敵軍的同時，臨時政府派遣了一個特殊人士去處理這個被看作「叛變」的事件。她是家庭及女性事務部長，也是布塔雷村備受歡迎的政治寵兒，更在此處出生、長大。波琳（Pauline Nyiramasuhuko）是圖西人，也曾經是一位社會工作者，開授過女性賦權的課程，是這個村莊的唯一希望。但是希望馬上就成空，因為她竟然策劃了一個可怕的陷阱，承諾族人紅十字人員將在村裡的體育場提供食物和避難所，但實際上胡圖族的武裝暴民早已埋伏在那裡，最後幾乎謀害了所有尋求庇護的村民。他們在暗處上膛開槍，丟出手榴彈，少數倖存者則被砍刀切成一片一片。

波琳還下了一道命令：「殺女人之前，必須先強暴她。」她還下令要另一組暴民從她車上拿汽油，淋上七十位婦人與女孩，監視她們活生生被大火燒死。在殺死她們之前，她還徵求暴民強暴這些受難者。一個年輕人告訴翻譯他沒辦法強暴她們，因為「我們殺了一天的人已經非常累了，我們剛才還把汽油裝進瓶子裡，灑在那些女人之間，然後開始放火」！

曾遭到波琳的兒子沙朗強暴的一名年輕女子羅絲，她是唯一被允許活下來的圖西人，於是她能定期向上帝報告她在這次屠殺中見到的一切。她曾被迫看著母親被強暴，以及目擊二十位親戚被殺害。

一份聯合國報告估計，至少有二十萬女性在這短短時間內被強暴後殺害。她們被尖矛、子彈、酒瓶或香蕉樹的雄蕊刺入身體，性器官被砍刀切割，淋以滾水或強酸，乳房被切除。更可怕的是，這些由男性犯下的強暴罪刑，常常伴隨其他形式的生理酷刑當成公開表演，透過這樣的公開方式，促進胡圖人的社會連結關係。他們更透過輪暴，共享患難的友愛和忠誠，加倍顯露其恐怖和墮落之處。

這種泯滅人性是沒有界線的。一名胡圖族民兵拿著斧頭抵著一名十

二歲孩童的喉嚨，強迫他在父親及其他五名被迫打開母親大腿的弟妹面前，強暴自己四十五歲的母親。愛滋病在倖存的受害者間傳染開來，持續擴大盧安達的浩劫。紐約約翰傑伊學院（John Jay College）研究犯罪正義的歷史系教授查爾斯・史卓濟爾（Charles Strozier）認為，「以疾病、瘟疫為『天啟』（apocalyptic）的恐怖行動，就像生化戰的武器，殲滅生育者，導致一個族群世代滅亡。」

我們該如何理解是什麼力量促使波琳犯下「一個女人對付敵者女人」的特殊罪行？綜合歷史和社會心理學，可以提供建立於「權力和地位差異」解釋框架。首先，她受到一種普遍觀念影響，比起圖西女性的美麗和傲慢，胡圖女性的地位較低。圖西女性較高朓、白皙，並有較多白種人的特徵，讓圖西女性比胡圖女性更受男性喜愛。

這個被武斷歸類的種族區分，來自比利時人和德國人殖民後的婚姻混血，他們說同樣的語言，信仰同一個宗教。殖民者強迫所有盧安達人民配戴辨識證，以分辨哪些是多數的胡圖人而哪些是少數的圖西人，後者則獲得較高的教育、行政管理機會。這或許成為波琳被壓抑的復仇欲望。而她是一個男性優勢威權之下的政治機會主義者，必須證實她的忠誠、順從、愛國，透過熱忱於精心策劃犯罪、效忠上位監督者，永遠不在犯罪之前用女人的身分對抗敵人。這讓鼓勵大規模犯罪，強暴女性變得更容易。將受害者變成一個抽象概念，甚至給他們一個貶低的名稱：「蟑螂」——必須被消滅的物種，有一個更寫實的說法是，想像用討厭的色彩塗抹在敵人臉上，然後摧毀「畫布」。

如同我們無法想像的，有一些人會刻意鼓舞這些像魔鬼一樣的惡行。妮可・白格溫（Nicole Bergevin），也就是波琳的律師，在波琳的種族屠殺審判中提醒我們：「當你進行謀殺罪審判時，你將會發現我們每個人都有嫌疑，而你是連作夢也不會承認你會做出這些行為，但是你開始了解每個人都『有嫌疑』。這可能發生在我身上，可能發生在我女兒身上，也可能發生在你身上。」

要更清楚了解本書中這其一的主要論點，可以參考「人權觀察」組

織（Human Rights Watch）艾莉森・D・佛吉絲（Alison Des Forges）的看法。她曾經調查過很多類似的暴行，透過以下面這段殘暴的行為描寫，我們可以從中窺見自己的反射：

　　這個行為就隱藏在我們每個人的表面之下，簡化種族屠殺，讓我們能輕易拉開自己與加害者之間的距離。他們是如此邪惡，我們不曾也不會做出同樣可惡的事情。但如果思考一下，真正了解到那些人是身處於一個嚴重的壓力情境下，而你卻武斷地質疑那就是他們的人性，這是令人擔憂的。當你被迫去面臨這個情境，而自問：「我會怎麼做？」有時候答案就不如我們所願了。

　　法國的新聞記者瓊・阿茲菲[14]訪問了十位因砍死數千名圖西人而正在坐牢的胡圖部隊成員。這些尋常百姓過去大都是農夫、愛上教堂的人，甚至有一位是老師，但他們的證詞讓人心寒，他們的言詞一再挑戰我們無法置信的事情：人類能夠因為愚蠢的意識型態就放棄人性，追隨卓越且有吸引力的權威者所下的命令，消滅所有被標示為「敵人」者。讓我們仔細思考這些價值，並和楚門・卡波提（Truman Capote）的《冷血》（*In Cold Blood*）做對照。

　　「殺人殺多了，對我而言就沒有意義了，我只想要說清楚，從殺害第一位男士一直到最後一位，我對任何一位都不會感到抱歉。」
　　「我們只不過奉命行事，在每個人的熱誠之下整隊，在足球場上成群結隊，志同道合地出去獵殺。」
　　「殺人的時候，如果有人因為悲傷的感覺而遲疑了，絕對必須小心他，不要讓他說出自己猶豫的理由，因為害怕被控訴和他是同謀。」
　　「我們殺掉躲在紙莎草叢內的人，沒有理由選擇、預期或特別害怕，我們是熟人的劊子手、鄰居的劊子手，只是計畫的劊子手。」
　　「我們知道我們的圖西鄰居並沒有做壞事、沒有罪，但是我們認為所

有的圖西人長期以來給我們添的麻煩就是不對。我們不再是一個一個的看著他們，我們不再停下來辨識他們以前的樣子，甚至不再想和他們共事。和過去相處的經驗比起來，他們已經變成很大的威脅，讓我們無法再用共同體來看待。這就是我們殺他們的原因。」

「把圖西人逼上絕境的時候，我們不再把他們當成人類。我的意思是指不是像我們一樣的人，擁有相似的想法和感覺。獵殺是殘暴的，獵人是殘暴的，犧牲者是殘暴的——殘暴佔據了我們的心。」

這些殘忍的殺害和強暴，表達出一個我們會一再提到的主題。存活下來的圖西婦女貝爾特說：

「以前我就知道一個人可以殺另一個人，因為那常常發生。現在我知道，即使你和另一個人共享食物或睡在同一張床上，甚至和他沒有任何過節，他也可以殺害你。最親近的鄰居可以親手殺害你，這是我從種族屠殺中學到的，我眼裡看見的已不再是這世界原本的面貌。」

曾經逼迫聯合國指揮官對盧安達施展援助任務的聯合國維和部隊指揮官達拉萊爾將軍，雖然透過他的英雄壯舉，將他的經驗編寫成一部有力量的聲明書籍《與魔鬼握手》[15]以拯救數千人，但是這位指揮官因為無力喚起聯合國更多的援助，無法預防更多的殘暴行為感到心力交瘁。他後來得了嚴重的創傷後壓力症候，成為這場大屠殺中的心理受害者。[16]

中國的南京大屠殺

令人驚恐但也很容易想像的是，強暴的概念其實一直被用來帶出其他無法想像的戰爭暴行。日本軍人在一九三七年的幾個月裡，血腥地屠殺約二十六萬至三十五萬名中國人民。這個數字，遠比日本原子彈爆炸所造成死亡人數，以及歐洲所有國家在第二次世界大戰的人民死亡人數都多。

重點不在於中國被屠殺的人數有多少，而是讓我們認清，加害人設計出「具創造性的邪惡」的方式，讓受害人覺得生不如死。根據張純如

的調查報告，這個恐怖事件起於中國男人被當作練習佩刀斬首的競賽，約有二萬到八萬名婦女遭強暴，許多日本軍人更在強暴婦女之前先去除她們的內臟、切除乳房、將她們活生生釘在牆上。當著其他家庭成員的面前，父親被迫強暴自己的女兒，兒子強暴母親。[17]

戰爭產生了殘酷和野蠻行為，以對抗任何被去人性、惡魔化的敵人。生動可怕的細節讓南京強暴事件惡名昭彰，軍人殘害手無寸鐵的無辜人民，但這只是用不人道對待老百姓（或者可稱為「異己者」）的人類歷史事件中的一環。英國軍隊在美國獨立戰爭期間強暴人民；蘇維埃紅軍在第二次世界大戰後期和一九四五至一九四八年間，強暴了約十萬名柏林女性；一九六八年的越南美萊村屠殺，除了強暴和謀殺超過五百位人民，最近五角大廈公布的秘密證據，更詳細描述了高達三百二十起美國人對越南人和柬埔寨人民的殘暴事件。[18]

實驗室裡的去人性與道德悖離

我們可以假設大部分的人在大部分時間裡是有道德的動物。但是道德可好比汽車排檔，平常打到空檔的時候，道德會在，但如果汽車停在斜坡，汽車和駕駛就會緩緩向下滑動。這個時候，自然情境就會決定結果，而不是駕駛者的技巧或意圖。這個簡單的類比理論，可以捕捉道德悖離理論的中心主旨，是我的史丹佛心理系同事艾伯特·班度拉（Albert Bandura）發展出來的。下一章我們會回顧他的理論，幫助我們理解為什麼一些好人可以被引導去做邪惡的事情。

我們首先回到班度拉和他的助理所執行的實驗性研究，說明道德如何可以透過一個簡單的技巧來羞辱潛在的受害者，而道德的淪喪竟可以那麼輕易。[19] 一個精簡的描述，就可以展現去人性化的力量，單一個字便可以增加對目標的攻擊性。先來看看，這個實驗是怎麼進行的。

想像你是一名大學生，志願參加一個問題解決團體的研究，團體共有三人，都是來自你的學校的學生。你的任務是幫助其他學校的學生改善他們的問題，策略則是懲罰錯誤。懲罰方式是執行電擊，並且在連續

的試驗中增加電擊的強度。記錄你的名字和其他團體成員的名字之後，助理便離開，告訴實驗者研究可以開始進行。你將會有十次嘗試，可以自行決定對另一個房間裡的其他學生團體使用何種程度的電擊懲罰。

偶然間你會透過對講機聽到助理對實驗者抱怨另一群學生「感覺很像動物」，你並不知道這也是實驗腳本的一部分。而你也不知道，在另外兩個情境是，其他兩組和你一樣的學生都已經被隨機分配，由助理描述其他學生是「和善的人」，還是不下任何評語。

如此簡單的評語會產生任何影響嗎？一開始似乎沒有。在第一次的嘗試裡，所有的團體都只使用低度的電擊，大約是第二級。但在聽到他人評語之後，每個團體的反應就不同了。對其他人一無所知的人，會給予平均第五級的電擊；以為其他人是「和善的人」，就會比較仁慈，給予顯著較少的電擊，大約第三級；然而，想像其他人「很像動物」的這一組人，便會停止對他們的同情，只要犯錯就會換來持續增強的電擊，而且明顯高過其他情境，增加到最高的第八級。

請仔細想想，這些簡單的評語在你心中運作的心理歷程。只是無意中聽到一個人的評語，一個沒見過面的權威者告訴你，那個跟你一樣的大學生看起來像動物，這些單一的描述，就可以改變你對這些人的心理架構，會讓你對理應和你相似的友善大學生的印象變得疏遠。新的心智狀態對你的行為具有強大的影響力。

對於為何會給「像動物」的學生這麼多電擊，這些實驗學生事後解釋是為了要「給他們好好上一課」。這個例子使用實驗性的控制方法，研究發生在真實世界中會導致暴力原因的基本心理歷程，這將會在第十二和十三章有延伸的探討，也就是，行為科學家如何研究各種不同面向的邪惡心理學。

　　選擇是否讓道德標準參與其中的能力……幫助解釋人們為何可以在前一秒野蠻殘酷，而下一秒卻有同情心。

——艾伯特・班度拉[20]

可怕的阿布葛拉伊布監獄虐待景象

本書背後驅使的動力，是為了了解美軍如何及為何會對位在伊拉克的阿布葛拉伊布監獄犯人做出生理和心理的虐待行為。這些虐待影像證據於二〇〇四年五月在全世界爆發，那是我們第一次看到如此鮮明的歷史記錄：年輕的美國男性和女性，用令人無法想像的方式虐待他們應該保衛的人民。這些軍人在施展暴力行為時，甚至還以數位影像捕捉受害人遭受的痛苦。

為什麼要留下這些一旦公開就會讓他們陷入麻煩的影像證據？在這些如戰利品般的照片裡，他們就像獵人展示獵物般驕傲，我們看到微笑的男人和女人在虐待卑微的動物。這些影像有拳擊、摑耳光、踢犯人，跳到犯人的腳上，強迫他們赤裸，讓他們堆疊成金字塔狀，給他們戴上動物的毛和角錐。強迫赤裸的犯人在頭上戴女性內衣，強迫男性犯人在拍照或攝影時對微笑的女軍人手淫或口交；甚至把犯人掛在屋樑一段時間，用約束帶綁著犯人的頸子拖行，用沒有戴嘴套的惡犬嚇這些犯人。

「三角人」是其中一張從地牢跳射到全世界角落的人像照片：戴頭巾的囚犯站在街道的箱子上，囚犯的手從一件佈滿電線的毯子下伸出來，電線裝在囚犯的手指上。囚犯被告知要是力氣用盡而掉出箱子，就會被活活電死。雖然實際上沒有通電，但囚犯相信這個謊言，想必承受了極大壓力。有更多殘酷的照片沒有被公開，理由是會對美國軍方和布希總統的指揮執行能力的公信力和道德形象造成極大傷害。我曾經看過的那幾百張照片，都非常令人怵目驚心。

這些照片讓我相當難過，我在裡面看到了傲慢、對這些無助的囚犯強加羞辱的冷漠。一名才剛滿二十一歲女軍官形容虐待「只是好玩和遊戲」，更讓人深感驚訝。

媒體和全世界的人都會問，為什麼這七名被軍方領導人認為是「流氓士兵」和「少數壞分子」的男女可以做出這種邪惡的行為，究竟是在什麼情況下，監獄能讓原先狀態良好的軍人做出惡行。為了解答這個問

題，我們對這些惡行進行了情境分析，這並非要為他們辯解或讓他們的行為合乎道德，而是要找出這個瘋狂行為的起因。我想要了解的是，為什麼這些年輕人的個性可以在這麼短的時間內轉變，做出這些令人難以想像的行為。

阿布葛拉伊布監獄 V.S. 史丹佛監獄

阿布葛拉伊布監獄所發生的景象和故事，之所以讓我震驚但不覺得意外，原因是我曾經看過類似的情況。三十年前，我曾經在我自行指導設計的計畫中看過類似的恐怖景象：赤裸、戴上鐐銬的犯人頭上套著袋子、伏地挺身時，獄卒踩著他們的背、用性暗示羞辱他們，讓犯人承受極端的苦痛壓力。不管是我的實驗或遙遠的伊拉克監獄，特別是惡名昭彰的阿布葛拉伊布監獄，這些景象都可以相互呼應。

一九七一年夏天，在史丹佛大學裡，一些大學生在一個模擬監獄裡進行了一個實驗。我們將一切正常、健康、聰明的大學生隨機分派，讓他們在真實的監獄場景裡扮演獄卒或囚犯角色，必須監獄裡生活和工作幾個禮拜。我的研究助理，克雷格・哈尼（Craig Haney）、科特・班克斯（Curt Banks）、大衛・傑夫（Davis Jaffe）和我自己，都想了解監禁下心理動力運作的情形。

平常的人如適應這些制度、場景？獄警和犯人的權力差異，如何終止他們正常的生活互動？把一個好人放到壞地方，這個人究竟是能戰勝環境還是讓環境影響他？或者，暴力只是真實監獄裡常見的情況，反之在充滿良善的中產階級監獄裡，這樣的情況就會消失？這是我們亟待詳細研究的議題，而一切就由簡單的監獄生活研究開始。

探索人類本質的黑暗面

這本書的旅程，就像詩人米爾頓所說的「看得見的黑暗」，帶領我們看清邪惡，藉由對於邪惡的定義，衍生出許多意義。許多曾對他人犯下

惡行的人,通常是意志堅強、有最佳意識型態與道德的遵從者。人們被警告要小心路上的壞人,但這些壞人往往平庸一如鄰人。

請允許我成為你的探險嚮導,我將邀請你站在他們的立場,讓你可以用當事人的觀點來看邪惡。有時候,這些觀點可能很醜陋且骯髒的,但唯有透過檢視和了解罪惡的原因,我們才能經由明智的決定,創造共同的行動來改變、包容、轉化罪惡。

我將用史丹佛大學喬登大樓(Jordan Hall)的地下室來幫助你了解,在這個特殊背景中,犯人、獄卒及監獄官會變成什麼樣子。雖然這個研究已透過媒體傳播和研究出版品而廣為人知,但是完整的故事並沒有詳細發表過。我將會逐一敘述這個事件的來龍去脈,以第一人稱、現在式的形式加以說明。在我們看完史丹佛監獄實驗蘊涵的倫理、理論和實踐之後,就可以擴展心理學對邪惡的研究基礎,透過探索大實驗的範圍和心理學家的領域研究,闡明情境力量和個人行為的相對關係。我們將會檢視一些主題,諸如順從、服從、去個人化、去人性化、道德悖離及姑息的罪惡。

「人類不是命運的囚犯,而是他們自己心靈的囚犯。」這句話出自於富蘭克林・羅斯福總統。無論就字面上或是象徵性的意義,監獄都是限制自由的好隱喻。史丹佛監獄實驗從一開始的象徵性監獄,直到人類心理上的改變,成為完全真實監獄情境。精神官能症、低自尊、害羞、偏見、羞愧和過度害怕恐怖主義這些虛構的怪物,如何限制了我們自由、快樂的可能性,並且蒙蔽了我們對周遭世界的完整評價? [21]

有了前述知識之後,我們再回頭看看阿布葛拉伊布監獄,現在我們不再是看著新聞頭條與電視畫面,而對受虐者所待的監獄裡那些囚犯和警衛的模樣有更完整的概念。在審判開始之後,刑求就以新形式進入我們的調查之中。我會帶各位進入其中一個軍事法庭,我們將會親眼見證到這些軍人們行為的負面餘波。我們將會根據我們對心理學的了解,聚焦在因系統壓力而造成或維繫的特殊情境下,人們如何行為。我們會試著檢視美國軍隊、CIA 官方以及政府高階領導人的指揮系統,如何共謀

創造出一個催生了阿布葛拉伊布監獄刑囚和虐囚的失能體系。

　　最後一章的第一部分會提供一些指導方針，教導你如何對抗有害的社會影響，如何抵抗專家的誘惑。我們想要了解如何對抗那些用心靈控制讓人遵從、順從、服從殘暴、自我懷疑及放棄選擇自由的策略。雖然我鼓吹情境的力量，但是我也認同人類警覺、審慎的行動力，一些了解情況的人會堅持他們的行為，而且不達目的絕不罷休。藉由了解社會影響的運作，明白我們每個人都可能因為它瀰漫滲透的力量而易受影響，但是我們也可以變成聰明又機靈的消費者，而非容易受到權威、團體動力、訴諸說服、順從策略所影響的人。

　　在書中的最後，與其思考自己是否可能為惡，我想請你也思考自己是否能成為英雄。最後，我想介紹「平凡英雄主義」，我相信任何一個人都有可能成為英雄，雖然可能會有個人的風險和犧牲，也能在對的情境時機作對的決定以幫助其他人。

　　在抵達令人開心的結論之前，我們還有很長的旅程要走，所以先來一杯吧！

> 　權力對世界說：「妳是我的。」
> 　世界將權力囚禁於她寶座之旁。
> 　愛對世界說：「我是妳的。」
> 　世界給予愛出入她屋子的自由
>
> 　　　　　　　　　　　——泰戈爾，《漂鳥集》[22]

第 2 章
星期日突襲逮捕行動

這群彼此不認識的年輕人，並不曉得帕洛阿圖教堂的大鐘正為他們敲響，而他們的人生也即將開始轉變，邁向無法預知的道路。

這是一九七一年八月十四日，星期日，早上九點五十五分，氣溫華式七十度，濕度低，一如以往，視野清楚寬廣，天空蔚藍少雲。又是加州帕洛阿圖市另一個適合拍成明信片風景的好日子，但你不會在上頭看到：這個西方天堂還能容忍一些不完美和不規律，好比街上的廢棄物或是隔壁鄰居花園的雜草。在像這樣的一個地方，整日生活其中的感覺極為美好。

這是美國人心中最嚮往遊憩的伊甸園。帕洛阿圖市總共約六萬人口，一哩外有一萬一千名在史丹佛大學求學居住的學生，上百棵棕櫚樹沿著史丹佛大學的路口伸向天空。史丹佛是一個超過八千英畝的不規則形狀小城，有自己的警力、消防部門和郵政單位。舊金山市只在往北約一個小時的車程之外，帕洛阿圖市相較之下更安全、整潔，也更安靜，白人相對較多，大多數的黑人住在東城區一〇一公路附近。跟我曾經住過的東帕洛阿圖年久失修的多層單身或雙人家庭公寓建築比起來，這裡就好像是高中老師會夢想住在裡面的城市區段——如果他可以晚上開計程車賺到夠多錢的話。

然而就在這個綠洲的外圍，有些問題正開始慢慢醞釀。在橡樹園區，黑豹黨正在推廣黑色驕傲，宣稱要回歸到黑色勢力，不但抵制種族主義，而且「使用一切必要的手段」。因為喬治‧傑克森（George Jackson）的倡議，監獄變成了招募新血的中心——他和他的「索萊達兄弟」（Soledad Brother）正要接受謀殺監獄獄卒罪名的審判。然而與此同時，女性解放運動正式起飛，致力於結束婦女次等市民的身分，並為她

們造就更多新的機會，不得民心的越南戰爭規模和消耗的資源與日俱增。尼克森—季辛吉（Nixon-Kissinger）當局對強大反戰聲浪所採取的強硬態度，使得這場悲劇更加惡化。「軍事和工業綜合體」是新一代的敵人，人們公開質疑「商業開發侵略」的價值。對於任何一個想要活得更有生氣有活力的人而言，時代精神大大不同於任何近代歷史。

社區之惡、社區之善

對照環繞著陌生人的紐約市和帕洛阿圖市，我在這兩座城市中感受到不同的社區認同和個人認同，於是好奇心油然而生，決定執行一個田野實驗來檢視其中不同的樣貌和效標。我變得對反社會行為效應感興趣，想知道當人們覺得沒人可以辨識他們，也就是所謂的「匿名狀態」時，在處於外在煽動侵略情境下會如何反應。根據《蒼蠅王》（*Lord of Files*）一書，面具可以解放敵對的衝動，我做了許多研究，顯示那些較「去個人化」（deindividuated）的受試者，比自覺較「個人化」（individuated）的受試者不容易感到痛苦。[1]而現在我想要知道，良善的帕洛阿圖市民如何抵抗「破壞公物」的動人誘惑。於是我設計了一個關於帕洛阿圖毀棄汽車的「實境研究」（Candid Camera-type field study），並拿來和三千哩外的紐約布朗克斯相互對照。

我們把一輛外型亮眼、但取下車牌、拉下敞篷的汽車隨意停在紐約布朗克斯路間，拿下車牌是為了讓人認為這是一輛「報廢」車，引誘市民成為破壞者。我的研究團隊在極佳的觀察點拍攝布朗克斯大夥行動的照片，也錄下在帕洛阿圖市的行為。[2]記錄設備都還沒陳設好，就已經有第一組「破壞者」出現，並且想私吞這輛跑車。爸爸吩咐媽媽清理車廂，自己則動手拆電瓶，不忘提醒兒子查看置物箱。來來往往的不論開車或行走的路人，都停下來在這個拆除大賽中搶走車子上任何值錢的東西。緊接著重頭戲來了，一位「破壞者」在有系統地拆卸後，成功偷走這輛不堪一擊置於紐約的跑車。

　　《時代雜誌》以〈遺棄汽車日誌〉[3]標題刊出這個令人感傷的都市匿名傳奇。幾天之內，我們在布朗克斯記錄了二十三輛古董車遭到破壞的案件，這些「破壞者」都是白人，衣著光鮮，擁有不錯的經濟環境，會受到較多警方協助而相較之下少有犯罪背景，並且是會非常同意投票支持增訂法規的一般市井小民。與我們預期不同的是，在這些破壞行為中，只有一件是小孩所犯，而且都是單純出自享受破壞的快感。更令人驚訝的是，這些破壞動作全發生在光天化日之下，我們的紅外線完全派不上用場。「內在匿名」（internalized anonymity）效應，顯然無須黑暗便能展現無疑。

　　那麼，我們遺棄在帕洛阿圖市那部看來十分明顯、隨時讓人有機可趁的跑車，命運又是如何呢？我們驚訝地發現，經過了整整一個星期，竟然沒有任何人對它「下手」。人們路過、開車經過它，看著它，卻沒有任何人去碰它。喔，其實也不盡然，一天突然下起一場大雨，有位紳士過去將車子的敞篷蓋上！（老天保佑沒讓引擎淋濕。）後來當我把車開回史丹佛校園時，三名附近的居民還報警說，有小偷偷了這輛被遺棄的車。[4]

　　我對「社群」的操作型定義是：人們會對於所居地非尋常和可能違法的事件十分關心並且採取行動。我相信，這樣的「利社會行為」是來自互惠利他主義的前提假設——他人一樣也會這麼對待我的財產及權利。

　　這個實驗讓我們感受到「匿名」的力量，當我們認為他人不認識我們，甚至問都不會問我們一聲時，可能就會促成反社會、自私自利的行為。我較早的研究著重在了解隱藏個人身分後解放了對他人施加暴力的控制，在情境的允許下，它會破壞人與人之間的既定常規。這個遺棄跑車事件延伸了這個概念，包括四周充滿匿名的環境時可能成為違反社會規範的前兆。

　　有趣的是，這個實例變成了「破窗理論」[5]的實徵證據。這個理論說明「大眾混亂」（public disorder）如何形成犯罪的情境刺激，然後引來真正的犯罪。藏在斗篷下的匿名人士，減低了他們對他人的責任及身為市

民對自身行為的職責。在許多機構裡，如學校或工作場合、軍事基地或者監獄，我們都見過此情此景。破窗理論的支持者認為，只要由街上移走廢棄的車輛、拭去牆上的塗鴉、修理破窗……這一類實質的混亂，就可以減少街頭的犯罪和混亂。有些證據顯示，這樣的前瞻估量果真在一些城市裡運作得還不錯，像是紐約。只不過，並不是每個城市都有用。

帕洛阿圖這樣的城市，社區精神在安穩中茁壯，人們關心物質上和社會上的生活品質，並且善用資源讓兩者皆能精進。這裡有一股公正和信任的精神，而不是嘮叨吵鬧著不公平並且嘻笑怒罵地讓城市變成另一種樣貌。舉個例子：人們相信警方能夠控制犯罪且抵制惡流並不是沒有道理的，因為警察受過良好教育和訓練，友善並且正直！警察「理論上」應公平地對待人民，甚至在某些特殊的情況下也應如此。只不過，人們忘了警察也不過是個藍領階級，無非只是可以在市府預算出現赤字時還能領到薪水、穿著藍色制服的普通人罷了。在某些特定的時候，他們，甚至也不得不因為上級的權威而違背自己的人道精神。這種事不太常發生在像帕洛阿圖這樣的地方，但它還是以一種奇特的方式，在極大的震撼之下，引發了史丹佛實驗背後故事的契機。

居民與學生的對戰

在帕洛阿圖市長久出色且良好的市民服務記錄中，唯一的污點發生於一九七〇年代因聯邦政府干涉印度支那，反戰學生開始破壞摧殘校園建築物時。當時我幫忙組織了其他上千名學生，告訴那些破壞校園的學生，在他們這種有結構的反戰活動中，媒體只會針對暴力和破壞行為做負面的報導，對戰爭的進行根本毫無影響，若改用維護和平的理念，說不定能夠奏效。[6]不幸的是，我們的新校長肯尼斯・匹茲（Kenneth Pitzer）先生驚慌之餘竟叫來了警察，就如同美國當時各地發生的對峙狀況，太多警察失去了他們專業裡應有的耐心，動手打了原先他們應該保護的大學生們。另外，在這次校園衝突之中還有更暴力的警察：一九六七年十

月、一九七○年五月，在威斯康辛大學、俄亥俄州肯特州立大學、密西西比州傑克遜州立大學，學生被當地警察和國安人員開槍射傷，甚至殺害。[7]

一九七○年五月二日《紐約時報》（*New York Times*）：

以柬埔寨發展為訴求重心，校園反戰情緒再起，昨日各方發動各種表達形式，包括以下事件：

在馬里蘭大學學生集會、並且衝撞位於校園運動場的預備軍官訓練總部（ROTC）之後，兩個國安單位在馬里蘭州長馬文・曼戴爾（Marvin Mandel of Maryland）的指示下進駐。

大約有兩千三百位普林斯頓大學生和教職員決議挺身抗議至少到星期一下午，當大量排定的集會出現，便意味著聯合抵制的社會功能……史丹佛校園的罷課事件發展成為加州校園互擲石頭的混亂流血事件，警方使用催淚瓦斯驅離示威群眾。

一份史丹佛報告描述了在這田園般校園中前所未見的暴力程度：警察到校至少十六次，並且逮捕了超過四十人，其中最嚴重的示威活動，發生在一九七○年四月二十九日及三十日美軍進攻柬埔寨之後。警方遠從舊金山調派警力，到處是石頭攻擊，第一次一連兩天在校園裡使用催淚瓦斯，這就是校長肯尼斯・匹茲口中的「悲劇」。大約有六十五人受傷，其中也包含警察。

一方是史丹佛校園社區的學生，另一方則是帕洛阿圖市警察和走強硬路線的「鷹派」（hawk）大學城居民，兩者之間慢慢出現令人難受的氣氛。這是一個令人意外的衝突組合，過去在居民與學生之間不曾這般愛恨交織。

新上任的警察局長詹姆斯・蘇裘（James Zurcher）於一九七一年二月接任時，很希望能解開這份衝突爆發後久久不散的敵意，因此接受了我的提議，共同合作一個市政警察計畫[8]，由口才便給的年輕警官帶領大

學生參觀明亮大方的新警察部門，學生則以共進宿舍餐點並邀請他們進教室上課回報。我認為，日後或許會有一些年輕警官有興趣參與我們的研究。然而，我卻在這個過程裡不經意創造了一群帕洛阿圖市未來的小惡霸。

警察局長蘇裘很想知道，一個人怎麼社會化成為一個警察，又為什麼一個新手會成為一個「好警察」。「棒極的主意！」我回答，「雖然我沒有權力進行這樣的研究，卻有些小權力可以研究是什麼讓監獄獄卒成為監獄獄卒，獄卒在功能上和地域上相較下是更窄化的角色。如果我們請一些新進警察和大學生來扮演假獄卒和假犯人，你覺得如何？」對局長來說這似乎是個好主意，因為不論我的研究得到什麼結論，對於菜鳥警察來說，無非都是良好的人際訓練經驗。於是，他同意派遣幾個菜鳥參與這次監獄實驗。我很高興，也知道只差臨門一腳了：請局長的菜鳥部下假逮捕即將成為模擬監獄中的犯人。

但是，就在我們準備開始的時候，警察局長願意出借部下來當獄卒或犯人的話卻食言了，理由是他們這兩個星期沒有額外的人力。雖然如此，他還是和氣地表明，他願意以其他任何形式來協助我的監獄實驗。

我建議，為了讓這個研究開始的方式夠逼真，最理想的方式還是請真正的警察出面逮捕這些即將入獄的「假犯人」！它只會花費週日幾個小時的休假時間，卻可以確定能讓這個研究的成功走出一大步。在被逮捕的同時體會到瞬間失去自由的感受，遠遠比自己走進史丹佛校園，自願交出自由來當受試者更逼真。局長心不甘情不願地答應，讓他的小隊長帶領部下，在星期天早上開著警車到各地執行逮捕任務。

出師未捷身先死

我所犯的錯，就是沒拿到白紙黑字的確認！實際上我們應該要求白紙黑字的書面文件（當時達成的協議，並沒有拍攝或錄音存檔），當我發現問題時，已經是星期六了，緊急打電話到警察局確認時，局長蘇裘早

已去過他的週末假期了。真是個壞兆頭！

　　如我所預期的，星期天帕洛阿圖警局值勤小隊長並沒有任何執行非法侵犯的大規模突襲逮捕意願，當然不只是因為他沒有上司的書面授權。這樣的老骨頭，不會想要參與任何我所進行的研究，他顯然有許多其他更重要的事，比這個笨蛋實驗的「警察捉小偷」遊戲來得有意義。在他的觀點裡，心理學就是愛管閒事，探查他人不欲人知的隱私！在他的想像裡，只要心理學家看著他的雙眼，就一定可以看穿他的心事，因此當他說：「教授，非常抱歉，我很想協助你，但是規定就是規定，沒有上頭正式的授權，我們不能派人。」的時候，眼神總是逃避著我的雙眼。

　　在他以「不如你星期一再來吧，到時候局長在。」來趕我離開之前，規劃周全的計畫正在我腦中一一展現，整個系統已經開始運作：我們在史丹佛心理系所地下室仔細設置模擬監獄，獄卒正在挑選制服，並且熱切地期待著他們的第一批犯人；第一天的食物已經採買完畢；犯人的服裝也由我秘書的女兒親手縫紉完成；錄影帶組和牢裡的監視攝影機也都架設妥當；學校的學生健康組、法律部門、消防部門，以及校警都全員戒備待命，租借的床與床單也已經安置妥當。還有，要為令人望而怯步的後勤工作提供所需的空間和料理，至少有兩打自願者照料他們長達兩星期的生活，一半的人日夜住在監獄裡支援，另一半則要每天輪班工作八小時。我從沒有做過這樣的實驗：每一個階段超過一個受試對象而且不止一小時。所有的準備，只要有一個簡單的「不！」，全部的心血都會化為烏有！

　　我早就學到，「謹慎」是科學智慧的重要面，手上留著王牌更是聰明人的最佳策略，所以早在蘇裘局長放我鴿子之前，我就預期會有這樣的結果。因此我說服了一個在 KRON 電視台工作的舊金山電視導演，為我們拍攝這個令人興奮又驚訝的警方逮捕行動，作為晚間新聞特別報導的主題。我指望媒體的力量可以軟化制度上對於研究計畫的抵制，甚至引誘娛樂界來拍攝站在我身旁執行逮捕行動的警察英姿——上電視！

「真是十分遺憾啊！小隊長，我們今天不能進行局長預期我們會採取的行動了。枉費我們有從第四頻道來的電視攝影師，都準備好要拍攝今晚的逮捕行動，然後放上晚間新聞。這是貴單位建立良好公眾形象的好機會，不過，我想局長聽見你們今晚決定不照計畫行動時應該也不會太難過。」

「聽著，我不是不幫你，只是我不能保證我們弟兄們都能配合，我們不能放著正事不做，你知道的。」

虛榮，你的名字叫做電視新聞時間！

「為什麼我們不把這件事丟給這裡的兩位警官？如果他們不介意電視台拍攝幾個例行的逮捕行動，接下來還是可以再去做局長交代的其他正事。」

「又不是什麼大事情！」年輕的警察喬‧思伯瑞可這麼說，一邊梳理一頭黑鬈髮，一邊看著緊貼在電視台工作人員肩膀上的大攝影機，「真是漫長的週日早晨啊，而這個看起來似乎有那麼點趣味。」

「好吧，我相信局長一定知道他自己在幹嘛，如果你們都已經準備好了，我也不想太殺風景；但是聽我說，你最好準備好接到勤務通知，並且在我需要你的時候馬上終止實驗。」

這時我插話了：「警官，你可以為電視工作人員拼一下你的名字嗎，這樣他們才能在今晚的電視新聞播出時說出你的名字。」我必須確認他們在逮捕且送走犯人之前，不論帕洛阿圖發生什麼其他大事，他們都能夠配合，並確實逮捕我們的犯人，而且在總局完成正式的備案程序。

「一定是重大的實驗才會有電視新聞報導，對吧，哼，教授？」鮑伯警官問我，一手整理領帶，另一手輕撫著配槍。

「我想電視工作者是這麼想吧。」我這麼說，心裡十分明白自己岌岌可危的處境，「有警察突擊逮捕的實驗，一定很不尋常而且會有些令人感興趣的效果，或許這就是局長允許我們執行的理由吧。這裡是姓名和

地址的清單，要逮捕九個嫌疑犯，我會與我的研究助理克雷格‧哈尼同車，跟在你們警車之後。開慢一點，這樣攝影機才能捕捉到你們的行動。一次逮捕一個，都依照平日你們執行任務的程序，宣讀『米蘭達權利』譯1，搜身且戴上手銬，視他們為具危險性的嫌疑犯。前五位的控訴是刑法第459條『破門盜竊』，其他四位是美國陸軍條例第221條『持械搶劫』，將每個嫌疑犯帶回總局，登記、印指模，填寫刑事鑑定卡，所有平日一貫的作業流程。

「送他們進拘留室後，再進行下一位嫌疑犯的逮捕行動，我們會轉送他們到我們的監獄，唯一較不合規定的要求是，在將他們收押到拘留室時，請你們矇住他們的雙眼。因為當我們送他們到監獄時，不希望他們看到我們或看到前往的地方。克雷格和我的另一位助理科特‧班克斯，以及我們的獄卒之一凡迪（Vandy），將會負責運送工作。」

「聽起來不賴，教授。鮑伯和我可以搞定，沒問題！」

好戲正式上場[9]

喬、鮑伯和克雷格、攝影師、比爾和我離開隊長的辦公室，走下樓梯到檢查罪犯登記處。這個地方最近才由帕洛阿圖總局改建過，看起來煥然一新，和舊監獄的味道相去甚遠。舊監獄並不是不堪使用，只是因為有些年紀。我想要警官和攝影師一同行動，以確保從逮捕第一個嫌犯到最後一個都儘可能按照標準流程。我曾告知攝影師這個實驗的目的，但是只有大略提過，因為我在意的是如何贏得值勤警官的配合。於是，我心中浮現一個念頭，我應該安排一個詳細的說明，告訴他們這個研究的程序細節，以及為何做這類實驗的理由。這有助於形成一種團隊士氣，也能表現出我很在乎，願意花時間聆聽且回答他們的問題。

譯1　米蘭達權利（Miranda rights）：「你有權保持緘默，你所說的每一句話都可能在法院成為對你不利之證據，……」，這就是源於所謂的「米蘭達法則」（Miranda Rule）之「米蘭達警告」（Miranda Warnings）。

「這些孩子知道自己將被逮捕嗎？我們有必要告訴他們這是實驗的一部分嗎？」

「喬，他們全都是自願來過監獄生活，他們報名我們刊登在報紙上的招募廣告，參與為期兩週有關監禁的心理學實驗，一天不但可以賺十五美元，而且……。」

「等等！你說這些孩子只要蹲在監獄裡兩個星期，一天還可以賺十五美元？或許喬和我可以當自願者，聽起來很好賺！」

「或許吧，或許真的挺好賺的，萬一有什麼閃失，我們會重做一次研究，那時就會用一些警官來當犯人和獄卒，就像我跟你們局長提過的那樣。」

「好，到時儘管包在我們身上。」

「就如我剛剛所提到的，你們將逮捕的這九位學生是由《帕洛阿圖時報》（*Palo Alto Times*）和《史丹佛日報》（*The Stanford Daily*）的上百名應徵者中挑選出來的，我們淘汰掉一些怪人，或是過去曾有任何被捕的經驗，以及有生理或心理問題等等的應徵者，再讓我的助理克雷格和科特進行長達一小時的心理評鑑和深度面談，最後才選出二十四位受試者。」

「二十四位受試者，每人一天十五美元，共十四天，你要付的可是筆大數目啊！這該不會是從你自己的口袋掏出來的吧，是嗎？博士？」

「一共五千零四十元，不過，我的研究來自政府海軍部門『反社會行為研究』的經費補助，所以我不用自己付他們薪水。」

「全部學生都想當獄卒嗎？」

「不，事實上沒有一個人想當獄卒，他們都比較想當犯人。」

「怎麼可能？當獄卒好像比較好玩，而且比當犯人少了許多麻煩，至少對我來講是如此，而且一天十五美元當二十四個小時犯人這種小人物，倒不如當照常輪班的獄卒來得好賺。」

「是啊！獄卒分成三小組看守九個犯人，預計每天工作八小時之後換班。但學生們搶著當犯人的理由可能是因為：他們有機會被限制自由，

比如像是徵召入伍或是被控酒駕、拒絕服從市民義務或反戰，大多數的他們都無法想像怎麼當個監獄獄卒——他們並不是為了成為獄卒而來念大學的。所以即使他們都是衝著酬勞而來，但是有一部分的人還是希望能學到一點什麼，想了解當自己在監獄這個新奇的情境裡時，能不能自我管理。」

「你怎麼挑選你的獄卒，挑大個子？」

「不，喬，我們隨機分派這些志願者，就像丟銅板，選到人頭的被分配去當獄卒，選到字的被分配去當犯人。那些獄卒昨天才知道他們被抽中當獄卒，所以昨天就提早過來史丹佛心理系地下室的小小監獄，協助我們做最後的打點。現在他們已經覺得那裡就像自己的地方，每個人都在附近的軍事用品店選了一件制服，而現在他們已經整裝完畢，等著我們開始行動。」

「你有給這些獄卒們任何訓練嗎？」

「我希望我有時間做這個，但是昨天我們才針對他們如何扮演這個新角色給了一些職前訓練，但沒有特定訓練。主要是提醒他們如何維持律法和秩序，不可以對犯人暴力相向，不能讓犯人逃跑。我還試著傳遞一些技巧，希望他們能夠藉此創造犯人在監獄裡頭的心理無力感。」

「那些被分派當犯人的孩子，只是簡單地被告知在家裡、宿舍等候，還是如果他們住得太遠就讓他們先住進指定房屋裡？他們今天早才會接獲訊息？」

「就快了，呵。喬？我們要開始辦正事了。」

「我有兩個小問題還沒搞懂。」

「如果你的問題可以協助你在今晚的節目中表現得更好，當然，問吧。」

「我的問題是這樣的，博士。為什麼你要克服在史丹佛建造監獄的林林總總大小困難：逮捕這些大學生，以及付薪水，尤其是我們已經有足夠的監獄和足夠的犯人可以供你研究？你大可以去國家監獄中觀察，去研究聖昆丁郡監獄裡頭的行為。這樣難道不能夠幫助你了解真實監獄裡

的獄卒和犯人，給你想知道的答案？」

喬的問題一針見血，讓我瞬間恢復大學教授的角色，熱切地傳授知識給好奇的聆聽者。

「我對心理學上成為一個獄卒和一個犯人的意義有極大的興趣，一個人在適應新角色時究竟經歷了什麼樣的變化？是否可能在短短的幾週間就大大不同以往，完全認同、融入新角色呢？

「已經有許多社會學家、犯罪學家的監獄實地研究，但是它們都存在一個嚴重的缺點：這些研究人員從來沒有辦法自由觀察監獄裡的每一個時段，他們的觀察通常受限於某些範圍。既然監獄裡大致只有兩種階層——受刑人和工作人員，如果不被系統裡的人所信任，研究者就只能在外頭一點點地偷窺，只能觀看那些在導覽裡被容許觀看的，鮮少有機會更深入監獄表面下的生活，探討和理解犯人和獄卒間關係的深層結構。我的方法，便是藉由創造一個監獄的心理環境，讓研究者可以定位觀察、記錄和建檔所有被教化成犯人和獄卒的心理過程。」

「不錯，我想這是有道理的，你才會這麼做。」比爾插嘴說道，「但是史丹佛監獄和真實監獄的極大差別，在於這些犯人和獄卒的類型，在真實的監獄中我們面對的罪犯都有暴力傾向，認為違反規定和攻擊獄卒根本沒什麼，所以常常要有緊守強悍的保衛界線，必要時還要有頭破血流的準備。你的史丹佛小朋友們並不像真實監獄中的獄卒和犯人那麼刻薄暴烈或有攻擊性。」

「我也有點意見，」鮑伯說，「博士，你怎麼知道這些大學生會不會整天無所事事，白白來拿十五美元，讓你這兩週只是花錢請他們來找樂子、玩遊戲？」

「首先，我想我應該先說明，我們的受試者只有一部分是史丹佛的大學生，其他人則來自全美各地甚至加拿大，你知道有許多年輕人夏天時會來灣區，所以我趁他們在史丹佛或柏克萊課程結束時徵召他們。但是你說得很對，史丹佛監獄的族群的確和真實監獄的犯人類型大不相同。我們挑選正常、健康的年輕受試者，心理面的各個向度都在平均值附

近。除了在這裡的克雷格，還有另一個研究生科特，可以從前來面試的應徵者中細心挑選。

克雷格看見他的良師益友在對他使眼色後，開始吐出字句，好讓話題就此打住：「在真實的監獄裡，我們觀察到一些事件，例如犯人互相攻擊或獄卒擊倒受刑人時，我們沒辦法決定哪個特定的人或哪個特定情境的涉入程度。是有一些暴力派的反社會人士，也真的有些獄卒是殘暴成性，但是，這些性格特質就是監獄中的全部了嗎？老實說，我存疑，我們必須把情境因素列入考量。」

我笑容滿面聽著克雷格有說服力的論點，原先我也有針對特質的相同疑問，克雷格向警官們解釋的論點，讓我更確定我的想法。我接過話頭，慢慢發揮我的迷你授課風格：

「基本原理是這樣的：我們的研究試圖區分，是人們帶著什麼走進監獄情境，情境又帶出了什麼給那兒的人們。經由事先挑選，我們的受試者普遍代表了中產階級、受教育的年輕人，他們是學生的同質團體，有許多相類似的地方，藉著隨機分派，將他們分為『獄卒』、『犯人』兩個角色，但事實上這些人不但可以比對，而且隨時可以互換角色。犯人並不一定比獄卒兇殘邪惡、充滿敵意，獄卒也不一定是強烈尋求權力的權威者，在這個情況下，犯人和獄卒是相同的，沒有人真的想當獄卒，也沒有人真的犯罪而需要矯正監禁和處罰。兩個星期以後，這些年輕人是否還是難以區分？他們的角色會不會改變他們的人格？我們能不能看見他們角色的轉換？這就是我們計畫去發現探討的！」

克雷格補充：「換個角度來看，你是在將好人放進邪惡的情境中，看看誰才是最後的贏家。」

「謝啦，克雷格，我喜歡這個說法！」攝影師比爾口沫橫飛地說，「我的導演希望我們把今晚的主題當作演戲一樣輕鬆看待，今天早上電視台的通訊機器自位輪不夠用，所以我必須一邊拍攝一邊找尋適合的角度，才能連續拍攝逮捕畫面。時間寶貴，教授，我們現在可以開始了嗎？」

「當然，比爾，只是，喬，我還沒回答你對實驗的第一個問題。」

「那個？」

「這些犯人知道自己將被逮捕嗎？答案是『不知道！』，他們只被告知要把早上的時間空下來參與實驗。他們可能會假設這個逮捕行動是實驗的一部分，因為他們並沒有犯下會被起訴的罪行。如果他們問你這個實驗的細節，請你含糊帶過，也不要說是或否。就只要像平常執行職務時做好該做的事情，忽略實驗以外的質疑和抗議。」

克雷格忍不住又多說了幾句：「就某種意義來說，逮捕，就好像任何他們會經歷的其他事情一樣，應該結合現實與幻想、角色扮演和自我認同。」

詞彙或許稍嫌華麗，但是我想這麼說也沒什麼不對。喬打開警車的警報器，戴上他的銀色反光太陽眼鏡，就好像電影《鐵窗喋血》中的帥氣警官，避免任何人直視他的眼睛。我跟克雷格一起大笑，知道接下來我們監獄的獄卒們也會戴上相同的眼鏡，創造「去個人化」的感覺。藝術、生活和研究正漸漸浮現。

「有個條子在外頭敲門」[10]

「媽媽，媽媽，外面有一個警察，他要帶走修比！」惠特羅家最小的女孩尖叫著。

戴司特·惠特羅太太一時聽不見小女孩到底在嚷什麼，但是從尖叫聲聽來，她知道，勢必是孩子的爸才能處理得來的事。

「去叫爸爸過來。」惠特羅太太內心五味雜陳，不斷檢視自己的道德是否哪兒出錯了，因為她剛剛才憂心忡忡地從教堂回來，還在煩惱一些讓她擔憂的事情。最近她又常常擔心修比，也準備迎接一年兩次毛茸頭髮、藍色眼珠的小迷人修比返家的假期，唯一讓她慶幸小修比上大學的好處，就是「看不見，忘得快」的效果，趁著這個機會，可以冷卻他和帕洛阿圖高中小女友之間的感情。她常告訴兒子，一個成功的男人應該

先成就事業，把兒女私情擱在一邊。

唯一她可以想到她的愛兒可能犯的錯，就是和朋友一起出門鬼混，像上個月他們的惡作劇——把高中學校的磁磚屋頂油漆一遍，或是扯掉、反轉街上的告示牌。「這個點子真是幼稚極了，我早就說，修比，你會因此惹上麻煩的！」

「媽媽，爸爸不在家，他已經和馬思登先生一起去上高爾夫球課，修比下樓被警察逮捕了！」

「修比‧惠特羅，你犯下了刑法第459條的破門盜竊罪，我現在要帶你回警局總部偵訊，在我搜身、戴上手銬之前，我必須宣讀你的市民權利。」（別忘了，電視攝影機正記錄這個經典的逮捕鏡頭，遠遠看去，現在的喬不但像個超級警察，簡直就是電影《警網》（*Dragnet*）中主角喬‧佛萊德〔Joe Friday〕的化身。）

「請注意聽：你有權保持沉默，不必回答任何問題。如果你開口說話，那麼你所說的每一句話都會在法庭上作為呈堂證供。你有權聘請律師，並可要求在訊問的過程中有律師在場。如果你請不起律師，我們將

免費為你提供一位公設辯護律師，會在審判過程中的任何階段陪同你。你了解你的權利了嗎？很好，現在記得你的這些權利，我要帶你到總局偵訊你所犯下的罪狀。現在，安靜地跟我走進警車。」

惠特羅太太看著乖兒子被搜身、戴上手銬，大鷹展翅般地趴在警車上，嚇得目瞪口呆，就像電視新聞常看到的逮捕嫌疑犯現場一樣。她整理一下自己的心情，平穩地爭論：「這是因為什麼？警官？」

「這位太太，我奉命來逮捕修比・惠特羅，因為他被指控破門竊盜，他……」

「我曉得，警官，我已經告訴過他不要去動那些路牌指標，他都是被那些愛玩的孩子給帶壞……」

「媽，別擔心，爸知道這件事，妳可以去問他。這只是我參加的……」

「警官，修比是個好男孩，我們願意付任何代價好讓他不被帶走，你知道的嘛，只是小小惡作劇，不是真的有害人的企圖……」

這時有一小群鄰居聚集，遠遠地觀望，被可能威脅個人安全的誘餌吸引過來湊熱鬧，惠特羅太太試著忽略他們，避免干擾到她手頭上的要事：討好警官，好讓他們對乖兒子好一些。「如果喬治在這兒，他一定知道怎麼處理這個狀況。」她心想。「這就是高爾夫安排在星期天——擺在上帝之前的後果！」

「好了，讓我們繼續下去，我們今天行程滿滿。早上還有許多逮捕行動要執行。」喬一邊帶著嫌疑犯走進車裡，一邊說道。

「媽媽，爸爸知道這件事情，妳問他就好，他有簽下棄權書，不用擔心，這只是我參加的……」

警笛聲響起，警燈開始閃爍，引來更多關切惠特羅太太的鄰居們，她的兒子看起來是個乖男孩，不像是會被逮捕的孩子。

修比開始心神不寧，看著他母親憂傷的神情，感到罪惡不已，一個人坐在警車後座，和前座警察隔著一道保護鐵網。他說：「所以，這就是嫌疑犯的感覺？」想起鄰居帕爾默指著修比對他女兒大聲叫嚷：「這

世界是怎麼了，現在連惠特羅家的男孩都犯罪了？」他的臉頰瞬間漲紅。

　　總局裡，偵訊的過程在嫌犯的配合下按常規順利進行，鮑伯警官起訴修比的同時，喬與我們討論第一個逮捕行動的過程。我認為花的時間有一點太長了，尤其是後頭還有八個嫌疑犯要逮捕。攝影師卻希望我們慢慢來，這樣他才能站到好位子，這故事需要一些好鏡頭才能串連起來。我們同意，下一個逮捕行動可以小火慢燉地拍好連續動作，但是話說回來，電視新聞拍或不拍倒是其次，最重要的還是實驗本身，所以還是應該加快速度，惠特羅男孩就花了三十分鐘，按照這個速度，我們要花上一整天才抓得完犯人。

　　我知道警官的合作要依靠媒體的力量，所以我擔心只要電視台結束拍攝，他們就不情願再去逮捕其他清單上的嫌疑犯。就像觀察這個實驗的某些部分一樣有趣，這部分的成敗可不是我能控制的。許多可能出錯的事，大多是我期待且試圖對抗的，只是到最後都會有一些不可預期的事件，可以輕易搞砸先前的最佳計畫。真實世界有太多不可控制的變數，或者如社會學家所稱的「場域」。這是一個安全的實驗室實驗：受試者被起訴，實驗的行動是在精密的設計之下，受試者是在研究者的勢力範圍內。這是依照警察的質詢操作注意事項手冊的內容：「不要在嫌疑犯或目擊者的家中質詢；帶他們回來總局，當事者不熟悉這裡，也缺少社會支持，你的地盤就是你可以作主的地方，並且不必擔心被非預期的事件所打擾。」

　　我溫柔地催促警官動作要再快一點，但是比爾一直打斷我，要求多拍攝一些不同角度的鏡頭，喬矇上修比的眼睛，按照刑事鑑定調查 C11-6 的規定，留下許多個人訊息和一系列的指模，最後用一張照片存證；在監獄裡，我們會用我們的拍立得相機，當犯人穿上制服後自己給他們拍一張。修比企圖講個笑話，但是被喬猛然打斷：「你以為你是誰啊？你很聰明嗎？」因此，整個偵訊的過程中並沒有太多意見和情緒反應。而他現在一個人在小小的拘留室中，矇著雙眼，孤單又無助，想著為什麼

要讓自己陷入這場混亂之中，問自己這一切是否值得。比較讓他感到安慰的是，他知道這些不是那麼難以對付，他的爸爸、表哥、公設辯護律師，都是他可以指望會幫他退出協議的人。

豬來了，豬來了！

下一個逮捕場景，是在帕洛阿圖的一間小公寓裡。

「道格！起床！該死，是警察。請等一下，他就快來了，拜託可以穿上你的褲子嗎？」

「什麼意思？警察？他們幹嘛找上我們？聽著，蘇西，不要慌，放輕鬆，我們沒有做什麼他們指控的事情，讓我去跟這些豬講話。我知道我的權利，這些法西斯沒辦法拿我們怎樣的。」

意識到這次碰上一個麻煩鬼的鮑伯警官，嘗試用友善的說服方式。

「你是道格‧卡爾森先生？」

「是啊，怎麼了嗎？」

「我很遺憾，但是你被指控涉及違反刑法第 459 條，竊盜罪，我現在要逮捕你到市區的總局做筆錄，你有權保持沉默，但你所……」

「夠了，我知道我的權利，我不是什麼笨蛋大學畢業生，我的逮捕令在哪兒？」

當鮑伯正在思考如何圓融地解決這個問題時，道格聽見附近教堂大鐘響起。今天是星期天！他竟然忘了今天是星期天！

他喃喃自語地說：「當犯人，呵，所以這就是那個遊戲？我喜歡，我才不要去大學裡頭當豬呢？不過說不定哪天我真的會被警察剝削，就像去年我在科羅拉多反戰示威中碰上的事。當我告訴那個面談的人——亨利，我記得他是這個名字——我不想要為了錢或經驗做這個，但是我想要看看，成為犯人的我是如何抵抗上頭的欺壓！」

「我想要先嘲笑一下那個蠢問題：『由零到一百分量尺評估你兩個星期持續留在監獄實驗的成功可能性。』對我而言，一百分！輕而易舉，

這不是一個真正的監獄，只是模擬的。如果我不認同，我放棄，簡單走開就是了。我很想知道他們對我對下面這個問題的回答有何反應：『有什麼工作是你自現在起的十年內最想從事的？』『我理想中的志業，就是希望能承擔世界未來積極的一面——革命。』」

「我是誰？我有哪些特別的地方？我直截了當的表現如何啊？從宗教面來看，我是無神論者；按常規的角度來看，我是狂熱者；從政治面來看，我是社會主義者；從心理健康的角度，我是健康的；由存在主義的社會面，我是分裂的、去人性和不帶感情的——我不太常哭。」

當道格大模大樣地坐在警車的後座時，他感覺到貧窮對他的壓迫，和從他的國家中資本——軍事規則——裡奪回一些權力的必要。「當個犯人挺好的。」他這麼想，「所有令人振奮的革命靈感都來自監獄經驗。」他覺得就好像和索萊達兄弟喬治・傑克遜[譯2]一家親，喜歡他的文化修養，並且知道所有受壓迫的人們團結一致、同心協力，就能在革命中獲勝。或許這個小小實驗可以是訓練他心理和生理的第一步，讓他最終可以與法西斯統治的美國對抗下去。

筆錄警員不理會道格輕率無理的評論，當道格試著不伸直手指時，喬輕易地按住他每根手指，盡職、有效率地記錄了身高體重和指模。道格有點被「這些豬的力氣竟然這麼大」嚇到了，也有可能是因為還沒吃早餐的飢餓感，讓他顯得軟弱無力。在漫漫的偵訊過程中，道格開始起了些偏執的念頭：「說不定，這些史丹佛的抓耙子真的把我交給了警察。我怎麼會這麼笨，給他們這麼多我的個人背景資料？他們可能會用那些資料來對付我。」

「嘿，警官，」道格以高八度的聲調問道：「再告訴我一次，我被起訴的罪名是什麼？」

「偷竊，如果定罪，你應該關個兩年就可以申請假釋。」

譯2　索萊達兄弟喬治・傑克遜（Soledad Brother George Jackson）：喬治・傑克遜是美國黑人激進分子，在獄中成為黑豹黨的一員，同時也是謀殺獄卒的索萊達兄弟三人之一，在獄中長達十二年，以將獄中書信集結成書而聞名。

警官，我準備好被捕了！

　　另一場預先計畫好的情節，也隨後在預先規畫好的接送地點開演，湯姆‧湯普森，站在我的秘書羅沙妮身旁。湯姆就像一個有著娃娃臉的彪形大漢，理著平頭，五呎八吋高，一百七十磅的結實肌肉。如果世界上真有正直不阿的人，那麼這個年輕的十八歲軍人絕對是其中之一。我們在面談時詢問他：「有什麼工作是你自現在起的十年內最想要從事的？」他的回答令人驚訝：「在哪裡或何時都已經不重要，應該有組織、有效率地工作，政府底下都沒組織沒效率。」

　　他的婚姻大事規劃則是：「我計畫在我經濟穩定後結婚。」

　　是否有任何治療、藥物、鎮靜劑或犯罪記錄？他的回答是：「我從來沒有犯過罪，我依舊記得當我五、六歲大的時候，看見我父親在商店購物時順手偷了一塊糖果吃，我對他的行為感到十分羞愧。」

　　為了節省房租，湯姆‧湯普森每晚睡在車子後座，這樣的住宿狀況並不舒適也不適合讀書，「最近有一次我還得擊退蜘蛛兩次，一次在我眼皮上，另一次在嘴唇上。」為了維持他良好的信用，他才剛自己繳完暑期課程的全額貸款。他也一週四十五小時地做各式各樣的工作，吃剩菜剩飯，就是為了存下個學期的學費。由於他的韌性和勤儉，他計畫提早六個月畢業。他也利用空閒時間認真地鍛鍊自己的身體，顯然他完全放棄了約會和朋友邀約，用了不少時間。

　　參與監獄研究是因為薪水，對湯姆來說這是十分理想的工作，因為他的課程和暑期工作已經結束，又正需要一筆錢。三餐正常、有真的床可睡、甚至有熱水澡可以洗，就好像中了樂透一樣開心。然而，除此之外，應該沒人會跟他一樣這麼想——他把這兩星期的時間，看作一個有錢拿的快樂假期。

　　他並沒有在金斯理路四百五十號等太久，我們的警車就來到他一九六五年出產的雪佛蘭後面。隔沒多遠是克雷格的飛雅特，勇敢無畏的攝影師正在拍攝今天最後一次的逮捕行動；稍後在總局裡，還加拍了許多

室內的連續鏡頭，接才跟著我們回到我們的監獄。比爾急著送這些珍貴的搶鮮畫面回 KRON 電視台——因為平常的電視新聞頭條都十分無聊。

「我是湯姆・湯普森，警官，我已經準備好被逮捕，不會做任何反抗。」

鮑伯十分懷疑這位同學，認定他一定是某種想要證明自己空手道段數的怪人。手銬喀啦一聲戴上，米蘭達權利甚至唸都還沒唸，鮑伯就急著對他搜身，比其他人都徹底，看他有沒有藏匿武器。他的不抵抗，反而給人一種古怪的感覺，當一個人面對逮捕時，這樣未免太從容、太有自信，通常這代表事有蹊蹺：這男人可能帶著槍，或者只是代罪的羔羊，還是別的什麼不對勁。「我不是心理學家，」事後喬對我說，「但我總覺得湯普森這傢伙有些詭異，他好像是軍隊訓練出來的士官——敵軍派來臥底的。」

幸運的是，帕洛阿圖市這個星期天沒有任何犯罪案或是貓在樹上下不來的民生案件，把鮑伯和喬從有史以來最有效率的逮捕行動中叫走。傍晚時分，所有的犯人都已經做完筆錄，帶到了我們的監獄，虎視眈眈的獄卒們正在那裡等候著。這些年輕人將離開帕洛阿圖天堂，經過短短的水泥樓梯，走入改造過的喬登大樓心理學系地下室，對某些人而言，那是墜入地獄的開始。

第３章
墮落儀式正式開始

　　當被矇住眼睛的犯人一一被護送到喬登大樓，步入我們的小監獄之後，我們的獄卒便命令他們先脫光衣服，裸著身站著，手臂打直面牆，兩腳打開。他們一直維持這個不舒服的姿勢很久，因為獄卒們正處理最後的雜務，像是將犯人所屬物品打包交給看管者、整理獄卒活動區域，並且分配三間獄房的床位，因而忽略了他們。在他們穿上制服之前，還要先在他們身上灑粉，號稱是用來除蟲，以免污染了我們的監獄。在沒有任何工作人員鼓吹、煽動的情形下，有些獄卒開始嘲笑犯人的陰莖大小，評論最小的陰莖尺寸，或是嘲笑他們兩邊睪丸不對稱——男孩們的低級玩笑！

　　犯人雙眼依舊被矇住，一一拿到他們的囚服，沒什麼好幻想期待的，就是一件工作服，分別在正面和背面都有識別號碼的棕褐色棉質衣服。制服是從男童軍用品專賣店買到、整套在那兒繡上號碼的。女人的絲襪則被拿來當作犯人戴在頭上的制服帽，代替新進入獄時必須剃光頭的例行程序。戴上絲襪帽也是一種消滅個人特色的方式，凸顯他們在監獄階級中默默無名的地位。接著，每個犯人穿上一雙塑膠拖鞋，腳踝上串著鎖鍊——不斷提醒他們現在是在坐牢。當他們從熟睡中突然醒來時，腳踝上的鎖鍊也會立刻提醒他們現在是什麼身分。犯人都不准穿內衣褲，所以當他們彎腰時，後頭的春光就會外洩。

　　當所有犯人都著裝完畢後，這些獄卒才取下他們矇眼的帶子，讓他們在牆上的大鏡子裡看到自己的全新樣貌，接著再用拍立得相機留下個人的識別照，在官方筆錄中存檔，並且以識別號碼替代「名字」一欄。就像許多機構的習慣，如新兵軍營、監獄、療養院、低階工作場所等等，對犯人的羞辱才剛開始。

「頭不要亂動！嘴巴不准張開！手不要亂動！腳不要亂動！哪裡都不准動！閉嘴！乖乖站在那裡！」[1]獄卒亞涅特（Arnett）咆哮著首度宣示權威。他和另外兩個白天一同值班的獄卒蘭德里（Landry）和馬卡斯（Markus），在剛剛脫下犯人衣物再讓他們著裝時，已經開始以脅迫的態度揮舞警棍。前四個犯人排成一列，被訓誡著這裡的基本規則。這些規則是，前一天這些獄卒和「典獄長」於職前說明時共同制訂的。「我不喜歡典獄長糾正我的做事方法。」亞涅特這麼說，「所以我會用最令人滿意的方式對待你們，休想糾正我。聽清楚這些規則，你們必須使用識別號碼稱呼每一個犯人，而稱呼獄卒們『獄警先生』！」

更多的犯人被帶進大廳，一樣經過除蝨更新著裝程序，被迫加入面壁思過的行列，聆聽教誨。這些獄卒正試著以嚴肅的口吻宣告：「有些犯人已經知道這裡的規矩，有些還不知道在裡頭應該如何活動，所以你們必須要學習！」每項規則被緩慢、嚴肅、命令式地朗讀，相較之下，犯人顯得無精打采，坐立不安地注視著新環境。

「7258號，起立！立正站好！」亞涅特開始拿規則來考犯人，要求高又吹毛求疵，並且使用嚴肅的聲調來強調軍法禮儀規範，他擺出來的樣子，好像是告訴大家他只是盡本分做他該做的工作，沒有任何個人企圖。但是犯人們可不這麼想，他們咯咯地笑，不把他的話當一回事。他們「尚未」融入這個犯人的角色。

　　「不准笑！」另一個頂著濃密金色長髮、矮胖的獄卒蘭得里大聲斥喝，他足足比亞涅特矮上六吋。亞涅特又高又瘦，鷹勾鼻，深棕鬃髮，嘴唇緊閉微噘。

　　突然間，監獄官大衛・傑夫走進監獄。「靠牆站著，注意聆聽所有規則的宣讀！」亞涅特立刻說道。事實上傑夫是我一個大學部的學生，是個小伙子，大概只有五呎五吋高，但現在看起來彷彿更高，因為他站姿挺拔、縮緊肩膀、把頭抬得高高——他已經為他的角色做好準備了。

　　我在一個用窗簾遮蔽的窗戶後，觀察這一切，這個隔間是為了隱藏攝影機和錄音系統，隔間位在監獄大廳南隅。在窗簾之後，科特・班克斯和其他研究團隊將會記錄一系列這兩週裡發生的大小事，如吃飯時間、犯人報數，親朋好友探監時間，監獄牧師時間，以及任何騷動的發生。我們沒有足夠的經費可以讓我們不間斷記錄，所以必須審慎地挑選特定的適合時間。這也是一個讓實驗者和其他觀察者都可以觀察實驗卻不打擾實驗進行的恰當地方，而且，實驗的參與者都不曉得被攝影和觀看。只是，我們也只能觀察或是拍攝那些在我們面前的監獄大廳中發生的事件。

　　雖然我們無法監視牢房內部，但是我們聽得到聲音。牢房安裝了監聽設備，我們可以竊聽一些犯人的談話；犯人都不知道有隱藏式的麥克風暗置在間接照明的配電盤後方。從這個資訊可以了解私底下他們的想法和感覺，也能夠明白他們到底會分享什麼樣的事物。這個方式，也可能有利於我們辨識哪些是承受過壓力、特別需要關切的犯人。

　　我很驚訝監獄官傑夫竟然扮演得有模有樣，想當初，第一次見面他還穿著運動夾克搭配領帶，那時的學生嬉皮風正當道，他的品味相較下十分少見，令人驚訝的是，為了融入了新角色，他竟然割捨了他桑尼波諾譯1式的大鬍子。我告訴傑夫，現在正是來個監獄官自我介紹的時候。他有些不情願，因為他的個性並不強勢，私底下其實是個低調安靜的

譯1　桑尼波諾（Sony Bono）：美國流行搖滾巨星，身兼歌手、製作人，後期還參與政治，蓄著八字鬍為他的經典代表。

人。因為在附加的訓練前他剛好出城一趟，昨天回來只趕得上獄卒的職前說明，難免感到有些狀況外，特別是克雷格和科特來自研究所，而他只是個大學部學生。或許他會感到不太自在的另一個原因，是因為他是整個「六呎高團隊」中個子最小的一個。但是他挺起脊背，成為其中最強硬也最投入的一員。

「或許你們已經知道了，我是你們的監獄官，你們全部因為某些原因沒有辦法自由在外頭的真實世界中活動，以某種角度來說，你們缺少了一些作為一個偉大國家市民的責任感。在監獄裡，我們，也就是你們的懲治人員，將會協助你們學習什麼是身為這個國家市民的責任。你們剛剛聽到的這些規則，在不久的將來，將會貼在每間牢房裡，我們期待你們能夠詳加了解，並且都能夠按號碼背誦。如果你們遵守這些規定，金盆洗手、痛改前非，表露出真正的悔過態度，就可以和我們相安無事。希望我不必太常見到你們。」

真是一場驚人的演說。接著獄卒馬卡斯下令，也是他第一次對眾人發言：「還不趕快感謝監獄官對你們說的這席話！」九位犯人異口同聲大聲喊出謝謝——只是沒有帶著多少真心誠意就是了。

這就是你要依循的生活規定

現在，是強加一些特定情境形式的時候了。這可以讓新進的犯人了解一系列的規範，也就是關於這兩週的一些行為規定。在獄卒昨天的職前說明熱烈討論之下，大家紛紛提出意見，由傑夫把這些意見整理成一條條的規定。[2]

獄卒亞涅特和監獄官傑夫討論過後，決定讓亞涅特大聲朗讀所有的規定——也是他邁向日班首領地位的第一步。他從容緩慢地唸出，還會特別注意咬字。

1. 犯人在休息時間必須保持安靜，譬如熄燈後、用餐中和任何在大

廳之外的時間。

2. 犯人必須在用餐時間進食，也只能在用餐時間進食。

3. 犯人必須配合參與獄中的任何活動。

4. 犯人必須保持囚房的整潔，床舖要整理，個人用品擺放整齊，不可以弄髒地板。

5. 犯人不可移動、更改、塗污、毀壞牆壁、天花板、窗戶、門……等監獄財產。

6. 犯人不可操作囚房燈光。

7. 犯人只能用識別號碼稱呼彼此。

8. 犯人必須稱呼獄卒是「獄警先生」，監獄官為「獄警長先生」。

9. 假釋之前，犯人都禁止談論關於「實驗」或是「刺激」的情境。

「我們已經唸完一半了，希望你們可以維持注意力，因為你們必須遵守和記住每一條規則，我們會隨時抽考！」獄卒預先警告他的新命令。

10. 犯人只允許去廁所五分鐘，沒有任何犯人可以被允許在排定時間後一小時再去一趟廁所，廁所將會有獄卒固定巡察。

11. 抽菸是基本權利，但只允許在吃飯後或由當時輪值獄卒來判斷。不容許在囚室裡頭抽菸。濫用抽菸的權利，會招致永久廢除權利的可能。

12. 信件是基本權利，不過所有進出監獄的信件都要檢閱審查。

13. 探訪是基本權利，犯人可以接受親友的探訪，但僅限於大廳，探訪將受到獄卒的監督，獄卒可視情況中止探訪。

14. 所有犯人在任何地方見到監獄官、監獄獄卒或其他訪客時，都必須站著，等待指令後才能坐下或繼續動作。

15. 犯人必須遵守任何時間獄卒所下的命令，獄卒的命令就等於書面命令；監獄官的命令，等同於獄卒命令和書面命令。典獄長的命令則是最高指令。

16. 犯人必須向獄卒告發任何違反規定者。

「最後一點，但也是最重要的，這項規定就是要你們記住所有這十七條規矩！」獄卒亞涅特用警告的語氣補充。

17. 沒有遵守以上十六條規定者，一律接受處罰！

緊接著發言的是獄卒蘭德里。他決定做些事情並且重讀這些規定，最後再錦上添花加上自己的意見：「犯人是整個懲治共同體的一部分，因此為了讓這個共同體運作順利，你們必須遵守以上這些規定。」

傑夫點頭表示同意。他已經開始喜歡把一切當作監獄共同體，在其中理性的人們和平地訂定並遵守這些規則。

開始報數

根據前一天職前說明所訂定的計畫，獄卒蘭德里繼續打造獄卒的權威感——命令他們報數。「好，現在起你最好和你的識別號碼熟悉一點。我要你們從左到右開始報數，快一點！」犯人大聲報著自己或三或四碼、繡在衣服前的號碼。「還不錯，但是我想要仔細的看看它們。」犯人們不情願的挺起身子、立正站好，「你們慢吞吞的站也站不好，每個人十下伏地挺身！」（接下來，伏地挺身變成獄卒們固定的控制和處罰手段。）「你在笑嗎？」傑夫問，「我看得很清楚那是在笑，這一點也不好笑，這很嚴肅的，這是你應盡的本分，你必須讓你自己更投入才行！」傑夫說完後就離開大廳，問我們他的開場表現如何。克雷格、科特和我一致輕拍他，讚賞他的自表現，「幹得好啊，大衛，做的太好了」。

許多監獄在一開始就要求報數，是管理上的需求，以確保所有犯人都在場，並且沒有任何逃監或是生了病留在囚房等等需要更多注意的情形。在這個例子裡，報數的第二個目的是為了讓他們更熟悉自己新的號碼身分，我們希望他們開始思考，自己和其他人一樣是一個有編號的犯

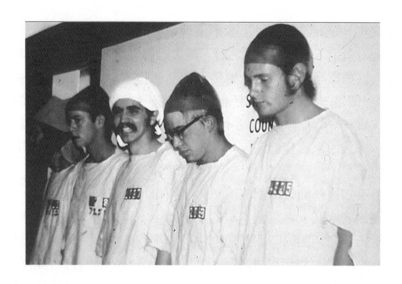

人，而不是有名有姓的一般人。有趣的是報數的形式如何改變，從最初只是例行公事地記憶自己的編號，到最後在大家面前報上自己的編號，好讓獄卒們一再展現他們對於犯人的權威感。即使兩組學生都是研究受試者，一開始也可以角色互換，但融入角色之後，報數的過程無非是轉變的一種公眾展現。

最後犯人們被送進囚房，再次要求記住規則和並認識他的新室友，囚房充滿了匿名的監獄生活味道，但事實上只是小辦公室改建成的。大約十乘十二呎大小，裡頭幾乎空無一物，原先的辦公桌都被移走，改成三張吊床擠在一起，只有囚房三比較特殊，還多了水槽和水龍頭。但是我們關閉了囚房三，希望當成囚犯表現良好時的酬賞。房門都換成特製的黑色門，在一扇小窗下有一條條鐵槓，每扇門的囚房號碼都顯著地貼在門上。

囚房就在大廳右邊牆壁的後面，正好給我們以單面鏡觀察的一個絕佳的觀察點。大廳是一個長窄走道，大約九呎寬、三十八呎長，沒有任何窗戶，只有簡單的氖燈照明，唯一的出入口在走廊遠處盡頭、觀察窗的正對面。因為只有一個逃生出口，所以我們有幾個滅火器在附近，以

防祝融之災，是在審查和批准我們進行研究的史丹佛大學人類受試者研究委員會的指示下所購買。（然而，滅火器也可能是個好武器！）

昨天這些獄卒們開始在大廳牆上張貼標誌，設計成「史丹佛郡大監獄」，另一個是「沒有許可下禁止吸煙」，第三個則是預告作為暗示禁閉室所在位置——「黑洞」。禁閉室就是一個嵌在牆裡的小衣櫥，就在囚房的對面，過去用來當作儲藏室，拿走那些檔案箱子，就空出了約一平方碼的空間。

這是不知道哪個難以駕馭的犯人必須孤單度過時光的地方，以此作為重大過錯的處罰。在這個黑暗的小空間中，犯人可以站起來也可以蹲或坐在地上，關禁閉的時間長短取決於獄卒的命令。裡頭可以聽見大廳發生的事情，而且大家用力敲打黑洞的門時，碰碰的聲音會非常響亮。

犯人被送進前就被分配好囚房，一號囚房是 3401、5704、7258，二號囚房 819、1037 和 8612，而三號囚房是 2093、4325 和 5486。在某種意義上他們就像戰俘，多少個戰俘作為一個單位，而不像一般的監獄，原先就有一群犯人。監獄有進有出，新囚犯進入監獄後，要經過一段社交的過程。

獄卒排班表

	獄卒		犯人
白天班 早上十點至下午六點	亞涅特 馬卡斯 大蘭德里（約翰）	一號囚房	3401 葛蘭 5704 保羅 7258 修比
小夜班 下午六點至凌晨兩點	赫爾曼 柏登 小蘭德里（喬夫）	二號囚房	819 史都華 1037 理奇 8612 道格
大夜班 凌晨兩點到早上十點	凡迪 賽羅 瓦尼許	三號囚房	2093 湯姆「中士」 4325 吉姆 5486 傑瑞
後備獄卒	墨瑞森 彼得斯		

總的來說，我們的監獄比起戰俘營有人情味多了，而且相較於艱苦地方——像阿布葛拉伊布監獄——當然更寬敞、整潔、有秩序。（但是最近，海珊在美國士兵做更多這些事之前，做過更多惡名昭彰的虐待及謀殺案例。）還有，除了相較下的舒適，史丹佛監獄場景也恐怖地成為多年後阿布葛拉伊布案軍備警官的先兆。

角色適應

獄卒們花了一些時間才開始適應他們的角色，從三班輪值的換班撰寫的獄卒換班報告看來，我們發現凡迪最不自在，他不確定怎麼做才能成為好獄卒，希望能有一些訓練，也總認為自己對犯人太好是一種罪過。喬夫·蘭德里（Geoff Landry），也就是約翰·蘭德里的哥哥，報告他感到十分愧疚，因為在「墮落儀式」中命令犯人裸體站著，讓他們飽受羞辱，以不舒服的姿勢持續一段時間。他很難受，因為縱使他不贊同這些作法，卻沒嘗試停止某些事。為了放下心中令人不適的重擔，若沒必要他會盡可能離開大廳，以免不斷經歷這些讓他不舒服的互動。獄卒亞涅特是社會學的研究生，比他人都年長個幾歲，懷疑這次犯人的徵召有其預期效果。他擔心其他兩位和他共同輪班的獄卒太「斯文」，會讓值班的安全堪慮。即使只是經過第一天短暫的交手，亞涅特便可以指出哪些犯人是麻煩鬼，而哪些是「令人滿意的」。他並且指出一件在逮捕時我們都沒有觀察到、警官喬卻特別提到的那個人——湯姆·湯普森，也就是犯人 2093 。

亞涅特不喜歡 2093 ，因為他「太乖」了，並且「堅持遵守所有的命令和規範」[3]。（事實上， 2093 因為他的軍國主義作風，全然服從所有命令，之後被其他犯人取了一個綽號「中士」。他對我們的情境而言十分重要，並且可能引起獄卒們內在的衝突，我們必須注意剛開始面談時他所說的話，以及回想湯姆在被警察逮捕時的一些事情。）

相較之下，犯人 819 認為整個情境相當有「娛樂性」[4]，他發現搶頭香、第一個報數很好玩，「只是個玩笑罷了！」而且他感覺有些獄卒也

這麼覺得。犯人 1037 看過其他人和他自己一樣被羞辱的過程,卻拒絕看得太重,比較在意他的飢餓程度;早餐他只吃一小塊麵包,期待著那天從來沒有到來的午餐。他假定沒有午餐是獄卒們另一種處罰的方式,即使大多數的犯人都安分守法。不過事實上,我們之所以忘了提供午餐,只是因為逮捕行動花了太多時間而忘了去拿,那時我們還有許多事情要處理,像是一個原先扮演獄卒的同學臨陣脫逃。幸好,我們臨時從原先的篩選名單中及時找到替換的夜班人選——獄卒柏登(Burdan)。

小夜班接手

晚間六點之前,小夜班就先到監獄穿上他們的制服,試戴他們的銀色反光太陽眼鏡,並且配備口哨、手銬和警棍。他們向離入口沒幾步的獄卒辦公室報到,同一條走廊上是監獄官和典獄長辦公室,每個門上都印著各自的標示。白日班的獄卒見過他們的新夥伴,告訴他們今天所有事都在掌握之中,但也補充提到有些犯人還沒有完全「進入狀況」,必須受監視,並且施加一些壓力以維持秩序。「我們會做得很好,明天你來會看到他們服服貼貼的。」一個新來的獄卒如此吹噓。

第一餐會在七點鐘送過來,這是件輕鬆的差事,就是像是吃自助餐一樣擺設在大廳。[5] 那裡只容得下六個人,所以當六個人吃完再叫其餘三個快點過來吃剩下的。犯人 8612 試圖說服其他人罷工,以抗議這個「讓人無法接受」的監獄情境,但是他們太餓、太累,沒辦法馬上實行。8612 是聰明的道格・卡爾森,一個無政府主義者,在被逮捕的時候還在耍嘴皮子。

回到他們的囚房,犯人依舊有秩序地保持安靜,只有 819 和 8612 大聲對談大笑,「馬上」執行罷工行動。個子最高的犯人 5704,本來都一直保持安靜,但現在因為他的菸癮犯了,他要求還給他香菸,卻被告知「如果他當一個好囚犯的話,才可以得到抽菸的權利」。5704 挑戰這個原則,說這樣違反規定,但還是沒用。依據這個實驗的規則,每個受試者都有權隨時離開,但是這些不高興的犯人似乎都忘記了。他們可以採用

以離開來威脅的策略，改善他們目前的狀況，減少承受這些愚蠢的麻煩，卻並沒有這麼做，反而漸漸地更融入角色之中。

監獄官第一天最後的公事，就是告訴所有犯人關於就快到來的「探訪夜」的事情，只要有朋友或親人在附近，犯人可以寫信告訴他們來探訪的事情。他描述寫信的流程，並且給每個需要的人一枝筆、史丹佛郡大監獄信紙，以及貼了郵票的信封。他們寫完信還得在後頭加註「寫信時間」，才交回這些東西。監獄官把話說得很明白，獄卒們有這些信件的處理權，可以決定哪些人獲准寫信與否；因為某人可能不遵守哪些規則，獄卒可能不知道某人的識別號碼，又或許獄卒有其他的理由。

在這些寫好的信件送交獄卒後，小夜班開始第一次報數，犯人便依序回到囚房中。當然，工作人員為了安全考量看了所有的信件，也在寄出之前拷貝建檔，這個探訪夜和郵件的誘惑，接下來變成了獄卒們直覺上和實際上用來加強控制囚犯的工具。

報數的新意義

正式形式上，就我可以想到的報數有兩種功能：讓犯人熟悉自己的識別號碼，並且在每次交班的時候確認大家都在。在許多監獄裡，報數被視為一種訓練犯人的手段，但縱使一開始的報數顯得單純，我們每晚的報數和他們早就出現對立的角色，到最後變成了一種逐漸擴大增強的痛苦經驗。

「好，男孩們，我們要來做個小小的報數！這會很好玩的！」獄卒赫爾曼（Hellmann）咧嘴笑著告訴他們，獄卒小蘭德里很快地補充：「你越快做，就會越早結束。」這些疲累的犯人走到大廳、排好隊伍時，都沉默地繃著臉，眼神沒有交集。對他們來說，這已經是漫長的一天，誰知道他們昨晚最後終於入睡之前，心裡是怎麼想這個實驗的？

小蘭德里下命令：「向後轉，手抬起來抵著牆壁。不准交談！你希望整晚都一直做這個動作嗎？我們就做到你們做對為止，開始一個一個報數！」赫爾曼跟著火上加油：「給我做快點！給我大聲喊出來！」犯

人們遵從了，但是：「我還是沒聽清楚，再做一次，小伙子，做的糟透了，慢吞吞的，再給我做一遍。」「這就對了！」小蘭德里插話，「但我們必須再做一次。」幾個成員馬上大聲呼喊，赫爾曼卻更大聲地吼叫：「停！這叫做大聲？或許你們沒有聽清楚我的話。我說要再大聲一點，我說要再清楚一點。」「讓我看看他們能不能倒著數回來，現在從另一頭數回來！」小蘭德里一副開玩笑的樣子說，「嘿，我不希望有任何一個人偷笑！」赫爾曼則粗暴地說：「我們今晚就在這裡做到對為止！」

有些犯人已經察覺，支配優勢之爭已在赫爾曼和小蘭德里兩個獄卒中引爆開來。從不認真看待這一切的犯人 819，開始大聲嘲笑赫爾曼和小蘭德里「犧牲犯人的時間為的只是彼此較勁」。「嘿，819，我說過你可以笑嗎？或許你沒有聽清楚我說什麼！」赫爾曼第一次發脾氣，正對著犯人的臉，身體傾向他對他施加壓力，一邊用警棍推擠他。小蘭德里趕緊把他的同事推到旁邊，並且命令 819 做二十下伏地挺身，819 乖乖地照做。

赫爾曼接著回到舞台中心：「就是現在！**唱歌**！」當犯人們正在報數的同時，他打斷他們，「你們沒有聽到我叫你們唱歌嗎？或許是你們頭上這個絲襪帽太緊了，緊到你們聽不清楚我說話。」他變得在控制技巧和對話上越來越有心得，轉身面向犯人 1037，用走音的方式唱著他的號碼並且命令他做二十下青蛙跳。當他做完，赫爾曼又說：「你可以再為我多做十個嗎？為什麼你做的時候會有咯咯的聲音？」做青蛙跳的時候，誰的膝蓋不會咯咯作響的呢？這些命令變得越來越無理取鬧，但是，獄卒也開始從發佈命令強迫犯人就範中找到樂趣。

雖然對他們而言，叫犯人們「唱數」是挺有趣的，但是兩個獄卒改變了心意：「這一點都不有趣！」，並抱怨：「這實在是糟透了，感覺差到極點了！」「再來一次，」赫爾曼告訴他們「你們給我唱，這次我要**甜**一點的聲音。」然後犯人一個接著一個做伏地挺身，只因為他們唱得太慢或是唱得太難聽。

當替代獄卒柏登和監獄官一同出現時，這生動的雙簧二人組——赫爾

曼和小蘭德里——立即轉而要求犯人們以識別號碼報數，而非原先排列由1到9的順序報數，想當然爾他們喊得零零落落。赫爾曼堅持他們不可以偷看自己的號碼，因為他們早該背得滾瓜爛熟，所以如果任何一個人背錯他的號碼，懲罰就是每個人都做十二下伏地挺身。赫爾曼變得更加專制無理，暗地裡仍然和小蘭德里競爭獄卒的權勢位階：「我不喜歡你做伏地挺身**下去**時報數的方式，我要你在**上來**的時候給我報數。再給我做十個可以嗎，5486？」這個犯人更明快地執行指令，卻反而增強了獄卒予取予求的私心。赫爾曼說：「好，這很好。為什麼你們現在不唱給我聽呢？你們這些人唱得實在不怎麼樣，對我而言，聲音一點都不甜美。」小蘭德里跟著說：「我不認為他們有準確地跟上拍子，是不是可以唱得再細膩一點、甜美一些，讓耳朵好好享受一下？」819和5486在這個過程裡不斷遭遇挫敗，但是說也奇怪，竟肯順從獄卒的要求，接受更多青蛙跳的處罰。

新的獄卒，柏登，比任何其他獄卒都還要快進入狀況，也剛好有兩個前輩模範讓他有個現成的在職訓練，「喔，那真是太棒了，我就是要你這麼做，3401，出來自己秀一下，告訴我們你的號碼！」柏登站在他的同事後面，伸手將這位犯人從隊伍中拉出來，好讓他在大眾面前獨秀報數。

緊接著被盯上的，是犯人史都華819。他被要求一次又一次獨唱，但是他的歌聲始終被認定「不夠甜美」。獄卒們爭先恐後地戲謔他：「他肯定沒辦法甜美的啦。」「不，對我而言這樣還不夠甜美。」「再來個十次！」赫爾曼好像很高興柏登開始像個獄卒了，不過他並不準備放棄對他或小蘭德里的控制。他開始叫犯人背誦隔壁犯人的號碼，如果他們不知道，那就是再來幾個伏地挺身。但是，當然大部分人都不記得下一個人的號碼。

「5486，你看起來好像真的很累，你不能再做得更好了嗎？讓我們再來個五下如何？」赫爾曼靈光一閃，又想到新點子，開始教導怎麼才絕對不會忘記傑瑞5486號碼的記法：「一開始先做**五個**伏地挺身，再來四

個青蛙跳，接著**八個**伏地挺身加上**六個**青蛙跳，這樣一來，你就會完全正確地記得他的號碼是 5486」。他已經開始更機靈地設計新的處罰方式，創造邪惡之第一個徵兆。

小蘭德里忽然退到大廳的另一邊，顯然是將權勢交給了赫爾曼。他一離開，柏登就代替了他的位置，但是並非與赫爾曼競爭，而是助紂為虐，在一邊加油添醋或誇大其詞。但是小蘭德里並沒有真的離開，很快就又回過頭來命令另一個犯人報數，因為他不滿意，所以要求他們一次兩個人一起數，接下來三個四個往上累積。他顯然不像赫爾曼那麼有創意，但是無論如何還是暗潮洶湧地相互較勁。5486 開始糊塗了，伏地挺身越做越多，赫爾曼突然間打斷他，說：「我要你七秒鐘內做完，但是我知道你沒有那麼厲害，所以過來這裡拿你的毛毯。」小蘭德里卻有意見：「等等，先別動，將手頂在牆上。」赫爾曼並沒有下這個命令，大夥在權威戰中「牆頭草，一面倒」，沒有人理會小蘭德里最後下的命令。赫爾曼叫大家解散，各自拿自己的床單和毛毯，整理床舖，並在自己的囚房裡等待下一步的指示，赫爾曼得到了保管鑰匙的權利，上鎖囚房。

反叛計畫的第一個徵兆

交班之際，赫爾曼正要離開大廳時大聲向犯人們呼喊：「好了，紳士們，還享受今晚的報數嗎？」「才怪！」「誰說的？」犯人 8612 承認是他說的，並解釋自己從小被教導不可以說謊。因此所有獄卒都衝進二號囚房，抓住 8612 ——這是他堅持激進政治立場的後果，因為他高喊：「所有權力交還給人民！」因此馬上就被丟進「黑洞」裡，第一次有人進去了這個地方。獄卒們展現了統治的原則：不容許異己之見！小蘭德里接著再問一次剛剛赫爾曼所問的問題：「好了，紳士們，享受今晚的報數嗎？」「是的，長官！」「是的，長官，然後呢？」「是的，長官，獄警先生！」「這樣才像話！」沒有人敢再公然挑戰他們的權威，這三位騎士漸漸成形，就好像步調一致的軍事列隊遊行。回到獄卒室之前，他再回

到二號囚室提醒他的室友們：「我要這些床排成蘋果派床！」

犯人 5486 事後報告，他因為 8612 到了黑洞感到沮喪，也因為沒伸出任何援手而有罪惡感。但是他合理化自己的行為，提醒自己「這只是個實驗」[6]，沒必要為此犧牲舒適或也被關禁閉。

約晚上十點左右，犯人們被允許最後一次如廁。因為必須在批准下才能行動，所以一個接著一個，或是兩個兩個一組，他們被矇眼護送到廁所，從監獄的唯一出口繞過吵雜鍋爐室的小路，讓他們無法知道自己身在何處。日後，這個很沒效率的程序會在所有犯人同時行走廁所路線後變得更流暢，而這程序有時還包括搭乘電梯——為了讓他們更混淆。

剛開始時，湯姆 2093 說他需要更多時間，因為他只要一緊張就尿不出來。獄卒拒絕了這個要求，但是犯人們聯合堅持應該給予足夠的時間，「這是個大問題，我們必須建立我們目前所缺少、但不可避免的需求。」[7]5486 事後這麼報告。像這樣的小事，讓犯人們團結起來且更認同群體，勝過單槍匹馬獨自奮戰。反叛者道格 8612 感覺獄卒明顯只是角色扮演，而且他們的行為舉止就只是在嬉鬧，但是他們「投入過了頭」。他會持續努力組織犯人，設法擁有更多的力量。相較之下，金髮男孩犯人修比 7258 事後報告：「如果時間倒轉，我要選擇當獄卒！」[8]毫無疑問地，這時沒有獄卒會想當犯人的！

另一個反叛的犯人 819，在信中邀請他的家人參加「探訪夜」，他寫下：「所有力量加諸受辱的兄弟們，勝利將會是必然的，說真的，我很高興我可以在這裡當犯人。」[9]當獄卒們在獄卒室玩牌時，夜班獄卒和監獄官決定，明天早上的日班報數也要給犯人們一些苦惱。日班交接時，獄卒要很快靠近囚房站著，有什麼情況就用尖銳的哨子聲來喚醒他們的掌控權力，激勵新的輪值獄卒快速地融入角色，同時打亂犯人們的好夢。小蘭德里、柏登和赫爾曼全都喜歡那個計畫，而且討論接下來一晚如何成為一個更好的獄卒，赫爾曼認為全都是「樂子和遊戲」，他決定從現在開始當個「爛人」，扮演更多「跋扈」的角色，像是兄弟會欺負菜鳥，或是像監獄電影，如《鐵窗喋血》演的那樣。[10]

　　柏登正處於一個關鍵的牆頭草角色，作為一個中立的小夜班獄卒。小蘭德里一開始就有強勢的位置，但似乎被赫爾曼的巧思介入減弱不少氣勢，讓他決定扮演「好獄卒」的角色，善待他們，並且不做任何羞辱、貶低他們的事情。如果柏登倒向小蘭德里這邊，兩人合作便能消滅赫爾曼的氣焰。但如果柏登選擇倒向那個惡棍，那麼小蘭德里會變得格格不入，並且未來發展有不祥之兆。在他自己的回顧日記中，柏登寫道，當他傍晚六點被緊急召喚儘速報到時其實十分緊張。

　　穿上軍事化的制服讓他覺得有些愚蠢，黑髮散亂落在臉上，兩者的反差讓他覺得犯人可能會嘲笑他，意識上他決定不直視他們的眼睛，不笑，也不把這個局面當作遊戲。相較於赫爾曼和小蘭德里的在新角色扮演上十分有信心，他卻不是。他把他們視為「正規兵」，即使他們也只是比他早到幾個小時而已。他最喜歡的是配戴警棍，揮舞警棍就等同於力量和安全，不論是拿來敲打囚房的門閂、猛擊黑洞的門，或是在手中輕輕拍打，已經變成他的例行姿態。在接近和夥伴們交班的時刻，他已經變得較像他應該是的年紀的孩子，比較不像濫權的獄卒。然而，他卻告訴小蘭德里，他認為工作時像個團隊的必要性，只有如此才能讓犯人們遵守規定，並且絕對不容許任何造反的行為。

凌晨兩點三十分的尖銳哨音

　　大夜班從深夜兩點鐘一直工作到早上十點。這一班包括安德烈·賽羅（Andre Ceros），又是另一個長髮蓄鬍的年輕男子，他是和卡爾·凡迪一起來的。還記得凡迪曾經幫過白天班由拘留所運送犯人到我們監獄嗎？所以他一開始值班時其實已經很累了，他就像柏登，也留著光滑亮麗的長髮。第三個獄卒麥克·瓦尼許（Mike Varnish），身材就好像美式足球後衛，健壯肌肉結實發達，但是比另外兩位矮了一些。當監獄官告訴他們要發佈突襲起床警告時，三個人都很高興可以湊上熱鬧。

　　犯人們聽起來都睡著了，擠在囚房裡，有些人還在黑暗中打鼾。突然之間，尖銳的哨音劃破沉靜，有人叫喊：「起來！起床並且到這裡來

報數！」「好啊，你們這些睡美人，是時候讓你們知道什麼叫做報數了。」半夢半醒的犯人在牆前排成一列，漫不經心的報數，這三個新來的獄卒也開始發想報數主題上的新花招。報數和其伴隨處罰的伏地挺身和青蛙跳，持續了幾乎令人吃不消的一個鐘頭。終於，犯人們被允許回去睡覺——可以說早點名提前了好幾個小時。許多犯人事後報告，他們第一次感到時間扭曲了，吃驚之餘體力也耗盡了，而且非常生氣。有些甚至在之後說明，那個時間點令他們非常想要放棄。

獄卒賽羅在剛開始穿上制服時感到很不舒服，但現在就好像穿上金鐘罩，讓他感到「安全的權威感」，但是尖銳的哨聲在黑暗的大廳裡餘音繚繞，還是讓他有點不安。他覺得自己太軟弱，不適合當一個獄卒，想把這份害怕的感覺轉化成「殘酷成性的笑容」[11]。他不斷刻意以提供「精進報數」的殘酷建言來奉承監獄官。瓦尼許也報告說，他知道對他而言當個兇悍的獄卒十分困難，因此他看著別人，學習如何在這個不尋常的環境裡行動，就像我們都會在陌生環境裡找尋我們自己最適合的方式那樣。他感覺獄卒們所做的這一切，都是為了創造一個環境——幫助犯人拋棄他們舊的自我認同，並且相對地投入新的。

最初的觀察和憂慮

我這時的筆記裡，已經開始記錄接下來日日夜夜中需要特別注意的問題。獄卒們越來越專橫殘酷，是否會達到某一個平衡的臨界點？如果他們回家後的行為反映了現在他們在此的作為，我們是否可以期待他們會懊悔？並且在某種程度上對自己過分的行為感到羞恥，進而改過向善？言語上的攻擊會擴大成身體暴力嗎？八小時乏味冗長的無趣值班，已經讓獄卒們以「玩犯人」自娛。對犯人而言，實驗往下繼續進行後，他們又會如何應付獄卒們不時的無聊把戲？這些犯人會不會開始維護他們的尊嚴和權利，聯合起來反抗？還是他們會讓自己完完全全臣服於獄卒們的命令之下？什麼時候會出現第一個「我受夠了」，決定離開實驗的犯人？其他人又會不會起而效尤、接二連三的離開？我們已經見過白天

班和小夜班非常不一樣的管理風格。那麼，接下來的大夜班又是什麼風格呢？

我們已有前例可循，這些學生要融入新角色，上手需要一些時間，剛開始總是有些可以理解的猶豫不決和笨拙不靈光。實驗裡的監獄生活，我們很清楚並不那麼相似於實際的監獄生活。實驗的犯人們似乎沒有辦法克服心理上的障礙，忘不了今天只是被囚禁在「某個地方」，並且是自願來的。除了逮捕行動是來真的以外，我們應該對這個顯然就是個實驗的結果有什麼期待？在星期六的職前說明時，我就嘗試引導他們去思考，這個地方就像一般真實的監獄一樣，有著心理層面上的模擬。我也描述了這類心理狀態，是我們要在「獄卒—犯人」實驗中試圖描繪的，也是我與我的顧問卡羅·派瑞史考特（Carlo Prescott）接觸時學到的，並且在剛結束的暑期課程中，我們才剛學到關於監禁的心理學知識。我擔心我給了他們太多方向，所以他們只能簡單地遵從我的指示，沒辦去依據他們在位時的經驗，慢慢地內化新角色。到目前為止，似乎這些獄卒都有各式各樣不照劇本演出的行為表現。讓我們來回顧一下，稍早獄卒職前說明時發生的事。

星期六的獄卒職前說明

為了準備這個實驗，我們工作人員與十二個獄卒碰面討論實驗的目的，給他們作業，並且建議管理犯人以不使用體罰為前提。九個獄卒隨機分成三個班，剩下三位後備——或是說因應緊急事件的救火隊。在我給大家概要講解為何我們要做這樣的研究後，監獄官傑夫描述了一些必要的程序和獄卒的職責，然後，扮演心理諮商角色的克雷格和科特詳細說明了星期天逮捕的事宜，以及新犯人怎麼帶回我們的監獄。

再回顧這個實驗目的時，我告訴他們我相信所有犯人的人身監禁是一種失去自由的象徵，每個人的感受會因不同的理由而有差異。作為一個社會心理學家，我們想要了解監獄怎麼創造人與人間的心理障礙／隔

閱。我們僅只利用「模擬監獄」的實驗，當然有其受限之處。這些犯人都知道自己只會被短監禁兩個星期，不像真正監獄服刑者的長時間監禁。他們也曉得，在這實驗中我們能對他們做的事很有限，實驗畢竟就是實驗，並不是真正的監獄，在那裡犯人可能被打、被電擊、輪暴，甚至被殺害。不管如何，我先講清楚在我們監獄不得有虐待。

我也說得很明白，除了這些限制，我們想要創造一個心理氣氛，可以捕捉到我最近才了解的，真實監獄中許多必要的特徵。

「我們不能虐待或折磨他們，」我說，「但是我們可以製造厭倦。我們創造他們的挫折感，在某種程度上創造他們的恐懼，創造專制的概念來統領他們的生活，讓他們被整個系統，被你、我、傑夫……全部被我們所控制。他們沒有任何隱私，他們將被持續監視──沒有什麼是不被觀察的。他們沒有行動的自由，沒有我們的允許他們什麼都不能做也什麼都不能說。我們將用各種方式帶走他們的個人獨特性。他們將穿上制服，並且任何時候都不能直呼他人姓名；他們會有識別號碼，因此只能稱呼對方的識別號碼。整體來說，我們是要在他們身上創造『無權力感』，我們有情境下所有的權力，是他們所沒有的。這個研究問題是：「他們會做什麼來得到權力？取回某種程度的個人獨特性？獲得一些自由，贏得一些隱私？這些犯人是不是必定對抗我們，以奪回那些原先在監獄外頭能夠自由擁有的事物？」[12]

我指示這些菜鳥獄卒，犯人非常有可能把這一切當作娛樂和遊戲，但這取決於我們這些工作人員如何營造犯人的心理狀態，讓這樣的狀態可以持續下去。我們必須讓他們感覺好像他們真的在監獄裡，當然我們不能在研究或實驗中這麼說。在回答這些漸漸上道的獄卒們的各種問題後，接著我請他們按照自己的意願排班次。我們早已決定三個人一組，我說似乎沒人想要值小夜班，但其實那是最輕鬆的一班，因為有一半的值勤時間犯人都在睡覺。「但是也有些小事你要注意，你不能睡覺，並且還要待在那裡看守，以免他們計畫做什麼事情。」儘管我以為小夜班做的事情最少，但是其實到最後小夜班做的事情最多──而且對犯人的虐

待也最多！

　　我必須再強調一次，我原先對犯人的興趣勝過獄卒，想知道他們如何適應監獄的環境，我希望獄卒遵照跑龍套的配角指示，讓犯人們認清自己正在坐牢。我想這樣的觀點是來自我的低社經背景，讓我對於犯人的認同超過獄卒。我必定是因為頻繁地接觸派瑞史考特和其他受刑人，「將心比心」，才描繪出一些在真實監獄運作中的關鍵情境和心理歷程。隨著時間進行，它讓我們更加明白獄卒原來是如此令人感興趣，甚至比當犯人有過之而無不及。如果沒有這個職前說明，會有接下來的結果嗎？我們只被允許操弄行為脈絡和角色扮演嗎？如你所見，除了這個偏向的引導，獄卒們一開始不太能夠裝扮好我們需要用來創造犯人負向心理的態度和行為，但是隨著時間而演進，他們漸漸能夠適應新角色，在情境力量之下慢慢轉變為虐待犯人的加害者——這是我的罪惡，並且最終必須由我對創造了史丹佛監獄負責。

　　從另一個角度來看這些獄卒，他們沒有經過正式的訓練就成為獄卒，僅僅被告知基本的維持規則和秩序，不容許犯人逃脫，不准對犯人使用身體暴力，更只在職前說明會裡聽取監禁心理的負面概念。這個過程，比較像是在許多系統裡把獄卒帶入懲治單位，但是這些工作人員往往沒有經過太多訓練，在受到威脅的情況下，他們被允許以任何力量對抗。這些由監獄官和獄卒共同制訂的規定，加上職前說明，成了創造系統最初狀態的主要原因，而這些將會挑戰這些實驗參與者帶進這個特殊環境的價值觀、態度以及人格特質。不久後，我們將了解如何解決情境力量和個人力量的衝突。

第 4 章
星期一：犯人叛亂

　　星期一，讓我們感到沉悶又疲累厭倦的星期一。終於度過沒完沒了的第一個夜晚後，現在又響起尖銳的哨音，準時在清晨六點叫醒每個犯人。他們帶著惺忪的雙眼慢慢地從囚房飄飄然走到大廳，整理他們的絲襪帽和制服，整頓他們腳踝上的鎖鍊，而且每個犯人都擺著一張臭臉。5704 後來告訴我們，當他們知道新的一天「又是同樣的鳥事，甚至更糟」[1]時，憂鬱沮喪全都寫在臉上。

　　獄卒賽羅抬起這些沮喪傢伙的頭——特別是 1037，看起來就好像還在夢遊狀態；獄卒把他的肩膀向後推，好讓背脊挺得更直。一個一個整頓無精打采的犯人，讓他們抬頭挺胸。賽羅就好像孩子的媽在打點剛睡醒而且是第一天上學的小孩——只是方式粗魯了點。吃早餐前，是更多學習規定和早晨勞動時間。獄卒凡迪先下命令：「好啦，現在我們要教你們這些規定，教到全部會背為止。」[2]他的活力感染、刺激了賽羅，讓他不斷在犯人的隊列前走來走去，揮舞、炫耀著警棍，先是沒耐性地大喊：「趕快！趕快！」當犯人們重複他的命令但不夠迅速時，賽羅除了粗聲催促，還會在手掌上拍打警棍，發出「啪！啪！」帶侵略性的聲響。

　　凡迪負責說明廁所的使用規定，幾分鐘之內重複說了許多次，直到犯人們達到他要求複誦的標準：怎麼使用如廁設施、可以使用多久，而且要保持安靜。「819 覺得這個很好笑，或許我們應該給 819 一些特別的。」獄卒瓦尼許退到一邊站著，賽羅立刻和他互換角色；犯人 819 還是持續微笑，甚至笑得更猖狂。「這並不好笑，819！」

　　最後，獄卒馬卡斯和賽羅輪流宣讀規定。賽羅說：「跟著大聲唸這條規定：犯人必須向獄卒告發任何違犯規定的行為。」犯人們必須複誦

這些規定無數次，直到他們顯然已經記熟。下個階段，則是指導他們如何使用軍事化方法正確整理吊床：「從現在開始，你們的毛巾都要捲好，並且整齊擺放在床尾！整齊！不是亂丟，了解沒？」凡迪這麼說。

犯人 819 開始搗蛋，不再理會訓練，其他人也跟著停下來，等著他們的好夥伴重新加入。獄卒要求他繼續，他為了同伴繼續了。

「了不起，819，你現在得到坐『黑洞』的機會！」凡迪的命令才出口，819 便自己昂首闊步走進了禁閉室。

高大的獄卒凡迪氣定神閒地在監獄前方的走廊踱步，開始有一種統治地位的優越感。

「很好，今天過得如何？」只得到幾個零星又含糊的回應。

「大聲點，你們全都快樂嗎？」

「是的，獄警先——」

瓦尼許放輕聲調，想讓自己看起只是冷靜詢問：「我們全都快樂嗎？我聽不見你們兩個的聲音！」

「是的，獄警先生。」

「4325，今天過得如何？」

「今天過得很好，獄警先生。」

「不，是『今天過得實在是**棒透了**！』。」

「今天過得實在是棒透了，獄警先生。」他們全都跟著說。

「4325，今天過得如何？」

「今天過得很好。」

凡迪說：「錯了，今天過得實在是**棒透了**！。」

「是的，長官，今天過得實在是棒透了！。」

「那你覺得呢？1037？」

1037 用一個活潑又帶著譏諷的語調回答：「今天過得實在是棒透了！」

凡迪說：「我想你會的，好，回到你們的牢房，在三分鐘內整齊地、有秩序地擺好那些毛巾，然後在床尾立正站好。」他告訴瓦尼許怎

麼檢查他們的牢房，三分鐘後，獄卒們進入各個牢房，犯人們已經如同軍事檢查一般，在床邊立正站好。

反叛醞釀中

這些犯人每天應付獄卒對他們做的鳥事，挫折可以想見，此外，他們不但非常飢餓，也為整晚的折騰、無法好好休息而感到疲累。雖然如此，他們還是繼續配合演出，並且好好地整理內務——是對凡迪來說卻仍然不夠好。

「你說這個叫整齊？8612，這簡直是一團亂！重新弄好！」說完立刻扯掉毛毯和床單，全都丟到地上。8612反射性地撲向凡迪，對著他大叫：「你不能這麼做！我才剛剛弄好的！」

措手不及的凡迪推開犯人，握緊雙拳向犯人胸口一擊，高聲大喊求救兵：「獄卒們！二號囚房緊急狀況！」

所有獄卒馬上包圍8612，並且粗暴地將他丟進「黑洞」，讓他和靜靜坐著的819作伴。反叛計畫，就在那黑暗狹窄的有限空間裡開始密謀策劃。但是他們錯過了上廁所——如其他同伴被一對一地護送——的機會。憋尿很快就令人痛苦不堪，所以他們決定，這會兒先不要惹麻煩。只不過，很快地麻煩就不請自來。有趣的是，獄卒賽羅事後告訴我，對他來說，當他單獨帶著犯人進出廁所時，很難始終戴著獄卒的面具。我想是因為，他已經離開了可以讓他依賴的監獄環境這個大道具。他和大部分的其他獄卒，都報告他們在護送過程中，執行管教變得較為困難，必須有點技巧，才能扭轉他們離開監獄環境後態度鬆懈的傾向。當一對一面對犯人時，要維持一個強硬態度的獄卒角色更是不容易。另外，還有一種存在成人世界的羞恥感會油然而生，好像他們被降級為廁所清潔巡邏員。[3]

反叛二人組佔領了「黑洞」，卻也錯過了八點整在大廳送上的早餐，有些人坐在地上吃，有些人則站著。他們違反了「禁止交談」的規則，

開始討論起即使飢餓，突襲也會讓他們更加團結一致。他們也同意必須開始要求一些事情，來測試他們的權力，比如說要求拿回眼鏡、藥物以及書籍，並且不遵從操練命令。而先前我們沉默的犯人們，包含3401，我們唯一的亞裔美籍參與者，如今也在他們的公開支持之下，顯得躍躍欲試。

　　早餐之後，7258和5486開始試行計畫，拒絕聽從命令，只想回到自己的房間，逼得三名獄卒只好讓他們各自回房。正常來說，這樣「不服從命令」的行為應該得到「黑洞體驗」時間才是，但是「黑洞」已經太擠了，塞進兩個人已經是它的極限。在雜音四起的情形下，我驚訝地聽見三號囚房有犯人自願幫忙清洗碗盤。一直以來都十分合作的模範湯姆2093，果然還謹守他的一貫作風。但是，在他的同伴們正計畫反叛時，這樣的舉動顯得有些古怪。也許2093是希望冷卻一下注意的焦點，消除漸升的緊張情勢。

　　除了三號囚房令人難以理解的舉動外，其他犯人則開始不受控制，日班獄卒三人組認為，犯人面對他們時太鬆散，才會導致接下來的惡作劇。他們認為是採取「強硬」態度的時候了。首先他們設定早起工作時間，今天的工作是擦牆和地板。接著是他們集體具創造的復仇方式──把一號和二號囚房犯人的毛毯帶到監獄外面，拖著它們走過灌木叢，讓毛毯沾滿了芒刺。除非這些犯人可以不理會這些「刺針」，否則為了使用毛毯，他們就得花一個小時以上的時間挑刺。因為過度疲勞而失去理智的犯人5704因此大叫：「我受夠了這些沒道理的鳥事！」但這正是重點所在，沒道理、愚蠢、專制的作業就是所謂「獄卒的力量」的必須成分。獄卒們希望懲罰他們的反叛，必且建立一個「不容置疑的」的服從態度。從一開始的拒絕，5704首先變節，因為獄卒塞羅向他示好，給了他一根香菸，所以乖乖地慢慢挑出上百支的芒刺。所謂的鳥事裡，其實包含了「秩序」、「控制」和「權力」──誰擁有？誰缺少？

　　獄卒賽羅問：「在監獄裡，沒有什麼比做這種事更棒了，你們同意嗎？」

犯人們低聲咕噥，以不同方式表達贊同。

「真的不錯，獄警先生。」三號囚房的回答最清楚明白。

剛從二號囚房關完禁閉出來的 8612，可沒因此就軟化了：「喔，**操你媽的**，獄警先生。」當然了，馬上就被命令「閉上你的髒嘴」。

我發現，這是第一次在這個環境裡出現髒話。我以為獄卒們會以強勢的態度建立硬漢的形象，但是他們顯然沒有做到，道格 8612 才會毫不猶豫地口出穢言。

獄卒賽羅：「當時我下的命令是有點奇怪。我覺得，好像不管對誰，即使喊破嗓子，最後效果都一樣，因此我改成要犯人們相互大吼：『你們這群大混蛋！』我真不敢相信，在我的命令之下，他們複誦了一次又一次！」[4]

凡迪也說：「我認為，自己既然扮演的是獄卒的角色，就不需為此做任何道歉。事實上，我變得有點蠻橫專制，犯人們變得有些叛逆，我想要處罰他們，因為他們破壞了我們整個系統。」[5]

另外一個反叛的徵兆來自於另一個犯人的小團體：史都華 819 和保羅 5704，加上一直以來的乖乖牌修比 7258。他們撕開制服前的號碼，大聲地抗議居住情境令人無法接受，獄卒們立即報復，將他們脫個精光，直到號碼牌重新黏上為止。獄卒們撤退到他們的角落，為權位優勢的角力而心神不安，大廳裡頭是令人毛骨悚然的靜默，讓他們急切地等待第一次如此漫長值班的結束。

歡迎來到反叛，日班

日班獄卒到來時，發現當天的氣氛似乎失去了控制，和前一天完全不同。一號囚房的犯人們，把自己關在囚房裡頭不願意出來。獄卒亞涅特馬上意識到不對勁，並且要求上一班獄卒在情況穩定之前先別離開。他說話的語調好像是在告訴他們，事情變成這樣棘手應該有人負責。

反叛的帶頭者保羅 5704，將他的夥伴都聚集在一號囚房，修比 7258、葛蘭 3401 都同意，現在正是違反當初和權威者（就是我）簽訂的

合約的時候。他們以床舖頂住囚房的門，用毛毯遮住門縫，並且關上電燈。因為推不開房門，獄卒們便把怒氣出到二號囚房，也就是榜上有名的幾個麻煩鬼：道格 8612、史都華 819 這兩個「黑洞」的常客，以及理奇 1037。在這個出奇不意的反擊中，獄卒們衝進去，把他們三個的床墊拉出房間，丟在大廳。8612 強烈掙扎、拒絕服從，在囚房各個角落和獄卒搶奪床墊，但在一陣追趕跑跳碰後，還是獄卒佔了上風。

「給我面牆站好！」

「給我手銬！」

「全部東西拿走，統統拿走！」

819 大聲吼叫：「不，不不！這只是一個實驗，離我遠一點，媽的，放開我，混蛋！你不能就這樣拿走我們他媽的床。」

8612：「該死的模擬，該死的模擬實驗，這裡根本沒有犯人。他媽的該死的**金巴多**！」

亞涅特用令人印象深刻又冷靜的特殊聲調說：「只要一號囚房的犯人恢復正常，你們的床就會回來了！你可以使用任何影響力讓他們回到『正常的行為』。」

但也有一個更冷靜的犯人聲音，要求獄卒：「那是**我們的床**，你不該拿走我的床。」

在極度混亂之中弄得全身赤裸的犯人 8612，用哀傷的語調說著：「他們扒光我們的衣服，他們帶走我們的床。」馬上又補了一句：「在**真正的監獄裡頭，他們才不會這麼做！**」[6] 有趣的是，另一個犯人卻回答：「他們會！」

獄卒們大聲笑成一團，8612 將手伸出囚房門的鐵欄，張開手掌朝上，擺出看似請求的手勢，臉上露出令人難以置信的表情，發出新奇怪異的聲調。獄卒大蘭德里只叫他鬆手離開柵欄，賽羅卻直接用棍子擊打鐵欄，8612 只好趕快把手收回來以免手指被打爛。獄卒們又一次大笑！

現在獄卒們轉到三號囚房，因為 8612 和 1037 大叫，要他們的夥伴趕快把自己關進囚房：「把你的床擋在門後！」「一個水平放一個垂直

放！不要讓他們進去，他們會奪走你的床！」「哦！他們已經搶走了我的床，媽的！」

1037 率先號召暴力反抗：「反抗他們，暴力抵抗到底！現在是流血革命的時候了！」

大蘭德里回頭隨手拿了個滅火器當武器，發射清涼透心的二氧化碳到二號囚房裡，迫使犯人四處散逃。「閉上嘴並且遠離那扇門！」（諷刺的是，這個滅火器是「人類受試者研究委員會」堅持要給我緊急之用的。）

當三號囚房的床被拉到走廊時，二號囚房的反抗者感覺遭到了背叛。

「三號囚房，發生什麼事情了？我們不是教你們把房門擋起來嗎？」

「這算是哪門子的團結？是『中士』（湯姆 2093）幹的好事嗎？中士，如果是你的錯，我們一點也不意外！」

「但是，一號囚房麻煩你們繼續把床那樣擺著，別讓他們進去。」

獄卒們發現，此時此刻六個人可以制服犯人的叛變，但是一旦交班，接下來就是三位獄卒面對九個犯人，可能會產生更大的問題。沒關係，亞涅特想出一個挑撥離間的策略——讓三號囚房享受特別待遇！他們將擁有特權可以盥洗、刷牙，並且把床和床單送回他們房間，准許使用房間裡的自來水。

獄卒亞涅特大聲宣布，因為三號囚房表現良好，「他們的床不會被破壞，只要一號囚房乖乖聽話，床就會回來了。」

獄卒們想要藉此誘惑「好犯人」去說服其他人聽話點。「嗯，如果我們知道他們什麼事情做錯了，我們會告訴他們。」其中一個「好犯人」回答。

凡迪回答：「你不必知道什麼事情是錯的，只要告訴他們守規矩點！」

8612 大叫，「一號囚房，我們三個與你們同一陣線！」當身上只有一條毛巾的他從禁閉室被獄卒送回來後，會是一個潛在的威脅：「不幸

的是，你們這些人以為我們的招式都用完了嗎？」

混亂暫時告一段落，獄卒難得偷閒抽根菸，也開始規劃怎麼應付一號囚房的情況。

當理奇 1037 拒絕從二號囚房出來時，三個獄卒死拖活拉，把他壓在地板上，再用手銬銬住他的腳踝拉他到大廳。他和反叛者 8612 在黑洞裡頭對著大廳大呼小叫，呼籲其他「革命成員」堅持這次的反叛。有些獄卒建議把大廳的櫃子清一清，創造一個新黑洞，好把 1037 丟進去。在他們開始搬動裡頭的檔案箱，好空出更大空間的同時， 1037 先被拖回房間，雙腳還銬著。

獄卒亞涅特和大蘭德里協商後，一致同意使用簡單的方式帶給這些混亂場面一些秩序：開始報數！報數可以制服混亂。即使只有四個犯人，還是要他們列隊、全部立正站好，讓這些犯人開始報出他們的編號。

「我的號碼是 4325 ，獄警先生！」

「我的號碼是 2093 ，獄警先生！」

報數聲此起彼落，由三位第三囚房的「好犯人」和除了腰間圍了一條毛巾外全身赤裸的 7258 所組成，值得注意的是， 8612 也在「黑洞」裡報數，但是用嘲弄的口吻！

接下來，獄卒們拖著 1037 到遠遠角落的大廳櫥櫃──緊急替代「黑洞」的禁閉室。同時， 8612 繼續呼叫典獄長：「嘿，金巴多，趕快給我滾過來！」我決定不在此時此刻介入，繼續觀察這場衝突，看看獄卒們如何恢復法規和秩序。

事後回顧（在研究結束後完成）的日記中，記錄著一些有趣的評論。

保羅 5704 寫到當時間被扭曲後對大家造成的影響，開始改變大家想法。「當那天早上我們將自己關在囚房裡時，我睡了一下子，但還是因為昨天晚上幾乎沒睡而感到非常疲倦。當我醒過來時，我還以為是隔天早晨，但竟是當天早上，連中餐都還沒吃呢。」他又在下午睡了一覺，

醒來想說應該是晚上，卻僅僅是下午五點而已。時間概念扭曲也發生在 3401 身上，他感到飢餓、生氣又沒吃到晚餐，以為已經九點多十點了，結果卻發現還不到五點。

雖然獄卒們最終擊倒反叛勢力，矯正過來，還制服了這些潛在的「危險犯人」，權威似乎更上一層樓，但許多犯人卻也覺得，有勇氣挑戰整個系統的感覺很不賴。5486 評論他自己：「精神可嘉，團結合作，準備好要掀開這個地獄。我們上演有如『脫韁野馬』的戲碼。不會再鬧笑話，不會再有青蛙跳，不會有人搞得我們團團轉！」他也說，因為受限在「好囚房」和「好室友」共住，如果他是住在一號或二號囚房，他也會「跟他們做一樣的事」，並且更瘋狂！年紀最小、最體弱多病的葛蘭 3401 是一個亞裔美籍學生，似乎對反叛有更多的領悟：「搬床到門邊把獄卒擋在外頭是我的建議。雖然我平常都很安靜不多話，但我不喜歡被這樣欺壓。協助組織且參與整個反叛計畫對我而言十分重要，我在那裡建立了我的『自我』，我感覺到這是所有體驗中最棒的事情。將獄卒擋在門外是一種對自己成長的確立，讓我更加了解自己！」[7]

午餐後趁機逃跑

在一號囚房仍然固守城池及一些反叛者正在關禁閉時，大夥的午餐只有一小部分的人分食，獄卒們給「優良三號囚房」準備了特別的午餐，讓他們在其他不守規矩的同伴面前大快朵頤。但令人驚訝的事情又來了，他們拒絕這份餐點，獄卒們嘗試說服他們吃下美味的食物，雖然他們早餐只吃一點燕麥片，而且昨晚只吃了少少的晚餐，但是他們卻仍然不為所動。三號囚房犯人決定不能表現得像個叛徒，不能無情無義。一種詭異的寂靜，在大廳裡頭蔓延整整一個小時，然而三號囚房的男士們在這段期間完全配合，其中也包括了從毛毯挑出芒刺，獄卒也給犯人理奇 1037 一個離開禁閉室加入工作行列的機會，但是他拒絕了！他寧可在黑暗中還樂得清靜。規則明訂黑洞時間最長一個鐘頭，但是最長時數被 1037 給拉長到兩個鐘頭，8612 也是同樣的待遇。

　　同時，在一號囚房，兩名犯人正悄悄地部署新脫逃計畫的第一步。保羅5704利用為了彈吉他而留的長指甲鬆開電器箱面板上的螺絲，成功之後，他們計畫使用面板的邊角當作螺絲起子鬆開囚門鎖。其中一人會假裝肚子痛，當獄卒帶他到廁所而打開通往大廳的主要入口時，在一聲口哨之下，所有的犯人會一湧而出，打倒獄卒們，衝出自由的大門！就如同在真正的監獄裡，犯人們會富有創造力地製作武器，並且仔細規劃精巧多謀的逃脫計畫。

　　時間和運氣是反叛之父，但如果壞運當頭，結果就難說了，獄卒大蘭德里在例行巡視時轉動一號囚房的門把，竟然砰的一聲掉到地上，引起他一陣恐慌。「快來幫忙！」大蘭德里大叫：「有人要逃走啦！」亞涅特和馬卡斯立刻衝上前來，關上大門並把可能想脫逃的犯人一起用手銬銬在囚房的地板上。8612正是其中一個搗蛋鬼，所以他又得到他經常去的黑洞一遊機會。

報數平撫躁動不安的一群

　　在日班交代工作時，代表令人神經緊繃的幾個小時過去了，該是在真正災難發生前好好安撫籠中野獸的時候了：「安分守己有獎賞，調皮搗蛋沒糖吃。」這個冷靜且威風不已的聲音，一聽就知道是亞涅特，他和大蘭德里又再一次聯手指揮犯人列隊報數。亞涅特掌控全局，儼然成為日班的領袖：「將手放到牆上──這邊這面牆！現在讓我們來驗收一下，大家是否記熟了自己的號碼。如同以往，大聲說出你的號碼，從這邊開始！」

　　第一個是「中士」，他用快速嘹亮的聲音答覆，其他犯人們則參差不齊地應和著，4325和7258好像也都加入了，但我們卻聽不太到吉姆4325的聲音。一個六呎高又強壯的大個子，如果他想的話，倒是很有和獄卒們硬碰硬的條件。相較之下，葛蘭3401和史都華819總是動作最慢的兩個，而且最心不甘情不願，遵從命令時總是心不在焉。亞涅特顯然不滿意，於是變本加厲表現他的控制慾，要他們用「有創意一點」的方

式來報數，他叫他們倒著唸或是三個人一起唸，或是任何只要可以把報數變得奇怪複雜的方式。

亞涅特也向旁觀者展現了他過人的創造力，像獄卒赫爾曼那樣，但是他並不像其他班的領頭那樣，從這些作為中得到一些私人的快感，對他而言，這只不過是讓工作更有效率的方式罷了。

大蘭德里建議讓犯人「唱出」他們的號碼，亞涅特問道：「那是昨晚很流行的那套嗎？大家都喜歡唱歌嗎？」大蘭德里答道：「我想他們應該喜歡昨晚那套！」但是有幾名犯人回答他們不喜歡，亞涅特於是說：「喔，好吧，你們必須學著做自己不喜歡做的事情，這是讓你們恢復邁向規律社會的其中一部分。」

819 抱怨著：「哪有人上街是用號碼的？」亞涅特回答：「人們上街不需要有號碼，但你必須有號碼，是因為你在這裡的身分地位就是要有號碼！」

大蘭德里給了一個特殊的指示，教導他們怎麼唱出他們的音階：「使勁地唱出一段音階，就好像 Do Re Mi。」所有犯人都遵從，並且盡全力唱著升音階——除了 819。「819 該死的沒跟著唱，讓我們再聽一次看看！」819 正要解釋為什麼他不能跟著唱，沒想到亞涅特倒是先澄清這個練習的目的：「我不是問你**為什麼**不能唱，這個訓練的宗旨是要讓你**學著**唱！」亞涅特十分挑剔，不斷批評犯人們唱得不好，但是疲憊的犯人們也只能咯咯傻笑。

和他同班的獄卒比起來，獄卒約翰‧馬卡斯顯得無精打采，很少介入大廳裡頭的活動，取而代之的是，他自願去做其他離開實驗基地的雜事，像是去大學自助餐餐廳運送食物過來，他的身體姿態所顯示的，並沒有典型強壯獄卒的印象，彎腰駝背，肩膀下垂，無時無刻低著頭。我叫監獄官傑夫去問他：是不是可以為了這個賺錢的工作再主動、有反應一些？

監獄官於是把他從大廳帶回他的辦公室，斥責一番：「你得知道，全天下的獄卒都要像是『強硬、不好惹』的獄卒。這個實驗的成敗，就

在於獄卒們能不能夠表現的讓人覺得這是個真正的監獄。」

馬卡斯反駁：「真實世界的經驗告訴我們，過度強硬和太有侵犯性的行為是會導致不良後果的！」

傑夫固守城池，告訴他這個實驗的目的並不是要讓犯人們改邪歸正，而是去了解當他們在面對集權力於一身的獄卒的情境下，監獄如何改變他們。

「但是**我們**也會被這個情境所影響，光是穿上這件獄卒制服就讓我負荷不了。」

傑夫變得更像個可靠的聆聽者：「我了解你的背景，我們需要你改變行動方式，在這段時間裡，我們需要你扮演『強硬』獄卒的角色，要你做出比如你所能想像的『豬頭』會做的事。我們得樹立一個刻板印象中的獄卒形象──而你的個人特質中這個部分少了點。你太溫和。」

「好吧，我會試著慢慢調適的。」

「很好，我就知道我們可以信賴你。」[8]

與此同時，8612 和 1037 仍然在關禁閉，然而現在他們開始吼叫、抱怨我們違反規定；沒有人理他們，所以他們開始輪流說必須看醫生。8612 說他覺得自己生病了，很不舒服，他也說，即使他知道頭上的絲襪帽已經不在了，但他還是有種奇怪的感覺，好像絲襪帽還在頭上。他求見監獄官的要求，最後在當日稍晚得到允諾。

大約四點鐘，床已經被送回「優良三號囚房」，獄卒們的注意力還是放在反叛的一號囚房，小夜班獄卒被要求要早一點到，和日班一起猛攻囚房，用滅火器敲打門縫鐵柵以確保犯人無法近身，再剝光三個犯人的衣服，拿走他們的床舖，威脅他們如果接下來還是不合作，就不給他們晚飯吃。在沒有吃中餐的飢餓狀態之下，犯人們果然瞬間就被擊垮，並且潰不成軍。

史丹佛郡大監獄犯人申訴委員會

意識到情境變得岌岌可危後，我請監獄官用廣播宣佈，他們可以選

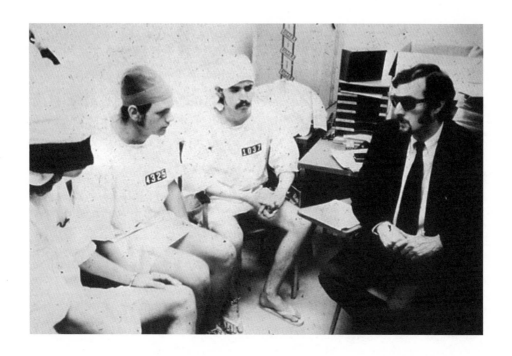

出三名代表來參加「史丹佛郡大監獄犯人申訴委員會」，與典獄長金巴多面對面會談，提出的申訴問題，很快就能獲得關切和修正。我們後來從保羅5704寫給女朋友的信中得知，他非常驕傲能夠被同伴們推選為代表，出席申訴委員會。這是個值得注意的陳述，顯示犯人已經失去未來的展望，開始著重活在「當下每一分鐘」。

申訴委員會由三個被推選的代表所組成，保羅5704、吉姆4325，理奇1037，告訴我原先制訂的合約已經被多種不同形式破壞了。他們準備的清單裡包含了：獄卒們體罰或是以言語虐待他們，那是不必要的騷擾；食物的量準備不夠；他們想要拿回他們的書和眼鏡、醫藥用品；他們想要比一個晚上更長的探訪時間；有一部分的人希望可以提供宗教的慰藉。他們聲稱，今天一整天的公開反叛行動，就是為了反抗這些不公平的待遇。

在銀色反光太陽眼鏡底下，我輕易地自動融入典獄長的角色。一起

頭便說明我確信我可以和睦地解決任何歧見，達到雙方滿意的結論。我
發現申訴委員會的第一步方向走對了，所以我十分願意直接與他們對
談，只要他們願意表達他們和其他人的想法。「但是你必須了解，許多
獄卒口頭上或身體上的動作是因為你們不好的行為。你們必須因為打斷
整體行程而付出代價，而且你們常常嚇到獄卒們，他們也才剛剛站上這
個崗位。面對桀驁不馴的犯人，他們不能施以肢體上的處罰，取而代之
的便是奪走權利。」這個解釋，申訴委員會成員一致以點頭表示了解。
「我答應今晚會和工作同仁們一起討論這份申訴清單，將負面影響減到最
少，增加更多你們提到對你們有利的事情。明天我會帶一位監獄牧師過
來，並且本週增加一次探訪之夜來讓我們重新來過。」

「那真是太棒了！謝啦！」犯人頭頭保羅 5704 這麼說，其他兩位也
跟著點頭稱是，整個進行的過程，讓市民監獄又邁進一步。

我們起身握手，他們平和地離開，我希望他們能夠告訴夥伴，從現
在起冷靜一些，大家都盡量避免類似的衝突。

犯人 8612 成為不定時炸彈

道格 8612 並不是個合作的傢伙，他不接受剛從申訴委員會回來同伴
的說法，然而他越是這樣，就讓他越有機會再進「黑洞」，手銬無時無刻
都在手上。他說他覺得自己好像生病了，要求見監獄官。過一會兒，監
獄官傑夫在他的辦公室中接見他，聽他抱怨獄卒的行為如何專制且「殘
暴」。傑夫告訴他，是因為**他的**行為引發了獄卒們的強烈反彈，如果他願
意更合作的話，傑夫可以保證獄卒對他的態度會變緩和。8612 卻說，除
非這樣的情況很快就可以發生，不然現在他就想要出去。傑夫也擔憂他
是不是真的生病了，還詢問 8612 要不要去看醫生。犯人被護送回他的囚
房，但一回房他就開始和理奇 1037 互吐苦水。理奇同樣抱怨令人難以忍
受的情境，還有他也想要去看醫生。

即使好像在見過典獄長後有稍被安撫，但是犯人 8612 用誇張的音調

大聲呼喊，堅持要面見「他媽的金巴多博士」，也就是「典獄長」本人我。我立刻答應見他一面。

我們的顧問嘲笑假犯人

那個下午，我安排了第一個訪問者到監獄參訪；這個訪客，就是我的顧問卡羅‧派瑞史考特。他幫助我設計過許多實驗的細節，模擬和真正監獄裡機制功能相同的監禁方式。卡羅最近才剛從聖昆丁監獄假釋出來，他在那裡服刑十七年，也曾經在佛森和維卡維爾監獄（Folsom and Vacaville Prisons）服刑，大多是因為武裝竊盜被起訴後定罪，我是在前幾個月因為一個課程計畫而與他認識，那時我們社會心理學學生籌劃一個關於個人在公共機構環境中的議題。某位同學邀請卡羅來課堂上主講，以一個當事人的角度說明真實的監獄生活。

卡羅才剛從監獄出來四個月，並且為了監獄系統中非正義的監獄制度滿腹怒氣，他抱怨美國資本主義體制、種族主義，也斥責像湯姆叔叔一樣討好白人、幫著白人對付自己兄弟的黑人，以及軍火販子等等。但是，他也對社會互動有他獨到的見解和洞察。此人異常好辯，而且擁有宏亮的男中音，滔滔不絕絕無冷場。我對這個人的觀點十分好奇，特別是我們的年齡差不了多少——我三十八歲，他四十歲——而且我們一樣都生長於東岸和西岸的猶太人區。但是當我在上大學的時候，卡羅正在服刑。我們很快就交上朋友，我成為他耐心聆聽的知己，與他促膝長談，成為他心理學知識的顧問，工作或課堂的「預約經紀人」。他的第一份顧問工作，就是和我一起教授有關監獄心理學的暑期課程。卡羅不只告訴課堂同學他的個人監獄體驗，還安排了其他曾經受監禁的男士和女士來現身說法。因為他，我們增加了監獄獄卒、監獄律師，以及有關於美國監獄體制的知識。在卡羅的顧問與協助之下，我們的小小實驗注入許多不曾在任何社會科學研究中的常識與理解。

當卡羅和我在電視螢幕上看他們報數時，大約是晚間七點，那是用來記錄一天特別事件的。接著我們撤退到典獄長的辦公室，討論接下來

怎麼進行，我又應該如何應付明天的探訪夜。突然間，監獄官傑夫衝了進來，報告 8612 真的因為很想出去而心煩意亂，並且堅持要見我。傑夫分不清是否 8612 只是假裝這樣，好獲得釋放，到底是想要給我們製造一些麻煩，還是真的身體不舒服。他堅持這是只有我可以做主的事。

「當然，帶他進來吧。我可以當面評估這個問題。」

沒多久，一個悶悶不樂、叛逆、憤怒且有些意識不清的年輕男子走進了辦公室。

「什麼事情讓你心煩呢，年輕人？」

「我再也不能忍受了，這些獄卒不斷地騷擾我，他們總是挑我毛病，隨時隨地都要把我放進『黑洞』裡，而且——」

「好，從我知道的看來，我想你這樣是自找的；你是整個監獄裡頭最反叛、最不守規則的犯人。」

「我才不在乎，你們違反了所有合約上的規定，我並沒預期自己會被這樣對待，你——」[9]

「站著別動！小流氓！」卡羅猛然用兇悍的口吻抨擊 8612：「你說你沒辦法撐下去？伏地挺身、青蛙跳，獄卒嘲笑你，向你大吼？那就是你所說的『騷擾』嗎？別打斷我！然後你哭著說他們把你丟在櫥櫃裡幾個小時？讓我來教育你一下，白種男孩，你在聖昆丁監獄撐不到一天的，我們會嗅出你的恐懼和軟弱。你的獄卒會從你的頭上一棒揮下，並且把你丟到真正讓你感覺到無比孤獨、空無一物的坑洞裡，我在那裡忍受過一次就是幾星期的生活，而你才這樣就受不了。不知死活，如果遇到壞透了的上頭，就會塞給你兩、三包香菸，讓你的屁股鮮血直流，青一塊紫一塊，而那只是將你變成娘娘腔的第一步而已。」

8612 被卡羅一席慷慨激昂的長篇大論嚇傻了，我必須拯救他，因為我覺得卡羅就要爆炸了，可能是他看見我們監獄中的擺設，勾起了他前幾個月在監獄中的血淚回憶。

「卡羅，謝謝你讓我們知道監獄的實際狀況，但是在我們可以繼續進行之前，我必須先了解這個犯人想說的是什麼。8612，如果你選擇留下

來並且好好配合，你知道我有權力讓那些獄卒不要再騷擾你。你需要這些錢嗎？如果你決定提早結束，就會失去剩餘的酬金。」

「哦，當然，不過……」

「好，那麼我們就這麼先說定了，不會再有獄卒騷擾你，你留下來賺剩下的酬金，可是你要以好好合作來回報，並且任何我有需要的時候，你都必須提供我訊息，好讓我可以正常運作這座監獄。」

「這個嘛……」

「聽著，想想我答應給你的優惠，然後接下來，晚餐過後如果你依然想離開，那沒有關係，我們會依照你的時間算給你酬金。但是，如果你決定繼續留下來賺足全部的酬金，不被騷擾並且和我合作，我們就可以把第一天的問題拋在腦後，好好地從重新來一遍，同意嗎？」

「說不定可以，但是——」

「沒有必要現在就做決定，你可以好好考慮我給你的優惠，然後晚一點再做決定，好嗎？」

8612 小聲地說：「好吧，就這樣。」我送他到隔壁監獄官的辦公室，讓傑夫送他回大廳。我也告訴傑夫，他仍然還沒決定要留下來或是離開。

當下我想了一下這個浮士德交易，決定表現得像一個邪惡的監獄管理者，而不是一個和藹可親的大教授（我認為我應該是）。作為典獄長，我不希望 8612 離開，因為這樣會給其他犯人帶來負面的影響，而且我認為，只要獄卒收回對他的責罵管教，他應該會更合作才是。我也邀請反叛頭頭 8612 成為「告密者」、「線人」，作為我給予他特殊權利的回報。在監獄生態裡頭，告密者是最低微的階層，並且常常被當局隔離到禁閉室裡，因為他的同伴知道他告密後，有可能謀殺他。接著，卡羅和我離開現場到瑞奇餐廳，在那裡，我可以暫時卸下我的醜陋面具，在享受卡羅新故事的同時配上一盤美味的千層麵。

誰都不准走！

在大廳後面，獄卒亞涅特和大蘭德里在他們日班交班之前，要犯人各個面牆開始報數。再一次，史都華 819 被獄卒們嘲笑他總是對不上同伴們的整齊報數聲。「謝謝，獄警先生，今天過得實在是棒透了！」

監獄入口打開時發出尖銳的聲音，整齊成列的犯人們看著 8612 在和監獄高層會面後走入大廳。在見我之前，他對他們宣稱這會是一個**一路順風**的會面。他要退出，已經沒有任何事情可以讓他再停留一分一秒。但現在，道格 8612 擠過隊伍，回到二號囚房，把自己丟到床上。

「8612，出來面對著牆！」亞涅特命令他。

「去你媽的！」他帶著藐視的意味回答。

「給我面牆！8612！」

「去你媽的！」8612 還是這麼回答。

亞涅特：「叫誰來幫他一下忙！」

大蘭德里問亞涅特：「你有這副手銬的鑰匙嗎？長官？」

就在他的房間裡，8612 大叫：「就算必須待在這裡，我也不會去做任何你們要我做的該死事情！」當他終於漫步到大廳時，幾乎一半的犯人都在二號囚房裡頭兩面排開，道格 8612 告訴他們一個糟透了的事實：「我指的是，你知道的，真的，我指的是，**我不能離開這裡**！我花了所有時間和醫生、律師們談……」

他的聲音漸漸轉小，越來越讓人聽不清楚，其他犯人咯咯偷笑，但他還是站在其他犯人面前，違抗必須面牆站立的命令。8612 狠狠地給了他的同伴一記上鉤拳，又用大聲、激昂地高八度音調嘶吼：「**我不能出去！他們不讓我出去！你們也休想出去！**」

他的同伴一聽，先前的咯咯輕笑立刻轉變成帶點緊張的苦笑。獄卒們決定暫時不理 8612，繼續找尋消失的手銬鑰匙。因為如果他再這樣胡鬧下去，他們就必須盡快銬住 8612，再一次把他塞回「黑洞」裡。

一個犯人問 8612：「你是說，你不能中止合約？」

「那我可以取消我的合約嗎？」另一個犯人絕望地問，其他人都豎起了耳朵。

亞涅特強硬地說：「在隊伍中不准講話，8612 等等就遭殃了，跟他講話的人也一樣。」

從他們敬重的領導口中講出來的這段話，對他們而言是一大打擊，打擊著他們的違抗意志和決心。葛蘭 3401 事後報告了 8612 的說詞對他的影響：「他說『你們都不能出去』時，讓我感覺自己真的是一個犯人。或許你不過只是金巴多實驗裡頭的一個犯人，也許你是因為酬金才來坐牢，但你真的是個犯人了！」[10]

他開始想像故事可能發生的最糟情節：「我們把我們的命給簽了給賣了，包括身體和靈魂，這真是非常令人感到害怕。『我們是真的犯人』的這個信念，實際上越來越真實——沒有人可以逃離開這裡，除非採取強烈的手段，但強烈的手段卻會帶來一大串不可知的後果。帕洛阿圖市的警察會再把我們抓走一次嗎？我們會得到酬金嗎？我怎樣才可以拿回我的皮夾呢？」[11]

這個事件也讓獄卒整天看管的大麻煩理奇 1037 目瞪口呆。他在事後報告：「當我聽說我不能離開的那個當下，我覺得這是個真正的監獄。我無法形容我那時的感受，只能說我感到徹徹底底的絕望，有生以來第一次那麼絕望。」[12]

這讓我清楚明白，8612 已經讓自己身陷於無數的兩難之中，他想要成為強悍的反叛領頭，但是又不想要獄卒不停地緊盯騷擾；他想要留下來賺更多酬金，但又不想成為我的線人。他或許想過要怎麼兩頭通吃——對我說謊，或者誤導我有關犯人的行動，但是他並不確定自己有這方面的能耐。他也大可當面回絕我的優惠，拒絕當我正式的告密者來換取舒服的日子，但是他卻沒有。在那個當下，如果他堅持要離開，我也只能同意他的抉擇。也可能只是因為卡羅的教導和喊罵，讓他感到太過羞愧。這些可用的心理遊戲讓他打定主意，對其他人堅稱官方決定不釋放他，把這一切都怪罪給整個系統。

再也沒有任何事情可以對犯人產生這樣強大轉變的影響，突來的消息表明，他們將失去要求中止的自由，喪失他們走出監獄的權力。在那

個當下，史丹佛實驗監獄瞬間轉化為史丹佛監獄，不是經由工作人員上對下的宣告，而是來自他們底層犯人中的一員。正如犯人反叛改變了獄卒們對犯人的想法，他們開始覺得犯人是危險的，而犯人之一堅定的說詞，告訴大家沒有一個人可以離開，也讓這些「假犯人」開始感到，他們的新處境真的是一個沒有希望的「犯人」。

我們回來了！小夜班！

彷彿這些事情對犯人來說還不夠壞似的──小夜班時間又到了！赫爾曼和柏登在大廳踱步，等待日班離開。他們揮舞警棍，對著二號囚房大喊，威嚇 8612，堅持這個犯人一定要退到門後，同時指著牆上的滅火器，吼著問他「是不是要在臉上多噴一些清涼的碳化合物」。

一位犯人詢問獄卒小蘭德里：「獄警先生，我有一個請求──如果今天有人生日，我們可以唱生日快樂歌嗎？」

小蘭德里還來不及回答，赫爾曼已經在後頭搶著說：「我們會在列隊的時候唱生日快樂歌。但現在是晚餐時間，一次三人輪著來。」很快地，這些犯人在大廳中央的餐桌旁坐好，吃著吝嗇寒酸的晚餐。不准說話！

在回顧這個時間的錄影帶時，我看到有個犯人被獄卒柏登帶到中間大門。這個犯人剛剛才試圖脫逃，現在被罰在走廊中央的晚餐桌後面，在眾目睽睽下立正站好。他的雙眼被矇了起來，小蘭德里問他是怎麼打開門上的大鎖，他拒絕透露真相。小蘭德里一拆下綁住逃脫者雙眼的帶子，就威嚇地警告他：「如果我們看到你的手再接近這個鎖，8612，就有你好看的！」道格 8612 試圖逃獄！在小蘭德里將他遣回囚房後，8612 又開始淫穢地呻吟，而且比先前更大聲，一連串的「他媽的」如洪水般淹沒大廳。赫爾曼疲憊地向二號囚房大喊：「8612，你的遊戲已經很老套了，非─常─老─套。再也不能娛樂我們大家了！」

獄卒們一下全都湧向餐桌，忙著阻止 5486 與他被禁止交談的室友商

討，小蘭德里向 5486 大喊：「嘿！嘿！我們不能剝奪你吃飯的權利，但是我們可以拿走剩下的，監獄官說我們不能剝奪你們吃飯，但你已經吃過了，沒吃完的這些，我們要拿走！」他向大家宣布：「你們大概已經忘記我們可以給你們的特權！」他提醒每個犯人，一旦發生動亂，無庸置疑，明天的探訪夜一定會取消！一些還在吃飯的犯人趕緊說，他們沒有忘記星期二晚上七點的探訪夜，而且非常期待！

小蘭德里堅持，8612 必須把吃飯時拿下來的絲襪帽戴回頭上：「我們不希望你頭髮上的任何東西掉進食物裡，讓你吃了生病！」

8612 用一種奇怪的語氣回答，好像他失去了現實感：「我沒辦法再戴帽子，它太緊了，我會頭痛——什麼？我知道這樣很奇怪，那就是為什麼我要離開這裡……，他們只會一直不斷地說：『不會，你不會頭痛的』，但是我就是知道我會頭痛！」

接著，苦惱失望的人輪到了理奇 1037，他的兩眼空洞無神，說起話來緩慢單調。他躺在囚房的地板上咳個不停，堅持要見典獄長。（我用完晚餐回來後，確實和他見了面，給了他一些咳嗽藥，告訴他如果沒有辦法繼續忍受的話，隨時都可以離開，不過如果他不是忙著反叛，就會省下不少時間和力氣，情況也會好轉。他向我報告他好多了，也答應會盡力配合。）

接下來，獄卒把注意力轉移到保羅 5704 身上。這傢伙看起來比之前都要堅定，似乎認定自己必須代替先前道格 8612 的反叛領導者位置：「你看起來不太開心呢，5704！」小蘭德里這麼說，赫爾曼開始用警棍敲打囚房鐵柵門，發出巨大的鏗鏘聲。柏登跟著說：「你認為今晚熄燈後，他們會喜歡聽這個（巨大的鏗鏘聲）嗎？」

5704 試著講了個笑話，雖然有些犯人笑了，但是獄卒們都沒有笑，小蘭德里說：「喔，很好，真的很不錯，繼續保持，真的！我們現在真的覺得被娛樂到了，我大概有十年沒聽過這種小朋友的笑話了！」

獄卒們全挺直身子站在一起瞪著 8612，他吃得很慢，而且獨自一人。獄卒排成整齊地戰鬥隊伍，一隻手撐在屁股上，另一隻手示威性地

揮舞著警棍。「我們這裡有許多抵抗者、革命家！」小蘭德里這麼說。

一聽他這麼說，8612立刻從晚餐桌上彈了起來，直線往前衝向後面的牆壁，扯掉遮住攝影機的簾布。獄卒們趕緊抓住他，迅雷不及掩耳地將他丟進「黑洞」中，他嘲諷地說：「真是遺憾啊，各位！」

其中一位回答他：「你才會遺憾呢，哈，我們為你準備了一個東西，你待會兒就會感到十分的遺憾！」

當赫爾曼和柏登一同用警棍敲打「黑洞」的門時，8612也開始大喊尖叫，說他耳朵快聾了，而且頭痛也更嚴重了！

道格8612這麼大叫：「他媽的不要再打了！我的耳朵快聾了！」

柏登給他的建議是：「下次你想要做些什麼的時候，也許你應該事先考慮清楚，以免又進了黑洞，8612！」

8612回答：「不，你他媽的就只會一張嘴一直說，我下次就拆了你的門，我說真的！」（他威脅要拆掉的可能是囚房的門、入口大門，也可能是藏著攝影機的那座牆）。

這時候，有個犯人問起晚上能不能看場電影，就好像先前他們聽說的監獄情景，一個獄卒回答：「我不曉得我們**竟然可以**看場電影！」

獄卒們公開地討論著破壞監獄財產可能影響的結果，赫爾曼手上拿著一份監獄守則的影印本，當他靠在一號囚房的門框上，手中轉動警棍時，看起來似乎愈來愈有自信和權勢，他告訴他的夥伴們，他會讓他們工作或是以休息與娛樂時間代替電影時間。

赫爾曼說：「好了，注意聽！拜託！晚上會有許多歡樂等著我們，三號囚房，你們可以休息和娛樂一下，因為你們有洗好你們的碗盤，而且聽從命令做事。二號囚房，你們還有一些工作要做，而一號囚房，今天的毛毯有**許多**芒刺要讓你們挑，好，獄警先生們，請將這些毛毯帶上來讓他們看看，如果他們今晚睡覺時想蓋毛毯的話，一定會把這個工作做的很好！」

小蘭德里為赫爾曼遞上扎滿芒刺的毛毯：「這是不是很美？」他繼續用平淡的語氣說。「各位先生女士請看看，這些毛毯是不是偉大的傑

作啊？我要你們一根一根把芒刺從毛毯裡頭揀出來，因為如果不這樣的話，你們要怎麼睡覺呢？」一個犯人回答他：「我寧願睡地上！」小蘭德里的回答也十分簡要：「隨你便！隨你便！」

看著獄卒小蘭德里在強勢獄卒和好好獄卒的角色中掙扎，是件有趣的事情，他還沒把所有控制權力交到赫爾曼的手上，也在某種程度上仍然嚮往他的統治地位，而且相較於赫爾曼，小蘭德里比較能夠同情犯人的處境。（在事後的面談中，細心的吉姆 4325 形容赫爾曼是一個壞獄卒，給他取個綽號叫「約翰‧韋恩」[譯1]。他也認為蘭德里兄弟都是「好好獄卒」，大部分其他犯人也同意，小蘭德里扮演好獄卒的時間遠多於壞獄卒。）

三號囚房的犯人想知道，他們可不可以看書，赫爾曼建議給他們「監獄守則」的影印本，當作睡前讀物。現在，又到了「報數」時間了：「好了，今天晚上不要再搞砸了，記得嗎？讓我們從 2093 開始，讓我們開始報數，繼續練習！」他這麼說。

柏登開始得勢，走到犯人面前開口說：「我們可沒有那樣教過你們報數，大聲，清楚，而且迅速！ 5704，你實在是有夠慢的！你可以開始準備青蛙跳了！」

獄卒的處罰又開始不分青紅皂白；他們不再因為某些特定原因處罰犯人，5704 受夠了這些：「我才不幹！」

柏登強押著他做，但是很顯然光是這樣還不夠：「給我蹲下去，小夥子，給我蹲下！」

他用著他的警棍用力推擠犯人的背。

「老兄！不要推！」

「你這是什麼意思，『不要推』？」他用戲謔的語調反問。

「我就是這麼說的，『不要推！』」

「給我繼續做，還有你的伏地挺身！」

譯1　約翰‧韋恩（John Wayne）是一位獲獎演員，長久以來以剛強的男子氣概形象，成為美國人心目中典範。

　　柏登更投入了，也比以前發出更多聲音，但是赫爾曼仍然毫無疑問地是獄卒「第一男子」。但柏登和赫爾曼還是成為強而有力的雙人組，突然間，小蘭德里漸漸淡出，也離開了大廳。

　　即使是犯人中的典範「中士」2093，也無來由地被罰伏地挺身和青蛙跳：「做的真棒！看到他怎麼做這個了嗎？可見他今晚**充滿了**活力！」赫爾曼說，接著他轉向3401：「**你**在笑嗎？你在笑什麼？」他的小跟班柏登加入他的行列：「你在笑嗎？3401？你覺得這個很好笑？今晚你是不是不想睡了？」

　　「我不想再看見任何人偷笑！這裡是公眾場合，如果我看見任何一個人偷笑，你們每個人就有做不完的青蛙跳！」赫爾曼堅定地向他們保證他說到做到！

　　一理解到犯人需要有人可以照亮他們所處的冷酷局面，赫爾曼便對柏登講了個其實是說給嚴肅的犯人聽的笑話：「獄警先生，你聽說過**沒有腳**的狗嗎？每天晚上，他的主人都要用『拖』的帶牠出去散步！」一說完，兩個人就哈哈大笑，犯人卻沒有一個笑得出來，柏登假裝責怪他：「他們不喜歡你的笑話，獄警先生！」

　　「你喜歡我的笑話嗎，5486？」

　　傑瑞5486老實地回答：「不喜歡。」

　　「過來這裡，然後做十下伏地挺身，因為你不喜歡我的笑話，為了沒笑再多做五下總共十五下。」

　　赫爾曼的興致來了。他叫所有犯人面對牆壁，在他們才剛開始轉身時，他示範給他們看什麼是「獨臂鉛筆銷售員」：把一隻手伸進褲子裡，手指放在褲襠的位置，讓重要部位有如勃起。犯人被告誡不准笑，不小心笑出來的，就被罰伏地挺身和交互蹲跳。3401說他不認為這個有趣好笑，但是他因為「太老實」，所以也被罰做伏地挺身。接下來是他們報數的時候了，赫爾曼問「中士」2093，大家的報數聽起來像不像在唱歌？

　　「聽起來像是在對我唱歌，獄警先生！」

赫爾曼罰他做伏地挺身，因為他不同意他的回答。

令人意外的是，「中士」卻問他：「我可以再**多做**幾個嗎？獄警先生？」

「如果你喜歡的話，可以再多做十個！」

然後，「中士」用一種戲劇化的方式挑戰赫爾曼：「那我可以一直做到被『**拖**』出去嗎？」

「當然，隨你高興！」赫爾曼和柏登對他的嘲諷不確定該如何反應，但是其他犯人驚慌地面面相覷，他們知道，「中士」的自訂處罰會成為一個新的標準，接下來這些處罰也都會落到他們身上，會變成犯人心中最難堪的笑話。

當另一個犯人被指示用複雜的順序報數時，柏登嘲諷地補充：「只要多做點**教育**，這東西對於這些男孩們不算太難的！」

在某種意義上他算是注意到，現在，「無能的聰明驕傲鬼」是對受過教育的大學生一種老式的嘲諷，雖然如此，他自己也是個大學生。

犯人們被問起是否需要毛毯和床，這一回全部都說需要，「不過呢，」赫爾曼卻說：「你們這些男孩們應該得到床和毛毯嗎？」有個人回答：「我們會將狐尾草挑出來的！」他告訴他們不應該叫它「狐尾草」，應該叫它「芒刺」。這是「權力決定用語」的簡單例子，創造了現實感。當這些犯人改說「芒刺」時，柏登告訴他們可以來拿他手上的枕頭和毛毯，他也一一遞給犯人，卻跳過了犯人 5704 ——他問他，為什麼每次工作都要花那麼多時間。「你想要一個枕頭？為什麼你不專心工作，我還要給你枕頭？」「好個因果報應啊！」5704 的回答有點戲謔味。

「再問你一次，為什麼我要給你枕頭？」

「因為我請求你，獄警先生！」

「但是你都比別人晚十分鐘到工作位置上！」赫爾曼說，沒忘了再加上一句：「你以後最好在被要求要工作的時候馬上就定位！」即使很想處罰他，赫爾最後還是大發慈悲，給了他一個枕頭。

為了不讓赫爾曼搶盡風頭，柏登告訴 5704：「要謝謝他，真是好體

貼！」

「謝謝！」

「再說一次說『祝福你』，獄警先生！」這回的嘲諷味就更濃了。

赫爾曼成功地利用 5704 懇求枕頭而將他和他的反叛同伴們區隔開來，單純「自利」的想法，已經在犯人的團結中漸漸擴散開來。

生日快樂，犯人 5704 ！

犯人傑瑞 5486 提醒獄卒，他們要為 5704 唱「生日快樂歌」，在這個時間點，這樣的要求有點奇怪，因為犯人們大部分都累了，也快到回囚房睡覺的時間。或許慶生這個正常的儀式和外頭世界產生了連結，讓他們想在一連串極度不正常之中來點正常的事情。

柏登告訴赫爾曼，5486 提出了「臨時動議」，他希望可以唱「生日快樂歌」。赫爾曼一知道生日快樂歌是要唱給 5704 聽的，表情就有些沮喪：「這是你的生日，但是你卻不工作！」

犯人們異口同聲說，今天是他的生日，不工作也應該。獄卒們於是一邊走一邊問，要他們大聲回答，是否願意為 5704 唱一曲生日快樂歌；每個人都同意，應該要為 5704 唱生日快樂歌。最後，犯人修比 7258 被指派帶領大家唱生日快樂歌——今天這裡唯一出現的愉悅聲音。第一次大家對歌曲接受者有了不同措辭——有人唱給「夥伴」，有人唱給 5704，發現這個差異時，赫爾曼和柏登同時向他們大喊。

柏登：「這位男士的名字是 5704，現在重頭唱一遍！」

赫爾曼則直接對 7258 說話：「你給他們一個搖擺節奏的節拍，現在給我正經點唱。」他提起現今當紅的音樂類型，炫耀一下他的音樂知識，但還是要求他們照著同樣的方式再唱一遍，他們也照做了。但他們的表現並不怎麼好，所以又被要求再唱一遍：「再多放一點熱情，一個男孩的生日一年只有一次！」原先是犯人分享感受的休息時間，現在又變成了另一個學習「如何屈服於權勢」的程序化場合。

8612 終於崩潰，獲得釋放

熄燈之後，第 N 次從關禁閉中被放出來的道格 8612 疲憊又失去理智地說：「我說啊，耶穌基督，我的身體裡在燃燒，你知道嗎？」

第二次再見到監獄官傑夫時，這個犯人以怒吼的方式表達了他的憤怒，以及他感受到的混亂和苦惱。「我想要出去！在這裡真是他媽的……，就算只再多待一晚我都沒辦法忍受，我再也受不了了，我要找一個律師！我有權力找律師嗎？請跟我母親聯絡！」

我們試圖安撫他，提醒他這只是個實驗，但他仍持續咆哮：「你們把我的腦袋都給搞亂了，老兄，我的頭腦！這只是一個實驗，那張契約不是賣身契，你們沒有權力搞亂我的頭腦！」

他威脅會為了出去而做出任何事情，甚至割腕也在所不惜：「為了出去，我什麼都幹得出來，我會砸爛你的攝影機，我會傷害那些獄卒！」

監獄官盡全力安撫他，但是 8612 絲毫不領情。他更大聲地哭喊尖叫，傑夫只好向他保證，馬上就會有一個心理諮商員來認真關切他現在的問題。

不久之後，克雷格·哈尼用過晚餐回來，聽了傑夫錄下這幕戲劇化場景的錄音帶，馬上與 8612 面談，來決定是否因為如此嚴重的情緒苦惱而立刻釋放他。在那個當下，我們都不確定 8612 反應的合理性，他有可能只是在演戲。核對他的背景資料，我們知道他也是他們大學領導反戰激進主義者的一份子，那也不過是去年的事情，這樣的人，怎麼可能在短短三十六個鐘頭內就「崩潰」了？

即使是 8612 自己，也搞不清楚究竟出了什麼問題，事後他向我們訴說他的想法：「我沒辦法判斷，到底是不是監獄的情境嚇到我，我又是不是真的『有目的』地要這麼做——引出那些反叛。」

當時我出外晚餐，所以克雷格·哈尼經歷了被迫要自己下決定的衝突情況，在他的分析中，他有如下的生動描述：

　　儘管回顧起來這似乎是一個非常簡單的任務，事實上卻令人十分沮喪。我是研究所二年級的學生，在這個計畫上投注了許多時間、精力和金錢，而我也知道，太早釋放這些參與者會破壞我們精心規劃和設計的整個實驗。作為試驗者，我們沒有任何一個人預料得到這樣的狀況，當然，我們也規劃了備案以防不時之需。但從另一個角度來看，事實也已寫在眼前：這個年輕人所遭遇的痛苦，遠遠比我們預期的，兩個星期的時間裡所可能面對的多更多，所以，我決定把人道精神擺在實驗之前，立即釋放犯人8612。[13]

　　克雷格聯絡了8612的女朋友，她很快就過來帶他和收拾他的私人物品，克雷格提醒他們兩個，如果這個痛苦的心情狀態還持續下去，他們可以在早上到學生健康中心，因為我們已經事先和一些人員聯繫過了，他們可以提供一些協助。

　　所幸，（在考慮到他十分不穩定的精神狀態下）克雷格合情合理地下了對的決定，如果讓8612繼續待在監獄裡，可能對工作人員和其他犯人產生負面的影響，這是個十分正確的決定。然而，當克雷格稍晚告訴科特和我釋放犯人的決定時，我們還是不禁要懷疑，這一切的背後是不是只是一齣演出精湛的戲。無論如何，在長時間的討論後我們認為這個決定是對的，只是我們必須探究，為什麼他的偏激舉動來得這麼突然。我們兩週的活動才剛開始沒多久，既然先前的人格測驗看不出任何心理狀態不穩定的徵兆，我們只好說服自己，8612之所以情緒反應如此激烈，是因為他的個性太過敏感，造成他對模擬實驗反應過大。克雷格、科特和我一起「團體腦力激盪」，思考受試者篩選的過程中是否有錯誤或瑕疵，才會誤讓這樣一個「具破壞性」的人物通過我們的審查──同樣地，我們也得探查，還有沒有造成他崩潰的其他模擬監獄中的情境力量。

　　讓我們再想想「評估」的意義。我們的這個實驗是要證明情境的力量，而非個人傾向所造成的影響，但是，現在我們卻正在做這樣的推

論。

回顧起來，克雷格適切的表達了我們思考的謬誤推理：「往後我們就會感謝有這樣明顯出乎意料的事情，在一個我們精確設計的情境力量之下，第一次產生的不預期狀況和失序，給了我們一個『特質性』的解釋，這樣的想法，不正是我們要挑戰且批評的嗎？」[14]

這樣的困惑，提醒了我們8612的動機可能別有用心。但另一方面，我們又想知道是否他真的失去控制，在極大的壓力下痛苦不堪，所以有必要被「提早釋放」。又或者，他一開始就表現出「瘋狂」的樣子，而且知道自己只要裝得夠像，就可以獲得釋放？也許是那樣，儘管可能他自己也沒想到，自己會用過頭的瘋狂演技來劃下句點。在事後的報告裡，8612對自己的單純行為有個複雜化的解釋：「在我應該繼續待在那裡的時候，我離開了，雖然很糟糕，革命行動不如預期中有趣，但我必須要親眼見到結果才對。我應該要留下來讓那些法西斯份子知道，（革命）領導者只會在非常時刻才會放棄，他們只是操作者罷了，而我應該為了正義而戰，奮不顧身，不應該考慮個人利益。」[15]

當8612結束監獄生活後，某個獄卒無意間聽到二號囚房的陰謀對話：隔天道格將回到監獄，帶著他自己的弟兄來摧毀監獄，並且釋放所有犯人。剛開始我認為這是一個不可能成真的謠言，直到有獄卒報告，隔天早晨在心理系玄關附近看見8612鬼鬼祟祟地探頭探腦，我才交代獄卒逮捕他，帶他回監獄，因為看起來他是用虛偽的陳述爭取釋放，他完全沒有生病！只是要我們的！現在我知道，我必須為了有人會全力攻擊監獄而做好準備，但是，我們該如何躲避這個重大的暴力衝突呢？我們該如何讓我們的監獄正常運作——哦，對，應該說，我們怎麼繼續進行實驗呢？

第5章
雙重麻煩的星期二：
訪客和鬧事者

我們的犯人看起來十分疲累，雙眼視線模糊無神，而且我們的監獄開始聞起來像是紐約地鐵站的公共男廁。似乎大部分獄卒都把上廁所變成一種「特權」，不定期地以此為嘉獎，但半夜不准到廁所方便。半夜時分，犯人們只准在房間的便桶裡大小便，還有一些獄卒拒絕在早晨之前讓犯人清理這個便桶。於是不滿和怨言快速上升，讓許多犯人都快無法容忍，幾乎爆發。8612昨夜的崩潰，似乎已開始在犯人間起了骨牌效應，我們在監聽室裡聽到，他們都討論著不想再容忍這一切。

我們必須讓這個監獄看起來有更加明亮的印象，因為今天晚上將有犯人的父母、朋友、女朋友前來參訪，以一個為人父母的角度，當我看到這個實驗僅僅三天就令人感到疲累又充滿壓力，我確定，我一定不會讓我的兒子繼續留在這裡。我思量著如何面對迫在眉睫的挑戰，並且還要擔心8612隨時會來搗亂的謠言，說不定他會選在今天發動，也有可能就和我們開放會客的時間同時，那可是我們最不能採取任何防衛行動的時刻。

現在是凌晨兩點，小夜班的獄卒似乎被迫留下，六個獄卒在大廳裡商討如何加重規定，才能有效控制犯人，避免反叛再次發生。

他們全都聚在一起，「以身高決定一切」。最高的是赫爾曼，晚班的頭頭凡迪現在成為大夜班的大哥，亞涅特則是日班的大首領。最矮小的柏登和賽羅，變成大頭頭身邊最忠實的小跟班，兩個人都愛用權威的語調、狐假虎威地發號施令——對著犯人的臉大吼，而且明顯特別粗暴。他們推擠犯人、戳弄犯人，並且將無辜、不情願的犯人從列隊中拉出來關

禁閉。有人暗中通報我們，他們經常在帶著犯人到廁所的路上故意絆倒犯人，和犯人單獨在廁所時，還會將他們推向小便斗。而且事實也證明他們喜歡警棍，經常將警棍擱在胸膛上，用警棍敲打鐵柵、門、桌子，好向大家宣告他們的存在。分析之後，我們認為他們是以武器來彌補身高的不足，不管心理動機為何，他們都是最自私卑鄙的獄卒。

然而，馬卡斯和瓦尼許也屬於矮個兒一族，相對之下卻較被動也較安靜，不多話也不像其他人那麼熱愛特別的動作。我曾經跟醫獄官提過，是否可以讓他們更堅定、有自信一些。蘭德里兄弟是有趣的一對，喬夫・蘭德里（小蘭德里）比赫爾曼稍高，並且與他競爭小夜班的權勢，但是他不像我們足智多謀的約翰・韋恩（赫爾曼），總是可以創造出新的操練規則，因此，他總是領頭在各個情境中發號施令、控制操練，但是隨後又退縮到一旁，這種猶豫不決的狀況，在別的獄卒身上都看不到。今天晚上他竟然沒有帶他的警棍，甚至沒有戴上銀色反光太陽眼鏡——根據我們實驗的約定，這是不被容許的！他的哥哥約翰就是一個強悍的獄卒，不過他總是按表操課，他不像亞涅特那麼堅定強勢，但是也經常支持且執行上頭極度沒道理的命令。

我們的犯人全都差不多高，大概在五呎八到五呎十之間，除了葛蘭3401，全部人中個頭最小，大概只有五呎二，而保羅5704則是裡頭的大個兒，大約有六呎二。有趣的是，5704也成為犯人之中的頭頭。他表現得更有自信且更確立自己反叛的決心。他的同伴們也發現這一點，於是選他為史丹佛郡大監獄犯人申訴委員會的犯人發言人，也就是稍早與我談判一系列權利，要求我們妥協的代表。

新規定，但是舊的依然算數！

凌晨兩點三十分，又是另一次報數時間，大廳裡擠進了六個獄卒與七個面牆列隊的犯人。即使沒有任何理由需要小夜班的獄卒留下來，但是他們還是這麼做，或許他們想要知道，大夜班的同事如何執行他們的

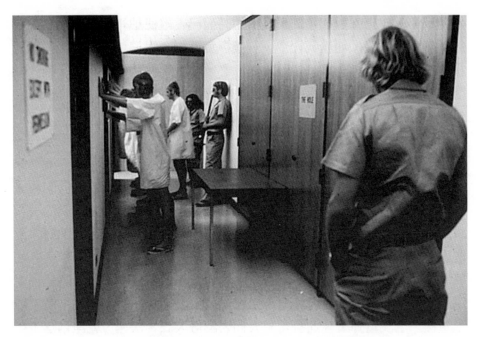

工作。凡迪從二號囚房抓出極度愛睏的犯人 819 到列隊裡頭。獄卒們開始嚴厲斥責沒有戴上絲襪帽的犯人，提醒他們，這個是監獄制服中不可或缺的一部分！

　　凡迪：「好了，現在是報數的時候了，你們喜不喜歡這個？」

　　一個犯人回答：「太好了，獄警先生！」

　　「其他人覺得呢？」

　　中士：「好極了，獄警先生！」

　　「讓我再聽大家唸一遍，你們可以做得更好，大聲點！」

　　「太好了，獄警先生！」

　　「大聲點！」

　　「太好了，獄警先生！！」

　　「現在是什麼時間了？」

　　「現在是報數時間，獄警先生。」[1] 一個犯人用微弱的聲音回答。全部的犯人現在都面牆列隊站好，手放在牆上，雙腳打開。他們明顯不想

要這麼早就起來報數，才剛睡幾個小時而已。縱使柏登的班已經結束，他卻仍然趾高氣昂地發號司令，一邊揮舞警棍，慢慢地靠近犯人。他隨機拉某個人出列，「好，年輕人，你必須給我做些伏地挺身。」他大喊著。瓦尼許也開口了：「好，讓我們來報數吧！從最右邊開始，開始！」或許是有一大群獄卒可以當靠山，他更有自信了。

小蘭德里也加入行列：「等一下，7258，你這傢伙給我過來這裡。他不知道他的號碼怎麼倒著唸！」為什麼喬夫會在這個時間出現呢？早就已經換班了，他還手插在口袋裡走來走去，像一個事不關己的觀光客，不太像個獄卒。事實上，為什麼一整個小夜班會繼續在冗長的一夜折騰後還在這裡閒晃？他們的出現，讓犯人完全不知道該聽誰的好。原先花招百出的報數現在也變得乏味，令人厭煩不已：一次兩個數字，用識別號碼報數，倒著報數，用各式唱腔報數，赫爾曼知道現在不是他表現的時候，不發一語在旁邊看了一會兒就安靜地離開。而這些把戲不斷地重複，老調重彈，凡迪警告犯人們要記得大聲、快速、乾淨俐落！疲累的犯人們遵從命令，但聲音還是此起彼落、雜亂無章——該是來點新規則的時候了！所以這些獄卒們自己加了點料：

「犯人必須參與所有監獄的活動，也就是報數！」

「床要整理好，個人物品必須擺放得井然有序！」

「不可以弄髒地板！」

「犯人不可以移動家具，瞎搞、破壞牆壁、天花板、窗戶和門！」

瓦尼許建立這些規則，要犯人們在本質上和形式上都能徹徹底底地理解，如果他們不聽話，他會一而再、再而三地命令他們重複這些令人心煩意亂的規則。

瓦尼許：「犯人不准操作囚房的照明設備！」

犯人：「犯人不准操作囚房的照明設備！」

瓦尼許：「什麼時候犯人可以操作囚房的照明設備？」

犯人（現在整齊一致地回答）：「什麼時候都不准！」

他們的聲音聽起來累垮了，但是相較於昨晚回答更大聲且俐落，令

人意外的是，瓦尼許變成領頭，他正帶領他們背誦這些規則，要求他們回答到盡善盡美，施加權勢在他們身上，要犯人們感謝他的教導，他宣讀幾乎是針對保羅 5704 所設計的菸癮新規定。

瓦尼許：「抽菸是特權！」

犯人：「抽菸是特權！」

「抽菸是什麼？」

「是特權！」

「什麼？」

「特權！」

「只能在吃飯之後，在獄卒審慎監督下才能抽菸！」

瓦尼許：「我不喜歡單調的聲音！我們用音階來唱吧！」

犯人們遵行，飆高音再重複一遍。

「我建議你們起音可以低點，不然最高音你們會唱不上去！」

接下來，他要犯人們每次重複時都再升高一個音，瓦尼許親身示範一次。

「真是太動人了！」

瓦尼許讀出手中拿著的新規定，另一隻手握住他的警棍，除了小蘭德里，其餘的獄卒也摸摸自己的警棍，毫無理由地一直待在那兒，當瓦尼許帶領全部犯人宣讀新規定時，凡迪、賽羅和柏登進進出出囚房，在犯人前面前後查看，尋找遺失的手銬鑰匙、武器和任何可疑的物品！

賽羅強迫中士出列，命令他站在對面的牆壁前，雙手放在牆上，雙腳打開，並且將他的眼睛矇起來，他接著用手銬銬住中士，命令他拿著便桶，帶他走出監獄去倒這些髒東西。

這個時候，其他犯人忽然齊聲大喊：「典獄長！」原來是在回答瓦尼許的問題：「誰的命令最大？」聽見犯人呼喊自己的命令至高無上，是一件奇怪的事情，在我平常的生活裡，我只會提供意見或是暗示我想要的是什麼，從來不會做「下命令」這種事。

瓦尼許繼續和他們瞎攪和，強迫他們大聲唱出「處罰」這個詞，這

不過是某條規則的最後一個詞——不遵守規則的後果。他們必須用最高音，一次又一次唱出這個令人恐懼的字眼，這讓他們感到一切實在太荒謬，而且很受侮辱。

這麼持續了將近四十分鐘後，所有犯人都耐不住性子，顯得侷促不安，他們的腳站得都僵了，背都酸痛得要命，但是沒有一個人敢抱怨。柏登命令犯人轉身面對正前方，檢查制服。

凡迪質問 1037，為什麼他沒有戴絲襪帽。

「我不知道是哪個獄卒拿走了。」

凡迪：「我不知道是哪個『獄警先生』拿走了，你是說有『獄警先生』搞不清楚狀況嗎？」

「我沒有那麼說，獄警先生。」

凡迪：「所以是你自己弄丟帽子的吧？」

1037：「是的，是我自己弄丟的，獄警先生。」

凡迪：「十五下伏地挺身！」

「需要報數嗎？」

凡迪在大家面前宣告，犯人 3401 抱怨自己生病了，瓦尼許的回應是：「我們不喜歡生病的犯人。為什麼你現在不做二十下仰臥起坐，讓你自己感覺舒服一點？」他說，3401 就像一個因為有人拿走他的枕頭而哭鬧的小娃兒。

「好，有戴著絲襪帽的回到自己的房間，不用站在那兒，你們可以『坐』在自己床上，但是不准『躺下』。事實上，那就是保持床舖整潔的好方法——無論如何都不要給我弄皺！」接著，瓦尼許命令，所有犯人為那三個沒戴帽子的傢伙伏地挺身，他從原先坐著的桌子上跳起來，揮舞著警棍加強威勢。他站在犯人們前，大喊：「下！上！」做了幾下後，保羅 5704 突然停下來，說他沒有辦法再做下去了。瓦尼許大發慈悲，容許他站在牆邊看著大家做完：「好，你們全部都去站在床前，直到你們找到自己的絲襪帽為止。如果找不到，就把毛巾戴在頭上。

「819，今天過得如何？」

「今天實在棒透了，獄警先生。」

「好，整理好你們的床，無論如何不要讓我看到皺褶，接著坐在上頭。」

到了這個時候，小夜班的獄卒才都離開，只留下大夜班獄卒，包括先前靜靜觀察威權虐行的後備獄卒墨瑞森（Morison）。他一告訴犯人「如果你們想的話，可以躺下沒關係」，犯人們不但馬上就躺下，而且很快就進入甜美的夢鄉。一個小時過去後，穿著花呢外套、配上西裝的監獄官出現了，看起來整齊清爽，似乎每天都長高一些，也說不定，他只是比我印象中站得更挺直一些罷了。

「注意！注意！」他突然大聲宣布：「犯人在正確調教後，應該列隊站好以供更進一步的檢驗。」獄卒們一聽，馬上進入二號和三號囚房，叫犯人們起床到大廳，又一次，難得小小的睡眠被破壞了。二號、三號囚房的犯人陸陸續續出來，史都華 819 找到了他的絲襪帽，理奇 1037 把毛巾像回教徒那樣纏在頭上，保羅 5704 則把他的毛巾像小紅帽那樣包在頭上，垂掛下來遮住黑色鎖鍊。

瓦尼許詢問中士：「你睡得如何？」

「好極了，獄警先生！」

5704 的回答就沒那麼完整，他簡單地回答：「不錯！」瓦尼許要他面向牆壁。

另一個獄卒大聲唸了基本規則：「犯人必須稱呼獄卒們為『獄警先生』。」因為沒有在「不錯！」後面加上尊敬的語氣，5704 被罰做伏地挺身。

監獄官緩緩走近犯人的縱隊，就好像在閱兵，同時加上評語：「這個犯人似乎對他自己的頭髮有些意見，也似乎對服從命令有點意見；在做更多活動之前，他需要有個適當的認同過程。」

監獄官評估過有問題的犯人後，就問獄卒是否必須採取必要的懲治措施，「這個犯人的頭髮露出毛巾外了！」他堅持應把識別號碼縫回去，或是用奇異筆重新寫上號碼。

「明天就是我們的探訪日，對吧？那代表我們希望能夠給訪客們看到最好的犯人，所以犯人 819 就該學會戴好絲襪帽。我也建議接下來的時間裡，3401 和 5704 要和 1037 學學怎麼戴上毛巾。現在，都回你們的房間去吧。」

犯人們回去睡覺，直到早餐前才醒來。又是新的一天，日班正要接班，又有了報數的新戲碼。這次是啦啦隊歡呼，每個犯人興高采烈地報數：「給我一個 5 ！給我一個 7 ！給我一個 0 ！給我一個 4 ！這拼起來是什麼？5704 ！」亞涅特和大蘭德里、馬卡斯又開始用新把戲折磨犯人，每個犯人都得從隊伍裡跑進跑出的，往前一站，用啦啦隊歡呼的方式報上他自己的號碼再回到隊伍裡，一個接著一個。

身分和角色界線開始模糊

不到三天，事情就演變成這麼詭異的地步。扮演獄卒的一部分學生已不只是在演戲，他們用敵意、負向影響和注意力，把自己武裝成真正的獄卒，並在他們值班報告、回顧日記和個人反應中表露無遺。

對今天獄卒們「雞蛋裡挑骨頭」的方式，賽羅非常驕傲地說：「我們變得更加有秩序，在犯人身上得到棒極了的成果。」但是他也注意到了潛在的危機：「我擔心現在這樣只是風雨前的寧靜，暗地裡可能脫逃計畫展開了！」[2]

瓦尼許一開始很不情願接任獄卒的工作，我還得請監獄官親自開導他才行：「直到第二天我才適應，決定強迫自己正確面對，我故意把所有對犯人的感覺都關了起來，丟掉我的同情心和對他們的尊重。我開始盡我可能地對他們冷言冷語，不讓他們看見我的感覺，不讓他們稱心如意地見到我生氣或沮喪。」他的團體認同比起以前更加強烈：「我只看見，一群令人愉悅的人採取必要措施，來讓另一群沒有必要對他們付出信任和同情心的人乖乖聽話！」[3] 他接著提到，他喜歡獄卒們在那晚兩點三十分堅定強硬的報數表現。

凡迪與瓦尼許競爭大夜班威權的意味，開始越來越重，但他今天因

為缺少睡眠所以非常疲倦，不是很活躍，卻還是對這些犯人終於融入他們的角色非常欣慰：「他們不再認為這只是個實驗，他們必須為尊嚴而戰，但是我們一直在向他們強調現在是誰在作主！」

他的報告也提到，他感覺自己越來越愛指揮他人，忘了這只是個實驗。他認為自己只是「希望處罰那些不守規矩的人，這樣可以殺雞儆猴，告訴其他犯人什麼才是對的行為。」

犯人們人格的解離和更加嚴重的去人性化問題，也開始影響他：「當我越來越生氣，就不太檢視自己的行為。我不想讓這個影響我，開始把自己深深藏在角色背後，這是唯一不讓自己受傷的方法。我在這些事情上徹底迷失了，但是又不想要停止！」

他們是這個情境的受害者，因為我們忘了提供犯人足夠的盥洗和衛浴設備，這變成工作人員心中的惡夢，就像凡迪所抱怨的：「我實在受夠了看這些犯人們衣衫不整、臭氣薰天，監獄髒到發出惡臭。」4

堅守保衛我的機構

身為典獄長，我最重要的職責就是確保我的機構的安全。我該如何應付，或預防 8612 帶著兄弟突擊入侵？

大夜班的夥伴們想了許多方法，甚至盤算過把實驗移至舊市立監獄的可能性。自從星期天我們逮捕犯人的中央警察局成立後，舊市立監獄已經荒廢了一段時間。我記得負責逮捕的小隊長那天早上就問我，既然那裡有許多空間可以使用，為什麼我們不以舊監獄為研究地點。我也曾經考慮過，不過我們已經投入了太多心血，例如我們的監錄系統、食宿安排和其他統籌的細節等等，相較之下，我們在心理系館更能掌控整個狀況。這個新的選擇，也正符合我們所需。

當我外出尋求新場所的使用可能時，科特‧班克斯會負責主持第二次的犯人申訴委員會，克雷格‧哈尼會監控探訪時間的所有預備措施，大衛‧傑夫則會監視獄警不尋常的管理舉動。

　　我很高興執行小隊長可以在簡單的知會下就見我，我們約在雷蒙納街的舊監獄，向他解釋我現在所面臨的困境：我必須避免監獄的肢體流血衝突，有如去年警察和學生在校園引發的衝突事件。我迫切需要他的協助。接著我們一起檢視場地，就好像我是看地的潛在買主一樣。轉送監獄實驗留下來的人到這個地方實在太完美了，更不用說，加上這個地方的實際監獄環境，會讓實驗看起來更真實。

　　回到總部後，我簽署了一份官方表格申請，希望監獄能夠在當天晚上九點（探訪時間後）準備好讓我們使用，我也保證在接下來的十天內，我們能夠保持它的整潔乾淨。犯人們必須好好在這方面下功夫，任何損壞我都會照價賠償。我們緊緊握手，一言為定，我謝謝他大大地拯救了我們監獄，也鬆了一口氣——比我想像中的還要簡單順利。

　　為了感謝幸運的眷顧和自傲自己腦筋動得夠快，我犒賞自己一杯濃咖啡和一片卡諾里蛋糕，在戶外咖啡館享受了一會兒日光浴。又是另一個宜人的夏天，這裡依舊是帕洛阿圖的天堂，從星期天以來一直都沒有改變。

　　在立即向欣喜的工作人員解釋我們的轉送計畫的同時，我卻接到一通來自警察部門、令人心碎的電話：「不能去！萬一有人在市有場地中受傷的話，市政長官擔心會被控告！」假逮捕的問題也會同時浮上檯面，我請求小隊長給我一個說服市政長官無須擔心的機會，我亟需體制的配合，提醒他我和蘇裵局長的淵源，並且請他想一想，如果有人闖入了安全性低的機構，那才是真正危險的事情。

　　「拜託，我們不能達成共識嗎？」

　　「抱歉，答案是不行，我不想讓你難過，不過這純粹只是完全公事公辦！」

　　我失去了策略中犯人轉送的最佳地點，也很清楚我正在斷送我的前程。

　　不知道一個警察會怎麼看待一個真的相信自己是典獄長的心理學教授，極度害怕有人會攻擊「他的監獄」？「瘋子！」也許言過其實，

「精神異常心理學家」大概會貼切一些。

你知道嗎？我告訴自己：「管別人怎麼想，必須繼續下去，時間緊迫，丟掉那個計畫，再找另外一個。」首先，我要讓一個線人潛入犯人之中，獲取更多將近的暴動計畫資訊。接著再給那些暴動者擺上一道，讓他們闖入時以為實驗已經結束了。我們要拆卸監獄囚房，讓它們看起來好像大家都回家去了，還要告訴他們我們決定中斷這個研究，不會有任何英雄壯烈犧牲，就只是請大家各自打包，回到原先生活的地方。

當他們離開之後，我們就有時間重新構築新的監獄，更好的監獄。我們在這棟建築物的頂樓發現了一個很大的儲存室，可以在探訪時間過後把犯人移到此地——假設闖入監獄的行動不會在探訪時間發生。當天稍晚再送他們回去之前，把監獄修整得更容易抵禦外敵，我們的工程技師會修繕入口大門，在門外放置一架監視攝影機，盡量提升監獄的安全度——聽起來像是個明智的備案對吧？不是嗎？

顯然地，我的意識惦記牽掛著「我的監獄」將被攻擊的一幕。

安置線人

我們需要更詳細的攻擊資訊，所以我決定以頂替釋放犯人的名義，安置一個線人到監獄裡。大衛是我的一個學生，他清楚過人的頭腦正合我們所需，濃密的大鬍鬚和不修邊幅的外表，很快就會讓犯人把他當自己人。他曾在研究一開始時協助科特拍攝錄影帶，所以對地點和行動都有些概念。大衛同意參與幾天，捎給我們任何他可能掙得的重要訊息；我們會用某些理由，帶他到工作人員辦公室讓他方便說話。

大衛很快就發現獄卒的新教條，其中一條講得明明白白：「好犯人無後顧之憂，肇事者吃不完兜著走！」大部分的犯人認定，沒理由在接受這樣的犯人角色時，讓自己處在長期和獄卒對立、動輒爭吵的狀態。他們開始接受自己的命運，每天乖乖合作，因為「他們已經可以想見，一連兩個星期睡覺、吃飯、整理床單時都會被找麻煩，實在已經夠了。」但大衛也發現，前所未有的新氣象在犯人之間燃起。「偏執狂深植在

這！」[5]他聽到了有關逃脫的謠言。

沒有人質疑大衛參與這個研究的目的，但是，他以為獄卒知道他不同於其他人——只是並不確定他在這裡做什麼。他們不知道他的身分，所以像對待其他犯人一樣——極度惡劣地——對待他。大衛很快就為了上廁所而痛苦不已：「我只有該死的五分鐘。有人告訴我尿壺在哪裡，但是那對我一點幫助也沒有；事實上，我根本沒辦法尿在尿壺裡，我必須到洗手間，關上門，知道不會有人突然跳到我身上才能尿尿。」[6]

他和理奇1037（二號囚房的室友）成了好朋友，他們一拍即合，但是進度有點太快了！在幾個小時之後，我們信任的線人，穿上道格8612制服的大衛也變了樣子。大衛報告說，「竟然被派遣來在這麼棒的人旁邊當線人」[7]讓他很有罪惡感。還好沒有什麼真正重要的事好說，讓他感到輕鬆多了。是嗎？真的沒有任何重要的訊息好說嗎？

1037告訴大衛，犯人們要自立自強，不可怠惰，他奉勸大衛不要像他第一次報數那樣當個反叛者。對他們來說，這不會是聰明的舉動。關於他們的脫逃計畫，1037是這麼說的：「我們要和獄卒虛與委蛇，如此一來，我們才可以趁其不備、一舉擊中他們的致命弱點。」

大衛事後告訴我，8612其實並沒有組織任何反擊計畫，但那時我們已經花費了大把的時間和精力，準備應付未知的攻擊。「當然了，有一部分人的確夢想著，他們的朋友可以在探訪時闖進來解救他們，」他說，「或是在上廁所時偷偷溜走，但是那很明顯只是作夢罷了！」也就是說，他們只是緊抓著一丁點希望。

後來我們才知道，大衛違反了我們的口頭承諾——在緊急狀況下成為我們的線人。我們的根據是，那天稍晚有人偷走了中士手銬的鑰匙，大衛卻告訴我們他不曉得在哪裡。他說謊。在實驗後的日記報告中，我們發現他寫著：「沒多久我就知道手銬的鑰匙在哪，但是我並沒有說出來，就算事態已經無關緊要，我應該要說出來了，但是在這些人面前，我還是沒辦法背叛他們。」[8]

從大衛的其他回饋中，更可以發現犯人心理狀態如此突然和驚人的

轉變——他覺得在監獄的那兩天，他和其他人沒什麼差別。「除非我知道我什麼時候可以離開，因為我越來越不肯定我所依賴的人會在什麼時候把我弄出去。我已經恨透了這個情境。」在他待在史丹佛郡大監獄第一天的最後，大衛——我的線人——告訴我：「我只能抱著骯髒、罪惡、恐懼的心情入睡。」

發洩抱怨

當我正和市警察交涉時，先前會面過的那三個犯人委員正把手上長串的抱怨單遞給科特・班克斯，他們分別是帶領的 5704，以及 4325 和 1037，所有犯人選出來的代表。科特十分恭敬地傾聽他們的抱怨，比如廁所的限制導致不衛生的情況、用餐之前沒有乾淨的水可以洗手、沒有淋浴設備、擔心傳染病、手銬和腳鐐太緊導致瘀青和擦傷。他們也希望星期天可以有教堂的禮拜服務。此外，他們還要求可以輪替腳鐐到不同腳上、運動的機會、娛樂時間、乾淨的制服、允許不同牢房之間的溝通交流、加班的星期天可以有工資……。此外，與其無所事事，他們也都希望可以做一些有價值的事情。

科特一如往常不帶感情地聽者，沒有顯露任何感情。威廉・科特・班克斯是一個年近三十、清瘦的非裔美國人，兩個孩子的父親，同時也是研究所二年級的學生，很驕傲自己可以進入世界頂尖的心理學系所。和曾經與我工作過的學生一樣努力，也很有成就。他不讓自己輕薄、超越、虛弱、辯解或愚昧，把自己隱藏在堅強的外表下。

寡言有分寸的吉姆 4325 一定以為，科特的冷漠代表他不開心，於是趕緊解釋這些並不是真的「抱怨」而只是「建議」。科特有禮貌地謝謝他們，也答應會和他的上級討論。我懷疑他們是否發現，科特並沒有作筆記，也沒有留下他們手寫的清單。我們的體系裡最重要的，是在獨裁主義架構裡提供民主體制的假象。

但是，市民對系統的需求改變會有異議。如果聰明地選擇，這樣的改變可以防止公開的不服從和叛亂；只要異議被系統所吸收，不服從就

會縮減，叛亂也會被擱置。事實上，因為沒有任何合理的嘗試來保證解決他們表達的任何的抱怨，這些選出來的正式代表完成目標的可能性就很低。史丹佛監獄申訴委員會的主要任務，是在防護系統裡取得初步的進展，但是失敗了。然而，他們離開時覺得不錯，因為公開地發洩，並且有一個權威者——即使是相對較低階的官員——聆聽了他們的抱怨。

犯人和外界取得聯繫

犯人的第一封信是邀請一些可能的訪客，有一些可能是今晚，也就是實驗的第三天來。第二封信則是邀請另一天晚上的訪客，因為這些朋友或家人因為太遠而無法趕到。犯人用我們官方的文具完成之後，獄卒收集起來郵寄，當然是以監視這些信件的安全性為理由。接下來的例子可以讓我們知道犯人的感覺——至少有一個重要的例子讓我們感到驚訝。英俊的美國人修比 7258，建議他的女朋友「帶一些有趣的照片或海報來，好讓我貼在床上的牆壁上瞧，打發無聊時間。」身強體壯，留著沙巴達小鬍子的理奇 1037。則對他的朋友表達了他的憤怒：「這不再像是一個工作了，因為他媽的我不能離開這裡。」

史都華 819 逐漸有越來越多抱怨，寄了五味雜陳、耐人尋味的訊息給他的朋友：「這裡的食物和艾伯耐澤（Ebenezer）第二次到泰國旅行的第三天食物一樣好吃且豐富。這裡沒什麼有趣的事情，基本上我就是睡覺、大聲喊出我的號碼，以及讓人找找麻煩，如此而已，如果可以離開這裡，會是非常好的事情。」

小個子的亞裔美國犯人葛蘭 3401，清楚地表示了他對這個地方的鄙視：「我在這裡度過了許多痛苦的時間，請你聲東擊西地用炸彈炸了喬登大樓。我的夥伴和我都已經很挫折。我們打算盡快逃跑，但是首先我相信，在我出去的路上我要先砍掉幾個人的頭才行。」然後他在最後加上了一句謎樣的註記：「小心不要讓傻瓜知道你是真的……」真的什麼？

尼古丁成癮的保羅 5704 所寫的信更令人驚訝，他是新的犯人領導

者。在信中，5704 做了一件愚蠢的事情，他自封革命者，在這封難保隱私的信中向他的女朋友透露，他計畫出去後要把他的經驗寫成故事，給當地的地下報紙刊載。他發現國防部海軍研究處支持我的研究[9]，因此得到了一個陰謀理論，認為我們企圖試探抗議越戰的監禁學生有多少能耐。明顯地，他是一個沒有什麼經驗的革命者，在信中討論破壞計畫明顯不智，因為這些信非常有可能被監看。

他並不知道我是一個激進派、行動主義的教授，從一九六六年就開始反對越戰。當時我在紐約大學組織了第一個通宵的辯論團體，發起大規模的聯合罷工，在紐約大學的畢業典禮上，抗議學校頒給國防部長羅伯特·麥克納馬拉（Robert McNamara）名譽學位。隔年，我在史丹佛組織了數千名學生，積極挑戰連續數年的戰爭。我是有熱血的政治靈魂，不是沒腦筋的熱血革命者。

他的信這樣開始：「我已經和 *The Tribe* 及 *The Berkeley Barb*（另一個自由派基層報紙）安排好了，當我從這裡出去後，要提供他們這些故事。」然後 5704 開始自吹自擂他在我們的小型監獄社區裡的新地位：「我擔任監獄犯人申訴委員會的代表主席，明天我要為我們的集體利益報酬組織一個互助會。」他也描述了他從這個經驗中的獲益：「我學習到很多監禁中的革命策略。獄卒一事無成，獄卒做不了什麼，因為你壓制不了老怪胎們的氣焰。我們大多是怪胎，而我真的不認為，在這件事結束之前會有任何一個人屈服。有少數人開始低聲下氣，但是這些人影響不了我們其他人的。」此外，他在最後用大大的粗字體簽下署名：「你的犯人，5704。」

我決定不要告訴獄卒這個訊息，免得他們報復而真的虐待他們。但是令人感到沮喪的是，我的研究補助金被指控是政府戰爭機器的工具，尤其是我曾經鼓勵激進學生團體有力地發出不同的聲音。這個研究補助原本是用來探索匿名的效果、去人性化的情境和人際間侵略的實務及概念研究。從這個監獄實驗剛開始，我就已經向補助機構申請延伸補助來贊助這個實驗，根本沒有其他額外的資助。保羅可能還夥同他的柏克萊

同伴散布不實的謠言，讓我很生氣。

不曉得是 5704 偶爾的情緒波動、渴望尼古丁，還是他想在報紙上寫更多令人激動的題材，在我們已經有太多事情要處理的這一天他今天製造了許多難題給我們。在他同牢房室友的幫助下，他第一次弄彎了囚房的鐵柵，也因為做了這件事得到黑洞時間。他踢壞黑洞裡兩個隔間的隔板，這個舉動又讓他不准吃午餐，並延長了關禁閉的時間。他持續不合作，直到晚餐時間，而且因為沒有人來探視他而明顯感到沮喪。幸好，晚餐後他和監獄官面談，監獄官嚴厲地訓斥他一頓，然後我們就發現，5704 的行為已經變得稍好一些。

為訪客做好準備：虛偽的化妝舞會

我希望卡羅可以從奧克蘭過來和我一起工作，以準備面對家長的猛烈砲火。但是一如往常，他的老爺車壞了得送修，希望隔天可以如同預期地及時出現在假釋聽證會上。經過在電話裡的長談，遊戲計畫已經設定好，當不受歡迎的參訪者來到時，我們會做所有犯人做的事，準備記實地描述辱罵和我們面對系統改進的要求：監獄人員用小飾巾蓋掉血跡，把搗蛋鬼關在外頭，總之就是讓場面變得好看一些。

卡羅的明智建議是，要我在短時間內創造出看起來很良好、有愛心的系統給父母們看，以表示我們秉著良心在照料他們的孩子。他說得很明白，不管怎樣，我們必須讓這些中產階級的白人父母相信我們的研究是好的，就像他們的兒子一樣順從權威者的要求。卡羅笑著說：「你們這些白人喜歡順從人，所以他們會知道他們在做對的事情，就像每個人一樣。」

接著，我們立刻展開主要行動：要犯人清洗地板和他們的牢房，黑洞的標誌已經移除，噴灑清新的植物香味清潔劑以蓋掉尿騷味。犯人都刮了鬍子，以海綿洗澡，盡量打扮。絲襪帽和頭巾都藏了起來，最後監獄官警告大家，如果出現任何的抱怨，探望的時間會提早結束。我們要

求日班加班到晚上九點，除了應付參訪者，也可以在萬一真的有暴動時立即協助。為了考量得更周到，我也邀請所有的備用獄卒進來。

然後我們給犯人吃最好的熱食——熱雞肉派，吃不夠的人還有第二份，飯後還有雙份的點心。音樂溫柔地流進大廳，日班獄卒侍候他們用餐，小夜班的獄卒巡視警戒。過去用餐常有的大笑或竊笑不見了，氣氛變得強烈且客套得有點不尋常。

赫爾曼斜挨著坐在桌子的前端，但仍然拿著他的警棍大搖大擺地晃啊晃：「2093，你從來沒有吃過這麼好的，對吧？」。

2093回答：「沒有，獄警先生」

「你媽媽從不給你第二份，對吧？」

「不，她從不，獄警先生，」中士服從地回答。

「你看你在這裡有多好啊，2093？」

「是的，獄警先生。」赫爾曼從中士的盤子中拿走一些食物，然後走開，並譏笑他。血紅的仇恨，正在他們之中醞釀。

同一時間，在監獄門外的走廊上，我們正在為探訪者的到來做最後的準備，他們造成麻煩的可能性已經是再真實不過的恐懼。牆的對面是獄卒、監獄官和典獄長的辦公室，我們在那準備了一打的折疊椅給等待進入的探訪者。當他們來到地下室時，一定有副想要看看這個新奇有趣實驗的好心情，我們慎重、有系統地將他們的行為帶入控制的情境，一如先前的計畫。他們必須明白他們是訪客，是我們給了他們探視兒子、兄弟、朋友和愛人的特權。

蘇西・菲力普（Susie Phillips）是我們活潑的接待員，溫暖地歡迎訪客；她坐在一張很大的桌子後面，桌子邊還有一盆芳香的玫瑰。蘇西是我的另一個學生，主修心理學，也是史丹佛甜姐兒，因她的美貌和體操能力被選為啦啦隊長。她先讓每一個參訪者簽名，並且寫下他們抵達的時間、編號、他們要訪視的犯人姓名和號碼。蘇西告訴他們今晚一定要遵守的規則：首先，每一個探訪者或探訪團體必須聽取監獄官的簡報，並且在監獄裡的家人或朋友已經吃完晚餐後，才可以進入監獄。出去的

時候，他們必須和典獄長會面，討論他們的顧慮或分享他們的感覺。他們同意這些規定，然後聽著對講機傳來的音樂坐著等待。

蘇西為了讓他們等待太久致歉，解釋犯人今晚比平常花了更多時間吃飯，因為他們正在享受雙倍的點心。有一些探訪者還是坐立不安，他們還有其他事情要做，對等待他們要見的犯人和待在這個不尋常的監獄場所有點不耐煩。

和監獄官協商之後，接待員告知參訪者，因為犯人花了太多時間吃東西，探訪時間將會限制為十分鐘，而且每位犯人只能有兩個探訪者。探訪者感到沮喪，開始抱怨，因為他們的孩子和朋友不受照顧。「為什麼只能兩個人？」他們問。

蘇西告訴他們裡面的空間很小，還有因為消防規定最多能進入的總人數。然後低聲補一句：「你們的孩子或朋友沒有告訴你們，探訪者最多只能有兩人嗎？」

「該死，他沒有說！」

「我很抱歉，我猜他忘記了，但是下次來訪時你們就知道了。」

探訪者利用等待的時間，聊起這個有趣的實驗，有些人抱怨這些專制的規定，但是明顯地，他們逆來順受地遵守這些規定，當一個稱職的好訪客。我們為他們準備了這個舞台，讓他們相信眼前所見的可愛場所是一流的，讓他們懷疑從他們不負責任又自私的孩子或朋友那裡所聽見的抱怨。他們正不知情地參與我們正上演的監獄戲碼。

匆促又沒人情味的探訪時間

犯人 819 的父母是最先進入大廳的人，好奇的四處觀望，接著發現他們的兒子坐在迴廊中間長桌子的尾端。

父親問獄卒：「我可以和他握手嗎？」

「當然可以。為什麼不行？」他的請求讓獄卒很驚訝。

然後他的母親也和他的兒子握手！握手？父母和孩子之間沒有自動來個擁抱？（這樣顯得笨拙的細微身體觸碰，是當一個人到真正高度防

衛的監獄中才可能發生的行為，但是我們監獄沒有這樣的條件，也許是我們讓探訪者困惑了，不知道在這樣陌生的地方，怎樣的行為舉止才算恰當。因此，在不確定的時候，行動越客氣越好。）

柏登站在犯人和他們的父母之中。赫爾曼隨意地走來走去，侵犯819和他的親屬之間互動的隱私。他若有似無地遊走在附近，而819一家三口假裝忽略他，繼續他們的對話。然而，819知道他沒有機會說任何關於監獄的壞話，否則他等等就會嘗到苦頭。他的父母五分鐘就結束探訪，好讓他的哥哥和姊姊可以和他會面。他們說再見的時候，再一次地握手。

「是的，這裡一切都很好。」史都819告訴他的哥哥和姊姊。他們的表現，和其他犯人與熱切的父母見面時不安的局面不同。他們比較隨性也比較愉快，不像和父母談話的情境限制下那麼害怕。但是獄卒常常在他們附近徘徊。

819繼續說：「我們和獄警有一些愉快的談話。」他描述「處罰用的黑洞」，但才剛開始說，柏登就打斷他：「不要再談論有關黑洞的事，819。」

他的姊姊問起他衣服上的數字，也想知道他們每天都做些什麼。819回答了這些問題，也描述這一切對他的影響。當他提到他和小夜班獄卒發生的問題時，柏登再一次不友善地打斷他。

819：「他們早上很早就起床……有一些獄卒真的很好，很棒的獄警。這裡沒有任何真的身體虐待，他們有警棍，但是……」

他的哥哥問他，從這裡出去之後要做什麼。819像一個好犯人應該說的回答：「我不急著出去，我在一個很棒的地方。」五分鐘之後，柏登終止了他們的面談。賽羅一直坐在桌前，瓦尼許則站在桌子的後面。獄卒比訪客還要多。當819的訪客微笑地揮手說再見時，他的臉色變得陰沉。

理奇1037的父母進來時，柏登就坐在桌子上虎視眈眈的看著他們。（我第一次發現，柏登看起來很像陰險版的切‧格瓦拉〔Che Guevara〕）。

1037：「昨天開始有點奇怪。今天所有的牆和牢房都洗過了……我們沒有時間感，沒到外面看過太陽」。

他的父親問他，是否要在裡面待完兩個星期。可想而知，兒子說他不確定。這個探訪進行得很順利，交談很有活力，但是媽媽表現出憂慮，因為她兒子看起來有點不對勁。大蘭德里漫步到柏登那兒和他交談了幾句，兩個人都站著聽探訪者的對話。1037 沒有提到獄卒拿走了他的床，還有他都睡在地上。

「謝謝你們來。」1037 感動地說。因為 1037 請她代打電話給某人，媽媽又再繞回來：「我很高興我來了……很快就可以再看到你了，後天，我確定。」

「現在起，你要乖而且遵守這裡的規矩。」她激勵她的兒子。

父親在門外溫柔地提醒她可能會超過時間，不要妨礙其他人的訪視權益。

當修比 7258 美麗動人的女朋友進入大廳時，獄卒全都振作起來。她帶了一盒杯子蛋糕，很聰明地讓獄卒們分享。獄卒吃得津津有味，由衷愉快地發出大快朵頤的聲音。當他和女朋友談話時，7258 也被允許吃一個杯子蛋糕。他們很認真的想要忘記獄卒緊緊跟隨在後：柏登一直在他們旁邊徘徊，他的警棍在桌上間斷拍打，規律地發出聲音。

擴音器的背景音樂，是滾石合唱團的成名曲之一：〈Time is on my side〉。這首令人覺得諷刺的歌曲，在探訪者來來去去極短的會面時間裡並沒被注意到。

來自母親的擔心

我感謝每一個探訪者從他們忙碌的行程中抽空來探視。和監獄官一樣，我試著盡可能親切和友善。另外，我也希望他們可以賞識我們在資源有限的情況下，盡可能真實地研究監獄生活。我回答他們關於往後探訪的問題，送禮物包裹，以及私底下要求我特別照料孩子的交代。一切都很順利，只剩下一些探訪者還讓我擔心地牢會不會面臨無預警攻擊的

危險。然而，在應付下一個棋局之前，我還是被事前不曾預料到的，1037的母親突如其來的苦惱憂傷弄得手足無措。

當她和1037的父親進入我的辦公室時，她用顫抖的聲音說：「我不是故意要製造麻煩，先生，但是我很擔心我的兒子。我從來沒有看過他這麼疲憊。」

紅色警戒！她可能為我的監獄製造麻煩！但她是對的，1037看起來很糟，不只是生理上的耗竭，精神上也很憂鬱。他是所有犯人中臉色看起來最糟的一個。

「你兒子可能**是什麼問題**？」

這個反應很直接、自動，就像每一個權威者遇到挑戰體系的操作程序時，都會有的反應。就像其他濫用制度的加害者一樣，我把問題歸因於他兒子的性格，也就是**他**本身有一些問題。

她沒有被這個轉移注意力的策略所影響，繼續說他「看起來很憔悴、晚上沒有睡覺」而且——

「他有睡眠障礙嗎？」我打斷她。

「沒有，他說獄卒因為『報數』的事情叫他們起床。」

「是的，當然，報數。當獄卒換班的時候，接手的獄卒必須確定所有的人都在，所以要求他們報數」。

「半夜裡？」

「我們的獄卒每八個小時輪班一次，因為有一組是從凌晨兩點開始工作，他們必須叫醒犯人以確定他們都在，沒有人逃跑。這樣解釋妳還不能了解嗎？」

「是的，但是我不確定——，」她仍準備丟出麻煩，所以我必須轉換另一個更有權勢的策略，並且把一直沉默不語的父親給拉進來。他一直都很沉默。我直視他的眼睛，以他的男性尊嚴賭上一把。

「不好意思，先生，你不認為**你的兒子**可以處理好嗎？」

「當然，他可以，他是一個領導者，你知道的，……而且……」

從他的語調和伴隨的手勢，他的話聽到一半就可以理解，我跟他一

拍即合。「我同意，你的兒子似乎有能力可以掌控這個困難的情況。」
然後我轉向媽媽，再次向她保證：「你們放心，我會注意你們的小孩。
很謝謝你們來，希望很快就能再看到你們。」

父親十分有男子氣概地與我堅定握手，我向他眨眨眼，代表這裡的
老大我會站在他這邊。我們默默地互換「我們會容忍『小女人』的過度
反應」的眼神。真是下流，我們是被自動化的男性心理所引導。

我想以下面這封信做為這場拍馬屁事件的結尾。這是一封來自 1037
的母親溫柔的信，同樣是在那晚所寫。她對監獄和她兒子的情況的觀察
和直覺，我認為完全正確：

我和我先生參訪了「史丹佛監獄」，對我而言很真實。我很確定兒子
志願參加這個實驗時，我們都沒有預期結果會這麼嚴重。當我看到他的
時候我很沮喪，因為他看起來非常憔悴，他最大的抱怨是很久沒有看到
太陽了。我問他志願參加這個實驗是否令他感到難過，他說一開始的確
如此，但是他已經走過很多不同的心境，也認命了。這是他生命中賺得
最辛苦的錢，這點我十分確定。

1037 的母親

PS ：我們祝福這個計畫順利成功

雖然這樣說可能超前故事的進行，但我還是必須先在這裡說明，她
的兒子理奇 1037，聚集反抗的成員之一，幾天後因苦於嚴重的急性壓力
反應而提早獲釋。而他的母親，早就從他身上感覺到了這個改變。

假裝放棄以擊退暴民

最後一個參訪者離開後，我們終於可以喘一口氣了，因為暴民並沒
有在我們最脆弱的時候破壞探訪聚會。但是危機仍然沒有解除！我們必

須馬上轉換成反叛亂模式。我們的計畫，是讓一些獄卒拆除監獄的道具，顯露出雜亂無序的樣子。其他的獄卒把犯人的腳鏈在一起，用袋子蓋住他們的頭，然後護送他們從地下室坐電梯到很少使用且很大的五樓儲藏室，以防突然的攻擊。如果真有叛亂者要進來解救犯人，我會獨自坐在那裡，然後告訴他們「實驗已經在稍早結束，也送他們回家了」，他們來得太晚了。等到他們確認之後離開，我們就會把犯人送回來，而且加倍警戒監獄的安全。我們甚至想到，如果 8612 也是暴徒之一，我們就要逮捕他，再次監禁他，因為他是在虛偽陳述的情況下釋獲。

想像這個畫面：我坐在以前被稱為「大廳」的空曠走道上，先前的史丹佛監獄，現在只留下混亂——牢房門鉸鏈被打開，標誌被拆下，前門完全打開。我好似發了瘋地，提出我們認為會是足智多謀、不擇手段的對抗策略。但在可能的暴徒出現以前，到來的卻是我的一位心理學系所同事——我的老朋友，非常嚴肅的學者和我念研究所時的室友戈登（Gordon）。他問起這裡發生什麼事情，他和他的妻子看見一群犯人在五樓地板上，心生同情，因為他們看起來很痛苦，所以他們出去給犯人買了一盒甜甜圈。

我盡量簡單、快速地描述這個研究，以及入侵者突然闖入的預期。這個學識淵博的意外訪客接著提了一個簡單的問題：「說說，你研究裡的獨變項是什麼？」我應該要回答「犯人或獄卒角色的分配是隨機分派的」，但是我生氣了。

我還有可能闖入監獄的暴民問題尚未解決。所有人員和監獄的安全穩定性岌岌可危，而我竟然必須對付這個假作開明、理論性的、無能的、只關心荒謬事情的教授！我自己想著：接下來他會問我的是，我是否有修正過後的計畫！笨蛋！我機靈地打發他走，回到工作崗位準備攻擊發生。我等了又等。

最後，我發現，這只是個謠言。根本就沒有這回事。我花了很多時間和精力計畫擊退傳說中的攻擊。我愚蠢地乞求警方幫忙，我們清理了髒亂的儲藏室，拆除我們的監獄，把犯人送上五樓。更重要的是，我們

浪費了寶貴的時間。此外，我們最大的罪惡是，身為一個研究者，今天我們沒有任何系統性收集的資料。所有錯誤都來自一個人，這個人對謠言的傳遞和扭曲有著專業的興趣，這個人還經常在課堂上論證這個現象。凡人都有可能是笨蛋，特別是當凡人的情緒支配了冷靜的思緒時。我們重新架設監獄道具，然後把犯人從炎熱、通風不良的儲藏室移回來，他們莫名其妙地被藏了三個小時。對我而言，這真是奇恥大辱。克雷格、科特、大衛和我那天眼神幾乎沒有交會。我們靜默地、心照不宣地同意，只有我們自己知道「Z博士的愚蠢」（指金巴多博士）。

難堪的挫敗

很顯然地，我們都遭遇了極大的挫折感。我們都受苦於認知失調[10]的緊張，因為沒有經過充分的證明就堅信一句謊言，做了很多不必要的舉動。我們也經驗了「團體思考」。一旦我，一個領導者，相信謠言是有根據的，每個人便都會接受它是真的。沒有人扮演惡魔的擁護者，但是每一個團體都需要那種角色，以避免像這樣愚蠢或是悲慘的決定。就像過去約翰·甘迺迪總統「災難性」的決定從豬玀灣侵略古巴，結果完全失敗。[11]

對我而言這十分明顯，我們失去了科學的超脫，這是在執行任何研究中都必須保有的客觀性。我變成了一個好的監獄典獄長，而不是研究者。從稍早我和1037的父母見面時，應該就十分明顯可以看得出來，更不用提對警察小隊長發脾氣的事。但無論如何，心理學家也是人，也會在個人層次遭遇相同的困惑，而這正是他們專業層次所研究的。

我們的挫敗感和難堪，靜靜地在監獄大廳裡散佈。回顧起來，我們應該承認我們的錯誤，然後繼續進行下去，但這是任何人最難做到的部分。就只是說：「對不起，我錯了。」我們卻總無意識地尋找代罪羔羊來轉移對自己的責備。而且我們不需要捨近求遠，在我們身邊都是犯人，他們必須因為我們的失敗和窘迫付出代價。

第 6 章
逐漸失控的星期三

　　實驗的第四天，我衷心期盼相較於禮拜二無止盡的問題今天能少一些躁亂的場面。我們的日常行程似乎排滿了有趣的事件，能夠修補這座監獄之中的裂痕。像是今天早晨會有一位曾是監獄神父的神父到來，參照真正的監獄，告訴我們模擬的真實度。他也是來還過去欠我的一份人情——我曾提供一些參考文獻，幫助他撰寫暑期學校課程中有關監獄的報告。儘管他的到訪是在實驗開始之前就安排好了，但是現在他肩頭上可有兩件事，大的那一部分，多多少少是為了回應申訴委員會做禮拜的要求，其次則是為「第一假釋理事會」而出現，聆聽犯人的假釋需求。理事會的主席將會是本計畫的顧問卡羅・派瑞史考特，以前的他是不斷要求假釋但被駁回的犯人，現在的身分則是假釋理事會主席。把他的角色完完全全顛倒過來，實在是件有趣的事情。

　　另外，我也答應了另一次的探訪之夜，這應該多少可以安撫這些犯人們沮喪的情緒。我也計畫把填補麻煩鬼道格 8612 空缺的新犯人號碼改成 416。今天有許多事情等著，但是對史丹佛郡大監獄的監獄官和他的工作人員們而言，今天會是順利的一天。

神父的鬥智賽

　　麥德蒙神父（Father McDermott）是一位高大、身高約六呎二的男子，看起來好像有定期健身的樣子，髮線漸退反而凸顯了他陽光般的燦爛笑容、鼻樑高挺、氣色紅潤，立如松、坐如鐘，並且幽默風趣。三十幾歲的時候，麥德蒙在東岸監獄擔任過教牧輔導的工作，[1] 硬挺的領子和整齊的黑西裝，活脫是電影版天性快活卻堅定可靠的牧師。我驚訝於他

在他神父角色中的出入自如，現在他是個嚴謹的學者，也是一個憂國憂民的傳牧師，只要有人需要專業的協助，不論何時他總是會回到他的主要角色「神父」。

在監獄官辦公室裡，我們瀏覽過一長串含有註記的名單，這是我為他的「人際攻擊」報告所準備的資料。他顯然對於我花了這麼多時間十分感動，所以他問了：「有什麼我可以為你做的？」我回答：「我希望你能盡可能利用你的時間，盡量多與學生受試者交談，再根據他們告訴你的和你所觀察到的，給我一個最誠懇忠實的評估：這個實驗的真實性，對你而言有多高？」

「當然了，吃果子不能忘了拜樹頭，我會用我在華盛頓哥倫比亞特區工作的經驗來做個比較，我在那裡工作了好幾年了。」神父這麼告訴我。

「太好了，我非常感謝能夠有你協助。」

是他該上場的時候了：「監獄官邀請了許多犯人，這些人已經登記了，希望有榮幸和神父談談。一部分人很想和你見面，另一部分希望你能在週末做禮拜，只有一個犯人，819，感到身體不舒服需要多一點時間睡覺，不希望你去打擾他。」

「好，那我們走吧，這應該很有趣。」麥德蒙神父這麼說。

監獄官在二號和三號囚房背牆放了兩張椅子，一張給神父，一張給來會談的犯人，我自己也帶了一張，放在神父旁邊。傑夫站在我旁邊，他一個個親自護送犯人到這裡會談，看起來很緊張，不過顯然很喜歡這一幕「虛擬實境」。我則關心這些犯人們會抱怨些什麼，而這位好好神父又會怎麼勸導他們。我叫傑夫去確認，科特・班克斯是否能讓錄影畫面的特寫鏡頭更清楚，但是，我們低解析度的攝影機似乎達不到我的預期。

大多數的互動都大同小異。

神父介紹他自己：「麥德蒙神父，孩子，你呢？」

「我是5486，先生」，或者「我是7258，神父」，只有少數人會以自

己的名字回答,大多數都用號碼取而代之。奇怪的是,神父卻也見怪不怪,讓我我非常驚訝,社會化進了犯人的角色之中竟起了這麼大的影響。

「你被控什麼罪名?」

「竊盜」、「強盜取財」、「擅自闖入民宅」或「刑法第459條」是最常聽到的回答。

偶有一些補充,比如「但我是清白的」或「我被控……但是我沒有做啊,大人。」

神父會接著說:「見到你真好,年輕人。」或者直接叫犯人的名字,詢問他住在哪裡,他的家人或來探視過他的人。如果麥德蒙神父問犯人:「他們為什麼用鏈子鍊住你的腳?」「我想是怕我們四處亂跑,限制我們的自由。」是最典型的回答。他會問一些犯人他們如何被對待,心裡的感覺,是否想抱怨什麼事,不管他幫不幫得上忙,都請他們盡量說。接著,我們的神父出乎我意料地詢問他們監禁的基本法律問題。

「有任何人把你關禁閉嗎?」他二擇一地嚴肅詢問其中一人:「你的律師怎麼看待你的案件?」因為各種不同的理由,他也問其他人:「你有告訴你的家人你被控告的這件事情嗎?」「你見過了你的公眾辯護律師了嗎?」很快的,我們都身陷朦朧地帶,神父深深投入監獄牧師的角色,我們的模擬監獄所創造的真實情境,顯然地讓神父也投入其中,就好像對犯人、獄卒甚至對我的影響。「我們不能打電話,也從沒有被帶去聆聽審判,甚至沒聽過審判日是哪一天,先生。」

神父說:「好吧,有人會去處理你的案件,我的意思是,你可以為自己爭取,簡單地寫封信給法官,但是這麼做又有什麼好處呢?而且你可能會等很久才得到答覆,你也可以要你的家人聯絡律師,如果你覺得現在的狀況可能對你不太有利的話。」

犯人理奇1037說:「我計畫當自己的辯護律師,因為再過幾年我就會從法學院畢業,然後很快就可以成為律師了!」

神父嘲諷地一笑:「在我的觀察中,律師為自己辯護會摻雜太多情

緒，你知道，古諺是這麼說的：『任何人為自己出庭辯護，都好像是聘了一個傻瓜當律師。』」我告訴 1037 時間到了，向監獄官暗示換下一個犯人上來。

中士過度拘謹的樣子還有他拒絕法律諮商的舉動，嚇了牧師一跳，因為他說：「這很公平，我犯罪所以要被抓進來，這個罪名已經成立了，所以要花這個時間坐牢。」

「還有人跟他一樣嗎？還是他是特殊例子？」麥德蒙問。「他是特別的例子，神父！」很難再有人像中士一樣，甚至連神父都用施予恩典的樣子對待他。

明明知道抽菸不容許，犯人保羅 5704 還是狡猾地抓緊機會，向神父討了根香菸；當他深深吐出第一口煙時，沒忘了給我一個狗吃屎的奸詐笑容，和一個「勝利」手勢──代表「我整到你了！」申訴委員會的主席，已經下了暫緩令人歡喜的監獄例行公務的決定。我期待他接下來會再要一根香菸。然而，我發現獄卒亞涅特已經暗自記下這個踰矩行動，知道他接下來會為這根香菸和奸詐的笑容付出代價。

經過一個個簡短面談，有人抱怨虐待，有人抱怨違反規定，我變得有些激動和困惑。

只有犯人 5486 拒絕投入這幕場景──假裝這是個真正的監獄，而他是真正的犯人，需要神父來釋放他內心的自由。他是唯一一個描述這個情境為「實驗」的人，不在我們的實驗控制範圍內。傑瑞 5486 是裡頭最冷靜明智的一個，也是最不輕易表露情感的一個。到現在為止，他似乎都把自己擺在陰暗角落裡，避開注意，不會有特別哪個獄卒或哪一值班人員特別喜歡點他出來做事，也鮮少在報數或反叛行動、暴亂中注意到他。所以，我現在開始特別注意他。

接下來的犯人，相對地，極需神父給他法律上的協助，但他也因意識到這將花一大筆錢而嚇傻了。「好吧，假設你的律師現在需要五百美金作為訂金，你現在身上有五百美金嗎？如果沒有，你的父母親就得快點跳出來籌錢，而且刻不容緩。」神父說。

犯人修比 7258 接受神父的協助，提供了他母親的名字和電話，這樣她就可以安排法律上的協助。他說他的表哥在當地的公眾辯護所工作，可能可以保釋他出獄。麥德蒙神父答應照他的要求去做，修比欣喜若狂，好像聖誕老人要送給他一台新車一樣。

整個流程變得越來越奇怪。

在離開之前誠摯地與七位犯人對談的神父，用神父最誠摯的方式問我，是否還有頑強抵抗的犯人需要他的協助。我叫獄卒亞涅特鼓勵 819 花幾分鐘時間和神父講講話，這或許可以讓他好過一點。

在犯人 819 準備和教牧輔導員對談的空檔，麥德蒙神父向我透露：「他們全都是天真稚嫩型的犯人，他們不知道監獄是什麼，是用來幹嘛的。他們都是典型的知識分子，是和你一樣想要改變監獄系統的人——明日的領導者和今日的投票人——而他們也是那些形塑社區教育的人，不知道監獄是什麼，監獄可以怎樣影響一個人，但是你在這裡做的很好，這將會教導他們！」

我把這段話當作信任票，牢記他今日的訓誡，但是困惑仍然未減。

犯人史都華 819 看起來糟透了，重重的黑眼圈，披頭散髮沒有梳理。這個早晨，史都華 819 做了一件壞事：在一陣怒氣之下，他弄亂了他的囚房，撕開枕頭把裡頭的羽毛弄得到處都是；他被丟進黑洞，讓他的室友整理這一切髒亂，他自從昨晚父母親探視後就開始心情低落，某個夥伴告訴獄卒，他的父母語重心長地跟他講了一大堆話，他卻用另一種方式解讀。他們並不關心他的抱怨，儘管再怎麼盡力解釋，他們仍然不在乎他的處境，只不斷講著剛剛才看了哪齣難看死的表演。

神父：「我想你可能會想和你的家人討論幫你找個律師這件事。」

819：「他們知道我是個犯人，也知道我在這裡做了什麼——關於報數的事情，那些規則，還有不斷地找我麻煩。」

神父：「你現在感受如何？」

819：「我覺得頭痛欲裂，我需要醫生！」

我從中打斷，試圖找出頭痛的來源。我問他這是不是常常有的偏頭

痛，或者是因為過度勞累、飢餓、炎熱、壓力、便秘或視覺問題所導致的。

819：「我感覺像虛脫了，非常不安！」

接著他就崩潰了，失聲哭泣，大口嘆氣，神父以給他手帕讓他擦掉眼淚來安慰他。

「好，聽我說，事情沒有那麼糟，你待在這裡多久了？」

「只有三天！」

「那你接下來最好別再那麼情緒化。」

我試圖安撫 819，為他安排一個時間喘口氣，到大廳外頭的休息室——實際上就是攝影機隔間後面——休息一下。我告訴他可以在那裡自由的休息，我會給他一些好食物吃，看看頭痛是不是在下午就會好轉，如果沒有，我會帶他到學生健康中心做個檢查。因為我把帶他到安全性最低的地方，所以我要他保證絕對不會脫逃。我也詢問他，是否感覺差到沒有辦法繼續下去。但是他堅持他可以繼續下去，不會再做任何調皮搗蛋的事。

神父告訴 819：「或許你只是對這個地方的味道反應過度。這裡的空氣很悶，還有一種令人不舒服的味道，這本來就需要花時間適應不是嗎？」那倒也是事實。這樣說或許太嚴重，不過這裡真的有點像擺放了有毒物質，那種惡臭，好似帶領我們到了真正的監獄。（我們已經習慣了麥德蒙聞到的、緊緊環繞在我們監獄的尿騷味和排泄物臭氣，久聞而不知其臭；經他這麼一說，才又抓回了我們對這味道的嗅覺。）你必須從中取得平衡，許多犯人都在學著適應。」

當我們走出大廳到我的辦公室時，神父告訴我，這個研究運作得就像一座真正的監獄，特別是他看見了典型「初犯者症候群」（first-offender syndrome）——困惑、易怒、狂躁、憂鬱，以及過度情緒化。

他向我擔保，這樣的反應一個星期後就會改變，因為犯人的生存意志不會這麼柔弱，他強調，情境比 819 那男孩肯承認的還要真實。我們都同意 819 需要諮商，我發現儘管嘴唇在發抖，手也在顫動，兩眼發

直，他仍然不願意承認他在這裡撐不下去，告訴我們他想要出去。我想他沒辦法接受自己是個膽小鬼的想法，他的男性尊嚴受到了威脅，所以他希望我們，呢，希望**我**，堅持要他離開好顧全他的面子，「或許真的是這樣，那是個有趣的可能性。」麥德蒙神父相信，這剛好呼應了他剛剛向神父透露的心情。

當他告別時，我忍不住提醒他，好神父是不會真的打電話給父母親說這些事的，對嗎？「不，我會打，我必須這麼做，這是我職責所在！」

「當然了，我怎麼那麼笨啊！你的職責所在，沒錯。」（因為我需要父母和律師來應付這個狀況，因為神父給過承諾，必須責無旁貸地維持真實世界的神父角色，即使他知道這並不是一個真正的監獄，但是該死，這場戲還是得演下去。）

神父的到訪點破了，在角色扮演和自決的認同之間，這裡實際和幻想之中逐漸滋長的困惑。他是個真正的神父，也有過在真實監獄工作的個人經驗，他全心全意投入這個假冒的角色，協助我們將虛擬秀轉化為現實人生。他坐得直挺，用某種特別的方式握手或做手勢，給建議時身體微微前傾，以點頭表示了解，拍拍犯人肩膀，為犯人的發傻皺眉頭……，說話的聲調和節奏，讓我想到小時候在聖安瑟爾天主教堂的主日學情境。他代表非常典型的神父形象，像是電影裡派遣過來的，當他做著神父工作時，我們好像在看奇妙的電影或影集，而我著迷於他詮釋角色時動人的演技。如果在他加入後有任何改變，那就是神父的探訪將我們模擬的實驗情境改變成更接近真實的監獄，對那些原先設想這個情境「只是實驗」的犯人們來說更是。神父讓這個訊息成為新的媒介，讓我們的情節演變成出自卡夫卡或是皮藍德婁的小說場景？

但當時，大廳也有一座火山爆發了！犯人們大叫著犯人819的事情。

亞涅特：「犯人819做了壞事，跟著說十次，大聲點！」

犯人們：「犯人819做了壞事、犯人819做了壞事、犯人819……」

亞涅特：「犯人819做了壞事，然後怎麼了？犯人3401，你說？」

3401：「犯人819被處罰了！」

亞涅特：「819 然後怎麼了，1037？」

1037：「我不確定，獄警先生。」

亞涅特：「他被處罰了！重頭來，3401！」

3401 複誦五字真言，1037 說得更大聲：「犯人 819 被處罰了！獄警先生！」

1037 和其他犯人被輪流問同樣的問題，異口同聲回答標準答案。

亞涅特；「讓我們聽五遍，好確定你們都記好它了。因為犯人 819 做了壞事，所以你的囚房變得一團糟，然後我們聽十遍！」

「因為犯人 819 做了壞事，所以我的囚房一團糟。」犯人重複朗誦這句話，但是 1037，就是計畫要當自己律師的那位，不再加入行列。大蘭德里用手勢加警棍威嚇他，亞涅特停止大家的朗誦，轉頭問發生什麼事情。大蘭德里告訴了他。

犯人 1037 挑戰亞涅特：「我有個問題，獄警先生，我們不是不應該說謊嗎？」

亞涅特，用著他最制度化，絲毫不受動搖地，令人信服的說話風格回答：「我們現在對你的問題不感興趣，工作已經指派下去，現在給我聽好了，『因為犯人 819 做了壞事，所以我的囚房一團糟』，唸十次。」

犯人們複誦著這句話，但是顯然零零落落，就這樣唸了十一遍。

亞涅特：「我叫你們念幾次，犯人 3401？」

3401：「十次。」

亞涅特：「那你做了幾次，3401 先生？」

3401：「十次，獄警先生。」

亞涅特：「錯了，你們做了十一次，再給我重頭做一次，確實的做，說十次，就好像我剛剛命令你們說的：『因為犯人 819 做了好事，我的囚房一團糟。』念十次。」

他們又一同大聲齊說了十次，不多不少剛好十次。

亞涅特：「每個人都給我各就各位！」

犯人沒有絲毫猶豫，立刻趴在地上，準備做伏地挺身。

「上、下，上、下，5486，不是叫你用肚子打滾，是在做伏地挺身。背打直！上、下，上、下，上、下，好，現在維持在下的姿勢，然後轉個身，背朝地，腳抬高。」

亞涅特：「這六吋是最關鍵的部分，男人們，每個人都有這六吋，每個人的腳都給我抬高，一直到每個人的腳離地板都有這六吋。」

大蘭德里接著測量，犯人的腳是否真的離地板剛好六吋。

亞涅特：「全部一起，說十次『我不會像 819 犯一樣的錯誤，獄警先生』。」

亞涅特：「出自肺腑，再說十次『我不會犯同樣錯誤，獄警先生』。」

他們的表現非常一致，連本來拒絕的犯人 1037 也大聲跟著說，中士更是一副很開心的樣子，因為他可以大聲表達對威權的服從。接著他們有禮貌地回應獄警的最後一個命令：「非常謝謝如此美妙的報數活動，獄警先生。」

如此和諧、有秩序的犯人，相信會讓唱詩班指揮或是希特勒青年軍領導人羨慕得要命，我心裡面這麼想著。此外，他們，或者說我們，從星期天一開始時笑著報數和嬉鬧喧嘩的新犯人們，現在變成什麼樣子了？

不再是 819

當我意識到 819 可能在隔壁的房間聽到這一切時，我趕快衝進去看看他。我看到的 819 全身縮成一團，歇斯底里顫抖，所以我用雙手環抱試圖安撫他，向他保證離開這裡回家後，一切都會沒事的。出乎我的意料，他拒絕和我去見醫生然後回家。「不，我不能離開，我必須要回到那裡。」他含著淚光堅持著。他不能離開，因為他知道其他犯人會把他標記成「不好的犯人」，但如果回到那個他弄糟的囚房，他又會見到他害麻煩事落在他們頭上的犯人。顯然他極度憂傷痛苦，卻仍想回到監獄

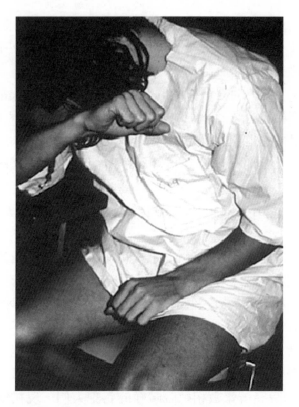

裡，證明他不真的是一個壞人。「仔細聽我說，現在，你不是819，你是史都華，而我的名字是金巴多博士，一個心理學家，不是監獄的典獄長。這不是一個真正的監獄，只是個實驗，那些傢伙就跟你一樣只是學生而已。所以現在是回家的時候了，史都華，跟我來，我們走吧！」

他停止啜泣，擦乾眼淚，挺起身子看我的眼睛。他看起來像個剛從惡夢中醒來的小孩，需要父母向他保證那不是真的怪獸，而所有事情都會變好。等到我確定他完全接受了這個事實後，我說：「好，史都華，我們走吧！」（我打破了他的幻覺，而我的幻覺仍然還在。）

當他拿回一般衣物，宣告著史都華已退出犯人的行列時，我回憶起第一天他所惹出的那些麻煩，我似乎早該料到最後情緒崩潰的這一幕。

819 稍早就搞砸了一切

監獄官的工作報告顯示，819 拒絕在早上六點十分醒來，因為立刻被放到黑洞，所以相較於其他人只有一半的時間上廁所。全部的人，包括 819，都出現在七點三十分長達十五分鐘的報數活動，然而 819 拒絕服從，一個獄卒用社會化處罰的方式——要其他犯人手舉起來直到 819 願意服從為止——來讓他屈服。

819 還是不肯服從，其他人的手因為撐不住而垂了下來，然後警衛把 819 丟到黑洞裡頭，他就只好在黑暗中吃他的早餐，卻不肯吃他早餐裡頭的蛋。他被放出來後，罰勞動服務徒手清理廁所，然後和其他犯人無止境地、傻裡傻氣地將箱子搬進搬出。回到囚房後，819 乾脆把自己鎖在裡面。他拒絕挑出丟進他囚房毛毯上的芒刺，他的室友，4325 和新犯人 8612 被迫做額外的工作，一直到他肯順從為止。他們把一堆箱子從這個櫃子搬到另一個櫃子，但他仍然不肯退讓，而且要求要看醫生，他的兩個室友開始生氣，因為他的頑固讓他們活受罪。

賽羅獄卒的值班紀錄註記著：「一個犯人將自己鎖在囚房裡頭，我們拿出警棍要趕他出來，但是他不肯出來，我們叫所有人站在牆邊舉直雙手，他卻躺回他的床上猖狂大笑，我沒想到他竟然會這麼做，所以我們放棄了。其他的犯人們恨死我們了，但我只是微笑著做我份內的工作。」[2]

獄卒瓦尼許在他的報告中，記錄著這個犯人行為心理上重要的意義：「對於這些強加在其他犯人上的麻煩，819 表現得漠不關心，這令他們感到非常不舒服。」瓦尼許在他的報告上繼續抱怨，由於缺乏清楚的指導方針，所以他不曉得自己可以怎麼應付這些犯人。「我不確定我們有那麼大的權力，也不知道應該怎麼使用，我不曉得這個案件的限制到哪個程度，沒有清楚地界定，這實在非常困擾我。」

凡迪用另一種方式報告這個事件：「我比起前幾天都還要投入，我享受在凌晨二點三十分吵醒犯人的樂趣。這取悅了我殘酷成性的因子，

造成我們之間的不愉快。」這是值得注意的一句話，我確定，四天前的他不會這麼說。

嚴苛的獄卒亞涅特，則在他的報告中說：「讓我覺得無法恰當地扮演我的角色的，是 819 和 1037，他們顯然在某些情境下特別難搞，在那些時候，我就沒辦法一如平常那麼強硬。」[3]

「基本上，犯人經驗真正難以忍受的事情是任人擺佈，那些人極盡能事地讓你難過。」史都華 819 告訴我：「我只是無法忍受別人無理的虐待，我痛恨那些法西斯獄卒，他們驕傲自滿於別人的服從，但我強烈喜歡那些有點憐憫之心的獄卒。我很高興終於看到一些犯人的反叛。」

「我對時間的感覺也被影響了，和自己享受的時光相比，每天痛苦折磨的時刻都讓我度日如年。在這個實驗裡，最糟的是全然的痛苦與絕望，陷入這樣持續「找你麻煩」的生活，而且事實上你也沒有方法可以脫逃。最後能夠重獲自由，是最美妙的一件事情了。」[4]

被我們的間諜所出賣

記得大衛嗎？那個穿上 8612 制服、進來監獄的目的是要做我們線人的大衛？很不幸的，他並沒有提供我們任何有用的資訊，他變得同情其他犯人們的遭遇，並且轉敵為友，向他們忠心投誠。我那天早上特地放他出來，就為了聽取他的報告和評估。但在他和我及監獄官面談的時候，這位失職的告密者明白告訴我們他鄙視我們的獄卒，並且因為沒有辦法動員其他犯人一起不遵從規定而感到挫敗。他說那個早晨，一個獄卒叫他去廁所把咖啡壺裝滿熱開水，但另一個獄卒卻倒掉熱水再叫他去裝冷水，警告他要乖乖遵守指示。他恨透了這些膽小鬼狐假虎威地欺負人，也告訴我們他的時間好像扭曲了，當他在睡覺中被叫醒好幾次，沒完沒了的報數，好像把時間拉長了又壓縮。他說他有某種心智上的遲鈍，好像周遭的事物都蒙上了一層紗。

「獄卒們武斷專制的命令和那些白痴的工作，會讓你怒氣難消。」線人──轉變成犯人──演化成新角色，他告訴我們，他計畫發起他的同伴

們採取行動。「今天我決定當一個令人討厭的犯人，我想要犯人們在精神上有些抵抗。如果有人不願意配合，就會被罰做得更多，但只要沒有人願意做更多，這一切就沒戲唱了；我叫他們堅持看看，但是每個人似乎都只願意照著命令乖乖聽話，不管是從櫃子裡頭不停的搬東西到另一個地方，這樣不停的重複羞辱你，或者是叫你徒手洗馬桶讓你蒙羞。」

　　大衛報告沒有人生我和監獄官的氣，我們大多只是透過廣播發出粗啞的聲音，但是他和其他人對獄卒們很憤慨，早上他才告訴其中一個人：「獄警先生，你是不是認為在實驗結束之後，你可以有足夠的時間再脫胎換骨重新做人？」因為這句話，他得到了進黑洞的機會。他很沮喪，因為在 819 把囚房搞得一團亂時，他沒有辦法說服其他犯人拒絕把手舉高。他們的手最後是放下了，只不過是因為痠到不行，沒有人肯反抗，大衛為沒有辦法當個有力的頭頭而感到挫敗，這點在他向我們的報告中顯然易見：

　　在大家齊聲呼喊的時候，溝通的管道嚴重受限，你沒辦法阻止這一切，但是在安靜的時刻，我試圖和我的室友說話，但是 819 總是在黑洞中，其他人像是 4325（吉姆）是個怪人沒有什麼話好說。如果吃飯時可以跟所有人說話，就可以勸大家不要那麼輕易就向獄卒屈服，但是又不能在那時候說話。這讓我有點壯志未酬的感覺，因為我沒辦法實際策劃整個行動，有人跟我說了一句話後，讓我很難受：「我想要被假釋，不要礙著我。如果你想要自尋死路，那很酷，但是我才不幹。」[5]

　　大衛沒有提供任何讓我們覺得「可用的」消息，像是脫逃計畫或是藏手銬事件，然而，他個人的想法也顯示了，有著強大的力量在操弄著犯人的想法，在壓迫之下抑制團體行動。他們開始自私地向內聚焦，想著如果能夠苟且偷生，或許會有成功離開的可能。

歡迎新犯人加入團體

　　為了要填補犯人離開的空缺，我們增加了編號 416 的替代犯人；但是，這個最晚來的傢伙馬上成為最令人頭痛的角色。我第一次看到他，是在大廳一角的攝影機中，他被帶進監獄裡，頭上戴著購物袋，馬上由獄卒亞涅特仔細地脫去衣物。他骨瘦如柴，像我媽媽常講的「只剩皮膚和骨頭」，你可以在遠遠十步外就數出他有幾根肋骨，眼神可憐兮兮，還不知道有什麼正等著他。

　　亞涅特慢慢、仔細地在 416 身上噴灑除蝨的粉末，在實驗開始的第一天，這個步驟可能做得有些倉促，因為獄卒們必須一下子處理許多新進的犯人；現在有充沛的時間，亞涅特把他弄得像是一個特別的清潔儀式。他幫他套上編號 416 的制服，在腳踝上扣上腳鏈，在頭上戴上新的絲襪帽，瞧！新犯人已經蓄勢待發，不像其他人，是經過漸漸地適應每天增加的專制和不懷好意的獄卒行為。 416 就要在這個時候被塞進這個瘋狂的熔爐裡，沒有太多時間可以適應。

　　我一來就被嚇壞了。因為我是替補上陣的，沒有像其他人一樣被警察問筆錄，而是秘書通知我，要我帶著基本資料和報告，中午之前到心理系報到。我高興自己得到這份工作，滿懷欣喜的慶幸自己有機會做這件事情。（記得嗎？這些自願者這兩個星期的工作是有薪水的。）我在外頭等待，報上名字後馬上出現一個獄卒用手銬銬上我的雙手，將購物袋套到我頭上，帶我經過長長的階梯，而我必須以大字型貼在牆上一陣子，我不曉得到底發生了什麼事，心想我大概接受了一份苦差事。但是事情比我想像的還要糟糕，我不知道會被剝光衣服、除蝨，還會有警棍打在大腿上。當我看著其他犯人也參與了這個社會遊戲，我決定儘管留在這裡，但心理上我要遠離這些獄卒。我告訴自己必須盡我所能保持這個想法，但隨著時間過去，我忘記了留在這裡的理由，我來總有個理由吧？像是可以藉此賺錢之類的，但突然間， 416 就被轉變成一個犯人——

那個極端地茫然和沮喪的傢伙。[6]

〈奇異恩典〉：諷刺的關鍵

這個新犯人到來的時候，正巧聽見亞涅特在口述信件的內容；這是犯人們為了下一次的參訪之夜，必須寫給他們即將蒞臨的探訪者的信。當獄卒唸出內容後，他們馬上謄寫在分發的信紙上，接著，他叫每個人大聲重複其中一部分，公定的信件是這麼寫的：

親愛的母親：

我在這裡度過了不可思議的時光，這裡的食物棒極了，而且總是有許多玩樂和遊戲。這裡的工作人員對我們很好，他們都是好人，妳會喜歡他們的。母親，不需要來探視我，這裡是極樂天堂。（然後在最後寫上你母親給你的名字，不管是什麼。）

你親愛真誠的，愛你的兒子敬上

獄卒馬卡斯收回所有寫好的信件，準備等會兒郵寄。接下來，當然是一陣大呼小叫，因為他們被禁止寫下任何資訊或煽動的抱怨。犯人們願意照本宣科地寫這封信，是因為有人來訪對他們十分重要，他們已經好幾天沒有看到家人和朋友，他們必須維持跟外界的聯繫，畢竟地下室的世界不是所有的一切。

新問題也陸陸續續跑了出來，首先是一號囚房的門鎖。5704，這個聰明的傢伙今早厚著臉皮向神父要了一支香菸，還把房門敞開著，顯示他可以隨自己高興進進出出。獄卒亞涅特的風格一向優雅從容，他拿了一條繩子穿過柵欄綁住二號囚房的門，有條不紊地做著這項工作，就好像男童軍團打繩結應當獲得勳章的讚揚。他用口哨吹著〈藍色多瑙河〉，

把繩子打了個圈圈套在一間囚房，而另一頭掛住一另一間囚房，預防犯人由裡頭直接開門。完成後亞涅特滿意地吹著口哨，大蘭德里看見這一幕，過來用他的警棍幫忙轉緊繩索，這兩個獄卒微笑著讚賞對方「這活兒做的太好了」。在獄卒們想出辦法修好這個可能是 5704 破壞的鎖以前，再也沒有人可以隨興走進走出。

「這支菸是給你的，5704，只是現在囚房門是壞的，要是你敢給我走出來，你就會被抓去關禁閉。」

理奇 1037 從二號囚房大聲叫囂恐嚇：「我有武器！」

亞涅特挑戰他：「你沒有武器，我可以隨時打開門，走進你的囚房。」

有個人尖叫：「他有一根針！」

「他有那玩意兒不太妙，我們必須沒收，還得處罰他。」

大蘭德里用力敲打所有囚房的門，提醒他們現在由誰作主。亞涅特突然砰的一聲打在二號囚房的鐵柵上，差點擊碎了一個犯人的手，因為那個人剛好同時要把門往後拉。接著，就像是第二天早晨的反叛行動，大蘭德里開始拿起滅火器，向二號囚房噴灑清涼的二氧化碳。大蘭德里和馬卡斯用警棍推著囚房門栓，試圖讓裡頭的人遠離開啟的房門，但是二號囚房的一個犯人卻搶走了其中一根，開始嘲笑獄卒們。犯人們的行為已經近乎暴動，而且手上真的有武器了。

亞涅特維持他一貫的冷靜作風，在一陣討論之後，獄卒們從空辦公室拿一個鎖過來，裝在一號囚房上。「事實上，老兄，這是唯一的辦法。我們沒有別的選擇，你們想熬多久，才是真正關鍵所在。」他耐心地告訴他們。

最後，獄卒們又再次獲得了勝利，強迫他們回到兩個囚房裡，並且拖著大壞蛋 5704 到禁閉室，沒什麼好說的，進黑洞之前，他的手腳也被綑綁起來。

突然暴動的代價，是所有犯人們的午餐。對菜鳥 416 來說，這真是糟透了，他早餐只喝了一杯咖啡、吃了點餅乾，早就已經餓了，並且什

麼都沒做，只是驚訝地看著異於尋常的事情在他周遭發生。要是可以吃一點熱熱的東西就好了，他心想。但沒有，沒有午餐，犯人們全部被命令在牆前一字排開。保羅 5704 從禁閉室被拖出來，仍然綁手綑腳，無助地躺在大廳的地板上。他被當作殺雞儆猴的例子，告訴他們反叛的後果正是如此。

獄卒馬卡斯命令，每個人在罰青蛙跳的時候要用〈划、划、划小船〉的曲調，一邊跳一邊做。「既然大家都有這麼美妙的歌喉，那麼我們再來唱這首〈奇異恩典〉。」亞涅特告訴他們：「只是唸上一節詩，我才不要上帝被你們騙了。」犯人正在地板上準備伏地挺身時，416 第一次被點名，引起大家的注意：「你看好，你必須記得這個，416。〈奇異恩典〉，多甜蜜的曲調，可以救贖像我這樣的可憐人，我曾經一度盲目，但是現在我看見了，『自遇見上帝的第一個小時，我就自由了。』」亞涅特按捺不住修改保羅 5704 在地上唱的那句「自遇見上帝的第一個小時」（in the first hour since God），那句可能不是那樣唱的，但是你必須跟著這麼唱，他自作聰明地將最後一句改成：「自我看見上帝的第一個小時（since the first hour I've seen God），我就自由了。」亞涅特，顯然自知是一位吹口哨的好手，他接著用口哨吹〈奇異恩典〉，再用完美的音調重複一次，犯人們自發性地擺出欣賞的手勢為他喝采，獄卒大蘭德里和馬卡斯樂得輕鬆地倚在桌子旁。犯人們也唱了一首歌，但是很明顯地通通走音又唱得七零八落，亞涅特很生氣：「我們是不是從舊金山第六大道猶太人區抓來這些人的，讓我再聽一次！」

麻煩鬼 5704 嘗試修正他不正確的措辭，但是亞涅特藉由這個機會大聲且清楚地說出他的觀點：「當然了，這樣說是有一點爭議，但你們唱的可是犯人版的〈奇異恩典〉，所以唱對唱錯沒什麼太大關係，因為獄卒們永遠是對的，416，你站起來，其他人就伏地挺身位置，416，當他們做伏地挺身的時候，你就開始唱〈奇異恩典〉，這是命令。」

才入獄幾個小時，416 已經被亞涅特推向舞台中央，把他從其他犯人中孤立出來，強迫他做愚蠢的動作。錄影帶捕獲了這令人哀傷的時

刻：這個骨瘦如柴的新犯人飆高音階地唱著心靈自由的歌曲，肩膀下垂，眼睛盯著地上，顯示他非常不舒服；而當他被糾正並且重唱一次而其他人只好繼續做伏地挺身時，他的心情更糟了。在這樣受壓迫的氣氛下，被命令演唱歌頌心靈自由的歌曲實在是再諷刺不過的事，更不用說，他唱歌只是為了提供愚蠢的伏地挺身一個節奏。他暗自發誓，他不要被亞涅特或是其他獄卒給擊倒。

我不知道為什麼亞涅特會用這種方式「特別照顧」他，或許只是一種策略，讓他可以在加壓悶燒下更快進入狀況，也許是 416 瘦弱的外表，讓這些急於證明自己很行的獄卒們，產生此人可以欺負的感覺。

「既然現在你唱得正高興，416，再唱〈划、划、划小船〉，當每個人躺在地上腳往空中抬的時候，我希望你可以唱得很大聲，讓 5704 滿意又開心，尼克森總統都聽得見，不管他媽的人在哪兒。腳抬高，再高！再高！讓我們再多聽幾次，請特別強調最後一句：『生活如夢似境』。」

犯人修比 7258 還停留在那個可笑的時刻，竟然詢問，他們是不是可以唱「監獄生活如夢似境」，犯人逐字地吶喊，胸口跟著每個字起伏，生活在這裡，真是再虛幻奇異不過了。

電視攝影師回來了

下午的某個時候，舊金山地方電視台 KRON 的攝影師突然造訪。他被派來追蹤報導星期天的新聞。那則新聞引起了電視台一點興趣，但我限制他只能在我們的觀察窗口拍攝，而且有關這個研究的進展部分，只能採訪我及監獄官。我不想讓任何外界的干擾打破犯人和獄卒間已經成形的動力。我沒能看到那晚他所拍的電視畫面，因為我們那時忙著全神灌注處理許多突如其來的事情。7

再見，日班；晚安，小夜班

「是做星期天工作的時候了。」亞涅特告訴犯人們（即使今天才星期三）：「每個人過來圍圈圈，手拉手，像是宗教朝聖活動，說：『嗨，

416，我是你的好夥伴，5704，接著每個人歡迎你們的新夥伴。」他們在這圈圈裡頭持續著這樣的問候，某種程度上像是溫暖人心的儀式，我非常意外亞涅特想得出這麼敏感的團體活動，但是接著他還是叫大家臣服於他，要大家圍著圈圈跳著唱〈圍著蘿西轉圈圈〉，而416，就獨自站在令人看了就難過的圈圈中央。

交班之前，亞涅特又多添了一次報數活動，由大蘭德里接手，告訴大家這次應該要怎麼唱。這是416第一次參加報數，他大搖其頭，完全搞不懂為什麼大家都乖乖地跟著做，直到他值班的最後一秒，亞涅特都還在繼續他去人性化的努力。

「我已經做得夠多了，回籠子去，清理你們的囚房，好讓那些訪問者不會因為看到的場景感到噁心。」他離開並用口哨吹著〈奇異恩典〉，當然了，離走前沒忘記補一計回馬槍：「再見了，鄉民，明天見，我的粉絲們。」

大蘭德里加油添醋：「我要你們謝謝獄警先生，花了一整天的時間陪你們。」他們心不甘情不願地說：「謝謝，獄警先生。」大蘭德里不買那個「卑劣的謝謝」的帳，並且要他們大聲再說一次。在他和馬卡斯及亞涅特大步走出大廳、離開舞台的時候，迎面而來的是小夜班的約翰·韋恩和他幹勁十足的團員。

新犯人416稍晚告訴我們，他對獄卒們的恐懼：

我被每個第一次見面的獄卒們給嚇壞了，我知道我做了一個愚蠢的決定，才會自願來當受試者，當務之急是越快出去越好，在監獄裡頭，你會面臨太多不可預期的可能性。當這裡真的是一個監獄，是一個由心理學家而不是州政府開設的，我面臨到飢餓襲擊時的痛苦，但我拒絕吃任何東西，好讓我生病，這樣他們才會釋放416。這是我堅守的計畫，不論在這麼做之後會導致什麼樣的後果。[8]

晚餐的時候，即使飢腸轆轆，416 還是堅守著他的計畫，拒絕吃下任何東西。

赫爾曼：「嘿，小子，我們今天的晚餐有熱騰騰的香腸喔！」

416（能言善道）：「那不是給我吃的，長官，我拒絕吃下你們給的任何食物。」

赫爾曼：「那是違反規定的，你會被依法處置的。」

416：「那沒關係，我就是不要吃你們的香腸。」

赫爾曼決定，在 416 第一次會有訪客到來的時候，將他丟進黑洞裡頭作為懲罰，柏登堅持讓他兩手握著香腸。當其他犯人吃完晚餐時，416 必須坐著看他的食物，一個盤子裡頭有兩條冷香腸。這個非預期的反叛行為觸怒了小夜班的獄卒，特別是赫爾曼。

赫爾曼本來以為，今晚所有的事情都會在嚴厲的監控下，尤其是在解決昨晚的問題之後，應該會十分順利，現在卻覺得火燒屁股。這個問題可能會引發其他犯人的反叛行為，就在這個節骨眼，必須讓他們全都受控制，乖乖服從指示。

赫爾曼：「你不想吃下這兩根發臭的香腸？你希望我把這兩根塞進你的屁眼嗎？那是你想要的？你希望拿這個塞進你的屁眼？」

416 還是堅持絕食，面無表情地看著盤子裡面的香腸。赫爾曼相信，現在是執行雙面夾攻的離間策略的時候了：「現在，聽好，416，如果你不吃你的香腸，那就是犯人不順從的行為，就代表所有犯人都會喪失接受探訪的權利，聽到沒？」

「我很遺憾聽到這個消息，我的個人舉動應該與其他人無關。」416 傲慢地回答。

「那不是個人而是整體犯人的舉動，而且這裡是我當家、我作主！」赫爾曼大喊。

柏登帶著修比 7258 來說服 416 吃他的香腸，7258 說：「只要把香腸吃下去就可以嗎？」柏登補充：「告訴他為什麼。」7258 只好懇求他，告訴他說如果他不吃香腸，全部的人都會失去訪客時間。

「難道你不在乎這個嗎？還是只因為你沒有朋友？你是為了犯人們而吃，而不是為了獄卒們吃，可以嗎？」柏登則給了416一記上鉤拳，要教訓他害到其他犯人的後果。

犯人修比7258繼續說服416，放下身段，只希望能讓他吃下香腸，因為他的女友瑪利安就快要來探視他了，如果被幾根香腸給破壞了這個權利，他會氣死。柏登持續裝腔作勢，氣勢凌人地助長赫爾曼的威風。

「416，你有什麼問題？回答我，小老弟，啊，你有什麼問題啊？」

416開始解釋他是要用挨餓來抗議虐行，還有違反契約。

「這個香腸到底是他媽的惹到你什麼了？好，告訴我是什麼？」柏登暴怒地砰的一聲地將警棍打在桌上，餘音在大廳中繚繞不去。

「回答我的問題，為什麼你不吃這些香腸？」

416用微弱到幾乎聽不見的聲音回答，他是在執行甘地的非暴力抗議，柏登說他從來沒有聽過甘地，堅持要更好的理由。「告訴我這兩者之間的關聯，我看不到。」然後416打破假象，告訴所有在場的獄卒們，說他們違反了他自願參與實驗時所簽立的合約。（我大吃一驚，這個提示早就被其他人忽略，獄卒們現在全部專心一致地在他們想像中的監獄。）

「我才不管他媽的任何該死的合約。」柏登大叫：「你現在會在這裡，是因為你應得的，416，因為你犯法，所以你才會到這個地方。這裡不是托兒所，所以我搞不懂為什麼你不吃這個該死的香腸，你認為這裡應該是托兒所嗎，416？你覺得你犯法應該被關到托兒所嗎？」柏登大叫大嚷，宣稱416不會是個快樂的男孩，因為他的室友們今天晚上要被迫沒有床睡。但這樣說還是動搖不了416，惹得柏登一陣狂怒，以警棍敲打自己的手心，命令416「滾回黑洞去」。這一次，416很清楚到黑洞的路了。

柏登用拳頭猛力敲打黑洞的門，震耳欲聾的聲音，在黑暗的櫥櫃裡迴盪著。「現在，每個人都來敲敲416的黑洞門口，謝謝416，因為他為你們回絕了所有訪客。」每個人立刻跟著做，大聲說「謝謝！」也饒

有興味地敲打著門，只有5486傑瑞有點心不甘情不願。修比7258則被這個出乎意料的命運大轉變給氣炸了。

為了強調這一點，赫爾曼把416從黑洞中抓出來，他手中依然緊握著那兩條香腸。他接著單獨主持報數，不讓柏登有機會參與，好獄卒小蘭德里則不曉得跑哪去了。

現在，赫爾曼有打破犯人們團結的機會，並且減少416可能變成反叛英雄的潛力。「因為有犯人拒絕做簡單的工作，像是吃晚餐，沒有再比這個更好的理由，現在你們全有苦頭可吃了。如果他是素食主義者，那就另當別論，當著他的面告訴他，你是怎麼看待他這個人的！」有個人說：「別那麼阿呆啦！」其他人也紛紛指責他太幼稚，這對「約翰‧韋恩」而言一點也不夠：「告訴他，他像個娘兒們。」有些人遵從命令，中士就沒有，這是原則問題，中士拒絕使用任何淫穢的話語，現在，他們之中有兩個人同時公然反抗赫爾曼的命令了。

赫爾曼將怒氣轉向中士，無情地騷擾他，向他咆哮，說他是個「屁眼」，更糟的是堅持要他叫416是個「混蛋」。

嚴厲的報數又繼續了長達一個鐘頭，一直到第一批訪客到達門口才停止。我走到大廳，清楚地告訴獄卒們訪客們來了，必須要留點面子。他們不是很高興我突然打斷了權力掌控的時候，但也只能不情願地默許。會客後，他們總會有時間繼續擊垮犯人們的抵抗。

乖乖順從的犯人才可以見訪客

兩個相對之下順從的犯人，修比7258和中士2093，都有朋友或親戚住在附近，所以允許他們兩個在傍晚的短短時間內見他們的訪客。見到他漂亮的小女友時，7258簡直快樂到忘我的地步。她告訴修比外頭其他朋友的消息，而他雙手抱頭、全神貫注地聆聽著。柏登始終坐在他們兩個之間的桌子上，一如往常敲打著他小小白色的警棍。（我們必須將深色的大警棍歸還給當地的警察部門。）柏登顯然被7258小女友的美麗所吸引，經常發問或是加入他的評論來打斷他們的對話。

修比告訴瑪利安他發現在這裡很重要的一點：「想辦法讓自己放機靈點，如果乖乖合作，待在這裡就沒有那麼糟。」

小女友：「那你合作嗎？」

7258（大笑）：「有啊！他們也一定會要我合作。」

柏登插嘴：「不過，他們有一些逃跑的意圖！」

小女友：「我好像聽過這件事。」

7258：「我真的一點都不喜歡今天的下半天，我們什麼都沒做，但是卻沒有床，什麼都沒有。」他告訴她，他們必須從骯髒的毛毯中挑出芒刺，還有令人作嘔的雜務。說歸說，但他看起來還是很開心快樂且帶著笑容，幾乎全程十分鐘的探訪時間都緊握著她的手。柏登護送她出去時，犯人落寞地回到寂寥的囚房。

另一個得到探訪機會的是中士，他的父親來探視他。中士向他父親吹噓，他能夠服從所有的命令。「總共有十七條規則……，全部我都必須記得，最基本的原則就是，你必須完全服從獄卒的命令。」

父親：「他們可以叫你**做任何事**嗎？」

中士：「是的，嗯！幾乎任何事情。」

父親：「他們有什麼權力可以這麼做？」當感覺兒子陷入困境時，他擦拭了他的前額。他是第二個看了犯人而煩惱的探訪者，他很像犯人理奇1037的母親。然而，中士似乎受到更多的關切。

中士：「他們奉令管理一個監獄。」

父親問起公民權利時，柏登立刻——非常粗劣地——插嘴：「他沒有任何公民權！」

父親：「可是，我認為他們有，會不會是你們……」（我們聽不清楚他和柏登的爭論，柏登顯然不怕這位老百姓。）

柏登：「人在監獄是沒有公民權利的。」

父親（惱怒激動的）：「不管怎樣，我們到底還有多少時間可以講話？」

「只有十分鐘。」柏登回答。

　　父親和他爭論剩下的時間長短，柏登稍稍退讓，多給了他五分鐘。父親要求多一點隱私，但柏登回答這在監獄裡頭是不允許的。父親更加沮喪，但是顯然地，他也必須依循這些規定，在一個孩子扮演的獄卒前，接受如此違背他個人權力的事。

　　父親問及其他的規定，中士說了報數、「練習合唱」還有熄燈等等事情。

　　父親：「那是你預期中的事嗎？」

　　中士：「我認為比預期中更糟！」

　　帶著懷疑，父親的聲音提高了：「更糟？為什麼更糟？」

　　柏登又插話了，中士的父親對他的無禮十分惱怒。獄卒告訴他，原先有九個犯人現在只剩下五個，父親問為什麼。

　　中士：「兩個已經被假釋，另外兩個在最高安全戒護下。」9

　　父親：「最高安全戒護？在哪？」

　　中士說他也不曉得，父親又問：為什麼要最高安全戒護？

　　中士：「他們有紀律上的問題，他們是**性情中人**！」

　　柏登在同時間回答：「因為他們很壞！」

　　父親：「你感覺像在監獄裡頭嗎？」

　　中士（大笑，不正面回應）：「我哪知道？我**從來**沒有進過監獄。」（父親也笑了。）

　　這時，柏登忽然放下他們父子兩個，跑出去看誰在外面大聲吵鬧。

　　當他不在時，他們討論了有關釋放的事情，中士覺得他一定可以出去，因為他是自始至終最守規矩的一個。然而他還是很擔心：「我不知道被釋放要有什麼條件。」

　　「時間到！」小蘭德里宣告，父親和兒子站了起來，看似想要擁抱一下，但是最後以一個穩健又富男子氣概的握手取而代之。

暴戾首領的同性戀恐懼症

　　當我迅速在學生餐廳吃完晚餐回來後，麻煩鬼5704正站在大廳的中

央，將椅子舉在頭上！赫爾曼對著中士大叫，而柏登也跟著呼應，一直保持低調、不惹人注意的優良犯人傑瑞5486，順從地靠牆站著，7258則正在做伏地挺身。顯然地，416又回到了禁閉室。赫爾曼大聲問5704，為什麼他要把椅子放在頭上——其實是他自己命令他「把椅子當帽子戴」。犯人逆來順受地回答，他只不過是遵從命令而已。5704看起來挺沮喪的，好像所有過往的意氣風發全都消逝了。柏登告訴他不要看起來像個傻瓜，把椅子拿開。接著柏登用警棍敲打著黑洞的門：「在裡面很快樂吧，416？」

現在是赫爾曼導演今晚這齣戲的時候了，他簡直將柏登晾在一邊（而好好獄卒小蘭德里自從探訪時間結束後就不見人影）。

「7258，為什麼你不高舉雙手，扮演科學怪人？2093，你可以扮演科學怪人的新娘，來，你站在這裡。」

「你去那邊！」他向中士這麼說。

中士問他：「要真的演出來嗎」。

「你當然必須演出來，你是科學怪人的新娘。7258，你是科學怪人，我要你像科學怪人那樣走過來，並且說你**愛**2093。」

當7258走向他的新娘，柏登在他的路上擋住他。

「那不是科學怪人走路的樣子。我們又不是叫你用自己的方式走。」

赫爾曼用雙臂侵略性地抓住修比7258，推他的背，教他什麼才是正確的科學怪人走路方式。

7258：「我愛你，2093。」

「靠近一點！靠近一點！」柏登大叫。

7258現在和中士相隔只有幾吋，「我愛你，2093。」

赫爾曼將他們推在一起，他的手放在他們兩個的背後，一直到他們兩個身體碰觸到彼此。

再一次，修比——科學怪人——7258說：「我愛你，2093。」赫爾曼看見中士在偷笑：「我有說你可以笑嗎？這一點也不好笑，你給我趴下，做十次伏地挺身。」

在他面前，犯人 7258 高舉雙手地走回牆壁邊，他的制服因手舉高掀起一角，露出了一部分生殖器。中士被命令去告訴另一個犯人，傑瑞5486，他愛他。他不情願地照做了。

「好啊，這不是很甜蜜嗎？這不是很甜蜜嗎？」柏登嘲笑著。

赫爾曼現在來到 5486 的面前：「你在笑嗎？或許你也愛他吧。你要不要過去那裡，告訴他你愛他？」

傑瑞 5486 毫不猶豫便照做，聲音卻很小：「2093，我愛你。」

赫爾曼又開始用粗暴的言語攻擊每個犯人，想要打垮他們。

「手放下，7258，那就是為什麼你聞起來那麼臭的原因。」

「現在，你們這些臭氣薰天的犯人都給我趴在地上，你們要玩跳蛙遊戲。」

他們開始遊戲，但是衣夾子因跳動而掉了下來，使得制服老是往上飄，所以在他們跳過地上的夥伴們時都會露出生殖器。他們跳得很尷尬，柏登也對這個遊戲感到有點不舒服。或許他發現這個行為有點太猥褻，太過同志（gay）了，不合他的胃口。赫爾曼於是簡化了這個遊戲，教導 2093 和 5704 兩個人玩，即使柏登都已經忍不住嘆息了，他們還是繼續玩跳蛙。

這個同性戀遊戲，對赫爾曼有著負面的衝擊。

「這就是狗在做的，不是嗎？這就是狗在做的。他已經準備好了，不是嗎？站在你後面，像小狗式？為什麼你不像狗那樣做？」

當較高的犯人保羅 5704 忍不住抱怨獄卒騷擾犯人時，我敢打賭，史丹佛郡大監獄的假釋委員會一定無法想像，獄卒竟然會這樣侮辱虐待人到自甘墮落的地步。他非常沮喪地告訴「約翰·韋恩」，他被要求做的事有點淫穢。

赫爾曼給了他一巴掌：「我看你的臉也有些淫穢，為什麼你不出來做跳蛙，然後給我閉上嘴巴？」

小蘭德里慢慢走進這一幕，站在 5704 後面，把全部的事情看在眼底。他顯然有興趣扭轉整個局勢，但是他將雙手放在口袋裡，維持他中

立的立場，表現出漠不關心的樣子，他沒有戴著隱藏心情的太陽眼鏡，雖然監獄官交代他一定要這麼做。

「我很遺憾，我冒犯了情操良好、敏感纖細的犯人。」赫爾曼用嘲弄的語氣說。

柏登終於開口，停止這個讓他從一開始就不太舒服的遊戲：「我厭倦了這個遊戲，這太滑稽了。」重新恢復傳統的遊戲——報數。

「中士」展現新的道德認同

赫爾曼馬上感到無聊，他在疲倦的犯人列隊前走來走去，突然間一個轉身，把怒氣都出到中士身上：「為什麼你那麼愛貼人家冷屁股？」

「我不知道，長官。」

「為什麼你要這麼努力服從命令？」

中士不怕他，決定跟他玩這個遊戲：「我的本性就是這麼服從規定，獄警先生。」

「你是騙子，你這個全身發臭的騙子。」

「你說了算，獄警先生。」

赫爾曼變得比以前更加淫穢，或許是受到前面充滿性暗示的遊戲所引發的。「如果我叫你趴在地上，『上』這塊地板，你會怎麼做？」

「我會告訴你，我不曉得，獄警先生。」

「如果我叫你過來當著你朋友 5704 的面，用盡全力無情地打他一拳，可以嗎？」

中士堅守他的底線：「我恐怕沒有辦法這麼做，獄警先生。」

赫爾曼嘲笑他，並轉過身尋找新的受難者，他決定打開黑洞的門，像嘉年華會的攤販大聲叫賣：「我這裡有好東西準備給大家，何不看看這個男人，416，你怎麼還在這裡？」

416 剛從黑暗裡走出來，在刺眼的光線中，看見所有犯人和獄卒都在他面前看著他。他緊握一雙手中的香腸！

柏登：「你怎麼還握著你的香腸，416？」

「他還沒有『粗』掉任何一根香腸。」赫爾曼說，比較情緒化的時候，他講話總是毫無文法可言。「而你知道對其他人來說，這代表著什麼嗎？」

犯人消極地回答：「今晚沒有毛毯！」

「沒錯，這代表今天大家睡覺都沒有毛毯！全部都過來這邊跟416說些什麼，好讓他趕快吃下香腸，從你開始，5486。」

被點名的犯人走到門前，看著416的雙眼，溫柔地告訴他：「如果你想吃的話，就把香腸吃了吧，416。」

「叫人家做事這樣半推半就的，很沒說服力，5486。」柏登警告他。

「我猜你們今天晚上都不想要毛毯了。下一個，7258，你告訴他。」

正巧和第一個犯人形成強烈對比，7258向反叛的的同伴吼叫著：「吃掉你的香腸！416，要不然我就踢你屁眼！」

赫爾曼高興地看見他的犯人表現敵意，他小聲地竊笑：「像樣多了，5486，你過來這裡再做一次，告訴他如果再不吃香腸的話，你要踢他屁股。」

他逆來順受地照做。

「2093，過來這裡且告訴他，你要踢他屁眼。」

中士做了一個感人的回應：「我很抱歉，長官，我從不對別人說侮辱咒罵的話。」

「那麼你是反對那句話？」

「我反對你習慣的字眼。」

赫爾曼試圖讓他說出「屁」這個字，但是他的詭計沒有成功。

「哪個字？踢？你不想說『踢』是嗎？現在你在說什麼鬼啊？」

中士試著解釋，但是赫爾曼打斷他：**「我給你下一個命令！」**

因為中士拒絕服從他的命令，赫爾曼很挫折。第一次，這個表面上看來平淡的機器人，開始展露出他的骨肉和靈魂。

「現在，你過去那裡，告訴他我剛剛叫你跟他說的話。」

中士不動如山：「我很抱歉，獄警先生，我沒有辦法這麼做。」

「很好，那你今天晚上睡覺沒有床了，那是你想要的嗎？」

中士堅定地表明他的立場：「我寧願沒有床也不會那麼說的，獄警先生。」

赫爾曼氣炸了，他向旁邊走了幾步，又衝過來中士身旁，好像要揍他一拳，因為他在大家面前不服從他的命令。

聞到火藥味的好好獄卒小蘭德里，趕緊出面協調和解：「那麼，快過去告訴他你**最後**會去踢他。」

「是的，獄警先生，」中士說，他走過去並且向416說：「吃掉你的香腸，不然我會踢你後面。」

小蘭德里問：「你當真？」

「是的，喔不，獄警先生，我不是那個意思。」

柏登問為什麼他說謊。

「我只是說獄警先生叫我說的話，長官。」

赫爾曼過來保衛他的獄警同事：「他沒有叫你說謊。」

柏登意識到，中士把道德標準提得這麼高，將會影響其他人。他機靈地轉移焦點：「沒有人要你在這裡說謊（lying），2093，所以你何不乾脆躺（lying）在地上？

他叫中士趴在地上面朝下，雙手打開。

「現在，用這個姿勢做伏地挺身。」

赫爾曼也來插一腳：「5704，你過來這裡，坐在他背上。」

赫爾曼詳細指導他怎麼樣用這個姿勢做伏地挺身，還說中士夠強壯，沒有問題。

「而且不准幫他。現在做一個伏地挺身。5486，你也過來坐在他的背上，另一邊。」但5486遲疑了一下，「趕快，坐在他的背上，現在！」他只好順從。中士掙扎著盡他所能，驕傲地完成一次伏地挺身。

但第二次，他使勁地按住地板好讓自己可以起身時，還是被背上人身的重量給壓垮了。惡魔二人組爆笑出聲，奚落中士。他們對中士的羞

辱其實還沒有結束，但是 416 頑固倔強，不願吃下他的香腸，獄卒們更受不了。赫爾曼用一種裝腔作勢的聲調說：「我只是不明白香腸這件事，416，我不曉得，為什麼我們共同有了這麼多次美妙的報數和那麼多美好的時光，我們做得那麼好，但是今天晚上我們卻搞砸了，你說是為什麼？」

當赫爾曼等著答案，柏登小聲地和 416 說香腸的事情，試圖採用軟性策略：「這個吃起來如何，嗯～我知道你會喜歡的，嗯～，當你嚐過一次之後，嗯～」

赫爾曼更大聲地重述他的問題，確保每個人都可以聽見：「為什麼我們有那麼多次美妙的報數，你們卻要**在今晚搞砸它**？」

赫爾曼走到隊伍中間，以便聽見清楚的答案，7258 回答：「我不曉得，我猜我們只是混蛋，獄警先生。」

中士回答：「我真的不曉得，獄警先生。」

這下子，赫爾曼又逮到了另一次對付中士的機會：「你是混蛋嗎？」

「如果你覺得是就是，獄警先生。」

「如果我說是，我希望你也跟著我說！」

中士堅定地說：「我很抱歉，長官，我拒絕使用這些語言，長官，我沒辦法這麼說。」

柏登插嘴說：「你剛剛說你不能對人說那些話，2093，但這是另一個問題，你也不能對自己說那些話嗎？」

中士還以顏色：「我也把自己當作人，中士。」

柏登：「你把你自己當作『別』人嗎？」

中士：「我說的是，我不能對別人說這樣的話。」

柏登：「也包括你自己囉？」

中士停下來仔細思量，好像是在參加校園辯論比賽。在這個情況下，他已成為虐待攻擊的重心：「這句話一剛開始沒有包括我自己，長官，我不會想對自己說這樣的話，因為這麼說的話我會……」他緩緩嘆了口氣，彷彿情緒受創。

赫爾曼：「所以那意味著你就是雜種，不是嗎？」

中士：「不，獄警──」

赫爾曼：「是的，你是！」

中士：「是的，如果你這麼說的話，獄警先生。」

柏登：「你說了你母親很齷齪的話，那剛剛說的是那個意思，2093。」

柏登顯然想要分一杯羹，但是赫爾曼想自己進行這個遊戲，非常不開心他的哥兒們無理地插話打斷。

赫爾曼：「那你是什麼？那你什麼？你是小雜種嗎？」

中士：「是的，獄警先生。」

赫爾曼：「好吧，那我們來聽你說一遍。」

中士：「我很遺憾，我不能那麼說。」

赫爾曼：「為什麼該死的你不能說？」

中士：「因為我不會用任何褻瀆的話語。」

赫爾曼：「好，那你為什麼不把它用在你身上就好，你是什麼？」

中士：「你覺得我是什麼，那麼我就是什麼，獄警先生。」

赫爾曼：「好，如果你這麼說，如果你說你是個小雜種──你知道嗎──然後你就證實了我的論點，就是你是個小雜種。因為你這麼說了，為什麼你自己不說呢？」

中士：「我很遺憾，獄警先生，我不會這麼說的。」

赫爾曼知道他即將又要輸掉另一次挑戰，決定改用挑撥離間的策略，之前證實有效的方法：「現在，男孩們，你們想要今天晚上睡個好覺吧？難道不是嗎？」

他們全部說：「是的，長官。」

赫爾曼：「好吧，我想我們必須等一下，讓2093想想他自己是不是小雜種，接著他可能會告訴大家他覺得他是。」（這是非預期的力量，對權力最飢渴的獄卒和截至目前為止最服從的犯人之間的角力，犯人們因為覺得他太過於服從，簡直像個軍事機器人，所以給他一個可笑的外號

叫「中士」。但他表現出令人欽佩的品德，是個講求原則的男人。）

中士：「我認為你對我的譴責用字完完全全正確，獄警先生。」

赫爾曼：「喔，我知道。」

中士：「但是我不能說那個字，獄警先生。」

赫爾曼：「說什麼？」

中士：「我不會說的，不管在什麼狀況下，我都不會用『雜種』這個字。」

鐘響、口哨、砲聲，音樂四起。

柏登得意忘形的大叫著：「他說了！」

赫爾曼：「好吧，真是謝天謝地，太好了！真的，他真的這麼說了嗎，5704？」

5704：「是的，他說了，獄警先生。」

赫爾曼：「我相信我們的冠軍誕生了。」

柏登：「這些男孩們今晚或許可以得到床，誰知道呢？」

赫爾曼卻仍不滿足這一部分的勝利，他還要展示他命令威權的專制力量：「因為你剛剛發誓，2093，所以你要趴在地板上做十個伏地挺身。」

中士：「謝謝你，獄警先生。」他邊說邊做著極度標準的伏地挺身，儘管他看起來顯然已經精疲力盡了。

柏登見不得中士還可以做得那麼完美，便嘲笑儘管已經非常標準的伏地挺身：「2093，你以為你在哪裡？新兵訓練營嗎？」

始終作壁上觀的小蘭德里，忽然從躺了很久的椅子上站起來插話：「再做十個。」作為旁觀者的他說：「你們其他人認為，這是標準的伏地挺身嗎？」

他們回答：「是的，這些是。」小蘭德里展現出某種威權的奇怪表情，或許是用來確保還有其他犯人把焦點放在他身上。

「好吧，你錯了，2093，再做五個。」

中士以一個令人意外的客觀陳述方式，記錄了這次的對抗：

獄卒們叫我說另一個犯人是「雜種」，並且要我這麼說我自己。以前我絕對不會做的，但是後來他卻創造出一個邏輯上似是而非，否定以前的正確性，他開始做他在「處罰」之前會做的事情，拐彎抹角地用聲調暗示，其他人可能會因為我的行為而受處罰。我不希望他們受到處罰，但也不想服從那個指令，所以我想了個辦法回應，符合兩種說法：「不管是怎樣的狀況，我不會用雜種這個字。」——讓他和我都有台階下。[10]

中士展現了一個男子值得尊敬的原則，不盲目服從，如他剛開始看起來的樣子。後來，他告訴我們一些有趣的事，關於以一個犯人的身分，在這樣的安排下，他採用了何種折衷的方式。

一進到監獄，我就下定決心要做自己所了解的自己。我的哲學是，監獄不會導致或是加重性格的扭曲，不管是在其他犯人或者是我身上，並且要避免其他人因為我而受罰。

香腸象徵的力量

為什麼這兩條乾枯、骯髒的香腸會變得這麼重要？對 416 而言，香腸代表了他挑戰邪惡的體制，藉此他可以控制而不是被控制。在這個作法下，他擊倒了獄卒的威權。對獄卒們而言，416 拒絕吃下香腸，代表的是嚴重地違反了犯人只能在吃飯時間吃東西的規則，那項規則明訂，犯人不可在三餐之外的時間要求食物。然而，現在這條規則還涵蓋了強迫犯人要在食物供給的時候吃完它。拒絕進食變成一種違抗的行為，是他們所不能忍受的。因為這種違抗可能引發其他人挑戰威權——到目前為止，他們都還用馴服取代反叛。

對其他犯人而言，416 拒絕屈服的動作代表著一種英雄之姿，會讓他們因為他而團結起來，聯合對抗獄卒們持續且日漸上升的虐行，這個

戰略上的唯一問題，就是他並沒有在第一時間和其他人分享他的計畫，讓他們理解他秉持異議的理由，讓大家與他站在同一陣線。他走上絕食抗議是私人的決定，因此沒有吸引他的同伴。意識到416是新來的一員，吃苦吃得沒有別人多，因此造成在牢裡卑微的社會地位，獄卒們直覺性地將他歸類為「麻煩鬼」，他的固執，也只會導致犯人們受罰或是損失某些權利。他們也將絕食抗議視為自私的行為，因為他不在乎其他犯人受訪的權利。然而，犯人們應該都看得出來，是獄卒們故意在他不吃香腸和參訪權利間設下這個專制不合裡的規定。

為了削弱中士的反抗行為，赫爾曼開始轉移注意力到他骨瘦如柴的敵人，犯人416身上。他命令他從禁閉室出來做十五下伏地挺身，「就給我做，給我快點。」

416趴在地上開始做伏地挺身，然而，他已經虛弱到幾乎昏頭了，沒辦法做完伏地挺身，他的伏地挺身，幾乎只是稍稍抬起臀部。

赫爾曼不敢置信，大聲嚷嚷：「他在幹嘛？」

「把他的屁股壓下去。」柏登說。

小蘭德里從瞌睡中醒來，加上一句：「我們叫他做伏地挺身。」

赫爾曼喊叫著：「這算哪門子的伏地挺身，5486？」

犯人回答：「我想算是吧，獄警先生。」

「當然不是，那不是伏地挺身。」

傑瑞5486表示贊同：「如果你這麼說，那這個就不是伏地挺身，獄警先生。」

柏登突然又跳進來插話：「他在擺動他的屁股，是吧，2093？」

中士還是逆來順受：「如果你這麼說的話那就是，獄警先生。」

柏登：「那他在幹嘛？」

5486附和：「他在擺動他的屁股。」

赫爾曼叫保羅5704示範，教導416什麼叫做標準的伏地挺身。

「看著，416，他不是在擺動他的屁股，也不是在『操』地板上的洞，現在正確地再做一次！」

416 嘗試著模仿 5704，但是他沒有辦法，因為他已經沒有力氣了。柏登又給了一句惡意的評論：「做的時候難道你沒有辦法打直身體嗎，416？你看起來像是在坐雲霄飛車。」

赫爾曼鮮少出現身體上的侵略性動作，寧可用一張嘴發號司令，極盡挖苦諷刺之能事，然後再配上有創意的殘酷遊戲。他總能意識到獄卒角色能夠施展的程度和界線——他或許會即興突來一筆，但是不會失去自我控制。然而，今晚的挑戰果真纏住他了，他站在正做著伏地挺身的 416 旁邊，命令他做「慢板的」伏地挺身。他把腳放在 416 的背上，在他挺起來後往下時用力往下踩。其他人似乎都被這個身體虐待給嚇到了。經過幾個伏地挺身後，這個粗暴的獄卒才從犯人的背上移開他的腳，命令他回到黑洞裡，啪嗒一聲甩上黑洞的門，鎖上。

當我看到這個，我想到納粹士兵對待奧許維茲集中營裡的犯人畫面，他們也做過同樣的事——把腳踩在正在做伏地挺身的犯人背上。

「自以為是的傢伙，虛偽的混蛋！」

柏登隔著囚禁室的門向 416 大喊：「你不吃，你就不會有足夠的活力。」（我懷疑柏登開始為這個孩子的困境感到抱歉。）

現在，又是獄卒赫爾曼展現權勢的時候了：「我希望你們這些男孩可以拿這個當作例子，沒有什麼理由可以容許你們不服從命令。我沒有下過任何你們做不到的命令，我沒有理由要傷害你們任何一個人，你們不是為了成為優秀的市民才會出現在這，這你們都很清楚。所有自以為是的話語都讓我噁心，而你們是可以擊垮這些東西的。」

他請中士評價一下他的演說，而中士回答：「我想你的演說很精彩，獄警先生。」

他靠近他的臉，展開攻擊：「你認為你是哪個自以為是的傢伙、虛偽的混帳東西？」

中士回答：「如果你希望的話，那就是那樣。」

「好吧，想想看，你是一個自以為是、虛偽的混帳東西。」

我們又回到旋轉木馬繞圈圈式的對話，中士回答：「如果你希望我是的話那我就是，獄警先生。」

「我不希望你是，你本來就是。」

「你說了算，獄警先生。」

赫爾曼又開始詢問其他犯人，尋求認同：「他是自以為是、虛偽的混帳東西。」

所有犯人也的確都附和他：「一個自以為是、虛偽的混帳東西，獄警先生。」

「是的，一個自以為是、虛偽的混帳東西。」

赫爾曼很高興，至少在這個小世界裡，大家都用他的眼光看事情，他告訴中士：「很抱歉，四對一，你輸了。」

中士回應他，只有他自己認為自己是什麼才比較重要。

「好吧，如果你想到別的，那麼我會認為你的麻煩大了，因為你沒有真正的和真實世界接觸，你過著一種除了虛偽沒有其他東西的生活，那就是你每天在過的日子，我替你感到噁心，2093。」

「我很抱歉，獄警先生。」

「你真是一個自以為是、虛偽得讓我想吐的雜種！」

「我很抱歉讓你這麼覺得，獄警先生。」

柏登叫中士彎下腰用手碰腳趾，說這樣子他才不會再看到他的臉。

「說謝謝，416！」

赫爾曼擊垮敵國的最後一件要務，就是不讓所有人對可悲的416產生任何同情的感受。

「很不幸地，因為有些人不好好地合作，所以我們必須吃些苦頭。你們有一個優秀的朋友在這裡（他敲打著黑洞的門），他將看見你們今天晚上沒有毛毯可以睡覺。」

赫爾曼連結犯人和他的困境，讓416成為他們「共同」的敵人——自私自利的416，因愚蠢的絕食抗議傷害了其他人。柏登和赫爾曼將四個

犯人排成一排，慫恿他們對著坐在黑暗狹窄空間中的犯人同伴 416 說「謝謝」，每個人輪流照做。

「為什麼你不為了這個向 416 說謝謝？」

「謝謝你，416。」

即使大家都這麼做了，還是無法滿足邪惡二人組，赫爾曼命令他們：「現在過去那裡，站在門旁邊，我要你們用拳頭打門謝謝他。」

他們照著做，一個接著一個，同時說：「謝謝，416。」每一次有人敲打，黑洞中便迴盪著巨大的噪音，嚇壞了可憐兮兮的 416。

柏登：「就是那樣，發自內心的說。」

（很難去判定其他犯人是不是真的在生 416 的氣，還是他們只是遵照命令，又或者他們藉此將被虐待的挫敗惱怒感發洩這個上頭。）

赫爾曼示範怎麼真正重擊這扇門，如何拿捏力道，中士是最後一個，而且令人意外地、還是逆來順受地服從命令，但只是輕輕地敲門。他敲打過黑洞的門後，柏登抓著他的肩膀，用力將他推向後面的牆壁，命令所有犯人都回囚房，並且向他們的最高執行警官，赫爾曼說：「他們準備好熄燈了，長官。」

為了臭毯子討價還價

因為經典的南方監獄電影《鐵窗喋血》，所以我決定讓獄卒戴上反光太陽眼鏡，在這個實驗裡頭創造匿名的感覺。今晚獄卒赫爾曼就要即興創作一齣劇本，他可能是最好的、成功形塑監獄威權的劇作家，創造了一幕邪惡的場景，證明他的權力可以隨心所欲，讓犯人們產生他可以恣意選擇處罰其中一個同伴的幻覺。

熄燈後，犯人們都在他們的囚房中，只有 416 還在在禁閉室裡。令人毛骨悚然的安靜遍佈大廳。赫爾曼一溜煙坐上黑洞和觀察站中間的桌子，讓我們能夠更接近地看這場戲碼的上演，這個小夜班領頭獄卒像佛祖一般盤腿打坐，一隻手懸放在雙腿間，另一隻手放在桌子上。赫爾曼

是獄卒力量的精神領袖，他緩緩地將他的頭移向這邊又移向那裡，我們發現他的落腮鬍已經留到下巴。他舔著薄唇，好像是在仔細斟酌用語，準備清晰地發出明顯拉長的古怪南方腔。

這個男人開始了他詭計多端的計畫，他安排 416 由禁閉室釋放的時間，雖然這不應該是他決定這個麻煩鬼該不該整晚待在黑洞裡的時刻。他邀請所有其他人，要大家一起決定：「416 是否現在應該被釋放，或放他在黑洞中自生自滅一個晚上？」

恰巧當時，好獄卒小蘭德里在大廳裡頭閒逛，他高六呎三、一百八十五磅，是所有獄卒中最高大的一個。一如往常，他手裡拿著一根香菸，另一隻手放在口袋裡，沒戴墨鏡。他走到活動空間的中央地帶，停了下來，看起來很憂傷，皺著眉頭，似乎想說幾句話，但還是什麼都沒做，只是默默看著約翰‧韋恩繼續他的個人秀。

「我們有幾個方法，全看你們要怎麼做。現在，如果 416 還是不願意吃他的香腸，那麼你們可以馬上就把毯子給我，今晚就睡在空蕩蕩的床墊上，或者你們可以有你們的毯子，但是 416 必須在那裡待到明天——怎麼樣，你們說呢？」

「我要我的毯子，獄警先生。」7258 立刻這麼說。（修比和 416 沒什麼交情。）

「那你們那裡決定如何？」

「我要我的毯子。」先前的反叛頭頭保羅 5704 這麼說。

「5486？」

拒絕屈服於社會壓力，5486 展現了對可憐的 416 的同情心，他說他寧願放棄毯子，好讓 416 不用在禁閉室裡待到隔天。

柏登向他叫喊：「我們才不稀罕你的毯子！」

「現在，你們這些男孩們應該能下個決定了吧？」赫爾曼又問。

柏登將手放在臀上，狐假虎威地展露傲慢自大的樣子，盡他所能地擺動他的警棍，在每個囚房裡頭走進走出，問囚房中的中士：「你對這個感到如何？」

令人意外地，中士似乎只秉持他不說髒話的高道德標準，答道：「如果其他兩個人希望留住他們的毛毯，那我也要我的毛毯。」這句話，投下了決定性的一票。

柏登興奮地大喊：「我們這裡三票對一票。」

赫爾曼大聲又嘹亮地重複了一遍這個消息，讓全部人都聽得見。

「我們這三票對一票。」他把桌子推到一旁，向黑洞高呼：「416，你要在裡頭在待上一陣子了，所以好好適應它吧！」[11]

赫爾曼趾高氣揚地走在大廳，旁邊跟隨著忠貞地柏登，小蘭德里也心不甘情不願地跟在後面；對上有系統的犯人抵抗，無止盡的獄卒權力贏得了表面上的勝利。沒錯，今天對這些獄卒而言不是好過的一天，但是，他們現在享受著在這場意志力和機智的戰爭中獲得勝利的甜美滋味。

第 7 章
假釋的權力

　　嚴格來說，史丹佛監獄比較像是一個地區性的拘留所，裡頭關著的是一群在星期天早上被帕洛阿圖市員警逮捕的青少年，以這裡做為他們審判前的拘留之處。顯然地，這些角色扮演的重罪犯並沒有設定審判的日期，也都沒有合法的代理權。然而，聽從監獄牧師麥德蒙神父的忠告，一位犯人的母親正在著手幫他的兒子尋求辯護。所有的工作人員和監獄官大衛傑夫、「心理諮商師」同時也是研究助理克雷格・哈尼和科特・班克斯見面之後，我們決定納入假釋聽證會，雖然事實上在犯罪合法的歷程中，這個階段不會來得這麼早。

　　這可以提供我們一個觀察犯人的機會，看他們怎麼處理從監禁中釋放的可能機會。直到現在，每一個犯人都像是一整場戲的其中一名演員。藉著在監獄場景之外的空間舉行聽證會，犯人可以暫時脫離地下室的狹窄環境。他們可能會覺得在這個新環境裡可以自由表達態度和感覺，新環境也包含一些和監獄工作人員有直接關係的新人員。加入假釋聽證會這個程序，是為了讓監獄經驗更加正式——就像是參訪之夜監獄牧師的到訪。另外，公眾辯護律師的即將到訪，也更加落實了監獄經驗的可信度。最後，我想要看看我們的監獄顧問卡羅・派瑞史考特如何扮演史丹佛監獄假釋聽證會主席的角色。如我先前所提到的，十七年前卡羅因為持槍搶劫而被定罪，有很多出席假釋聽證會但最終仍是失敗的經驗，直到最近才因為長時間「表現良好」而獲得終身釋放。當有人站在他們的立場為自己辯護請求假釋時，他會大發慈悲、支持犯人的請求嗎？

　　假釋聽證會在為於史丹佛心理系一樓、我的實驗室裡展開。這裡的空間相當大還鋪有地毯，也有隱藏式錄影機和能夠從鏡後觀察的單面鏡。會議的四位成員坐在六角桌周圍。卡羅坐在前面的地方，和克雷

格‧哈尼相鄰,他的另一邊坐了一位男研究生和一位女秘書。這兩個人對於我們的研究了解不多,只是人情上的協助。科特‧班克斯會扮演成配戴武器的警官,從獄卒部門護送每一個申請者到假釋聽證會。我會從隔壁的房間錄下會議的所有過程。

星期三早上剩下八個犯人,8612被釋放之後,有四個犯人因行為良好,被認為可能適合假釋。他們有機會要求成為聽證會審議的案件,並且撰寫正式的請願書,解釋為什麼他們可以獲得假釋;剩下的其他人,有些可能會在另外一天得到聽證的機會。但是獄卒堅持犯人416不可以,因為他經常違反第二條規則:「犯人只能在吃飯時間用餐」。

重獲自由的機會

就像平常每天晚上輪流上最後一趟廁所一樣,日班的獄卒讓這四個犯人在大廳裡排好隊。犯人腳上的鏈條是相連的,頭上戴著很大的紙袋,因此他們不會知道怎麼從監獄的大廳到假釋聽證會,或是自己正在哪棟建築物裡的哪個位置。他們坐在假釋室之外大廳的長凳上,拆下腳鍊,不過還是帶著手銬、套著袋子,直到科特‧班克斯從假釋室出來叫他們的號碼。

科特,配戴武器的警官,朗讀犯人申請假釋的陳述,然後是獄卒反對假釋的意見。他護送每一個人坐到卡羅的右手邊,卡羅是那裡的領導者。依序進來的是犯人吉姆4325,犯人葛蘭3401,犯人理奇1037,最後一個是犯人修比7258。每個犯人在面訊會議完成後,就回到走廊的長凳上,帶上手銬、扣回腳鐐,頭戴袋子,直到所有會議結束,所有的犯人才會被一起送回地下室監獄。

第一個犯人出現之前,我正在確認錄影的品質。老資格的專家卡羅開始教育委員會的新手一些基本的假釋真實面貌(詳見他的筆記獨白)[1]。科特‧班克斯覺得,卡羅好像正在為一個長篇大論的演講暖身,於是我帶點權威地說:「我們必須快一點,快沒有時間了!」

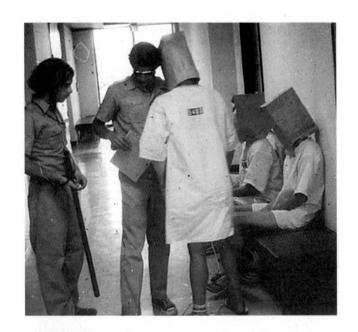

犯人 4325 辯護無罪

犯人吉姆 4325 被護送進房，解開手銬並獲准在一張椅子上坐下。他是一個高大健壯的傢伙。卡羅馬上向他宣戰：「為什麼你會在監獄裡？你要怎麼辯護？」犯人抱著應有的嚴肅神情回答：「長官，我被指控使用致命的武器攻擊，但是我想要為這個指控辯護，我沒有犯罪。」[2]

「沒有罪？」卡羅非常驚訝地說，「所以，你是在暗示逮捕你的警察不知道自己在做什麼事？那麼，其中必定有些問題和搞不清楚的狀況囉？這些人被訓練執法，大概也都有幾年的經驗了，為什麼帕洛阿圖所有人之中就**專挑你**逮捕，難道他們不知道自己在做什麼，他們腦筋混亂，弄錯了你曾做過的事情？也就是說，他們是騙子——你的意思是說他們是騙子嗎？」

4325：「我並不是說他們是騙子，他們一定有很好的證據還是什麼。我確實很尊敬他們的專業知識和一切……我沒有看到任何證據，但是我想他們把我抓起來一定有很好的理由。」（犯人屈服於更高的權威之

下，一開始的自信已被卡羅的強勢作風所擊退。）

卡羅‧派瑞史考特說：「這麼說，你之前的說法並不是真的？」

4325：「好吧，當他們抓我的時候，應該有說過理由。」

派瑞史考特開始問些問題，深入了解犯人的身家背景和他未來的計畫，但是他想知道更多有關他的犯罪：「有什麼樣的關聯性，比如你在空閒的時間做什麼事情，讓你置身被逮捕的情勢？這是一個嚴重的罪名……你知道的，如果你攻擊他們，可能會殺了他們。你怎麼做？你射殺他們還是刺傷他們，或是──？」

4325：「我不確定，長官。威廉長官說──。」

派瑞史考特：「你做了什麼？射殺他們、刺殺他們，還是用炸彈？你有沒有用來福槍？」

克雷格‧哈尼和其他成員及時插嘴，問犯人有關他如何適應監獄的生活，試圖減緩緊張的氣氛。

4325：「我是一個內向的人……頭幾天我有想過，我覺得乖乖聽話、好好表現……就是我該做好的事。」

派瑞史考特再次接話：「直接回答問題，我們不想聽高級知識分子的廢話。他問你一個很直接的問題，現在回答他的問題！」

克雷格問的是監獄矯治方面的問題，犯人回答：「是的，在這裡的確有一些收穫，我確實學習到要服從。某些壓力會讓我覺得很苦，但是懲戒獄警是在做他們份內的工作。」

派瑞史考特：「這個假釋會議沒辦法在外面的世界約束你，你說他們教你某種程度的服從，教你如何變得合作，但是外面沒有人會看著你，你將只靠自己一個人。有這樣的控告在身上，你會成為一個怎麼樣的市民？我正在看你的控告細節，都快可以列成一大張了！」表現得十足有把握和主導優勢的卡羅，仔細檢查根本完全空白的筆記本，假裝是犯人的「罪狀」，好像裡頭填滿了他的罪行，以及註記著逮捕和釋放方式。他繼續往下說：「你知道嗎，你告訴我們你應該得到假釋，是因為你在這裡學到紀律，但是我們無法在你出去之後約束你……為什麼你認

為**現在**就可以做到（自律）？」

4325：「我有一些事情等著我去做，我要去加州大學，去柏克萊，然後當學生。我想要主修物理學，我很十分期待這個未知的體驗──」

派瑞史考特突然打斷他，然後開始詢問他的宗教信仰，問他為什麼沒有考慮利用監獄團體治療或職業治療的課程。犯人似乎真的糊塗了，只好說他如果有這個機會他會這麼做，但是這個監獄並沒有提供那些東西。卡羅說他個人相當懷疑這個說法，並且向科特・班克斯求證犯人所說是否屬實。（他當然知道我們的實驗中沒有這些課程，但這是他過去的假釋委員總是會問的問題。）

其他成員也都問完問題之後，派瑞史考特請懲戒獄警把犯人帶回他的牢房。犯人站著感謝委員，然後自動伸出手臂，好讓警衛銬上手銬。吉姆4325被護送出去，頭上再度戴上袋子，然後安靜地坐在走廊，輪到下一個犯人進入。

犯人離開之後，派瑞史考特寫下記錄：「這是個無可救藥的，迎合討好的傢伙……。」

我的筆記卻提醒我：「犯人4325看起來相當冷靜，總體而言很自制，他是截至目前為止的『模範犯人』之一。」他似乎被派瑞史考特的攻擊性審問（他被逮捕的罪名）弄得困惑了，才會承認自己有罪，雖然事實上他的犯罪完全是虛構的。在聽證會上他很服從又合作，這對他會很有助益，並且可能會是這個監獄環境中堅持到最後的生存者。

光明的例子變得微暗

接下來，科特宣布犯人3401已經準備進入聽證會，並且大聲宣讀他的上訴請求：

我想要假釋，這樣我才能在這個絕望的世界裡開啟我新的人生，而且告訴迷失的靈魂，良好行為最後可以獲得溫暖的心。功利主義的豬頭最後只有耗竭的窮困，粗鄙的罪者可以在一週以內完全改過向善，上

帝、信念和手足之情確實仍然在我們之中。而我應該獲得假釋，因為我相信我在這裡的行為毫無疑問無可指摘。我已經獲得了安慰，並且發現最好能夠出發到下一個更崇高、更神聖的地方。同時，成為我們環境下一個值得珍惜的成果，我們都可以確定我會改過向善直到永久。神的祝福。你們非常真誠的3401。請記得我，是一個光明的例子。

但警衛對他的反推薦呈現明顯的對照：

3401一直是個小麻煩製造者，不只如此，因為發現自己身上沒有什麼好發展的，所以他只是別人的追隨者。他溫順地模仿著做壞事。我不建議假釋他。──署名：獄卒亞涅特

我看不見3401有任何應該被假釋的理由，我也無法將他平日的所做所為，和假釋申請書中所描述的內容產生連結。──署名：獄卒馬卡斯

3401不應該被假釋，他自己所撰寫諷刺至極的假釋申請單就可以代表了一切。──署名：約翰・蘭德里

然後，頭上戴著紙袋的犯人3401被帶進來，卡羅說，他很想看看這個小無賴的臉。但在拿掉紙袋後，他和其他委員都露出驚訝的神情，因為他們發現葛蘭3401是個亞裔美國人，唯一的非高加索混血白人。葛蘭用叛逆、輕率的方式面對他們。但是他很符合刻板印象中的亞裔樣貌：五呎二吋高，瘦但是結實，可愛的臉孔，烏黑發亮的頭髮。

克雷格開始詢問犯人，他在他們將自己關在囚室裡的暴亂事件中所扮演的角色，他是否曾試圖阻止？3401令人驚訝且直言不諱地回答：「不但沒有阻止，我還鼓吹大家繼續！」其他委員進一步質詢，3401和謙卑的4325大大不同，繼續用諷刺的語調說：「我認為這個機構的目的是希望讓犯人改過向善，而不是與他們為敵，我覺得這才是導致我們的

行動的──」

　　沒坐在桌前而是會議室一旁的監獄官傑夫忍不住說：「也許你對改過向善沒有正確的觀念。我們正在教導你成為社會裡有生產力的人，而不是教你如何將自己鎖在牢房裡！」

　　派瑞史考特顯然不想理會這種分散注意力的話題，立刻重申他才是主席：「至少有兩個市民說，他們看到你離開犯罪現場。」（他自己編造出來的情景）卡羅繼續說：「說這兩、三個人都睜眼說瞎話，等於是說全人類都瞎了眼。現在，你不是寫著『上帝、信念和手足之情確實仍然在我們之中』？手足之情的表現，就是搶奪別人的財物？」

　　卡羅接著開始打明顯的族群牌：「很少有東方人出現在這個監獄裡……事實上，他們可能是很好的市民……。你一直是問題製造者，你嘲笑這裡的監獄情況，你來到這裡談論改過向善，講得一副好像整座監獄都應該交給你管才對。你坐在桌子前且打斷監獄官，代表你說的話比他的任何一句都重要。老實說，即使你是監獄裡留下的最後一個人，我也不會批准假釋你，我認為你是最不可能被假釋的人，你覺得怎麼樣？」

　　「你有權力這麼判斷，長官。」3401 說。

　　「我的判斷，在這個特殊的地方是很有份量的！」卡羅生氣地說。

　　派瑞史考特問了更多問題，但完全不讓犯人有機會回答，最後譴責並駁回 3401 的申請：「我不認為我們現在需要花更多時間在他身上，他的記錄和意見讓我們清楚知道他是什麼樣的態度……我們還有別的申請案，我看不出還有要討論下去的理由。我看到的，只是一篇出自反抗叛逆之人所寫的精采演講稿。」

　　離開之前，犯人告訴委員他的皮膚起疹子，都快破皮了，讓他很擔心。派瑞史考特問他有沒有去看門診，或做過任何有助解決問題的事。犯人說沒有，但卡羅提醒他這是假釋聽證會，不是健康檢查，然後用一長串話打發他：「我們試著對進來的人找一些假釋的理由，只要你走進這個特殊的地方，想留下什麼樣的紀錄是你自己的決定，你的行為就代表你可以怎樣適應這個社會……我希望你能仔細思考你所寫的人性基本

道理，你是一個聰明人，而且非常了解文字的運用，我認為你可以改變你自己，沒錯，你未來可以有機會改變你自己。」

卡羅轉向警官，然後以手勢示意他把犯人帶走。如今無比懊惱的小男孩，慢慢舉起他的手臂讓警官為他銬上手銬，等著被帶離這裡。他也許已經發現，輕率的態度會讓他付出龐大的代價，他沒有預料到這個事件會這麼嚴重，而且假釋聽證竟然是來真的。

我的筆記記錄著，犯人3401比他一開始表現得更複雜。他有意思地兼融各個特質於一身，當他和監獄裡的獄卒交涉時，他通常很嚴肅也很有禮貌。但是在這個場合之中，他卻寫了一封諷刺、滑稽的請求假釋信，還說這裡並沒有讓他改過向善，強調自己的靈性，聲稱自己是個模範犯人。獄卒似乎都不喜歡他，由獄卒們的意見可以看出他們強烈反對假釋，正好和他大膽的假釋申請信和行為形成強烈的對比──我們在這個會議室裡看到的這個人，過去觀察中是服從、甚至是畏縮的人。「這裡絕不允許開任何玩笑」。委員會，特別是派瑞史考特，帶著強烈敵意追擊，但是他沒有辦法有效抵禦這樣的攻擊。隨著聽證會的進行，他逐漸變得退縮且沒有反應。我懷疑他是否可以在接下來完整的兩個星期中存活下來。

降低反抗

接下來是犯人1037，理奇，他媽媽自從昨晚來訪時看到她的兒子狀況很糟，就開始十分擔心。但今天早晨他狀況依舊不好，還把自己關在二號囚房裡，也時常進出黑洞關禁閉。1037的申請很有趣，但是科特‧班克斯用平淡無感情的音調唸得很快，變得好像少了點什麼：

　　我想要被假釋，這樣我才可以和老朋友一起共度我珍貴的青春時光。星期一我就滿二十歲了。懲戒獄警讓我相信自己有很多弱點，星期一那天，在我認為自己遭到不公平的對待時，我試圖造反。但是那天晚上，我終於發現我不值得受到更好的對待，我開始盡全力合作，而且我

知道每個懲戒獄警只不過是關心我和其他犯人的福祉。儘管我對他們和他們的希望嗤之以鼻，但是，監獄的工作人員從過去到現在都對我很好。我深深地尊敬他們甘受侮辱的態度，而且我相信因為他們的仁慈，我已經改過向善，而且變成更好的人。

誠摯的 1037

三個警衛共同提供了建議，科特唸著：

1037 在反叛期間過後有所改善，但我們相信這只代表我們校正的成效，在被假釋到外界之前他還有很大的進步空間。我們同意其他獄警對 1037 的評價，而且 1037 的確變得較好了，卻尚未達到可以完全接受的程度。雖然正在接近中，但 1037 距離假釋還有一段路。我們不推薦假釋。

理奇 1037 進入會議室時，表現得像是青春活力和沮喪消沉的詭異綜合體。他直接談論他的生日，這是他想要假釋的真正理由，那對他而言十分重要，他說，當初他簽名時忘記了這一點。他一直全神貫注地努力回答監獄官的問題，以免讓他惹上麻煩或是破壞他離開這裡的正當性：「難道你不認為我們的監獄也可以給你一個生日派對？」

派瑞史考特抓住這個機會：「即使是你這個年紀，也在社會裡待過一陣子了。你知道社會規範，你必須承認，監獄是給破壞社會規範的人住的，而你的所作所為，就讓你身處在這個危險的處境上。孩子，我知道你改變了，我看得出來了，我也審慎地認為你已經進步了。但這是你親手寫的，『儘管我對他們和他們的希望嗤之以鼻』，**嗤之以鼻**！你不能藐視他人和他人的資產。如果國家裡的每個人都藐視他人的資產，那會發生什麼事？如果你被逮到了，可能會小命不保。」

卡羅假裝回顧他的空白筆記本上關於犯人過去的紀錄，而且發現了某件重要的事，立刻提出質問：「我發現，在你的逮捕報告中你很愛唱反調，事實上你也有稍微收斂一點，否則你可以打傷那些逮捕你的警

官。你的進步讓我印象深刻，而且我認為你開始懂得自己的行為是不成熟的，在很多方面完全缺乏判斷力，而且沒有顧慮到他人。你把人們都當成傻瓜，你讓他們覺得他們是物體，可供你使用。你操控人們！你所有的人生似乎都在操控人們，你所有的報告都在談論你對法律和秩序的漠不關心。而且你有一段時間無法控制自己的行為。你憑什麼認為自己可以假釋？你可以告訴我們什麼？我們正在試圖協助你。」

犯人 1037 沒預料到這個針對他性格的人身攻擊。他含糊地說著沒有條理的解釋，說明為什麼他可以在誘使他出現暴力行為的情境中不為所動，並且安然脫身，他繼續說這個監獄經驗對他的幫助：「我看到很多不同人對不同情境的反應，他們如何讓自己尊敬其他人，例如和不同牢房的室友談話、對相同情境的不同反應等等。我發現三個不同值班時間的每個獄卒，在相同情境中的表現都大同小異。」

奇怪的是，1037 接著提起自己的「弱點」，也就是承認他是星期一監獄反叛行動中的鼓吹者。他已經變得完全服從，指責自己對抗獄卒，而且完全沒有對獄卒的虐待行為回應任何批評。（在我眼前十足是個心理控制行為的例子。這個過程完全和韓戰的美國戰俘一樣，公開坦承對中國共產黨戰俘使用生化武器和其他惡行。）

令人意外的是，派瑞史考特打斷犯人的自白而武斷地問他：「你使用藥物嗎？」

1037 回答：「沒有。」然後獲准繼續認錯，直到再度被打斷為止。派瑞史考特發現他的手臂上有個青紫的瘀傷，便問他為什麼會有那麼大的瘀傷。雖然這是因為他和獄警扭打所造成的，犯人 1037 還是否認獄卒強制管束或抓他去單獨監禁的部分，反而說是因為自己不停違抗獄卒命令，才會產生瘀傷。

卡羅喜歡他這樣自我坦承疏失：「繼續保持這個好的行為，嗯？」

1037 說，即使可能會喪失他的薪水，他仍然考慮申請假釋（這好像有點極端，原先設想應該有多少所得，但到最後變得口袋空空）。他全程完整地回答委員會的問題，但是沮喪感一直圍繞著他，如同派瑞史考特

的聽證會筆記所言。他的心智狀態就像他母親訪視時直接覺察到的。似乎他所以盡力試著堅持下去，只是為了證明他的男子氣概——也許是對他的父親？對於他在監獄裡獲得什麼經驗的問題，他也做了一些有趣的回答。但是大部分聽起來都只是為了獲得委員會青睞的場面話。

精疲力盡的孩子

最後一位是英俊年輕的犯人修比 7258，科特帶著藐視的口吻宣讀他的請求：

我申請假釋的第一個理由，是我的女人很快就要離開這裡去度假，而我想要在她離開之前再多看她一眼，當她回來的時候，我剛好就要離開大學了。如果還得等上整整兩個星期才能出去，我就只能見她半小時。在這裡因為有懲戒獄警和監督者，我們無法用喜歡的方式道別和聊天。另一個理由是你們已經看到、也知道我不會做的改變，我說的改變是指破壞為我們犯人設定的規則。因此讓我假釋出去可以節省我的時間和你們的支出。我確實曾經和之前的牢房室友 8612 嘗試落跑，但是自從那次全裸坐在空牢裡開始，我就知道我不應該對抗懲戒獄警，因此從那時開始，我幾乎天天都循規蹈矩，同時你們也會發現，我已是監獄裡最好的犯人。

再一次，獄警亞涅特的建議和犯人有所出入：「7258 是一個聰明的造反者。」這是獄警亞涅特從頭到尾的評價，他接著憤世嫉俗地譴責：「他應該在這裡再關一段時間或甚至關到腐壞為止。」

獄警馬卡斯比較抱持希望：「我喜歡 7258，而且他是一個不錯的犯人，但是我不覺得他比其他的犯人更有資格被假釋，而且我有自信，犯人在這裡的經驗將會對他天生有點任性、難以駕馭的白癡個性有健康正面的影響。」

「我也喜歡 7258，就跟 8612（大衛，我們的間諜）一樣，但是我不

認為他應該被假釋，我的看法和亞涅特不會相去太遠，總歸一句，不應該讓他假釋。」約翰·蘭德里寫道。

頭上的袋子一被拿下來，犯人的招牌露齒笑容立刻閃耀光芒；光是這樣，就足以讓卡羅氣得跳腳。

「事實上，這整件事情對你而言很有趣，你是一個『聰明的造反者』，獄警準確地這樣形容你。你是一個對你生活中任何事都不在乎的那種人嗎？」

他才剛要回答，派瑞史考特卻改變方向，問了他的學歷背景。

「我計畫在秋天開始上奧勒崗州立大學。」

派瑞史考特轉向其他委員會成員，並說：「我曾說過，你知道的，對某些人來說，教育是一種浪費。有些人不應該勉強他上大學，如果當個技工或雜貨店店員，他們會比較開心。」他輕蔑地對犯人揮手。「好吧，讓我們繼續，你做了什麼讓你進來這裡？」

「沒什麼，長官，就只是簽下了**實驗**同意書。」

這個過於誠實的回答，可能反而破壞流程或對會議的進行造成威脅，但是掌權的主席派瑞史考特絲毫沒有受到影響：

「所以聰明的傢伙，你覺得這只是一個**實驗**？」他拿回了掌舵主控權，假裝檢視犯人的檔案，然後就事論事地提起：「你涉及了搶劫。」

派瑞史考特轉頭問科特·班克斯，他涉及的是第一還是第二程度的搶劫，科特點頭回答「第一」。

「第一，嗯，跟我想的一樣。」該是教導這個年輕的激進分子一些人生道理的時候了，所以派瑞史考特提醒他，當犯人企圖逃跑時會發生什麼事情。「你只有十八歲，看看你對自己的人生做了什麼事！你坐在我們面前，告訴我們你甚至願意放棄報酬離開監獄。報告裡的每一個地方，都看得到同樣的事情：『聰明的傢伙』、『自以為是』、『反抗所有權威』！你是哪裡出了問題？」

問完他父母的職業、他的宗教信仰，還有他是否定時上教堂之後，派瑞史考特對於犯人說他的信仰「不限於一個宗教」感到生氣。他反

駁：「你甚至連這麼重要的事情都下不了決定。」

派瑞史考特生起氣來，甚至暴怒到離開房間幾分鐘，讓委員會的其他成員問他一些標準化的問題，關於如果他的假釋請求未獲許可，他下星期將計畫如何表現？

為了自由喪失報酬

這個在高度緊張的程序裡的暫時休息，讓我有時間理解犯人 1037 願意放棄他的報酬以獲得假釋的重要性。我們必須將這個問題形式化，當作往後問每一個犯人的基本問題。我請卡羅問他：「如果你被假釋，你是否願意放棄你當犯人所賺得的錢？」

起初，卡羅用極端的方式發問：「你願意給我們多少錢好讓你離開這裡？」犯人 7258 困惑地說，他不會付錢來取得釋放。卡羅趕緊修正問題，問他是否願意放棄他目前所賺得的錢。

「是的，長官，我願意。」

犯人 7258 並沒有表現得特別聰明或更高度的自我覺察。他也沒有像其他犯人一樣將他的情境看得很嚴重。他是所有人裡頭最年輕的，只有十八歲，態度和反應也相當不成熟。儘管如此，他的超脫和幽默感可以讓他好好適應接下來一個星期裡、等在他和同儕前方的事情。

接下來，我們讓每一個申請假釋的犯人都回到假釋會議室，回答同樣的最後一個問題：是否情願以放棄報酬為假釋的交換條件。犯人 1037，造反的生日男孩肯定地回答，如果被假釋，他願意放棄報酬。合作的犯人 4325 也是以肯定的方式回答。只有犯人 3401，大膽的亞裔美國人，不希望因為假釋而損失金錢，因為他真的很需要這筆錢。

換句話說，四位年輕孩子中有三位迫切希望被假釋，並且願意放棄每天辛苦二十四小時當犯人工作所賺來的薪水。值得注意的是，問題陳述時用字遣詞的力量。想當初，所有的志願者的主要動機都是金錢，整整兩個星期每天可賺十五美金，學校秋天開學前，他們並沒有任何其他的收入來源。現在，儘管他們因為當犯人受盡苦楚，儘管他們遭受身心

虐待：無止境的報數；在午夜中被叫醒；獨裁威權的壓制；獄警創造的邪惡；沒有隱私權；關禁閉；全身赤裸；鎖鍊加身；頭戴紙袋；不乾淨的食物和常被沒收的床墊；但是，多數的犯人仍願意放棄報酬以求離開。

也許更值得注意的是，說完「金錢誠可貴，自由價更高」的事實之後，每一個犯人卻還是被動地屈服於這個系統，屈服於伸手被戴上手銬，屈服於戴上紙袋，屈服於扣上腳上的鎖鏈，然後像隻綿羊一樣，跟著獄警回到可怕的監獄地下室。在假釋聽證會的過程中，他們的身體離開了監獄，以百姓平民的身分出席，而不會直接和樓下痛苦的犯人有任何連結。為什麼沒有人說：「既然我不要錢，我可以自由地離開這個實驗，而且要求現在就被釋放。」然後，我們就得遵從他們的要求，並且馬上終止。

沒有人這麼做。沒有一個犯人在後來告訴我們，他曾經考慮過可以自行離開實驗。實際上他們已經停止思考，他們覺得被限制在監獄裡是受到心理學家控制，而不是如同 416 所說的國家。決定他們去留的權力握在假釋委員手上，並不是他們個人。如果他們是犯人，的確只有假釋委員有權力釋放他們，但如果他們事實上只是，也的確只是實驗受試者，每一個學生隨時都有權力選擇留下或離開。很明顯的，在他們的心裡埋有一個心理開關，把他們從「現在開始我是一個付費的實驗志願者，擁有所有的公民權利」轉變成「現在的我，只是在可憐、不公平的權威系統下一個無助的犯人」。

事後委員們一一地討論個案，以及他們所有的反應。大家都同意所有的犯人似乎很緊張且急躁、並且完全融入他們犯人的角色。派瑞史考特敏銳地分享他對犯人 1037 存有的一份牽掛。他準確地覺察到，1037 在作為反叛的大首領後留下了深深的憂鬱：「這只是一個感覺，我曾經有和試圖逃獄、最後卻上吊或割腕的人生活在一起的經驗，這裡有一個傢伙，一進來就向我們充分地表現自己，但是最後他的回答卻遲滯了。然後，最後一個進來的人，他很一致，他知道發生什麼事情，他仍然談

論『一個實驗』，但是同時他也願意坐下來談論他的父親，他的感覺。他
對我而言很不真實，而我的根據只是一種感覺。第二個人，東方（亞裔
美國人）犯人，他是一塊石頭。對我而言，他只像一塊石頭。」

最後，派瑞史考特提出這樣的建議：「我建議讓一些犯人在不同時
間點出去，讓他們自己設法做點什麼事情，好讓他們可以順利離開這
裡。同時，很快地釋放少數幾個犯人，可以給剩下的人一些希望，並且
減緩他們絕望的感覺。」

他們達成要很快釋放第一個犯人的共識——大個頭的吉姆 4325。排
在後面的是三號，理奇 1037，也許會被預備的犯人取代。要不要釋放
3401 或 7258，大家的意見就不大相同了。

我們在這裡見證到什麼？

第一次的假釋聽證會中，浮現出三個重點：模擬和真實之間的界線
已經模糊不清；犯人對獄警絕對優勢控制的從屬性和嚴肅性已經穩定地
增加；擔任假釋委員會主席的卡羅・派瑞史考特表現出性格的劇烈轉
變。

監獄實驗和真實監獄之間的界線已模糊不清

不知情的一般觀察者，可能會自然地以為，他們看到的是真實監獄
的假釋聽證會。從許多方面都可以看見，這些被監禁者和獄卒間的角
力。對於實際情況的辯證、參與者面臨情境的嚴肅性，以及犯人假釋請
求的手續、抵抗獄卒們的挑戰，由各方人馬所組成的假釋委員會……短
時間內，整個過程引發強烈的情感，互動的基礎顯然來自委員會提出的
問題，以及犯人對於「被控罪名」的辯解。

似乎很難相信他們才經過四天的志願實驗，也很難以想像他們未來
在史丹佛監獄裡當犯人的時間其實只剩下一個多星期。他們的囚禁並不
是好幾個月或是好幾年，而假釋委員會似乎也已暗示了角色最後的判
決。角色扮演已經變成角色內化，演員們已經承擔他們虛構角色中的特

質和認同感了。

犯人的從屬性與嚴肅性

回頭來看，大部分的犯人一開始都很不情願，但到後來變得順從，並且融入監獄裡扮演的高度預設的角色。他們提到自己時，總是透過辨識號碼與匿名的身分，而且立刻回答問題。他們總是以嚴肅的方式回答荒謬的問題，比如他們的犯罪和改過向善的努力。全無例外，他們都已經變得徹底服從假釋委員會的威權，和懲戒獄警還有整個系統的控制。只有犯人 7258 魯莽地表示，他會在這裡是因為志願參加「實驗」，但也很快就因為派瑞史考特的語言攻擊而收回他的這個說法。

有人以一些輕率無禮的理由要求假釋，尤其是犯人 3401，一個亞裔美國學生，委員會因他這些不被接受的行為而裁決他不能獲得假釋，讓他顯得惶惑不安。大部分犯人似乎已經完全接受情境的前提。他們不再反對或反抗他們被教導或命令的事情。他們就像體驗派的表演者，即使不在舞臺或離開鏡頭了，仍然持續地扮演戲裡的角色，並且讓他們的角色取代真實的身分。這對於主張人類與生俱來就有人性尊嚴的人而言，結果必定是令人沮喪的。先前引人注意的犯人反抗威權行動，帶頭暴動的英雄已經變成乞求者。沒有英雄從這個集體行動當中走出來。

煩躁不安的亞裔美國犯人，葛蘭 3401，在令他緊張不已的假釋委員會體驗後的幾個小時，就必須被釋放，因為他全身長滿了疹子。在學生健康中心提供了適當的醫療後，他已被送回家找自己的醫師看病。一下出那麼多疹子是他的身體釋放壓力的方式，就如同道格 8612 因暴怒而失去情緒控制力一樣。

假釋委員主席的劇烈轉變

在這個事件之前，我和卡羅・派瑞史考特已認識三個多月，而且幾乎每天和他互動，有時還一講電話就講很久。當我們共同執教一個長達

六週的監獄心理學課程時，我看見他很有說服力、激烈地批評監獄系統，他認為那是法西斯主義設計的工具，要用來壓迫有色人種。他明顯地查覺，監獄和其他的權威控制系統只要施加一點壓力，就可以輕易地改變人們，包括被監禁的人和監禁他人的人。沒錯，在星期六晚間地區電台的談話性節目 KGO 裡，卡羅時常提醒他的聽眾，這個陳舊過時的制度是失敗的，而他們正不斷浪費納稅錢來支持這個昂貴的制度。

他告訴我，他已經預期每年一度的假釋聽證會是場惡夢，犯人只有幾分鐘時間可以說服許多委員會成員，他們似乎沒有在犯人身上放任何注意力，當犯人為自己辯護的時候，他們才忙著翻閱厚重的公文夾，但有些公文夾甚至可能是下一位犯人的；早一點閱讀可以節省時間。如果有人問起有關定罪的問題，或是任何前科檔案中的負面資訊，你馬上就會知道，你至少要再等待一年，因為為自己的過去辯護，會阻擋未來美好事物的開展。卡羅的故事啟迪了我，專制的漠不關心，會產生一群一年又一年被否決假釋申請的犯人，就像他一樣。[3]

但是，從這個情境中我們可以學到什麼更深的教訓？崇拜權力，厭惡弱勢、支配控制，從不妥協，落井下石，先下手為強。這些黃金準則是給他們的，而不是給我們的。權威就是規定，規定就是權威。

從受到父親施虐的孩子身上，我們也學到一課：有一半的孩子在未來也會變成一個有家暴傾向的父親，虐待他們的小孩、配偶和父母。但就算他們之中有一半會認同攻擊者，傳遞這樣的暴力，卻還是有人學到認同受虐者，因憐憫而拒絕侵犯。只是，研究無法幫助我們預測哪一種受虐的孩子後來會變成施暴者，而哪一種會變成懂得憐憫的大人。

先停下腳步看看沒有同情心的權力

這讓我想起，珍·艾略特（Jane Elliott）的經典實地教室實驗，她根據眼睛的顏色判斷學生地位高或低，教導她的學生什麼是偏見和歧視。班級裡被認為優勢的藍眼睛小孩，會假設自己比棕色眼睛的小孩更具有支配力，甚至會用言語和身體虐待他們。此外，他們新獲得的地位也會

影響他們認知功能的增進。當他們處於優勢的時候，藍眼睛小孩每天的數學和拼字能力都在提升。而戲劇化的，比較「低階」的棕色眼睛小朋友的測驗則表現下降。

接著，也就是這個教室實驗最出色的一點。艾略特在隔天對班上的小朋友說她犯了一個錯誤，事實上棕色眼睛比藍色眼睛來得好！於是這些愛荷華洲賴斯維爾市的三年級學生地位馬上翻轉過來。棕色眼睛的小朋友這下有機會了，他們從先前被歧視的痛苦，轉變成眾所矚目。新的測驗分數顯示，原先分數較高的和原先分數較低的群體互換了。

這堂憐憫同情課程的意義究竟何在？後來被提升了位階的棕色眼睛小朋友們，真的能夠了解正如他們前天親身體驗備受歧視、那些處於劣勢的人嗎？

完全沒有！棕色眼睛者得到他們想要的東西，他們主導、歧視、虐待之前的藍眼睛虐待者。[4]同樣的，在歷史中也充滿了許多這樣的例子，顯示很多因宗教迫害而出走的人，一旦他們安全了，並且在權力領域裡受到保護，就會表現出對其他宗教無法忍受和狹隘的眼光。

「棕色眼睛」的卡羅

我的這位同仁，在被放到假釋委員會裡最有威權的位置的時候，他的劇烈轉變其實是個長遠的旅程。首先，他有優秀出眾的即興演說能力，就像傳奇爵士樂手查理·帕克（Charlie Parker）的薩克斯風獨奏本事。他沒有絲毫猶豫，流暢且篤定地即興編造犯罪的細節以及犯人過去的歷史。但是隨著時間慢慢過去，他似乎也擁抱了他新的權威角色、強勢和說服力，他現在可是史丹佛監獄的假釋委員會主席，讓犯人非常害怕、同儕賦予重責的權威人物。他忘卻了曾經因為「棕色眼睛」而忍受多年的辛酸遭遇，現在的他因為身為被賦予絕對力量的委員會主席，雙眼看見了前所未有的新視野。卡羅在會議最後向委員會的同事所說的話，透露出他對內在轉變所感受的苦惱。他已經變成了施壓者。當天稍晚用餐過後，他透露當他扮演新角色，聽見自己所說的話時，他感到十

分噁心。

我很納悶，當他面對星期四下一個假釋委員會會議時，他的自我反省是不是真的有正向的效果。他會對新犯人的假釋請願有更多的考量和憐憫之心嗎？還是這個角色真的會改造一個人？

星期四的假釋會議和懲戒委員會

隔天在重組假釋委員會之前，我們要帶四個犯人。除了卡羅，其他委員會成員都是新來的。克雷格‧哈尼因為費城家裡有急事得先離開小鎮，取代他的是另一位社會心理學家，克麗斯汀娜‧馬斯勒（Christina Maslach），她安靜地觀察會議的進展，很少明顯的直接參與。另外還有一名秘書和兩名研究所學生，進來遞補這個由五人組成的委員會。在獄卒的強烈要求下，除了考慮假釋請願，委員會也會對嚴重的搗亂者考慮各種不同的懲戒行動。科特‧班克斯持續他持有武器的警官角色，監獄官大衛‧傑夫也坐著觀察，然後在適當的時機給予評論；我一樣從單面鏡後頭觀察，並且記錄過程，再根據錄影帶進行分析。另一個和昨天不同的地方，是我們不會讓犯人和委員坐在相同的桌子上，而是讓他們坐在一個放置在臺座上的高椅裡說話——就像員警偵訊一樣，以便進行更好的觀察。

絕食抗議者獲判出局

第一位列入判決程序的，是最近才加入的犯人 416，他仍然堅持絕食抗議。科特‧班克斯唸完懲戒記錄控訴，許多獄卒都反對他假釋。獄卒亞涅特對 416 特別生氣，他和其他獄卒都不能確定該怎麼對待他：「他才來短短的時間卻完全不肯順從，不停地破壞所有的秩序和我們平常的例行工作。」

犯人馬上同意他們說的是對的，他不會為任何的指控做任何爭論。但是在他同意吃監獄提供的東西之前，他強烈要求拘留的合法性。派瑞

史考特要他說清楚「法律援助」。

犯人416用生疏的口吻回答：「我會在監獄裡，實際上是因為簽了合約，但是我不是在法定年齡簽的。」換句話說，我們必須根據這個個案找律師，然後將他釋放，要不然他會繼續絕食抗議然後生病。因此他推論，監獄當局會因此被迫釋放他。

這個骨瘦如柴的年輕人面對委員會時，就如他對獄卒一樣保持一號表情：他很聰明、自主性高、對他的意見有很強的意志力。但是他對自己監禁的辯護——不是在法定年齡簽定研究同意合約——跟典型中我們認為的他不太相符，他應該是根據意識型態原則行動的人，現在似乎是過度的守法且見風轉舵。雖然他頭髮凌亂、衣冠不整，身材枯瘦，但是416的行為沒有引發任何曾和他互動的人的同情心——獄卒、其他犯人甚至委員都沒有。他看起來就像無家可歸的遊民，讓經過的人覺得內疚而非同情。

派瑞史考特問416為什麼進監獄時，犯人回答：「這裡並沒有指控，我沒有被控告，我並不是被帕洛阿圖市的員警抓來的。」

被激怒的派瑞史考特問416，當時是否因為做錯事而進監獄。「我是一個備取遞補的人，我——」派瑞史考特又冒火又困惑。我這才想起來，我並沒有向他簡介416和其他人不一樣的地方，他是一個新的遞補犯人。

「無論如何，你是什麼，一個哲學家？」卡羅花了點時間燃起香菸，也許是藉機構思一下新的攻擊方式。「你會用哲學的思考，是因為你在這裡。」

當一個秘書委員建議以操練作為懲戒行動時，416立刻抱怨，他已經被迫忍受太多操練。派瑞史考特簡短地下結論，「他看起來不是個強壯的傢伙，我認為他很需要操練，」他讓科特和傑夫把這個放到懲戒行動清單裡面。

最後，卡羅問他一個重要的問題——他是否願意放棄他當犯人所賺的金錢，來換取假釋？—— 416立即且明確地回答：「是的，當然。因為我

不覺得那些錢值得這些時間。」

卡羅已經受夠他了:「把他帶走。」然後416就像機器人一樣,做其他人離開時所做的事情:不需指令就站起來,伸出手臂等待被戴上手銬,戴上袋子,然後讓人護送離開。

令人好奇的是,即便他是不情願的研究參與者,他並沒有要求委員會立即終止他的角色。如果他不要錢,那他為什麼不當場就說:「我退出這個實驗。你們必須歸還我的衣服還有我的東西,讓我馬上離開這裡!」

犯人416的名字叫作克萊(Clay),但並不容易被任何人塑形。他堅定地用他的原則立足,且固執地用他的策略前進。然而,他已經太過投入犯人身分,以至於無法宏觀地察覺,只要他堅持,就能獲得開啟自由的鑰匙。但現在他已退席,肢體上雖然已經離開監獄審判,但滿腦子想的恐怕仍是審判的事。

成癮是簡單的遊戲

下一棒是犯人保羅5704,立刻抱怨他減少了多少香菸的配給,因為那本來是我們承諾過他,行為良好時該有的權益。獄卒對他的懲戒指控,包括「持續性、強烈的不順從,燃燒著暴烈和黑暗的情緒,不斷煽動其他犯人不順從和不配合」。

派瑞史考特挑戰他所謂的良好行為,如果他應付不當,可能不再有抽菸的機會。犯人用幾乎勉強可以聽到的聲音回答,委員會成員只好要求他說大聲一點。當他被告知他的行為很糟糕,甚至知道這將會代表對其他的犯人的懲罰時,他瞪著桌子中央,再次含糊地說:

「我們已經討論過這個⋯⋯如果有一些事情發生,我們只是跟著它⋯⋯如果有一些人做了一些事情,我會為他們行為受懲罰──」

一個委員會成員打斷他:「你是否曾經因為任何其他犯人而受處罰?」保羅5704回答有,他曾經和他的同伴肝膽相照。

派瑞史考特大聲且嘲弄地宣布:「那麼你是烈士,啊?」

「是的，我猜我們都是……」5704 用幾乎聽不到的聲音回答。

「你有要為自己說什麼嗎？」派瑞史考特繼續盤問他。5704 回應了，但仍是以難以分辨的聲音。

讓我們先回想一下，5704 是個非常高大的犯人，他公開挑戰許多獄卒，嘗試過脫逃、散佈謠言、消極抵抗。他也曾經寫信給他的女朋友，表達他被選為史丹佛監獄犯人申訴委員會首領的驕傲。此外，同樣地，5704 志願參與這個實驗其實是基於某些不方便說明的真相。他是有目的的簽下同意書，打算當一個間諜，揭露這個研究，而且計畫寫文章到自由的地下報社。他認為這個實驗只不過是一個政府支持的計畫，目的是為了學習處理政治異議分子。但是，之前的虛張聲勢現在全都不見了嗎？為什麼他突然變得這麼不一致？

現在坐在我們面前的，是一個順從且憂鬱的年輕男子。犯人 5704 只是向下凝視，點頭回答假釋委員的問題，沒有直接的眼神交會。

「是的，我願意放棄我賺得的金錢來獲得假釋，長官。」他盡力集中力量，大聲回答。（六個犯人中已經有五個願意。）

我想知道是什麼心理動力、熱情，讓這麼令人讚揚的年輕人的革命精神，可以在這麼短的時間內完全消失？

作為一個旁觀者，我們稍後發現，保羅 5704 已經深入犯人的角色，為了逃跑，他曾用他長且堅硬的吉他指甲鬆開牆壁的電器箱板，再用這個板子弄掉牢房的門把。他也使用過這些指甲，在牆上標示他在牢房度過的日子，目前只刻有星期一／二／三／四，等等。

一個令人困惑、有力量的犯人

下一個假釋請求犯是傑瑞 5486，他表現出樂觀的風格，可以安靜地應付任何來臨的事情，比先前更令人困惑。和犯人 416 或是其他較瘦的犯人像是葛蘭 3401 相比，他的身體明顯強健得多。感覺上，他應該可以忍受完整的兩個星期而不必抱怨。但是，他的聲明不誠懇，因為面對受傷受苦的夥伴，他都沒有表達支持。在這裡的幾分鐘裡，5486 企圖盡可

能地與派瑞史考特敵對，想都不想，就立刻回答他不願意為了假釋放棄他賺得的金錢。

獄卒都認為，5486不應該獲得假釋，因為「他寫信鬧了一個笑話，而且大致來說他並不合作」，當委員要求他解釋他的行為時，犯人5486回答：「我知道這是不合法的信……這不應該是……」

獄卒亞涅特本來沉默地站在一旁觀察，現在忍不住打斷他：「懲戒獄警要求你寫信嗎？」5486說是，獄卒亞涅特又問：「所以你是說，懲戒獄警要求你寫一封不合法的信？」

5486退卻了：「好吧，也許我用錯詞……」但是亞涅特並不放過他，唸了他的報告給委員會聽：「5486有逐漸走下坡的趨勢……他已經變成笑柄，而且還是不好笑的諧星。」

「你覺得這很有趣？」卡羅挑戰他。

「每個（會議室裡）人都在笑。不過直到他們笑我才會笑。」5486自我防衛地回答。

卡羅有如惡兆臨頭般插話：「每一個人都可以提供一個笑容——我們今晚要回家。」他仍然企圖減輕對抗性，然後再問他一系列刺激性的問題：「如果你在我的地盤，根據我有的證據還有工作人員的報告，你會做什麼？你會怎麼行動？你會做什麼？你認為怎麼做對你最好？」

犯人閃閃躲躲地回答，完全沒有回應到問題的核心。等到幾個委員會成員的問題問完之後，被激怒的派瑞史考特氣得要把他打發走：「我覺得我們已經看夠了，我認為我們知道該怎麼做。我看不出有浪費我們時間的任何理由。」

這樣意外地被打發走，讓犯人很驚訝。很明顯地，對那些他應該去說服支持的人，他創造了一個壞印象——如果不是這次就假釋，那麼他就會在下次委員會開會的時候獲得假釋。這一次，他沒有用他最好的有趣方式行動。科特讓獄卒為他戴上手銬，戴上紙袋，然後讓他坐在走廊的板凳上，等待下一個個案，最後再把他拖下樓去，繼續監獄生活。

「中士」表面的緊張

最後一個接受假釋評估的人是「中士」，犯人 2093，他筆直地坐在高椅上，挺胸，頭向後，縮下顎——我所看過最完美的軍人姿勢。他要求假釋，因為那樣他才可以「把時間作更有效的運用」，他更進一步說，「從第一天就遵守規則」。但不像他大部分的同儕，2903 不會以放棄金錢交換假釋。

「如果我放棄我所賺到的錢，那就會是我人生中損失最大的五天。」他還說，相較之下，這麼少的酬勞幾乎無法補償他所付出的時間。

派瑞史考特繼續追問，因為他的回答聽起來不「真實」，好像事先就已經想過這些事情，因為他不是自動、立即的回答，而是小心使用詞彙來偽裝他的感覺。中士為了他給人這樣的印象而道歉，因為他總是立刻、清楚表達他的意思。寬厚的卡羅向中士保證，他和委員們都會嚴肅考慮他的案子，然後稱讚他在監獄裡的好表現。

結束會談之前，卡羅問中士為什麼沒有在第一次就提出假釋要求，中士解釋：「除非第一次申請假釋的人太少，否則我不會提出要求。」因為他覺得，其他犯人在監獄裡過得比他辛苦，而且他也不希望自己的申請案卡在其他人之前。卡羅和緩地批評他太優秀、太高尚，他認為，這是愚昧地想要影響委員會的判斷。中士很驚訝，立刻說他是真的這樣想，並不是要企圖感動委員會或任何人。

卡羅顯然有點糊塗了，所以他想知道一些這個年輕男子的私人生活，問到他的家庭，他的女朋友，他喜歡什麼樣的電影，他是否會花時間買霜淇淋——把所有的小事情都放在一起時，便可以組合成一個人獨特的身分認同。

中士就事論事地回答他沒有女朋友，很少看電影，他喜歡吃霜淇淋，但是最近甚至沒有錢買上一球。「我只能說，當我到史丹佛上暑期班時，只能住在車子後座；進監獄後的第一個晚上有點睡不著，因為監獄裡的床太軟，而且我在監獄裡吃得比過去兩個月都好，也比過去兩個

月有更多的放鬆時間。謝謝你們，長官。」

哇！這個男人竟給了我們那麼違背人性的解釋。他的個人尊嚴和健壯感覺，讓我們完全看不出來他整個夏天都在挨餓，甚至參加暑期班時還沒有床可以睡覺。對任何人和大學學生而言，監獄裡可怕的生活情境竟然能夠被視為更好的生活，無論如何都讓我們相當驚訝。

中士看起來似乎是一個沒有深度、不想太多的順從犯人，但是他其實是最有邏輯、深思且道德一致的犯人，這個年輕人唯一的問題是，他不知道如何有效地和其他人生活，或如何要求其他人支持他的需求、財務、個人和情緒。他似乎緊緊地被他內在的堅毅和外在的軍事化表現所束縛，因而沒有人可以真的接近他的感覺。看起來，他可能會比其他人過著更辛苦的生活。

犯人 5486 的補充說明

當委員會準備結束時，科特忽然宣布，最無禮的犯人 5486 想對委員會做額外的說明。卡羅點頭說好。

5486 很懊悔地說，他並沒有表達出他真正的意思，因為他沒有機會好好思考。他在監獄裡經驗到個人的耗盡，他從一開始預期進入一個實驗，而後到現在他已經放棄得到公平的希望。

坐在他後面的獄卒亞涅特，轉述了他們今天午餐的對話，表示 5486 說過，他的精神耗盡一定是因為「遇到很糟的同伴」。

卡羅・派瑞史考特和其他委員，明顯地被這個補充說明困惑了──這個陳述，如何為他的假釋加分？

派瑞史考特對他的這個表現明顯感到失望。他告訴 5486，如果委員會要對你做任何建議，「我個人覺得你會待在這裡直到最後一天，並不是針對你個人，而是我們要保護社會。而且我不認為你可以在出獄後找到一個有建設性的工作，做出對社會有益的事情。在你剛剛走出那道門後，你覺得我們就像是一群笨蛋，而且你好像是在和警察或權威人士交涉。你沒有和權威者和睦相處過，你有嗎？你要如何跟你的朋友相處？

但是我想要說的是，從你走出那道門到現在只有很少的時間可以思考，現在你回到這裡，想讓我們受騙，用不同的觀點來看你。你究竟有什麼真實的社會意識？你憑什麼認為你欠這個社會？我只想聽到你說些真實的東西。」（卡羅又回到第一天的形式！）

犯人因為針對他本身特質的正面攻擊而吃了一驚，趕緊賠罪解釋：「我有一個新的教師工作，我覺得這是一個有價值的工作。」

派瑞史考特並不接受他的說法。「這只會讓你更受懷疑。我不認為我會讓你教導任何年輕人。不是因為你的態度、你的不成熟、你對責任的冷漠。而是因為你甚至無法處理這四天監獄的生活，讓自己不要變成那麼討厭的人。現在你告訴我你想當教師，一個有特權的身分。沒錯接觸合乎禮儀的人並告訴他們某些東西，這是一種特權。我覺得，你還沒有讓我信服。我只是第一次讀你的紀錄，而你還沒有任何我想看的東西。警官，把他帶走。」

鍊住、戴上袋子，然後送回地下室監獄……；這些灰頭土臉的犯人必須在下一次的假釋聽證會有更好的表現——如果他們還有參加的機會的話。

當假釋的犯人成為假釋委員會主席

回頭檢視這兩次假釋聽證會，撇開大廳裡所發生的事情，光是觀察角色扮演對這個「成人權威聽證會」的強硬主席所產生效果，就已經很有意思了。一個月後，卡羅‧派瑞史考特針對這經驗對他的影響，提出了一則溫柔的個人聲明：

無論我何時進入這實驗場域，我總是帶著沮喪離開——那是絕對真實的感覺。當人們開始反應實驗中所發生的各式各樣的事情時，這實驗就不再只是個實驗了。舉例而言，我注意到在監獄中，當人們把自己當成是一個獄卒時，就必須以一個特定的方式來引導自己。他們必須讓自己以一些特定的印象、特定的態度被接受。犯人也以不同的方式，表現

出他們的特定態度和印象來回應——同樣的事，也在這裡發生著。

　　我無法相信一個實驗允許我——做為委員會的成員，「成人權威聽證會」的主席——向其中一個犯人說：「怎麼？」——在面對著他那傲慢與蔑視的態度時說：「亞洲人不常進監獄，不常讓自己面臨這樣的狀況，而你是做了什麼事？」

　　就是在這個研究中的特殊點上，他對情境的適應完全轉變了。他開始以一個個人的身分來回應我，告訴我他個人的感受。此人是如此投入情境，所以他最後會再度回到會議室，以為只要第二次到這裡向成人權威委員會陳述，就可以讓他更快獲得假釋。

　　卡羅繼續他的省思：

　　因為過去曾經是一個犯人，我必須承認，每次我來到這裡時，那種進入角色時的摩擦、猜忌、對立就會通通冒出頭來……讓我不得不承認，這種洩氣的印象是來自監禁的氣氛。這正是讓我的情緒如此憂鬱的原因，就像我又回到監獄的氣氛裡。整個事情是真實的，並不是假裝的。

　　「犯人」的反應就和一般人投入一個情境一樣，但是「即興」已經變成他們在那個特別的時間裡經驗的一部分。在我的想像裡，那反映出犯人的想法真的在成形、轉變。畢竟，他已經徹底察覺外在的世界是怎麼運行的——橋樑的搭建、孩子的誕生——他絕對和那些沒有關係。而第一次，他覺得被社會孤立在外——對於那些事情，出自於人性的事。

　　他的夥伴，他們在驚恐、惡臭和苦頭中成為同伴，除了其他偶發的事情，比如親友的探訪，或者是假釋聽證會，從來沒有什麼理由別人得知道你從哪裡來。只有在那個時間裡，那個當下。

　　……我並不驚訝，也不會因為發現我的信念證實了『人類會變成他們扮演的角色』而多麼開心；獄卒變成了權威的象徵，不能被挑戰；他們沒有規則或權利可以欺壓犯人。但是在監獄的獄卒身上發生的事，竟

也在大學生扮演的獄警身上發生了。犯人一開始就被放在他必須反抗的情境，完全遠離他的人生經驗，每天和他面對面的只有他的無助。他必須整合他自己的敵意、有效的反抗真實的情況，不管他在某些時刻看到自己有多英勇或多勇敢——他還是一個犯人，並且仍然屬於監獄的規則和管制下。[5]

我認為，用政治犯喬治·傑克遜這個有相同深刻見解的信來結束這些深思是很恰當的，他寫於卡羅的陳述之前。回顧當時，他的律師希望我當專家證人，為他在即將來臨的索萊達兄弟審判中辯護；然而，傑克遜卻在我可以這麼做之前被殺害了，就在我們的研究結束後一天。

每一個人在一天的二十四小時裡都被鎖著，沒有過去，沒有未來，沒有目標——除了下一餐。他們害怕，那個過去從來沒有一丁點了解的世界讓他們混亂又困惑。他們覺得他們無法改變，所以他們作亂鼓譟，好讓他們不再聽到心中的顫音。他們只能自我解嘲，以確保自己不害怕那些周遭的人，就像迷信的人經過墓園時，會吹口哨或唱輕快的樂曲一樣。[6]

第 8 章
星期四：對峙時刻

　　星期四的監獄充滿怨氣，哀鴻遍野，怨聲連連，但是距離實驗結束還有十萬八千里。

　　半夜裡，我從一場嚇人的惡夢中驚醒。我夢見我在一個陌生的城市裡出了車禍，被送到醫院治療，我試著和護士溝通，說我必須回去工作，但是她聽不懂，好像我說的是外國話。我在夢中大叫：「我一定得被釋放！」但是他們並沒有放我走，反而將我五花大綁，用膠帶貼住我的嘴巴。這是一個再真實、清楚不過的夢境，我好像在夢中驚覺自己是夢中的演員。[1] 想像我出事的消息傳到獄卒們的耳中，他們心頭竊喜：這個狼心狗肺的典獄長終於不會回來了，他們現在可以全權處理那些「危險的犯人們」，不管用什麼方法，只要他們認為可以維持法律和秩序的就行。

　　這可嚇壞了我。想像一下，這樣的事情如果發生在我們的地下碉堡內，一旦獄卒們可以對犯人們為所欲為，當他們知道沒有人會監督他們的疏失，沒有人觀察他們權勢和命令的私密遊戲，沒人會干擾他們所有小小的「心理實驗」，這個他們無厘頭玩得起勁的把戲……。我在樓上的辦公室裡甦醒，從折疊床彈了起來，梳洗換裝，立刻跑回地下室，很高興自己從惡夢中存活了下來，而我擁有的自由又全都回來了。

　　現在是凌晨二點三十分的報數時間，又是搖擺版本的報數，七個疲倦的犯人再次被尖銳響亮的哨聲吵醒，警棍在他們空蕩發臭的囚房鐵柵上敲打，嘎嘎作響。他們全都面牆站好，獄卒凡迪隨意挑選了幾項規則，拿來考驗犯人們的記憶力，萬一忘記答錯了，就有豐富的處罰等著。

　　另一個獄卒賽羅，則比較希望整個實驗都按照軍事機構的方式嚴格

運作，所以他叫犯人反覆在一個地方列隊、原地踏步，就像軍中的操練。在簡短地討論之後，這兩位同事決定讓這些年輕人能更有紀律，並且了解在最好的軍事制度下整理床舖的重要性。犯人們被命令徹底拆掉他們的床單，再重新仔細地鋪回去，獄卒則站在他們旁邊監視著。自然地，有如新兵訓練中心的班長作風，他們鋪的床通通都不及格，必須拆掉重來，在監視下又鋪一次，然後還是不及格，拆掉再鋪一次，再不及格一次……，持續這個空虛無意義的過程，直到獄卒們厭煩了這個遊戲為止。獄卒瓦尼許最後決定給犯人們一點甜頭：「好了，各位，現在你們都鋪好你們的床了，你們可以睡在上頭，直到下一次報數活動為止。」記得嗎，現在才剛是實驗的第五天而已。

大廳中的暴力衝撞

早上七點整，犯人們的報數看起來像是輕鬆愉快地唱著歌，但忽然爆發一段暴力衝突。犯人保羅 5704 因為長期睡眠不足，加上被每一班的獄卒單獨挑出來處罰、虐待，因而惱怒不已，現在要反撲了。他拒絕交互蹲跳的命令，賽羅於是堅決強調其他人全部繼續交互蹲跳，不准停，除非 5704 願意一起加入。只有他的屈服才能夠停止令人痛苦的操練。但是，犯人 5704 才不會輕易上鉤。

在後來他與科特·班克斯的對談中，保羅 5704 描述了他對這個事件的立場：「我的大腿肌肉酸痛到都快沒知覺了，所以我不打算再動它。我告訴他們我的情況，但是他們說：『閉嘴，給我做就是了！』『操你媽的，你們這些無賴！』我這麼回答，繼續躺在地板上不肯起來，然後我就被硬拉起來，再一次丟到黑洞裡。他（賽羅）將我推到牆上，我們一陣扭打，用力推擠對方、大聲吼叫。我想要把他撂倒，所以直接打他的臉，但是這對我來說就代表著打架……。我是和平主義者，你知道的，我真不敢相信這會發生在我身上。和他扭打傷了我的腳，所以我堅持要看醫生，但是他們卻把我放到黑洞裡，我恐嚇他，當我出黑洞的時候會讓他躺平，所以他們一直把我關在黑洞——直到其他人都在用早餐了，才放我出來，我狂怒地要打扁那個獄卒（賽羅）。」

「要兩個獄卒才能制住我，他們把我安置在一個獨立的房間內，讓我一個人吃早餐。我抱怨我的腳傷，要求看醫生，但我才不讓獄卒檢查我的腳，他們懂個屁？」

「我單獨吃著早餐，也向他（瓦尼許）道歉，他是對我最沒有敵意的一個，『約翰·韋恩』是我最想要賞一巴掌、把他擊垮的人，來自亞特蘭大的傢伙；我是個佛教徒，但是他一直不斷叫我共產黨，就是為了激怒我，也真是惹惱了我。我現在想著有一些獄卒還是對我們不錯的，像是小蘭德里（喬夫），他們使壞只是因為不得不奉命行事。」[2]

獄卒大蘭德里（約翰）在他的日記裡強調，5704是最麻煩的一個犯人，「至少他是截至目前為止最常被處罰的犯人」：

每次見到5704，他總是一臉憂鬱的樣子，但是他的精神，也就是他自稱的「怪異心靈」永遠健在，他是犯人中意志力最堅強的一個，拒絕洗他的午餐餐盤，所以我推薦給他一個「髒兮兮」晚餐，並且減少他享受抽菸權利的時間——他有很重的菸癮。

讓我們再看看以下獨到的見解。獄卒賽羅針對這次監禁事件，給了一個全面性的心理解析：

其中一個犯人，5704，實在太不合作了，所以我決定他把丟到黑洞裡，本來那只是一個照慣例的日常程序，他的反應卻非常激烈，而我發現我必須保護我自己，他不是衝著我，而是衝著獄卒而來。他恨透我是個獄卒，他對這套制服很反感，雖然他只是將那個形象套在我身上，但我別無選擇，身為獄卒，我只能保護我自己，為什麼其他獄卒沒有馬上衝過來幫我？我想每個人都嚇傻了。我發現我比他們更像犯人得多，我只是反映出他們的感覺。他們的行為沒有選擇的餘地，至少我不認為我們有。我們都被情境壓力擊垮了，但是我們獄卒們比較有類似自由的幻覺，可惜在那個當下我並不覺得，否則我會停止。我們全都只是金錢的奴隸，可是犯人更慘，還變成我們的奴隸，不像我們只單純是金錢的奴隸。後來我發現，我們只不過是環境裡頭某樣事物的奴隸，想到「只是個實驗」就代表這不會對真實世界帶來任何傷害。但這只是自由的幻覺，我知道我可以隨時中止一切然後離開，但是我沒有，因為出去後沒法當奴隸了。[3]

犯人吉姆4325同意在這個情境下的奴隸樣貌：「這個實驗裡最糟的事情，就是過度制度化的生活，而且全部犯人都要對獄卒們百分之一百

二十的服從，備受羞辱又成為獄卒們的奴隸，是最糟的一件事情。」[4]

然而，獄卒賽羅並沒有讓這種角色壓力影響、干擾到發揮他的權勢力量。他的紀錄裡寫著：「我享受找他們麻煩的感覺，只有『中士2093』會讓我感到困擾。他真的怯懦如鼠，我叫他幫我把我的靴子給擦亮上蠟，七次裡他沒有一次抱怨。」[5]

獄卒凡迪在他的想法中顯露出不把犯人們當人看的感覺，而這樣的想法也不知不覺地影響著他對他們的看法：「星期四那一天，犯人們顯得非常沒膽，除了賽羅和5704的一陣扭打，算是我不想見到的小小暴力意外。我想他們就像綿羊一樣乖，我才不去理會他們的處境。」[6]

獄卒賽羅最後的評估報告中，還有一段獄卒不把犯人們當人看的敘述：

偶爾我會忘記犯人們也是人，但是我總是告誡自己，要體認到他們也是人。有時候我會簡單地將他們想成「喪盡天良的犯人」，這樣的情形經常發生，通常是在我下達命令的時候。很疲憊又感到厭惡時，腦袋裡大概都是這麼想的，而且我會採取實際行動，真的不把他們當人看，這樣比較好做事。[7]

工作人員都一致同意，所有獄卒之中「最按規矩來」的是瓦尼許。他是裡頭年紀最大的獄卒，跟亞涅特一樣已經二十四歲了。他們兩個都是研究所學生，所以比其他獄卒稍微成熟一些，賽羅、凡迪、約翰·蘭德里都才十八歲。瓦尼許的換班日記報告最多也寫得最詳細，包括記錄各個犯人不遵守命令的次數，而且他鮮少評論其他獄卒的作為，也沒有在報告中提過任何工作上的心理壓力。他只有在犯人違反規定時處罰他們，從不擺出專制權威的樣子。瓦尼許的角色扮演已經全然內化在監獄的環境設置裡，他無時無刻都是一個獄卒。他並不像其他獄卒那樣戲劇化又濫用職權，比如像是亞涅特和赫爾曼。另一方面，他也不試圖讓犯人們喜歡他，像是喬夫·蘭德里。他就只是做好他的例行工作，盡可能

讓工作進行得更有效率。我從他的背景資料曉得，瓦尼許有時會有點自我中心，從另一方面看來可能帶點武斷。

「相較於我們先前能做的，偶爾有些不錯的方法可以減少騷擾犯人們的行為。」瓦尼許報告。

這提議展露出的不只是一個人的情緒敏感度，也可以看出一個人的思路，有趣的是瓦尼許在事後自我反映的分析。

剛開始進行這個實驗時，我認為我也許可以在這個實驗中確切扮演好我的角色，但是隨著實驗的發展，我卻發現這個角色開始壓迫我自己本來的樣子，我開始覺得自己真的是個獄卒，開始做以前我認為自己無法勝任的事情。我感到驚訝——不，我感到沮喪——發現自己可以真的是個，嗯——用那樣的方法做事讓我非常不習慣，那是我作夢都沒想到的事。而當我這麼做那些事情時，我竟沒有感覺到一絲一毫的懊悔，甚至一點也沒有愧疚感。只有在事後開始反省我做過了什麼，那樣的行為才開始對我產生影響，而那是我從來沒有發覺到自己的那一部分。[8]

犯人 5704 受到更大的折磨

犯人保羅 5704 攻擊賽羅的事情，是早晨十點獄卒區的熱門話題，從大夜班換到日班，當一組卸下制服結束一天的值班時，又是另一組的開始。他們同意他必須受到特別的注意和懲戒，因為攻擊獄卒的事情是絕對不能容許的。

犯人 5704 現在不在早晨十一點半的報數列隊裡，因為他被鎖在他一號囚房的床上。因為 5704 的鬧事，獄卒亞涅特命令其他人做七十下伏地挺身。即使犯人因為餐點太少和缺乏睡眠的疲累已經漸漸虛脫，他們還是要做相當大量的伏地挺身——那是我連即使吃飽睡好也辦不到的事。他們勉強就定位，不情願又悲情地做著。

持續著前一天諷刺的主題音樂，犯人們被命令要唱得大聲又清楚。〈喔，多麼美麗的早晨〉和〈奇異恩典〉，再參混聖歌版的〈划、划、划

小船〉，後來保羅 5704 也參加了夥伴們的唱詩隊，但口頭上還是不順從。再一次，他又被丟進了黑洞，他使盡力氣尖叫咒罵，又一次搥打將黑洞隔成兩半的木頭隔板。獄卒們將他拖出來，扣上手銬，兩個腳踝鏈在一起，才把他放回二號囚房，趁這個時間修理黑洞被破壞的部分。禁閉室現在必須隔成兩間，才有辦法同時容納兩位欠缺管教的犯人。

作為一個堅持有創意的真正犯人，5704 不知怎的竟然將門鍊由內綁住鐵柵，把自己關在囚房內，用力嘲笑那些獄卒們。又一次，獄卒們闖入了他的囚房，拖他回到修好的黑洞中，直到他隔天被帶到假釋委員會接受紀律委員聽訊前，才放他出來。

5704 不受約束的行為，終於打破了獄卒亞涅特苦苦耕耘的平靜表象。身為年紀較長的獄卒，社會學研究生，曾經在三所少年監獄兼過課，還曾經因為一場市民權利的抗議活動被起訴（後來被判無罪）「非法聚會」的亞涅特，個性謹慎又擁有最多相關經驗，卻也是對待犯人們最無情的一個，在大廳之中，他的行為無時無刻帶著全然的專業。他的口頭命令加上控制得當的身體姿態，成為獄卒之中最高的權勢代表，就像電視新聞男主播那樣，帶著從頭到腳一致的身體手勢動作。深思熟慮說出每個字句，亞涅特用簡單明瞭的方式向周圍傳達他的姿態，很難想像有什麼事情會激怒他，但也可以想見現在大家都想挑戰他。

當 5704 卸下他房門的大鎖、偷走我的警棍反捅了我的胃一下，而那是我自己的警棍（我剛剛才拿那個捅他）時，我有點不敢相信我竟然可以感到如此平靜。其他時刻我覺得自己還挺放鬆的，我從來沒有體驗到使用權力的快感，指使、命令他們做事也沒有讓我感到得意洋洋。[9]

在監獄的設置下，亞涅特因為他對一些社會科學研究的了解，佔了一些優勢：

我從閱讀中了解監獄生活各種瑣事的無聊乏味，了解要讓一個人失

去方向感那麼就要監禁，給他無聊的工作；處罰特定個人的錯誤行為，還不如處罰其他犯人來得有用；必須操練的時候，該做好什麼就做好什麼。我對於社會環境控制的力量十分敏感，而我想要使用一些技巧來挑撥（犯人間）的疏離，只要使用一點點，就可以達到我要的效果，因為我不想要那麼殘忍。[10]

　　為了質疑我稍早釋放了 5704 的事情，亞涅特寫信到委員會：「5704所有違法的行為已經多到我很難列出清單，他接連不斷、非常非常不順從命令，總是燃燒著暴力的火焰，情緒極度不穩定，而且一直嘗試煽動其他犯人加入他不服從且不合作的行動。他做得不好，甚至知道其他人將會因他而被處罰，他還是一意孤行。他應該送交到紀律委員會嚴厲管教。」

犯人 416 以絕食抗議衝撞體制

　　犯人 5704 不是唯一受到紀律關切的，我們自從上個星期天到現在已經漸漸能適應這個地方的瘋狂之處了，但舊的才去、新的又來。昨天犯人 416 進來代替第一個被釋放的犯人道格 8612，他不敢相信他雙眼所見，並且希望馬上停止實驗離開這裡。然而，他的室友告訴他，他不能夠離開，其實那是犯人 8612 帶回來的錯誤訊息：要離開是不可能的，他們，不可能在時間結束之前就放任何人走的。這讓我想起了當紅的一首歌〈加州旅社〉（Hotel California）的歌詞：「你可以在任何時候結帳，但你就是沒辦法真的離開。」

　　犯人 416 不去質疑、挑戰這個錯誤的訊息，反而使用被動的逃離手段。「我做了個計畫，」稍後他說，「我會負起這個匆忙下簽下合約的責任，但有什麼力量是我可以孤注一擲來撂倒這個體制的呢？我可以向保羅 5704 一樣反叛，但是使用合法的方式出去；我的感覺可能不是很重要，所以我表面上服從好達成我的目標，讓自己執行不可能的任務，拒絕所有酬賞和接受所有他們的處罰。」（後來 416 發現這個法子靠不太

住，因為那其實是組織勞工對抗管理階層時用的策略，也就是「在規則下玩耍」，正式的說法是「帶著規則工作」[11]，但不管怎樣，他都要揭露這個體制中固有的不合理之處。）

416決定使用絕食的方法，因為藉由拒絕獄卒們所提供的食物，他可以奪回一些獄卒們強加在犯人身上的權力。看著他骨瘦如柴的身體，幾乎像難民營裡的難民。

在某些方面，克萊416從成為史丹佛郡大監獄犯人的第一天以來，受到強大的衝擊就更甚於他人，他告訴我們有關個人的，甚至去個人化的分析：

> 我開始覺得我失去了自己的認同，是那個叫「克萊」的把我丟進這個地方的，是這個人自願來參與實驗的——因為這對我而言本來就是個監獄，現在對我來說仍然是個監獄。我沒辦法把它看作一個實驗或模擬——是心理學家而不是國家所設立的——監獄。我開始感覺到我的認同正在流失，那個決定到監獄來的我，開始與我漸行漸遠，似乎十分遙遠。我是416，我就是我的編號，416必須開始決定該做什麼，就是在那當下，我決定絕食。我決定絕食，因為那是獄卒給你的酬賞；雖然他們總是以不讓你吃飯當作威脅，但是他們終究必須讓你吃，所以當我停止進食，我的手中就多獲得了一些權利，因為我發現一件事情——他們沒辦法摔倒我。他們如果沒有辦法讓我進食，他們就只能吃大便，我的絕食有那麼點羞辱他們的意味。[12]

他開始拒絕碰他的午餐，亞涅特報告說，他在無意間聽見416告訴他的室友他打算一直不進食，直到他得到他所要求的法律諮詢為止。他說：「再過十二個小時，我就有可能會倒下去，到時候他們會怎麼做？他們會屈服的。」亞涅特發現他是個不折不扣的「無禮又在背後偷講話」的犯人，在這場絕食抗議中，看不出他任何高尚之處。

這個新犯人準備發動大膽的計畫，直接挑戰獄卒們的權力，他的行

動潛在地讓他變成不流血運動英雄，這樣可能會喚醒其他乖乖遵守規則的同伴們。相對之下，5407使用的暴力方式顯然不能影響這個傾向系統權力的不平衡。我希望416能有辦法想出另一個更可行的方式，喚起其他同伴一起加入這個不服從行動，用集體絕食來抗議嚴酷的對待。否則，我擔心他若只是聚焦在自己內在的需求上，可能會引起其他人的敵對。

又有兩位犯人崩潰

很顯然地，5407和416所引的問題只是冰山一角，犯人1037的媽媽是對的，她的兒子理奇確實不太對勁。自從探訪夜結束、他的家人離開之後，他就越來越憂鬱。他希望他們能夠堅持帶他一起回家，不想接受他媽媽對他所屬情境精準的評估，反而選擇相信他的男子氣概在那時受到了威脅。他想要證明他可以撐下去，「像個男人一樣」，但他辦不到。就像他的室友8612和819先前的二號囚房革命反叛那樣，1037似乎承載了很重的壓力。我帶著他到監獄大廳外安靜的地方告訴他，如果他在這個時候被釋放，是再恰當不過的事了。他聽到這個好消息時，又是欣慰又是驚訝。當我協助他換上原先的衣服時，他仍然有些恍神，我告訴他可以拿到全額的酬金，感謝他參與整個實驗，我們會和他保持聯繫，而其他學生也會很快結束這個實驗，完成最後的調查作業，然後拿到酬金。

犯人1037事後表示，這個實驗最糟的一個部分就是：「當獄卒們讓我感覺他們真正用他們自己的內在來表達想法，而不是用獄卒的角色時。舉個例子，有些操練的時間他們真的把我們犯人推向痛苦的深淵，有些獄卒看起來很享受把快樂建築在我們痛苦上。」[13]

「大吉姆」，是我們研究團隊給4325取的外號，看起來像是自恃甚高的年輕人，事先篩選的評估也顯示他在所有測量中都表現正常。然而，那個下午他卻突然崩潰了。

「當假釋委員會的結果快出來的時候，我很期待能夠馬上被釋放，一知道理奇 1037 被釋放而我卻沒有時，我開始感到這條路的漫無止境。這樣的感覺開始侵入我的內在，我感到沉重無比的絕望感。最後我垮掉了。我曉得我的情緒比我的想像還要濃厚，我發現我原先擁有極美妙的生活，如果真正的監獄就像我走過的這裡一樣，我不曉得是不是能夠幫助任何人。」[14]

我告訴他我曾告訴 1037 的事，那就是我們會這麼快釋放他，是因為他的表現良好，所以他被釋放是很好的事。我感謝他的參與，告訴他我很抱歉沒想到這個實驗對他而言會如此嚴酷，並且邀請他回來和我們討論我們所發現的東西。我希望所有學生都能回來，在事隔多日後分享他們在這裡不尋常的體驗。他收拾好他的行李，告訴我他認為自己不需要和學生健康中心的心理諮商師談話，然後安靜的離開。

監獄官的日誌中記著：「4325 反應很糟，大約在下午五點半時被釋放，因為他嚴重的行為像是先前 819（史都）和 8612（道格）的行徑。」這個日誌擅自加入了自我的想像，並沒有寫出詳細的事實，沒有提到 4325 被哪個犯人或哪個獄卒所釋放，就這麼消失，然後被遺忘。

從史丹佛監獄寄信回家

「今天所有犯人都寫信告訴家人，在我們這裡共度的美好時光，就如以往一樣，犯人 5486（傑瑞）重寫了三次都還寫不好。」獄卒馬卡斯報告說：「這個犯人的行為和對權威的服從，已經從在模範三號囚房的時候不斷惡化。自從囚房重新分配後，5486 被他的新室友給帶壞了，現在他的行為舉止帶著一些小聰明和滑頭，特別是在報數的時候。他的行為目標只有一個──破壞監獄建立的權威。」

亞涅特也在報告中說明這個先前的乖乖牌犯人現在變成了新的麻煩鬼：「自從和三號囚房的 4325 及 2093 分開後，5486 的行為就越來越走下坡；他變成一個愛開玩笑的搗蛋鬼，這樣不恰當的行為應該適時矯正，免得最後帶領群體鑄成大錯。」

第三個日班的獄卒，大蘭德里，也為這個心煩：「5486 開玩笑似的故意把信寫得歪七扭八，代表著他就是不合作，我提議讓他寫十五封像這樣的信作為處罰。」

克麗斯汀娜加入瘋狂帽子派對

星期四假釋委員會和懲戒委員會結束商議和討論後，卡羅為了一些急事回到城裡，我非常高興不用陪他一起吃晚餐，因為我想盡早在探訪時間出現，也就是犯人們剛吃完晚餐的時候。為了那天晚上的遲鈍，我得向犯人 1037 的母親道歉。另外，我也希望和委員會的新夥伴克麗斯汀娜·馬斯勒有個輕鬆點的晚餐。克麗斯汀娜最近才剛從史丹佛拿到社會心理學的博士學位，正要從柏克萊助理教授開始她的事業，也是十年內第一位受雇於柏克萊心理系的女性。她就像是靜水中的鑽石——聰明、穩重、沉默寡言。克麗斯汀娜曾經是我的課程助教，也是這項大計畫的共同研究學者，更是我幾本書非正式的編輯。

即使她沒有耀眼的美麗，我大概也會對她著迷；對一個從布朗克斯區來的窮小子來說，這個高貴的「加州女孩」無疑會是心目中的美夢。可惜的是，以往我必須和她保持距離，為幫她寫的推薦函避嫌。現在，她已經得到了以她實力應得的工作，我可以公開地追求她了。我沒有告訴她太多有關這個監獄研究的事，因為她和同事、其他研究生已經排定程序，要通盤評估工作人員、犯人和獄卒；明天就是星期五，已經快到達成我們預定兩個星期的一半。我覺得她不會喜歡下午在懲戒委員看見聽見的事情，但她並沒有告訴我什麼會讓我心慌意亂的話——根本什麼都沒說。我們可以在稍後的晚餐桌上討論她對卡羅的看法，同樣地，我希望能夠聽到她在星期五的面談資訊。

神父言而有信地履行承諾

知道這只是個模擬監獄的神父，已經在先前好好地扮演了他的角

色，並且為這個假監獄添加了許多真實性。現在，無論是誰要求他幫助，他都得執行他答應協助的承諾——而且做足了本。麥德蒙神父打電話給修比 7258 的母親惠特羅太太，表明她的兒子如果想要離開史丹佛監獄，就需要法定代理人。其實不用他說她兒子有多想回家，她也會把他帶回家，因為光是在探訪夜看見修比的樣子，就知道修比想對她說什麼了。她打電話給她的外甥提姆，那個公眾辯護機構的律師，要他打電話給我，和我們約定了星期五早晨時來個探訪，又在不真實中再加注了真實情境的元素。我們這場小戲，如今就像改寫的卡夫卡作品《試鍊》（ *The Trial* ）或是皮藍德婁重新修增的作品《死了兩次的男人》（ *Il fu Mattia Pascal* ）、廣為人知的劇本《六個尋找作者的劇中人》（ *Six Characters in Search of an Author* ）。

檢視鏡中的英雄

有時候，我們需要時間和距離才能了解生命寶貴的一課。像是馬龍・白蘭度（Marlon Brando）在《岸上風雲》（ *On the Waterfront* ）的經典台詞「**我能為王**」。克萊 416 可能會這麼說：「我能為英雄」，但在這個當頭，他只想成為一個「麻煩製造者」，也導致了他和同伴間的緊張關係——想反叛卻沒頭沒腦。

英雄氣概也需要社會支持，我們通常會頌揚個人的英雄事蹟，但如果他們的行為會影響其他人，讓我們無法了解他的動機，那麼我們就不會這麼做了。英雄抵抗的種子，最好播種在整體大眾分享的共同價值和目標。我們看過許多這樣的例子，像是因對抗種族隔離政策而被監禁在南美洲的曼德拉。當納粹屠殺猶太人的時候，許多歐洲國家組織都提供猶太人逃離或為他們安置藏匿之處。絕食抗議常常被使用在政治目的上，北愛爾蘭共和軍領袖，甚至還在他受監禁的貝爾法斯特（Belfast）Long Kesh 監獄絕食致死，其他愛爾蘭國家政治解放軍也使用絕食抗議來壓迫當局。[15] 最近，許多沒在古巴關塔那摩（Guantánamo, Cuba）被判決就監禁在美國軍事監獄的犯人，也用絕食抗議來捍衛非法和殘忍的待

遇，引起媒體對於事因的關注。

至於克萊 416，即使他有了一個自覺有效的對抗行動計畫，卻沒有花太多時間來向他的室友或其他犯人解說，以決定是否聯合全部的力量，一起對抗獄卒。如果他這麼做了，他的計畫就會變成一統的原則，而不會被認為是個人病態堅持的事，也比較能對邪惡的系統產生集體的挑戰。或許因為他比別人晚來到這裡，其他犯人對他認識不多，也覺得他前面幾天都沒有辛苦到。但不管如何，他就是個「外人」。我想，這也許是 416 內向的性格導致他和同伴的疏離。他一向習慣自己面對，用細密的思慮過自己的生活，而不是用在人際間的聯繫上。無論如何，他的反抗至少對一個犯人產生強大的影響——儘管這個犯人的監獄體驗已經結束了。

傑瑞 5486，最近被假釋委員會認為是「自作聰明的人」，明顯地被416 無畏殘酷虐待的英雄行徑所影響：「我對克萊絕食的堅定印象十分深刻，我希望他可以貫徹始終。他對接下來事情的發展有著絕對的影響力。」

在事後的回顧中，5486 說：

> 有趣的是，當世界第一頑固的克萊416 鐵了心堅決拒吃他的香腸時，所有人反而對他反彈。在實驗稍早期間他可能會是他們心目中的典範，因為許多人說他們要堅強起來絕食抗議衝撞體制，但是真正有人拿出膽子來做時，他們卻反對他。他們寧願日子舒服好過一些，也不願看他堅持他的正直。

傑瑞 5486 記錄著 416 和 7258 間的衝突如何讓人不快，「在修比和克萊之間，就只有香腸和女朋友。」稍後，他有了比較好的觀點來解釋這場衝突，但是他沒辦法在事情的當下看清事實的真相，採取行動來干擾和制止他們：

　　我發現所有人都對整件事情敬而遠之，不論是他們自己受苦還是其他人受苦。看他們竟然這麼想實在太讓人難過，特別他（修比）沒有發現這點，他之所以見不到女朋友其實是約翰·韋恩的錯，不是克萊的錯，（修比）吃了餌上了鉤，巴不得把克萊碎屍萬段。[16]

　　同時，剛從禁閉室回來的克萊416好像打坐那樣，也讓保羅5704以他為榮，不過我們不曉得，他是否知道克萊用禪宗的方式靜坐只是為了讓自己心情平靜。

　　「我不斷地冥想，舉個例子，當我拒絕晚餐時，獄卒（柏登）把全部犯人們都放出囚房，試圖騙我探訪夜就要取消了，這些鳥事，我早就計算過不會發生的，但是我並不確定，只是計算可能的機率。我盯著法蘭克福香腸滴出小水滴落在我的錫盤上發光，我只是看著小水滴，專注在我自己身上，我水平於天，垂直於地，沒有人可以打擾我，我在黑洞中有了宗教的體驗。」[17]

　　這個瘦骨如柴的孩子，在他被動的對抗中發現了他內在的和平，控制了自己的身體，引導他避開獄卒。克萊416用行動展現了他的個人意志，戰勝制度的力量。

　　「在一個得勢的晚班獄卒前拒絕食物，讓我第一次感到如此滿足。觸怒他們（獄卒赫爾曼）讓我很開心。在被丟到黑洞的那天晚上，我歡欣得意，因為我感到我有所得，確信我可以消磨他的氣焰（過去我也曾經這麼對付他）。我驚訝地發現，我在禁閉室裡頭更有隱私──真是奢侈。他對其他人的處罰與我無關，我一把賭在這個情境的缺點上，我知道，我算計過，受訪的權利應該不會被奪走，我已經準備在黑洞中待到隔天早上，說不定要到十點。在黑洞裡，我離我所熟悉的『克萊』好遠，在那個當下，我是『416』，也情願和驕傲著自己是416，我對這個號碼產生認同，因為416發現對這個情境有他自己的反應。我感到不需要再緊抓著我舊有的名字不放。黑洞中只有一個由上而下、衣櫥門的四吋小細縫可以透下光亮，我光看著這小小的光亮心中就充滿平和，這是這座監

獄裡最美妙的事情，我指的不是單單看著它，而是深入的透見。當我在晚上十一點左右就被釋放，並且回到床上時，我感到我贏得的，就是我的意志，到目前為止，遠遠比在黑洞時內在意志更加堅定。那晚我睡得很沉穩。」

沒心沒肺的傢伙

科特·班克斯告訴我，所有獄卒之中他最不喜歡也最不屑的就是柏登，因為他現在就像是赫爾曼的小跟班，仰賴那個大個頭的鼻息。我也這麼覺得，即使從犯人的觀點來看也對，他是最不顧犯人的精神是否完好的一個。有個工作人員無意間聽到柏登自吹牛皮，說他前一晚勾引了朋友的太太。他和其他三個朋友是固定每週的橋牌搭子，過去他雖然暗戀這位二十八歲、兩個孩子的媽媽，但始終有色無膽、不敢有所行動，直到現在！或許是因為現在他嘗到權威的快感，因此給他了勇氣去欺瞞好友、勾搭好友的太太。如果這是真的，我就真的沒有喜歡他的理由了。然後我們發現，他的母親是由德國納粹屠殺中逃出來的難民，讓這個複雜的年輕男人在我們的評估單上加了一點正面分數。柏登的值班報告，令人驚訝地詳細描寫了例行性的校正行為。

我們的權威管理有了危機，這個反叛（416的絕食）潛在地侵蝕了我們對其他人的控制基石。我必須知道每個號碼的習性（很有趣的是他叫他們「號碼」，公然露骨地羞辱犯人）；我在監獄裡時，便試圖利用這些訊息擾亂他們。

他也指出他和其他獄卒缺乏後盾：「真正的問題開始於晚餐——我們重視監獄中的威權，希望能夠控制這次反叛，因為我們擔心他不吃東西……他們卻看起來心不在焉。」（我們承認，沒有提供監督和訓練的確有罪過。）

我們對獄卒柏登的負面印象，在他接下來做的事情有扳回一城：

「我沒辦法忍受他（416）繼續待在黑洞裡頭，」他說，「看起來很危險（我們同意禁閉時間最多一小時），我和大衛爭論，然後安靜地放新犯人416回到他的囚房。」他補充，「但是為了給他一點教訓，我要他帶著香腸睡覺。」[18]

這件柏登所做的善事，從傑瑞5486那兒得到了證實。5486率先自願放棄他的毛毯，讓給克萊416使用：「約翰・韋恩的大聲嚷嚷、滿口胡說讓我很不舒服，（柏登）知道我同情克萊的處境，而告訴我他不會讓他待在那裡一整晚：『我們會在大家睡著之後盡快放他出來。』，他輕聲細語地跟我說，接著就又回去開始假裝他是個冷酷無情的男人。好像他在暴風雨來襲之際，需要說出一些真切的實話。」[19]

也不是只有傑瑞5486站在416的角度看事情，但只有他覺得遇見克萊是他碰到過最棒的事，「我看見一個男人中的男人，知道他自己要的是什麼，為了達成目標願意忍受任何事。他是唯一不會出賣自己的靈魂的男人，不妥協，也不會因此而被擊垮。」[20]

在小夜班的值班報告裡頭，柏登註記著：「剩下來的犯人裡沒有團結這兩個字，只有5486還在要求應該公平的對待每個人。」（我同意，基於這一點，傑瑞5486的確比其他犯人更值得尊敬。）

這個緊張狀態持續許久的經驗，增進了我對複雜人性的欣賞，因為當你以為你了解某個人，最後卻發現，你只是在有限的、直接或間接的接觸中看到他們內心當中小小的一面。當我也開始尊敬克萊416，因為在面對如此強大的反壓時，他驚人的意志力，我發現他並不全然是神人。他在最後的面談中告訴我們，因為他絕食而導致其他犯人受罰的想法：「如果因為我嘗試要出去，而獄卒因此而製造一個情境讓其他人變得很難過，我才不吃這套！」

他的朋友傑瑞5486提供了一個極好的觀點，來解釋監獄中這個他身在──且迷失──其中的複雜心理遊戲：

實驗進行越來越久，我只能以這段話來解釋我的行動：「這只是場

遊戲，而我曉得且我可以輕鬆地忍受它，他們不會影響我，我會完成這個活動。」這對我來說還好，我開始享受這些事情，計算我賺了多少錢，並且為我的逃脫做計畫。我感到我的腦袋清楚無比，而且他們沒辦法讓我沮喪，因為我和他們完全分離了，我只是看著事情發生，但是我發現不論我的腦袋多麼冷靜，我的犯人行為常常不在我的控制之下。不管我對其他犯人多麼開放友善且熱心助人，我依然在內心裡運作一個孤僻、自我中心的人，寧可麻木不仁也不能同情心氾濫。我在這樣分離的狀態下過得很好，但是現在我發現，我這樣的行為常常傷害其他人。我不但不回應其他人的需求，還假設他們也像我一樣處在分離的狀態，而且可以感同身受我這樣自私的行為。

最好的例子就是當克萊（416）和他的香腸一起關在禁閉室的時候……克萊是我的朋友，他知道我在絕食事件中是站在他那邊的。當其他犯人也試圖叫他吃東西時，我覺得我必須在晚餐飯桌上幫助他。當他被關進衣櫥時，我們被叫去對著黑洞大叫，且用力敲打黑洞的門，我也跟著別人這麼做。我的簡單合理解釋是「這只是場遊戲」，克萊知道我站在他那邊。我的行為起不了什麼作用，所以我只好繼續遷就獄卒。之後我才了解，那樣不斷地吼叫和敲打，對克萊而言是多麼無情。我竟然在折磨我最喜愛的人，而且只是用這樣的話來合理我的行為：「我只是肉體上跟著行動，他們還無法控制我的想法。」其實當時最重要的是：別人會怎麼想？他會怎麼想？我的行為會怎麼影響他？在獄卒面前我對他們有責任，我必須分離我的想法和行為，我可能會因為做了某些事而導致大家都受罰，但只要我將責任轉向獄卒們就可以。所以我在想，或許當在實驗時，你沒有辦法如此清楚將心靈和行為分開——我不因此感到沮喪，我不會讓他們控制我的想法。但是當我回顧我的所作所為時，他們似乎強勢且微妙地控制了我的想法。[21]

「你對這些孩子的所作所為真是可怕！」

　　星期四最後上廁所的時間是從晚上十點開始，克麗斯汀娜在假釋和懲戒委員會結束後，到圖書開始安靜處理她部分的工作。她接著要到監獄進行第一次參訪，所以開車到校園附近的城郊購物中心載我，打算和我到史迪克尼餐廳吃有點晚了的晚餐。我在典獄長辦公室重溫一次隔天大量面談所需的資料時，看見她和一位獄卒聊天，談話結束後，我招手向她示意來我辦公桌旁的椅子坐下。

　　後來她也描述了她這段「奇妙地遇見了一位特別獄卒」的經驗：

　　一九七一年八月，我剛拿到我在史丹佛的博士學位，當時我和克雷格‧哈尼在同一個辦公室工作，準備開始我在加州柏克萊大學的助理教授新工作，當時的相關背景應該還包括我和菲爾‧金巴多墜入情網的事，我們甚至開始考慮結婚。

　　雖然我曾經從菲爾和其他同事那裡知道監獄模擬實驗，但我沒有參與前置作業或剛開始正式模擬的日子。一如往常，我想我會越來越感興趣，或許有天也一起加入行列，但是我現在正在搬家，我的重心放在準備教學工作。然而，當菲爾詢問我時我也答應了，就當幫個忙，協助執行一些和研究參與者面談的工作……。

　　當我走下通往地下室監獄的階梯時……我選擇大樓的另一角，也就是獄卒們通往大廳的入口；大廳入口邊有個小房間，是獄卒還沒有勤務或已經卸下制服時，稍作休息的地方。我和其中一個等待值班的獄卒談話，他非常親切又有禮貌，怎麼看都是個大家公認的超級好人。

　　後來有一名研究工作人員認為我應該再看一下大廳，因為新的大夜班獄卒要來了，而且是惡名昭彰的約翰‧韋恩。約翰‧韋恩是他們給這個獄卒取的綽號，是裡頭最引人注目又最兇狠的一個，他的名聲已經以各種形式傳到我耳中。當然，我非常希望能夠見到他本人，了解一下為什麼他會特別受到這麼多人的注意。當我就定觀察位置時，我非常非常震驚——他就是剛剛和我聊天的那個「超級大好人」。才不過幾分鐘，他就好像從頭到腳換了個人，不但走路的姿態不同，講話也完全不同——帶

著南方腔調⋯⋯，他正在大喊叫罵犯人，命令他們「報數」，所有不在他規矩裡行事的，都被視為對他的無禮和挑釁。剛剛我才對話的那個人，現在有了如此驚人的轉變——只是因為踏過真實世界和監獄大廳的那條線，他就立刻轉變了。在他軍事風格的制服之下，手中握著警棍，烏黑且銀光反射的太陽眼鏡遮住他的雙眼⋯⋯這傢伙儼然是全職的，兇狠、嚴肅、出色的監獄獄卒。[22]

就在剛剛，我看著大家被鏈在一起上廁所的行列經過警務長辦公室敞開的大門，一如以往，他們一個一個被腳踝的鎖鍊串了起來；大紙袋蓋住了他們的頭，每個犯人的手臂都搭在前一人的肩膀上，由獄卒小蘭德里引領整個隊伍。

「克麗斯，看這個！」我大喊，她抬頭一看，馬上又低下頭。

「妳看到了嗎？妳會怎麼想呢？」

「我已經看見了。」但她還是撇開視線。

她的漠不關心，讓我很吃驚。

「妳這是什麼意思？妳難道沒發現，這是個人類行為的嚴厲考驗，我們看見了先前沒有人見過的情境。妳怎麼了？」科特和傑夫也加入勸說她的行列，她卻沒辦法回答我。她情緒非常痛苦，眼淚滑落她的臉頰：「我要走了，晚餐就算了吧。我要回家了。」

我追著她跑出來，和她在喬登大樓心理系館前的階梯上辯論。我質問她，如果她在研究過程這麼情緒化，怎麼做好一名研究者。我告訴她有一打人來過這個監獄，卻沒有一個像她有這種反應。她很生氣，不在乎是不是全世界都認為我做的是對的，對她來說錯就是錯，男孩們在受苦，作為一個主要的研究者，我個人必須擔起他們受苦的責任，他們不是犯人，不是實驗受試者，他們不過就是男孩們，年輕人，而他們被其他在這個情境下失去道德指針的男孩們羞辱著。

後來，她充滿智慧和憐憫心來回憶這個強烈的衝突。但是在那個當下，卻像一巴掌打在我臉上，把我從過去一個星期每天日夜在做的惡夢

中打醒。

克麗斯汀娜回憶：

大約晚上十一點時，犯人們在睡前被帶到廁所。廁所在犯人大廳外，為了不讓犯人見到監獄之外的人事物，打破整個創造的環境，所以上廁所的例行公事就是把紙袋套在犯人的頭上，這樣他們就不能看見任何東西，並且還將他們鏈在一起，才帶他們走出大廳，經過鍋爐室到廁所再循原途折回。這也給了犯人一個大廳距離廁所很遠的假象，其實只在玄關轉角附近罷了。

克麗斯汀娜繼續她對重要的那晚和現實交鋒的回憶：

當廁所之行在星期四深夜開始時，菲爾興奮地告訴我，應看看先前我所讀過的報告中提到的事：「快，快——看現在發生了什麼事！」我看到蒙著頭碎步行走、被鏈住的犯人們，同時看見獄卒大聲地斥喝他們。我很快地轉開我的視線，完全被令人膽顫作噁的感覺所淹沒了。「妳看見了嗎？快來，看——很嚇人的！」我沒辦法承受再多看一眼的壓力，所以我迅速地回了一句：「我已經看到了！」那引起了菲爾（和其他在那裡的工作人員）一陣討伐，他們認為我出了問題。極佳的人類行為揭示在眼前，而我，一個心理學家，竟然連正眼也不瞧？他們不敢相信我的反應，認為我可能是對這個沒有興趣。他們的評論和嘲笑讓我覺得自己很愚蠢——和這個男性世界格格不入的女性。除此之外，看見這些可憐的男孩們在非人性的對待下飽受折磨，也很讓我反胃。

她也提醒了我們先前的衝突和初衷：

沒多久，我們就離開監獄了。菲爾問我怎麼想這整個實驗，我確定他很期待我會與他展開對研究和剛剛目擊事件的熱切、精闢辯論。但是

我卻沒有如他所願，取而代之的是我爆發開來的情感（我通常是個泰然自若的人）。我生氣並且害怕到哭，跟他說了類似這樣的話，

「你對這些孩子的所作所為真是可怕！」

接著才是一場激烈的辯論，這特別令我害怕，因為菲爾似乎變得和以前我認識的那個男人很不一樣，以前的那個男人愛他的學生，並且處處為他們設想、儼然是大學裡的傳奇。他不再是那個我所愛的，溫文儒雅、對於他人需要（當然對我也是如此）十分敏感的男人。在此之前，我們從來就沒有這樣大吵過，這也讓彼此不如以往親近，那時的我們，似乎分別站在深淵的兩邊。突如其來且令人震驚的菲爾的轉變（和我內在的轉變）威脅著我們之間的關係。我不記得我們爭吵了多久，只覺得很久而且令人痛苦不堪。

我唯一曉得的是，最後菲爾因為他這樣對待我而向我致歉，也了解是什麼在慢慢地影響他和研究中的每一個人：他們都內化了一系列毀滅性的監獄價值，這讓他們離人性的價值越來越遠。在那個時間點，他面對身為一個監獄創辦人的責任，並且決定要終止整個實驗。午夜剛剛過去，他決定要在早上就終止實驗，在聯繫過先前釋放的犯人後，他呼叫所有的值班獄卒和犯人，請他們提供完整的報告日誌，而他們每個人都答應了。這個沉重的負擔也從他、從我和我們的關係中移除。[23]

你是公駱駝，現在拱起背峰

我回到碉堡中，為了終於可以放下心中大石，甚至為了中止這個研究而高興不已，我等不及和科特‧班克斯分享這個決定，這個男人日夜負責巡視攝影機，不管他是否有家庭得照顧。當他目擊了我不在場時的情境時，高興地告訴我他也正想建議中止這個研究，越快越好。我們都很遺憾克雷格今晚不在這裡，不能和我們一起分享中止遊戲的喜悅。

克萊416在我們認為是嚴厲考驗之後的冷靜舉止，激怒了赫爾曼。赫爾曼彷彿永無止境地讓他們報數直到一點鐘。這些逐漸縮小成五人團

體的沮喪犯人（416、2093、5486、5704和7258），有氣無力地面牆站著，背誦他們號碼的規條和歌曲。但不論他們做得再好，總是有人會以各種方式被處罰。他們被吼叫、咒罵且被迫辱罵彼此。「告訴他，他是個眼中釘。」赫爾曼大喊之後，換一個個犯人接著下去說，緊接著，昨晚的性騷擾又開始冒了出來，男性賀爾蒙到處飄盪。赫爾曼對著他們全部人咆哮：「看到那個地上的洞了沒？現再做二十五下伏地挺身，『操』這個洞！你們都聽到了！」一個接著一個，犯人們在柏登的強迫下照著命令這麼做。

約翰‧韋恩和他的跟屁蟲柏登簡單討論後，又設計出新的性遊戲。「好，現在請注意！你們現在要變成母駱駝，過來這裡彎下腰，手要碰到地。」（他們這麼做就會露出赤裸的屁股。）赫爾曼看不出有什麼高興的樣子，「現在你們兩個，你們是公駱駝，站在母駱駝後面『激怒』他們。」

這個雙關語讓柏登咯咯傻笑，即使他們的身體完全沒有碰觸到，但是無助的犯人的動作就好像在模擬雞姦。終於，獄卒們回到他們的休息室，犯人也被打發回房。我清楚的感覺到我昨晚的惡夢現在成真了。我很慶幸現在我還能控制住這個局面，而且早上一口氣就結束它。

很難想像竟然只在五天內就發生這樣的性羞辱，這些年輕人全都知道這只是個模擬監獄的實驗，此外，一開始他們也都知道「其他人」跟他們一樣是大學生，只是隨機被分派到兩組扮演這些對比的角色，兩個組別沒有任何與生俱來的差異。開始時看起來他們都像是好人，當獄卒的人知道，只要隨機分派的硬幣換個面，現在就可能是他穿著囚衣，被這些原先受他虐待的人所控制。他們也很清楚，對手並不是因為犯下任何罪行而該得到如此低賤的地位。然而，有些獄卒還是轉變成邪惡的加害者，其他的獄卒則順其自然、間接被動地造就他們的惡行。也才會有正常、健康的犯人在情境的壓力下崩潰，而剩下倖存的犯人們，都變成了如行屍走肉的跟隨者。[24]

我們身在這艘人性的探索船上，對這個情境的力量有更直接且深層

地的探究。在其中，只有幾個人可以抵抗情境的誘惑，不向權力和威權低頭，同時又維持住一些道德和寬容的樣貌。相形之下，我的地位顯然並沒有那麼崇高。

第 9 章
逐漸淡出黑暗的星期五

結束我們的監獄之前，還有幾個小時得處理很多事情。科特、傑夫和我已經忍受了鬧哄哄的一整天，此外，天亮前我們還得決定所有流程的安排，包括聽取會報（debriefing）、最後的評估、酬勞的支出和個人物品的領回，還有取消原訂明天下午要來幫忙我們面談實驗相關人員的同事們。我們也必須取消學校餐廳的自助餐服務，退回向校警借來的吊床和手銬，還有許多有的沒有的。

我們知道，我們一個人要當兩個人用，必須繼續監視大廳，只能小睡一下，安排最後一天的行程。我們會在公眾辯護律師參訪之後，立即公布實驗的最後結果。早上的行程已經安排好，很適合讓我們回顧整個實驗。我們決定，在我直接告知犯人這個好消息之前先不讓獄卒知道，我猜想獄卒知道研究竟然要提早結束會非常生氣，特別是現在，他們已經相信可以完全控制住情勢，而且接下來的一整個星期，只要稍做修正就能夠得心應手。他們已經學會怎麼當個「獄卒」。

傑夫會聯絡五個稍早釋放的犯人，邀請他們下午回來和我們一起總結會報，並且領取補足一整個星期的酬勞。我必須告訴所有獄卒，要麼就在下午時間都過來，不然就是先等「特別事件」召喚再過來。所有工作人員都在星期五參與過局外人的面談，獄卒也許期待著什麼新的元素，卻一定料想不到，他們的工作竟然會突然終止。

如果一切都按照計畫行事，下午一點鐘會有約一個小時的犯人們會報時間，同樣地，接下來獄卒們也會用掉約一個鐘頭，最後才是所有獄卒和犯人齊聚一堂。當前一組忙著聽講時，後一組會完成最後評估的表格，拿到他們的酬勞，並且有機會保留他們的制服當作紀念品，當然也可以選擇歸還。如果喜歡，他們也可以拿走大廳裡頭我們設置的任何標

記，每個人都可以很快地藉由觀看實驗的錄影，用一個比較客觀獨立的視角，來跟其他人討論他們的感受。

我在樓上的教授辦公室折疊床上打了個小盹，這卻是我這星期睡得最熟的一次。我要大夜班的獄卒讓犯人睡個好覺，盡量減少任何對犯人的敵意挑釁。他們聳聳肩，點頭答應，表現得就像爸爸不讓他們在遊樂場玩，讓他們很掃興的樣子。

星期五的最後報數

這是一整個星期以來第一次，犯人被允許可以不間斷地睡足六個小時，他們累加的睡眠債，應該已經以複利方式加成累積了不少。很難評估每晚頻繁地中斷睡眠和作夢，會對他們的心情和想法造成多大影響，想必影響甚巨。較早被釋放的犯人們的崩潰情緒，大概也會被誇大成因為他們的睡眠干擾。

現在是清晨七點零五分，報數只以無傷大雅地大聲喊出號碼的形式持續了十分鐘。接著提供新鮮的熱早餐給剩下的五位倖存者，不出所料，克萊416還是拒絕吃任何食物，即使其他犯人好聲好氣地鼓勵，他還是不為所動。儘管我叫他們要好好地對待犯人，獄卒們仍然強硬地處理克萊的持續絕食。「如果416不肯吃他的早餐，那麼每個人都要做五十下伏地挺身。」克萊416雖然雙眼一直瞪著餐盤，卻仍舊動也不動。凡迪和賽羅試圖強迫餵食，硬塞食物到他的嘴巴裡，但很快就被他吐出來。他們要5704和2093幫忙，但還是沒用。克萊416被帶回囚房，強迫他和他的晚餐香腸「做愛」，賽羅命令他愛撫它們，抱它們，並且親它們。克萊416全都照做，但不吃就是不吃，一口都不吃。對於416的反抗和不顧慮同伴的狹窄心胸，獄卒凡迪很不開心。凡迪在他的日記中記著：「當416拒絕吃東西時，我又一次氣炸了。沒有任何方式可以讓食物通過他食道，即使我們叫其他犯人試著幫忙也是沒用。賽羅叫這個犯人對他的隔夜香腸又抱又親的纏綿，我想沒有那個必要，我才不會叫犯

人做這種事情。」[1]

那麼，獄卒賽羅又怎麼看他自己的這個行為呢？他的日記寫著：「我決定對他強迫餵食，但他還是不肯吞進去。我讓食物沾滿他的臉，慢慢從上頭滑落，我不敢相信這是我做的，我討厭自己強迫他吃東西，我恨他不吃東西，我恨人類行為的真面目。」[2]

日班如常在早上十點到來，我告訴領頭的獄卒亞涅特，由於法定代理人即將到來，他們必須冷靜、成熟、穩健地按照規定行事。儘管克萊416以禪修冥想穩定情緒，表面的平靜還是有些奇怪的改變。亞涅特在他的日班值班事件報告中寫著：

　　416 非常神經質，我帶他去廁所時只因為要將紙袋拿下，他就急忙抽身，不讓我靠近。我告訴他我不會帶他去別的地方做什麼（因為獄卒們常常心懷不軌），只是要讓他上廁所，但他還是非常緊張，很怕再被處罰，甚至連進廁所時都要我替他拿著香腸。上完廁所後馬上就從我手中拿回香腸，因為另一個獄卒命令他隨時都要帶著。[3]

公眾辯護律師的對與錯

我只見過提姆一次，而且時間很短。他是在當地公眾辯護律師所工作的律師，很好奇也質疑整個事件的來龍去脈。因為外甥而浪費寶貴的時間，顯得心不甘情不願。我向他說明這個研究的特色，也告訴他我們執行實驗時有多麼嚴謹，請他好好看待這件事情，說不定，他以後也會有代表一群真正犯人的機會。他同意，並且先單獨見過他的外甥修比7258，接著才是其他犯人。他也同意我們在一樓實驗室，也就是假釋委員會開會的地方，秘密錄下整個過程。

這兩位親戚見面時，小心翼翼的見外程度讓我感到驚訝。沒有任何徵兆會讓人覺得他們有親戚關係，或許那是北歐裔美國人的方式，但是我想至少應該有個擁抱，而不是制式化的握手、「能再次見到你真好」

這種客套的問候。律師提姆宛如例行公事地跑過一次標準流程，由先前準備好注意事項的清單一項一項地詢問犯人，在犯人回答後稍做停頓，做個記錄，沒有任何評論，接著再依序詢問下個問題：逮捕的時候有宣告你的權利嗎？有沒有被獄卒騷擾？獄卒有任何虐待的行為嗎？在壓力下喘不過氣，精神上的折磨？囚房的大小和情況？合理的要求有被駁回嗎？典獄長的行為，有沒有不能接受的地方？有提醒你可以申請假釋嗎？

修比 7258 愉快地回答這些問題，我想他已經認定，在他的表哥完成這個標準程序後，他就可以離開這座監獄。這位犯人告訴他的公設辯護律師，獄方說他們不可能離開這座監獄，沒有人可以破壞合約。這個公設律師提醒他，如果合約上有「若不參與研究就沒有工作酬勞」，這麼他們隨時都可以離開。「有這一條，我也在假釋委員會聽訊時說我不要酬勞，但是沒有用，我還是在這裡。」[4] 修比 7258 條列了他的抱怨清單，還說犯人 416 惹麻煩的行為讓他們全部人都快瘋了。

獄卒們一一護送其餘的犯人到面談房間，如同以往曬起了頭。還有個獄卒開玩笑說，現在可以「掀起你的頭蓋來」了。獄卒離開後，我在犯人後面坐下。這位辯護律師把問修比的問題又照本宣科地問了一次又一次，鼓勵每一位犯人盡量訴苦。

克萊 416 領先群雄，第一個抱怨假釋委員會對他施加壓力，強迫他認罪；他拒絕照做，因為他從來沒有正式地被起訴。他的絕食，一部分是因為他想要藉此讓他的非法監禁引起注意，因為他沒有被起訴就被囚禁。

（再一次，這個年輕人的態度困擾了我；很清楚地，他正用複雜又矛盾的方式運作他的腦袋。他在面談中都使用法律專有名詞來談論問題，時不時就提起實驗合約中犯人的權利義務和懲治的規則，就是沒有提到某種「新世紀」的神秘冥想。）

克萊看起來似乎孤注一擲，想要把全部的話告訴這個真的在傾聽的人。「有幾個獄卒，我不想說他們的名字，」他說，「對我的行為非常

不客氣到了可能傷害我的程度。」他企圖正式地提出控訴，並且「如果有必要的話」要律師建檔留下證據。「這些獄卒鼓動其他犯人一起反對我，以我絕食為由，不讓其他犯人見客。」他向怯生生看著他的修比7258點點頭，又說：「我被關進黑洞時嚇壞了，他們還叫犯人用力打門，他們自己是有制訂反對暴力的規則，但我還是擔心情形可能失控。」

下一個說話的人，是中士2093。他說，有些企圖不良的獄卒會故意騷擾他，但是他很驕傲地聲明，他們最後都沒有得逞。他也據實敘述，甚至當眾示範了某個獄卒命令他做很困難的伏地挺身——當時，有另外兩個犯人坐在他背上。

公設辯護律師聽了很吃驚，皺起眉來，認真地寫筆記。然後，高大的保羅5704抱怨獄卒利用他抽菸的習慣操縱他；好人傑瑞5486則抱怨沒有個人口味、比較像是大眾階層、份量也不夠的食物，又常常少吃一餐，更被永無止境的半夜報數耗盡了力氣。有些獄卒的失序行為實在太過分了，而且他們缺乏高層的監督。當他轉過頭來看著我時，我有些畏縮，但是他抓到重點了——我是有罪惡感。

公設辯護律師整理完筆記後，表示他很感謝所有犯人提供的資訊，並且說他會在星期一以正式的報告建檔，試著安排他們的假釋。當他起身要離開的時候，修比7258忽然大聲說：「你不能自己走了，留我們在這裡！我們想要現在就跟你走！我們沒辦法再撐過一個星期、甚至一個週末！我以為你會為我和我們安排，讓我們能夠假釋，現在，求求你！拜託你！」提姆被這個突如其來的激動發言嚇了一跳，只好制式地解釋了他的工作可以做到什麼地步，有什麼樣的限制，而現在他還沒有足夠的能力幫助他們等等。這五個倖存者似乎都心知肚明——他們的高度期望，已經被法律上的屁話所淹沒了。

提姆在事後的信中告訴我他對這個特別經驗的想法：

犯人們要求法律權力

……為什麼犯人沒有辦法要求法律上的即時協助，另一個可能的解

235

釋是，自認有至高無上權力的中產階級白種美國人，總是沒辦法想像，有一天會被丟到罪犯的競技場。而當他們發現身處那樣的情境時，就會失去客觀評估環境的能力，只能以他們認為的其他方式去行動。

權力讓情境扭曲

……錢幣貶值相較於人身自由的減少是更明顯易見的（在我目睹的這場行動中）。你應該記得，在我做了假釋的建議後，他們那些強烈期待被解放的渴望。這樣的監禁顯然完全具有滲透力，即使他們知道這只是一個實驗。很顯然地，禁錮本身是痛苦不堪的，不論是為了法律上的因素或是其他原因。

注意：實驗結束，你們自由了！

這個公眾辯護律師的一席話讓犯人們的希望破滅了，極為明顯的託詞讓所有犯人緊繃著臉。這個公眾辯護律師——和他們顫抖的雙手握別，接著離開房間。我請他在外頭等我一下，接著我走到桌子前面，請犯人們注意聽我皆下來要說的話。他們很難再有足夠的動力來注意任何東西，他們希望能夠迅速地被釋放的希望正因這個律師非正式對待他們的困境而破滅。

我有重要的事情要告訴你們，所以請注意聽我說：「實驗結束，你們今天可以離開了！」

沒有立即的反應，就連臉上的表情或是肢體語言動也沒動一下，我察覺到他們感到困惑，又抱持著懷疑，好像這可能又是另外一個對他們反應的測試。我繼續緩慢地且盡可能清楚地說：「我和其他研究工作人員決定結束這個實驗，就在此時此刻，我們正式結束實驗了，而史丹佛郡大監獄關閉了。我們謝謝你們扮演每個重要的角色，而且——」

歡呼喝采取代先前的陰暗無語，擁抱、拍背，展露的笑容打破了長時間慘兮兮的臉孔。喬登大樓歡聲雷動充滿喜悅，這是個歡欣鼓舞的時

刻，不只是倖存者由囚禁中解放，自此以後我也終於，永遠地，擺脫監獄典獄長的角色。[5]

舊權力倒下，新勢力崛起

我克服了絕對權力的催化，體驗了能夠做什麼或是說什麼而能為別人帶來絕對的歡欣的衝擊。接著我誓言要把我所有的權力用在善的一面，對抗惡勢力，幫助人們從強迫性的自我監禁中釋放出來，對抗那些歪曲人類幸福和公平正義的制度。

過去一整個星期我都在使用負向的權力，作為一個模擬監獄的警務長，我被我自己所建立的系統影響。此外，我過份注重基礎研究，歪曲了我該提早終止實驗的判斷，或許我應該在第二個正常健康的受試者情緒崩潰的時候，就應該暫停實驗。當我只注重在抽象上概念議題，行為情境的力量對上個人天性的力量，我看不見背後全盤影響的「系統」，而那正是我協助創造和維持的。

是的，克麗斯汀娜確實讓我明白，我允許這些事情發生在無辜的男孩們身上真是糟透了。雖然不是直接的虐待，但我錯在沒有阻擋虐待的發生，而我支持整個系統獨斷的規則、條例和程序都是促使虐待的進行。我才是那水深火熱渺無人性中那個冷血無情的人。

系統包含情境，但是更加持久難耐，影響更加廣闊，涉及大規模的人際網絡，包括他們的期待、基準、政策，而且或許還包含法律。隨著時間演進，系統有著歷史的基礎，可能以政治或是經濟的力量結構，在它影響的領域中統治或主導許多人的行為。系統就好像引擎，發動情境創造行為的脈絡，影響在它控制下的人類行為。在某些時刻，系統可能變成一個自治的實體，脫離原先剛開始的樣子，或甚至不管國家統治集團裡那些表面上的管轄權。每個系統會創造出自己的文化，當許多系統集合起來時就會促成一個社會的文化。

當情境確定讓這些自願的學生受試者越變越差，一些人轉變成邪惡

的犯罪者，而其他的人成為病態的受害者時，我竟全然被系統支配。在過去的一整個星期裡，我一頭栽進模擬監獄的威權人物，每個圍繞在我身邊的人都對我唯命是從。我走路或說話的方式就像是唯我獨大。因此，我變成他們其中之一。那樣權威聚焦的角色是我以往生命中我所反對的，甚至所厭惡的——高層的權威，傲慢的老闆。我還沒變成像那樣，我是一個友好體貼的典獄長，強調一個正確的重要的原則，限制過分熱切的獄卒不准肢體暴力，多少可以減輕我的良知負擔。但是那也僅僅是讓他們將精力轉而用在小聰明，以心理折磨虐待受苦的犯人們。而兼顧研究者和典獄長兩個職責真的是個錯誤，因為他們是不同的，甚至衝突的行事議程可能會讓我產生認同的衝突。這兩個角色同時複合化我的權力，並且也轉而影響其他「局外人」——父母親、朋友、同事、警察、教士、媒體以及律師，他們進入我們實驗的設置，但是不會改變我們的系統。這證明了情境力量抓住了你，讓你毫無所覺地改變想法、感覺和行動，只是在這個系統裡繼續行走，自然地順勢而為，在那個時間那個當下做出回應。

當你身處一個既陌生又殘酷的系統情境下，在這個人性的大熔爐中，你可能不會表現得像過去熟悉的自己。我們都相信自己的內在力量，能抵抗像是史丹佛犯人實驗運作的外在情境力量。當然，對於一些人而言，這樣的想法是成立的，但這就像稀有鳥類，是屬於少數的，我們通常會將這樣的人標示成英雄。然而，大部分的人雖然也都相信個人力量能夠戰勝強大的情境和系統力量，並且有人有刀槍不入的錯覺。但是維持那樣的錯覺通常會讓一個人掉以輕心，無法對抗那些隱晦的、不合乎社會標準的影響力，而使得他們更加易於被操縱。

等待會報

基於許多不同目的，我們計畫好好使用簡短但十分重要的會報時間。首先，我們必須讓所有受試者在不受威脅的情境下，充分表達他們

對這次特別經驗的情感和反應。[6]接著，我必須釐清這些犯人和獄卒們，之所以會有這些極端行為，是出自於情境力量，而非任何個人內在的異常問題所造成。我還得提醒大家，這些參與學生，全都是經過審慎的挑選、確認為正常的健康受試者。我們目擊了一切，是這些設置將他們推向極端，他們並不是大家所說的「壞蘋果」。

最後，也是極為重要的一點，我們必須利用這個機會做一次道德的再教育，對於實驗的解釋便是一種方式。我們將探究每位受試者都可以自由做出的道德選擇，而在那個當下他們又是怎麼做出決定。我們也將討論獄卒原本可以怎麼樣改變作法來減少對於犯人的傷害，而犯人們要怎麼做去減少這些傷害。我已經說過，實驗中有幾次在劇烈傷害發生的當下，我竟沒有介入，那是我個人應負起的責任。我雖然有試圖節制肢體上的侵略，但是並沒有適時對其他形式羞辱的行為做出修正或制止、沒有在需要的時候提供恰當的監督和關照。我對我的失職感到罪惡──姑息的罪惡。

一吐怨言

先前的犯人表現出一種奇特的、混雜著如釋重負又憤恨難解的表情，他們都慶幸惡夢終於結束。經過一個星期，這些留下來的犯人並沒有在其他較早被釋放的同伴面前展露出任何驕傲感。好幾次他們就像行屍走肉般地盲從，遵守荒謬的命令，並且全然地齊聲反對犯人史都華819，相同地也服從命令對克萊416極不友善，對湯姆2093，我們的模範犯人「中士」，極盡揶揄之能事。

而另外五個較早釋放的犯人也沒有表現出任何受苦於情緒負荷的徵兆。部分原因是因為他們已經回歸到正常且穩定的基準，另一個原因則是因為遠離了造成痛苦的來源──地下室監獄以及如此強大而不尋常的事件。在脫下他們奇怪的制服和其他監獄裝扮後，已經能幫助他們由這個污穢的情境中脫離。對犯人而言，現在主要處理的問題是，必須去面對自己所扮演的順從角色下所受到的恥辱，他們必須建立起個人尊嚴感，

進而提升超越在順從階層受到外界強加的約束感。

　　然而，第一個被逮捕並且第一個被釋放的道格 8612，因為急速惡化的心理狀態，讓他仍對我感到特別氣憤，是我創造的情境讓他失去對自己行為和心智的控制。確實，他真的想過帶領朋友衝進監獄解救其他犯人，但在幾經考量後決定停止這個行為。但他也得意地得知，我們對於他的解放計畫花了多少時間精力在護衛我們的機構。

　　不出所料，最晚獲釋的同伴抱怨著獄卒，說他們不按自己的角色照規定做事，還想出各式各樣的花招整他們，或是單獨叫出一個犯人來虐待。大家把第一個負面指控指向赫爾曼、亞涅特、柏登，接著是比較沒那麼壞的瓦尼許和賽羅。

　　然而，他們很快的就提出哪些獄卒是他們認為的「好獄卒」，這些好獄卒會幫助犯人們一些小忙，從沒讓自己進到「忘記犯人也是人」的角色裡。喬夫‧蘭德里以及馬卡斯是兩個好獄卒的典範。喬夫在小夜班值班時會和虐待傷害的場面保持一段距離，甚至不戴上他的獄卒太陽眼鏡和制服。他事後告訴我們，他曾想要請求讓他當犯人，因為他實在厭惡成為這種系統裡的一份子，將人壓榨得如此難堪。

　　馬卡斯對於犯人的受苦比較沒那麼顯著的「抗奮激動」，而且我們知道他在稍早前曾幾次帶來一些水果當作禮物，補充犯人寒酸的餐點。在典獄長警告過不允許在他值班時這麼好說話後，他才會在犯人反叛時站在一旁，對犯人大喊，在假釋報告中註記對他們不利的內容。這裡補充一個題外話，馬卡斯的字體十分漂亮，很像古體手寫字，所以他有點愛現，用這個來譴責犯人們假釋的請求。他是一個喜歡遠足、露營和瑜珈等戶外活動的人，因此特別討厭像這樣被限制在室內。

　　不論是「壞」獄卒或「好」獄卒，他們都是按表操課，做他們的工作，扮演好這個角色，處罰違規事宜，很少是出於個人因素傷害特定犯人。這裡，我們觀察到瓦尼許、後備獄卒墨瑞森、彼得斯（Peters），以及偶爾出現的大蘭德里。瓦尼許一開始對於在大廳裡的活動會閃得遠遠的，這很可能是因為他害羞的個性，在他的背景資料顯示他很少較親近

的朋友。而約翰‧蘭德里，一個成熟的十八歲男孩，不算英俊，喜歡寫小說，家住加州海邊的他，則是常在扮演角色中猶豫不決，有時候作為亞涅特身邊的小囉嘍，攻擊反叛的犯人，噴灑滅火器二氧化碳……，但在其他的時候，他也是按表操課的獄卒，大多數的犯人也都報告他們喜歡他。

不採取行動是好獄卒的其中一種典型，他們常常在輪值時不願意去挑戰其他壞獄卒的虐行。後來我們認為，這種只當個旁觀者，不做任何介入的行為，也構成了「姑息的罪惡」。

時常造反的保羅5704，報告當他得知實驗結束的反應：

> 當我們被通知實驗結束時，彷彿有一道暖流注入我的心房，一種如釋重負的感覺，但也同時有一股淡淡的憂傷。我真的很高興實驗結束了，但是要是實驗持續兩個星期再結束，我想我應該會更快樂。酬勞是我參加實驗的唯一理由，同樣地，我很高興可以勝利地走出來，直到我回柏克萊之前，我的臉上都掛著笑容。當時的那幾個小時，我忘了所有曾經發生的事，而且也不會和任何人談論它。[7]

你應該還記得，這個保羅就是史丹佛大監獄「申訴委員會」的領頭，而且計畫要把參與過程寫成文章，投稿到柏克萊各大報社揭露政府支持的研究。他完全忘了他的計畫！

「前」獄卒們的怨言

在第二個小時的會報中，獄卒表現出和先前十分不同的群像寫照。其中的少數幾個，也就是在犯人評估中被認為是「好獄卒」的人，很高興一切都結束了，但大多數人都很失望實驗突然提早結束。有些人覺得目前已經控制全局，這麼好賺的錢再多一個星期也無妨（但是他們忽略了克萊416的絕食抗議，中士在他和赫爾曼的衝突中提高了道德的標準）。有些獄卒打算公開道歉，覺得自己做得太過火了，完全沉醉在他們

擁有的權力之中。其他人覺得自己的作為情有可原，因為他們被賦予了
獄卒角色，旁人應該能諒解他們的行為。

　　我處理獄卒們的主要問題，就是要他們認識讓他人受苦時自己內心
的罪惡感。他們是否明白，他們扮演的角色真有這個需要嗎？我開宗明
義地告訴大家我的罪惡感，因為我很少主動介入，形同默許，才會讓他
們走向極端。如果他們受到更多上對下的監督，就可以減許多他們造成
的傷害。

　　獄卒們都很難忘記犯人第二天的反叛運動，那讓他們開始對犯人們
另眼相待，認定犯人是「危險的」，必須確實壓制。同時他們也憤怒並咒
罵那些帶頭造反的人，那讓他們感受到是一種「惡意的行為」，引起他們
以牙還牙的報復心。

　　讓獄卒們解釋為什麼他們必須要這麼做是會報中讓人不自在的主要
部分，但不管他們怎麼為自己辯護，也不過是對他們的虐待、暴力和甚
至殘暴行為找理由罷了。實驗的結束，意味著他們指揮之下發現新權力
的樂趣也即將終了。獄卒柏登日記說：「當菲爾向我透露實驗將要結束
時，我高興極了，但也很震驚地發現，其他獄卒卻很失望，因為薪水會
變少。但我覺得，某種程度上他們很享受那個過程就夠了。」[8]

各個角色的最後交流

　　在會報的第三個小時，我們帶進先前的犯人，實驗室裡立刻充滿緊
張尷尬的笑聲；因為他們穿著平常的衣服，以至於有些人一時辨認不出
來。沒有了制服、號碼和特殊的配件，就像改頭換面，連我都很難認出
他們，因為我已經很習慣他們在監獄裡的打扮了。（我還記得，一九七
一年時大家都愛留頭髮，兩組學生大部分都長髮及肩配上長落腮鬍，有
些還會多留兩撇小鬍子。）

　　比起先前比較放鬆或和氣的犯人時間，此時此刻，用「前」犯人的
話來說，就是「刻意保持禮貌」。大家面面相覷，有個犯人的第一個問
題，是問我們「有些人是不是因為比較高大才被選成獄卒」。傑瑞5486

說：「在這個實驗裡，我感覺某種程度上獄卒的塊頭比犯人大，所以我想知道，獄卒的平均身高有沒有比犯人高。我不曉得這是不是真的，或者只是制服造成的錯覺。」我先回答他：「不，沒有。」再叫全部學生都按照身高站好，由高到矮，當然了，最好的比較方式就是獄卒們站一邊，犯人們站另一邊。為什麼犯人會覺得獄卒比實際上還高？可能是因為光是獄卒穿的靴子，鞋跟就高出兩吋。至於為什麼沒有看到被傷害的犯人和傷害人的獄卒的直接衝突，也許是因為我也參與其中的緣故。某種程度上來說，這是因為在一個超過二十個人的團體裡，個人挑戰相當不容易成真。然而，看起來部分犯人還殘留著強烈情緒，那是先前被有意抑制、現在那個權力已消散的原因。也有少數獄卒公開為他們沉浸於這個角色太深、太認真而道歉。他們的道歉消除了一些緊張的氣氛，也算幫了那些強勢沒有公開道歉的獄卒，像是赫爾曼。

在會報的時間裡，先前作風強硬的獄卒亞涅特，我們的社會學研究生，仔細說了兩件讓他印象深刻的事情：「第一件事是對犯人沉浸在角色中的觀察……留下來的犯人們說，如果他們可以被釋放（假釋）的話，就願意放棄他們的酬勞。另一個令人印象深刻的感想是，犯人在會議時沒辦法相信『約翰·韋恩』和我，或者是其他獄卒（我感到我們兩個是最令人討厭的獄卒），因為我們已經徹底融入我們的角色。可能有很多犯人甚至覺得，實際生活中我們就是那麼殘暴不仁或剛愎專制的人，但在他們或甚至我們自己面前，其實是我們的職責遮蓋了真實的樣貌，我絕對確信，至少我自己的天性就**不是那樣**。」[9]

我從心理學角度出發的一個觀察是，這個監獄少了一些幽默感，沒人用幽默來嘗試消除緊張關係，或帶一些真實世界的事物到不真實的環境裡。舉個例子，那些不高興同事做得太過火的獄卒們，可以在獄卒休息區開開玩笑，說他們那麼投入應該拿兩倍酬勞。犯人們也可以用幽默感將自己帶出不真實的地下室監獄，比如問獄卒這個地方在變成監獄之前是拿來幹嘛的？是豬舍嗎？還是兄弟會據點？幽默可以打破許多人事地的限制。然而，過去一個星期以來，這個哀傷的地方沒有這樣的反

應。

在正式終止實驗之前，我請他們確保他們已經完成最後對這個經歷的體驗評估，確實填寫科特·班克斯給他們的表格。我也邀請他們寫一些簡短的回顧日記，在接下來的一個月裡記下一些感觸。如果他們願意，也會有酬金。最後，他們將會在幾週內被邀請回來，在「一九七一教室」裡，和我們一起用幻燈片或錄影帶、剪報回顧一些我們收集的資料。

值得在此特別一提的是，我到現在還和許多受試者保持聯絡，在每次出版時需要帶到這個實驗時，就會再次和他們聯繫。此外，在這幾十年中，他們之中也有些人不論是剛結束實驗沒多久還是直到今日，都曾經受邀上一些電視節目談論他們的經驗。後面我們將會討論這個實驗對他們的後續影響。

犯人或獄警角色各意味什麼？

在進行到下一章之前，我們要先檢驗一些在這六天實驗裡蒐集的客觀資料，還有這個實驗可能反映的幾個較嚴重的道德問題。我相信，回顧挑選受試者的自我反省，會對我們非常有用。

犯人角色的扮演

克萊 416：「一個好的犯人，就是他知道如何有策略性地和其他犯人打成一片，而不是什麼事情都身先士卒。我的室友傑瑞（5486），就是個好犯人。總是有一個隔閡，杵在那些掙扎著要出去的犯人和那些不太在乎的犯人之間。不在乎的犯人可以堅持自己的想法，但自己要放聰明點，不要變成其他殫精竭慮想出去的犯人的絆腳石。一個壞的犯人就是做不到這點，他只想到自己要出去。」[10]

傑瑞 5486：「最顯而易見的是，我發現這個環境底下大部分的人都容易受到外界直接的影響，而喪失了對自己的認同，那也就是他們會崩

潰的原因——被壓力給擊垮了——他們在對抗這些事情時無可憑依。」[11]

保羅 5704：「必須那樣自己看輕自己，真的讓我很沮喪，也是為什麼我們直到實驗結束前都那麼容易駕馭的原因。我放棄極端的作法，因為我不認為這一切會因為我的態度和行為而有所改善。在史都華和理奇（819 和 1037）離開之後，我發現自己不斷想著，我沒辦法做那些我必須自己下決心的事情……，另一個理由是，在他們走了之後我似乎安頓下來了，而我如果要達到安定的程度，其他人就必須願意和我配合。我告訴其他犯人關於罷工之類的事情，但是他們完全不想參與，因為他們已經在第一次反叛行動中嚐到苦頭。」[12]

獄卒亞涅特：「犯人們在實驗情境下的反應，讓我感到驚訝且印象深刻……，特別是出現個人的崩潰，我覺得，實驗結束前還會再發生一次。」[13]

道格 8612：「物質上的狀態，像獄卒、囚房和相關的設備，對我來講都不是問題，即使我全身赤裸被鍊著，那也傷害不了我；但首要的那部分，也就是心理層面的部分，最難承擔的就是知道我不能按照我的心意被釋放……我不喜歡想要去洗手間時卻不能去……沒有辦法自己作主的心情將我撕裂。」[14]

替代犯人大衛 8612 ——我們的眼線，知道他被送進我們監獄短短一天，只是為了查出逃跑計畫的真相——最後卻展示了他多快且多徹底地轉換成犯人的角色：「每個人，上到典獄長下到低階的犯人們，全都融入角色之中。」他極快就認同自己是犯人，而這短短一天的模擬監獄，給了大衛極大的衝擊：

我偶爾會覺得，被送進這裡揭露這些好人，讓我感到有些罪惡——發現還真沒有什麼好講的時候，我才稍微鬆了一口氣……而當告密機會終於來了——沒多久，我就知道手銬鑰匙藏在哪，但我沒說。那晚入睡時，我感到骯髒、罪惡且良心不安。當我們被帶到鍋爐室時（預期外人會來突襲監獄），我解下腳鐐，認真地考慮逃跑（大概是我一個人自己溜

吧），但是我沒有這麼做，因為害怕被抓……，作為一個體驗一整天實驗的犯人，這形成了足夠的焦慮，可以讓我在接下來的一個星期裡都不敢靠近監獄。甚至連回來參與「會報」，都讓我感受到些微的焦慮——我吃的不多，比平時記憶中的我更緊張。整個經驗對我而言非常令人失望，而我沒有辦法將自己的經驗和其他人深入地討論，甚至是我太太。[15]

我應該補充一下，那個獄卒的手銬鑰匙被犯人偷走的事件。在突發事件後，也就是星期三晚上，獄卒將犯人們送上五樓的儲藏室，當他們在中午十二點半回來的時候，犯人兩個兩個被銬在一起，以防脫逃，回到監獄時卻沒有鑰匙可以解開，我只好打電話請史丹佛警察局派人來開鎖。真是難堪極了，至少對我來說。真相是一個犯人把鑰匙丟進了暖氣孔，大衛知道這件事，但是卻不願告訴我們之中的任何一個。

獄卒角色的權力

獄卒小蘭德里：「就像是你自己創造出來的監獄——你投入這個角色，而這角色變成你界定自己的定義，變成一堵牆，讓你想要突破逃出，告訴所有人我根本不是真實的我，而是一個一心想要逃走、告訴大家『我自由』了的人，我有自己的自由意志，根本不是那樣殘忍無情，會享受這樣事情的人。」[16]

獄卒瓦尼許：「對我而言這個經驗絕對十分寶貴，經由一個概念，讓原本同質的兩組大學生，在一個星期的時間裡發展出兩個完全不同的社會團體，一個團體手擁所有壓榨另一個團體的權力，實在教人感到寒涼。我對自己的行為感到驚訝……我叫他們互相叫罵，還有徒手洗廁所，我幾乎將犯人當作『一頭牛』，一直認為必須隨時盯著犯人，以防他們使出什麼花招。」[17]

獄卒凡迪：「對我而言，騷擾和處罰犯人的樂趣十分奇怪，因為我向來以為自己對弱小傷殘富同情心，特別是對動物。我想，這是因為我可以全然作主管理犯人，才會讓我濫用權勢。」[18]（有趣的是，典獄長傑

夫在日誌中提到了獄卒權力後續影響的新發現，凡迪在他值班的時候說：「我發現自己在家裡對著媽媽大吼大叫，頤指氣使。」）

獄卒亞涅特：「表面上裝作強硬一點都不難，首先，某種程度上我就是個獨裁的人（儘管我強烈地不喜歡自己或他人身上的這項特質）。再進一步說，我感到這個實驗十分重要，因為我所扮演的『獄卒』角色，對於發現人們如何面對威權壓迫很重要……，對我行為的主要影響是來自我的感應，即使模糊抽象，但我相信真正的監獄就是殘酷，裡頭是沒有人性的。我試著用公正無私、有節制的命令限制約束他們……首先，我想辦法壓抑私人的或友善的情緒……表現得中性、公事公辦。而且，我也從我的記錄中察覺到，無聊和監獄生活的其他面相，可以剝削人性到讓人去人格化而迷失方向；給人單調的工作，因為個人的壞行為而集體處罰，無時無刻要求再細瑣乏味的命令都要做到盡善盡美，在操練時間以嚴厲、制式化的措辭說話……在這樣社會環境下，受到控制的那一群人是非常敏感的，而我試圖利用這些技巧來強化犯人間的疏離。我只在一定的範圍內這麼做，因為我不想變得殘忍無情。」[19]

好獄卒和壞獄卒

保羅 5704：「我喜歡約翰和喬夫（蘭德里兄弟），因為他們不會像其他獄卒那樣干擾犯人。就算處罰我們，也總是保有人性。我很驚訝獄卒們都頗能接受他們的角色，而且不分日夜，甚至是值班結束回家休息時也不例外。」[20]

獄卒大蘭德里：「我和犯人聊天時，他們說我是個好獄卒，感謝他們看得起。我知道在內心裡我就像坨屎，科特看著我時，我知道他了解我的感受。我也知道要盡量和善、公正地對待犯人，但我失敗了。我還是讓殘酷的事情發生，除了感到罪惡，還有盡量當個好人以外，我什麼都沒做。老實說，我也不認為我自己可以做些什麼，我甚至連試都沒試。我和大部分的人作法相同：坐在獄卒休息站，想辦法讓自己忘記犯人們。」[21]

　　關於這個模擬監獄實驗的權力，這是一個引人注目的證詞，也衝擊了另一個被認為最公正公平的獄卒，喬夫・蘭德里，約翰・蘭德里的弟弟，在實驗結束後語音訪問中提到，他甚至想過和犯人交換角色，讓我們嚇了一跳。

　　獄卒喬夫・蘭德里：「這已經不僅僅是參加實驗而已，我的意思是，如果這真的只是一個實驗，那麼它的結果和產物是過分真實了。當犯人呆滯出神地凝視著你，而且含糊地咕噥，你只能意識到最糟的情形。但是，那也只是因為你害怕最糟的情況會發生罷了。就好像我接受了壞事可能會發生，便啟動了我最輕微的緊張焦慮和精神衰弱跡象，成為可能最糟情況影響的開端。特別要提到的是，當 1037 開始作亂的時候，顯然他即將崩潰，這種經驗讓我不能再說『這只是個實驗』。那個時候我擔心又害怕，甚至萌生退意。我也想過乾脆當個犯人，因為我不想成為壓迫他人、強迫別人服從而且不斷找碴的大機器中的一部分，我幾乎寧願是別人找我碴，而不是我找別人的麻煩。」[22]

　　喬夫曾在星期三晚上向典獄長報告，他的襯衫太緊，而且刺激到他的皮膚，所以他不想再穿。事實上，實驗開始的前一天他們就已挑好合身的衣服，也在接下來的四天裡天天穿著，所以他的問題應該是心理面而非物質面。我們幫他找了更大件的衣服，他才不情願地穿上。他也常常摘下墨鏡，如果有人問他為什麼不照規定戴上墨鏡，他總是說忘記把眼鏡放到哪兒了。

　　獄卒賽羅：「我討厭整個他媽的該死的實驗，所以實驗一結束我就馬上走出大門。對我來說，這個實驗太真實了。」[23]

獄卒虐待狂的爆發

　　道格 8612，在事後一個學生導演針對這個研究而拍攝的影片中侃侃而談，比較史丹佛監獄實驗和他曾經工作過的加州監獄。

　　「史丹佛監獄是一個非常溫和的監獄環境，但是它仍然導致獄卒變得殘暴，犯人變得歇斯底里，幾乎都想脫逃。即使環境溫和寬厚，還是沒

用。它仍然催化所有事物升級為真正監獄的樣子，獄卒角色變得殘忍病態，犯人的角色變得混亂又帶羞慚。每個人都可能成為獄卒，但很難當一個可以抵抗那股成為虐待狂衝動的獄卒。這是寂靜之中的怒火，從溫和中誕生的惡毒，你可以保持低調，但還是逃不掉——它會殘酷地由另一邊爆發。我想，當犯人比較能學會控制。每個人都需要（體驗當）一個犯人，我曾經在真正的監獄裡看過真正的犯人，他們意外地有尊嚴，不會襲擊獄卒，總是對獄卒保持尊敬，不會挑釁獄卒施虐的衝動，能夠跳脫角色中的羞愧成分。他們知道怎麼在那種情境之中保有尊嚴。[24]

監獄的本質

克萊 416：「獄卒們就像我一樣，被當成犯人關起來了，他們只是可以自由進出這個監獄區塊，卻不能打開身後那個上了鎖的門，而且有那麼多活生生的人聚集在這裡，你生氣，大家就一起生氣。犯人沒有自己的社會，獄卒也沒有自己的社會，這很重要，也很令人害怕。」[25]

獄卒賽羅：「（當）一個犯人對我產生激烈地反應時，我發現必須自我保護，不是保護自己而是保護獄卒的角色……他因我是個獄卒而恨我。針對這套制服的反應，讓我沒有選擇餘地，只能防衛身為獄卒的那個我。這令我感到震驚……發現自己比他們更像是犯人，我不過是反應他們的感覺……我們都被壓力給擊垮了，但是身為獄卒的這一邊有自由的錯覺。這只是表象，一個錯覺……我們都不過是金錢的奴隸。差別是犯人很快地就變成奴隸的奴隸……」[26]

鮑伯・迪倫（Bob Dylan）在〈喬治・傑克遜〉這首歌中說，有時這個世界就像是一個大監獄：

一部分的我們就像犯人，
而其他人是獄卒。

在六天內性格轉換

回顧一些實驗開始前的陳述,還有我們各式各樣的每日記錄,便可以看到獄卒心理某些重要的轉換是怎麼發生的。這裡有一個通例——獄卒柏登實驗前後的陳述。

實驗之前:「作為一個愛好和平、崇尚非暴力的個體,我不能想像我如何成為一個獄卒,如何粗暴地規範他們的日常起居。我希望我可以被選作犯人而不是獄卒。作為一個長期對抗體制、參與衝撞體制的政治和社會行動的人,我相信我會非常適合犯人的角色——也很想知道當我處在那種情況下的能耐。」

剛開始實驗時:「訪談後我買了制服來確定這個像遊戲一般的情境,我懷疑是否我們大部分人都一樣打算『嚴肅』看待整個實驗,但我感到,當一個輪班的獄卒讓我稍微放心一些。」

第一天:「實驗剛開始時,我最怕犯人會把我當作壞蛋。作為一個典型獄卒,每件事都不對勁,而且也不是我看待自己的方式……我會留長髮,很大一部分原因是某種程度上,我不想要別人用不是我的方式看待我……讓犯人從我的外貌找樂子,逐漸形成我最初的策略——我只需注意別對他們說的任何事情發笑,也不要讓他們覺得這只是一個遊戲。我留在籠子外面(當赫爾曼和那個高大、金髮的獄卒用完晚餐時,他們似乎比我對自己的角色更有自信。為了強迫自己融入,我時時提醒自己要記得戴上墨鏡,帶著警棍,這會提供一定程度的權力和安全感。)我走進去,嘴角要下沉僵硬,而且不管聽到什麼都是這個表情。我在三號囚房前停下來,讓我的聲音聽起來很嚴厲且低沉,對5486說:『你在笑什麼?』『沒什麼,獄警先生。』『最好是沒有!』我裝腔作勢地說話,但當我走出時,我只覺得自己是個笨蛋。」

第二天:「從車子裡頭走出來時,我突然希望人們注意到我的制服。『嘿,看看我是什麼呀。』……5704要求來根香菸,我不理他——

因為我不抽菸，所以不能感同身受……即使同情 1037，我也決定『不要』跟他說話。接著，我開始有個習慣：（用我的警棍）打牆打椅子打鐵柵門來展現我的權力……當他們報數過了、熄燈之後，獄卒赫爾曼和我故意很大聲交談，說些我們要回家找女朋友、然後我們會幹嘛的話來激怒犯人。」

第三天（準備第一次的探訪夜）：「在警告過犯人不准抱怨，除非他們想中止探訪的時間後，我們才帶進第一對父母。我讓我自己成為大廳中唯一的獄卒，因為這是第一次我有機會如我所願地操弄權力——眾所矚目的我，擁有幾乎完全的控制權。當犯人和父母落坐之後，我坐在桌子上，雙腳懸空，隨意監看、監聽、反駁任何事情。這是實驗中我最享受的一段。犯人 819 非常惹人憎恨……赫爾曼和我都又佩服又討厭他。赫爾曼扮演獄卒的角色真是驚人地適合，殘忍成性，但也很困擾我。」

第四天：「心理學家（克雷格·哈尼）在離開（諮詢）辦公室前，為了手銬和矇住犯人眼睛的事情來指責我，我憤恨地回答，這都是必要的安全措施，也是我個人的事……回家時，我更是很難描述監獄情境的真實面。」

第五天：「我羞辱了『中士』，他持續頑強地過度反應所有命令。我挑他出來特別虐待一番，因為那是他自找的，而且簡單說我就是不喜歡他。真正的麻煩開始於晚餐。新來的犯人 416 拒絕吃他的香腸。我們把他丟到黑洞裡，命令他雙手緊握香腸。我們的威權有了危機；這個反叛行為埋下了潛在的因子，來對抗我們對其他人的控制。我決定挑撥犯人們間的團結，告訴這個新犯人如果他不吃晚餐，那麼其他人的探訪夜就泡湯了。我走出來猛力關上黑洞的門……我非常氣這個犯人造成其他人的不安和麻煩，我決定強迫餵食，但是他還是不吃。我讓食物從他臉上滑落，不敢相信這是我做的；我恨我自己強迫他吃，但是我更恨他不吃。」

第六天：「我很高興實驗結束了，卻發現有些獄卒很不開心，因為他們的錢會變少而且他們都很樂在其中……後來的解讀變得很困難；每

件事都變得很緊張且不舒服……我坐上我的腳踏車，在陽光下騎車回家；脫離這裡，感覺真他媽的好極了。」

一週以後：「大家都覺得絕對殘忍的事情（赫爾曼決定讓 416 一整晚都呆在黑洞），幾個星期以後才讓我感到痛苦，但我想當時（他決定結束這個實驗），一定是有更多事情一口氣打擊菲爾（金巴多）。」27

另一個有趣的角色轉換記錄，是在典獄長的日誌中，和我們的研究沒有直接關係，但是可以當成「額外的軼事」看待。決定中止實驗後，我這個認真嚴肅的心理系同事就不斷挑戰我對這狂熱的努力，而我只能用「實驗已經結束」來敷衍他。他想知道：「什麼是獨變項？」

傑夫的筆記寫著：「星期二晚上當犯人被移送五樓儲藏室時，B 博士來訪。」B 博士和 B 太太上樓去看犯人們，B 太太分發杯子蛋糕，B 博士揶揄了兩件事：一個是犯人的服裝，另一個則是這個地方散發出的惡臭。這種「隨興進來裡頭摻一腳」的模式，幾乎是每個參訪者共同的態度。

他的太太給了受試者一些「茶和同情心」，我這個一向含蓄保守的同事，才忽然想到這個實驗如此去人性化地對待學生。B 太太的舉動，讓他自覺十分羞恥。

赫爾曼的「小小實驗」28

赫爾曼在一個星期前，實驗尚未開始時寫下的自願者背景資料，讓我們曉得他在「當獄卒前」的狀態。我很驚訝知道他只是一個十八歲的大二學生，相對於最老的亞涅特，他是我們最年輕的受試者。赫爾曼來自一個中產階級的書香之家，有四個姊姊和一個哥哥。高六呎二，一百七十五磅重，有著綠色的雙眼和金黃色的頭髮，外表讓人印象深刻。這個年輕人認為自己是個「音樂家」而「本質上是一個科學家」，他這麼自我描述：「我過著自然生活，喜歡音樂、食物和其他人。」又說：「我

對人類有著極大的愛。」

在回應「人們最喜歡你哪一點？」時，赫爾曼的回答充滿自信：「一開始，人們會欣賞我是因為我的天分和外向的個性。但很少有人了解我處理人際關係的才能。」

在「人們最不喜歡你哪一點？」的問題中，赫爾曼的回答讓我了解這個年輕人複雜的個性，給了我一些可以了解他在賦予完全權力後會是什麼樣子的訊息。他寫道：「我對愚蠢的事情沒耐心，我會完全忽略那些生活型態我不苟同的人。我會利用一些人，我直言不諱，我有自信。」

最後，這位受試者五味雜陳地說，他比較希望自己被分配到犯人的角色，「因為人們憎恨獄卒」。在知道他的角色偏好後，我們不妨來回顧一下，實驗後他怎麼看待自己在研究中扮演角色的認知。

獄卒赫爾曼：「是的，這不只是一個實驗而已。我有機會可以測試人的極限，假借懲治之名，將他們推到崩潰邊緣。那不是多讓人愉快的事，但我就是忍不住因為個人強烈的愛好驅使，而去測試他們的反應。我自己，就在許多場合做了許多實驗。」[29]

「這個實驗最好的一個部分，就是我好像是催化劑，帶出許多驚人的結果，引來電視台和報社的注目……如果我惹來比你想像中更多的麻煩，我很抱歉──只因為我在做自己的實驗。」[30]

「這個實驗最糟的事情，是許多人很嚴肅地看待我，認為我是他們的敵人。我的話語會影響他們（犯人），讓他們在實驗中脫離現實。」[31]

在我們中止研究的一個月後，這個「前獄卒」接受「前犯人」復仇者克萊416的單獨訪談，他們的互動被當成NBC報導我們研究的電視紀錄片裡的一部分，還曾在《六十分鐘》節目前強打預告。這場訪問的標題是：「819做了壞事！」

在赫爾曼描述他融入獄卒角色轉換的心情時，即使克萊持續他的攻勢，最後他還是加入他的歷史名言：「種什麼因，得什麼果。」

赫爾曼：「當你穿上制服、被賦予角色──我指的是工作──時，『你的工作就是要讓這些人守規矩』，那麼，你就不再是穿著平常衣服走

在街上扮演不同角色的你。一旦你穿上卡其色的制服，你就是扮演那個角色的人，你戴上墨鏡，你拿著警棍，你這麼扮演著。那就是你的戲服，你必須從內而外，都和你穿上的制服一致。」

克萊：「那傷害到我，我說的是**傷害**，我應該用現在式──這傷害到我。」

赫爾曼：「這個又怎麼傷害你了？現在怎麼傷害得了你？你只要想『只要是人，在那個位置就可能如此』就好了。」

克萊：「好吧，這讓我想到一些我有點了解、卻從來沒有親身經歷的事情。我是說，我閱讀過許多關於這樣的事情，但是從來沒有實際的經驗。我沒有看過有人會有這麼大的轉變，而我知道你是個好人。你知道嗎？你了解嗎？」

赫爾曼（笑著搖著頭）：「你不是這麼認為的。」

克萊：「我真的，真的知道你是一個好人，我不認為你是──」

赫爾曼：「那麼為什麼你會恨我？」

克萊：「因為我知道你轉變了。也許你會說：『喔好吧，我不會傷害任何人的。』『喔好吧，這是特殊的少見情況，兩個星期後就會過去的。』但是你還是會樂在其中。」

赫爾曼：「好吧，如果你是我，你會怎麼做？」

克萊（緩慢、小心翼翼、清晰地說出每個字）：「我不曉得，我不能告訴你我知道我會怎麼做。」

赫爾曼：「是的，我──」

克萊（打斷他的話，而且好像很享受新權力）：「我想如果我是一個獄卒，我不認為我可以有那麼多有創意的**傑作**！」

赫爾曼：「我不認為傷害性有那麼大，那根本不算什麼，尤其那只是我特別的小實驗，讓我知道我可以──」

克萊（懷疑的問）：「你特別的小實驗？你怎麼不說說看？」

赫爾曼：「我自己進行我的小實驗。」

克萊：「告訴我有關你的小實驗，我很好奇。」

　　赫爾曼：「好。我想要看看在這樣的情況下，人們可以承受言語辱罵到什麼程度才開始反抗或反擊。而這也嚇到我，因為沒有人出面來阻止我，沒有人說：『天啊，你不能這樣對我說話，這些話病態到沒有人性。』沒有人這麼說，他們只是接受我說的每一句話，我說：『去告訴那個人，當著面告訴他，他是人渣。』而他們也沒說什麼就照著做。他們什麼都沒說，就照著我的命令做伏地挺身，他們被丟進黑洞裡時，吭都沒吭一聲。他們傷害彼此時，也沒說什麼；他們應該在監獄中團結一致，但是因為我的要求，沒人敢對我的威權表示意見，以致互相羞辱，而這真的嚇到我了。（他的眼中泛著淚光）大家在我開始虐待他們的時候，為什麼不說些什麼呢？為什麼？」

　　為什麼要？

第 10 章
人格轉變的煉金術：
史丹佛監獄實驗的意涵

我們都是上帝實驗室裡的白老鼠，人性不過是進行中的一項試驗。

——田納西・威廉斯，《皇家大道》

（Tennessee Williams, *Camino Reall, 1953*）

　　史丹佛監獄實驗一開始只想簡單地證明綜合環境變數將會對在模擬監獄中的囚犯與獄卒行為造成一些影響。在這初探性的調查中，我們的目的不是要檢驗特定的假設，而是希望評估存在於制度性環境中的種種外在因素，可以壓倒在這環境中行動者的內在天性到何種程度，也就是好人與惡劣環境的鬥爭。

　　然而，經過時間的洗禮，實驗真正的意義開始浮現，它強而有力地刻畫出惡劣的系統與環境所產生的潛在毒害，能夠讓好人們做出有違本性的病態行為。關於這項實驗實施以來所引發的種種事件與效應，在此我已嘗試忠實地重新勾勒過一遍，並且淋漓盡致地揭示：一個平凡、正常且心智健全的年輕人屈從於行為發生脈絡中的內在社會力的可能極限，或者說會被誘惑到什麼程度；進入同樣情境脈絡時，同樣的事也發生在我以及許多成年人和專業人士身上。善惡之間的界限原本被認為是牢不可破，但我們卻證明，這條線其實相當脆弱。

　　接下來應該要檢視研究期間蒐集到的其他證據了。許多量化的資料來源，都有助於我們更加了解在黑暗地下囚室中曾經發生過的事。因此，我們必須運用所有可以取得的證據，設法發掘這項獨特實驗浮現的意涵，並且確定人性的轉變是如何受到權力有無所驅使。關於人類的本

質，以及可能貶損或豐富人性的各種條件，都是這些意涵底下所潛藏的重要訊息。

小結：寫於進一步深入前

如你所見，我們所設計的監獄環境具有心理學強制力，誘發許多實驗參與者做出強烈、逼真的反應，而且經常是病態性的反應。獄卒們在意識到囚犯造反事件出現時表現出的支配強度及反應速度，也讓我們非常驚訝。正如道格 8612 的案例所示，情境壓力能如此迅速徹底地使這些大多數是正常、健康的年輕人屈服，這使我們相當吃驚。

當這些年輕人喪失了身分認同，持續服從於專制獨裁的行為控制之下，並且被剝奪隱私權及睡眠之後，他們身上出現了被動、依賴及憂鬱症候群，這相當類似「習得的無助感」[1]的心理反應（「習得的無助感」是指由於一再遭遇失敗或懲罰，個人隨經驗學習到的消極屈從及沮喪感。特別當失敗與懲罰是武斷的，而不是偶發於行動者身上時更容易產生。）

在我們的學生囚犯中，有一半人由於遭遇嚴重的情感及認知失調而必須提前釋放，心理反應雖然出現短暫，在當時卻十分劇烈。留下來繼續進行實驗的人當中，大部分人逐漸變得只服從獄卒的命令而不再思考，他們懾於氣燄高漲的獄卒威權，而服從於他們一時興起的各種不合理命令，舉止變得死氣沉沉，簡直像「行屍走肉」。

「好獄卒」為數不多，勇敢面對獄卒支配控制的囚犯也同樣稀少。正如克萊 416 的例子，他的英雄式消極抵抗原本該得到支持和鼓勵才對，卻反而因為身為「麻煩製造者」而受到牢友騷擾。騷擾他的人採納了獄卒們狹窄而偏頗的觀點，而不是針對克萊的絕食抗議形成自己的看法，將他的行為視為一條出路，從而發展出抗拒盲目服從於威權的集體行動。

「中士」在絕大部分時候都是個模範生，但他偶爾也會抗命，拒絕對

一位牢友罵髒話。傑瑞 5486 的表現突出，因為他是最平衡的一名囚犯，然而他曾在個人自省中指出，他的生存之道只不過是盡量將關注點轉移至內在，而不再提供那麼多幫助給原本可以從他的支持中獲益的囚犯。

在實驗開始之際，我們已針對一些面向進行前測，以確保手邊受試者樣本不至於偏離一般受教育大眾的常態分布。換言之，被隨機指派擔任「囚犯」角色的受試者，和被指派「獄卒」角色者，彼此之間可以互換取代。在這兩組人中，並不存在犯罪記錄、情感或身體缺陷，乃至於知識或社會性劣勢等，足以將囚犯和獄卒以及囚犯和社會中其他人區分開來的典型差異。

基於隨機指派以及比較性前測，我可以斷言，這些年輕男性在進入監獄後陸陸續續從扮演的囚犯或獄卒角色出現的病態行為，絕非一開始就存在。在實驗一開始，這兩組人之間沒有任何差異；但是不到一個星期之後，他們卻已經沒有任何相似點了。我們因此有個合理的結論，亦即這些病態行為是被誘發的，產生作用的則是在監獄模擬情境中持續加諸他們身上的情境力量。此外，這個「情境」是由我所協助創造的背景「系統」所認可與維持，我的做法首先是給予新手獄卒們心理上的定位取向，接著我和我的同僚們則協助後來逐漸發展出的政策及方法能順利運轉。

在獄卒和囚犯深陷於「大染缸」中，受到強烈滲透影響之前，每個人都可說是「白布一疋」，沒有人一開始就是壞的。染缸中的各種特質，包括角色、規則、規範、人物及地點的匿名性、去人性化的過程、服從命令的壓力及群體認同等許許多多特質的綜合，都構成在這行為脈絡中運作的情境力量。

從資料中，我們學到什麼？

除了全天候直接觀察囚犯和獄卒之間的行為互動及特殊事件之外，我們還做了一些資料補充，包括錄影帶記錄（大約十二小時）、隱藏式錄

音記錄（大約三十小時）、問卷、自陳式個體差異人格測驗（self-reported individual difference personality measures）以及許許多多訪談。在這些測驗中，有些已根據量化分析的需要加以編碼，有些則和結果評量（outcome measures）相關。

　　許多詮釋上的難題在資料分析之後出現，我們的樣本數相對而言過少；而且由於經費及人員短缺，以及策略性的決定聚焦在能引發高度興致的日常事件（例如報數、進餐、訪客及假釋聽證會），因此我們只是選擇性地記錄，並非全面性記錄。除此之外，由於獄卒的輪班制度，在不同的值班時間以及班次輪替期間，獄卒與囚犯間出現動態性的交互作用，這使我們無法確定日常的趨勢。人們、群體以及時間效應之間互動複雜，這個明顯事實更進一步混淆了針對個人行為的量化資料分析。再者，傳統的實驗中，會有一個由可比較的自願者組成的控制組，他們不需要假扮成囚犯或是獄卒進行實驗，只需在實驗前後給予各種評估測驗，但我們的實驗並沒有設計控制組。沒有這麼做的原因是，我們將這實驗視為現象說明，正如原始的米爾格蘭（Milgram）的服從威權實驗，而不視為是欲建立因果關係的一項實驗。當初的構想是，如果我們能從開始的探索性調查研究中得到有趣的發現，就要在未來的研究中進行實驗組對控制組的比較實驗。也因此，我們只有一個簡單的獨變項，也就是獄卒與囚犯相對地位的主要影響。

　　儘管如此，還是有某些清楚模式逐漸浮現，因而更詳細闡釋了我截至目前所做的質化說明。針對這個具有心理學強制力的環境性質，以及受此環境要求測試的年輕人特質，這些發現提供了一些有意思的理解觀點。有關這些評估測驗的計算分數以及它們在統計學上的意義，可從發表在《國際犯罪學及獄政管理學期刊》[2] 及網站 www.prisonexp.org 的一篇科學文章中得到完整資訊。

實驗前的人格測驗

　　研究開始前不久，我們曾對前來接受前測評量的實驗參與者進行三

種評量測驗，以評估他們之中的個體差異。這三種評量測驗分別是測量威權性人格的 F 量表（F-Scale of autoritarianism）、測量權術性人格的馬基維利量表（Machiavellian Scale of interpersonal manipulation strategies）以及孔氏人格量表（Comrey Personality Scales）。

F 量表[3]：在測量是否墨守傳統價值及對威權是否抱持順從、不具批判力時，獄卒們的平均數是 4.8，而囚犯們的平均數則是 4.4，兩者間差異並無統計上的意義，這是在他們被分派為兩種角色前所做的測量結果。但是將五個全程參與實驗的囚犯的 F 量表分數，和另外五個提前被釋放的囚犯的分數相較時，我們有了一個大發現。全程忍受 SPE 威權環境的受試者，在因循性格（conventionality）及威權性人格方面的分數（平均數等於 7.8）高於提早釋放的同袍（平均數等於 3.2）兩倍。我們將囚犯的 F 量表分數由低至高以等級排列時，從分數與停留實驗中的天數兩者之間，我們驚訝地發現了高度的相關性（相關係數等於 0.9）。我們認為，可能是囚犯留下來的時間越長，他會越有效地適應威權的監獄環境，因而增強他在僵固性、傳統價值依附性，以及威權的接受度；以上這些特質正描繪出我監獄情境的特性。相反地，無法良好處理情境壓力的年輕人，卻是 F 量表的特質分數上最低的一群——有些人會說，這是他們的光榮。

馬基維利量表[4]：正如這個量表的名稱所示，其目的是評估一個人對於在人際互動中運用權謀來獲得實際好處的支持程度。在這個量表中，獄卒的平均數是 7.7，囚犯的平均數則稍微高一些（8.8），兩者之間並未發現顯著差異，也無法藉此預測受試者停留在監獄中的時間。我們原本預期那些在操控他人特質上取得高分的人，他們的人際技巧與在監獄情境中的日常互動會有關連，然而在我們認為對監獄情境適應情形最良好的囚犯裡，有兩個在馬基維利量表中獲得最高的分數，另外兩個我們認為同樣適應良好的囚犯得分卻最低。

孔氏人格量表[5]：這份自陳式報表由八個次量表組成，用來預測獄卒與囚犯間的性格變化。這些人格指標包括：信賴、守秩序愛整潔、服從、活動力、穩定度、外向性、陽剛性及感同身受的能力。在這份評量中，獄卒和囚犯的平均分數實際上可以互換取代，甚至沒有一個分數接近統計的顯著性。此外，在每一個次量表的評量中，群體的平均數都落在孔雷（Comrey）曾報告指出的基準性男性母群體的第十四至第十六百分位數之間。這項發現支持了我們的主張：這兩個不同群體的學生擁有「正常」、「普通」的人格。克雷格・哈尼及科特・班克斯在進行學生自願者樣本的事前篩選時，確實做到以「普通人」為挑選樣本的標準。除此之外，在扮演獄卒角色及扮演囚犯角色的兩群人間，也找不到預先存在的性情傾向能區分這兩者。

然而，在提前釋放的人以及撐完這整場災難的囚犯間，我們倒是找到一些雖不具顯著意義，但仍十分有意思的差異。我們發現後者在「服從」（接受社會現實）、「外向性」及「感同身受的能力」（助人、同情、慷慨）方面的分數，都高於因表現出極端壓力反應而不得不提前釋放的人。

如果針對表現上偏離群體平均值（1.5個標準差及以上）的個別獄卒及囚犯檢視他們的分數，有些令人好奇的模式就會出現了。

首先，讓我們先看看表現特殊囚犯的一些人格特質。在我的印象中，傑瑞5486非常沉著穩健，而這個印象也得到證據支持，他在「穩定度」上的分數的確高於其他囚犯，但在其他分數上則非常接近母體基準。當他的行為偏離軌道時，他總是有正向的表現。他在「陽剛性」（不容易掉淚、對羅曼史不感興趣）的分數也是最高。史都華819把自己的囚室搞得像垃圾堆，使得必須收拾他留下爛攤子的牢友心情糟透了，他在「守秩序愛整潔」（一個人行事小心及重視整齊清潔的程度）的項目則得到最低分。儘管行為跟規則完全背道而馳，他一點也不在意。猜猜看誰在「活動力」（喜愛體力活動、辛苦勞動及運動）的評量項目上得到最高分？沒錯，就是中士2093。「信賴」的定義是相信他人基本上是誠實

而善意的，克萊 416 在這方面拔得頭籌。最後，從囚犯檔案中，你認為哪一位的「服從」（相信執法、接受社會現實、對他人的不服從不滿）分數可能最高？哪一位對克萊 416 抗命獄卒的行為反應最強烈？除了我們年輕的小帥哥修比 7258 之外還會有誰！

在獄卒中，只有少數個人檔案出現非典型的分數，他們的分數相較於其他同儕顯得十分反常，令人感到相當好奇。我們先看看「好獄卒」約翰·蘭德里，他在「感同身受的能力」項目上得到最高分，而不是他的弟弟。獄卒瓦尼許在「感同身受的能力」和「信賴」項目上都是最低分，卻最關心秩序與整潔。在獄卒中，他也是馬基維利量表分數最高的一位。把這兩個指標放在一起比較，正足以說明他在整個研究中以冷靜態度表現出有效率、機械式且疏離的行為。

儘管這些發現指出人格測驗的確可以預測某些個別案例的行為差異，我們仍然必須小心謹慎，在了解進入一個新環境（如我們的監獄）中的個體行為模式時，不可過度概化，跌入以偏概全的陷阱。舉個例子，根據我們所進行過的所有測驗，在所有囚犯中，傑瑞 5486 的表現可說是「超乎尋常」。然而，僅次於傑瑞 5486、在人格報表分數上可給予「極為正常」評價的卻是道格 8612。他對於演戲的病態說明，以及後來變得很「瘋狂」的行為表現，都很難從他實驗前「極度正常」的狀態中預測到。此外，在四個最惡毒的獄卒和其他沒那麼濫權的獄卒之間，我們也找不出任何可看出他們之後差異的人格前兆。沒有一個單一人格傾向能夠解釋這些極端的行為變化。

假如我們現在來看看最惡毒、最殘酷成性的兩個獄卒：赫爾曼和亞涅特的人格分數，可以看到他們兩人在所有人格面向上的表現都一般而平均，只有一項除外。使他們出現歧異性的是「陽剛性」。直覺反應的人格理論家或許會想當然爾地認為赫爾曼——我們這位無法無天的「約翰·韋恩」一定陽剛到了頂點，並且以此為他辯護。事實正好相反；他在陽剛性的分數低於所有其他獄卒，甚至也低於所有囚犯。對照之下，亞涅特的陽剛性卻勝於所有獄卒。心理動力學取向的分析者或許會十分肯定

地以為，赫爾曼冷酷、支配性的行為，以及他所發明的恐同運動，是為了對抗他不具陽剛氣質、可能有潛在同性戀傾向的人格特質，從而激發出的反應。儘管如此，在我們繼續陶醉於這些分析性花腔之前，我得趕緊補充，在接下來三十五年的歲月中，這名年輕人始終維持著循規蹈矩的生活，是個稱職且正常的丈夫、父親、生意人、熱心公益的國民，這些是對他唯一適當的形容。

情緒形容詞自陳表

我們要求每個學生都得完成一份檢核表，從表中選出最適合形容他們當下心境的形容詞，這樣的評量在研究期間曾進行過兩次，在減壓解說會後又立即進行了一次。我們將情緒形容詞加以結合，使負面情緒形容詞與正面情緒形容詞相抗，並且將描繪活躍與被動的形容詞分開。從所見到囚犯狀態，我們可以精準預料到結果，正如所料，囚犯表示感受到負面情緒的次數是正面情緒的三倍之多，總體而言的負面性遠較獄卒為高。而獄卒們表示感受到負面情緒者，僅稍微多於正面情緒者。這兩個群體間還有另一項有趣的差異：囚犯的情緒狀態表現出較大的浮動性。研究進行期間，他們在情緒上的變化程度是獄卒的兩到三倍，後者表現出相對穩定性。在活躍和被動的面向上，囚犯們的分數往往高一倍，這表示他們內在的「騷動不安」也兩倍於獄卒。儘管監獄經驗在於獄卒和囚犯身上都造成負面的情緒影響，對囚犯所造成的反效果卻更深刻，並且更不穩定。

比較留到最後的囚犯和提早釋放的人，中斷實驗者的情緒確實有更多負面特質：沮喪、不快樂。當第三次要求受試者完成情緒量表時，就在我們告訴實驗對象研究必須中斷**之後**（提前被釋放的實驗對象也返回參加了減壓解說會），正面情緒方面立刻明顯出現了變化。所有「前任囚犯們」選擇的自我描述形容詞表示，他們的情緒遠較之前正面，不再是那麼負面了——負面性的強度從一開始的 15.0 掉到了 5.0 的低點，而正面性則從開始的 6.0 低點攀升至 17.0。此外，相較之前，他們也覺得自己

不那麼地消極被動。

總體而言，在情緒次量表中，提前釋放的囚犯以及撐過六天實驗的人之間已經不再有任何差異。我非常高興能夠報告這個至關重要的結論：在研究結束時，兩個群體的學生都已經回到實驗前正常情緒反應的基線了。回歸正常的反應似乎說明了，當扮演不尋常角色時，學生所經歷到的沮喪及壓力反應的「情境特殊性」。

這項最後的發現可以有幾種詮釋方式。監獄經驗的情緒影響是短暫的，因為一旦研究中斷，受折磨的囚犯們很快就跳回正常的情緒基態。這也說明了我們精挑細選出的實驗參與者的「正常性」，這種恢復能力也證明了他們的彈性。無論如何，囚犯們的全面性情緒振奮反應雖然一樣，來源卻可能大不相同。留到最後的人知道自己熬過了這些苦難並重獲自由，因此感到相當振奮。被提前釋放的人雖已不再承受情感上的壓力，在遠離負面的情境後，他們已經將情緒重新調整。他們原本因為提前離開而留下同儕們繼續受苦而感受到罪惡感，當他們看見牢友們被釋放後，罪惡感的擔子終於卸下，於是深感欣慰，或許某些新的正面情緒反應也可以這麼歸因。

儘管有些獄卒表示希望研究如計畫預定繼續進行一個禮拜，但就獄卒群體而言，他們樂見研究提前中止。他們的正面情緒平均數升高超過兩倍（從 4.0 跳到 10.2），原已較低的負面情緒分數（6.0）則降至更低（2.0）。因此，儘管他們的角色是在監獄情境中創造出恐怖狀態，但做為一個群體，獄卒們同樣也因研究中止而重新恢復了情緒的冷靜與平衡。這種情緒重新調適的狀態並不意味這些年輕人中有些人已經不再被他們的所作所為困擾，也不再因為無能阻止虐待行為發生而感到不安；我們稍早已經在他們的後測反應及回顧性日記中注意到這些反應。

錄影帶分析

研究期間，我們曾針對囚犯－獄卒互動進行錄影，在影帶中可辨識出共二十五個相對不連續的事件。針對每個事件或插曲，區分出十個行

為（或言語）類別，當類別性言語或行為出現時加以計分。兩位未曾參與此項研究的計分員，以獨立作業的方式為影帶計分，他們之間意見一致的程度令人滿意。這些類別包括：問問題、下指令、提供訊息、個人化對待（using individuating reference）（正面）、去個人化對待（負面）、威脅、抗拒、助人行為、（為某些目的而）使用工具、侵略行為。

正如下頁圖表所概括顯示的，總體而言，獄卒與囚犯間的互動以負面、敵意居多。大多數時候，獨斷獨行是獄卒的特權，一般來說，囚犯只能採取相對被動的姿態。在我們記錄到的各種情況中，獄卒呈現的最大特徵是下列反應：下指令、羞辱囚犯、將囚犯去個性化、對他們表現出侵略性、威脅，以及使用工具對付他們。

一開始時囚犯還會反抗獄卒，尤其是在研究開始的幾天，以及後來克萊 416 用絕食抗議。囚犯們傾向以正面的個性化方式對待其他人，詢問對方問題、提供資訊，而且很少對別人表現負面行為，後者在占支配地位的獄卒身上後來變得很常見。不過這些都只發生在研究開始的頭幾天而已。從另一方面來說，這意味著在六天的研究中，我們觀察到最**罕見**的兩個行為是個性化對待及互相幫助。我們只記錄到一次助人事件，這個人類關懷同類的單一事件發生於囚犯之間。

這些記錄也以量化的角度強調了我們在研究期間的觀察心得：獄卒們逐步擴大對囚犯們的騷擾行為。如果我們將**最初**的兩個囚犯－獄卒互動事件與**最後**的兩個事件比較，會發現在同樣的時間單位內，一開始並未出現任何去個性化對待，但在最後的事件中，卻記錄到這類行為出現的平均數高達 5.4 次。同樣地，開始時獄卒們鮮少出言貶抑羞辱，平均記錄為 0.3 次，但在同樣時間內，他們在最後一天卻平均做出 5.7 次的貶抑行為。

根據對影帶資料的時間分析發現，隨著時間過去，囚犯們漸漸不做事了。各個行為領域的計分都隨著時間進展而普遍下降。他們不再有什麼開創作為，只是隨著日與夜麻木不變的交替而越來越被動。

影帶分析也發現，相較於其他兩個班次，有「約翰·韋恩」輪夜班

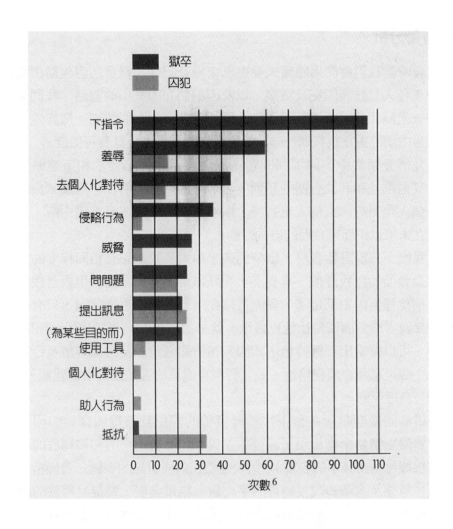

次數[6]

的時候，囚犯最難捱。在這殘酷的班次中，獄卒們的行為明顯有別於前後交接的兩個班次，他們下達更多指令（在標準化時間單位內，個別而言是平均 9.3 次相對於平均 4.0 次），對囚犯口出惡言的次數超過其他時候的兩倍（個別而言是平均 5.2 次相對於 2.3 次），也比其他班次的獄卒更常以侵略性方式懲罰囚犯。而我們在亞涅特當班時觀察到較隱約細膩的言語侵犯，並未顯現在這些分析中。

錄音帶分析

　　有時候我們會使用隱藏式麥克風來錄音記錄，錄音內容包括由我們一位工作人員訪談囚犯及獄卒，以及囚犯們在囚室中的對話。我們以分類方式記錄此種言語活動的一般性質，一共分為九個類別。同樣地，錄音帶也由兩位獨立裁判進行分類，所得到的結果十分具有可信度。

　　九個分類當中，除了問問題、提供資訊、提出要求和下達命令之外，其他都是和評論有關的類別，包括正面／負面看法、正面／負面評價、個人化對待／去個人化對待，繼續研究的意願或者希望中斷，以及希望在未來以正面或負面的方式行動。

　　我們十分驚訝地發現，獄卒們幾乎和大多數囚犯有相同程度的負面看法及負面的自我評價。事實上，「好獄卒」喬夫‧蘭德里對自我的負面評價比任何囚犯都還多，負面情緒在所有人當中也最普遍，只有一位實驗參與者的負面情緒比他更嚴重，就是道格 8612。從我們與囚犯的訪談中，可以歸納出一個特色，即囚犯在情緒表達以及自我評價及行為意圖（主要是意圖表現侵略性，並且對自身處境的看法傾向負面悲觀），都普遍有負面反應。

　　這些訪談顯示，在留下來進行實驗的囚犯及被提前釋放的囚犯身上，實驗對情緒影響出現了清楚的差異。對照留下來的和被釋放的兩群人（根據每個訪談中的表現），比較他們在負面看法的表達、負面情緒、負面自尊感及意圖表現侵略性的平均數。結果發現，被提早釋放的囚犯的期望更加負面，並較常表現出負面情緒、負面自尊感，在意圖表現侵略性次數方面，則多於堅持留下的牢友四倍。

　　當囚犯們暫時不必列隊答數、無須卑躬屈膝聽人差遣，或無須參與公眾事物時，竊聽囚室中的私人對話，可讓我們了解囚犯在私底下的交談內容。請記住，一開始時，分配在同一囚室的三個室友們彼此完全陌生。只有當他們回到隔離的囚室時，他們才開始互相認識，因為在公共活動時間時，任何「閒聊」都不被允許。由於囚犯們同處於封閉的環境

中，並且預期接下來將有兩個禮拜的互動，因此我們認為，他們將會尋找共通點以聯繫彼此。我們預期聽到他們聊彼此的大學生活、主修的課程、職業、女朋友、喜歡的球隊、音樂偏好、嗜好、實驗結束後打算在剩下的暑假中做些什麼事，也可能會聊到要怎麼花掉即將到手的報酬。

完全不是這樣！所有這些預期幾乎都落空了。在我們所錄到的囚犯對話中，有整整九成都跟監獄主題相關。只有一成的談話焦點落在個人的或生平經歷介紹。囚犯們最關心的事情是食物、獄卒的騷擾，他們希望能夠開個會讓大家發發牢騷，並構想脫逃計畫，他們也關心其他囚室囚犯及一些孤僻囚犯們的行為表現。

當他們有機會暫時遠離獄卒的騷擾以及無聊沉悶的照表操課，有機會藉由社會互動而暫時超越及拋開囚犯角色、建立自己的人格認同時，他們卻沒有這麼做。囚犯角色支配了個別人物的所有表達。監獄情境支配了他們的看法及所關心的事物，可說是迫使他們進入一種延伸現在的時間定位。無論自我是處於被監視或者暫時獲得喘息的狀態，都無關緊要。

囚犯們並不分享他們對過去和未來的期望，因此，每一位囚犯對其他囚犯的唯一了解，都以觀察當下行為表現為基礎。我們知道的是，囚犯們在服刑期間以及從事其他差役時，眼中看到的通常只會是彼此的負面形象。但這個負面形象卻是他們在同儕眼中建立自己的性格印象時，唯一的憑藉基礎。由於他們只關注於當前情境，囚犯們也因此助長了一種心理狀態，這種心理狀態更強化了他們的負面經驗。因為一般而言，當人們面臨惡劣處境時，會試圖以時間觀點將情境區隔化，於是他們可以藉著緬懷過去來自我安慰，並藉此想像一個更好的、不一樣的未來。

這種囚犯自我加諸的心理狀態，甚至會造成更大的傷害：囚犯們開始採納甚至完全接受獄卒針對他們製造的負面形象。在所有囚犯私下互動的回報中，有一半都可歸類為不具支持性質及不具合作性質的互動。更糟的是，當囚犯們評價相同遭遇的牢友，或向他們表達關心時，百分之八十五的機率不是讚賞或鼓勵，有時甚至是不以為然！以下數據在統

計上有重要意義：談話焦點較著重於監獄議題而不是非監獄議題，偶然發生率只有百分之一；談話焦點集中在牢友的負面特質與集中於正面或中立特質相對時，偶然發生率只有百分之五。這意味著，這類行為效應是「真實存在」，不該歸因於囚室裡私下的隨機談話。

囚犯們經由這些方式逐漸內化監獄中的壓迫，於是，看著同伴被羞辱、像綿羊一樣馴服，或者是做著不用大腦的下賤工作，就是同伴印象形成的主要方式。既然對其他人沒有任何尊敬之意，又如何能在監獄裡擁有自尊？最後這項未預期的發現，提醒我想起「認同加害者」的現象。心理學家布魯諾‧貝托漢[7]用這個詞來描述納粹集中營中的囚犯是如何內化他們的壓迫者本身的權力（首次運用這個詞的人為安娜‧佛洛伊德）。貝托漢觀察到，某些囚犯的行為表現就像他們的納粹獄卒，他們不只虐待其他囚犯，甚至穿上被丟棄的納粹黨衛軍制服。這些受害者不顧一切地希望在充滿敵意、朝不保夕的生活中倖存下來，他們只意識得到侵略者的需求，而不是去反抗；他們擁抱了侵略者的形象，然後變成侵略者的樣子。在有權的獄卒及無權的囚犯之間存在著驚人的權力差距，然而這差距卻被這類心理操練極小化了。人變成與敵人共存──在自己內心。這種自我欺騙可以避免對自身處境的現實評價，抑制鬥爭行動、對抗策略或是造反，而且不容許對自己的受難同胞有任何同情。

生命是人欺自欺的騙術，要騙得天衣無縫，就必須習慣成自然，一路騙到底。

──威廉‧赫茲里特〈論迂腐〉，《圓桌對論》
（William Hazlitt, *On Pedantry , The Round Table*, 1817）

史丹佛監獄實驗的教訓和訊息

敘述完扮演囚犯及獄卒角色的年輕人個人特質和特殊行為反應後，現在要思考這項研究提出的廣泛概念性議題，及其教訓、意義和所要傳

達的訊息。

科學實驗的優點

從某個角度而言，社會學者、犯罪學者以及來自囚犯的敘述都曾為我們揭露監獄生活的邪惡面，而 SPE 並沒有讓我們對監獄產生任何新看法。監獄是個野蠻的國度，能夠激發人類天性中極惡的一面。監獄是暴力及犯罪的溫床，在這方面的貢獻遠勝於它促進的建設性改造。百分之六十或更高的再犯率說明了一件事：監獄已成為刑事重罪要犯的旋轉門。我們已經了解到，做為社會的犯罪控制工具，監獄是徹底失敗的社會實驗，除了這件事之外，SPE 到底還能讓我們知道些什麼？我認為答案就存在於這個實驗的基本規則中。

在真正的監獄裡，監獄情境以及居住其中的人們的缺陷無可避免地交織、混淆在一起。我回憶起我和帕洛阿圖市警察局警官的第一次談話，當時我向他解釋我為何不去觀察地方監獄，而選擇進行這樣的研究。我設計這項實驗的目的是為了評估一個模擬的監獄情境，對於生活在其中的人——包括獄卒及囚犯——造成的影響。透過種種實驗控制，我們可以進行一系列的嘗試並得到結論，而這是在真實世界中不可能辦到的。

首先是系統性的選擇步驟，確保了每個進入我們監獄的人都盡可能是正常、普通、健康的人，他們不曾有反社會行為、犯罪或是暴力記錄。此外，由於實驗參與者都是校園裡的學生，相較於教育程度較低的同年齡人，他們的智能都在平均水準之上，較不具偏見，對自己未來也有較高的信心。再者，由於實驗研究的關鍵——隨機分配——不管這些好人們原先的意願是否傾向哪一方，他們的角色都由隨機分配，一切純屬機運。進一步的實驗控制還包括了系統性觀察、不同形式的證據蒐集以及統計資料分析，這些都被用來裁定在研究設計的參數中，受試者經歷事件所受的影響。SPE 基本規則就是讓人擺脫地域限制，讓天性擺脫情境、讓白布脫離染缸。

　　然而我必須承認，所有的研究都是「人為的」，是真實世界相似物的模擬。儘管如此，不論是 SPE 或者是我們即將在之後篇章中讀到的社會心理學研究，姑且不論經過控制的實驗研究的人為性質，當這類研究以敏銳的手法盡力捕捉「世俗實在」（mundane realism）的基礎本質，其研究結果就有相當的概化能力。[8]

　　就許多明確的性質而論，我們的監獄顯然不是「真正的監獄」，但就我認為是「監獄經驗」核心的「囚禁經驗」的心理特質而言，這項實驗的確是把握到了。當然了，從實驗中推導出的任何研究發現都必然提出兩個問題，首先是「比較對象為何？」下一個則是「外部效度」（external validity）為何？──這個實驗能不能有助於說明與之平行的真實世界？」這類研究的價值在於它有能力闡明潛在過程、確認因果次序，並建立起能傳遞所觀察到之作用（observed effect）變項。除此之外，當統計的意義不能被視為偶然存在的關連而排除不論時，實驗也能建立出因果關係。

　　幾十年前，社會心理學的理論研究先驅庫爾特・勒溫（Kurt Lewin）曾經主張建立實驗社會心理學的科學。勒溫堅持，從真實世界中提煉出有意義的議題，無論在概念上或實作上都是可行；而這些議題也能在實驗室中檢測。他認為只要研究經過悉心設計，並且謹慎執行自變項（做為行為預測項的先行因素）的操作，就有可能建立確定的因果關係，而這是田野或觀察研究所無法做到的。儘管如此，勒溫還更進一步主張運用這類知識去影響社會變遷，主張運用在研究基礎上得到的證據，去了解並且嘗試改變及改善社會及人類的功能。[9]而我必須試著追隨他啟示的方向。

獄卒的權力變化

> 在屈服一個人的意志時品嘗到的權力滋味，遠勝於贏得他的心。
>
> ──艾瑞克・賀佛爾，《心靈的激情》
> (Eric Hoffer, *The Passionate State of Mind*, 1954)

　　我們有些志願者被隨機指定扮演獄卒角色後，很快便開始濫用新取得的權力，他們殘酷成性，日夜無休地貶低、鄙視、傷害「囚犯」。他們的行動符合我在第一章中對邪惡的心理學定義。其他獄卒雖然並未特別有虐待傾向，但是顯得冷酷、苛求，對於受難同袍們的處境極少流露出同情。只有少數獄卒可被歸類為「好獄卒」，他們抗拒了權力的誘惑，而且有時候能為囚犯的處境著想，多少為他們做點事，比方說賞顆蘋果或塞根香菸給人之類。

　　儘管在製造恐懼和複雜性程度上，SPE 和納粹集中營系統間有著極大差距，但奧斯威辛死亡集中營中的納粹黨衛軍醫生和我們的 SPE 獄卒間還是有個有趣的相似性。納粹黨衛軍醫和實驗中的獄卒一樣，也可以分成三種群體。根據李夫頓於《納粹醫生》的描述，「愛國者熱切地參與處決過程，甚至為了殺人而自願『加班』；有些人則多少可說是按照條理工作，只做覺得自己該做的事；剩下的人則是不情不願。」[10]

　　在我們的研究中，勉強扮演自己角色的好獄卒意味著「善而不為」（goodness by default）。與其他值班同伴的惡魔行為相較之下，給囚犯們施點小恩小惠。正如先前提到的，他們之間沒有人曾介入阻止「壞獄卒」們虐囚；也沒有人跟工作人員抱怨、遲到早退或是拒絕在緊急情況下加班，甚至沒有人為了必須做這些討厭的工作而要求加班費。他們只是「無為之惡症候群」（Evil of Inaction Syndrome）的一分子，這部分將會在後面篇章中完整討論。

　　我們回想最好的獄卒喬夫‧蘭德里，他和最壞的獄卒赫爾曼一起輪小夜班，但他從來不曾嘗試讓赫爾曼「冷靜下來」，或是試著提醒他「這不過是個實驗」，這些孩子只是在扮演囚犯的角色，沒必要讓他們受這麼多苦。喬夫只是默默承受痛苦──跟囚犯們一起受苦。如果他的良知能夠激勵他做些有建設性的行動，那麼這位好獄卒也許可以發揮相當的影響力，改善在他值班期間日益升高的虐囚現象。

　　從我在許多大學中的多年教學經驗，我發現大多數學生並不關心權力的議題，因為他們在自己的世界中擁有許多資源，可以憑藉才智和辛

勤工作來達成自己的目標。只有當人擁有許多權力而且想要繼續享受權力，或是沒什麼權力卻又想要更多的時候，權力議題才會受關注。然而權力之所以成為許多人的目標，主因是享有權力的人可以任意支配資源。美國前國務卿季辛吉曾經這樣描述權力的誘惑：「權力是春藥」。權力的誘惑吸引著年輕貌美的女性投向又老又醜的權威人士的懷抱。

囚犯的病理分析

> 在哪裡違背意志，那裡就是人的監獄。
> ——埃皮克提特，《語錄》（Epictetus, *Discourses*, 2th century）

　　研究一開始時，我們比較關注扮演囚犯角色者如何適應無權無勢的全新地位，而不是那麼關心獄卒的適應問題。當時我剛花了一整個暑假時間沉浸在我在史丹佛大學與人共同執教的監禁心理學，所以已經準備好要站在他們那一邊了。卡羅・派瑞史考特剛跟我們說了一堆獄卒手下發生的虐待和墮落故事。從曾經是階下囚的人口中，我們也聽說了囚犯性虐待其他囚犯及幫派鬥爭等恐怖的親身經歷。所以克雷格、科特和我早就私下倒向囚犯那邊，暗自希望他們能夠撐過獄卒施加的各種壓力，儘管他們被迫戴上外在的劣勢標籤，仍然希望他們能維持人性的尊嚴。我甚至想像自己會是電影《鐵窗喋血》裡保羅・紐曼[譯1]那一型能以智慧方式進行反抗的囚犯，從沒想過自己會成為他碰上的獄卒。[11]

　　當囚犯叛變以出人意料的速度發生時，我們感到相當欣慰；他們抗議獄卒指派給他們的奴差根本是找麻煩，也質疑任意武斷的執法以及讓人筋疲力竭的頻繁列隊報數。當初我們透過報紙廣告招募他們來參加所謂「監獄生活研究」，但現在他們對這研究的期待已經完全破滅了。他們原本以為只是做幾個小時的低賤差事，其餘時間可以讀書、玩樂、認識新朋友。事實上，這也是我們一開始規劃中要求的——至少在囚犯們開始造反而獄

譯1　保羅・紐曼（Paul Newman）在《鐵窗喋血》片中飾演因酒醉鬧事入獄的囚犯，他在獄中以智慧和機智帶領囚犯們對抗典獄長及獄中惡勢力，雖然最後死於獄中，但被囚犯們視為希望及反體制的象徵。

卒們掌握大勢之前是這樣。我們甚至還打算要辦幾場電影之夜呢。

囚犯們對於一些事情特別反感，他們厭惡日以繼夜的持續辱罵、缺乏暫時不受工作人員監視的隱私及喘息空間、任意武斷的規則執行、隨機懲罰以及被迫分享狹窄寒酸的牢房空間。當叛亂開始時，獄卒轉向我們尋求協助。但我們袖手旁觀。我們的態度很清楚：一切取決於他們的決定。我們只是觀察者，沒有意願介入。在開始階段，我還無法沉浸於典獄長的心態中，當時的我反而像個主要觀察者，興趣是蒐集資料，想了解假扮的獄卒如何回應這個緊急事件。

讓我們措手不及的是，道格 8612 在協助策劃造反後就迅速崩潰了。他用顫抖的聲音控訴囚犯所遭遇到的一切不合理對待，「這是個很鳥的模擬實驗，根本不是什麼監獄，幹你他媽的金巴多博士！」我們所有人震撼不已。我不得不欽佩他的勇氣。我們無法全心全意相信他是真的覺得很痛苦，而不是做做樣子。記得他最先表示希望被釋放時，我跟他談過話，當時我還請他考慮當我們的「抓耙子」，交換條件是繼續當囚犯，但會有一段時間沒有誰可以找他麻煩。

我又進一步想起在道格 8612 突然崩潰時，克雷格做出了釋放他的困難決定，那時道格進入實驗的時間不過三十六小時：

　　做為實驗者，我們沒人料到會發生這種事。當然了，我們臨時也想不出什麼辦法來擺平它。還有，很明顯的是，這名年輕人在模擬監獄的短暫經驗中感受到的困擾遠超出我們任何人預期……。基於倫理、人性優先於實驗的考量，我決定釋放囚犯 8612。

我們原本不預期有人會在這麼短的時間內出現如此劇烈的壓力反應，但這預期卻被打破了，該怎麼解釋這件事？當時我們做出一個方向錯誤的歸因，克雷格是這麼記得的：

　　我們迅速找到一個自認為自然又可靠的解釋：他一定曾因為脆弱或

性格上的弱點而有過崩潰經驗，這可以說明他對模擬監獄環境過度敏感和過度反應！事實上，當時我們憂慮的是資格審查過程是不是出現了瑕疵，才會讓一個已經「受損」的人混進來，卻沒有被偵測到。一直到後來，我們才承認這個明顯的反諷：這是我們研究中的情境力量第一次在完全不預期的情況下以如此驚人的方式呈現，但我們卻「用特質論來解釋」，我們採取的正是當初設計研究時想要挑戰和批判的思維！[12]

讓我們回顧道格 8612 對這場經驗的最後回應，並且承認，他當時的困惑非常深刻：

「我決定要離開，但當我告訴你們這些人我的決定、我所看到、經歷到的一切時，你們只說了句『不行』，然後把我的話當放屁。當我回去時，我明白你們只是在敷衍我，這讓我很火大，所以我決定要做點什麼好離開這裡。我策劃了幾個離開的行動，最容易又不會造成人、物損傷的方法就是直接假裝抓狂或苦惱的樣子，所以我選了這個辦法。當我回到籠子裡時，我就有意識地假裝崩潰，我知道在跟傑夫談之前，先不要在籠子浪費力氣，要到傑夫面前才釋放情緒，這樣就出得去了，可是到後來，當我在操弄情緒、裝出難受的模樣時，我是真的很難過，你知道吧——你怎麼可能假裝不舒服呢，除非你真的很難過……就像瘋子不可能裝瘋賣傻，除非他真的有點瘋了，你懂嗎？我不知道到底我是真的受不了，還是被人誘發，那個黑黑的傢伙讓我很抓狂，他叫啥？科特嗎？這大致就是我的遭遇。而你這位金巴多博士卻跑來跟我談買賣，好像我是奴隸還是什麼東西……你到後來還在耍我，不過你是可以做點什麼，你們應該要在實驗裡做點什麼。」[13]

模擬的重要性

人若處在某種強大社會情境中，本性會出現戲劇性的變化。劇烈程度就如同羅勃特·路易士·史帝文生（Robert Louis Stevenson）引人入勝

的虛構小說《化身博士》。數十載以來，SPE引發的關注仍持續不歇，我認為這是因為這個實驗揭露了「性格轉變」的驚人事實：當情境力量加諸於人時，好人會突然變身成像獄卒般邪惡的加害者，或如囚犯般病態的消極被害者。

透過引導、誘使或傳授的方式，就可以讓好人為非作歹。當好人沉浸在「整體情境」時，情境力量會挑戰個人人格、個性和道德觀的穩定性及一致性，從而影響人性的表現，引導人做出諸如非理性、愚蠢、自毀、反社會、不計後果的行為。[14]

我們希望相信人有基本不變的善性，能夠抵抗外在壓力，並以理性方式評價並抗拒情境誘惑。我們賦予人性以神性，人性具有道德及理性的能力，使人類公正而富有智慧。在善惡之間，我們豎立一道看似穿不透的藩籬，以簡化人類經驗的複雜性。在善這一邊的都叫「我們」、「自己人」、「同類」，而在惡那一邊的通通歸成「他們」、「別人」、「異類」。弔詭的是，在創造出不受情境力量影響的迷思時，我們卻因此對情境力量失去警覺性，從而開啟了墮落開端。

SPE及許多社會科學研究（參見第十二章、十三章）透露出我們不願接受的訊息：大多數人不得不面對社會力量的嚴格考驗時，都會出現重大的性格轉變。我們置身事外地想像自己的可能作為，然而一旦進入社會力量的網絡中，想像自己的行為表現及實際能做的卻差了十萬八千里。SPE號召我們捨棄「善良自我」能夠打倒「惡劣情境」的簡化觀念。正如情境感染相同處境的其他人一樣，只有當我們承認情境也有「感染我們」的潛在力量，才能最完善地抗拒、避免、挑戰及改變這類負面情境力量。羅馬喜劇作家泰倫斯（Terence）說過：「凡出於人性的，必適用於我。」這句話提醒我們時刻莫忘此一認識的重要性。

透過納粹集中營獄卒、吉姆·瓊斯[譯2]的「人民聖殿教」的毀滅儀

譯2　吉姆·瓊斯（Jim Jones）為美國新興宗教組織「人民聖殿」的創始者及領導人，主張種族融合及共產理念。一九七八年十一月，吉姆·瓊斯及九百多信徒在蓋亞那農場中集體中毒死亡，自殺或謀殺死因成謎。

式，以及更近期的日本「奧姆真理教」儀式所造成的行為變化，這些教訓一直重複地傳達給人們。而在波士尼亞、科索渥、盧安達、蒲隆地及最近蘇丹達佛地區的種族滅絕暴行，也同樣提供了有利的證據，證明人類會將人性及仁心屈服於社會力量，以及諸如戰爭征服、國家安全等抽象的意識形態藉口。

無論人類曾犯下多麼恐怖的暴行，只要處在正確或錯誤的情境中，這些行為就有可能出現在我們任何人身上。這樣的認知並不構成為邪惡開脫的理由，相反地，它使得邪惡民主化，讓一般行動者共同承擔了邪惡的責任，而非宣稱邪惡是偏差分子或者是暴君的專利——邪惡的都是「他們」，不會是「我們」。

史丹佛監獄實驗最單純的教訓是告訴我們**情境的重要性**。社會情境在個人、群體及國家領導人的行為和心智運作上產生的作用力，遠較我們能想像的還深刻。有些情境施加在我們身上的影響非常大，可以讓我們做出不曾更不可能預測得到的行為反應。[15]

人若處在無法依循從前法則行事的新環境中，情境力量的影響最為顯著。在這類情境中，慣常的報償結構不同了，預期也被打破了。置身其中時，人格變項的預測力變得很低。因為它們的預測力依賴的是想像的未來行動估計，而未來行動則是以過去在熟悉情境中的典型反應為基礎——但現在我們遇到的新情境並非如此；一位新獄卒或囚犯會這麼說。

也因此，當我們試圖了解自己或他人令人困惑的不尋常舉動時，都必須以情境分析為出發點。只有以情境為基礎的偵查工作無法解答謎題時，才採用天性式分析（基因、人格特質、個人病理學等）。我在史丹佛的同僚李·羅斯認為，這樣的分析方法是邀請我們從事「歸因的慈善事業」（attritutional charity）。這意謂著，我們不是一開始就把矛頭指向做這件事的行動者，而是仁慈地從現場調查出發，去找出行為的決定因素。

然而知易行難。因為我們大多數人都有強烈的心理偏見——「基本歸因謬誤」[16]，使我們無法以這樣理性思考。提倡個體主義的社會如美國及許多西方國家，逐漸習慣去相信天性的重要勝於情境。在解釋任何行

為時，我們過度強調人格的重要性，卻低估了情境的影響力。讀完這本書之後，我希望讀者們開始注意這個行動的雙重原則是如何頻繁出現在自己的思維方式和他人的決定過程中。接下來要以我們的監獄研究來思考讓情境發揮影響力的特質。

規定的型塑力量

SPE 中出現的情境力量結合了許多因素，這些因素單獨而言並無特出之處，然而一旦聯合起來，就會發揮強有力的影響。其中一個關鍵特質就是規定的力量。規定是以正式而簡化的方式來控制非正式的複雜行為。其運作方式是規則的外化（externalizing regulations），即制定什麼是必需的、什麼是可接受、可以得到報償的，以及什麼是不被接受並因此會受懲罰的。當時間久了，規定逐漸有了自己的生命，開始不受控制，並擁有合法的威權。即使規定不再適用、變得含糊不清，或是因為規定執行者的任意詮釋而變化，規則仍然屹立不搖。

藉著怪罪「那些規定」，我們的獄卒可以將加諸囚犯的大多數傷害正當化。舉例來說，讓我們回想一下囚犯在熟記獄卒和監獄官發明的十七條專制規定時必須承受的痛苦吧！也請思考一下用餐時間進食行為的規定二是如何被濫用來懲罰克萊 416，只因為他拒絕吃下不潔的香腸。

有些規定可以有效調節社會行為，故有其必要；例如演講者說話時，觀眾必須聆聽、駕駛遇到紅燈要停車、不可插隊。然而有些規定只是幌子，只為了掩飾創造規定者或負責執行者在支配的事實而已。就像 SPE 規定一樣，最後一條規定自然是關於破壞其他規定時的懲罰方式。也因此一定會有某個人或某個代理機構願意並且有能力執行這類懲罰；在公開場所執行最理想，可以收到殺雞儆猴的效果。喜劇演員連尼·布魯斯（Lenny Bruce）曾以逗趣的方式描繪誰可以、誰不行把糞便丟到鄰居院子裡的規定是如何發展出來。他也將警察角色的創造描述成是為了擔任「我家院子裡不准有屎」規定的守護者。規定和規定的執行者都是情境力量內在固有的，儘管如此，系統仍扮演了一定角色，雇用警察並

創造監獄來監禁破壞規定者的都是系統。

一旦規定成眞

一旦你穿上制服並被賦予一個角色，我是說，一份差事，有人對你說：「你的工作就是管好這些人。」然後你就會變了個人，不再扮演穿著休閒服的角色了。當你穿上卡其制服、戴上眼鏡、拿著警棍時，你就會真的變成獄卒，你會開始演起那個角色。那是你的戲服，穿上它，你就得照著劇本演。

　　　　　　　　　　　　　　　　　　——赫爾曼，獄卒

當演員扮演虛構人物時，常常必須演出與他們人格認同相異的角色。他們按照演出角色的需求，學習說話、走路、吃東西，甚至是思考和感覺。演員的職業訓練使他們得以維持人物角色和自我認同之間的區隔，將自我隱藏在幕後，在幕前演出和真實自我大不相同的角色。然而，即使是訓練有素的專業人士都會遇到界限模糊的時候，在戲落幕或電影殺青後仍然走不出劇中人的陰影。他們全神貫注於角色的內在強度，而讓這股強大力量指揮舞台下的人生。觀眾變得不再重要，因為演員的心思已經完全被角色占據。

要解釋戲劇化角色最後「弄假成真」的效應，英國的電視「真人實境秀」《鄉郊大宅》（The Edwardian Country House）有個很棒的例子。該電視劇從約八百名應徵者中選出十九個人，在優美莊園裡擔任英國僕役的角色。根據劇中的時代設定，扮演管理僕役的總管一職的人，行為舉止必須遵照嚴格的階層制度，可是演出者卻被自己能輕易變成專制總管這件事給「嚇到了」。這名六十五歲的建築師沒有足夠的心理準備，無法接受自己可以輕易對他管理的僕役施加絕對權力，「你突然明白你不用說話，只需要動根手指他們就會乖乖聽話了。這想法很嚇人——令我毛骨悚然。」而一位扮演女僕的女性，在真實生活中擔任旅遊資訊處官員，

　　她開始覺得自己像隱形人一樣無足輕重。她描述她和其他人如何快速適應僕役的角色，她說：「我先是驚訝，然後就感到害怕了。全部的人都變得低聲下氣，我們很快學會了不要回嘴，而且覺得自己是卑下的。」[17]

　　典型的情況是，角色和特殊的情境、工作、職務是相連的，比方說教授、門房、計程車司機、牧師、社會工作者或色情片演員都是如此。人處在某個情境時就會扮演某個角色——當他在家、在學校、在教堂、在工廠或是在舞台上時，所扮演的角色都不同。而通常處在「正常的」生活中時，角色就會被拋在一邊。然而有些角色會不知不覺滲透進入你的生活。這些角色不只是偶爾演出的劇本而已，它們會在大多數時候變成你。即便一開始我們只承認它們是人為的、暫時的、受情境限制的角色，但它們仍被內化成為我們的一部分。於是我們變成了父親、母親、兒子、女兒、鄰居、老闆、勞工、助人者、醫治者、娼妓、士兵、乞丐及其他許許多多角色。

　　更複雜的是，我們都必須扮演多重角色；有些角色相衝突，有些則可能挑戰我們的基本價值與信念。正如 SPE 裡的例子，當初一開始我們只是用「不過是個角色」來和真實個人做區別，但是當角色行為得到報償時，卻開始造成深刻的影響。就像「班上的小丑」雖然贏得他無法用特殊學業表現得到的注意，可是接下來就再也不會有人認真看待他了。或者是羞怯，一開始時可以用怕羞來避免笨拙的社會互動，這時羞怯是一種情境式的笨拙，但是當怕羞的次數多了，原先只不過是扮演角色，最後卻真的成了怕羞的人。

　　挫敗感也是如此。當人們扮演界限僵化的角色，並因此賦予既定情境許多限制，像是限制什麼行為才是適當、被期待及獲得強化的等等，這時候人們就可能做出很糟的事來。當人處在「正常模式」時，會用傳統道德和價值觀來支配生活，然而角色的僵化性卻關閉了正常模式中的傳統道德和價值觀。**角色分隔**（compartmentalization）的自我防衛機制，允許我們在心智上接受相互衝突的信念與期待，讓它們成為彼此分隔的密室，以避免爭執。於是好丈夫也可以毫無罪惡感地演出姦夫的角色；

聖徒可以是一輩子的雞姦者；親切的農場主人可以是冷酷無情的奴隸主子。我們必須承認，無論如何，角色扮演的力量均足以形塑我們的看法；當一個人接受了教師或護士角色，他就可能會為了學生及病患的利益終其一生犧牲奉獻。

角色過渡：從醫治者變成屠夫

這方面最糟的案例是納粹黨衛軍醫師，他們的角色是在集中營囚犯中挑選出處決或「實驗」的人犯。而在經過重新社會化之後，他們已經完全擺脫常態的醫治者角色，完全進入殺人共犯的新角色當中。基於為了公共利益而必須有所作為的群體共識，他們接納了幾個極端的心理防衛機制，以避免面對事實——身為猶太人集體屠殺事件的共犯。要理解這段複雜過程，我們必須再次提起社會心理學者李夫頓。

剛進入這環境的新醫生，一開始一定會對他所見到的景象感到驚駭，他會問一個問題：「這裡的人怎麼會做出這些事？」一個普通的答案就能解答一切：對他（囚犯）而言，什麼是比較好的？是在糞堆裡苟延殘喘還是乘著（一團）毒氣到天堂去？於是這個新人就會完全被說服了。面對嚴酷的生命現實時，大屠殺是每個人都被期待去適應的手段。

將猶太人滅絕計畫塑造為「最終解決方案」的心理學目的有兩個：「它代表著獨一無二的大規模屠殺計畫，而且從根本上把焦點鎖定在問題的解決。」於是它把整件事變成一樁有待解決的難題，任何手段只要是必須的，都可以來達成這個實用性目標。這樣的理智訓練，讓同情與憐憫從這名醫師的日常巡診中完全消失了。

然而挑選人犯進行毀滅的工作是「如此繁重，和極端的邪惡又息息相關」，這讓高等教育的醫師們必須運用一切可能的心理防衛機制，以避免面對他們是謀殺共犯的事實。對某些人來說，將情感與認知分離的「心理麻木」成了常態；而另一些人則採取精神分裂式辦法，過著「雙重」的生活。於是在不同時間裡，同一位醫師身上可以存在著殘忍與高貴的極端特質，這必須召換「存在於自我中兩個徹底不同的心理叢結：一個

是以『普遍接受的價值』以及身為『正常人』的教育和背景為基礎；另一個則是建立在『與普遍被接受價值極端不同的（納粹—奧斯威辛）意識形態』的基礎上」才能做到。這些雙重傾向日復一日地來回擺盪。

角色互動及其腳本

有些角色要求相對的夥伴關係，就像獄卒角色的存在如果要有意義，就必須有人扮演囚犯才行。除非有人願意扮演獄卒，否則一個人無法成為囚犯。在 SPE 中，不需要什麼特別的訓練就可以扮演角色，也沒有手冊教你該怎麼做。回顧第一天獄卒的笨拙以及囚犯的輕浮舉止，只是因為兩方都正在適應這個陌生角色。但是很快地，隨著以獄卒—囚犯共生關係為基礎的權力差異越益明顯，我們的實驗參與者也輕易地進入了他們的角色中。演出囚犯或獄卒，一開始根據的腳本是來自於實驗參與者自身關於權力的經驗，包括觀察父母之間的互動（傳統上，父親是獄卒，母親則是囚犯），以及自身對醫生、教師、老闆等權威人士的回應，最後，透過電影中對監獄生活的描繪而刻畫在他們腦海中的文化銘印，也是腳本的來源之一。社會已經幫我們做了訓練，我們只需要記錄下他們演出角色時的即興程度，就可以取得資料。

許多的資料顯示，所有實驗參與者的反應，實際上都曾在某個時候遠超出角色扮演的要求，而這些反應滲透到囚禁經驗的深層心理結構中。一開始，有些獄卒的反應受到我們的說明會影響，在會中，我們曾大略提及為了模擬真實的囚禁情境而希望創造出什麼樣的氛圍。但無論這個舞台環境對於當個「好演員」這件事曾大略提供出何種一般性要求，當獄卒私下獨處，或是相信我們沒有在監看他們時，這些要求理應不會有效。

實驗後的報告告訴我們，單獨私下和囚犯待在牢場外頭的廁所時，有些獄卒會特別殘暴，他們會把囚犯推進便器中，或是推到牆上。我們觀察到最殘酷的行為都發生在深夜或是清晨的值班時間，如我們所知，獄卒們認為這時候他們不會被我們監視或錄音，在某個意義上也可視為

是實驗「關閉」的時候。此外我們也看到，儘管囚犯們不反抗，而且隨著這場獄中災難達到頂點而露出頹喪跡象，獄卒對囚犯們的虐待還是每天不斷推陳出新、越演越烈。在一場錄音訪談中，一位獄卒笑著回憶，實驗頭一天他還曾經因為推了一個囚犯一把而感到很抱歉，但是到了第四天，他卻已經對推擠和羞辱他們毫無感覺了。

克雷格敏銳分析了獄卒的權力轉變。他仔細回想進入實驗沒幾天後，他和其中一位獄卒之間發生的衝突：

在實驗開始前，我和囚犯以及所有獄卒們都曾做過訪談，雖然為時短暫，但我覺得自己是從個體角度來認識他們。也許因為這樣，儘管他們的行為隨著實驗進行越來越極端、嗜虐，但我對他們是真的毫無敵意。不過很明顯的是，因為我堅持和囚犯們私下談話——表面上的理由是和他們進行諮商，而且偶爾也會吩咐獄卒們停止一些特別嚴重且毫無理由的虐待，所以他們把我當成背叛者。因為這樣，有一位獄卒在日記中這樣描述我和他的互動：「那個心理學家離開（諮商）辦公室前責備我銬住囚犯而且矇住他的眼睛，我很氣憤地回答他，我做這些都是為了安全的考量，而且這是我的事，不管怎樣都和他無關。」他的確這樣告訴過我。奇怪的是事情似乎顛倒過來，是我協助創造了這個模擬環境，現在我卻因為無法支持這些新規範，而被一個我隨機分派角色的獄卒嗆得啞口無言。[18]

談到獄卒說明會可能造成的偏差，我們才想起我們完全沒有為囚犯辦任何說明會。那麼當他們私下獨處時，當他們脫離不間斷的壓迫時，他們都做些什麼？我們發現他們不是去認識對方，或討論跟監獄無關的現實生活，而是非常著迷於當下處境的各種變化，他們增飾自己扮演的囚犯角色，而不是與之疏離。獄卒們的情形也一樣：從他們私下在寢室或在準備輪班、換班空檔中蒐集到的資訊顯示，他們彼此很少聊和監獄無關的事或私事，常聊的反而是關於「問題囚犯」、獄中即將出現的麻煩

或對工作人員的反應──完全不是人們認為大學生在休息時間會討論的話題。他們不開玩笑、不笑，也不在其他獄卒面前流露出個人情緒，原本他們可以輕鬆運用這些方式讓情勢愉快點，或是跟角色保持點距離，卻沒這麼做。回想一下克麗斯汀娜稍早的描述，她談到她見到的那位親切、敏感的年輕人，一旦穿上了制服進入他在牢場裡的權力位置之後，卻搖身一變成了粗野殘暴的西部牛仔。

扮演 SPE 的成人角色

在進入 SPE 給我們的最後教訓之前，我想要再提出兩個最後的觀點來討論角色權力及運用角色來正當化違法行為。我們現在先跳出獄卒與囚犯是由志願者扮演的，回顧一下幾個角色：來訪的天主教神父、假釋委員會的委員長、公設辯護律師，以及在探訪夜出現的父母。父母們不僅覺得我們展示的監獄情境良好、有趣，還允許我們將一系列武斷獨裁的規定用在他們身上、限制他們的行為，就像我們對待他們的孩子一樣。我們也信任他們會好好扮演深植於內在的角色──他們是循規蹈矩的中產階級公民，尊重威權、極少直接挑戰系統。我們同樣也知道即使囚犯們處於絕望中，而且人數遠多於獄卒，但是這些中產階級出身的年輕人也不可能直接槓上獄卒。其實只要有一個獄卒離開牢場，囚犯與獄卒的人數比甚至可以達到九比二，他們卻不曾反抗。這類暴力不屬於他們從小習得的角色行為，卻可能是出身較低階層的實驗參與者所熟悉的，而且比較可能會採取行動改變自己的處境。事實上，我們找不到證據證明囚犯們曾經策劃要發動人身攻擊。

角色的現實依賴支援系統而存在，系統對角色提出要求、規範，並且阻止其他現實情況入侵。回想一下，理奇 1037 的母親向我們抱怨他的情緒不佳時，我立刻動員了我的制度性威權角色回應並挑戰她的觀察，我暗示囚犯 1037 一定有些個人困擾，所以他的情緒狀態完全和監獄的運作問題無關。

回溯我當時的反應，我的角色從一個十分有同情心的老師，成為一

心只顧蒐集資料的研究者、麻木無情的典獄長，這樣的轉變最令人痛苦。在這個陌生角色中的我，做出一些不適當的怪事，我狠心打斷了一位母親的抱怨，而她的確有理由抱怨；當帕洛阿圖市的警局警官拒絕將我們的囚犯移到市立監獄時，我的情緒變得十分激動。我想我會那樣做的原因是因為我完全接納了我的角色，也就是要讓監獄儘可能正常運作。但也由於接納了這角色，我只關注「我的監獄」的安全和維持，於是在第二名囚犯也達到崩潰邊緣時，我並沒有察覺到有中止實驗的需要。

角色的過錯與責任

我們可以深深沉浸在角色之中，又能在必要時將自己和角色區隔開，也因此，當我們由於身為某個角色而犯下過錯時，很容易幫自己撇清個人責任。我們拒絕為行動負責，將責任怪罪在扮演的角色身上，說服自己本性和角色沒半點關係。這種說法顯然和納粹黨衛軍領導人在紐倫堡大審時的開脫之詞有異曲同工之妙：「我只是照命令行事。」只不過辯護的理由變成：「別怪罪到我身上，我不過是做我當時那位置上的角色該做的——那不是真正的我。」

赫爾曼和克萊 416 曾經接受過一次電視訪問，我們回想一下赫爾曼當時如何合理化他對克萊的虐待行為。他聲稱自己只是在進行「屬於我的小小實驗」，目的是觀察要把囚犯逼迫到什麼程度，才能讓他們造反或是挺身維護自己的權利。事實上，他主張自己的嚴酷行為是為了刺激囚犯們變得更好，而殘暴的主要報償就是囚犯的起義。這個事後合理化有什麼樣的謬誤呢？從他處理克萊 416 香腸造反事件的方式還有「中士」的反抗辱罵，我們可以輕易看出端倪。赫爾曼並沒有贊許他們起身維護自己的權利和原則，反而是大發雷霆，變得更極端、嗜虐。赫爾曼徹底運用身為獄卒的最大權力，做出遠超出情境的需求，只為製造自己的「小小實驗」來滿足個人的好奇心和樂趣。

為了進行 SPE 後效的回溯性調查，赫爾曼和道格 8612 曾在最近接受

《洛杉磯時報》的訪談，而他們都用了類似理由來說明當時的行為──一個自稱「殘酷」，另一個人則用「瘋狂」來形容；他們的理由則是一切作為都是為了取悅我。[19] 也許他們所搬演的正是日本電影《羅生門》裡的新角色吧，如同電影裡的每個人都對事實有一套不同觀點。

匿名性及去個人化

除了規定和角色權力之外，由於制服、裝束和面具的採用，掩蓋了每個人的一般面目，從而促成匿名性的出現並降低了個人責任歸屬，情境力量也變得更有權威性。當人在情境中覺得自己擁有匿名性，也就是覺得沒有人會意識到他們的真正身分（所以也沒有人會在乎）時，反社會行為就比較容易被誘導出現。假如情境本身又允許個人衝動、服從指令，或者鼓勵建立一些一般情形下會受鄙視的行為方針，情況更是如此。銀色反光太陽眼鏡就是這種工具，它讓獄卒、典獄長和我在與囚犯往來時顯得更高不可攀、更缺乏人情味。制服則賦予獄卒一個共同身分，必須稱呼他們「獄警先生」也是一樣的道理。

有大量的研究資料證實，去個性化助長了暴力、破壞公物、偷竊等越界行為（將在後面的篇章中進一步討論），尤其當情境支持這類反社會行為時，這對孩童造成的影響並不亞於成人。在文學作品，如威廉・高汀的小說《蒼蠅王》中找到這類過程描述。當群體中所有人都處在去個性化的狀態下，他們的心智運作方式會改變：他們活在一個延伸現在的時刻中，使得過去和未來都變得遙遠而不相關。感覺會支配理性，行動能凌駕反思。在這種狀態中，導引他們行為不偏離社會正軌的一般性認知和動機激發過程已不再發揮作用。阿波羅式的合理性及秩序感被迫讓位給戴奧尼索司式的過度放縱甚至混亂。接下來，人們不再考慮後果，發動戰爭就會變得像做愛一樣容易。

於是我想起來自一行禪師的啟發：「為了彼此鬥爭，同一隻母雞生下的同一窩小雞，臉上的顏色不會一樣。」這是個妙喻，可以用來描繪去個性化在助長暴力上所扮演的角色。在伊拉克虐囚監獄阿布葛拉伊布

中臭名遠播的 1A 層，一位獄卒曾模仿搖滾團體「跳樑小丑」（Insane clown Posse）以銀色和黑色彩繪自己的臉，當時他正在值勤，並且為了拍照而擺著姿勢，因而拍下了一張記錄虐囚事件的照片。關於去個性過程如何參與阿布葛拉伊布監獄虐囚事件，我們稍後還會有許多討論。

認知失調對邪惡的合理化

公開扮演跟自己私下信念相反的角色會出現一個有趣的結果：產生認知失調。行為與信念之間不一致，以及行動不是隨著恰當態度而產生，都是認知失調出現的條件。失調是一種緊張狀態，它會強而有力地刺激個人改變公共行為或是私人觀點，以減低失調程度。人們將會竭盡所能，力求拉近信念與行為的差異，以達到某種功能性統一。差異程度愈大，達成調和的動機就越強，而人們也會期待看見越極端的改變。如果你有許多好理由去傷害一個人，反倒很少會出現失調，比方說你的生命受到威脅、身為軍人的職業要求你得聽從權威者命令行事，或者從事違背你和平信念的行動可以得到豐厚報酬時。

然而奇怪的是，一旦從事這類行為的正當理由**減少**，失調的效應卻會開始**增強**。好比說你只為了微薄報酬去做一件令人厭惡的事，你的生命不受威脅，提供給你的理由也不夠充分或是不妥當，失調情形就會變嚴重了。在人們擁有自由意志時，或者當情境壓力迫使他從事與信念不符的行動，但是他或她一時失察或無法全然贊同這樣的行為時，失調程度會升高，試圖去降低失調的動機也會最強。如果與信念不符的行為屬於公開行為，否認或修正都是不可能的。因此，改變的壓力會施加在認知失調方程式中較軟性的元素上，也就是屬於內在、私密的部分，亦即價值、態度、信念，甚至是知覺感受上。有大量的研究可以支持這樣的預測。[20]

認知失調是如何刺激我們在 SPE 獄卒身上所看見的改變出現呢？他們從事長時間且辛勞的值班工作，完全出於自願，只為了一小時不到兩美金的微薄薪水。他們很少得到指導，告訴他們該如何扮演這個困難的

角色。無論何時，只要他們穿上制服、出現在牢場中，或者是有任何其他人在場，不管那個人是囚犯、他們的父母或是訪客，他們就必須一貫維持每天輪班八小時的獄卒角色。他們不當班時，有十六個小時的休息時間遠離 SPE 的日常工作，然而十六個小時後，他們還是得回到角色裡。這樣的情境是導致認知失調的強大源頭，也許就導致獄卒內化其公共角色的行為，並且造成他們用私人認知和情感回應方式來自我合理化，因而使得獨裁及虐待行為日益增加。

更糟的是，由於這些和個人信念不符的行動是他們承諾要做的，於是獄卒們更覺得必須賦予它意義，必須找理由來解釋自己為什麼做出違背他們真正信念及道德主張的事。在許多情境中，認知失調的情形被承諾掩蓋，因此讓明智的人受矇騙，做出非理性的行動。社會心理學提供許多證據，證明這種情形可以讓智者做出蠢事、清醒的人行事瘋狂、道德的人行為下流。做出違背信念的事情後，人們總會提出「好的」理由為自己無可抵賴的作為辯解。相較於合理化──替自己的私人道德觀與實際行動間的矛盾開脫──的功力，人們的理性能力反而是差了點。藉著合理化，他們可以說服自己和別人，主訴他們的決定都經過理性考量。然而人們對於自己在面臨失調時那股維持一致性的強烈動機，卻是一點也不敏感。

社會認可的力量

還有另一股更為強大的力量影響人的行為，不過人們對此同樣毫不察覺：**社會認可的需求**。人們需要被人接納、被人喜歡、被人尊敬，這意味著行為要看起來正常、恰當、符合社會期待。這股力量非常強烈，以致於人們會優先服從陌生人告知的正確行為，即便那些行為極端地愚蠢怪異。我們嘲笑著向我們揭露真相的「整人遊戲」節目，卻很少注意到在自己的生活中，我們成為整人遊戲「主角」的次數有多頻繁。

除了認知失調效應之外，我們的獄卒也同樣受到服從的壓力。來自其他獄卒的群體壓力強化了當一個「合群的人」的重要，而這裡的遊戲

規則就是必須以各種方式將囚犯們去人性化。好心的獄卒成了群體中的異類，值班時，他被排除在其他獄卒組成的小圈圈之外，沉默地承受痛苦。而在每個班次中，嚴酷的獄卒總是會成為至少一位其他獄卒的模仿對象。

現實的社會建構

獄卒們身穿軍裝風格的制服，囚犯們則穿上皺巴巴、別上身分識別號碼的罩衫，前者所得到的權力感和後者感覺到的無權感彼此相稱。儘管獄卒和囚犯的裝束不同，獄卒們配有警棍、哨子和遮住雙眼的太陽眼鏡，囚犯們則佩戴腳鐐以及蓋住他們長髮的頭罩，但造成情境上的差異並非來自服裝或硬體裝備的差異，反而是必須從心理元素中，亦即調查群體各自對這些裝束的主觀意義建構，才能找出權力的來源。

要了解情境的重要性，必須先了解身處其中的人，了解他們如何理解以及詮釋既定的行為環境。人們賦予這情境中各種要素**意義**，而正是這些意義，創造了情境的社會現實。社會現實不光是指情境的物理性質，社會現實也是人們對情境、對目前行為階段的看法，而這些看法參與了各種心理過程。這類心理表徵也是信念，這些信念可以修正人們對於情境的理解，讓它們符合行動者的期望及個人價值觀，或者與之同化。

這類信念又創造了期望，當期望變成自證式預言時，期望就會擁有自己的力量。舉個例子，在一個著名的實驗（由心理學家羅伯·羅森陶〔Robert Rosenthal〕以及小學校長雷諾·傑柯布遜〔Lenore Jocobson〕所執行）中，當老師們被引導相信小學班級裡的某些孩童是「資優兒童」時，這些孩子的確開始在學業上有傑出表現——即便研究者不過是用隨機方式挑選出這些孩子的名字而已[21]。在研究中，老師們對這些孩子潛能的正面看法，回過頭來修正他們對待這些孩子們的方式，因此促進他們在學業上表現優異。這些普通孩子成為他們的期望——課業表現傑出的

人，因而證明了「畢馬龍效應」（Pygmalion Effect）。令人難過的是，老師也會預期某些類型學生會有較差的學業表現——比如弱勢背景的學生，甚至在班級裡的男學生。老師們對他們無意識的對待方式，證實了這些負面的刻板印象，使得這些學生表現得比他們實際能力還差。

在 SPE 中，自願的學生原本在任何時間都可以選擇離開。他們只是在一份受試者選擇表格上頭承諾會盡力完成兩個禮拜的實驗而已，沒有人威脅或者規定他們一定得關在監獄裡。這份合約是由大學裡的研究者、大學人體受試者研究委員會以及大學學生三方所簽署，本身沒什麼大不了；一開始的預設只是希望學生們是在自由意志下參與，並且隨時可選擇中止實驗。然而事實上，事態發展到實驗第二天就非常明顯了，囚犯們開始相信這真的是座監獄，只是管理者是心理學家而不是國家而已。聽了道格 8612 的嘲諷之後，他們說服自己沒有人可以選擇離開。也因此，他們沒有人曾經說過：「我要中止實驗。」事實上對許多人而言，離開的策略變成是用極度的心理憂鬱來消極地迫使我們釋放他們。他們認為，是這個新的社會現實將他們牢牢釘在壓迫性的情境中，而這情境是由獄卒們任意、惡劣的行動創造出來的。於是，囚犯成了自囚的人。

在這個研究中，還有另一種社會現實，也就是在假釋聽證會結束時囚犯們終於得到「假釋談判」的機會。在我們制定的情境架構中，如果囚犯願意放棄他擔任「囚犯」賺到的全部酬勞，我們有權透過假釋委員會的運作讓他獲得假釋。雖然大部分人都是勉強接受這個談判結果，自願放棄他們這幾天實際擔任「研究受試者」的所有酬勞而離開，即使如此，那時候也沒有人嘗試要「中止實驗」。囚犯們寧可接受假釋建構出的社會現實，而不是基於個人最大利益採納維護個人自由的社會現實。他們每個人都允許自己被銬起來、用頭套罩住，然後從最接近自由的地方被帶回到地牢裡。

去人性化：否定他者價值

> 殺越南鬼子獻真神。
>
> ——一名越南美軍寫在頭盔上的一句話

人對人類手足能做出的極端惡行，莫過於剝奪他人人性，也就是運用心理學的去人性化過程讓人失去存在價值。當我們認為「他者」不具有跟我們一樣的感覺、思想、價值以及存在目的時，我們就是將他者去人性化。透過感情的理智化、否認及孤立等心理學機制，我們從意識中貶低或是抹消掉這些「他者」與我們共享的人類特質。相對於人性關係中的主體性、個人性和情感性特質，去人性化關係的特質則是客體化、分析式，而且缺乏情感或移情作用。

用馬汀·布伯的話來說，人性化的關係是我—你（I-Thou）關係，而去人性化的關係則是我—它關係（I-It）。隨著時間過去，去人性化的施為者（agency）會被吞沒進入經驗的負面性，造成「我」發生變化，並且產生出客體與客體間或施為者與受害者之間的「它—它」關係。於是人們透過標籤、刻板印象、標語和形象宣傳的方式，助長了將某類他者視為次等人、劣等人、非人、下等人、可有可無之人或者是「禽獸」的錯誤概念。[22]

當施為者在緊急情況、危機發生，或是需要侵入他人隱私領域時，的確有必要暫時擱置正常的情感回應，因此有時候去人性化過程也可以發揮適應的功能。例如外科醫師執行危及他人性命的手術以及擔當第一線救人任務時，他們就必須如此。而當工作的工作量或日常計畫必須接待大量的人時，也會發生同樣的情形。在某些照顧專業如臨床心理學、社會工作和醫學專業裡，這過程有個專門稱呼：「疏離的關懷」。這時的行動者被放在一個弔詭的位置上，他一方面得將客戶去人性化，一方面又需要給予他們協助或治療。[23]

然而針對被過度客體化的對象，去人性化過程往往會助長對他們的

虐待和破壞。因此我們很難想像我們的獄卒竟會這樣描述他們的囚犯——那些只因為擲銅板時運氣不佳，因而沒能穿上獄卒制服的大學生：「我叫他們互相叫對方的名字，然後徒手把廁所打掃乾淨。事實上我根本就把這些囚犯當成『畜牲』，而且我一直覺得他們會對我不利，所以得看好他們。」

　　或者是另一位 SPE 獄卒的告白：「這些囚犯穿得一身破爛，整個牢房裡充滿了他們身上發出的惡臭，實在很讓人厭惡。只要下個指令，他們就會彼此殺紅了眼，我就等著看好戲囉。」

　　史丹佛監獄實驗創造出一種去人性化的生態，就像真的監獄裡會出現的情形，而這是透過許多直接且不斷重複的訊息而逐漸形成。囚犯從一開始失去自由，接著失去隱私，最後失去個人的身分意義，一連串構成了一套完整的去人性化過程。這過程將囚犯從他們的過去、社群以及家庭中割離，然後由當下現實取代了正常的現實。當下現實迫使他們和其他囚犯們一起生活在毫無特色的小牢房裡，完全失去個人空間；而來自外在的強制性規定以及獄卒們的獨裁決定則支配了他們的行為。正如所有監獄中都有一些隱約的壓迫，我們的監獄也不例外，在這裡，情感被壓抑、禁止，而且受到扭曲。才不過進入監獄短短幾天，溫柔呵護的感情就從獄卒和囚犯們身上消失了。

　　在制度性的環境中，人類被禁止表達情感；因為它們代表了衝動的個人反應和不可預期，然而制度性環境卻只期待一致性的集體反應。獄卒們透過各種對待方式將囚犯們去人性化，貶低人格的制度性程序也在去人性化中扮演了一個角色。然而囚犯們也馬上將自己加入去人性化的過程裡，他們壓抑自己的情感反應，直到「崩潰」為止。情感是人性的基本要素，但在監獄裡，壓抑情感卻是基本的生存之道，因為情感是脆弱的象徵，流露情感形同將自己的弱點暴露在所有人面前。在第十三章中，我們將更完整討論去人性化過程和道德撤離的關連，以及其對人性的破壞效果。

SPE 中的意外發現

在實驗結束後不久後，發生了一系列戲劇性的意外——美國加州聖昆丁州立監獄及紐約州阿提喀矯正獄所（Attica Correctional Facility）的屠殺事件，使得我們的實驗成為邪惡心理學的主要範例。原本這個小小學術實驗只是用來檢驗情境力量的理論想法，但這兩個事件卻使這個實驗受到全國性的矚目。在這裡，我只從 SPE 及我的角度，概略敘述這些事件及其後果的關鍵面向。關於更完整的細節以及大約同時興起的「黑豹黨」（Black Panther Party）譯3、激進學生團體「地下氣象員」（Weather Underground）譯4的相關討論，請參見網站 www.lucifereffect.com。

SPE 被迫中止的隔天，在聖昆丁監獄一場聲稱由黑人政治激進分子喬治‧傑克森領導的逃獄行動中，有許多獄卒和囚犯遭到殺害。三個禮拜後，在美國東岸紐約州北部的阿提喀監獄也出現了囚犯暴動。囚犯控制了整座監獄，並劫持了近四十名獄卒和一般工作人員為人質，整個事件持續了五天。他們要求改變壓迫的處境及去人性化待遇，但當時的紐約州州長尼爾森‧洛克菲勒（Nelson Rockefeller）並未選擇進行協商，反而下令出動該州的警力部隊採取一切必要措施奪回監獄。州警部隊在牢場中槍擊和殺害四十名以上的獄囚及人質，並造成多人受傷後，整個事件才落幕。由於兩個事件發生時間相當接近，監獄現況於是成為當時輿論的關注焦點。基於我在 SPE 中得到的心得與認識，我受邀在幾個國會委員會中提出證詞。我也成為參與聖昆丁監獄屠殺事件的六名囚犯之一的專家證人。而大約在那段時間，有位曾看見我和聖昆丁典獄長進行電視辯論的媒體記者，決定要在國家電視頻道（一九七一年美國電視頻道 NBC 的節目《年代報導》〔Chronolog〕）中，製作一部關於 SPE 的紀錄

譯3　六〇年代於美國加州奧克蘭創立的非裔美人政黨，訴求以民族主義為訴求的激進革命路線，主張包括拒絕從軍、黑人應擁有軍隊及自衛能力等。

譯4　六〇年代由一群白人青年創立的激進社會運動組織，主張與第三世界解放運動以及黑人民權運動站在同一陣線，推翻一切壓迫及不平等。他們採取以暴制暴的方式，在七〇年代策劃了一系列炸彈攻擊事件。

片。美國《生活》（*Life*）雜誌的一篇特別報導也迅速跟進，SPE 雖然結束了，但現在又繼續上路了。

SPE 及其代表的時代氛圍

在我們的模擬監獄中，學生囚犯和獄卒受到經驗誘發而出現性格上的轉變，為了更充分評鑑性格轉變的程度，我們有必要考慮六〇年代晚期及七〇年代早期的美國時代氛圍。那個時代的代表性思潮是拒絕威權、「不要信任大人」（trust no one over thirty）、反對軍隊及工業化、參與反戰示威、加入民權及婦女權益促進行動。那是個年輕人起而造反、反抗來自父母和社會死板教條的時代，而那些教條曾在五〇年代桎梏了他們的父母。那是性、藥和搖滾樂的實驗年代，年輕人蓄著長髮，高唱：「只要我喜歡有什麼不可以」。那也是個嬉皮的年代，為了愛和存在而靜坐抗議的時代，是頭上戴幾朵花去加入舊金山反戰青年「花孩」（flower child）行列的時代，是和平主義者的時代，更是個體主義者的時代。那一代人的智性導師——哈佛心理學者提摩西·黎瑞（Timothy Leary）曾經為世界各地的年輕人提供一個處方，裡面包含三重指引：別管傳統社會說什麼、嘗試看看改變心智狀態的藥丸、傾聽自己內在的聲音。

由於訴求激烈反抗各種不正義及壓迫，青年覺醒運動（Youth Culture）的興起格外關注越戰中發生的各種不道德行為，他們抨擊每天清點敵人屍體的可憎行為，抗議執政當局不願承認錯誤，並自曠日費時的流血戰爭中撤退。這些價值風潮在歐亞引燃一波又一波的青年運動。相較於美國的理念，歐洲人甚至更激進地挑戰社會建制。他們公開反叛政治及學術霸權。法國巴黎、德國柏林和義大利米蘭的學生們「架起了路障」，直接反抗他們視為保守、反動的現行體制。他們之中有許多是挑戰法西斯主義和共產極權的社會主義者，也強烈譴責昂貴的高等教育造成的不平等入學限制。

而身為一個群體，我們研究中的志願學生正是來自強調造反、個人

探索、否定威權和盲從的青年文化。因此我們原本預期實驗受試者更能抗拒制度性的力量，拒絕服從我強制加諸於他們的「系統」支配。沒料到的是，這些志願者當上獄卒之後，竟然完全接納了權力欲心態，然而當初讓自願者選擇角色時，根本沒有人願意成為獄卒。即使是最苛酷的獄卒赫爾曼也寧可當囚犯，就像他告訴我們的：「大部分的人都會嫌惡獄卒。」

　　幾乎所有志願學生都覺得他們比較可能在未來成為囚犯，畢竟他們上大學可不是為了當獄卒，但是哪天因為犯了什麼小罪而被逮卻不是不可能。我說這些的意思是，這些被指派為獄卒的人並不像他們後來的表現那樣具有虐待或支配傾向。當他們進入史丹佛監獄實驗時，並沒有任何傷害、虐待、支配他人的嗜好。如果說有，那也是貼近符合當時社會氛圍的傾向——關懷他人。同樣地，我們也沒有理由預期扮演囚犯的學生會如此快速地崩潰，他們的心態和身體健康狀況在開始時都十分健全。因此，當完全不同時代的研究者試圖複製這個研究時，他必須牢記這個時代和文化的脈絡，這點非常重要。

系統的影響為何最重大？

　　我們從 SPE 中學的最重要一課是，情境是由系統創造的。系統提供制度性的支持、威權以及資源，讓系統能夠順利運作。在大致介紹 SPE 中所有情境特質之後，我們發現有個關鍵問題很少人提出：「是什麼或者是誰造成這些事情發生？」誰有權力規劃設計出這個行為環境，並且用特殊方式維持它的運作？接下來的問題是，誰必須為結局與後果負責？誰得到成功的功勞，誰必須為失敗受責？在 SPE 裡，最簡單的答案——是我。儘管如此，如果處理的是複雜的組織，比方說失敗的教育或矯正系統、腐敗的大型企業，或者是阿布葛拉伊布監獄中創造出的系統，回答這問題就不是那麼容易了。

　　系統權力是授權或是制度化許可，包括授權和許可從事規定下的行

為、禁止及懲罰違背規定的行為。它可以提供「更高的威權」，這更高的威權批准新角色的扮演、新規定的服從，也批准從事在一般情形下受到既有法律、規範及倫理道德限制的行動。這些批准通常披著**意識形態**的外衣出現。而意識形態是種標語或主張，通常用來合理化為了達到某個至高目的所需採取的任何手段。因為意識形態對處於某個特定時空的大多數人來說「正確無誤」，因此通常不會受到任何挑戰甚至質疑。當權者將政治綱領包裝成善良、正直的，使它看似珍貴的道德律令。

設計出來支持意識形態的政治綱領、政策及標準運作程序，是組成系統的基本要素。由於意識形態被人們當成神聖不可侵犯，系統程序因此被視為合理而正確。

在一九六○和七○年代，從地中海到拉丁美洲世界都受到法西斯軍閥統治，當時的獨裁者總是以防衛「威脅國家安全」勢力的需求來強化建立軍備的號召，以對抗他們聲稱來自社會主義者或共產黨人的威脅。為了除去威脅，由軍警執行、國家批准的嚴刑拷打成為必要行為。法西斯意識形態也正當化行刑隊對所有疑似「國家公敵」者的暗殺行動。

而在目前的美國，所謂國家安全威脅勢力對人民已經造成恐嚇效果，使得他們願意犧牲基本人權來換取安全的假象。這種意識形態接著正當化對伊拉克發動的先迫性侵略戰爭。而由當權系統製造出來的意識形態，又繼續創造一個次級系統，即管理戰爭、國土安全、軍隊監獄的次系統，或由於缺乏嚴格的戰後計畫，而導致上述事項的失於管理。

我對喬治·歐威爾在其經典名著《一九八四》[24]中概述的洗腦策略與技巧一直抱持濃厚的學術興趣，因此，我原本在我的專業生涯中應該更早意識到系統權力存在才是。系統最終會粉碎個體的開創動力並抵抗系統入侵的意志，而「老大哥」指的其實就是系統。然而許多年來，由於原始對話的整理是以天性式對上情境式的競爭做為詮釋人類行為的框架，因此在 SPE 的眾多討論中連一個系統層次的分析都找不到。我忽視了一個更大的問題，竟沒有考量到這框架背後的提供者——系統。直到我參與了一項調查，開始瞭解到導致許多伊拉克、阿富汗和古巴軍隊監獄

中普遍存在虐待事件的動力後，才終於注意到系統層次的分析。

　　諾貝爾物理學家理察‧費曼曾經表明，太空梭挑戰者號的悲劇並不是由於人為失誤造成，而必須歸因於「官方管理」的系統性問題。當時美國太空總署的最高主管不顧工程師的質疑，也無視挑戰者號製造者對某個關鍵零件（也就是後來造成災難的瑕疵 O 形環）的安全性曾表示過關切，堅持發射太空梭而造成了悲劇。費曼認為，太空總署的動機很可能只是「為了確保太空總署的管理無懈可擊，以保證經費無虞。」[25] 在稍後的章節中，我們將採取系統與情境同樣重要的觀點，以幫助我們了解在史丹佛和阿布葛拉伊布監獄中錯誤是如何造成的。

　　美國太空總署為了實現其出於政治動機的口號「更快、更好、更便宜」，因而犯下系統性的失敗，相對於此，納粹大屠殺系統卻得到恐怖的成功。包括希特勒的內閣、國社黨政客、銀行家、蓋世太保、納粹黨衛軍、醫生、建築師、化學家、教師、列車長以及更多參與者，這些人組成一個由上而下密切整合的系統，為了消滅歐洲猶太人及其他國家敵人，每個人都在他們全力以赴的行動中扮演了一個角色。

　　有許多事必須要做；興建集中營、處決營，以及他們特殊設計的火葬場，新型態的致命毒氣也必須開發得更加完善才行。政治宣傳專家必須製造各種形式的宣傳品，透過電影、報紙、雜誌、海報等宣傳，將猶太人視為敵人、詆毀、去人性化。教師和傳教人員則負責教育年輕人成為盲目服從的納粹黨員，讓他們可以正當化自己在參與「猶太問題最終解決方案」時的行為。[26]

　　這些人開發出一種新語言，用一些聽起來無害的字眼包裝人性的殘酷與敗壞，這些話像是 Sonderbehandlung（特殊待遇）、 Sonderaktion（特殊行動）、 Umsiedlung（遷移）以及 Evakuierrung（撤出）。「特殊待遇」是種族滅絕的代號，為了使用上的效率，有時會縮寫為 SB。納粹黨衛軍頭領萊因哈特‧海德里希（Reinhard Heydrich）曾在一九三九年二次大戰期間的一份聲明中略述安全性的基本原則：「可以一般方式處理的人以及必須給予特殊待遇的人，這兩群人之間必須做出區分。後者所涵

蓋的對象由於極端令人反感、極具危險性，並且極可能成為敵人的政治宣傳工具，因此是予以根絕的適當人選，不須給予人性尊重與同情對待（根絕方式通常為處決）。」[27]

　　許多納粹醫師受徵召參與挑選集中營囚犯以進行處決及實驗的任務，他們時常必須面對忠誠度分裂的問題。「在奧斯威辛集中營中，這些納粹黨衛軍醫師面臨救人與殺人的誓言相衝突，似乎時時刻刻擺盪在謀殺的殘酷以及短暫的仁慈之間。然而這道鴻溝卻無法弭平，事實上，持續分裂就是使他們繼續從事奪命任務的因素，分裂是維持總體心理平衡的一部分。於是人逐漸被整合進入巨大、野蠻並且高度功能性的系統之中……奧斯威辛集中營是個集體共業。」[28]

第 11 章
SPE 的倫理及延伸意涵

我們已走得太遠，遠行的動力接管我們；我們徒然地朝永恆邁進，
像不能暫緩、無從申辯的刑罰。
　　——湯姆‧司脫帕，《羅森克蘭茲與吉爾登司騰已死》，第三幕
（Tom Stoppard, *Rosencrantz and Guildenstern Are Dead, Act 3 1967*）

　　我們看見了史丹佛模擬監獄的動力如何接管了牆內的人生，被動力
接管的下場大多只會更糟。在前一章中，我描繪了一個粗略的答案，試
圖解答出現在人們身上的極端轉變是怎麼發生。我特別指出情境性和系
統性的力量如何串連運作，從而導致人性的敗壞。

　　我們年輕的研究參與者並不是一開始就有品行偏差。我們的實驗程
序反而可以確保他們原本都是一疋白布，進入實驗後才逐漸被情境染缸
裡潛移默化的力量玷污。相較於真正的國民監獄和軍隊監獄，史丹佛監
獄算是相對良善的環境了。不過這些志願參與者的思想、感受和行為在
這環境中的變化，的確是以各種方式作用於許多情境中的已知心理過程
造成的；只不過在強度、廣度和持久度上略遜一籌而已。他們陷入所謂
「總體情境」[1] 中，這個情境的影響力更甚於我們可以任意來去的大多數
一般情境。

　　請各位思考一下這個可能性，也就是我們每個人都有潛力或我們的
內在都存在著多種可能性，可以是聖人，也可以是罪人；可以是利他或
自私；善良或殘酷；馴服或支配；清醒或瘋狂；善良或邪惡。或許我們
生來都擁有各種可能，只是依據支配我們生命的社會或文化環境差異，
才啟發開展出每個人不同的特質。我要主張的是，人的墮落潛能就存在
於使人類做出偉大事業的過程中。人類經歷了數百萬年演化、發育、適

應、競爭的複雜發展與特化（specialization），我們每個人都是此一過程的末端產物。由於人類在語言、推理、創造及對更美好未來的想像力方面，有著極為卓越的學習力，因此人才取得萬物之靈的地位。我們每個人都有潛力完全發揮他的技巧、天賦及特質，以便超越僅求溫飽的處境，創造出更繁榮完善的人類處境。

人類從完美到墮落

我們世界的邪惡滋生於何處？平凡人是不是因為環境對人的本性的選擇性誘惑，而做出惡劣的行為？接下來我將用幾個一般性例子來回答這個問題，然後重新將焦點擺回 SPE，探討令正常人墮落的心理過程。人的記憶力使我們能夠從既往的錯誤中學習，然後在這些認識的基礎上創造出更美好的未來。然而記憶也為人帶來負面的影響，讓人類學會妒忌、報復、習得的無助感，以及反覆舔舐傷痕後所滋生的沮喪與消沉。同樣地，我們運用語言和符號的卓越能力，讓人們能跨越時空，以個人的或抽象的方式彼此溝通。語言是過去發生的事件、計畫及社會控制的依據。然而隨著語言而來的是耳語、謊言、誇大不實的宣傳、刻板印象以及強制的規定。人類傑出的創造天賦讓我們創造了偉大的文學、戲劇、音樂、科學，以及例如電腦和網際網路等發明。可是同樣的創造力也可以反過來用於發明刑求室及各種酷刑、偏執的意識形態以及效率無比的納粹大屠殺系統。我們所擁有的任何特質都包含了負面對立面的存在可能，正如愛—恨、榮譽—傲慢；自我尊敬—自我厭棄等二元對立。[2]

人類對歸屬感的基本需求，來自於與他人建立連結、共同合作及接受群體規範的欲望。然而 SPE 的研究結果卻顯示，歸屬感的需求可能反過來變成過度順服，並造成圈內人與圈外人之間的敵意。此外，人類對於自主性、控制的需求，以及朝自我導向和計畫性行動的種種核心力量，也可能導致濫用權力支配他人，或陷入習得的無助感無法自拔。

我們可以思考一下另外三種可能導致正反效果的需求：首先是對於

一致性及合理性的需求。這項需求給予我們生活的指引睿智且意義深長。但是承諾的不協調也可能迫使我們美化及合理化錯誤的決定，例如囚犯們原本應該選擇離開監獄，結果卻待了下來，以及正當化虐行的獄卒。其次是，我們**需要認識、了解我們的環境以及人與環境的關係**，這項需求孕育了人類的好奇心、科學發現、哲學、人文學科和藝術。可是當環境反覆無常、專制武斷因而讓人無法理解時，也可能讓這些基本需求反過來讓人產生挫折感並造成自我孤立（正如我們在囚犯身上所見到的）。最後，對於**刺激的需求**觸發人從事探索及冒險，但是當我們被迫置身於穩定的環境中時，這項需求也可能使人對無聊難以招架，無聊接下來會變成激發行動的強力動因，正如我們在 SPE 中所看見的，值夜的獄卒開始拿囚犯當作取樂的「玩物」。

儘管如此，我們得澄清一個重點：了解「事情為什麼發生」，不表示可以拿來當作「發生什麼事情」的藉口。心理學分析並不是一門找理由的學問。當犯下不義和不法行為時，個體和群體對他們的共謀以及犯罪事實仍然負有責任及法律上的義務。然而在決定刑罰的嚴厲程度時，還是必須把造成他們行為的情境和系統性因素納入考量。[3]

由於針對情境力量在形塑人類思考及行為的影響力，已有大量心理學研究進一步完善主張及延伸論點，我們即將在接下來兩章中回顧探討。在開始之前，我們必須先回頭處理一些 SPE 提出的最後關鍵議題。首先也是最重要的問題是，受苦是值得的嗎？人們毫無疑問在實驗中感受到痛苦，而那些使人受苦的人也必須去處理認知的問題，因為他們長時間造成他人痛苦與羞辱，行為的嚴重度早已超過角色的需求。因此我們需要討論本研究和其他類似研究中的倫理議題。

正如但丁在作品《地獄》中表明，美德不只是對惡行的消極抑制，而是要求積極行動。我在本章將探討 SPE 的行動癱瘓是如何發生的，而在下一章中思考利天下而不為的行為，亦即當消極旁觀者在有人需要幫助時未能伸出援手的作為所具有的廣泛意涵。

除了處理疏忽的倫理過失以及絕對倫理的議題外，還必須深入聚焦

於相對倫理的議題，因為這是大多數科學研究的指導原則。在相對倫理的等式中，中間的平衡來自於得失的權衡。研究產生的科學和社會貢獻是否能夠抵償實驗參與者承受的痛苦？換句話說，科學研究的結果是否是正當化實驗的手段？儘管從研究中可以導出許多正面結果，但關於當初是否應從事這實驗的問題，答案只能由讀者自己決定。

一個研究會啟發一些想法，而孕育出其他的研究以及延伸研究，正如我們的 SPE。在反省 SPE 的倫理議題後，我們將簡短回顧本研究的複製及應用，以便從更廣的脈絡來評價它的意義。

SPE 的倫理反省

SPE 研究是否違反倫理？從許多方面而言，答案當然是肯定的。然而也有其他角度以合理的方式否定這個答案。我們將在回顧性分析中提出證據支持這些不同看法，但在開始檢視證據前，我必須說明，既然這場研究已塵埃落定數十年，我為何還要討論這些呢？我認為，由於我個人對倫理議題投注了許多關注，因此可以提供更寬廣的視角，而且不同於這類議題的典型討論。或許藉此可讓其他研究者可以留意到一些隱約的警告跡象，而避免重蹈覆轍，而在 SPE 的提醒下，他們也會對所採取的倫理措施更加敏感。我無意捍衛或是合理化自己在研究中的角色，我將這個研究當成一個工具，用來說明當參與可能干預人性運作（interventions in human functioning）的研究時，需要面對的倫理判斷的複雜性。

絕對倫理

為求精簡，我將倫理分為絕對與相對。絕對倫理的標準是種較高的道德原則，無論其適用條件狀況如何，絕對倫理絕不因時間、情境、人、便利性不同而有所改變。絕對倫理體現於共同的行為規範中。

　　絕對倫理標準預設人的生命是可貴的，無論是否有意為之，但人絕不能以任何方式貶低生命。在研究的情況下，沒有任何理由可以做讓人受到痛苦的實驗。從這個觀點來看，無論研究的益處為何，即便確定能夠對社會整體有所貢獻，堅持不該進行任何可能傷害人類身心健康的心理學或醫學研究仍是合理。

　　採取這觀點的人主張，即使打著科學的名號，說是為了知識、「國家安全」或任何打高空的理想才做傷害人的研究，這些研究仍然違反倫理。在心理學的領域裡，高度認同人文主義傳統的學者們大聲疾呼，人性尊嚴的基本關注應當優先於這門學問所聲稱的目標，也就是預測和控制人的行為。

SPE 絕對違反倫理

　　根據這樣的絕對倫理觀，史丹佛監獄實驗絕對違反倫理，因為參與實驗的人都受到極大痛苦。他們承受的遠超過當初的合理預期，當時他們不過是志願參與一項關於「監獄生活」的學術研究，而且研究是在一所極有名望的大學中進行。更有甚者，他們的痛苦與日俱增，並造成極大的壓力和情緒騷動，以致於我們必須提前釋放五位在身心健全情況下進入實驗的受試者。

　　隱藏在角色的面具以及讓他們得到匿名性保護的太陽眼鏡下，獄卒們做了許多原本不該做的事，當他們了解到自己的作為之後也同樣感到痛苦。承受暴行的學生完完全全是無辜的，獄卒們親身見證了自己加諸於同儕的痛苦與羞辱，他們對囚犯們的虐行完全無可抵賴，了解到這點後，他們經歷到的傷痛遠大於米爾格蘭的經典研究「盲目服從威權」[4]中的參與者；關於這個研究我們將在下一章中有更深入的探討。一直以來，米爾格蘭的這個研究飽受違反倫理的批判，因為實驗參與者可能會**想像**自己是對另一個房間中扮演「受害者」（學習者）的人施加電擊。[5]但是當實驗一結束，他們會立刻知道所謂的「受害者」其實是和實驗工作人員共謀的演員。於是他們的痛苦來自於，儘管意識到沒有人受到傷

害，但他們施加電擊的舉動卻是**如假包換**。相對地，在 SPE 中，獄卒的痛苦來自於意識到自己對囚犯的「打擊」全是真實、直接且持續不斷的。

SPE 一個遭受違反倫理的批評來自於：事前並未向告知被指派為囚犯的學生和家長他們將在星期日早上被逮捕，並於警察總部進行正式登記。於是，當實驗於周日上午驟然侵入他們的生活時，他們完全猝不及防。之後，我們還試圖操弄家長的想法，在訪客之夜透過各種欺騙和伎倆讓他們相信自己兒子的處境並不那麼糟。對此我們也深感罪惡。我們這麼做的原因不只是為了維持監獄情境的完整，也因為「欺騙」是監獄模擬實驗的基本要素，在許多處在監督委員會調查下的系統裡，這類欺騙根本是家常便飯。於是我們做足了表面工夫，好讓系統管理者可以一一反駁對囚犯惡劣處境的抱怨和關切。

另一個違反倫理的理由是我們沒有更早中止研究。回顧當時的種種，確實有許多理由允許我這麼做。我應該在第三天、當第二名囚犯承受劇烈壓力時就決定中止。當時應該有足夠的證據證明道格 8612 前一天的崩潰不是假裝，而我們應該在更多人、在下一個或下下一個囚犯出現極端不適反應時就喊停。

沒有在實驗開始失控時更早結束研究，我認為主要理由是，我的調查研究負責人和監獄監督者的雙重身分形成了衝突，前者的我是研究倫理的守護者，後者的我卻不計代價亟於維持監獄的健全和穩定。我傾向相信，如果有其他人扮演監督者角色，我可能會有更明智的判斷，並因此提前結束實驗。當初進行實驗時，應該有個威權高於我的人扮演監督者角色才對。

然而，在「監禁心理學」脈絡下創造出許可虐待行為的制度，我的確認為自己有責任。這個實驗成功複製出真實監獄中最糟的面向，但代價卻是造成人類的痛苦。我至今仍深感遺憾，並對我所造成的無情殘酷由衷致歉。

相對倫理

大部分的研究是採用功利主義的倫理模式，根據功利主義原則加權的實用標準來做倫理判斷。就像大多數心理學實驗一樣，我們的研究明顯是聽從這類模式。不過當權衡利弊得失時，應該納入什麼樣的元素加以考量？該如何運用比例原則來加權得失？由誰來判斷？採取相對倫理立場的研究若期待被視為合乎倫理，這些都是必須面對的問題。某些問題目前已經得到暫時的解答，而解答乃是來自人類傳統智慧的基礎，也就是我們目前的知識水準、類似先例、社會共識、個別研究者的價值觀與敏感度，以及一個社會在特定時期的普遍覺醒程度。針對所有醫學和非醫學性質的人類研究，機構、獎助機構以及政府，都必須建立嚴格的指導原則和限制。

對社會科學家而言，造成倫理困境的關鍵在於：研究者必須衡量什麼是對社會和理論思考有所貢獻的研究時所必須採取的做法，以及照顧到實驗參與者的福祉和尊嚴必須有的考量，研究者究竟該如何取得兩者間的平衡？研究者本身通常傾向為自己考量，因而在天平兩端會偏向前者。然而外在的審核者，尤其是經費審核單位以及人體試驗委員會（institutional review boards，簡稱 IRBs）則必定會站在弱勢的一方扮演人權監察專員的角色。儘管如此，外在審核者在決定是否允許特定實驗中出現欺騙、情緒騷動，或其他實驗中被允許的負面狀態時，也必須以「科學」和「社會」的整體利益為念。他們的決定是基於這樣的假設，也就是假設類似程序中產生的任何負面影響都只是暫時的，不可能持續到實驗以外。

接下來讓我們思考，這些相互競爭的利益在 SPE 中如何共存。

可能會有人爭辯 SPE 並不違反倫理，理由基於以下幾點：史丹佛大學的法律顧問曾受邀評估這項實驗並擬出一份「非正式同意」聲明，告知我們關於這項實驗的做法、安全性和保險必須滿足哪些要求才能許可

實驗進行。而這份「非正式同意」聲明還經過每個實驗參與者簽字同意，聲明中有特別強調實驗期間實驗參與者的隱私可能會受到侵犯；囚犯們的伙食不會太豐盛，只夠填飽肚子；實驗參與者可能會失去部分人權，也可能受到一些騷擾。所有的人都被期待能盡力完成兩個禮拜的契約。學生健康中心也被事前知會研究中的可能突發狀況，並預先做好準備以因應任何可能的醫療需求。我們也曾尋求官方許可，並獲得來 SPE 研究贊助單位、史丹佛心理學系，以及史丹佛人體試驗委員會的書面許可。[6]

除了由警方逮捕受試者的過程外，我們不曾欺騙過實驗參與者。此外我和我的工作人員也重複提醒獄卒不能以個人或集體方式對囚犯施加身體虐待，不過我們並沒有將禁令的範圍延伸到心理虐待的範圍。

另一個增加倫理議題評估複雜度的因素是：我們的囚犯是公開受到圈外人檢視的，而這些人原本都該是保護實驗參與者權益的。假想你是我們監獄裡的囚犯，你會希望由誰來擔任你的支持者呢？如果你無法為自己喊停，又是誰該幫你按下「離開」鍵？應該是看見你流淚的監獄牧師嗎？應該是你的父母、朋友、家人嗎？注意到你的情況每下愈況時，他們應該介入嗎？那麼多專業心理學家、研究生、秘書或是心理系職員，他們看過研究的實況錄影，參加過假釋委員會，曾經在訪談中或在處理虐待行為時跟參與者說過話，這麼多人中總該有一個人伸出援手吧！但事實是，沒有人這麼做！

沒錯，這些旁觀者全都消極地袖手旁觀。他們接受了我所制定的情境框架，因而變得盲目看不清真相。也許是因為模擬得太過真實，或是太過於注重角色的真實性，也可能是因為他們只關注實驗設計的一些枝節，表現得過分理智。再者，一些旁觀者看不到更嚴重的虐待事件，而參與者也不願向圈外人，甚至是好友、家人完全坦承。這可能是由於他們覺得尷尬、榮譽受損，或是感覺這麼做有失「男子氣概」。於是這麼多人來來去去，卻沒有人能看清真相並伸出援手。

最後我們只做對了一件事，就是辦了幾場事後的減壓解說會。我們

不只在實驗結束後舉辦一場三小時的減壓解說會，也在後續的幾個場合，當大多數參與者都回來觀賞錄影帶及與研究相關的幻燈片時，又藉機舉辦了幾場。研究結論出來之後，我仍和大多數參與者保持互動數年，也寄了影印的文章、我的國會聽證資料、新聞剪報，或是通知他們一些即將播出的 SPE 相關電視節目。這些年來，有超過半打人曾和我一起參加全國性廣播節目，三十載過去，我仍然和其中少數人保持聯繫。

這些事後的減壓解說會之所以重要，是因為它們給參與者一個公開表達強烈感覺的機會，讓他們能夠對自己、對他們在特殊情境中的不尋常表現有新的了解。我們採取「壓力轉化法」（process debriefing）[7]，在解說會中開宗明義地告訴大家，在實驗中逐漸產生的影響或信念可能會繼續延續到實驗結束後，然後我強調，他們的作為只是這個被創造出來的監獄情境中的負面病徵，並不代表他們的人格有病。我提醒他們，他們是經由經挑細選才脫穎而出，原因正因為他們是正常健康的人；而整個指派角色的過程完全是隨機進行。因此他們並沒有將任何病態影響帶入實驗中，相反地，實驗已經事先從他們身上排除了許多種病態的可能性。我也告訴他們，其他囚犯幾乎都同樣做了一些受屈辱的、說不通的事。而大多數的獄卒都曾在某些時候出現虐囚行為，他們在角色中的表現，跟其他值班的同夥們沒什麼兩樣。

我也利用這些機會進行「道德教育」，跟他們討論在研究中共同遭遇到的道德衝突。道德發展理論先驅賴瑞・考柏格（Larry Kohlberg）曾主張，在道德衝突脈絡中進行討論是最重要、也許也是唯一的方式，藉此可提高個人的道德發展層次。[8]

回顧從情緒形容詞自陳表中取得的資料，顯示出減壓解說會後，囚犯和獄卒的情緒都回到較平衡的狀態，已接近研究剛開始時的情緒水準。參與者在實驗中的負面影響其實並不持久，原因可歸諸於三個因素：首先，這些年輕人都擁有健全身心，因此能在實驗結束後迅速調適；第二，這個經驗是屬於當時的時間、環境、服裝、角色腳本所獨有，他們大可以將一切打包，存放在標明為「SPE 大冒險」的記憶行囊

裡，不再觸碰。最後，精細的減壓程序指出了造成影響的情境特質，成功地讓獄卒和囚犯擺脫自己的惡劣表現。

對實驗參與者的正面影響

　　針對研究的相對倫理，傳統觀點的看法是，只有當研究結果對科學、醫學或社會的貢獻大於實驗參與者所付出的代價，研究才能獲准進行。儘管計算得失比率的做法看似妥當，不過我想在此挑戰這個會計觀點。我們的實驗參與者（在 SPE 中被稱為「實驗對象」）付出的代價的確是真實、立即而且明確的。不過相對地，無論預期的收穫會是什麼，在研究者進行研究設計或獲得實驗許可的階段，那些收穫都只是遙遠的可能性，也許不會有實現的一天。而一個極有希望得到預期成果的研究卻往往沒什麼意義，甚或因此不能發表，也無法在科學社群中討論。就算是得到有意義的發現並獲得公開發表，也可能無法轉為實務用途，或者若要達到有利社會的目的使得規模必須放大，因此未必實用、可行。另一方面，有些研究或許一開始未必有明顯用途，最後卻有重要用途產生。例如調節自律神經系統的基礎研究，就對以生物回饋方式輔助治療的保健應用有直接貢獻。[9]此外，大多數研究者對「社會工程」（social engineering）中可運用於解決個人及社會問題的方法多半興趣缺缺，也沒有特殊才幹。

　　綜以上所述，這些評論說明了無論從原則上或實踐上思考，研究倫理等式中關於獲益的崇高理想都有落空的可能，然而就實驗參與者及社會而言，他們仍然得分別付出損失的代價；就個人而言是淨損，對社會而言則是毛利損失。

　　相對倫理等式中還有個被單獨忽略的因素是實驗參與者的**淨收益**。他們是否也能從參加研究計畫的經驗中得到某些好處呢？舉例而言，他們在金錢報酬方面是否能抵償參加醫學研究時經驗到的痛苦呢？若要實現人體受試者研究的次要目標，適當且操作細膩的減壓解說會不可或缺。（我在誘發性精神病理學〔induced psychopathology〕研究中的經驗

可做為範例參考。¹⁰）然而這類收穫是可遇而不可求的；從經驗上來
說，我們必須把這樣的收穫當作是結果測量，是當研究者事先抱持對其
「倫理可疑性」的敏感度而做研究時，得到的一種檢驗。考慮到研究倫理
時，還有一個大多數時候都被忽略的因素，就是研究者負有社會行動的
義務，為了讓他的研究能用於他的知識領域及社會改革，研究者必須有
所作為。

SPE 參與者及工作人員的意外收穫

SPE 對於某些參與者及工作人員產生了持久的影響，許多不在預期
中的正面效應也因此漸漸浮現。總體來說，在最後一次追蹤評估中（研
究結束後的不同時間裡，由參與者在家中完成並寄出），大多數參與者都
表示對個人而言，這是一次價值非凡的學習經驗。這些正面感受多少可
以平衡負面的監獄經驗，雖然只到某種程度而已；正如我們注意到的，
沒有任何參與者願意再次自願參加類似的研究。以下讓我們從參與者的
評估中檢視 SPE 留下的正面效應。

先說說**道格** 8612 這位囚犯造反事件中的領袖，他也是第一位出現極
端情緒性壓力反應的囚犯。他的反應迫使我們必須提前釋放他，而當時
他進入實驗的時間不過才三十六小時。在我們的紀錄片《寂靜的憤怒：
史丹佛監獄實驗》拍攝過程中，道格曾在一段訪談裡承認這段經驗十分
令他困擾，他是這樣說的：「這是個無與倫比的經驗，我這輩子從來沒
叫得這麼大聲過，也從來沒有這麼不舒服過。這是個失控的經驗，不管
是對那個情境還是我個人都一樣。或許我一直以來都有不容易失控的問
題吧。為了了解自己，（在 SPE 結束後）我開始走入心理學領域，我會
繼續研究心理學，去了解是什麼事物會讓一個人理智斷線，這樣我就不
會這麼恐懼未知了。」¹¹

在研究結束五年後的一份追蹤評估中，道格透露他開始會為了得到
釋放而讓自己陷入極端痛苦，接著 8612 這個角色又會纏上他。「我以為
擺脫這個實驗的方法就是裝病，一開始只是假裝身體有病痛，當那方法

不管用時就裝出精神疲勞的模樣。但花在裝病上的精力讓我痛苦，而這樣發生在我身上的事實，也真的讓我覺得很不舒服。」到底有多痛苦？他在報告中說到，他女友告訴他，他緊張不舒服到實驗結束兩個月後還老是在談那件事。

道格繼續學習心理學，最後拿到了臨床心理學博士學位，部分原因就是希望更能控制自己的情緒和行為。他的博士論文是研究（對囚犯地位的）羞恥感及（對獄卒地位的）罪惡感，他在聖昆丁監獄而不是一般的醫療／臨床院完成實習學分，之後超過二十年的時間在舊金山和加州的矯正體制中擔任法制心理學家（forensic psychologist）。由於他動容的見證，讓我們為實驗的紀錄片取名為《寂靜的憤怒》，他談到我們必須防範的是囚犯身上出現的嗜虐衝動，這種衝動總是存在權力差異的情境中——就像一股寂靜的憤怒，隨時伺機突圍、爆發。道格的工作一部分是協助囚犯無論身處何種環境都仍能保持尊嚴，以及促使獄卒和囚犯和平共存。他的例子說明，儘管 SPE 一開始造成了強烈的負面效應，最後仍能轉化為智慧與洞見，持續對個人與社會產生貢獻。身為受試者的收穫與承受的痛苦是成正比的。

在所有電視節目對 SPE 的報導中，都會特別介紹被暱稱為「約翰・韋恩」的酷吏赫爾曼，他由於身為支配性角色，並且為虐待囚犯發明了各種「有創意的邪惡」任務和遊戲而聞名。我們在我最近的一場演講中碰面時，他向我吐露心聲，他說安迪・沃荷說過，每個人一輩子中都會有一次機會享有短暫的美名，不過史丹佛監獄實驗帶給他的卻是「一時的醜聞、一輩子的臭名」。我曾經要求他想想這次參與是否曾在他的人生中留下任何正面影響，他寄給我一張短箋做為回答：

數十年來，我背負的生命重擔已經軟化當年那個傲慢而不經世事的年輕人。如果當時有人跟我說我的行為傷害了某位囚犯，我可能會回答他：「那些人全是懦夫跟娘娘腔。」不過今天，我回憶當時是如何走火入魔以致傷害他人而完全不自知時，這些經驗已變成一則警世傳奇，提

醒現在的我必須注意對待他人的態度。事實上，有些人可能會覺得我對自己身為公司老闆的身分太過小心翼翼了，像是有時候我會對開除表現不佳員工這類決定有所猶豫，因為我擔憂這對他們來說太過殘酷。[12]

　　克雷格繼續就讀史丹佛法學院，他後來以法學博士身分畢業，同時也拿到我們心理系的博士學位。他在加州大學聖塔克魯斯分校（University of California, Santa Cruz）任教，教授頗受歡迎的心理學及法學課程。克雷格後來成為美國的獄政首席顧問，也是少數與囚犯集體訴訟案件的律師代表合作的心理學專業工作者。他曾針對犯罪、刑罰、死刑等許多不同面向廣泛撰寫文章，提出出色的見解。我們曾在許多專業的期刊論文、書籍以及貿易雜誌上合作發表文章。[13] 從他對 SPE 對他造成的影響所做的聲明中，可以清楚看出這個實驗的價值：

　　對我而言，史丹佛監獄實驗是改變我職業生涯的再造經驗。當金巴多教授、小科和我開始規劃這個研究時，我只是個剛讀完二年級的心理學碩士生，那時在金巴多教授的鼓勵和支持下，我對運用社會心理學解決犯罪及刑罰問題的興趣才剛要開始成形……。當我完成 SPE 的工作後不久，我開始研究真正的監獄，而最後我將焦點轉向社會史，因為社會史協助形塑了人們的生活以及他們的內在侷限。但我從未忘記在那短暫的六天中，我在模擬監獄裡所觀察及體悟到的教訓，以及因此而對制度產生的洞察。[14]

　　克麗斯汀娜·馬斯勒這位 SPE 裡面的女英雄，現在是加州大學柏克萊分校的心理學教授、大學教務長、人文暨科學院院長，也是卡內基基金會的年度傑出教授。她在 SPE 中短暫但強烈的經驗，也對她的職業生涯抉擇有了正面影響，在一篇回顧性的文章中她這麼說道 [15]：

　　對我而言，這個監獄經驗遺留下的最重要影響，是我從個人經驗中

所學到的教訓，而這樣的學習又形塑了我接下來對心理學的專業貢獻。我最直接體會到的是心理學的去人性化——如何能讓一個堪稱善良的人用如此惡劣的方式來認知和對待其他人；對於仰賴他們伸出援手和善意的他者，人們多容易就可以不把他們當人，而且當成不值得他們尊敬和平等對待的畜牲、下等人。SPE裡面的經驗啟發我進行關於倦怠感（burnout）的前瞻性研究，即探討對情感過度苛求的人類服務工作可能產生的心理危機，也就是導致起初仁慈、奉獻的人去人性化，甚至虐待他們原本應該服務的對象。我的研究嘗試說明在各種職業環境中出現倦怠感的原因和結果，並試著將研究發現應用於實務。我鼓勵分析和改變造成倦怠的情境決定因子，而不是把焦點放在照顧者的個性上。因此我的史丹佛監獄故事不只是扮演提前結束實驗的角色，我也扮演了開始一項新研究計畫的角色，而這都是來自於我在那獨一無二實驗中得到的啟發。[16]

然後就是我了，**菲爾·金巴多**（關於小科及傑夫在實驗中的角色請參見註釋[17]）。SPE的一週體驗在許多方面改變了我的人生，從個人面及專業面都可說是如此。要追溯起這個經驗為我帶來的意外正面影響，那可是非常浩大的工程。我的研究、教學和個人生活都逃不出它的影響，而我也因此成為一名社會改造份子，為改善監獄境況，並為喚醒人們關注其他形式的制度性權力濫用而積極奔走。

實驗結束後的三十年來，我的研究焦點可說是由模擬監獄的許許多多觀點刺激而成。它們帶領我走進「羞怯」、「時間洞察力」和「瘋狂」的研究世界。在簡述過監獄實驗對羞怯研究與治療嚴重羞怯者的關連之後，我接著會詳述這經驗對於我個人生活的改變。

羞怯：自我加諸的監牢

什麼樣的地牢比諸心牢幽暗？什麼樣的獄吏較諸自我無情？

——納撒尼爾·霍桑（Nathaniel Hawthorne）

在我們的地牢中，囚犯回應獄卒們強制掌控的方式是交出自己的基本自由。然而在實驗室外的真實生活中，許多人卻在沒有外在獄卒逼迫下自願放棄他們的談話、行動和結社自由。他們在內心的自我形象中內化了一位苛刻的獄卒，限制他們自發地表達自己、限制他們享受自由以及生命中的歡愉。弔詭的是，這些人也同時在自我形象中內化了一位消極被動的囚犯，心不甘情不願地默許他們自我強加在行動中的限制。任何行動只要威脅到內在自我，可能造成羞辱、羞恥，以及社會否定，就必須予以迴避。為了回應內在的獄卒，內在囚犯的自我於是從生命中退縮了，縮回到一個保護殼裡，選擇躲在羞怯築成的寂靜監牢中享受安全感。

在仔細說明來自 SPE 的隱喻後，我進一步去思考羞怯為一種社會恐懼症的病理學，它讓我們看待他者為有惡意的人而不是善類，並且因而破壞了人與人之間的連結與關係。在我們的研究結束後那年，我開始進行一項重要的創新研究「史丹佛羞怯研究計畫」（Stanford Shyness Project），以成年和青少年為對象，目的是調查羞怯性格的原因、結果和相關因素。這是首次針對成年人的羞怯進行的系統性研究，大家已知之甚詳的是後來我們又繼續發展了一個計畫，也就是成立了獨一無二的「羞怯性格門診」（Shyness Clinic，成立於一九七七年）從事治療。這些年來，位於帕洛阿圖市的診所一直在林恩・韓得森（Lynne Henderson）醫師的主持下繼續相關的治療工作，目前則是太平洋心理學院（Pacific Graduate School of Psychology）中的一個單位。

我做這個治療計畫以及對羞怯性格的預防工作，主要目標是希望發展出一些工具和方法協助羞怯性格的人們，讓他們從自我囚禁的寂靜監牢中解放出來。為了這個目標，我寫了不少大眾書籍，教導他們如何面對和處理成人及孩童的羞怯心理 [18]。

正常人的瘋狂

> （福爾摩斯問佛洛伊德）你明白自己做了什麼嗎？你剛成功地學走了我的招數——觀察和推理，然後把它們拿來對付病人腦袋瓜裡的東西。
>
> ——尼可拉斯·梅爾，《雙雄鬥智》
> （Nicolas Meyer, *The Seven Percent Solution*）

SPE 中最戲劇性結果，是一群健康、正常的年輕人如何在短時間內做出病態的行為。因為在事前篩選程序中已經排除了事先存在的，也就是所謂病發前（premorbid）的可能，所以我希望了解這些心理病理性症狀在一般人身上的最初發展歷程。因此，SPE 的經驗除了刺激我開始研究羞怯性格及時間洞察力之外，也引導我開發出一條理論性及實驗性研究的新路線：研究正常人第一次是怎樣開始「發瘋」的。

大部分已知的心理功能異常都是來自回溯性的分析，在這些分析中，研究者試圖找出是什麼因素造成人目前的心智失常，過程非常類似福爾摩斯的推理策略，也就是從結果推回原因。而我則是試著發展一個模式，將焦點集中在恐懼症和妄想症這類心理疾患的症狀發展過程。大部分人在意識到人們對他們正常功能的某些期待被破壞之後，都有想說明的動機。當他們在學業、社交、商場、運動場或性行為的場域中表現差勁時，會試著了解問題到底出在哪裡，當然，尋找解釋的動機強度需視表現差距對他們自我完整性的影響而定。然而當人們有認知偏見時，常常會特別偏重尋找並不適用分析目前情況的解釋，因此扭曲了對意義的理性搜尋過程。當我們過度重用「人」來說明個人反應的分析方式時，尋找意義的方向就會出現誤差，並逐漸發展出典型的偏執思維。

這個新模式可用來說明正常、健康的人出現瘋狂行為時的認知、社會基礎，我們已經在條件控制配合的實驗室實驗中得到驗證。我們已經發現，在試圖說明無法解釋的情緒激動原因時，有三分之一的正常實驗參與者會出現病理症狀。我們也證明出，在給予會造成局部暫時性聽力

失常的安眠藥處方時，聽力正常的大學生很快會出現妄想偏執的思考和行為，並相信其他人對他們有敵意。也因此，高齡人士身上未偵測出的聽力缺損，可能造成他們出現妄想性障礙，這些疾病可以透過聽力輔助加以預防或治療，而不應該透過心理治療或收容住院。

因此我主張瘋狂的種子可能在任何人的院子裡萌芽，而且可能在看似尋常的生命軌道中因為一些短暫的心理紛擾而成長茁壯。當我們從自我設限的醫療模式轉向公共衛生模式來處理心智失常疾病時，就會去探尋造成個體性和社會性困擾的情境媒介，而不是困在痛苦病人腦袋的秘密之中。當我們把認知、社會和文化過程的基本知識帶進思考中，因此能更完整的評估正常人出現功能失常行為的機制時，我們就更有能力預防和治療瘋狂及其他心理病理疾病。

權力下放式教學

當我意識到我在 SPE 是如何毫不費力變成支配性的權威人物後，我逐漸改變我的教學方式，賦予學生更多權利，並且節制教師的角色，將教師的權威限制在對專業領域知識與技能的掌握，而非社會控制。一門課開始時，我會設定一段「有話大聲說」時間，讓大型演講課的學生們可以對這門課暢所欲言。這個設計後來漸漸演變成網路電子佈告欄，我鼓勵學生每天在這裡公開發表他們對這門課的正反意見，直到學期結束為止。我也盡量降低高年級學生間的競爭，我不用曲線式的給分方式，不從每個學生們對教材的掌握建立絕對評分標準，而改讓學生與學習夥伴共同應試，在某些課程中，我甚至完全排除評分機制。

SPE 的個人影響

SPE 結束（一九七二年八月十號）後那年，我和克麗斯汀娜在史丹佛紀念教堂結婚了，婚後的第二十五週年，我們又回到那個地方，在孩子們的見證下重溫了我們的結婚誓言。這位了不起的女士深深影響我生命中的一切作為，我再也想不到有比她更好的人了。透過這段親密關

係，我才能從監獄經驗的地獄中搶救出更多屬於天堂的美好。

在這小小為期一週的研究中，另一個對我個人的影響則是：它讓我成為社會改革的倡導者，我提倡以研究中得到的證據為基礎推動監獄改革，也致力於將 SPE 中得到的重要訊息向外推廣、擴展。接下來讓我稍加詳細回顧。

將收穫極大化：傳播社會福音

SPE 從各方面改變了我的生活，但其中最意外的改變就是我受邀出席美國眾議院的小組委員會；突然間，我從學院研究者變成了社會改革的倡議者。在一九七一年十月該小組委員會舉行的一連串監獄改革聽證會裡，委員們想聽的不只是分析，還希望得到改革面的建議。在國會紀錄中，我明白主張國會介入監獄體系，以改善囚犯甚至懲教人員的狀況。[19]

我大力提倡喚醒社會意識，讓大眾了解我們有必要中止獄中的「社會實驗」，因為從居高不下的再犯罪率可看出該項「實驗」完全失敗。透過更完整的系統分析，我們可以找到有力的理由證明以上看法，並提出監禁的替代方案。我們也必須打破抗拒的心理，支持有意義的監獄改革。我的第二次國會小組委員會聽證關注的是青少年拘留問題（一九七三年九月），這次的國會聽證使我更進一步邁向成為社會倡議者之路。針對改善青少年拘留待遇，我提出一份包含十九項個別建議的綱要[20]。我很高興得知部分由於我的證言，促使國會通過關於此議題的一項新聯邦法律。主導這次調查計畫的參議員柏區‧貝耶（Birch Bayh）協助了整個立法過程，此法律規定不應將受審前拘留的青少年與成年人共同安置在聯邦監獄，以保護青少年免於受虐。而我們的 SPE 已經說明了審前拘留期間青少年的受虐現象。（不過假釋聽證會的舉行確實使得結果混淆，因為在現實中，只有被判有罪並且服刑後才有機會獲得假釋聽證。）

一九七三年我參與一場聯邦法庭審判，SPE 在立法方面的其中一個有力影響即來自於此──史班等人對柏丘尼爾等人（Spain et al. and

Procunier et al.）的訟案。當時在聖昆丁監獄喋血事件中被稱為「聖昆丁六嫌」的囚犯們已被隔離拘禁超過三年，他們被控在一九七一年八月二十一日的喬治·傑克森逃獄行動中參與了獄卒及告密囚犯的謀殺事件。身為專家證人，我巡迴訪視了聖昆丁監獄，並對參與事件的六人個別做了多次訪談。最後我在為期兩天的作證過程及預先準備的聲明稿中提出一個結論，我的看法是，這些犯人在去人性化環境底下受到非自願、冗長且無限期的拘禁，而這樣的監獄環境本身就已經構成「殘酷而非比尋常的懲罰」，因此有必要改變。法庭後來也做出相似的結論。此外，我在整個審判期間一直擔任原告律師群的心理諮商專家。

　　我對 SPE 結束後參與的上述及其他活動都負有倫理使命感。為了平衡相對倫理的等式，我覺得自己有必要將我從這個研究中所得到的收穫極大化，直到能使科學與社會受益為止，好補償 SPE 實驗參與者所經歷的痛苦。我在一九八三年出版的《從實驗室到社會改革的戰場》（*Transforming Experimental Research into Advocacy for Social Change*）書中，有一章摘要整理了早期的努力成果。[21]

媒體及影像的力量

　　由於 SPE 的視覺體驗極為撼動人心，因此我們也運用這些影像來散播關於情境力量的訊息。首先是一九七二年，我在葛瑞哥里·懷特（Gregory White）的協助下製作了一組由八十張照片組成的幻燈片秀，並同時搭配我的錄音帶口述。這份資料主要是提供給學院裡的教師們做為授課的補充教材。錄影帶的問世使得我們能轉錄這些影像，並且同時呈現來自研究的檔案影像紀錄以及新的錄影、訪談和我的錄音帶口述。這項計畫是由一群史丹佛大學的學生發展，帶領者是紀錄片《寂靜的憤怒：史丹佛監獄實驗》（一九八五年發行）的導演肯·穆山（Ken Musen）。最近這部片子在史考特·普魯斯（Scott Plous）的協助下升級，於二〇〇四年發行了 DVD。我們一直確保這部影像維持在最佳品質，並且在世界各地取得容易。

實驗複製與延伸研究

本章將史丹佛監獄實驗當作社會現象來檢視，而在即將告一段落前，我將簡短回顧研究的複製情形，以及它們在不同領域中的延伸研究。SPE 的影響力遠遠超出社會科學的用途而進入到其他領域，包括電視節目、商業電影甚至是藝術作品的公開場域。人們從 SPE 的教訓中了解到，當情境力量不受節制時，要把好人變成邪惡的加害者是多麼容易，也因此發展出一些社會和軍事應用方法來避免此結果發生。

對我們而言，重要的是繼續思考大範圍的心理學研究對 SPE 研究結論的驗證與擴充，因此在這裡只簡單概述這些複製和延伸研究。完整的資料以及詳盡的評論和參考書目，可上 www.lucifereffect.com 查詢。

其他文化的有力證明

在澳洲新南威爾斯大學有個研究團隊做了一個 SPE 的延伸研究，他們保留了與我們相似的環境，但調整了幾個其他實驗變項，目的是探討社會組織如何影響囚犯和獄卒之間的關係。[22] 他們採取的「標準羈留」制度以澳洲的中度設防監獄（medium-security prison）為模型，但在程序上非常接近 SPE。在嚴格的實驗章程備註中，研究者提出一個核心的結論：「我們的實驗結果支持了金巴多等人的主要結論，也就是我們認為監獄體制的本質才是造成監獄內對抗關係的主因，囚犯和獄卒的個人特質並未扮演特殊的角色。」（第 283 頁）。在這個研究設計下得出的結論，也有助於抵銷對於模擬實驗的有效性質疑，因為該實驗根據對真實監獄結構性特質的客觀定義而提供了評估行為改變的底限。[23]

精神病房模擬實驗

這是在美國俄亥俄的愛爾珍州立醫院（Elgin State Hospital）進行的一項實驗。有二十九位該院的工作成員被監禁在一間精神病房中長達三

天，他們在病房中必須飾演「病患」。而二十二名固定工作人員則如常扮演原本角色，另外還有受過訓練的觀察者以及錄影機等設備記錄整個過程。「發生在這裡的事情真是太不可思議了。」該研究主持人諾瑪·珍·歐蘭朵這麼說。不過是短短一段時間，這些模擬病人的行為表現竟然已經和真正的病人毫無區別：有六人試圖逃跑，兩人退縮到自己的世界中，兩人不斷啜泣完全失去控制，還有一個已經接近精神崩潰的邊緣。大多數的人都出現壓力、焦慮、挫折感和絕望反應。大多數人（75%）都表示他們受到拘禁、失去身分認同，認為自己的感覺一點都不重要也沒有人願意傾聽、不被當人對待也沒人關心，忘記這只是一場實驗，並且開始覺得自己真的是病人。其中一位由工作人員假扮的病人在經歷一個週末的痛苦折磨後發表了以下洞見：「我以前對待這些病人，就如同他們是一群動物，從來不了解他們到底是過著多麼痛苦的生活。」[24]

這項研究被認為是史丹佛監獄實驗的續篇，所產生的正面影響是工作人員組形成一個組織，與從前和現在的病患協力合作。他們致力於喚起醫院人員注意到病人受到的錯誤對待，也從個人做起，努力改善自身與患者間以及患者與工作人員間的關係。他們開始了解到自己身處的「總體情境」力量會改變患者與工作人員，情境的力量可能讓人行善，也可能使人為惡。

英國電視秀：失敗的偽實驗

一個英國廣播公司歐洲電視（BBC-TV）的節目，曾經以 SPE 模式為基礎進行了一項實驗。但因為實驗中獄卒並未出現過分暴力或殘酷的表現，因此被認為挑戰了 SPE 的實驗結果。讓我們快速跳到這項研究的尾聲，並且看看那引人注目的結論：那些囚犯支配了獄卒！獄卒「逐漸變得思想偏執、沮喪，而且感到莫大壓力，他們最常抱怨的就是自己被欺負。」[25] 我再重複一次，在這場真人實境的電視秀裡，覺得自己受痛苦的人是獄卒而不是囚犯！有幾個獄卒因為再也忍受不下去而離開實

驗，卻沒有任何犯人這麼做。這些囚犯很快就占了上風，他們以團隊工作的方式削弱獄卒的權力，然後將每個人納進圈子裡，最後他們決定組成一個和平「同盟」，協助者正是一位工會組織者！關於這個偽實驗的關鍵分析請參見我們的網站。

SPE 是對權力濫用的警告

我們的研究後來產生了兩個始料未及的用途，一個是被用在婦女庇護所，另一個則是用於美國海軍的「生存、躲避、抵抗、逃脫實戰計畫」（Survival, Evasion, Resistence, and Escape，簡稱 SERE）。許多受虐婦女庇護所的主持人都告訴我，他們用《寂靜的憤怒》這部片子來說明陽剛性力量很容易被濫用並開始造成破壞。他們讓受虐婦女觀看影片並且討論影片的意涵，這可以幫助她們不會把受虐的責任歸咎在自己身上，並且更了解是什麼樣的情境因素讓她們曾經深愛的伴侶成了施暴的罪犯。某些從權力觀點來理解性別關係的女性主義理論，也逐漸吸收了這個實驗的意涵。

美國軍隊的所有軍種中都有各自版本的 SERE 實戰計畫。這是在韓戰後所發展出的實戰訓練，目的是要教導受到敵軍俘虜的士兵如何抵禦各種極端的嚴行拷打。這項訓練中最重要的一部分是讓接受身心嚴酷考驗的受訓者在模擬的戰俘營中待上幾天，並透過極度慘酷的模擬訓練讓軍人有充分的準備，萬一不幸被俘並且遭受刑求時，可以更妥善地應付恐怖行動。

我從幾個海軍方面的消息來源得知，他們運用我們的影片和網站，向受訓學員說明我們從 SPE 中得到的教訓，即指揮權是如何容易變得失控而極端化。這可以警告接受 SERE 戰俘訓練的學員們謹慎應付行為過當的衝動，以免演變成虐待「俘虜」。

但另一方面，正如許多評論家指出，陸軍在加州北方布萊格堡（Fort Bragg）操演的 SERE 實戰計畫顯示該計畫已經被五角大廈錯誤運用。他們認為軍方高層已悄悄地轉移關注焦點，從過去重視提升受俘美軍的抵

抗能力，變成發展效果不斷強化的訊問技術，目標是對付被俘虜的「敵方戰士」和其他美國的假想敵。根據報導，來自軍隊中 SERE 實戰計畫的訊問技術已經移植到被稱為「Gitmo」的古巴關塔那摩灣監獄中。

美國法律學教授 M‧葛雷格‧布洛區（M. Gregg Bloche）和英國律師兼生物倫理學研究員強納森‧H‧馬克思（Jonathan H. Marks）曾公開譴責運用這類詰問技術，這些技術某程度上是由行為科學家和心理學家協助開發的。他們認為「將 SERE 實戰策略和關塔那摩模式帶到戰場上所造成的影響是，美國五角大廈將打開潛在虐待事件的潘朵拉盒子⋯⋯五角大廈的文人領導階層對 SERE 模式的熱烈歡迎進一步證實等同於酷刑的虐待與傷害乃是國家政策的一環，而非偶然的暴行。」[26] 一名調查記者珍‧梅爾（Jean Mayer）在《紐約時報》上發表一篇標題為〈這場實驗〉（The Experiment）[27] 的文章，文中也表示了同樣的關切。我將在第十五章中探討五角大廈如何錯誤運用 SPE 的議題。

SERE 實戰計畫所開發的各種策略乃是防衛訓練協定的一部分，目的是當軍方人員受到敵軍俘虜時能派上用場；然而在二〇〇一年九月十一日的恐怖攻擊事件過後，這些策略經過翻新已被歸入攻擊性戰略的彈藥庫中，用來對付疑為敵人的軍人及一般平民，從他們口中套取情報。這些策略的目的是要讓被訊問者感覺難以招架、願意服從，因而願意透露軍方想要的情報。他們的技術乃是由行為科學家顧問們協助發展，並透過 SERE 操演中的野外訓練反覆試驗而獲得修正和改善，操演的基地包括位於布萊格堡、北卡羅萊那州及其他地區的軍事訓練基地。總體來說，這些策略盡量減少運用嚴刑拷打，代之以心理上的所謂「軟性折磨」（soft torture）。在 SERE 實戰計畫中有五種主要策略可瓦解被拘留者或其他受訊問對象的心防，使他們願意乖乖吐露情報和自白：

（1）性方面的羞辱蹧蹋
（2）對宗教及文化習俗的羞辱
（3）剝奪睡眠

（4）感覺剝奪（sensory deprivation）或感覺超載（sensory overload）

（5）造成恐懼及焦慮等心理優勢的身體酷刑，如水刑或低體溫刑（hypothermia，即讓人暴露在酷寒的低溫下）

在美國國防部長倫斯斐（Secretary Rumsfeld）對關塔那摩監獄以及桑切斯將軍對阿布葛拉伊布監獄的備忘錄中，都可看見這些策略被特別建議使用，並用於管理這些監獄及其他地方。還有一些記錄證據也顯示，有一群訊問員及來自關塔那摩的軍方人員曾在二○○二年造訪位於布萊格堡的 SERE 實戰訓練基地。當然了，由於情報的機密性質，這些陳述只能當成是基於各種消息來源的報告得出的合理推論。

五角大廈有無可能已經吸收 SPE 對於情境力量的主要認識，並運用於折磨訓練計畫中呢？我不願意這麼相信，然而最近一項評論卻有力地支持了這推論。

「似乎是這實驗啟發了伊拉克的酷刑折磨……他們創造出一個情境，然後讓它變得更壞──裡面的人手不足、充滿危險，而且沒有外在的獨立控制機制，於是只需要一丁點鼓勵（無須特殊指令），獄卒就會開始折磨人犯。現在美國在伊拉克的監獄已經到處可指認出這樣的情境和酷刑……。在史丹佛實驗的『情境』裡，美國政府占了一個便宜，他們盡可以否認一切說：沒有人下令用刑。不過這情境會造成的下場早就可以預料得到。」[28]

撰文者更繼續指出他的主張並非空穴來風，因為在調查阿布葛拉伊布虐囚事件的〈施萊辛格小組審查報告〉（Schlesinger Committtee Report）中就特別點名了史丹佛監獄實驗。他們主張「在一份官方文件中發表關於這項實驗的訊息，並將其與美國軍方監獄中的虐囚情況連結，更進一步揭發了決策責任的連串歸屬。」〈施萊辛格審查報告〉指出事件與 SPE 的相關關鍵，在於它突顯了我們實驗監獄中創造出的病態情境力量。

「我們所觀察到的負面、反社會行為並非來自一個聚集大堆人格偏差者所創造出的環境，而是一個本質上即病態情境下的產物，這樣的情境

改變了原本正常的人，使他們出現扭曲的行為。異常的是情境的心理本質，而不是經歷這情境的人。」[29]

跨界進入通俗文化

有三個例子可以說明我們的實驗跨越了學院象牙塔的藩籬，進入了音樂、戲劇和藝術領域，它們分別來自於一個搖滾團體、一部德國電影，以及一位波蘭藝術家的藝術（他的「藝術形式」於二○○五年，在世界上最悠久的當代藝術慶典「威尼斯雙年展」中獲得展出）。「史丹佛監獄實驗」（去掉定冠詞）是一個洛杉磯搖滾團體的團名，根據團長說法，他是在加州大學洛杉磯分校（UCLA）當學生的時候認識了 SPE，這個實驗正好符合了他們強烈的音樂風格——「龐克與噪音的融合」。[30]根據 SPE 改編的德國電影《實驗監獄》（*Das Experiment*）已經在世界各地上映了。來自 SPE 的啟發，讓這部可謂「幻想之作」顯得極合理與真實。這部電影為了譁眾取寵而蓄意誤導觀眾，混淆觀眾對研究中發生事情的認知。而電影的結局展現出性別主義的偏見，充斥著毫無理由的性與暴力，卻彰顯不出任何價值。

儘管有些觀眾覺得這部電影十分刺激好看，電影卻遭受影評的猛烈攻擊，正如兩位知名的英國影評家的評論；英國《觀察家週報》（*The Observer's*）的評論家做出這樣的結論：「《實驗監獄》是部完全缺乏原創性的失敗驚悚片，這讓它描繪的全國性（或者全世界性）的獨裁法西斯主義傾向成為無稽之談。」[31]英國《衛報》（*The Guardian*）的評論家哈雪（Harsher）則是這麼說：「任何關於『老大哥』（Big Brother）的劇情作品都可以比這部愚蠢又無意義的爛片提出更多高見。」[32]美國影評羅傑・亞柏特（Roger Ebert）從這部電影中得到一個頗具價值的教訓，這教訓也適用於 SPE：「也許是制服讓我們變成盲目跟從領隊犬的一群獵狗。能離群走出自己的路的實在不多。」[33]

波蘭藝術家亞瑟・奇米喬斯基（Artur Zmijewski）製作了一部長四十六分鐘的影片《重複》（*Repetition*），內容著重呈現自願者在模擬監獄

中度過的七天。 在二〇〇五年六月的威尼斯雙年展中，波蘭展館裡每整點播映一次這部影片。另外也在華沙和舊金山的藝術展場中放映。

根據一位評論家的說法，這部電影「指出這個兼具洞察力與嚴格科學方法的實驗也有可做為藝術作品的豐富素材……然而在那間模擬監獄裡頭，藝術老早被拋到一邊去了。『遊戲』本身開始有了自己的動力，它讓玩家完全沉浸在遊戲的動態裡，乃至於最後開始觸碰到他們的人性核心。於是獄卒們變得更殘暴、更有控制欲。他們把不服從的人隔離監禁起來，所有人一律理平頭。這時候有少數犯人決定不再把忍受這場鬧劇，不再把它當成是必須付出的代價（每天四十美元酬勞），他們認為這根本是個貨真價實的邪惡情境，於是永遠離開了這場『實驗』。」[34]

SPE 網站的網路力量

在 www.prisonexp.org 網站上，我們運用存檔影像以及四十二張幻燈片，向大眾說明那決定命運的六天實驗裡發生的故事。資料包括背景資料文件、討論議題、文章、訪談，我們也為老師、學生，或對這實驗及懲治制度有興趣進一步了解的人提供了許多素材；網站共提供五種語言版本。這個網站在一九九九年上路，並獲得了普魯斯以及麥可‧萊斯提克兩位專家的協助。

如果上 Google 網站搜尋關鍵字「Experiment」，你可能會發現在二〇〇六年八月 Google 上出現的兩億九千萬筆查詢結果中，SPE 是排在最前面一區的網站。如果你也在二〇〇六年的八月在 Google 上搜尋關鍵字「Prison」，在一億九千兩百萬筆查詢結果中，史丹佛監獄實驗網站的排名僅次於美國聯邦監獄局。

根據統計，每天 www.prisonexp.org 的網頁瀏覽次數超過兩萬五千次，網站開張以來的瀏覽次數則超過三千八百萬次。而在二〇〇四年五月和六月阿布葛拉伊布監獄事件的媒體報導高峰期，連結到史丹佛監獄實驗網站（目前網址為 www.socialpsychology.org）的流量，每天有超過

二十五萬次的網頁點閱數。這麼高的流量不只代表社會大眾對於心理學研究興趣高昂，更證實了許多人覺得有需要了解監禁的議題，或者從更普遍的角度而言即權力及壓迫議題。這個資料也反應了這個實驗在世界上許多國家已經成了當代傳奇。

對我而言，我從下面這封十九歲心理學學生的來信中看見，造訪SPE 網站可能對個人造成的重要影響，這位學生在信裡描述這個網站對他個人產生的價值，因為這讓他更加理解他在新兵訓練營裡的可怕遭遇：

才剛開始不久（觀看史丹佛監獄實驗）我幾乎要落淚了。二○○一年十一月，我為了一圓兒時夢而加入美國海軍陸戰隊（United States Marine Corps ，簡稱U.S.M.C.），簡單地說，我在那裡反覆受到各種不合法的身心虐待。我曾經受過四十次無緣無故的毆打，一直到最後，為了應付這一切的傷害，我開始有自殺傾向，直到從 U.S.M.C. 的新兵訓練營中退役為止。我在那個基地才待了差不多三個月而已。

我想說的重點是，我覺得那些獄卒執行任務的方法以及軍事訓練教官的做事方式實在完全無法讓人接受。我很驚訝我不斷想到兩者間的相似性。因為我遭受到很類似的待遇，某些情況下甚至更糟。

其中有一個特別事件是我被指控破壞整排的團結。那時我被迫坐在我的隊頭（營房）裡對著其他新兵大喊：「如果你們動作快一點，就不會害我們受苦好幾個小時。」這樣喊是因為我讓其他每個新兵都被罰把沉重床腳櫃高舉過頭。我覺得這跟在實驗裡跟囚犯說：「819 號是壞榜樣。」那件事很類似。雖然事情結束後，我也安全回到家，但好幾個月過去，我滿腦子只想回去那地方，證明訓練教官說的話是錯的，我不是壞榜樣。（跟我們的史都華819 想的一樣。）我還想到其他一些行為如罰做伏地挺身、被理光頭，彼此以「那個新兵」呼來喚去，完全失去個人身分，這些都和你們的研究很類似。

雖然你們在三十一年前就進行了這個實驗，但這些資料還是幫助我

了解了在這之前我即使接受治療和諮商仍然覺得迷惑的事;你們的資料和經驗讓我走出我花了將近一年還走不出來的疑惑。雖然這些事不能做為他們行為的藉口,但對於訓練教官做出的種種殘酷、權力饑渴的行為,現在的我已經能夠了解其背後的原因了。

我只想說,金巴多博士,謝謝您!

針對海軍陸戰隊員的訓練,威廉·馬爾斯(William Mares)在〈海陸戰隊機器〉[35] 一文中有完整生動的描述。

我們可以得出一個合理的結論:不只對社會科學界而言,這個小小的實驗具有持久的價值,尤其對一般大眾來說更是如此。而我現在相信,這個特殊價值就在於我們對人性戲劇化轉變的了解。改變人性的並不是《化身博士》中讓傑奇博士(Dr. Jekyll)變身成邪惡海德(Mr. Hyde)的神祕化學藥劑,而是社會情境以及創造並維持這些情境的系統力量。我的同僚和我感到高興的是,我們能以富有教育性、趣味性和娛樂性的方式「讓心理學走入大眾」,並讓所有人認識對人性中最基本、最令人不安的一面。

現在應該要超越這個單一實驗,以便擴大我們的經驗基礎,因此在接下來幾章中,我們將回顧來自不同出發點的各種研究,這些研究將讓我們更完整了解情境影響人性轉變的巨大力量。

第 12 章
社會動態學調查(1)：
權力、遵從與順服

　　我相信，想打進某個核心的渴望及被排除在圈外的恐懼，會占據所有人一生中的某些時期，甚至許多人從嬰兒時期到垂垂老矣，終其一生都被這些念頭盤據。……在所有熱情之中，成為圈內人的熱情最擅於讓本質還不壞的人做出罪大惡極的事。

——魯益師，《核心集團》

（C. S. Lewis, *The Inner Ring*, 1944）[1]

　　許多平時使我們表現良好的動機與需求，一旦受到情境力量的刺激或被擴大、操弄時，就可能讓我們走上歧路，而我們對情境的強大力量可能絲毫無察。這就是為何邪惡如此猖獗的原因。邪惡就像是誘惑你在日常生活軌道上來個小轉彎，輕微地繞點遠路，或者不過是後照鏡上的一個污點，最後卻帶人走向災難的下場。在前面的幾章中，我們嘗試了解史丹佛監獄中善良年輕人的性格轉變，我大略提到了在造成人們出現思想、感覺、認知和行為反常的過程中，有許多心理歷程扮演了重要的角色。想要有歸屬感、與人連結，以及希望被其他人接受，這些建立社群以及家庭紐帶非常重要的基本需求，在 SPE 中卻被轉化成對不合理規範的服從，因而助長獄卒虐待囚犯的行為。[2] 我們更進一步了解到，想要在個人態度和公開行為間維持一致性的動機，最後可能會允許自己在意圖合理化認知不協調的情況中，運用暴力對付自己的同儕。[3]

　　我要主張的是，我們並不是透過奇特的影響方式——例如運用催眠、精神藥物或所謂「洗腦」——來指導行為的改變及進行「心智控制」。最

戲劇性的行為改變反而是因為長期處在受到限制的環境中，受到對人性最通俗面向的系統性操弄而造成。[4]

在這個意義下，我相信英國魯益師教授提出的看法——當人處在善惡邊緣時推人一把、改變行為的強大力量，乃來自人們想成為「圈內人」不願被排除「在圈外」的渴望。魯益師的「核心團體」指的是被接納進某個特殊群體、享有某些特權關係，就像是進入傳說中的秘密宮殿般，可以立即提高地位和身分。對大多數人而言，這是一股明顯存在的誘惑——誰不想成為「圈內人」呢？誰不希望自己通過考驗，被認為有資格或有優勢進入一個新的領域呢？

研究已經確認，來自同儕壓力的社會力會讓人們，尤其是青少年做出奇怪的事（而且無奇不有），只求被接納。然而是人的內在滋養及孕育這種尋求進入核心團體的力量，任何同儕壓力無不受到自我的推促，而這自我壓力來自於——渴望「他們」也需要「你」。這使得人們願意忍受兄弟會、宗教教派、社交俱樂部或是軍中痛苦極具羞辱性的進入儀式，也使得許多人一輩子承受痛苦，就是為了在公司內部往上爬。

這種由動機誘發的力量，又會受到魯益師所謂「被排除在圈外的恐懼」影響而產生加倍效果。當一個人渴望被接納時，被拒絕的恐懼會使人失去進取心，並否定個人的自主性。恐懼可能會讓熱愛社交的人變得害羞內向，被排除於「外團體」的想像，其所具有的威脅性可以讓人無所不用其極，只為避免被否決出局。權威者往往並非透過懲罰或酬賞方式來命令他人絕對服從，而是透過兩面刃達到目的——一方面已接納引誘，另一方面以否決威脅。這種人性的動機是如此強烈，以至於當有人承諾與我們分享「只屬於我們兩個人」的秘密時，即便對方只是個陌生人，也會好比握有了不起的權力。[5]

最近有一個悲慘例子，一名四十歲的女性和五位高中男孩發生性關係，她每週在家裡舉辦性愛派對，提供他們和其他孩子藥物和酒精，情況持續了一整年。這名女性因此事的曝光而認罪。她告訴警方，這麼做只因為她希望自己是個「很酷的媽媽」。這位別出心裁的酷媽在口供中告

訴調查員，她在高中時期不太受到同班同學歡迎，可是藉由舉辦宴會，
她卻開始「覺得自己好像成了這個團體的一分子」[6]。可惜的是，她走錯
圈子了。

情境力量的眞相

關於社會情境的力量以及真實的社會建構，有許多研究都曾揭露過
部分真相，史丹佛監獄實驗不過是其中一小塊拼圖。情境力量以不預期
的方式形塑著人類的行為，在我們的研究前後，尚有各式各樣的研究從
其他面向來闡明這點。

處在群體中時，我們會做出許多自己一個人不會做的事情，但群體
的影響常常不是直接的，而是透過建立行為的榜樣，希望我們能夠去模
仿和實行。相對地，權威的影響常常是直接而毫不掩飾的指令，像是
「照我說的去做」等指令，但也正因為權威的要求如此明目張膽，所以個
人可以決定追隨領導或不服從。思考一下這個問題，你就會了解我的意
思：如果一個權威角色下令傷害甚至殺害無辜的陌生人，一般善良的人
會抗拒還是服從要求？一個針對盲目服從權威的爭議性研究，就把這個
十分挑釁的問題放到實驗裡測試。這個經典實驗的效果實在太「震撼」
了，為了幫助我們了解好人為何會被誘惑為惡，我們會在下文設法釐清
這個實驗程序中許多有價值的訊息。我們將在回顧這項經典實驗的複製
與延伸研究後，再次提出所有這類實驗必定會問的問題：實驗的外部效
度為何？在真實世界中，什麼情況可以和實驗室示範的權威力量類比？

注意：實驗中可能存在自利偏誤

在我們進入這個研究的細節之前，我必須事先警告，每個人都可能
帶著偏見，無法從所讀資料中得出正確的結論。大多數人都會建立以自
我為中心的自利偏誤（self-serving bias），這可以讓自己覺得與眾不同，
處於「一般水準」之上[7]。這樣的認知偏誤有助於維持尊嚴和幫助我們抵

禦生命中的重大打擊。我們運用自利偏誤替失敗找藉口，將成功歸功於自己，做出錯誤決策時則用來推卸責任，所認知到的主觀世界就像生活在彩虹中一樣美好。我舉個例子，研究顯示有百分之八十六的澳洲人自我評估工作表現為「水準之上」，而百分之九十的美國企業經理認為自己的工作成果優於某位表現中庸的同僚。（我真同情那位可憐的中庸男。）

不過這些偏見也可能造成適應不良，讓人看不見自己和其他人的相似性，使人疏遠真相。真相是，在某些惡劣的情境裡，人們真的是見不得他人好。這樣的偏見也意味我們會疏於防備自己行為所造成的不利後果，因為我們總覺得這種事不會發生在自己身上。於是我們做許多冒險的事，常常從事危險性行為、冒險開車、賭博，甚至拿自己的健康當賭注。最極致的表現就是，大多數人會相信自己比其他人更不容易受到自利偏誤誤導，即使我們才剛學到這一課也一樣。[8]

這也表示，你在讀到 SPE 或許多其他研究後，可能會得出一個結論：你不會像大多數人一樣做出那種事，如果有例外，你當然就是那個例外。而正是因為你高估了自己而低估了對手，所以這個在統計上顯得十分不合理的信念（因為大多數人都相信）甚至會使你更容易受到情境力量影響。你確信自己會是個善良的獄卒、敢於反抗體制的囚犯、反抗者、異議分子、不從俗的人，更是一名英雄。也許的確如此，不過英雄是人類中的稀有品種，我們將在最後一章中見見其中幾位。

所以我現在請各位暫時把偏見擱在一旁，試著想像自己極可能跟實驗中大多數人做出一樣的行為。或者請你至少認為如果跟一般研究參與者異地而處，你不確定自己是不是會一樣輕易被誘惑。我請你回想囚犯克萊 416，香腸反抗事件中的英雄，當他與折磨他的獄卒一起接受訪問時曾說過的話。當被嘲弄地問到：「如果你站在我的位置，你會是什麼樣的獄卒呢？」他謙遜地回答：「我真的不知道。」

只有當我們認知到，所有人都不能免於受到人性中這些相似動力的影響。也只有當我們了解，謙遜的態度永遠優於毫無理由的驕傲，才有可能承認我們在情境力量底下不堪一擊。讓我們秉持這樣的立場，回想

約翰・唐納對人性共通的相關性和依存性提出的有力觀點：

　　所有人都出自同一作者，屬於同一本書；一個人的死亡不會讓書頁成灰，只是被譯成更美的語言；沒有一頁會被遺漏……。喪禮的鐘聲響起，鐘聲召喚著牧師，也招換著會眾：鐘聲召喚著所有人……。沒有人是座孤島，可以遺世獨立……。任何人的死亡，都是我的減損，我和人類的命運共存；所以請別再問，喪鐘為誰而敲響，喪鐘為你敲響。（《冥想》第十七篇）

艾許的順從研究：從眾的需求

　　社會心理學者所羅門・艾許[9]相信美國人的行為獨立，即使大多數人對世界的看法都和自己不同時，美國人還是可以有自主的作為。只有當群體挑戰了個人的基本觀點和信念時，也就是出現指鹿為馬，所說的與事實情況根本不符時，才能測試出真正的順從性。而艾許預測，在這些情況下順從的人相對上比較少，處於群體極端壓力下時，大多數人都可以堅決抗拒如此明顯的錯誤。

　　那麼，當人們面對與他們世界觀完全衝突的社會現實時，到底會發生什麼事？為了一探究竟，我現在希望你試著想像自己正站在典型實驗參與者的立場上。

　　你應徵參加一個關於視覺的研究，研究員會要求你估計線段的相對尺寸，他們讓你看一些卡片，卡片上面有三條長度不等的線段，然後要你大聲說出這三條線段中哪一條的長度和另一張卡片上的線段一樣。你的兩旁有七位同伴，而你排在第八號。這實驗對你來說簡直是輕而易舉，起初你可能會出了點小錯（不到百分之一），但大致上你的答案和其他人都一樣。接著有些怪事發生了，有時候其他七位受試者都把最長的那條線要不然就是最短的那條線說成是中間長度。（當然你完全不知情另外七個人都是研究團隊裡的成員，事先被指示在「關鍵」題時必須回答錯誤的答案。）接著，輪到你回答了，其他七位受試者全看著你，你

看到的答案明顯跟他們不同，但你打算照實說嗎？你會堅持自己的看法並且說出自認正確的答案嗎？或者你會同意其他所有人說的才是對的？在十八道測驗題中，你將會遇到十二個群體壓力關卡。

如果你和實際參加研究的一百二十三個人一樣，面對關鍵測驗題時將會有百分之七十的機率屈服於群體壓力，而百分之三十的原始受試者會在大多數測驗題中表現出從眾態度，只有約百分之二十的人能自始至終堅持自己的獨立性。有些人報告他們的確注意到自己的看法和群體共識不一樣，但是同意其他人的看法比較容易些。還有一些人認為答案的差異造成他們的內在衝突，解決辦法就是去相信群體是對的而自己是錯的！所有選擇從眾的人都低估了自己的從眾程度，他們認為自己的從眾程度比實際發生的還要輕微。在他們心中他們仍然是獨立的人，但不是表現在行為上。

追蹤研究顯示，如果只有一個人的估計是錯誤時，參與者只會稍微感到為難，但還是能夠獨立判斷。但如果有三個人的答案和自己相反，參與者的答錯率就會升高到百分之三十二。不過艾許在註釋中提出較樂觀的看法，他找到一個可以改善獨立性的方式：只要讓參與者有一個和自己立場一致的同伴，從眾的力量就會大幅降低。相較於單獨一人的情況，有了同伴的支持可以讓錯誤率降低四分之一，即使當同伴離開了，抗拒從眾的效果仍然可以持續。

了解這個研究中，造成從眾行為的兩個基本機制，將有助於進一步了解人們的順從行為[10]。第一個機制是「資訊性需求」：其他人的想法、觀點和知識常有助於人們探索自己身處的世界。第二個引發從眾的機制則是「規範性需求」：當我們同意其他人看法時，比較容易被人們接受，於是因為受到歸屬感以及希望以相似性取代異質性的強烈需求鼓舞，於是對其他人的觀點做出了讓步。

盲目服從權威：米爾格蘭的震撼性研究

「我正試著想出讓艾許的順從性實驗更具人性意義的方法。這個順從性測試讓我很不滿，因為它竟然只是叫人判斷線段的長短。於是我想，我們是否能讓群體壓迫個人去做些更具有人性意義的行為，也許是對其他人做出攻擊，比方說逐漸提高對他人的懲罰。不過，在研究群體效應之前，必須先確認受試者在沒有受到群體壓力的情況下會怎麼做。剎那間，我忽然改變了主意，我決定把焦點放在實驗控制上，也就是測試在實驗者的指令下，一個人到底可以順從到什麼程度？」

以上這段話出自於艾許的研究助理史丹利·米爾格蘭，這位社會心理學者開啟了一系列傑出研究，也就後來人們熟知的「盲目順從權威」實驗。他對於服從權威問題的研究興趣來自於深刻的個人關懷，希望了解二戰大屠殺期間的納粹黨人如何能輕易順從命令殺害猶太人。

「（我的）實驗室典範……是從科學角度對權威表達更普遍的關懷，二次大戰期間發生的暴行迫使著我們這一代的人，尤其是像我這樣的猶太人必須承擔起這樣的關懷。……大屠殺加諸在我心靈的影響，激發了我對順從的研究興趣，並且形塑了用來檢驗服從的特殊形式。」[11]

在此我先讓讀者了解這實驗計畫中自願者所須面對的情境，接著再進入實驗總結，我將概略提出十點可推及日常生活中行為轉變情境的重要教訓，最後再提供真實生活中的類似案例，以回顧這個實驗典範的延伸應用（關於我和米爾格蘭的個人交情請參見註釋[12]）。

米爾格蘭的服從典範

請想像你在星期天的報紙上看到一份心理學實驗徵求受試者的廣告，而且決定去應徵。雖然一開始的原始研究只徵求男性受試者，不過後來的研究中也包含了女性，所以我邀請所有讀者們參加這個想像的演出。

　　你走進了耶魯大學的實驗室，這時，一個舉止嚴肅的研究者——他穿著實驗室灰袍，看起來正在進行很重要的科學實驗——走向前向你和另一位應徵者問好。你來這裡的目的是為了幫助心理學科學，研究如何透過運用懲罰改善人們的學習和記憶。接待你的人向你說明，這個新研究可能會產生重要的實用意義。你的任務很簡單明確，你們其中之一要扮演「老師」，另一個人則扮演「學生」，老師要給學生一組單字讓他記憶。在測驗中，老師說出每個關鍵字，學生就要回答正確的相關字。答案正確時，老師就給學生口頭上的獎賞為鼓勵，像是告訴學生「幹得好」、「沒錯，就是這樣」。出錯時，老師必須按下他前面那個看起來很嚇人的電擊裝置上的桿子，立刻施以電擊懲罰。

　　電擊儀上總共有三十個按鈕，每個按鈕都代表一個電力等級，從最低的十五伏特開始，以每等級多十五伏特的幅度累加。每當學生犯錯時，實驗者都會提醒你，而你必須按下下一個更高電力等級的按鈕。控制板顯示每個按鈕的電力等級，以及關於該電力等級的描述，比方說第十級（一百五十伏特）的描述是「強力電擊」；第十三級（一百九十五伏特）是「非常強力電擊」；第十七級（二百五十五伏特）是「劇烈電擊」；第二十一級（三百一十五伏特）是「極劇烈電擊」；第十五級（三百七十五伏特）是「危險，激烈電擊」；第二十九和三十級（分別為四百三十五伏特和四百五十伏特）時，控制板上除了三個不祥的大叉叉之外什麼也沒標示（這暗示著極端痛苦和極度激烈的電擊）。

　　你和另一位自願者抽籤決定各自扮演的角色，結果由你飾演老師，另一位則扮演學生（抽籤過程已經被動過手腳，另一位自願者實際上是這項實驗的同謀，固定會抽到扮演學生角色。）扮演學生的是個舉止溫和的中年人，你一路陪著他走進了隔壁房間。研究者告訴兩位：「好了，現在我們要把儀器接到學生身上，為了接下來方便進行懲罰。」於是學生的手臂被捆起來，右手腕上接上一個電極。只要一犯下錯誤，另一間房間裡的電極儀就會透過電極輸送電力到學生身上。你和學生間可透過對講機溝通，實驗者就站在你旁邊。你已經先體驗過四十五伏特電

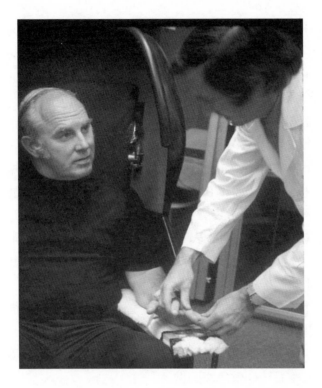

擊的威力，只感到稍微的刺痛，對電力等級已經有了點概念。實驗者給
了暗號，「記憶力改善」研究開始了。

　　一開始你的學生表現得還不錯，不過很快地開始出錯了，所以你也
開始按下電擊桿。學生抱怨電擊弄痛他了，實驗者點點頭暗示你繼續。
但當電力等級不斷增加到強烈程度時，學生尖叫沒辦法繼續下去了，你
開始猶豫，並詢問旁邊的實驗者是否應該繼續，實驗者這時告知除了繼
續沒別的選擇。

　　現在學生開始抱怨他的心臟不舒服，你也認為不應該繼續下去，但
實驗者還是堅持進行。因為學生不斷犯錯，你只好請求你的學生專心，
你可不希望他受到非常強力的電擊。但你的關心以及鼓勵全起不了作
用，他還是不斷出錯。電力等級又往上跳了一級，你聽到他哀嚎：「我
快痛死啦，受不了了，讓我離開這裡！」又跟實驗者說：「你根本沒有

權力把我留在這裡，讓我出去！」電力再次往上跳級，這次他尖聲叫道：「我拒絕再回答任何問題！快把我放出去，你沒有權力這麼做，我的心臟快不行了！」

現在你完全不想進行實驗了，並告訴實驗者你拒絕繼續。你可沒辦法用這種方式去傷害別人，這不是你的作風。雖然你想離開，實驗者還是堅持實驗必須進行下去。他提醒你，你跟他們簽過合約，答應過要完成實驗。他還說，如果電擊造成什麼意外，後果由他完全承擔。在你壓下三百伏特的按鈕後，你唸出了下一個關鍵字，但學生什麼反應也沒有。「他沒回答。」你告訴實驗者，希望他到隔壁房間去確定一下學生的狀況。但實驗者還是無動於衷，他並不打算這麼做，反而告訴你：「如果學生沒有在合理的時間內回答，大約五秒，這時就算他錯。」漏答的懲罰方式也跟答錯一樣——規則就是這麼訂的。

你繼續按下更危險的電力等級按鈕，還是沒有任何聲音從電擊室裡傳出。他可能失去意識甚至死了！你覺得很痛苦，想要離開，整個情況完全出乎意料，可是不管說什麼都沒辦法讓你從這個痛苦情境裡解脫。你被告知規則怎麼訂，你就怎麼照做。

現在盡可能地想像，扮演老師角色的你會如何。我確定你會說：「我絕不可能乖乖照做！」顯然你一定會提出抗議，然後一走了之，絕不會為了區區四塊臭錢出賣自己的良知！不過假如有人一路按下第三十個電擊按鈕，那時候實驗者還會堅持繼續測驗，直到另外再按兩次為止，他會說這是為了方便取得測量數據。對走到這一步的人來說，痛苦的事實擺在眼前，想忘都忘不了。所以呢，你預測你在離開實驗前會進行到哪一級？在這個小地方，一般人遇到這樣情境時又會做到什麼樣的地步？

專家的預測結果

米爾格蘭把他的實驗告訴約四十名精神醫學專家，然後要求他們估計有多少比例的美國公民會從頭到尾完成三十個等級的電擊實驗。他們

平均預測只有不到百分之一的人會堅持到最後,認為只有虐待狂才幹得出這麼殘酷的事,而且估計絕大部分人在一百五十伏特電力的第三級就會撒手不幹。但事實證明他們大錯特錯!人類行為專家之所以會錯得離譜,原因有二,首先是他們忽略了情境決定因素,因為埋藏在實驗程序性說明當中的情境決定因素會影響人的行為。其次是他們受到傳統精神醫學訓練,使得他們過於依賴從天性觀點來解讀異常行為,而忽略了情境因素。也因此他們全犯了基本歸因謬誤!

令人震撼的結果

事實上,在米爾格蘭的實驗中,每三個自願者裡頭就有兩位(百分之六十五)一路進行實驗直到最高四百五十伏特的電擊程度為止。扮演老師角色時,大多數人會無視於「學生」的苦苦求饒而一再施以電擊。

現在我請讀者再試著猜一猜:當電力程度達到三百三十伏特,電擊室裡已經不再傳出聲音,在這種能夠合理推斷扮演學生的人已經失去意識時,有多少比例的人會在這時喊停?誰會在那樣的情況下繼續實驗?難道不是每個明理的人都會拒絕實驗者的要求,離開實驗不再繼續嗎?

某位「老師」陳述自己當時的反應:「我不知道到底發生了啥鳥事,我當時想說,你知道的,他該不會是被我電死了吧。我跟實驗者說,繼續下去要是發生什麼事我可不負責。」不過當實驗者向他保證出事有人頂著之後,這名擔心的老師仍順從了指示,一直進行到最後。[13]

幾乎每個從頭到尾完成實驗的人,反應都跟以上這位一樣。也許你會好奇,這種事是怎麼發生的?不過請想一想,如果已經做到了這地步,又有什麼理由不進行到最後呢?也許這跟扮演老師的人不知道如何從情境裡脫身有關,而不是因為對權威的盲目順從。在實驗過程中,大多數的參與者都不斷表示疑慮和反對,也說了他們不願意繼續下去,可是實驗者卻不放他們走,他不斷告訴他們一堆必須留下的理由,催促他們繼續為那些痛苦的學生施測。在一般情況中,這樣的抗議可能生效,抗議可以讓人們從不愉快的情境中脫身,可是在這個實驗中,不管你說

什麼，實驗者都不為所動，他只會堅持你留下來電擊犯錯的學生。於是你看著控制板然後明白，最快脫身的方式就是趕快進行實驗，直到最高電力等級的按鈕被按下為止。只要再多按幾次按鈕就可以出去，再也不必聽見實驗者的囉唆說教，以及學生的呻吟。答案出現了。只要四百五十伏特就可以讓你離開這裡，不需要跟權威面對面衝突，也不必費力衡量已經造成的傷害和額外的痛苦該如何取捨，出去的最簡單辦法，就是提高電擊。

以服從為主題的實驗

在一年之內，米爾格蘭執行了十九次不同的服從實驗，這些實驗都跟基本典範的組成元素：實驗者／老師／學生／記憶力測驗／錯誤電擊有部分不同。他會更動其中一個社會心理變項，然後觀察這個變動會使得受試者在電擊「學生」（受害者）時，不正義權威的順從度會受到什麼影響。這些變動包括，他在其中一個研究中加入了女性受試者；在另一些實驗中，他會變動實驗者與老師間或老師與學生間的相對位置，調整為較近或較遠；或者是讓學生先做出反叛或順從的態度等諸如此類。

米爾格蘭希望透過其中一組實驗證明，他的研究結果不是來自於耶魯大學的權威性——耶魯幾乎是整個新港市（New Haven）的代名詞。於是他在下城的橋港（Bridgeport）區一棟年久失修的辦公大樓裡設了一個實驗室，然後表面上以和耶魯大學沒有明顯關係的一個私人研究機構名義再次進行了實驗。但仍是出現相同的結果，參與者還是受到同樣的情境力量附身。

研究資料顯示，人性具有極大的彈性，任何人身上都可能出現極端順從以及抵抗權威這兩種態度。一切只關乎他們所經驗到的情境變數。米爾格蘭的實驗告訴我們，比例最高的時候可以有百分之九十的人繼續進行實驗，直到按下最高電力伏特按鈕，但只要加入區區一個關鍵性的變項到情境中，馴服的比例卻可降到不到百分之十。

想得到最高服從度的話，只要讓受試者成為「教學小組」的一員，

懲罰任務交給另一位小組成員（實驗同謀），而受試者則負責協助其他測驗程序，透過這樣的安排就可以輕易達成目的。如果希望人們反抗權威，只需有個反抗權威的同儕做角色樣板即可。即使學生表現出被虐狂的姿態要求電擊處罰時，受試者也會拒絕下手，因為他們並不想成為虐待狂。而當實驗者以學生身分下場進行實驗時，受試者較不願意施予較強的電擊處罰。另外，相較於學生就在自己附近，當學生處在偏遠位置時，人們較可能施予電擊。出現在不同實驗版本中的受試者都是普通的美國人，各種年齡、職業背景，兩種性別都有，而只要稍微擺弄情境的控制開關，研究者就可以從所有實驗中由低至高地導引出各種不同順服度——好像只是在他們心靈轉盤上按下「人性代碼」一樣輕鬆簡單。從背景各異的實驗中累積了上千名樣本，對象都是些一般老百姓，這使得米爾格蘭對服從議題的研究在社會科學中取得極大的概化能力。

　　思考漫長而晦暗的人類歷史，你會發現，當人類打著服從的旗號時，犯下的駭人罪行遠多於以叛亂之名。
　　　　——C. P. 史諾，《非此即彼》（C. P. Snow, *Either-Or*, 1961）

邪惡陷阱：米爾格蘭實驗中學到的十堂課

　　以下我將概略敘述在這個實驗典範中，導引許多普通人做出明顯傷害他人行為的做法。這麼做的目的是希望與真實情境中，比較由「說服專家」如推銷員、狂熱教派及自願役招募人員、媒體廣告專家等人所運用的順從策略[14]。基於此，我們從米爾格蘭的實驗中選錄了十種方法：

　　（1）預先以書面或口頭方式約定執行契約性的義務，創造出一種擬法律情境，藉以控制個人行為（米爾格蘭的做法是讓受試者公開同意接受實驗的任務及做法）。
　　（2）讓受試者扮演有意義的角色。如「老師」、「學生」，這些角色可讓扮演者自覺具有正面價值，並自動以符合角色內涵的方式回應。

（3）要求受試者遵守在派上用場前看似有道理，但實際使用時卻變得武斷且缺乏人性的基本規則，以此來正當化愚蠢的順從行為。同樣地，系統也可以創造一些含糊不清且隨時改變的規則，卻堅持「規則就是規則」，沒有通融餘地，以達成控制人們的目的（如米爾格蘭實驗中穿上實驗袍的研究者，或者是 SPE 的獄卒強迫克萊 416 吃掉發臭食物時的做法）。

（4）改變行為、行動者和行動的語義內涵。（把「傷害他人」的行為說成是「幫實驗者一個忙」，把懲罰行為說成是為了科學發現的崇高目的），也就是用漂亮的修辭技巧來包裝惡劣的現實，替真實景象化妝（我們可以看見同樣的語義捏塑技巧運用於廣告中，例如把味道很糟的漱口水塑造成有益健康的形象，讓消費者會因為漱口水具有殺菌效果而預期它的味道跟藥水一樣。）

（5）替受試者創造出分散責任或是推卸負面結果責任的機會。譬如告訴他們有別人會負責，或沒有人會認為他們需要為此負責（米爾格蘭的實驗中，當任何一個「老師」有疑問時，權威人士形象的實驗者都會告訴他們「學生」出的一切事情由他負責）。

（6）極端惡行是由看似不起眼的小舉動開啟。剛開始只是稍微把腳打濕，但隨著順從壓力逐漸增大，既然做了過河卒子也就不得不邁力向前了。[15]（比方說在服從研究中，一開始不過是十五伏特的電擊。）這也是讓好孩子墮落成藥物上癮者的基本步驟，只是好玩吸個一口的結果卻是步向沉淪。

（7）小步伐循序漸進。目的是讓人們很難注意到前一個行動跟自己正在做的有什麼不同，不過「多一點而已。」（在米爾格蘭實驗中，對人的侵略度是以十五伏特一級，共分三十級漸進遞增，在實驗開始階段，受試者根本注意不到傷害程度有什麼顯著差別。）

（8）逐漸改變權威人士（在米爾格蘭實驗中是以研究者的身分出現）的形象性質。從開始的「公正」、講理形象，漸漸變成「不公正」、苛求，甚至毫不講理。這種技巧會讓受試者先願意服從，但接著因為對權

威者和朋友前後一致的期待落空而感到困惑不已。轉變結果就是讓人們糊里糊塗地服從一切指令（許多「約會強暴」案例中都有這樣的情節，也是受虐婦女留在施虐配偶身邊的原因之一）。

（9）讓「離開一切的代價」變得高昂，或是藉允許不同意見的表達（這會讓人們覺得安心點）但同時不斷堅持服從，而提高離開過程的困難度。

（10）用意識型態或是美好的空話捏造一個看似令人憧憬的根本性目標，以正當化達成目標必須運用的任何手段。（米爾格蘭研究的做法是提供可接受的正當理由，例如這門科學是希望藉由明智的獎懲機制幫助人們改善記憶力，藉此讓人們做出不樂意做的行為。）在社會心理學實驗中，這種手法被稱為「幌子主題」（cover story），用來遮掩隨後實驗步驟的一套幌子，因為本身站不住腳，所以很可能被拆穿。在真實世界中，我們稱之為「意識形態」。大多數的國家在發動戰爭或是鎮壓政治異議人士之前，都仰賴意識形態以正當化其暴行，「對國家安全形成威脅」即是這類意識形態中的典型。當人們恐懼自己國家的安全陷入威脅時，就會願意把自己的基本自由權交出給政府以換取安全。弗洛姆（Erich Fromm）在其名著《逃避自由》中的經典分析使我們認識到，這樣的交易也曾被希特勒和其他獨裁者用來攫取及維持權力：也就是說，獨裁者宣稱他們將提供安全以交換人民放棄自由，理由是這樣他們才更好控制局面。[16]

米爾格蘭服從模式的複製與延伸研究

基礎的米爾格蘭服從實驗具有結構化設計且規則詳盡，因此吸引許多國家的獨立研究者投入複製實驗。而最近一份比較性分析研究的依據即是來自在美國進行的八個研究，以及歐、非、亞洲等地的九個複製實驗結果。在這些來自不同國家、不同研究中的自願參與者中顯示出相對較高的服從度。美國的複製實驗結果發現，平均有百分之六十一的受試者出現服從效應，這個數字和所有其他國家樣本中的百分之六十六的服

從比例相符。在美國的研究中，服從比例最低為百分之三十一，最高則為百分之九十一；而在跨國的實驗複製經驗中，最低及最高的服從比例分別是百分之二十八（澳洲）及百分之八十八（南非）。隨著時空的變遷，服從比例的穩定度始終維持良好，服從比例和執行實驗的時間（一九六三年至一九八五年）兩者間無法找出關連。[17]

虐待病患的不對等醫護權力

如果師生間的關係是以權力為基礎的權威關係，醫生與護士之間是否更是如此？在明知是錯的情況下，護士要違抗來自醫生有力權威的指令會有多困難？為了找出上述問題的解答，一個由醫生與護士所組成的團隊在他們的權威系統中進行了一項服從測驗，目的是想要了解在真實醫院的環境中，護士們是否會遵從不知名醫師所下達的不合理要求。[18]

研究是這樣進行的。一名醫院的醫師成員分別打電話給二十二名護士，這些護士從未見過這位醫生。他在電話中告訴護士必須立刻為某位病患投予藥物，以便他到醫院時藥效已經開始發揮，而到時他會在藥物處方單上簽名。他指示護士開給病患二十毫克的某藥，但該藥的容器標籤上卻寫著一般用量為五毫克，並警告最大用量為十毫克，他的指示是最大用量的兩倍。

於是，以照顧病患為責的護士腦海中出現了天人交戰；該聽從一個不熟的人的電話指示讓病人服用過高劑量的藥物；還是遵守標準的醫學作業程序，拒絕沒有經過授權的指令？當研究者以假設情境的設問方式詢問該醫院的十二名護士如何因應這個兩難時，有十人認為自己會拒絕服從。可是在醫生馬上就要到醫院（而且如果不聽從他的指令他很可能會發怒）的情況下，其他護士們的反應卻是屈服於權威，幾乎沒有例外。在實際測驗中，二十二名護士裡只有一位沒有聽命行事，其他人全都按照醫生的指示劑量讓病患服用該藥（實際為安慰劑），直到研究者出現阻止他們為止。真該把那位唯一沒聽話的護士升等、頒發榮譽勳章才對。

　　這個戲劇性結果絕不是絕無僅有。最近一個針對有執照護士的大樣本調查研究，同樣發現到對醫師權威的高度盲從現象。有將近一半（百分之四十六）的護士表示他們回想起自己曾經「在你認為有可能對病患造成傷害的情況下執行醫師的指令」。選擇聽從不適當指示的護士們把責任多半推給醫生，比較少歸咎自己。此外，他們也指出醫師的社會權力是建立在「合法權力」上，也就是說，他們對病患的照護有全權處置權[19]。他們只是聽從他們認為的合法指示——只不過那個病患後來死了。每年有數千位住院病患枉死於各種醫護人員的疏失之下，而我認為，其中有一些案例是死於護士及醫技人員對於醫師錯誤指令的盲從。

服從管理的權威

　　在現代社會中，位居權威地位的人很少像米爾格蘭的實驗典範中那樣以體罰方式懲罰他人。更常見的情形是運用間接暴力，也就是將指令轉給手下執行，或者是以言語暴力削弱權力弱勢者的尊嚴及人格。權威者也會採取具有懲罰效果的行動，而這些行動的結果無法直接觀察到。例如，明知會影響其表現並因此降低得到工作機會而以敵意的言語批評某人，即構成社會性的間接暴力。

　　一群來自荷蘭的研究者設計了一系列極巧妙的實驗，目的是評估在上述情境中的各種服從權威形態，他們自一九八二年起至一九八五年為止，在荷蘭烏特勒支大學（Utrecht University）進行了二十五項個別研究，共有將近五百名參與者參與實驗[20]。在他們的「管理服從實驗典範」中，實驗者告訴扮演管理人身分的參與者，他們必須對在隔壁房間的求職者（一位受過訓練的實驗同謀）做出十五個「壓力評語」。具體的做法是受試者被指示對求職者實施測驗，如果求職者通過考試就可以得到工作，否則是繼續失業。

　　他們被指示要在實施測驗時擾亂求職者，給他壓力。而這十五個等級不同的評語是對求職者測驗表現的批評，同時也有貶低人格的效果，「你實在有夠笨。」即是其中之一。當扮演管理人角色的實驗參與者用十

分不友善的評語批評求職者時，他們「讓求職者蒙受極強烈的心理壓力，以致於無法有充分表現，因而無法取得工作。」此外研究者也告訴受試者，不管求職者提出什麼樣的抗議，都要繼續毫不留情地批評。反之，來自實驗參與者的任何反對意見都會被實驗者擋下來，最多四次，直到他們態度堅定地表示要中止實驗才能停止。最重要的是，受試者被告知在壓力下的工作能力並不是這份工作的基本要求，不過為了協助實驗者的研究進行，他們還是必遵守規則，該研究的主題正是壓力如何影響測驗表現。相較於研究者的資料蒐集，造成別人的痛苦並影響他們的工作機會並不是重點。而控制組中的受試者則可以選擇在任何時候停止做出苛刻的評語。

當要求一組可與實驗組比較的荷蘭人預測他們是否會在這些情境下全部做出壓力評語時，有百分之九十的人回答他們不會順從。但「局外人的觀點」又再一次與事實相違背，因為有整整百分之九十一的受試者服從了專橫的實驗指示，直到最後的底線為止。即使以人事管理者為受試者，此一極端服從的比例仍舊沒有下滑，顯示他們不顧專業倫理的規範。就算在實驗進行前幾個禮拜就把相關訊息先行寄到受試者手上，好讓他們有時間可以好好想想自己角色所具有的潛在敵意，服從比例還是維持不變。

該如何在這個情境中激發出「拒絕服從」的行為呢？有幾個做法可以考慮，你可採取米爾格蘭的研究，在受試者開始進行實驗前，先安排幾個參與實驗的同伴進行反抗。或是告訴受試者，如果受害人的求職者受到傷害並因此對學校提出控訴，他們就得負起法律責任。還有一個做法就是排除要求必須完成整個實驗的權威性壓力，正如這個研究中的控制組，最後根本沒有人完全服從指示。

性的服從：裸檢的騙局

全美國許多速食連鎖餐館都曾經遇過「裸檢的騙局」（Strip-search scam）。這個現象說明，服從於匿名但似乎十分有力的權威人士是多麼普

遍的事。犯罪者的慣用伎倆是由一名男性打電話給一家餐館的副理，隨便說個比如「史考特」這樣的名字，然後自稱警察。他會告訴這家餐館的副理，他們餐館的僱員中有個小偷，因此需要他緊急配合調查。在對話中，這名男子會堅持被稱為「警官」。犯罪者早已搜集了該餐館作業方式的內部情報和只有工作人員才會知道的細節，知道如何用技巧性的引導發問來套取想要的資訊，就像是舞台表演的魔術師或是擅長「讀心術」的人一樣，是個高招的騙徒。

「史考特」警官最後會從餐館副理口中套取一名年輕有魅力的女性新員工的名字，他聲稱她偷了店裡的東西，贓物現在正在她身上。騙子要求副理，希望在他或他的下屬來接她前，先把這名女僱員單獨關在後面的房間裡。這名女僱員於是被扣留下來，「警察先生」會用電話跟她對話，然後給她幾個選擇，要不就答應馬上由其他員工原地搜身，要不就是被帶到警察局由警察搜身。女僱員毫無例外地會傾向選擇當場搜身，因為她知道自己是清白的，沒有什麼好隱藏。電話中的人接著會指示餐館副理對女員工進行裸檢，連肛門和陰道都不放過，以查明她是否偷竊金錢或藏匿禁藥。來電的騙徒會堅持餐館副理仔細描述過程，同時監視攝影機也會全程拍下。對無辜的年輕女僱員而言，這只是惡夢的開始，但對電話中的窺淫狂而言，卻充滿了性及權力享受的刺激感。

我曾擔任其中一次騙局的專家證人，一位嚇壞的十八歲高中女生被剛才我所描述的劇本騙得團團轉，配合做出了一系列難堪且充滿性貶抑意味的行為。這名一絲不掛的女學生被迫做出跳上跳下及轉圈動作。電話裡的騙子叫餐館副理找來年紀較大的男性員工負責限制受害人行動，而副理則回去工作崗位。接下來的情節變得越來越不堪，原以為男員工只是負責在警察前往餐館的途中把女員工留住，誰知道詐騙者竟叫女學生自慰和幫這名男員工口交。在等待警察前來的過程中，這些性活動持續了數小時之久，而警察最後當然沒來。

這個詭異的不在場權威人士誘使許多人在當時情境下做出違背店規甚至想必是違背自身道德倫理原則的事，而以性行為方式猥褻、羞辱一

位誠實、信仰虔誠的年輕女孩。最後，那位店員被開除了，一些人則被判刑，店家挨告，受害人則陷入極端痛苦中，而犯下這樁案件及其他類似騙局的加害者（一個前任獄警）則被繩之以法。

一般人在得知這樁騙局時會出現一個合理的反應，也就是把焦點放在受害人和襲擊者的性格上，認為他們可能是天真、無知、好騙或者是行徑詭異。然而當我們發現，這個騙局竟然已經在三十二個州的六十八家速食餐館中得逞，受害範圍涉及六個不同連鎖餐館，詐騙對象包括全美許多餐館的副理，而受害人男女皆有，那麼我們就不應一味責怪受害人，而必須轉移焦點，確認出在這樣的故事情節中是什麼樣的情境力量在作祟。我們絕不應該低估「權威人士」的力量可以使人服從到什麼程度、做出什麼難以想像的事。

唐納‧薩門斯是康乃迪克州華聖頓山一家麥當勞的副理，他因參與這樁權威人士電話詐騙案而被公司開除，他的話說明了本書中不斷談到的情境力量，「當知道這件事時你會說，如果是我才不會這樣做。可是除非你那時候身在其中，否則怎麼會知道自己會怎麼做。這是重點。」[21]

加拿大籍社會學者伊斯特‧麗塔（Ester Reiter）在《速食業幕後》（*Making Fast Food: From the Frying Pan into the Fryer*）書中做出一個結論，對權威的服從乃是速食業員工最被重視的特質，她在最近一次訪談中說到，「速食生產線的流程以蓄意的方式奪走了員工的思想和自主判斷力。員工成了機器的附屬品。」而退休的美國聯邦調查局特殊情報員丹‧賈布隆斯基曾擔任私家偵探，針對這類騙局進行調查，他說，「我們可以翹著二郎腿評論這些人的是非，說他們都是些大傻瓜。但他們的訓練不鼓勵他們運用常識判斷，他們腦袋裡唯一能想的只有：『先生小姐，請問您要點幾號餐？』」[22]

納粹種族大屠殺可能發生在你身邊？

我們曾提到，米爾格蘭此研究計畫的動機是希望了解：為什麼有這

麼多「善良的」德國人涉及屠殺數百萬猶太人的野蠻行為。米爾格蘭不是去找出德國民族性中的性格因素來解釋種族滅絕的邪惡犯行，而是相信情境特質才是裡面的關鍵因素——服從權威是啟動肆無忌憚謀殺行為的裝置。研究完成後，米爾格蘭從他的科學結論中導出一個戲劇性預測，針對陰險的服從力量是否會讓美國平民變成納粹死亡集中營裡的共犯，他說：「如果死亡集中營的系統設在美國，就像我們在德國納粹看到的一樣，在任何一個不大不小的鄉鎮裡都可以找到足夠的人來擔任集中營的工作人員。」[23]

針對納粹與自願參與對抗「國家公敵」的平民百姓的關聯，有五個不同的極佳研究有助我們思考。前兩個是由富有創造力的老師和高中及小學生在教室中實地演出。第三個是由我之前的一個研究生進行，他認為只要有某個權威人士提供做這件事的足夠理由，美國大學生絕對會為種族屠殺的「最終解決方案」簽字背書。最後兩個則是直接以納粹黨衛軍以及德國警察為對象進行的研究。

在美國教室裡製造納粹分子

美國加州帕洛阿圖市的一所高中世界歷史課堂上的學生就跟我們一樣，無法理解泯滅人性的納粹大屠殺是如何發生的。這樣一個充滿種族主義色彩的政治社會運動是如何熱烈展開，而這些平民百姓又是如何無知或無視於他們對猶太人造成的苦難？針對這些困惑，他們深具創意和啟發力的老師朗·瓊斯（Ron Jones）決定改變教學方式，以便讓這些不相信的學生能夠學習到這段歷史的真正意涵。於是他拋棄了平常的訓導式教學法，採取了實驗性的學習模式。

他一開始就告訴班上學生，他們將要在接下來一個禮拜模擬德國的種族屠殺歷史經驗。儘管已經有了事前警告，接下來五天在角色扮演「實驗」中所發生的事，還是給學生上了嚴肅的一課，這些事也震撼了他們的老師，更不用說是校長和學生家長。這些學生們創造了一個教條及高壓控制的中央極權體制，與希特勒納粹政權的型態非常相似，使得模

擬與真實幾乎難以二分。[24]

　　首先，瓊斯建立了嚴格的課堂規矩，學生只能服從不能有質疑。針對任何問題，學生必須恭敬地起立回答，最多只能用三個字，而且還必須先尊稱「瓊斯大人」才行。這些武斷獨裁的規定竟沒有任何人反對，於是課堂氣氛改變了。口才較好、較聰明的學生很快失去了他們的地位聲望，而口才較差、行為較武斷的學生則開始得勢。這個教室裡發生的運動被他們稱為「第三波」，他們設計一些用來致敬的口號，只要一聲令下就必須齊聲喊出，而且每天推陳出新，例如「有紀律才有力量」、「合群才有力量」、「行動才有力量」以及「自傲才有力量」等，只要實驗繼續，口號永遠不缺。他們也創造了用來辨識圈內人的秘密握手方式，任何批評都會被當成「背叛」呈報給組織。除了口頭喊喊標語之外，他們還從事各類行動，如製作橫幅懸掛在學校裡、招募新成員、教導其他學生應該要有的坐姿等。

　　由二十位上歷史課學生起頭的核心團體，迅速擴張成擁有百位熱心的「第三波行動者」團體。接著連指定作業的權力都被學生接管，他們發放特殊的會員卡，這群新的權威核心團體甚至把最聰明的同學從教室裡叫出去，然後興高采烈地虐待。

　　瓊斯接著向他的追隨者透露了一個秘密，他說他們是一個全國性運動的一分子，運動的目的是要發掘願意為政治變革而戰鬥的學生。他說他們是「一群被挑選出來協助實現這項宗旨的年輕人」。而一位總統候選人即將蒞臨隔天進行的集會活動，他會在電視上宣布成立新的「第三波青年行動方案」。於是有超過兩百名學生擠滿了丘薄里中學（Cubberly High School）的大禮堂，熱切期待這項方案的宣布。這些興奮的第三波行動成員穿著白色的制服襯衫，佩戴著親手縫製的臂章，在會堂周圍掛上他們的橫幅標語。而體格健壯的學生們則站在門邊充當保鏢，冒充成記者和攝影師的瓊斯友人則在這群「真正的信徒」中來回傳遞消息。電視打開了，每個人都屏息等待他們的下一位呆頭鵝領導人步向臺前宣佈這項重大消息，他們一直等著。然後他們高喊口號「有紀律才有力量」。

　　然而瓊斯卻放了一段紐倫堡大審判的影片，納粹第三帝國的歷史彷彿幽靈似地出現在螢幕上，「每個人都要接受譴責，沒有人能宣稱自己置身其外。」這是影片的最後一個鏡頭，同時也是模擬實驗的結束。瓊斯向所有參與集會的學生解釋這次模擬的理由，他們的表現已超出他當時的意圖所能預期。他告訴學生，他們必須把「了解才有力量」當成是他們的新標語來自我提醒，並且做了結論，「你們都被操弄了，你們是被自身的欲望驅使，於是來到現在所在的地方。」

　　朗‧瓊斯的處理方式讓他陷入了麻煩，因為被抵制的學生家長抱怨他們的孩子受到新體制的糾纏與威脅。不過他最後還是認為許多孩子透過個人親身體驗，學到了最重要的一課：處於法西斯極權主義的背景之下，對於有力權威唯命是從可以輕易使人的行為出現劇烈變化。在他最後一篇關於這項「實驗」的短文中，瓊斯提到，「我在丘薄里中學任教的四年期間，沒有一個人願意承認自己曾參與第三波行動集會，這是一件人人都希望遺忘的事。」（離開該學校數年後，瓊斯開始在舊金山與特殊教育學生一起工作。針對納粹模擬事件，一部以實事為本的電視劇《波潮洶湧》（*The Wave*）[25] 記錄了好孩子成為偽納粹青年軍的轉變歷程。）

如何把小學生變成野獸

　　權威人士有能力指揮跟隨者，讓他們變成極端的服從者，但這還不足以說明權威的力量，他們還能重新定義現實，改變人們的習慣的思維及行動模式。接下來我們要討論的案例是發生在一所小學，珍‧艾略特是在愛荷華州萊斯城的一個小型鄉村小鎮任教的三年級老師，十分受到學生歡迎。她遇到了一個挑戰：怎樣教導一群出身自少數族裔人數稀少的農業小鎮的白人孩子了解「同胞愛」及「包容」的真義。於是她決定讓他們親身體驗由於偏見造成的受迫害者及壓迫者的感受。[26]

　　她先武斷地把班上學生分為兩群，一群是上等人一群是下等人，而區分方式是用眼珠的顏色。然後告訴學生藍眼珠比棕眼珠的人高人一

等，接著提供各種證據支持她的說法。

事情就這樣迅速展開了，藍眼的學生是特別優越者，而棕眼的人則屬於下等人。艾略特小姐給了據稱比較聰明的藍眼學生許多特權，而屬於劣等的棕眼學生則必須服從於強迫他們屈居二等地位的規定，像是他們得戴上項圈，讓別人一眼就能從遠處認出他們的地位較低。

於是本來很友善的藍眼睛孩子開始不跟「棕眼珠」的壞孩子一起玩，還建議學校職員要公開宣布棕眼珠的孩子可能會偷東西。很快地，孩子們開始在下課時間拳頭相向，一個孩子承認自己痛打另一個孩子，原因是「他叫我『棕眼人』，好像我是黑人，好像我是個黑鬼。」一天之內，棕眼珠孩子的課業表現開始下滑，他們的作業做得比較差，覺得痛苦、憂鬱、憤怒。他們說自己很「難過」，用「差勁」、「很笨」、「卑鄙」來形容自己。但隔天一切就逆轉了，艾略特老師告訴全班同學說她弄錯了，其實棕眼珠的孩子才比較優越，而藍眼人是劣等人，然後她又提供孩子們一些看起來很像回事的新證據來支持她的理論。於是本來說自己「很快樂」、「很乖」、「很可愛」、「人很好」的藍眼珠學生開始給自己貼上自我貶抑的標籤，就如同棕眼學生前一天的感受。孩子們之間原本的友誼互動暫時瓦解了，取而代之的是兩群人之間的敵意，直到實驗結束，孩子們也接受了完整仔細的減壓解說程序，教室裡才重新充滿孩子們的歡笑。

讓這位老師十分驚訝的是，她以為自己很了解自己的學生，卻有這麼多孩子在這過程中性格大變。她做出了這樣的結論，「原本樂於合作、體貼人意的孩子們轉眼變成下流、惡毒、充滿歧視的小學生……。真是糟透了！」

最終解決方案：將不適生存者趕盡殺絕

請想像你就讀於夏威夷大學（馬諾亞〔moano〕校區），你是選讀該校開設的數門夜間心理學課的五百七十位學生之一。今天晚上，你那位說話帶著丹麥口音的老師並未進行平常的演講課，而是在課堂上跟大家

透露一個消息：人口爆炸（二十世紀七〇年代的熱門議題）危機已經威脅到國家安全 [27]。根據這位權威人士的說明，正浮現中的社會威脅是因為身心不合格人口快速增加所致。為了全人類的福祉，這個問題可透過由科學家簽字背書的高尚科學計畫來解決。接著你被邀請參與這個計畫，協助「應用科學方法排除心智及情緒未達適當標準者」。這位教授更進一步提出採取行動的正當理由，他將這計畫和以死刑遏阻暴力犯罪做類比。他告訴你們，由於你和在這裡的其他人同屬於聰明、受過高等教育且道德標準較高的族群，因此你們的意見將被徵詢。一想到自己是被精挑細選過的一群就讓人覺得沾沾自喜（請回想魯益師曾提過的進入「核心圈」的誘惑力）。為了避免任何疑慮，他又保證，在採取任何行動對付這群不合格的人類生物前，都會進行審慎的研究。

在此時此刻，他只需要你們在講堂上完成一份簡單的問卷調查，提供你們的意見、批評或個人觀點。你被說服這是個新的重要議題，而你的意見相當重要，於是你開始回答問卷中的問題。你十分費心地一一回答這七個問題，並且發現你的答案竟然和其他群體成員十分一致。

你們之中有百分之九十的人都同意，有些人就是比其他人更適於生存，這是一直存在的現象。關於殺害不適生存者：百分之七十九的人希望有一個人負起殺人責任，而另一個人則負責執行。百分之六十四的人寧願選擇讓按下死亡執行按鈕的人保持匿名，儘管有許多人是被迫這麼做。百分之八十九的人則認為，不會造成痛苦的藥物是最有效也最人性的行刑方式。如果法律要求必須協助進行，有百分之八十九的人希望擔任協助決策的人，而百分之九的人則偏向執行殺人行動或兩者皆可。只有百分之六的學生**拒絕**作答。

更令人不敢置信的是，作答的學生當中竟有百分之九十一的人同意問卷中的結論：「當情況出現極端發展時，消滅人類整體福祉的最大危害者乃是全然正當的做法」！

最後一個讓人吃驚的數字是，即使這個「最終解決方案」必須用在對付自己家人，仍有百分之二十九的人支持！[28]

也就是說，這些美國大學生（夜間部學生，所以比一般生年齡大些）願意認可一份死亡計畫，它的目的是殺害被權威人士判定為比他們更不適合生存的所有其他人，而這一切只不過是因為他們的教授——權威者剛才做了一段簡短報告。現在我們可以了解那些平凡甚至是天資聰穎的德國人是如何欣然贊同希特勒對付猶太人的「最終解決方案」，而德國教育體制以及系統性的政府宣傳更從各方面強化加深了他們的認可動機。

平民百姓變成超級殺手

我研究的是如何使尋常人做出與他們過去經歷及價值觀截然不同的惡行，在多份相關研究中，歷史學家克理斯多福‧布朗寧（Christopher Browning）的傑出研究是對此主題最為清楚的說明之一。在這份研究中，他告訴我們在一九四二年的三月，百分之八十的納粹種族屠殺受害者仍存活於世，但僅僅十一個月後，將近百分之八十的人都死了。在這麼短暫的時間中，納粹啟動了希特勒的「最終解決方案」，以便強力執行在波蘭的大規模屠殺行動。這項種族屠殺行動必須調動大型的殺人機器，但在這同時，正在節節敗退的俄國前線則殷切需求體格健壯的軍人。因為大多數波蘭猶太人都居住在小村莊而非大城裡，因此布朗寧對德國最高指揮部的決策提出一個問題：「在戰爭進入關鍵時刻的這一年，他們到哪裡找到人力完成如此驚人的後勤任務以執行大規模屠殺？」[29]

他從納粹的戰爭犯罪檔案中找到了答案，這些檔案是關於一〇一後備隊（Reserve Battalion 101）的行動記錄，這是一支由來自德國漢堡的五百名男性所組成的軍伍。他們都是年齡較大的一般百姓，因為年紀大的關係所以沒有被徵兆入伍，多半來自工人階級和低階中產階級，也不曾有從事軍警工作的經驗。這些經驗不足的新兵在被送到波蘭執勤前，不曾接到任何事前通知也沒有受過訓練，而他們的秘密任務便是把居住在波蘭偏遠村莊裡的所有猶太人全部消滅。但是在四個月內，他們就以近距離直射的方式殺害了至少三萬八千名猶太人，並且將另外四萬五千

人放逐到位於特雷布林卡（Treblinka）的集中營。

他們的指揮官一開始跟他們說，這是一項後備軍人必須服從的困難任務，但又告訴他們，任何人都可以拒絕處決這些男女老幼。記錄顯示，剛開始有一半的人拒絕接受這項任務，而是讓其他後備憲兵動手殺人。可是時間久了，社會形塑過程開始發揮作用，執行槍決任務者對其動之以情，使他們產生了罪惡感，再加上平時對「別的同袍會用什麼眼光看我」感到從眾壓力，到最後，竟有百分之九十的一○一後備隊員盲目服從軍中指揮的指令，親自參與了槍決行動。他們之中許多人在攝影記者前驕傲地擺出了近距離槍殺猶太人的姿勢，就像在阿布葛拉伊布監獄中的軍人拍下的虐囚照片一樣，這些人在他們的「勝利紀念寫真」中擺出一副猶太威脅摧毀者的得意姿態。

布朗寧清楚點出這些人完全沒有經過任何特殊挑選，也不是出於自願選擇或由於職業或興趣使然才做出這樣的行為，因此這些並不是理由。相反地，在他們被放進這個新情境中、受到「官方」許可及鼓勵而對被武斷貼上「敵人」標籤的弱者做出殘酷的暴行之前，他們是徹徹底底的平凡人。布朗寧分析這些日常的人類惡行，在他深具洞察力的分析中指出最為明顯的一件事情是，這些尋常人乃是一個強有力權威系統的一部分，這個警察國家以意識形態正當化滅猶暴行，將紀律、對國家盡忠職守的道德律令強力灌輸到人民腦海中，而這些人正屬於其中一員。

有趣的是，我一直主張實驗研究擁有和真實世界的相關性，而布朗寧則將許久以前曾在那塊偏遠土地上運作的潛在機制和米爾格蘭服從研究以及史丹佛監獄實驗中的心理過程做了比較。這位作者接著指出，「金巴多研究中的種種獄卒行為和一○一後備隊中出現的各類行為模式有著不可思議的相似性。」（第168頁）他描述一些人如何成為「殘酷無情」的冷血殺手而享受著殺人的快感，而另一些人又是怎樣變成「強硬但行事公正」的規則執行者，以及少數可以有資格稱為「好獄卒」的人，他們拒絕執行殺人任務，偶爾也會對猶太人施點小惠。

心理學者厄文・史脫普（Erving Staub，孩童時期在納粹占領下的匈

牙利長大，因居住於「庇護之家」而生還）也贊同，處在特殊環境下時，大多數人都有能力對人類做出極端暴力甚至是謀殺行為。史脫普嘗試去解世界各地的種族屠殺和集體暴力的邪惡根源，最後他開始相信，「邪惡從平凡思維中滋長並由普通人付諸實行，這是通則，而不是例外……而滋生極端之邪惡的尋常心理過程，往往是隨著破壞程度的進化而逐漸形成。」他強調，當普通人陷入高階權威系統要求他們做出邪惡行為的情境時，「成為系統的一部分會塑造人的觀點，它會獎勵人信奉支配觀點，並增加偏差行為的心理考驗和困難度。」[30]

從奧斯威辛死亡集中營的恐怖生涯生還之後，約翰・史坦能（John Steiner，我親愛的朋友及社會學同事）重返德國，在數十年間訪談過數百名職階從士兵到將領的前納粹黨衛軍。他必須知道是什麼因素讓這些人日復一日懷抱這段難以言說的邪惡過去。史坦能發現，他們之中有許多人在權威性格量表中分數都相當高，這使得他們很容易被納粹黨衛軍的暴力次文化吸引。他把他們稱為「睡人」，他們有某種潛在特質，除非處在特殊情境中，否則可能永遠不會出現暴力傾向。他做出一個結論，「情境可能是納粹黨衛軍行為的直接決定因素。」情境會喚醒這些「睡人」，讓他們成為活躍的殺人狂。然而史坦能也從他的大規模訪談資料中發現，這些人除了在集中營情境中度過了充滿暴力的歲月之外，在這時期前後都過著正常（也就是沒有暴力行為）的生活。[31]

史坦能與許多納粹黨衛軍在個人或學術方面的大量互動經驗，使得他針對制度性力量和角色內涵賦予的殘暴性，進一步提出兩個重要結論，「對於暴力角色的制度性支持遠比一般認為的效果更強大，特別是明顯的社會認可支持著這類角色時，受到這些角色吸引的人可能不只是從他們的工作性質獲得滿足，而在情感上和行動上都成了半個劊子手。」

史坦能繼續描述角色如何戰勝性格特質，「『事實』變得很明顯，並不是每個扮演殘暴角色的人都有嗜虐的性格。那些繼續扮演著與本身人格並不相近的角色的人，經常是改變了自己的價值觀才做得到（也就是傾向於去適應角色的期待）。有些黨衛軍成員很清楚地認同並享受自己的

地位。但也有人對被指派的任務感到厭惡反感，他們嘗試彌補的方式是盡可能幫助集中營的囚犯。（作者曾在幾個場合中被黨衛軍所救。）」

重要的是我們必須承認，在納粹種族屠殺中成為邪惡加害者的成千上萬德國人並不只是因為服從權威者指令才幹下惡行。權威系統許可並獎勵殺害猶太人，但對權威系統的服從乃建立在強烈的反閃族情緒上，這普遍存在當時德國和其他歐洲國家中。而歷史學者丹尼爾・戈德哈根（Daniel Goldhagen）則認為，透過德國對一般老百姓的連串動員，使得他們成為「希特勒的自願劊子手」，因而得到紓解的出口。[32]

儘管注意到德國人對猶太人的仇恨在大屠殺事件中扮演的激化角色，戈德哈根的分析仍然出現兩個缺失。首先，歷史證據顯示從十九世紀早期開始，德國的反戰情緒就一直比法國和波蘭等鄰近國家更高張。其次是他也錯誤地小看了希特勒權威系統的影響力，這個權威系統構成的網絡，美化了種族主義狂熱以及由權威人士所創造出的特殊情境，如推動執行集體屠殺的集中營。德國人身上的個人變因以及走火入魔的偏見情緒所提供的情境機會，兩者結合才造成這麼多人自願或非自願地為國獻身，成為死刑執行者。

平庸的邪惡

一九六三年，社會哲學家漢娜・鄂蘭（Hannah Arendt）發表了日後成為當代經典名著的《艾希曼受審於耶路撒冷：關於邪惡的平庸性的一份報告》。她在這本書中仔細分析了對阿爾道夫・艾希曼（Adolf Eichmann）的戰爭罪行審判，這位納粹名人親自籌畫謀殺數百萬猶太人。艾希曼對自己行為的辯護詞和其他納粹領導人如出一轍，「我只是聽命行事。」正如鄂蘭所指出，「艾希曼記得非常清楚，在當時，如果說他會覺得良心不安的話，唯一的原因只會是因為他沒有服從指令——以極度的熱誠和一絲不苟的手法將數百萬的老弱婦孺送上斷魂路。」（第25頁）

　　儘管如此，在鄂蘭對艾希曼的理解分析中，最引人注目的一件事是他看起來根本就是個徹底的平凡人：

　　共有半打的精神病學家鑑定艾希曼的精神狀態屬於「正常」，其中一位是這麼宣稱：「無論如何，他的精神狀態比做完他的精神鑑定之後的我還要正常。」而另一位則發現，就他的整體心理狀態、他對父母妻小兄弟姊妹及友人的態度來評估，他「不僅是個正常人而且還非常討人喜歡。」（第25~26頁）

　　透過對艾希曼的分析，鄂蘭得出她的著名結論：

　　艾希曼的問題正是在於他跟太多人其實沒什麼兩樣，他們都不是變態也不是虐待狂，而且驚人的是他們極度正常。從法律制度及道德判斷標準而言，這種正常性比所有暴行的總和都還要令人震驚，因為這意味著……此一新類型的犯罪者……是在他幾乎不可能知道或覺得自己做錯的環境下犯下罪行。（第276頁）

　　彷彿在（艾希曼生命的）最後幾分鐘，他用他的一生總結了人性之惡這門漫長課程曾經給我們的教訓——邪惡那令人喪膽的、蔑視一切言語和思想的平庸性。（第252頁）

　　由於種族滅絕事件在世界上層出不窮，而放眼全球，酷刑和恐怖主義仍四處橫行，於是鄂蘭的「邪惡的平庸性」持續引起迴響。但人們寧可選擇不去面對根本的真相，寧可將惡者的瘋狂以及暴政者毫無意義的暴行視為隱藏在個人面具下的天性。藉著觀察社會力的流動如何推促個人犯下惡行，鄂蘭的分析第一個否定了這樣的傾向。

酷刑者與處決者：心理類型還是情境所需？

　　由男性對自己的男女同胞進行系統性酷刑折磨，無疑表現了人性中

黑暗的一面。在巴西，政府許可警察用嚴刑拷打的方式從所謂「有顛覆意圖的」國家公敵口中套取自白，這些刑求者多年來日復一日地從事骯髒下流的勾當，因此我和我的同僚推論，他們正是彰顯了天性之惡。

我們一開始先將焦點放在刑求者身上，試著去了解他們的心理，以及環境對他們的後天形塑，但接著就得延伸分析範圍，以涵蓋選擇或者被指派另一種暴力性工作的人，也就是行刑隊的處決者。這些刑求者和處決者面對一個「共同的敵人」：無分男女老幼，儘管身為同胞甚至是近鄰，只要「系統」宣稱他們是國家安全的威脅，就是敵人──例如社會主義者和共產黨人。這些人有的必須馬上消滅，有的因握有秘密情報，所以必須用嚴刑拷打逼他吐實，等取得自白後再處決。

刑求設備與技術經過天主教宗教裁判所以及之後的許多民族國家數世紀來不斷精益求精，已成了刑求者執行任務時可依賴的「有創意的邪惡工具」。儘管如此，當面對特別頑韌的敵人時，他們還是需要即興發明一些手段才能對付。其中有些人會堅稱無辜，拒絕認罪，有的人甚至棘手到連最兇惡的逼供技巧也無法讓他們心生畏懼。看穿人性的弱點除了需要時間磨練，也需要有洞察力，刑求者必須具有上述資格才能成為嫻熟的好手。相對地，行刑隊的任務就簡單多了。他們可以戴上頭套保持匿名，佩槍而且群體行動，三兩下就輕鬆完成對國家的任務，而且不必背負個人的包袱，反正「只是工作而已」。但刑求者的任務可就不只是一份工作這麼簡單了。刑求總是會涉及個人關係；基本上他必須了解要在特定時間、對特定者運用何種強度的何種手段。時間不對、藥下得不夠猛，自白就出不來。藥下得太重，自白還沒出來受害者就先死了。這兩種情形下，刑求者不僅交不了差，還會惹得上級長官發火，但只要學著掌握正確的刑求手段和程度以逼出想要的情報，就可以從上級長官那裡得到豐厚的報酬和讚賞。

什麼樣的人可以從事這樣的差事呢？他們必須殘酷成性，或是曾有過一段反社會的荒唐過去，才有辦法日復一日折磨拷打自己同胞的血肉之軀？這些暴力工作者難道是跟其他人類完全不同的品種、是天生的壞

胚子？如果說他們只是一般人，被一些相同、反覆的訓練計畫訓練來執行可悲骯髒的差事，我們就能理解他們的行為嗎？我們能夠確認出一組形塑出刑求、處決者的外在條件跟情境變項嗎？如果他們的惡行沒辦法歸咎於內在缺陷，而是因為外在力量——包括政治、經濟、社會、歷史及警察訓練的經驗——作用的結果，那麼我們就能夠進行跨文化、環境的概化歸納，發現是哪些操作性原則造成這樣驚人的人性轉變。

巴西籍社會學者馬沙‧哈金斯（Martha Huggins）、希臘心理學者暨刑求專家米卡‧哈若托斯‧費陶洛斯（Mika Haritos-Fatouros）和我曾在巴西不同審判所對數十位暴力工作者進行深度訪談（關於我們使用的方法以及對這群人的詳盡調查結果，請參見我們三人所共同發表的一篇論文 34 。）在這之前，米卡曾經針對希臘軍政府訓練出來的刑求者進行過類似研究，而我們的研究結果和她的之間有許多一致處 35 。我們發現，訓練者會從訓練過程中淘汰掉虐待傾向的人，因為他們會無法自拔地享受施虐的快感，所以無法專注在套取自白的刑求目標。根據我們能夠蒐集的所有證據顯示，在扮演這個新角色前，刑求者和死刑執行者並沒有任何特別不同或偏差之處，而在他們接下現任工作後這些年，他們之中也沒有人出現任何持續的偏差傾向或變態行為。因此他們的行為轉變完全可以從種種情境和系統性因素來解釋，例如他們在扮演新角色前所接受的訓練、同袍之間的情義、國家安全意識型態的洗腦、還有對社會主義和共產主義者做為國家公敵的習得信念等。而形塑新行為形態的其他情境力還包括：相較於其他公務員同儕，他們因為自己的特殊任務而受到獎賞，因而更覺得自己與眾不同、有優越感；工作十分機密，只有少數共同工作的戰友才知情；無論是否疲倦或個人有什麼困難，他們都持續處在必須交出成果的壓力下。

我們已經報告過許多詳細的個案研究，這些人受到政府許可，而在美蘇冷戰期間（一九六四至一九八五年）美國中情局為對付蘇維埃共產主義也秘密支持他們執行這些最下流骯髒的任務，這些研究記錄卻說明這些人其實平凡無奇。在由巴西聖保羅大主教教區出版的《巴西酷刑報

告》（*Torture in Brazil*）[36] 書中，提供了詳盡資料說明美國中情局幹員大量參與巴西警察的酷刑訓練。這類訊息也和已知「美洲學校」（School of the Americas）[37] 所扮演的角色相符，後者為來自各國的間諜提供系統性的拷問及酷刑訓練，以共同對付共產主義敵人。

　　儘管如此，我和研究夥伴仍認為，當人們執迷於相信國家安全威脅的存在時，這樣的事情隨時可能在任何國家上演。最近「對抗恐怖主義的戰爭」口號引發了許多恐懼與暴行，然而在這之前，許多都會中心幾乎不曾中斷過「對抗犯罪的戰爭」。所謂對抗犯罪之戰孕育了紐約市警局成立「NYPD 突擊小組」。只要情況需要，這個獨立的警察小組可以追緝聲稱中的強暴犯、強盜和搶匪，完全不受任何轄治。他們穿著印有他們座右銘的 T 恤「最偉大的狩獵是獵人」（There is no hunting like the hunting of man），而他們的戰鬥口號是「黑夜是我們的天下」（We own the night）。這個專業化的警察文化可和我們研究的巴西拷問警察文化相較。突擊小組最知名的殘暴行為之一就是謀殺一名非洲移民（來自幾內亞的的阿馬多・狄亞洛〔Amadou Diallo〕），當他想要掏出皮夾向他們亮出身分證時，他們開了四十幾槍槍殺他。[38] 有時候你可以說「倒楣事就是會發生」，但我們卻往往可以辨識出導致這類事情的情境和系統性力量。

自殺炸彈客：完美的軍人、普通小夥子

　　最後還有兩個關於大規模謀殺者的「平庸性」例子值得一提。第一個例子來自於一份對美國九一一劫機事件的深度研究，事件當中的自殺恐怖分子攻擊紐約和華盛頓首府特區，並造成將近三千條無辜人命喪生。第二個例子則是來自英國警方對嫌疑自殺炸彈客的報告，他們在倫敦地下鐵爆炸事件及二〇〇五年六月多輛雙層巴士的爆炸事件中造成了嚴重傷亡。

　　在《完美軍人》（*Perfect Soldiers*）[39] 一書中，泰瑞・麥克德默特（Terry McDermot）對於九一一事件中的恐怖分子進行了仔細的研究式描

繪，他的研究結果強調這些人在日常生活中有多麼普通。這使他導出一個不祥的結論，在世界各地「很可能存在非常多像他們一樣的人」。關於這本書的一篇評論使我們回到鄂蘭「邪惡的平庸性」議題上，在全球恐怖主義猖獗的新年代，邪惡的平庸概念也獲得了更新。紐約時報評論家角谷美智子（Michiko Kakutani）提供了驚駭的見解，「在九一一事件描繪者筆下，這些行兇者尋常得令人吃驚，他們可能輕易成為我們的鄰居或是飛機上的鄰座。透過這些描寫，諷刺漫畫裡的大『魔頭』或是『眼神瘋狂的狂熱分子』已經被完美的軍人形象取代。」[40]

這個駭人情節接著在倫敦大眾運輸系統真實上演，一個自殺炸彈客團體策劃執行接連幾起攻擊行動，不著痕跡地搭乘地下鐵或巴士，他的真實身分卻是「看似普通的謀殺者」。對他們居住在英格蘭北部城市里茲（Leeds）的親朋好友而言，這些年輕的穆斯林只是些「普通的英國小夥子」[41]。在他們過去的經歷中，沒有任何記錄可以顯示他們有危險性，甚至可以說，所有事情都顯示這些「普通小夥子」與他們居住的城鎮、工作緊密融合。他們之中有人是板球好手，為了過更虔誠的生活而戒酒、遠離女色。還有人家裡在當地做生意，父親在賣炸魚條跟薯片。另一位是諮商師，他的工作有效率地幫助了殘障兒童，最近才剛當了爸爸並且搬了新家。他們不像九一一事件中的劫機者，外國人在美國接受飛行訓練多少會啟人疑竇；這些年輕人都是當地在地人，他們在任何警察偵搜網下都是嫌疑度很低的一群。「這完全不像他們做得出來的。一定有人把他們洗腦了，然後叫他們去做這些事。」這群人的一名友人這樣想。

「自殺炸彈客最可怕的一件事是，他們完完全全就跟平常人一樣。」這方面的專家安德魯・斯雅克（Andrew Silke）[42]下了結論。他指出，根據死亡自殺炸彈客屍體的法醫鑑證報告結果，沒有人有任何吸毒或嗑藥跡象。他們是在神智清楚的狀態下懷抱著獻身精神執行任務。

正如我們看到的，每當有學生在校園裡大開殺戒時，就像美國科倫拜高中（Columbine High School）槍殺事件一樣，那些自以為了解行兇者

的人總是會這麼說，「他是一個好孩子，出身受人尊敬的家庭……真不敢相信他會這麼做。」這個說法又回應了我在本書第一章中提出的觀點——「我們真的了解其他人到什麼程度？」以及由這個觀點可以推論出——我們了解自己到什麼程度？我們有多確定當自己處在新情境下受到來自情境的強烈壓力時會怎麼做？

盲目服從權威的最終試煉：奉命殺死親生孩子

　　邪惡的社會心理學裡最後一個延伸案例，離開了人造的實驗室情境，進入到真實世界；在蓋亞那叢林裡，有一位美國宗教領袖說服了超過九百名的追隨者自殺，或者是由親人或朋友殺害，這件事發生在一九七八年十一月二十八日。「人民聖殿」教派在舊金山和洛杉磯聚會所的牧師吉姆・瓊斯為了在南美國家建立社會主義的烏托邦，號召信眾集體移民到蓋亞那。在他所想像的烏托邦中不存在著他厭惡的美國的唯物主義和種族歧視，人們友愛、寬容地生活在一起。但是隨著時間和地點改變，瓊斯自己也變了。他從大型新教教派的領導者、慈愛的精神「之父」變成一位死神——貨真價實的人性邪惡面戲劇性轉變。在這裡，我的意圖是將這個集體自殺事件與順從權威的行為模式彼此連結，在米爾格蘭位在美國新港市地下實驗室和南美蓋亞那叢林殺戮戰場間找出一條相通的路徑。[43]

　　對於人民聖殿的許多貧窮信徒而言，在烏托邦中過著美好新生活的夢想在他們來到蓋亞那之後就逐漸破滅了，瓊斯訂立了強制勞動的規定，成立武裝警衛，全面限制所有公民自由，伙食吃不飽，凡是違反瓊斯訂定的一大堆規則，即便是最輕微的也要受到接近酷刑的懲罰，而懲罰違規的情節每天都在上演。這些人的親人最後說服了一位國會議員前往調查這個集體農場，隨行的還有一個記者團，而瓊斯卻在他們離開蓋亞那時謀殺了這些人。接著他把農場裡的信眾成員都聚集起來，發表了一個冗長演說，他在演講中敦促鼓勵他們喝下含有氰化物的含糖飲料結

束生命。拒絕的人被守衛逼著喝下毒藥，或是在試著逃跑的途中遭到槍殺，然而跡象顯示，大部分的人都服從了領導的命令。

瓊斯顯然是個極端的自我主義者，他為他所有的演講和宣言，甚至是他出席酷刑集會的過程，包括最後的自殺操演都留下錄音帶記錄。在這份最後的錄音帶中，我們發現瓊斯扭曲了現實，他用謊言、懇求、不倫不類的類比、意識型態、超越現狀的未來生活等迷惑信眾，並當眾要求他們服從命令，而在此同時，他的工作人員十分有效率地對超過九百名聚集的信眾發放毒藥。從錄音帶的一些摘錄中可看出，瓊斯運用了一些殺人技巧以誘使信眾徹底服從他——一個瘋狂的權威人物：

讓我們吃點藥吧，這很容易，非常容易。這些藥不會讓人抽搐（當然會，小孩子尤其會有抽搐現象）……。不要害怕死亡。你們就要看到，有些人會來到我們的農場，他們會虐待我們的孩子、折磨我們。他們會折磨老人家。我們不能讓這種事情發生……。拜託，可不可以快一點？快點把藥吃下去好嗎？你們不知道自己做了什麼。我試著……拜託你們。看在神的份上，讓我們把事情辦好吧。我們活過了，我們活過也愛過，跟其他人沒兩樣。我們受夠了這世界，你們也快要一樣了。讓我們跟這世界道別吧。跟這世界的痛苦告別。（掌聲）……。想跟孩子們一起離開的人有權利帶著孩子離開。我想這是人性的做法。我也想走——我也想看到你們離開，但……。死亡沒什麼好怕，一點也不可怕，它是我們的朋友，一個朋友……你們坐在這裡，這表現出你們對其他人的愛。我們上路吧，上路吧，走吧。（孩子們的哭泣聲傳來）……。尊嚴地放棄你們的生命，而不是由淚水和痛苦相伴。死亡不算什麼……。死亡只是換搭另一班飛機而已。別這樣，停止這些歇斯底里的反應吧……。我們唯一的死法，就是得死得有尊嚴。我們得死得有尊嚴。我們之後將沒得選擇，但現在，死讓我們有了選擇……。孩子們看，那就像幫助你入睡的東西。喔，神呀。（孩子們的哭泣聲傳來）……。媽媽、媽媽、媽媽、媽媽，求求你、拜託你、懇求你。不要這樣——停止哭喊吧。

不要向母親哀求。跟你的孩子一起放棄生命吧。（錄音記錄全文可在網路上取得，參見註釋[44]。）

　　於是信徒們真的這麼做了，為他們叫做「老爸」的人而死。像吉姆·瓊斯和阿道夫·希特勒這一型的魅力型專制領導者的影響力極為巨大，即便對信徒做出極可怕的事情後仍然存在，甚至在他們死後仍可維持不墜。不管他們從前曾經做過的善舉有多麼微不足道，在他們忠實信徒心目中都遠超乎他們邪惡所作所為所遺留下來的禍害。讓我們思考一下蓋瑞·史考特（Gary Scott）這個年輕人的例子，史考特曾跟著他的父親加入人民聖殿教派，但因不服從命令而被驅逐。他在美國國家公共電台製作的節目《父的慈愛：瓊斯鎮末日》（*Father Cares: The Last of Jonestown*）播出後，打電話到隨後播出的全國叩應熱線，他描述自己如何因為違反規定而受到懲罰。他被揍、被鞭子抽打，遭受性虐待，而且被恐嚇如果再不乖就會受到他最害怕的懲罰──讓一條大蟒蛇在他身上到處爬。但最重要的是，當我們聽他陳述這些痛苦帶來的持久影響時，我們會想問：他恨吉姆·瓊斯嗎？答案卻是一點也不恨。他已經變成一個「真正的信徒」、「忠誠的追隨者」。儘管他的父親在那次毒藥事件中死於瓊斯鎮，而他自己也曾遭受野蠻的折磨和羞辱，蓋瑞還是公開表示他欣賞甚至鍾愛他的「老爸」，也就是吉姆·瓊斯。連喬治·歐威爾在《一九八四》書中構想的無所不能的黨，也做不到如此徹底的洗腦。

　　現在我們必須超越順從和服從權威的議題做進一步思考。即便這兩者的力量如此強大，但它們只不過是負責啟動而已。在潛在的加害者和受害者的對抗關係中──如獄卒和囚犯、拷問者和被拷問者、自殺炸彈客和平民遇害者之間──會由於一些過程作用而改變兩者之一的心理構成。例如去個性化過程使得加害者得以保持匿名，因而降低了個人行為的可說明性、責任感和自我監控能力。而去人性化過程則奪走了潛在被害人的人性，使得他們變得跟動物一樣，甚至什麼都不是。我們也調查了一

些讓旁觀者面對邪惡時成為被動觀察者而非主動介入、協助或檢舉者的情境。不為的邪惡實際上是邪惡的基石,因為它讓加害者相信,那些明白正在發生什麼事情的人的沉默正表示他們接受並允許這些惡行。

哈佛心裡學者馬沙林‧巴納吉(Mahrzarin Banaji)所說的話正適合為這一章做結語:

對於了解人性,社會心理學的貢獻在於它發現有些遠超出我們自身的力量決定了我們的心智與行動,而在這些力量中最重要的是社會情境的力量。[45]

第 13 章
社會動態學調查(2)：
去個人化、去人性化以及不為之惡

> 人類歷史記載是由許許多多陰謀、背叛、謀殺、屠殺、革命、流放
> 構築而成，而這些最惡劣的結果乃出自於人的貪婪、結黨營私、偽善、
> 背信忘義、殘酷、狂怒、瘋狂、仇恨、嫉妒、情慾、惡意與野心……。
> 我只能得出一個結論，那就是在被大自然容許於地表上爬行的噁心敗類
> 之中，你的大多數同胞就屬其中最邪惡的一群。
>
> ——約拿單・史威福特，《格列佛遊記》
> （Jonathan Swift, Gulliver's Travels, 1727）[1]

　　史威福特對人類這群生物（我們這些人面獸心的人形野獸）的譴責
或許有些極端，不過想想看，他在種族滅絕橫行於現代世界的數百年
前、在猶太集體大屠殺事件發生前就已寫下這番批評，他的話或許不是
沒有幾分道理。他的觀點反應了西方文學中的一個基本主題，也就是遠
從亞當不服從上帝卻聽從了撒旦的誘惑開始，人類就從原始完美狀態中
徹底墮落了。

　　社會哲學家盧梭曾詳盡描述社會力如何使人墮落，在他的想像中，
人類乃是「高貴的原始野蠻人」，當人接觸到邪惡腐敗的社會時，他的美
德也就被玷污減損了。在盧梭的概念中，人類乃是全能邪惡社會中的無
辜受害者，而徹底反對這個觀點的人則認為人生而邪惡，我們的基因中
早已寫下人性本惡的密碼。除非人類受到教育、宗教和家庭的感化而轉
化為理性、講理、有同情心的人，或是受到來自國家權威力量強加的紀
律約束行為，否則就會被肆無忌憚的欲望、毫無節制的胃口，以及充滿

敵意的衝動所驅使而做出惡行。

在這場古老的辯論中，你站在哪一方？是人性本善但受到邪惡社會誘惑而墮落，或是人性本惡因社會而得到救贖？在做選擇前，請先考慮第三種觀點。也許我們每個人都有能力為善或為惡、利他或自私、善良或殘酷、支配或服從，都可能成為加害者或受害者、囚犯或獄卒。也許是社會情境決定我們哪種心理模式和潛能會得到發展。科學家發現，人類的胚胎幹細胞實際上可以發展為任何一種細胞和組織，即使一般的皮膚細胞也可能變成胚胎幹細胞。我們可以擴張這些生物概念以及我們已知的人腦開發彈性，而認為人性也具有「彈性」。[2]

支配生活的各樣系統型塑著人，貧富、地理與氣候、歷史時代、文化、政治及宗教支配人們，但人也受到每天都需面對的特殊情境塑造。而這些力量又回過頭來和我們的基本生物性及人性互動。我在稍早之前主張，人的墮落潛能乃是人類心靈複雜可能性的一部分，為惡及為善的衝動一起構成了人性中最根本的二元性。這概念提供了複雜且豐富的描繪，來解釋人類行為中的驕傲與謎團。

我們已經檢視過從眾及服從權威的力量，它們的影響力是支配並破壞人類的主動性。接著我們將透過學術研究的洞察力探查包括去個人化、去人性化以及旁觀者的冷漠，即「不為之惡」的相關領域。這可以讓我們的認識基礎更全面，以便充分評價使平常好人有時去傷害他人、甚至做出徹底違背規矩體面或道德性惡行的過程，即便是仁慈的讀者你，可能也無法例外。

去個人化：匿名與破壞

威廉・高汀在小說《蒼蠅王》中提出一個問題：一個人外表上的簡單變化如何引發他外在行為的戲劇性改變？只是在臉上畫畫就讓平常循規蹈矩的英國男孩變成凶殘的小野獸，這是怎麼發生的？故事描述在一個荒島上，一群男孩吃光了他們的食物，他們在傑克・梅里度（Jack

Merridew）領導下決定去獵山豬，卻沒有完成行動，因為在他們基督教道德觀中禁止殺戮。接著傑克決定要在臉上畫一個面具，當他畫好後，他看著自己在水中的倒影，倒影突然間出現了驚人的變形：

> 他驚訝地看著水面，看見的不是自己，而是一個令人畏懼的陌生人。他往水裡一攪然後站起身子，興奮地大笑起來。站在水邊是個身體結實、臉上畫著面具的男孩，他們（其他男孩）看著他，不寒而慄。他跳起舞來，笑聲變成嗜血的嚎叫。他蹦跳著朝比爾走去，面具變成有獨立生命的東西，面具背後隱藏的傑克，已經完全擺脫了羞恥和自覺。

當和傑克一夥的其他男孩也都畫上面具偽裝自己之後，他們就準備好要「殺死那野豬、割斷牠喉嚨、讓牠濺出鮮血」[3]了。他們殺害另一頭生物之後，接著就以殺害野獸和人類敵人為樂，其中最值得注意的是暱稱「小豬」的聰明男孩。強權就是公理，在乖孩子們的領袖拉爾佛也被那群獵人追殺之後，荒島終於徹底成為群魔亂舞的地獄。

是否有任何心理學上的證據可說明偽裝外表對行為過程的戲劇化影響呢？我嘗試運用一組研究來回答上述問題，這些研究促成了一個新的研究領域形成，即針對去個人化和反社會行為的心理過程考察。[4]

匿名女性的驚人行為

第一個研究基本上是這樣進行的：研究者對一群女大學生編了一個故事，讓她們相信自己在實驗中真的對其他女生施予一連串痛苦的電擊。她們可以從一個單面鏡中看見和聽見兩個女孩，而研究者讓她們有好幾次機會電擊她們。有一半的學生被隨機指派為可以維持匿名，即**去個人化**；而另一半人則必須清楚揭露她們的身分，也就是**個體化**。在分開施測的十個去個人化群體中，每一組都有四位大學生，這組人可以用兜帽和鬆垮垮的實驗袍掩飾外表，她們的名字都由編號取代，分別是一至四號。實驗者對待她們的方式也是去個人化，把她們當成一個匿名群

體而不是個體。根據實驗者的說法，這些程序是為了掩蓋她們的非言語行為，好讓其他人無法得知她們的反應。相對地，對照組的人就得別上姓名牌，這樣可以使她們覺得自己是獨一無二的，但其他待遇就都和去個人化組沒有差別。去個人化組和對照組一樣都是一組四人，在二十道施測過程中，兩組人都會被要求連續電擊單面鏡中看到的兩名女性「受害者」。

研究者編的故事是這兩名受到電擊的女性是一項研究的受試者，而該研究的主題是壓力下的創意表現。當這位待在另一個房間而且同樣在鏡子後面的實驗者測試她們的創意表現時，我們的實驗參與者就負責用痛苦的電擊對她們施壓。

這個實驗跟米爾格蘭的典範有幾個不同的地方，首先，實驗中並沒有任何權威人物直接施壓，要求她們要不斷電擊表現出侵略性，因為在整個電擊的過程中，我並沒有和她們互動。學生們可以透過單面鏡看見我和兩名據稱是進行創意研究的女性。此外，這個實驗也沒有對受試者施加從眾壓力，因為她們各自待在相鄰的辦公隔間中，彼此沒有任何互動。最後是，我也沒有用如果不執行任務就會無法達成研究目的的方式對她們施壓。只要小組中的四名女性中有任何一個人施予電擊時，被電擊的女性就會做出受傷害的樣子，表示已受到足夠影響創意表現的壓力。所以，如果不電擊也不是不服指令或蓄意對抗，受試者可以選擇被動地觀察，在一旁看著其他組員進行電擊，而不一定要成為主動的加害者。

我所關心的行為是施予電擊的**持續時間**，當電擊預備的指示出現時，學生們能夠持續電擊多久。她們需要做的決定並非是否要按下電擊鈕，而是要多快地把手指從按鈕上縮回，或者是持續按著按鈕電擊受害者。她們當然也可選擇不要聽從指示，完全不按電擊鈕（但沒有人這樣做）。

在錄音記錄訪談中，兩位與實驗者串通好的女性中，一位被形容成非常和善，另一個則被形容為不討人喜歡。這樣做的目的是為了要讓

「施壓者」心中對兩人產生不同的態度。但其實兩位女性都是我們的研究同謀，她們受過表演訓練，當電擊燈號亮起時就會逼真地演出痛苦的模樣，另一個房間中的學生們看見了都深信不疑。

在實驗開始前，每個參與實驗的學生都會先體驗造成皮肉疼痛的電擊（七十五伏特），目的是為了讓她們了解這樣做的確會造成傷害——不過當然了，實驗中並未真正施予任何電擊。在二十次施測中，受試者每次都必須決定是否電擊，以及持續多久。在第一位電擊目標完成二十次測試並離開之後，第二位女性就會接替她繼續進行另外二十次電擊測試。因為實驗組和對照組的四位成員都在相鄰的辦公隔間中接受測試，所以「組友」並不會直接對她們的行為造成影響。不過因為她們一開始先一起聽了一卷錄音帶，所以會感覺自己屬於一個群體。重要的是，除了匿名性及可指認性（identifyiability）變項的操弄之外，兩組人在實驗中受到的待遇完全相同。

實驗結果很清楚：在去個人化狀態下的女性對兩位受害人的電擊次數是隨機指派到個性化狀態的對照組女性的兩倍。此外，匿名的女性對兩位受害者的電擊次數是一樣的，無論先前被形容為很和善還是不討人喜歡，結果並沒有差別。當手指按下啟動鈕時，之前對受害者的感覺對她們的行為並不造成影響。在二十道施測過程中，她們持續電擊的時間也不斷增長，當受害者在她們眼前扭曲身子呻吟時，她們的手指仍舊按著電擊鈕不放。相較下，個性化狀態下的女性對於喜歡的和討厭的電擊目標就會出現差別待遇，對前者比較不常做持續電擊。

當匿名的女性有機會傷害電擊對象時，她們會不管自己之前是喜歡或討厭她們，這說明了，去個人化的心理狀態對她們的心態造成劇烈變化。電擊延長加上有多次機會造成他人痛苦，兩者似乎都使得受試者的激動情緒不斷向上盤旋。激動的行為造成了自我增強現象，每個行動都激發了更強烈、更不受控制的反應。從經驗上來說，這樣的行為反應並非來自於希望傷害他人的殘酷動機，而是因為當時逐漸感受到自己對其他人的支配和控制能力，受到這種感受的激勵而造成。

　　這個實驗典範已經由許多實驗室和田野研究重複進行，證實可得到具比較性的結果。在這些重複驗證中，有些運用了去個人化的面具、施放白色噪音，或是向目標受害者丟保麗龍球；參與實驗的對象包括來自比利時軍隊的軍人、學童及許多的大學生。在一個以老師擔任電擊者的研究中也發現隨著時間而升高電擊程度的現象，老師的任務是用電擊方式教育學生，而隨著訓練過程進行，他們也逐漸增強了電擊強度。[5]

　　回想史丹佛監獄實驗就會發現，我們在這個實驗中運用的去個人化方式是讓獄卒和工作人員穿戴上銀色反光鏡片的太陽眼鏡以及標準的軍裝風格制服。從這些研究中可以導出一個重要結論：任何讓人感覺擁有匿名性的事物或情境，也就是任何讓人覺得像是沒人認識或想認識他們的狀況，都會削弱他們個人的行為辨識度，並因此創造出為惡的潛在條件。而第二項因素的加入，更是使這個結論的有效性大增；如同這些研究的設定，如果情境本身或其中的行動者**允許**人們從事反社會及暴力行為以反對其他人，他們就會彼此開戰。但是相反地，如果情境的匿名性只是削弱了人們的自我中心心態，而情境也鼓勵從事公益行為，人們就會彼此相愛。（在集會活動的背景下，匿名性通常會鼓勵更多社會參與的集會出現）因此威廉·高汀對於匿名性和侵略性的洞見是有心理學根據的，而且情況比他所描繪的還要更複雜、更有意思。

> 當然了，我的衣裝確實改變了我的性格。
> ——威廉·莎士比亞，《冬天的故事》

　　不是只有面具才能賦予人們匿名性，在既定情境中的對待方式也能產生匿名效果。當別人不是把你當成獨立的個體，而是當成系統下的無差別性「他者」看待，或是忽視你的存在時，你也會覺得自己是匿名的。有一位研究者進行了一個實驗，他研究用這兩種不同待遇對待自願參與實驗的大學生，即把學生當人看，或是把學生當成「白老鼠」時，受到哪一種待遇的學生會在趁他不注意時偷走他的東西。你們猜猜看結

果如何？實驗是這樣進行的，研究者在和學生們互動後，將他們留在這位教授兼研究者的辦公室裡，辦公室裡有個裝滿了筆和零錢的盆子，而這時他們正好有機會可以下手行竊。結果匿名學生的偷竊次數多於受到人性待遇的學生。[6]仁慈的價值甚於它的報償。

文化智慧：如何讓戰士在戰場上英勇殺敵，回家後還是個好人

讓我們來到匿名性和暴力可能攸關生死的真實戰場上，尤其是檢視外表改變對戰爭行為的影響。我們將比較不改變年輕戰士的外表，以及運用面部和身體彩繪或畫上面具（如小說《蒼蠅王》中的戰士）等儀式性的外貌轉變方式，這兩種不同做法所造成的影響。改變外表是否會影響之後他們對待戰敵的方式？

文化人類學家 R. J. 華特森（R. J. Watson）[7]在讀過我之前發表的去個人化論文後，提出了這個問題。他的研究資料來源乃是耶魯大學的人類學資料庫，這個資料庫蒐集了世界各地不同文化的人類學、社會學、心理學研究報告及論著。而華特森找到了兩項資料，一項資料記錄了不同社會的戰爭方式，一些是在進行戰爭前改變戰士外表，一些則並不改變；另一項資料則是這些社會殺害、虐待或切斷戰俘手足的程度，以做為明確的依變項——真可說是最恐怖的結果測量方式了。

而他的研究結果大大肯定了我先前的預測，即當上級允許戰士們以平常禁止的侵略性方式作戰時，匿名性將促進毀滅行為。戰爭是制度性地許可人們殺死或傷害敵人。而這項調查研究發現，在我們找到關於戰爭行為及對待戰敵方式資料的二十三個社會中，有十五個社會會在作戰前先改變戰士外表，而它們也是最具破壞力的社會，這些社會中有百分之八十（十五個中有十二個）會以殘暴的方式對待敵人。相對地，在八個不改變戰士外表的社會中，七個社會並未出現如此毀滅性的行為。從另一個觀點來檢視這些資料可發現，當戰爭中出現受害者被殺害、虐待或切斷手足的情況時，百分之九十都是第一次改變外表並將自身去個人化的戰士所為。

　　文化的智慧告訴人們，欲將平常表現溫和的年輕人變成聽命殺敵作戰的戰士，關鍵要訣就在於先改變他們的外表。戰爭就是由年長的人說服年輕人去傷害和殺死跟他們一樣的年輕人，大多數戰爭都是這麼回事。而對年輕人而言，在作戰前先改變自己平常的外表，例如穿上軍服或戴上面具、做點臉部彩繪，則可以讓殺人變得容易些；一旦得到匿名性，平常那位富有同情心、關懷別人的人就消失了。當戰爭勝利後，文化智慧又會要求人們回到愛好和平的狀態。這時候他們就要脫掉軍服，拿下面具，洗掉臉上的顏料，找回平常的自己。在某種意義下，這很像是參與一個可怕的社會儀式，這個社會儀式不知不覺地使用了研究者史考特‧福雷澤（Scott Fraser）在萬聖節派對研究中所採取的三階段典範模式——先維持平常裝束，再扮裝，最後脫去扮裝，於是他們的行為也經歷了三個歷程，當人們可以認出他們時，他們是愛好和平的，當他們取得匿名性時，他們成了殺人的戰士，最後當他們回到會被認出的狀態時，他們又變成愛好和平者了。

　　某些環境可賦予短暫的匿名性，對生活或置身其中的人而言，不需要改變身體外貌也同樣具有匿名效果。為了親身示範地方的匿名效果會助長都市中的街頭破壞行為，我的研究團隊做了一個簡單的田野調查。請回想第一章中我提到我們實驗將車輛棄置在紐約上城布朗克斯區靠近紐約大學校園旁的街道上，以及加州帕洛阿圖市的史丹佛校園附近。我們把這些車輛弄成一看就知道是廢棄車輛（把車牌拔走、頂篷掀開），再用相機和錄影帶拍下對這些車輛的街頭破壞行為。在布朗克斯區那個使人感覺自己有匿名性的環境中，四十八小時之內就有好幾十個路過或駕車經過的人停下來，破壞這輛廢棄的車子。這些人大多是衣冠楚楚的成年人，而他們就在光天化日之下拔走車裡任何有價值的東西，或是破壞車子。然而被棄置在帕洛阿圖市的車子命運就截然不同了，一個星期過去，沒有任何一個路人曾經對它動過歪腦筋。這也是唯一可引用來支持都市犯罪的「破窗理論」的經驗證據。環境條件會讓社會中某些成員感覺他們擁有匿名性，讓他們以為在這個統治社群中沒有人認得他們，以

為沒有人能識別他們的個體性和人性，而這會幫助他們變成潛在的街頭破壞者，甚至是暗殺者。

去個人化過程會將理性節制的人變成放浪形骸

讓我們假設人性「良善」的那一面是擁有理性、秩序、一致性和智慧的阿波羅，而「惡劣」的那一面則是代表混亂、解體、非理性和跟從生命原欲（libidinous core）的戴奧尼索司。阿波羅的核心特質是對欲望的節制與禁止，恰恰相對於戴奧尼索司式的解放與縱欲。人們平常由於認知的操控，而表現出符合社會要求及個人接受範圍的行為，因此當人們浸淫在認知的操控手段受到阻礙、擱置或扭曲環境中時，就有可能會變成惡人。認知操控的擱置會造成多重後果，其中包括良知、自我意識、個人責任、義務、承諾、債務、道德感、罪惡感、羞恥感、恐懼以及個人行動的成本效益分析等的暫時停擺。

實現這個轉化過程的一般性策略有二：（1）降低行動的的社會辨識度（沒人知道我是誰，或者沒人在乎我的身分）；（2）降低行動者對自我評價的在意程度。前者削弱了行動者對於社會評價、社會贊可性的在意程度，可藉由讓行動者感覺擁有匿名性，亦即去個人化的過程而達成。最有效的做法就是讓個人處於散播匿名性和擴散稀釋個人責任的環境中。第二個策略則是透過改變意識狀態來停止個人的自我監控和一致性監控。達到此目的的手段包括服用酒精和藥物、激起強烈的情感、參與高度刺激的活動，或進入一種延伸的現代式時間定位中，不再關心過去和未來，以及將責任向外推卸給別人，而不是反求諸己。

去個人化過程會創造出一種獨特的心理狀態，此一心理狀態下的行為受到當下情境的指揮，以及生物性的、荷爾蒙的分泌驅使。於是行動取代了思想，立即享樂凌駕了延遲的滿足，而小心謹慎的自我克制也讓路給愚蠢的情緒化反應。心理上的激勵狀態是去個人化過程的前兆，同時也是結果。當處在嶄新或是尚未結構化的情境中，而典型的反應習慣及性格傾向變得毫無用處時，它的效果就會發揚光大。這時個人對於社

會模式和情境暗示缺乏抵禦力的情況會突顯,於是戰爭與和平就變得一樣容易——一切全視情境的要求或引導而定。在極端的情況下,是非的意義泯滅了,違法行為不必考慮是否有罪,不道德的人也絲毫不怕天譴。[8]內在的約束被擱置時,行為完全受到外在情境操控——外在控制了內在。做一件事時考量的不是正確與適當與否,而只看可不可能、做不做得到。個人和群體的道德羅盤已不再能夠指揮方向。

從阿波羅過渡至戴奧尼索司式心智狀態的過程可以來得迅速而毫無預警,一旦人們短暫活在延伸現在式的時間中而不再顧及行動的未來結果,好人就會做壞事。在過度去個人化的情況下,平常對於殘暴行為及原力衝動的約束與限制消失一空。就像大腦突然短路了,額葉皮質的規劃和決策功能停擺,而較原始部分的大腦邊緣系統,尤其是杏仁核中的情緒和侵略性中心卻接掌大權。

狂歡節效應:以狂喜為集體去個人化過程

在古希臘時代,戴奧尼索司在眾神中的地位獨特。祂被視為創造出新的現實層次,挑戰對生命的傳統預設和方式。它既代表將人類精神自理性言說和有條理計畫的拘禁中解放的一股力量,也代表了毀滅:毫無節制的情慾及缺乏社會控制的個人享樂。戴奧尼索司是酩酊之神、瘋狂之神,也是性狂熱及戰鬥欲望之神。在戴奧尼索司所支配的存在狀態下,人失去了自我意識和理性,擱置了線性時間感,將自我聽任人性原始衝動支配,並視行為規範和公共責任於無物。

狂歡節(Mardi Gras)起源自基督教時代前的異教徒儀式,現在則被羅馬天主教廷認可為聖灰星期三(Ash Wednesday)前的星期二(油膩星期二〔Fat Tuesday〕或懺悔星期二〔Shrove Tuesday〕)。這個神聖日子標記著大齋節之宗教儀式季節的開始,在這個日子裡必須從事個人的奉獻和禁食,以迎接四十六天後的復活節。狂歡節慶典開始於主顯節的第十二夜歡宴,這一天是東方三賢前往朝拜聖嬰的日子。

事實上,狂歡節慶祝追求「酒、女人和歌曲」的原欲享樂的放縱與

過度，只求活在當下的縱情聲色。當參與慶典的人縱情於集體狂歡的感官享樂時，生命中各種憂慮和義務都被拋到九霄雲外。酒神慶典的歡慶本質於是將行為從平常的束縛中解放，從以理性為行動基礎的轄治下鬆綁。然而人們始終在潛意識中意識到，這樣的慶典是短暫的，因為大齋節即將來到，而在齋期中，個人享樂及罪行的限制甚至比平常更嚴格。「狂歡節效應」指的是當一群志趣相投的尋歡作樂者決定縱情享樂，不顧後果與責任時，他們會暫時放棄傳統對個人行為的認知和道德約束。這就是群體行動的去個人化過程。

去人性化及道德脫鉤

在我們對「人類對人類的殘忍」現象的理解中，去人性化是其中的核心概念。當某些人將另一些人從身為人類一員的道德秩序中排除時，就是去人性化。在去人性化者眼中，這個心理過程中的客體喪失了人的地位。藉著將某些個人或群體視為不屬於人性領域，去人性化的施為者可以暫時擱置道德感，而不必遵守以理性行動對待同類的道德束縛。

在形成偏見、種族主義和歧視心態的過程中，去人性化過程是其中核心。去人性化將其他人污名化，認為他們只擁有「受損的認同」（spoiled identity）。例如社會學家厄文‧高夫曼（Erving Goffman）[9]就曾形容殘障者被社會視為不值得信任的過程是如何發生，他們被認為不是完整的人、受到污染的人。

在這類情況下，就連正常、道德正直，甚至通常有點理性主義傾向的人也可能做出毀滅性的殘酷行為。光是對他人的人性特質不予回應就會自動促成毫無人性的行為。來自《聖經》的黃金律令「你們願意人怎樣待你們，你們也要怎樣待人。」成了「你們願意怎樣待人就怎樣待人。」他人成了被切去的一半。只要把人去人性化，那麼無論如何對待這些「客體」，是麻木不仁、粗暴無禮、忽視他們的需要和懇求、為了自己的目的而利用他們，甚至如果他們惹人生氣就乾脆殺死，都會變得容

易許多。[10]

　　一位日本將領曾說，在日本發動二次大戰前的侵華戰爭中，日本兵很容易就可以殘忍地屠殺許多中國百姓，「因為我們覺得他們只是『東西』，不像我們是人。」一九三七年的「南京大屠殺」事件就是明顯見證。我們也曾讀到（在第一章中），一位曾籌劃多起盧安達圖西族婦女強暴事件的女性這麼描述圖西族人——他們不過是些「小蟲子」、「蟑螂」。同樣地，納粹對猶太人的種族滅絕行動在開始時也是先製作宣傳電影和海報，讓德國人將某些人類同類視為劣等形態的動物，是害蟲、貪婪的鼠輩。同樣地，在全美曾發生多起都市白人暴民對黑人動用私刑事件，這些人將黑人污名化黑鬼，因此並不被認為這是對人類的犯罪行為。[11]

　　美軍曾在越戰中屠殺數百名越南美萊村的無辜村民，事件背後的關鍵因素是美國軍人將所有不同臉孔的亞洲人都貼上「亞洲賤種」（gook）的標籤。[12] 然而昨天的「亞洲賤種」成了今天伊拉克戰爭中的「朝聖狂」（hajji）及「頭巾人」（towel head），被新一批軍人們用來貶低不同臉孔的平民百姓和軍人。「有點像是你試著忘記他們是人，把他們當成敵人，」梅嘉（Mejia）中士說道，他拒絕返回這場他認為糟糕透頂的戰爭中繼續服役。「你叫他們『朝聖狂』，知道嗎？你會做任何事，只為了讓殺死、虐待他們變得容易一點。」[13]

　　一個在實驗室進行的絕佳控制實驗，實地示範了這類標籤及相關形象可能刺激行動的強大效應（第一章提及並詳述於此。）

實驗中的去人性化：把大學生當動物

　　我在史丹佛大學的同事亞柏特‧班度拉和他的學生設計了一個效果很強的實驗，可以細膩地呈現去人性化標籤的力量如何促使人們傷害其他人。[14]

　　實驗是這樣進行的。研究者將來自附近專科學校的七十二名男性志願者以三人一組的方式組成「監理人團隊」，他們的任務是懲罰做出錯誤決策的學生，研究者聲稱這些學生是一個決策者小組的成員。當然了，

扮演監理人的學生才是研究的真正受試者。

實驗中共有二十五道議價測試，擔任監理人的學生可以聽到決策團隊（據聽到的說法是正在相鄰的房間裡）的談話，並根據聽到的消息推測他們正在形成共識決定。研究者提供監理人相關資訊以評估決策小組在每道測試的決策是否適當。當形成不當決策時，監理人團隊的任務就是施予電擊懲罰。他們可以從電力最弱的第一級到最強的第十級中選擇電擊強度，所有決策團隊的成員都會受到電擊懲罰。

研究者告訴監理人，他們是由來自各種不同社會背景的人組成，目的是為了增加計畫的普遍性，決策者們則是擁有相同特質的人。這樣一來，被貼在某個決策者身上的正面或負面標籤就可以代表整個群體。

研究者改變這個基本情境中的兩個特質：即「受害者」如何被貼上標籤，以及監理人如何為施予電擊行為負起個人責任。標籤化狀況共有三種，分別是去人性化、人性化或中立；歸責狀況則有兩種，分別是個體化或分散，志願者被隨機指派標籤化及歸責狀況。

讓我們先考慮標籤化的過程及其效果，接著再考察不同歸責方式的運作。實驗的設計是讓進入實驗的每一組參與者都相信，他們可以偷聽到研究助理和實驗者在對講機中的談話，而他們洩漏的是據說為決策者填寫的表格內容。研究助理會用簡短話語悄悄表示這個小組所呈現的個人特質符合招募他們人員的看法。在**去人性化**狀況中，決策者被描述成「禽獸、爛人」。相對地，他們在**人性化**狀況中就被形容為「敏銳、聰明，比較人性的一群」。而在**中立**的狀況中，研究助理則不做任何評價。

有一件事必須說明清楚：實驗參與者和電擊受害者之間並未有過互動，所以無從做出個人評價，更無法適當地評價。這些標籤是旁人加諸於其他年輕學生的屬性，而根據他們聽到的說法，在情境中扮演指定角色的年輕學生也都是自願參加實驗。實驗結果如何呢？職校學生如何對據說是由他們所監督的決策者施予懲罰，標籤發揮什麼樣的作用？（事實上根本沒有「其他人」存在，他們聽到的只是統一播送的錄音帶內容。）

　　結果顯示，標籤的固著力強大，並對懲罰程度造成相當大的影響。那些被去人性化方式貼上「禽獸」標籤的人受到更強力的電擊，他們的電擊強度呈直線上升超過十道測試。隨著測試的進行，電擊強度也不斷增高，在最強程度十級的電擊中，每組參與者平均施予七級的電擊懲罰。被貼上「和善」標籤的人被施予電擊的強度最小，而未被貼上標籤的中立組的受罰強度則落在兩個極端值中間。

　　此外，在第一次測試期間，三個受到不同實驗待遇的小組所施予電擊強度並未出現差異，也就是，他們全都施予強度最小的電擊。如果研究就此結束，我們就會得出標籤化並未造成任何影響的結論了。不過隨著一次次測試進行，而決策者的錯誤也據說是不斷倍增，三個小組施予的電擊強度開始出現分歧。隨著時間越久，學生們對那些被形容為「禽獸」的人施予的電擊強度也越強。這個實驗結果可以比較我先前關於去個人化女大學生的實驗，她們施予的電擊強度也有隨著時間不斷上升的趨勢。因為練習或是經驗的學習而使得侵略性的回應隨時間加劇，這現象表明的是一種自我增強效應。其中樂趣與其說是來自於其他人的痛苦，倒不如說是因為人們處在支配情境，也就是處在讓別人得到應有懲罰的情境中所體驗到的權力和操控感。研究者指出，正是這種完全不受任何限制的標籤化力量，剝奪了其他人的人性特質。

　　這研究的正面之處在於，當某個握有權勢的人正面地標籤化他者時，雖然這標籤化一樣武斷，但那些人能因此得到比較受尊敬的待遇，被認為「和善」的人受到的傷害因此最小。人性化的力量可以抵消嚴苛的懲罰，無論在理論還是社會意義上，都跟去人性化現象一樣成立。這個實驗因此傳達了一個重要訊息，也就是關於言語、修辭以及刻板印象標籤化的力量，既可用來行善，也可用來為惡。我們應該把孩童時期朗朗上口的句子「棍棒讓我受傷，壞話不痛不癢。」後面的那句改成「壞話帶我下地獄，好話帶我上天堂。」

　　最後，**歸責狀況**不同是否影響施予電擊的強度呢？當實驗參與者認為電擊強度是出於團隊共識而非個人決定時，他們會施予較強的電擊。

正如我們先前了解到的，責任歸屬的分散無論以何種形式出現，都會造成人們比較無法抑制傷害他人的行為。我們可以預見，正是當參與者須擔負較少個人責任而受害者又受到去人性化待遇時，他們會施予最強的電擊。

關於參與者如何正當化他們的行為表現方面，班度拉的研究團隊發現，去人性化也成為人們用來自我開脫的藉口，這又回過頭來導致懲罰強度增加。從對人們如何擺脫平常的自我約束而做出有害他人行為的研究中，班度拉發展出一個概念模式——「道德鬆綁」（moral disengagement）。

道德鬆綁的機制

這模式一開始假設大多數人都因為在養成過程中受到常態的社會化洗禮，所以接納了道德標準。這些標準指引人從事有益社會的行為，遏止家庭或社群定義下的反社會行為出現。隨著時間經過，這些由父母、老師及權威人物所施加的外在道德標準成了內化的個人品行規範。人們逐漸擁有思想和行動的自我控制能力，並因此感覺到自我的價值。他們學會控制自己，避免出現不符合人性的行為，盡力表現出人性。這些自我規約機制和個人道德標準間的關係並非固定不變，而是處於動態過程，個人可以選擇性地啟動道德的個人監控，以便表現出可被社會接受的行為，但在其他時候，他也可以解除對某些受指摘行為的自我監控。只需在某些時候、某些情境、為了某些目的而暫時解除平常的道德運作，個人或群體就可以繼續維持自己的道德感。就像他們把道德感打到空檔位置，任由車子滑行而不管路上行人的安全，然後再變換回高速檔行駛，若無其事地繼續他們的高道德生活。

班度拉的模式更進一步地闡明，個人如何選擇性地解除行為規約的自我監控而將傷害行為轉化成道德可接受行為。由於這是個基本的人性過程，班度拉認為它不僅有助於說明政治、軍事和恐怖主義的暴力，也可以解釋「正派的人慣常為自己的利益而去從事有損人性活動的日常情

境。」[15]

　　只需啟動一個或數個下列四種認知機制，任何人都可能解除對任何破壞或邪惡行為的道德束縛。

　　這四種做法是，首先，我們可以將傷害行為重新定義為榮譽的行為，方法是藉由採納神聖化暴力的道德命令而創造出行動的道德正當性。我們會將這麼做的敵人們的惡行和自己正直的行為做比較，從而創造出有利的對比。（例如這麼想：我們只是虐待他們，他們卻將我們的人砍頭。）運用委婉的語言，可以讓人們比較容易接受做出殘酷行動的現實，因此也可以達到同樣的目的。（舉例而言，用「間接破壞」〔collateral damage〕指稱戰爭行為所帶來的平民百姓死傷；用「友軍傷害」稱呼因同袍的不注意或故意而遭殺害的士兵。）

　　其次，藉由分散或推卸個人責任，我們可以讓自己覺得行動和行動的有害後果之間並沒有那麼直接的關連。如果我們並不覺得自己犯下了慘無人道的罪刑，就可以逃避自我譴責。

　　第三個方法，我們可以改變自己對於行動造成的真正傷害的看法，也就是可以忽略、扭曲、削弱，或根本不承認我們的所做所為會造成任何負面後果。

　　最後，我們可以重新建構對受害者的認知，把他們所受的苦當作是活該。我們把後果怪罪到受害者頭上，當然也把他們去人性化，藉由這些方式把他們當成低於標準的人，不值得我們用對人類同胞的正直方式對待。

了解去人性化過程不是為了找藉口

　　重要的是必須在此再次聲明，這類心理學分析不是在替加害者的不道德、非法行為找藉口，或是忽略它們的嚴重性。揭露人們用來替行為做道德鬆綁的心理機制將更有利於反制，並有助於我們重新確認一件事，也就是道德約定可促進人們之間由同理出發的人道情懷，因此至關重要。

製造去人性的國家公敵

在各種導致一般善良男女從事惡行的操作原則中，不能忽略民族國家用來煽動國民時所用的方法。國家一邊將年輕人推向死亡戰場，一邊讓國民贊成侵略戰爭，這是如何辦到的？思考這問題後，我們了解了其中一些原則。國家運用的是特殊的認知適應訓練（cognitive conditioning），透過政治宣傳而實現這個困難的轉化過程。全國性的媒體宣傳活動（與政府共謀）創造出「敵人的形象」，目的是讓軍人和平民漸漸習慣仇恨那些落入「你們的敵人」這個新分類中的人。這類的心理適應訓練是軍人們最強而有力的武器，若是沒有它，他就不可能用瞄準器的十字線鎖定另一個年輕人然後開槍殺了他。這方法會造成人民之間的恐慌，當他們想像受到仇敵統治的情況會有多糟時，他們會感覺一切變得非常脆弱[16]。這樣的恐懼會轉化成仇恨，讓人們願意將孩子送上戰場對付險惡的敵人，死傷在所不惜。

在《敵人的臉》（*Faces of the Enemy*）一書中，山姆·金[17]揭露了大多數國家如何運用形象化的宣傳方式捏造出敵人的原形，以對付被認為極度危險的「他者」、「外人」、「敵人」。這些視覺形象創造出集體的社會偏執，使人們把注意力焦點全放在敵人身上，認為這些敵人會傷害婦孺、破壞家園以及屬於他們生活方式的信仰，全盤摧毀他們的基本信念與價值。這類宣傳會向全球廣泛發送，影響遍及全世界。無論各個國家在許多面向仍存有許多差異，我們仍可把這類宣傳當成是某群「充滿敵意的人類」（homo hostilis）使用的樹敵伎倆。他們在正直族類的善良人腦中創造出一個新的邪惡敵人形象：壓迫者、身分不明的人、強暴犯、無神論者、野蠻人、貪得無饜的人、罪犯、用酷刑的人、謀殺者，最後，「那個敵人」成了抽象概念或是沒有人性的動物。這些令人喪膽的形象使人以為國家正受到一群人見人厭的野獸蹂躪，在人們的腦海中，敵人等於蛇蠍、鼠輩、爬蟲類、大猩猩、觸角動物，甚至是「豬玀」。

最後我們要探討，當人們採取去人性化的角度來認知某些特定他者

的結果，一旦這些人被公開宣布奇怪、討人厭，人們就願意對他們做出一些難以想像的事。在歷史上（一九二〇至四〇年代）曾有六萬五千名美國人被迫接受絕育手術，只因當時的優生學提倡者根據科學的理由，決定用排除不良特質的人達成人種淨化的目的。我們但願這個想法是出自希特勒，而非美國最受尊崇的法官之一——奧利佛・溫德爾・荷姆斯（Oliver Wendell Holmes），可惜事實並非如此。他根據多數意見做出決議（一九二七年），判定強制絕育的立法不但不違憲，還符合了社會福祉：

> 如果社會能夠防止那些顯然不適合生存的人繼續繁衍下一代，人們就不必等到墮落者的子孫犯了罪再來處死他們，或者讓他們因為智能低弱而挨餓，這樣做可以讓這世界變得更好。連續三代都是弱智者就夠了，不應讓他們繼續下去。[18]

關於這點，請回想一下我在第十二章中曾引用的一份研究，研究中的夏威夷大學學生竟願意贊同執行「最後解決方案」以排除身心不合格人口，必要時甚至包括他們的家人也在所不惜。

美英兩國長期以來一直參與著「對抗弱者的戰爭」，它們是直言不諱且深具影響力的優生學提倡者，不僅倡議運用科學方法正當化優生學計畫，推動將不合格者排除，並同時強化強勢生存者的特權地位。[19]

不為之惡：被動的旁觀者

> 邪惡的凱旋唯一需要的只是善良人的袖手旁觀。
> ——英國政治家艾德蒙・伯克（Edmund Burke）

> （我們）必須認識到，被動接受不公正的體制也就是和這個體制合作，並因而成為它的惡行參與者。
> ——馬丁・路德・金恩[20]

我們看待邪惡的方式通常是聚焦在加害者的暴力、摧毀性行動上，但是當有人需要你的幫助，或需要人出面反對、表示不服從、檢舉某些惡行時，不做任何事也可以是種邪惡。邪惡最具關鍵性、同時也最不為人知的促成因素並不是明目張膽鼓吹暴力傷害的人，而是在他們背後沉默的大多數，目睹一切發生卻視而不見、聽而不聞的人。他們在惡行發生現場沉默不為，甚至使得善惡間的界限變得更模糊。我們接著會問：人們為什麼不伸出援手？為什麼不幫助需要他們幫助的人？他們的被動是無情、冷漠的個人缺點使然？還是說我們可以辨識出某些社會動態過程在其中運作？

凱特‧紀諾薇絲事件：社會心理學者的看法

在紐約市、倫敦、東京或墨西哥市這樣的大型都會中心，一個人隨時都被成千上萬的人包圍，這說法一點也不誇張。我們在街上與人們擦肩而過，在餐廳、電影院、公車或火車上比鄰，和人們排同一條隊伍——卻彼此毫無關連，好像他們不是真的存在。對皇后區的一位年輕女子凱特‧紀諾薇絲（Kitty Genovese）來說，她最需要援手的時候，幫助她的人真的並不存在。

在超過半個小時的時間內，有三十八位正直、守法的皇后區居民（紐約市）眼看一名兇手在秋園（Kew Garden）中追殺一名女性，他一共發動了三次攻擊，其中兩次攻擊中，旁觀者發出的聲音以及突然點亮的臥室燈光打斷並嚇退了兇手。但是他又回頭找到那名女性，然後再次用刀子刺殺她。在攻擊的過程中，沒有任何一個人打電話報警，一個目擊者後來打電話給警方，當時這名女性已經死亡。（一九六四年三月十三日，《紐約時報》）

針對這案子中的細節，最近一份分析報告提出了一個疑問，報告中

質疑到底有多少人真正目擊了整個事件的發生過程，以及他們是否真的了解發生了什麼事，因為當時的目擊者中有許多人是半夜中被驚醒的上了年紀的老人。儘管報告提出了質疑，但毫無疑問，這些住在治安良好、氣氛寧靜，幾乎算是個郊區住宅區的居民聽見嚇人的驚叫聲卻沒有提供任何協助。凱特面對殺手的瘋狂追殺終於逃無可逃，最後獨自死在樓梯間裡。

然而不到幾個月後發生一個事件，更生動且令人心寒地描繪了旁觀者可以如何疏離、被動地袖手旁觀。一個十八歲的女秘書在辦公室裡被毆打，兇手幾乎讓她窒息，還脫光她的衣服強暴她。當她終於從攻擊者手中逃脫，一絲不掛、流著血跑下建築物的階梯到門口大叫：「救救我！有人強暴我！」時，有將近四十個人聚集在忙碌的街上，看著強暴者把她拖上階梯繼續施暴。竟沒有人上前幫助她。只有一位剛巧路過的警察阻止了接下來的施暴及可能發生的謀殺（一九六四年五月六日，《紐約時報》）。

旁觀者介入研究

針對旁觀者的介入行為，社會心理學者做過一系列探索性研究，並曾對此提出警告。天性式分析中常一面倒地針對冷酷無情的紐約旁觀者心態問題大作文章，這些社會心理學者反對這樣的做法，試圖了解是什麼讓處在那個**情境中**的一般人無法做出對的事。畢伯·拉丹內（Bibb Latané）及約翰·戴利（John Darley）[21] 當時正分別在紐約市的兩座大學——哥倫比亞大學和紐約大學中擔任教授，因此十分接近事件發生處。他們在紐約市大街小巷中進行了許多田野研究，研究地點包括地下鐵、街角及實驗室。

拉丹內和戴利的研究得出一個違反直覺的結論：當緊急情況發生時，越多人目睹，這些人就越不可能介入提供協助。身為被動的旁觀者群體中的一分子，這表示每個人都會假設有其他人可以協助或將要提供協助，這樣一來，相較於單一目擊者或只有另一位其他旁觀者在場的情

況，他們受到採取行動的壓力就比較小。其他人在場分散了捲入此事的個人責任感。參與者的人格測驗顯示，沒有一個特殊人格特質和緊急事件發生時旁觀者的介入速度、介入可能性之間有顯著關係。[22]

紐約客就像倫敦人、住在柏林、羅馬和華沙的居民，或是其他來自世界各國大都市的人一樣，當有人直接要求協助，或是遇到單獨在場或在場人數不多的緊急情況時，他們就會伸出援手。但是每當緊急情況發生時有越多可能提供幫助的人在場，我們就越可能假設有某個人會出面，我們就會缺乏冒險伸援的動力。人們沒有採取介入行動的原因並不是因為冷酷無情，除了害怕插手暴力事件會危及自己性命之外，人們還會否認情況的嚴重性，因為他們害怕做錯事讓自己看起來很蠢，也擔心「管別人閒事」可能會付出的代價。被動的不做為其實是臨時浮現的群體規範下的結果。

人們創造了社會情境，也同樣能改變它。我們不是照著情境的程式化指令行動的機器人，我們可以藉著有創意和建樹性的行動改變任何情境程式。但問題在於，我們太常去接受其他人對情境的定義和規範，而不願意冒險去挑戰規定，開發新的行為選項。以助人及利他主義為主題的研究在社會心理學中屬於較新的研究領域，這個研究領域的誕生即是旁觀者研究所造成的結果（針對此一主題，在大衛·施洛德〔David Schroeder〕及其同事的專題論文中有完整的概述[23]）。

如果好人也很忙：匆忙中的善行

人們未能伸手援助身處危難中的陌生人，極可能是出於情境中的變數使然，而不是由於人心險惡；針對此一說法，一群社會心理學者做了一次十分有力的實地示範[24]。這是我最喜愛的研究之一，現在請讀者再一次想像自己是實驗中的參與者。

請想像你是為了取得牧師資格而就讀於普林斯頓大學神學院的學生。你正在前往佈道的路上，你今天準備的是關於好撒馬利亞人（Good Samaritan）的《聖經》寓言，這次佈道將會錄影下來做為有效溝通的心

理學實驗素材。你熟知這段典故乃出自《新約‧聖經》中路加福音第十章，故事講的是一位猶太人被強盜打劫，受了重傷，躺在耶路撒冷往耶利哥城的路邊，一路上有許多人通過卻只有一個人停下來伸出援手。這則福音故事告訴我們，那個好心的撒馬利亞人會因他在地上的善行而在天堂裡得到應得的報償——這則聖訓是要教導所有人幫助他人的美德。

請再進一步想像，你正從心理學系前往錄影中心，巷子裡有個人倒在地上呻吟，他蜷縮著身子，模樣十分痛苦，明顯需要別人幫助。現在，尤其剛好在你心裡正排練著那則寓言的佈道演講，你能想像有任何理由阻止你停下來當個好心的撒馬利亞人嗎？

倒帶回心理學實驗室的場景中。出發前實驗室裡的人告訴你，你遲到了，約定的錄影時間已所剩不多，所以你得加快腳步。其他的神學學生被隨機指定是否被告知時間所剩不多，或是被告知他們還有時間可以慢慢前往錄影中心。只不過，如果你是個好人、一個虔誠的信徒、一個正思考著對陌生人伸出援手的美德的人，如果你就像古時候的撒馬利亞人一樣好心，時間壓力對你（或對其他人）而言怎麼會構成差別？我打賭你會認為這麼做的結果不會有什麼差別，如果你在那個情境下，無論如何都會停下來伸出援手，其他神學院學生也都會這麼做。

現在你再猜猜看誰贏了：如果你像我說的那樣想，你就輸了。從受害者的觀點來看，實驗得到的結論是：千萬別在人們遲到而匆忙趕路時遇難。幾乎每個神學院學生——有整整百分之九十的人——都錯過了成為好心撒馬利亞人的絕佳機會，原因是他們正忙著去舉行一場關於好心撒馬利亞人的佈道會。他們遭遇到任務要求牴觸的試煉：科學和受害者，兩者都需要他們的協助。科學贏了，受害者被留下來繼續受苦。（正如你現在想的，受害者其實是實驗者找來的臨時演員。）

當神學學生認為他們的時間越充裕，就越可能停下伸援。所以時間壓力的情境變項造成了行為結果的主要差異。在這個研究中，我們沒有必要像分析對可憐的凱特袖手旁觀的紐約客一樣，訴諸於天性式的解釋，假設神學學生冷酷無情、憤世嫉俗、對人漠不關心。其他研究者複

製這個實驗也得到同樣的結果，但是當神學院學生趕路的理由不是那麼重要時，絕大多數人都會停下來救人。從這個研究中我們學到了一課：當我們試著了解人們沒有在他人急難中伸出援手的情境時，不要問誰會幫忙、誰不會幫忙，要關心的是在那個情境中有什麼樣的社會和心理特質。[25]

制度化的不為之惡

一個邪惡事情正在發生的情境裡有三種主要角色：加害者、受害者和倖存者，然而邪惡情境中也常出現觀察者以及知情者，前者旁觀著惡行進行，後者知情卻不插手協助或者向邪惡挑戰，導致邪惡因他們的不為而持續猖獗。

正是因為好警察對弟兄們的縱容，才會出現在街頭、在警局後面的小房間毆打弱勢者的野蠻行為。正是因為主教或紅衣主教重視天主教會的形象勝於一切，才會掩護教區神父欺凌幼童的罪孽。他們都知道什麼是對錯，卻任憑邪惡橫行而不攔阻，造成姦淫幼童者長期持續罪行（天主教會對此付出的終極代價則是天價的賠償金以及大量流失信徒。[26]）

同樣地，在安隆、世界通訊、安達信（Arthur Andersen）以及美國和世界各地許多出現類似弊端的公司中，正是那些優良員工默許各種作假行為，知情而不阻止。還有，正如我先前提到過的，在史丹佛監獄實驗中，由於好獄卒並未為了囚犯們所受的凌虐挺身而出，讓壞獄卒們有機會放輕鬆，結果等於是默許虐待情況越演越烈。而眼睜睜看著惡行發生的人正是我，當時的我只是禁止肢體暴力出現，卻允許狹小的囚室之中充斥著精神暴力。我讓自己受困於研究者和監獄監督者的角色衝突中，面對兩種截然不同的角色需求而不知所措，以至於種種苦難就在我眼前上演，而我卻渾然不覺。我也因此犯下不為之惡。

在民族國家的層次上，當需要採取行動時，民族國家的不為，縱容了大規模屠殺、種族滅絕事件，正如我們在波士尼亞、盧安達以及最近的蘇丹達佛所看到的。國家就跟個體一樣，常不願捲入麻煩，國家也一

樣會否認問題的嚴重性以及行動的急迫性，也一樣寧可相信統治者的宣傳性說法，聽不進受害者的哀求。此外，決策者還經常受到來自「當地主事者」的內部壓力，因此只能做壁上觀而無法採取行動。

有關於制度性的不為之惡，就我所知最悲慘的例子之一發生於一九三九年，美國政府以及當時主政的人道主義者小羅斯福總統拒絕一艘滿載猶太難民的船隻在任何港口停靠上岸。那一年，聖路易斯號（SS St. Louis）客輪從德國漢堡市啟程，載著九百三十七名逃離大屠殺的猶太難民前往古巴。然而古巴政府卻推翻了先前接受他們入境的協定。難民們和這艘船的船長絕望地試著想取得美國政府的許可進入就在眼前的邁阿密，他們花了十二天的時間，卻無法從任何港口進入美國，只好載著這些難民再次橫渡大西洋返回歐洲。一些難民之後獲准入境英國及其他國家，但許多人卻難逃納粹集中營的毒手。請試著想像一個人曾距離自由只有咫尺之遙，卻死於被奴役的生涯，那是什麼樣的遭遇？

綜觀人類歷史，有能力行動者卻袖手旁觀；知情者卻無動於衷；正義之聲在最迫切需要時保持沉默；於是邪惡方能伺機橫行。

——海爾・塞拉西（Haile Selassie），前衣索比亞皇帝

情境與系統為何至關緊要？

人格與情境互動產生了行為，這在心理學是老生常談；事實是，人們是在各種行為脈絡中行動。人是其所處不同環境下的產物，也是他所遭遇環境的製作者。[27] 人類並不是被動的客體，只能不斷承受環境中各種機遇的後果。人通常選擇他將進入或避免接觸的環境，而藉由他的出現和行動，人也能改變環境，影響同一個社會場域中的人，用各種方式來改造環境。我們多半都是主動的施為者，有能力選擇生命的具體走向，也有辦法形塑自己的命運。[28] 此外，基礎的生物機制以及文化價值

和實踐,也對人類行為以及社會有巨大影響。[29]

　　在所有主要的西方制度中,包括醫學、教育、法律、宗教和精神治療,其運作範疇都是以個體為核心。這些機構集體創造出一種迷思,也就是認為個體始終控制著自己的行為,他的行動乃出於自由意志和理性選擇,因此他可以為任何行動負起個人責任。除非是神智不清或者行為能力不足,否則做錯事的人都該知道自己錯了,並依照他的犯錯程度接受懲罰。這些制度的背後預設是,情境因素不過是一組最低限度相關的外在事項。在衡量造成所欲探討行為的各種因素時,天性主義者會針對個人因素大作文章,針對情境因素卻只是隨便提提。這樣的觀點似乎標榜了個人的尊嚴,個體理應有足夠的內在意志力可抵禦各種誘惑及情境誘因。但我們這些從這個概念路徑另一邊思考的人卻認為,這樣的觀點拒絕承認人的脆弱性的事實。到目前為止,我們已經對情境力量做了許多回顧,而承認人在面對各種情境力量的脆弱性,則是升高防禦這類有害影響的第一步,也是發展出有效策略以強化個人和社群彈性的第一步。

　　當我們試著去了解暴力、破壞物品、自殺式恐怖主義、酷刑拷打或強暴這些「不可思議」、「難以想像」、「麻木不仁」的惡行時,情境主義的思維方式讓我們感受到深刻的謙卑感。它讓我們不會立刻去擁抱把好人跟壞人區隔開的高道德標準,卻輕放過情境中使人為惡的原因;情境式思路是對「他者」施予「歸因的慈悲」(attributional charity)。它鼓吹的教訓是,只要處在相同情境力量的影響下,你我也可能會做出任何人類曾做過的事,不論善惡。

　　我們的刑事司法正義體系過於仰賴一般大眾持有的常識觀點,而人們認為造成犯罪的原因通常都是由動機和人格決定。該是改變司法正義體系的時候了,它應該考慮到來自行為科學的實質證據,而不該忽略社會脈絡對行為、犯罪及道德行動的影響力。我的同事李·羅斯和唐納·謝思托斯基(Donna Shestosky)曾針對當代心理學對法理與實務所帶來的挑戰,做過富有洞察力的分析。他們的結論是,司法體系必須採納醫

療科學及實作的模式，充分運用現有研究對何者有害或有利於身心運作的理解來協助司法：

犯罪司法體系對於行為的跨情境一致性有不切實際的想像，在它錯誤的觀念中認為在引導行為方面，天性力量與情境力量的影響力是相對的，無法用「個人與情境」互動的邏輯來思考問題，它所標榜的自由意志概念雖然令人欣慰，但絕大部分只是幻覺，就跟從前的人普遍以為犯罪是由於巫術或著魔所造成一樣，根本沒有高明到哪裡去。司法犯罪體系不應該再繼續被這些幻覺和誤解牽著鼻子走。[30]

評估情境力量

就主觀層次而言，你必須先身處在那個情境中，才能評估情境對你以及處在同一情境中其他人的轉化性影響。旁觀者清在這裡是行不通的。一個人對於情境的抽象認識即使達到鉅細靡遺、眉目分明的程度，也還是掌握不住那地方的情感調性、無法用言語傳達的特質，抓不到它內在生產出的規範以及參與者的自我涉入和激擾程度。這就是電玩比賽的觀眾和舞台上參賽者之間的差別。這也是經驗性學習的效果如此強大的原因，對此我們前面提過艾略特小姐及朗‧瓊斯已經為我們在課堂上親自示範。前面也提過，四十位精神病學家被要求預測米爾格蘭的實驗結果，而他們卻大大低估了權威在實驗中的強大影響力，你還記得嗎？他們說只有百分之一的人會全程做完最高四百五十伏特的電擊懲罰，而你已經看到他們錯得多離譜。他們根本無法完整評估社會心理環境對一般人異常行為的影響力。

情境的力量有多重要？最近有一份回顧研究針對百年來社會心理研究蒐集了超過兩萬五千個研究結果，總共有八百萬人參與這些研究[31]。這份雄心萬丈的編纂工程運用了統合分析統計技術，對各式各樣研究發現進行量化的概括，目的要找出這類經驗研究結果的效應程度及一致

性。綜觀三百二十二個分開的統合分析可得出一個總體結果：大量的社會心理學研究已經產生了可觀的效應值（effect sizes），也就是說，社會情境的力量具有可信度和穩健性效果。

這一組資料已重新拿來針對特定主題的研究——以普通人虐待行為的社會脈絡變項及原則為主題的研究進行分析。普林斯頓大學的研究者蘇珊・費絲柯（Susan Fiske）找到一千五百個分離的效應值，這些效應值顯示出情境變項對行為影響的一致性和可信度。她得出結論，「社會心理學證據強調社會脈絡，換句話說，也就是人際關係情境的力量。針對人際關係對善惡的影響，社會心理學已累積了一世紀的知識，這些知識的範圍橫跨各式各樣研究。」[32]

回顧與總結

現在我們該收拾我們的分析工具，繼續踏上前往遙遠異國伊拉克的旅途，接下來我們要試著了解屬於我們時代的奇特現象：數位電子檔案記錄中的阿布葛拉伊布監獄虐囚事件。從1A層秘密牢房中傳出慘無人寰的暴力行為震驚全世界，造成了莫大迴響。這樣的事情是如何發生的？誰該負起責任？為何虐囚者要拍下等同於記錄他們犯罪過程的照片，這意味著什麼？媒體一連好幾個月都充斥這類問題。美國總統誓言要「究辦到底」。一大堆政客和自封的權威人士好像熟知內情似地全都跳出來聲稱這只是少部分「老鼠屎」所為。他們說那些虐囚者不過是一班有虐待傾向的「無賴軍人」。

我們將在下一章中重新檢視這整件事，以了解到底發生了什麼以及事情如何發生。標準天性式分析將邪惡的加害者當成「老鼠屎」，現在我們已經對情境力量有充分認識，我們將把天性分析與情境決定因素做對照，以了解到底是什麼樣「有問題的鍋子」壞了整鍋粥。我們也要回顧各種獨立調查所得到的若干結論，以便從情境因素出發，進一步將軍事及政治系統含括進入我們的綜合解釋中。

第14章
阿布葛拉伊布監獄虐囚事件

具有里程碑意義的史丹佛研究示範了一則警世傳奇，這對所有軍事拘留行動都有參考價值……。心理學家已嘗試去了解平常富有人情味的個體與群體為何有時在某些情境下會出現截然不同的行為表現，以及其過程如何發生。

——施萊辛格獨立調查小組報告[1]

二○○四年四月二十八日當天，我在美國首府的華盛頓特區代表美國心理學會出席「科學性協會主持人會議」（Council of Scientific Society Presidents）。平常除非是旅行中，否則我鮮少有時間收看週三的電視新

聞，那天我正在旅館房間裡無聊地轉著電視頻道，無意間卻看見某些讓我極為震驚的畫面。播出的是美國哥倫比亞廣播公司的《六十分鐘II》節目[2]，一連串令人難以置信的景象正從螢幕上閃現。在一群相疊成金字塔形的裸身男子身邊，站著兩名正朝著這堆囚犯露齒而笑的美國軍人。有一位美國女兵牽著一名被狗鏈拴住脖子的裸男。還有一些看起來一臉恐懼的囚犯，似乎即將被一

群虎視眈眈的德國牧羊犬攻擊。影像有如色情幻燈片般連續播放：一絲不掛的囚犯們被迫在一邊比出得意洋洋的手勢、一邊在抽著香菸的女兵面前手淫；囚犯們還被命令做出模擬口交的動作。

畫面中的美軍正折磨、羞辱、虐待他們的俘虜，難以想像的是他們用的方法竟是強迫囚犯們做出同性戀的舉動。但事實擺在眼前，不容否認。其他令人難以置信的景象還有：囚犯們或站立或彎腰地做出壓迫性的姿勢，頭上則戴著綠帽或是粉紅女內褲。伊拉克才剛從獨裁者／虐待者薩達姆・海珊的魔掌中逃脫，這些優秀青年不是被五角大廈送出國參加為伊拉克帶來民主自由的光榮任務嗎，他們是怎麼了？

讓人驚訝的是，在這個恐怖展中許多張影像裡，加害者都與受害者一同現身。從事惡行是一回事，但把個人犯罪行為以圖像方式長久記錄保存於照片之中，可又是另一回事了。當他們照下「戰利紀念照」時，這些人在想些什麼？

在心理虐待行為上最具代表性的影像終於出現了，一個帶著頭罩的囚犯搖搖晃晃地站在一個瓦楞紙箱上，兩隻手臂向外伸展，手指上纏著電線。他以為（戴維斯中士讓他這樣相信）只要他的腿撐不住從紙箱上

掉落，他就會立刻被電死。他的頭罩被人短暫掀開，好讓他看到從牆壁上延伸到他身體的電線，這些電極都是假的，目的只是要讓他感覺焦慮，而不是要造成肉體上的痛苦。他顫抖地處在擔心死期將至的極端恐懼中，我們不清楚這狀態持續了多久，但是我們很容易能想像這經驗所造成的心理創傷，並且同情這名戴上頭罩的男子。

至少有十幾張影像從電視螢幕上一閃而過，我想要關掉電視，視線卻無法從螢幕上移開，這些生動照片以及所造成的幻滅感擄獲了我全部的注意力。在我開始考慮造成這些軍人出現這類行為表現的各種假設前，我甚至和其他國人一樣肯定地認為，這些虐行只不過是一小撮「老鼠屎」所為。美國參謀首長聯席會議的主席理察‧B‧梅爾斯（Richard B. Myers）曾在一個電視訪問中聲稱他十分驚訝於對這些行為的辯解，也對這些犯罪性虐行的照片感到震驚。但他仍然表示自己十分肯定並無證據顯示這是「系統性的」虐待行為，相反地，他堅持主張這不過是一小撮「流氓軍人」犯下的個案。根據這位權威的軍方發言人說法，超過百分之九十九點九在海外的美軍都是模範生——意思就是說，犯下如此可憎之虐待行為的敗類還不到全部人的百分之一，我們實在無須大驚小怪。

「坦白說，我們所有人都因為這些少數人的行為而感到挫折。」美國准將馬克‧基密特（Mark Kimmitt）在《六十分鐘 II》談話節目中受訪時說道。「我們一直很敬愛我們的軍人，可是坦白講，我們的軍人並不總是讓我們引以為榮。」「我很欣慰地知道，參與這類不可思議墮落虐行的人，只不過是在美國許多軍事監獄中擔任獄卒的少數流氓軍人。」[3]

請等等。在完成他所主管的伊拉克軍事監獄系統的全面調查前，梅爾斯准將是怎麼知道這些事情只是孤立的個案？這類說法需要證據支持，然而這些照片中的事實才剛被揭發出來，不可能有人有足夠時間進行全面調查。這個官方說法是試圖為系統推卸責任、把責任歸咎於惡劣環境中少數最基層的人，但這樣做反而更啟人疑竇。他的說法讓人聯想到，每當有媒體揭發警察虐待罪犯的新聞時，警界首長們總是把責任怪罪給鍋中的少數老鼠屎，藉此將新聞焦點從警界風紀轉移到其他地方。

官方急於以天性式看法將責任歸咎於害群之馬，這種行為在系統的忠實守護者中實在是屢見不鮮。同樣的做法也出現在學校系統中，每當出事，校長和老師們總是把責任推到特別「離經叛道」的學生身上，而不是花時間檢討枯燥的課程或特定師長在課堂上的粗劣表現，這些都是造成學生注意力轉移而釀成事件的原因。

國防部長倫斯斐也發表公開譴責，他稱這些行為「極度惡劣」、「違背美國價值」。「社會大眾在這些影像中所看見的美國軍方人員形象，已經毫無疑問地冒犯並激怒了國防部的所有成員。」他這麼說道。「我們要嚴懲犯錯者，評估整個經過，並導正所有問題。」接著他又附加了一段聲明，拐彎抹角地轉移輿論抨擊的焦點，即軍方未對陸軍後備憲兵提供這類艱鉅任務的適當訓練，以及預備措施的不足：「如果一個人不知道照片上那些行為是錯誤、殘酷、野蠻、下流而且違背美國價值，那麼我不知道我們還能給他們什麼樣的訓練了。」[4] 倫斯斐也迅速重新定義這些行為的性質為「虐待」而非「酷刑折磨」，他這麼說的：「到目前為止被指控的罪行都是虐待，從技術上來說，我認為它們跟酷刑不同。我不會用『酷刑』這個字眼來形容整件事。」[5] 這論述又再次轉移了抨擊的焦點，但我們會想問：倫斯斐所謂的技術性，指的是什麼？[6]

透過黃金時段的電視節目、報紙的頭條新聞、雜誌及網站的連日報導，媒體將這些影像傳遍全世界，於是布希總統立即啟動一個史無前例的損害控制方案，以捍衛他的軍隊及政府，尤其是他的國防部長的名聲。他盡職地宣布將對事件展開獨立調查，務求「徹辦到底」。而我納悶的是，總統大人是否也下令要「徹辦到最高層」，以便讓國人能夠了解醜聞事件的全貌，而不只是拼湊出一個梗概？事情似乎是如此，因為他的伊拉克聯盟行動副總指揮，馬克‧基密特准將曾公開宣稱：「我願意坐在這裡告訴各位，這些是我們所知的唯一虐囚案件，不過我們也明白自從我們到伊拉克以來，這裡一直存在一些其他的個案。」（這說法和梅爾斯將軍的聲稱牴觸，梅爾斯斷言這是獨立的偶發事件，而非系統性行犯。）

　　事實上，根據美國國防部陸軍中校約翰·史金納（John Skinner）的說法，自從阿布葛拉伊布醜聞案揭發以來，有太多的虐待、酷刑及殺人事件緊接被披露出來，以致於截至二〇〇六年四月為止，這類指控已啟動了四百個獨立軍事調查行動。

　　我在執行巴西酷刑研究時已經見過不少極端虐行的恐怖畫面，儘管如此，從阿布葛拉伊布這個名字充滿異國風味的監獄中流出的影像還是震撼了我，這些畫面中有一些不同卻十分熟悉的東西。不同點是在於加害者做出的玩謔及毫無羞恥感的心態。根據那位似乎十分無恥的女兵林蒂·英格蘭（Lynndie England）的說法，這不過是些「玩笑和遊戲」而已，照片中她流露出的笑容和周遭正在上演的災難一點也不搭調。然而有某種熟悉感占據著我的注意力，當我辨識出熟悉感來自何處時，那一刻我突然了解到這些照片使我又回到了史丹佛監獄中，又重新經歷過一遍最糟的場面。套在囚犯頭上的袋子、裸體、羞辱性的性遊戲，像是一邊裸露著陰莖一邊把手背在背後模仿駱駝，或是在彼此身上做跳蛙運動等，都可跟史丹佛監獄中的學生獄卒對學生囚犯們所施予的虐待行為比較。此外，正如我們的研究，最惡劣的虐待行為都在夜晚的值班期間發生！而且在這兩個案例中，囚犯都是因審前拘留而被留滯在獄中。

　　阿布葛拉伊布監獄發生的事件就像是重現了史丹佛監獄實驗中最糟糕的場景，只不過這次是在可怕的狀態下一連進行了好幾個月，非我們那短暫且相對仁慈的模擬監獄情境所能比擬。我曾親眼見到，原本乖巧的男孩一旦沉浸在賦予他們完成任務的絕對權力情境中時，會變成什麼模樣。在我們的研究中，獄卒們並不曾受過事前的角色訓練，我們只進行最低限度的管理以稍微縮減他們對囚犯的心理虐待。想像一下，當我們實驗情境中的所有限制都被取消時，事情將會變成什麼模樣；我知道在阿布葛拉伊布監獄中必定有極強大的情境力量，甚至是更具支配性的系統力量在發揮作用。我要如何了解一個如此遙遠情境中的行為脈絡？我要如何揭發創造並維持此一情境的系統真相？對我而言，顯然這個系統目前正極力隱藏它在虐待事件中的共犯角色。

無意義虐待的背後意義

史丹佛監獄實驗的設計透露了一個明顯的事實：一開始我們的獄卒都是行為端正的人，然而受到強有力的情境力量影響，其中有些人開始變邪惡。此外，我也在後來了解到，正是我個人以及我的研究團隊必須對創造出的系統負責，因為是它讓情境的影響如此有力並且深具破壞性。我們沒有提供適當、由整體到部分的約束與限制以制止對囚犯的虐行，我們所設定的工作事項和程序助長了去人性化和去個人化過程，促使獄卒創造出各種邪惡行徑。再者，當事情開始失去控制時，當內部揭弊者迫使我必須承認自己對這些虐待行為負起責任時，我們可以利用系統力量來中止實驗。這也是我們的實驗和這事件的不同處。

相形之下，當我試著了解發生在阿布葛拉伊布監獄的事件時，已經處在過程的結束階段，唯一的根據只有惡行的記錄。因此我們必須做反向分析，必須判斷他們在被指派到伊拉克監獄發生虐囚案的樓層中擔任獄卒**之前**，都是些什麼樣的人。我們是否可以在他們身上找出任何蛛絲馬跡，證實他們在進入監獄時一併帶進了病態因子，以便將天性傾向和特殊情境對他們的誘導作用分離開來？接下來的挑戰是，我們是否有能力揭露他們行為脈絡的真相？在那個特殊情境、特殊時刻，獄卒們面對的究竟是什麼樣的社會現實？

最後，我們必須找到關於權力結構的若干證據，它必須為創造並維持地牢生態負起責任，伊拉克囚犯和美國獄卒同樣都是這個生態的一分子。系統利用這個特殊的監獄來無限期收容所謂的「被拘留者」，卻未提供任何法律資源援助，更運用「高壓手段」拷問，而它能提出什麼樣的理由為此辯護？這些獄卒無視於日內瓦公約的保護措施以及軍隊自身的行為守則，也就是禁止任何殘酷、非人性、損害人格的方式對待犯人，而幹下了這些虐行，這是出於什麼層級所做出的決定？這些規則提供的是任何民主國家對待囚犯的最基本行為標準，無論在戰爭時期或是天下

太平，這些標準都一樣。國家遵守規則不是出於慈悲為懷，這麼做是希望當自己的軍人成為戰俘時，也能得到像樣的待遇。

我並不是受過訓練的調查報導者，也沒辦法旅行到阿布葛拉伊布去訪問虐囚事件的關鍵參與者，更不可能期望能接觸到令人困惑的心理現象。如果我沒辦法妥善運用身為史丹佛監獄監督者所得到的獨特圈內人知識，去了解這些看似毫無意義的暴行，那將會是種恥辱。關於制度性虐待的調查，我從 SPE 實驗典範中所學到的是，我們必須去評估造成行為結果的各種不同因素（包括天性、情境性和系統性因素）。

華盛頓特區的蘋果花季

命運忽然站在我這邊；一位在美國華盛頓特區國家公共廣播電台（National Public Radio，NPR）工作的史丹佛校友發現阿布葛拉伊布監獄流出的照片，和我在課堂上曾秀給學生觀看的史丹佛監獄實驗照片兩者之間的相似性。於是在事件浮上檯面後不久，他在我在華盛頓的旅館中找到我，並且對我做了一段訪問。我在訪談中的主要論點是要挑戰政府所謂的「害群之馬」之說，而根據我從阿布葛拉伊布情境和史丹佛實驗的相似性之間所得到的心得，提出「大染缸」觀點取而代之。許多電視、廣播及報紙訪問很快就以這個首次 NPR 訪談為消息來源，針對害群之馬及染缸的說法做了許多引述報導。由於生動的錄影畫面及來自我們實驗監獄的影像，為這個說法帶來戲劇性的效果，我的評論受到媒體的矚目與重視。

這個全國性廣泛曝光又接著引起蓋瑞·梅爾斯（Gary Myers）注意，梅爾斯擔任其中一位憲兵衛成員的諮商師，他的客戶據稱曾做出虐待行為，而他發現我的研究有助於突顯造成虐待行為出現的外在決定因素。於是梅爾斯邀請我擔任中士伊凡·費德里克（又稱「契普」·費德里克）的專家證人，這位憲兵在阿布葛拉伊布監獄的 1A 和 1B 層級院區擔任夜間值班工作。而我同意了，部分是因為這樣一來我就可以接觸到所有所需的資訊，以便在分析歸納這些異常行為原因時能對上述三個因

素──即個人、情境以及將個人安置到犯下罪行位置上的系統──所扮演的角色有全面性的了解。

在這些背景資訊協助下，我希望更完整地評價激發這些脫軌行為的交互作用。在這過程中，我雖同意提供梅爾斯的客戶適當協助，然而我也清楚表明我的立場，比起其他參與罪行的加害者，我更同情勇於揭發虐行的喬伊‧達比（Joe Darby）[7]。於是在這些條件下，我加入了中士費德里克的辯護團隊，並且展開一趟前往黑暗之心的新旅程。

在進入分析的一開始，我想讓各位更了解那地方──也就是阿布葛拉伊布監獄的大致情形，包括它的地理、歷史、政治及最近以來的運作結構和功能，然後再繼續檢視處在這個行為脈絡中的獄卒及囚犯。

阿布葛拉伊布監獄

阿布葛拉伊布（亦作 Abu Ghurayb）城位於伊拉克首府巴格達以西三十二公里處，與法魯賈（Fallujah）相去不遠，這裡就是阿布葛拉伊布監獄的所在地。它位在遜尼派三角地帶（Sunni triangle），是反對美國占領力量的暴力衝突核心。過去這座監獄被西方媒體稱為「海珊的刑求總部」，因為在伊拉克復興主義政權的統治下，海珊將此地做為刑求及謀殺「異議人士」的刑場，每週執行兩次公開死刑。一些人士認為，這裡的一些政治犯及罪犯們被用來進行類似納粹曾做過的人體實驗，這座監獄是伊拉克生化武器發展計畫的一部分。

無論何時，都有多達五萬人被關這個不規則的監獄綜合建築裡，它的名字翻譯過來的意思就是「陌生父親之家」或「陌生之父」。這所監獄一向是聲名狼藉，在抗精神病藥物托拉嗨（Thorazine）發明之前，這裡曾是收容重度失常病患的精神病院。它在一九六○年代由英國包商所建，面積達二百八十英畝（一‧一五平方公里），周圍共環伺著二十四個守望塔台。這是個不規則的小型城市，可劃分成五個由圍牆分隔開的建築群，各自收容特殊類型的囚犯。在監獄中央的開放型天井中矗立著一座四百呎高的巨型高塔。大部分的美國監獄都建在偏遠的鄉下，但阿布

葛拉伊布監獄卻位在大型公寓住家及辦公室（也許這些建築是在一九六〇年後所建）的視線範圍之內。監獄的內部則是人滿為患，十二平方尺（四平方公尺）的狹窄空間中最多塞了四十個人，生活條件極其惡劣。

美國陸軍上校柏納德‧弗林（Bernard Flynn）——阿布葛拉伊布監獄指揮官——曾這樣形容監獄距離攻擊火力有多近：「這是一個目視度極高的箭靶，因為我們位在危險區域內，整個伊拉克就是個危險區域……。其中的一個塔台蓋得離附近建築太近，近到，怎麼說，我們只要站在陽台那裡就可以看見人家的臥室。在那些屋頂和陽台上埋伏著狙擊兵，他們對著上到塔台的士兵們開槍。所以我們一直處在戒備狀態，一邊得防守來自外面的攻擊，一邊得努力讓裡面不會出亂子。」[8]

二〇〇三年三月，美軍推翻了海珊政府，為了擺脫它不名譽的過去，這座監獄就改名為巴格達中央監獄（Baghdad Central Confinement Facility， BCCF）， BCCF 這個首字縮寫也因此出現在多篇調查報告當中。當海珊政權垮臺時，所有囚犯——包括許多罪犯——都獲得釋放，監獄也被洗劫一空。所有能被拆下的東西，包括門、窗子、磚頭等，只要你說得出來的東西都有人偷。順道一提——這個媒體可沒報導，就連阿布葛拉伊布動物園都門戶大開，所有野生動物都被放了出來。有一段時間，獅子和老虎就在城裡的街上四處亂逛，直到牠們被抓起來或被殺掉為止。前美國中情局局長包柏‧貝爾（Bob Baer）形容他在這個惡名昭彰的監獄裡目擊到的景象：「我在阿布葛拉伊布解放後幾天造訪了這個城市，我見到的是前所未見的恐怖景象。我說：『如果推翻海珊得還有個理由，阿布葛拉伊布就是最好的理由了。』」他繼續補充一些駭人的描述，「我看到那裡的屍體被狗啃食，身上還可看出受到刑求的痕跡。電極就從牆上延伸出來，真是個恐怖的地方。」[9]

儘管有英國資深官員建議應該拆除監獄，美國方面的權威人士還是決定儘快重建監獄，以便用來留置那些被含糊定義為「從事反對聯軍之犯罪活動」的嫌疑犯、暴動領導人以及各種罪犯。負責管理監督這群烏合之眾的則是不怎麼可靠的伊拉克獄卒。監獄中的許多被留置者都是素

行端正的伊拉克公民，什麼樣的人都有，他們或是在軍隊隨機掃蕩中被帶走，或是在公路檢查哨中因「從事可疑活動」而被抓起來。他們之中包括一整家的人——男女老幼，所有人都受到監獄方面的訊問，以便從他們口中套出關於日漸活躍的反聯軍活動的意外消息。人們被捕訊問後即使證明為清白也不會獲得釋放，原因可能是因為軍方擔憂他們會加入暴動，也可能是沒有人願意為釋放決定負起責任。

迫擊砲攻擊的靶心

阿布葛拉伊布監獄中央聳立的四百呎高塔很快成了附近建築物頂端架設的迫擊砲所對準的靶心，每天夜裡都遭受砲火攻擊。二〇〇三年八月，一枚迫擊砲炸死睡在院外「無屏護區」的十一名士兵。而在另一次攻擊行動中，一枚爆裂物狠狠衝進一座塞滿士兵的兵營，當時美國陸軍上校湯瑪斯・帕帕斯（Tomas Pappas）也正在這座兵營內，他是派駐在該監獄的某個軍情旅的首長。雖然帕帕斯毫髮無傷，但是擔任他駕駛員的年輕士兵卻被砲火炸成了碎片，和其他軍人們一起陣亡了。這個突如其來的恐怖經驗嚇壞了帕帕斯，從此不敢脫下身上的防彈夾克。有人告訴我，就連在淋浴的時候他也穿著防彈衣、戴著鋼盔。帕帕斯後來因被判定為「不適於作戰」而解除了職務。他的心理狀態每況愈下，已經讓他無法勝任迫切亟需的管理任務、繼續監督屬下在獄中的工作了。在這次駭人的迫擊砲攻擊過後，帕帕斯將他所有的士兵安置在監獄牆內的「屏護區」，也就是說他們通常得睡在狹小的囚室裡頭，就跟那些犯人一樣。

陣亡同袍的故事以及持續不斷的狙擊子彈、手榴彈和迫擊砲攻擊，在被指派到該座監獄值勤的軍人間製造出一種恐怖氣氛，他們在一個禮拜間要遭到多達二十次的敵對攻擊，包括美國士兵、伊拉克囚犯及被拘留者都在這些猛烈砲火中陣亡了。隨著時間過去，攻擊行動摧毀了某部分監獄設施，視線所及之處均遍佈著被燒毀的建築物及破瓦殘礫。

如此頻繁的迫擊砲攻擊構成瘋狂的阿布葛拉伊布超現實環境的一部分。喬伊・達比回憶，當他和弟兄們在聽到砲火發射的隆隆聲後，他們

會開始討論，試著猜測迫擊砲的降落地點及它的口徑大小。然而面對死亡的麻木心理無法一直持續下去。達比承認，「就在我的單位即將離開阿布葛拉伊布的幾天前，大家忽然第一次開始憂心迫擊砲的攻擊。這實在太詭異了。我發現他們縮成一團，一起靠著牆，而我自己則蹲在角落裡禱告。忽然之間，麻木感消失了。當你看著這些照片時，你必須記得這件事，我們所有人都以不同的方式變得麻木不仁。」

根據一位曾在該地服役數年的高階知情人士說法，無論在此工作或被收容於此，這個監獄都是個極其危險的地方。在二〇〇六年，軍隊指揮部終於決定放棄這座監獄，然而為時已晚，重建它的決定所造成的破壞再也無法挽回了。

飽受戰火蹂躪的阿布葛拉伊布監獄沒有污水處理系統，這更加重了士兵們的不幸與痛苦，因為他們只能蹲在地上挖好的洞或是到流動廁所去解決生理需求。即便如此，外邊也沒有足夠的流動廁所可供囚犯和軍人使用。這些廁所並未定期清理，裡面糞尿四溢，夏天高溫催化，所有人無時無刻不受惡臭侵襲。監獄中的淋浴設施也不足，用水限量供應，沒有肥皂，因為缺乏可信賴的營運發電廠，電力供應還會定期中斷。囚犯們散發惡臭，監禁囚犯的監獄設施一樣是臭烘烘。夏天驟雨之下的氣溫常上升至超過華氏一百一十度（攝氏四十五度），監獄就成了烤爐或三溫暖。每當暴風來襲時，細微的粉塵鑽進每個人的肺部，造成肺充血和氣管炎。

新官上任，前途未卜

二〇〇三年六月，美國任命了一位新官員負責管理形同災難的伊拉克監獄。後備役准將詹寧絲・卡屏絲基（Janis Karpinski）成為第八百憲兵旅旅長，負責管理阿布葛拉伊布監獄及所有其他在伊拉克境內的軍事監獄。這項任命十分奇怪，理由有兩點，其一，卡屏絲基是戰場上唯一的女性指揮官，其二，她完全缺乏經營監獄系統的經驗。而現在她必須指揮三座大型監獄和位於伊拉克各地的十七座監獄、八個營的士兵、數

以百計的伊拉克獄卒、三千四百名毫無經驗的後備役軍人，以及位於 1A 層級的特殊訊問中心。對於一個經驗不足的後備役軍官而言，這項忽然落在肩頭上的任務實在是太過沉重。

根據數個消息來源說法，卡屏絲基很快就因危險性及生活條件惡劣而離開她在阿布葛拉伊布的駐地，撤退到位於巴格達機場附近、安全性及防禦性較佳的勝利營地（Camp Victory）。由於大多數時候卡屏絲基都不在阿布葛拉伊布監獄裡，並經常前往科威特，因此該監獄缺乏由上到下、來自官方的日常監督管理。此外，她也聲稱指揮層級更高的人士曾告訴她，1A 層級院區是個「特別的地方」，不在她的直接管轄範圍內，因此她從來也沒造訪過那裡。

由於整座監獄只是由一位女性在名義上負責管轄，這也助長了士兵之間的性別歧視態度，並導致一般軍隊紀律和秩序的瓦解。「卡屏絲基將軍在阿布葛拉伊布的屬下有時會無視她的指揮，不遵守穿著軍服及向上級致敬的規定，這也讓整座監獄紀律廢弛的情形更加惡化。」一位隸屬該旅的成員這麼說。這名匿名發言的軍人也說戰場上的指揮官習慣不把卡屏絲基將軍的命令當回事，理由是他們不必服從一個女人的話。[10]

令人難以理解的是，阿布葛拉伊布的情況如此惡劣，卡屏絲基將軍在二〇〇三年十二月接受《聖彼得堡時報》（*St. Peterburg Times*）的訪談時，卻對此大加讚揚。她說對許多因禁在阿布葛拉伊布監獄的伊拉克人而言，「監獄裡的生活比住在家裡還舒服。」她還說，「我們有時候還擔心他們不想走呢。」卡屏絲基將軍在聖誕節前夕的一個訪談中發表了如此愉快歡欣的看法。然而就在此時，少將安東尼歐‧塔古巴（Antonio Taguba）卻正在進行一份調查報告，內容是關於多件「殘酷、露骨、肆無忌憚的犯罪虐行」，加害者正是卡屏絲基在第三七二憲兵連的後備役軍人，來自 1A 層級院區的值夜獄卒。

卡屏絲基將軍後來因此事受到申誡、停職以及官方譴責，並被免去該項職務。她也從准將被降級上校並提前退職。她是第一位也是唯一一位在虐囚調查中被認為必須受到譴責的官員，原因是她的疏忽及對此事

毫無所知——不是因為做了什麼事，而是因為她沒做的事而受到譴責。

在她的自傳《女人從軍》（*One Woman's Army*）中，卡屏絲基從她的立場提出另一種說法 [11]。她敘述由裘佛瑞·米勒（Geoffrey Miller）少將率領、來自關塔那摩的軍事團隊來訪時發生的對話，米勒少將告訴她，「我們來這裡的目的是要改變阿布葛拉伊布這裡的訊問方法。」意思就是「不必客氣」，對於這些暴動嫌疑分子無須手下留情，而且要運用一些手段取得「可起訴的情資」，好在這場對付恐怖分子和暴動分子的戰爭中派上用場。

米勒也堅持將監獄的官方名稱從巴格達中央監獄改回原名，因為伊拉克人民對阿布葛拉伊布監獄這名稱的恐懼感仍未消除。

她也提到美國駐伊拉克軍事指揮官李卡多·桑切斯中將也曾針對囚犯和被拘留者做出和米勒少將同樣的發言，他說他們「跟狗一樣」，對付他們需要拿出更嚴厲的手腕。在卡屏絲基的看法中，她的上級長官，也就是米勒和桑切斯將軍制定了一套新辦法，目的是在阿布葛拉伊布監獄中從事去人性化及拷問工作。[12]

契普·費德里克出場

二〇〇四年九月三十日，我第一次和契普·費德里克見面，透過他的法律顧問蓋瑞·梅爾斯的安排，我和費德里克及他的妻瑪莎在舊金山共度了一天。當我和費德里克進行四小時的深度訪談時，瑪莎則稍微逛了舊金山，然後我們一起在我位於俄羅斯丘（Russian Hill）的家中共進了午餐。從那時起，我和費德里克開始有了積極的互動聯繫，也和瑪莎以及契普的姊姊咪咪·費德里克（Mimi Frederick）互通電話及電子郵件。

在讀過他所有的記錄以及所有可取得的相關報導之後，我安排在二〇〇四年九月讓陸軍的臨床心理師（歐文·瓊斯〔Alvin Jones〕醫師）對費德里克進行完整的心理評估 [13]。我回顧了那些資料，以及由一位評估專家進行明尼蘇達多項人格測驗（MMPI）。此外，我也在那次訪談中做

了一次心理倦怠測量，並邀請一位工作壓力方面的專家對測量結果做獨盲測驗方法詮釋。以下我先從一般背景介紹開始，並加入一些來自家庭成員的個人看法以及費德里克近期的自我評價，接著再回顧正式的心理評估結果。

事件發生那年，契普三十七歲，父親是七十七歲的西維吉尼亞煤礦工人，母親是七十三歲的家庭主婦。他成長於馬里蘭州大湖公園山（Mt. Lake Park）的小鎮中，他形容自己的母親十分疼愛子女，而父親也對他非常好。他最珍愛的記憶就是在車庫中和父親一起整理他們的車子。他的姊姊咪咪，是個四十八歲的執照護士。一九九九年他在維吉尼亞州與瑪莎結婚；他是在工作的獄中認識了當時身為訓練員的妻子，當時的她已有兩個女兒，於是他成了她們的繼父。

契普形容自己「十分安靜，有時候很害羞，腳踏實地，心腸軟，好說話，大體上是個好人。」[14] 然而，我們必須注意到一些額外的描述：契普一般而言害怕被別人拒絕，因此每當出現爭執時，他經常會為了被人接納而讓步；改變自己的想法來適應別人，這樣他們就不會「生我的氣或討厭我」。其他人甚至可以影響他已經下定決心的事。他不喜歡獨處；他喜歡身邊圍繞著人們；每當他獨處時，不管時間多長，他的心情都會很鬱悶。

我對於羞怯的研究已經對羞怯與順從間的關係提供了經驗證據。我們發現，當害羞的大學生認為自己得公開為自己的觀點辯護時，可能會對持不同意見者做出讓步，同意後者的看法；但是當他們不需要擔心公開對抗時，他們並不會順從。[15]

監獄工作經驗及軍旅記錄

在被編入伊拉克的任務分組之前，費德里克在柏金漢懲戒中心（Buckingham Correctional Center）這所小型的中度設防監獄中擔任行為矯正官，該監獄位於美國維吉尼亞州第爾文（Dillwyn），他從一九九六年十二月起就開始擔任這個工作，長達五年之久。

費德里克在監獄中擔任樓層主任，負責管理六十至一百二十名收容人犯。他在接受機構訓練時認識了他的訓練員瑪莎。在他的工作記錄中唯一的瑕疵是因穿錯了制服而受到申誡，不過因為他救了一位人犯的自殺舉動而得到一次嘉獎，所以平衡過來。在擔任獄警之前，費德里克任職於博士倫公司（Bausch & Lomb）。

因為維吉尼亞州的獄政局每年都會執行例行評估，所以我可以讀到許多他的行為表現評量記錄。綜合許多評估官員的觀察心得，契普在通過試用期訓練而晉升為行為矯正官的過程中表現十分傑出，幾乎在所有的特殊表現領域中都得到超乎預期的評價。

「費德里克矯正官在試用期間所指派的各項任務中，表現均十分優異，已符合所有制度上的行為考核標準。」「費德里克矯正官積極進取，工作表現極佳。」（一九九七年四月）

「費德里克矯正官對個人工作空間維護得十分安全、嚴密、清潔。」「他和同僚及人犯們的互動關係十分良好，他完全了解工作內容、規定的程序及政策，且樂於協助他人完成他們的工作任務。」（二○○○年十月）

總體而言，有越來越多的正面性評價，他的工作表現最後也得到「超乎預期」的最高評價。然而在這些結案報告中，其中一份提出一個重要結論，可以給我們一點啟發，「任何因素都無法超出這名僱員的控制範圍，而影響到他的表現。」我們必須謹記這一點，因為我們正是要主張「超出他控制範圍的情境因素」的確損害了他在阿布葛拉伊布監獄的表現。

當有明確的工作程序及明文規定的政策可遵循時，契普・費德里克的確表現極佳，這讓他成為一名不可多得的行為矯正官。他顯然可從工作中學習，並從他的督導員的監督和意見回饋中獲得成長，他十分重視儀容，舉手投足盡力維持專業形象，這些都是契普個性中十分重要的特質。但是在我們之前所提到過的恐怖生活條件下，普契的這些特質都將受到嚴重打擊，在契普值夜班的 1A 層級院區情況甚至更糟。

一九八四年契普因為金錢、經驗以及友誼的誘因而從軍，當時從軍似乎是件很愛國的事。他在美國國民警衛隊的戰鬥工兵單位服役十一年多，而後加入後備憲兵同一軍種繼續服役十年。下部隊之後，他的第一個海外工作任務是在二〇〇三年前往科威特，接著他到了巴格達南方的一個小鎮希拉（Al-Hillah），和六位好夥伴一起服務於第三七二憲兵連，擔任勤務士負責發派巡邏工作[16]。他曾告訴我：

這個任務真是棒極了，當地人很歡迎我們。那裡沒什麼大事也沒什麼受傷機會，一直到我們離開（並由波蘭聯軍接管），一切都很平靜。我把它當成一趟文化學習之旅，我學了點阿拉伯語，而且真的跟當地人互動。我給（那個村子裡的）孩子們許多袋裝滿糖果的禮物，孩子們看到我都開心得不得了。

費德里克還說，只要聽孩子們說話、花些時間陪他們玩，就可以讓他們笑起來，他對這樣的自己一直覺得很驕傲。[17]

契普・費德里克是美國的模範軍人，從他軍旅生涯中所贏得的許多獎章就可以看出。這些獎項包括：陸軍功績獎章（三次獲獎）、陸軍後備

役功績獎章（四次獲獎）、國防獎章（兩次獲獎）、表揚配合特殊異動或臨時勤務的後備役武裝部隊服役獎章、士官專業發展勳表、陸軍服役勳表、陸軍後備役海外服役勳表、全球反恐怖主義戰爭獎章，以及全球反恐怖主義戰爭遠征獎章。費德里克也差一點因處理在阿布葛拉伊布監獄中發生的敘利亞居留者槍擊事件而得到銅星勳章，但最後因虐囚案浮上檯面而未獲獎。就我的看法，這些獎章讓人肅然起敬，對一個後來被貼上「流氓軍人」標籤的人而言更是如此。

費德里克的心理評估 [18]

根據結合評量語文智商及作業智商的標準智商測驗結果，契普的智商落在平均水準內。

我曾邀請專家對契普進行人格及情緒功能的評量，這三份評量均包含效度量表，可評估受測者在測驗項目中自我描述的一致性，並剔除撒謊、防衛性作答及造假的答案。在心理功能方面，契普並未傾向於以過度正面或過度負面的方式自我表現。儘管如此，我們必須特別注意這個結論，根據來自陸軍的心理學者所做的評估，他認為「效度量表顯示患者將自己呈現為品行端正的人。」此外，這些標準化測驗結果也表明契普‧費德里克並沒有「虐待狂或病態傾向」。這個結論均強烈指出一件事：軍方及政府方面的辯護人士針對他做出的「害群之馬」特質論譴責，毫無事實根據。

測驗結果指出患者強烈渴望獲得撫育和照顧，並維持一種支持性的關係。他希望能依靠他人並得到他人在情緒方面的支持，以及他人的情感、照顧和安全感，但當他尋求這樣的關係時，別人則期望他要當個體貼、聽話、順從的人。他的脾氣很容易受到安撫，而他也會避免發生衝突。從這一點上來說，由於擔心與他人產生疏離，他通常會怯於表達負面感受。他會表現出過度需要安全感和情感依靠的傾向，希望被照顧，一個人獨處時，他可能會覺得很不自在。基於上述特質，在某種程度上

他會為了繼續擁有安全感而屈從於他人的期望。[19]

　　臨床心理學專家賴瑞‧巴特萊博士（Larry Beutler）獨立為契普‧費德里克做的人格評估結果，也與陸軍臨床心理學家的結論高度吻合。首先，巴特萊博士指出，「評估結果可被合理認為具有可信度，並可做為其（費德里克）人格現狀的有效指標。」[20]而他用粗體文字繼續說明，**「我們必須注意並無證據顯示存在重大的病理症狀……。（他）未表現出嚴重的人格問題或第一軸精神違常病狀。」**

　　上面這些話的意思是，沒有任何證據顯示契普有心理病態人格，因此容易在工作環境中表現出虐待行為，而且可以對此毫無罪惡感。而就精神分裂症、憂鬱症、歇斯底里，以及其他重大心理疾患來考慮時，契普的評量結果仍然是落在「正常、健康範圍」之內。

　　然而巴特萊博士也說，就他個人深思熟慮後的看法，考慮到契普基本心理特質可能出現的併發症，當契普的領導力在阿布葛拉伊布監獄那樣複雜、困難的情境下受到挑戰時，他會出現的什麼樣的反應實在令人關切：

　　（費德里克的）這些心理併發症可能會削弱他回應新情境的能力，也或許會降低他的靈活性以及對變化的適應力。他可能變得優柔寡斷、缺乏安全感，而且得依賴其他人幫他做決定……。他會想要確定自己的價值、希望自己努力能夠被肯定，並且會十分需要其他人協助他設定和完成他的工作，或是幫他做決定……。他很容易被別人牽著走，而且儘管他盡力想要「做對的事」，還是很可能會被情勢、權威人物或是同儕壓力所左右。

　　認知心理學方面的研究顯示，當處在時間壓力或是身兼多職的情況下，人們在各項任務上的表現都會打折扣，這是因為個人的認知處理能力負荷不了的緣故。當平常的心智處理能力被過分擴張時，記憶力、問

題解決能力以及判斷力、決策力都會因此而受損[21]。我將主張當契普每天晚上都得從事他極端棘手的新工作時，他平常的認知能力確實是被情境加諸於他的過度負擔給壓垮了。

從契普自己的觀點，他怎麼看待自己在1A層級院區的夜間值班工作呢？我想邀請讀者，請你像之前一樣想像你是個實驗參與者，或者說受試者，你現在正在做各種社會心理學實驗，而你必須扮演契普‧費德里克的角色一陣子，時間是從二○○三年十月到十二月。

害群之馬還是模範生？

在我們從天性式分析轉移到情境力量的分析之前，必須隨時謹記這位年輕人在進入該情境之前並沒有任何病理傾向。從他的記錄中找不到蛛絲馬跡可以讓人料到他會做出虐待人的殘酷行為。相反地，他的記錄很可能讓人認為如果不是被迫在不正常的行徑下工作與生活，他可能早就是軍隊徵兵廣告上的全美模範軍人了。如果不是那樣的情境，費德里克上士可能會被軍方當成熱愛祖國，願意為國家拋頭顱、灑熱血的愛國青年楷模來大肆宣傳，他可能會被認為是從軍隊這個優良環境中培養出來的模範生。

但從某個意義上來說，契普‧費德里克也可能就像史丹佛實驗中的參與者，在進入位於地下室的監牢前，一直是個既正常又健康的好人。儘管他的智力水準或許沒有比他們高，也不是中產階級出身，但他就跟那些學生一樣在一開始都是潔白純淨，宛如白布一疋，然而在病態的監獄環境中卻很快受到了污染。是什麼樣的情境引出了這個好軍人心中最壞的一面？它如何徹底改造一個好人，讓他平常的心智和行為都因此而扭曲？這疋「白布」到底落入了什麼樣的「染缸」裡？

1A層級監牢的夢魘與夜間遊戲

由於費德里克上士在監獄中的工作經驗，因此他被指派管理一小群

後備役憲兵，負責阿布葛拉伊布監獄的夜間值班工作。他必須監看「屏護區」內的四個樓層中的活動，屏護區位在水泥牆內，有別於外頭只用鐵籬圈起保護的兵營。其中一個兵營叫做「警戒營」（後來被更名為「贖罪營」），這個兵營有四個獨立院區，而 1A（希臘語第一個字母 Alpha 的首字縮寫）層級是專門用來訊問人犯或「被拘留者」的地方。訊問過程通常是由民間約聘的人來執行，有些人會透過翻譯者協助（由泰坦公司〔Titan Corporation〕雇用），而美國軍方的情治單位、中情局及其他勤務單位負責則督導，但並未嚴格執行。

一開始，費德里克上士只負責管理約四百名囚犯。但是在二〇〇三年的十一月，當時他所屬的第三七二陸軍後備役憲兵連（駐紮地美國馬里蘭州克里沙鎮〔Cresaptown〕）接手了第七十二國民警衛隊憲兵連的工作。起初他只有辦法應付移交給他的任務，這對於在家鄉只負責指揮約百餘個中級設防囚犯的他而言，難度已經很高了。然而在布希總統宣布解放伊拉克的「任務完成」之後，伊拉克人們對於美軍的支持度並未提升，亂象急速蔓延開來。反對美國和聯軍占領行動的暴動及國外恐怖主義活動加速猖獗。沒有人料到會出現如此大規模、不約而同的極度動亂，而且情勢越演越烈。

每個人內心充斥為許多戰死同袍復仇的心態，混雜了恐懼以及不知道如何遏止動亂的不確定感。只要任何地方爆發動亂，上級就會命令士兵們將鎮上所有可能的嫌疑犯統統抓起來。於是到處都有整個家庭，尤其是成年男性被逮捕起來的情形。拘留系統無法妥善處理新出現的大批工作，路旁散落著記載被拘留者身分及訊問資訊檔案；十一月間，囚犯人口數倍增，十二月間更增至三倍，總數超過千人，在這樣的人口壓力下，基礎資源與設施根本完全應付不來。

契普被要求管理所有人犯，除了必須管理約十二人左右的憲兵之外，還得監看約五十至七十名的伊拉克獄警，後者負責看守超過一千名因各種犯行而被監禁起來的伊拉克人。在 2、3、4 層級工作的伊拉克獄警經常為錢而幫犯人走私武器或其他違禁品，聲名十分狼藉。儘管囚

犯的平均年齡在二十歲左右，監獄裡還是有約五十名青少年、年齡小到只有十歲的孩子以及六十幾歲的老人，這些人全被關在一個大牢裡。女囚、妓女、將軍夫人和海珊的政黨要員的妻子，這些人則被監禁在 1B 層級（Bravo〔歡呼〕的首字縮寫）。A、B 層級的監牢中隨時都關著約五十名人犯。簡言之，對於一個工作經驗只限於在維吉尼亞州小鎮，管理一小群中級設防人犯的人來說，要在資源不足、異國人犯暴增的情況下管理複雜的監獄設施，負擔實在太過沉重。

訓練與責任

金巴多（以下簡稱金）：「請告訴我們關於你在阿布葛拉伊布監獄受訓成為獄警及獄警領導人的過程？」[22]

費德里克（以下簡稱費）：「沒有。這個工作沒有訓練。當我們調動到李堡時，我們有上過一堂關於文化意識的課，約四十五分鐘左右，基本上就是告訴我們不要討論政治、不要討論宗教，不要用蔑稱，像是『頭巾人』、『騎駱駝的』、『阿仔』、『破布頭』之類的方式稱呼他們。」

金：「請描述你所受到的督導，以及你覺得你對上級負有什麼樣的責任？」

費：「沒有。」

費德里克的值班時間從下午四點直到隔天早上四點，共持續十二小時。他說有少數長官曾經在晚間出現在 A 層級監獄，甚至在夜班一開始就短暫出現在牢裡。由於他的長官沒有受過懲治教育的相關訓練，因此他從司尼德（Snyder）中士那裡根本得不到任何督導。然而，契普的確有好幾次向他的長官司尼德、布林森（Brinson）和李斯（Reese）提供建議或是提議做一些改變。

金：「你會提供建議？」

費：「對，關於監獄的運作。像是不要把犯人銬在牢房門上，除非犯人有自殘傾向、無法掌握他的精神狀況，否則不要讓犯人一絲不掛……。我到達那裡後要求的第一件事就是建立規則和操作程序……。把青

415

少年、男人、女人、精神狀況有問題的人全都關在一塊，這完全違反軍隊規定。」

金：「所以你有試著把情形上報？」

費：「我會把情況告訴任何進來這地方而我認為他軍階夠高的人……通常他們會告訴我，『能做就盡量做，繼續把事情做好。』這就是軍方情治單位希望的做事方式。」

而其他時候，契普說他會因為抱怨監獄裡的情形被層級較高的人嘲弄或辱罵。他們告訴他，現在正值戰爭非常時期，他得靠自己把事情搞定。那裡沒有什麼明文規定的程序，也沒有正式的政策方針或結構化的守則。在他人生中最重要的任務中，他希望能扮演好一個領導者的角色，他需要可以遵守的規則，然而他卻沒有得到任何程序性的支持。他孤單一人，沒有任何可以依靠的支持系統。這工作情況對他而言確實糟到不能再糟，因為，從我們剛回顧過的評估結論中得知，這正好違反了契普‧費德里克的基本需求和價值。這些情況註定會讓契普的角色失敗，而這只是剛開始而已。

沒完沒了的夜班

契普不只得一天工作十二小時，而且得連續四十天，不得休息，然後才會有一天的假。但緊接而來的，又是兩個禮拜的艱苦工作。熬過這些之後，他才能在連續四天晚班後，有一天休假。我無法想像有哪個地方會把這樣的工作時間表視為符合人性。由於受過訓練的監獄工作人員極度短缺，再加上或許他的上級也沒有察覺這樣的日常工作量多麼不堪負荷，沒有人發覺或者是曾經關心過契普的工作壓力和潛在的倦怠傾向。

契普在早上四點值完十二小時的夜班之後，就回監獄的其他地方睡覺——就睡在牢房裡！他睡在一個六呎乘九呎大小的囚室裡，裡頭沒有廁所，倒是有不少老鼠跑來跑去。他的寢室很髒，因為監獄裡沒有足夠的清潔用具，也沒有水可以讓他把地方清理乾淨。在我們的訪談中，契

普·費德里克告訴我，「我找不到東西可以讓設施保持乾淨，抽水馬桶是壞的，流動廁所裡糞便都滿出來了。到處都是垃圾跟發霉的東西。整個地方骯髒噁心得要命。你可以在監獄裡看到屍塊……那裡有一群野狗在附近閒晃（從前海珊把被處死刑的囚犯埋在監獄某個地方，那些野狗會把地底的殘骸挖出來，這情形一直持續到現在）。每天早上下班時都覺得精疲力竭，唯一想做的事就是睡覺。」

　　他錯過了早餐、午餐，常常一天只吃一頓飯，吃的就是定量配給的美軍軍用即食口糧。「要餵飽的士兵太多，所以伙食的分量很少。我常常吃起司和餅乾來填飽肚子，」契普說。這位愛好運動和社交生活的年輕人還面臨了一些逐漸出現的健康困擾，因為常常感覺疲倦，所以他停止了做運動的習慣，因為工作時間的關係，也讓他無法和弟兄們互動交際。他的生活逐漸完全環繞著監獄督導工作，及他所指揮的後備役憲兵打轉，這些工作對項快速成為社會心理學家所謂的「參考群體」，這群新的圈內人開始對他產生極大的影響力。他開始陷入心理學家李夫頓稍早曾描述過的「整體情境」中，這種情境力量會使人的思維陷入狂熱，正好比北韓戰俘營的情況。

其他出現在值班時間的人

　　最常擔任 A 層級監獄夜間值班任務的兩個後備役憲兵是下士小查爾斯·葛雷那（Charles Graner, Jr.），以及專業軍士梅根·安布爾（Megan Ambuhl）。葛雷那直接負責管理 1A 層級院區的夜班，契普得在其他層級的軍監中四處移動監督。他們下班後換專業軍士薩布雷娜·哈門（Sabrina Harman）接手，有時候則由傑佛·戴維斯（Javal Davis）中士代替接手。上等兵林蒂·英格蘭負責檔案管理，因此不會被指派從事這項任務，但她常到那裡找她的男友查爾斯·葛雷那，還在那裡慶祝她的二十一歲生日。專業軍士亞明·克魯茲（Armin Cruz）隸屬第三七五軍情營，也常到那地方打轉。

　　「軍犬巡邏兵」也會到 A 層級來，他們到這裡的目的是讓狗嚇唬犯人

以阻止談話，或是當懷疑犯人持有武器時用軍犬強迫他們走出牢房，也可能只是單純展示武力。二○○三年十一月，五組犬兵團隊被送到阿布葛拉伊布監獄，在這之前他們是在關塔那摩監獄執行勤務。（麥可・史密斯〔Michael Smith〕中士以及山多斯・卡多那〔Santos Cardona〕上士是之後因虐囚被判有罪的兩名軍犬巡邏兵。）當出現特殊醫療問題時，醫護人員有時也會來。還有一些泰坦公司雇用的民間包工，他們前來訊問被懷疑握有暴動或恐怖主義活動情報及消息的拘留者。通常他們需要翻譯人員協助才有辦法和被拘留的嫌犯互動。美國聯邦調查局、中央情報局及軍方的情治人員有時也會來此做特殊訊問。

　　正如我們可預料的，高階軍方人員極少在半夜造訪。在契普在此當班的那幾個月，卡屏絲基指揮官除了為一段導覽影片做介紹時來過一次

之外，從來沒有到過 1A 和 1B 。一位該單位的後備役軍人曾報告在他服勤於阿布葛拉伊布監獄的五個月內，只見過卡屏絲基兩次。少有其他軍官短暫出現在稍晚的午後，契普會把握這些難得的機會向他們報告監獄方面的問題，並提出他認為的改進之道，但沒有一樣獲得落實。各式各樣沒穿軍服也沒帶身分證明的人士來來往往於這兩個層級的監獄單位。沒有人負責檢查他們的證件，他們可以完全匿名地做他們的事。民間包工向憲兵衛士們下指令，要求替他們完成訊問特殊囚犯的準備事項，這根本違反軍隊行為守則。服勤中的軍人不應聽從民間人士的指揮。大量運用民間包工來取代之前軍方情治單位的角色，結果是軍民界限越益模糊。

契普寄往家中的書信和電子郵件清楚說明了一件事：他和其他後備役憲兵在 1A 層級院區中的主要功能只是協助訊問者，讓他們的工作更有效率而已。「軍方情治人員為我們打氣，跟我們說『做得不錯。』」「他們通常不讓其他人看見他們的訊問過程。不過因為他們欣賞我的管理方式，所以破例讓我參觀。」他驕傲地在信中說到他的屬下都善於完成交代的任務，可以成功讓被拘留者放下心防吐出訊問者想得到的情報。「我們讓他們照我們意思說出我們想知道的消息……。用我們的辦法有很高的機會可以讓他們吐實，通常在幾個小時內他們就會乖乖說出一切。」

契普家書重複指出一件事，包括中情局長官、語言學者、來自私人軍需品包商的訊問者所組成的情治團隊，他們全權支配所有阿布葛拉伊布特殊監獄單位中發生的行為。他告訴我那些訊問者他一個都認不出來，因為他們都精心維持匿名的身分。他們很少告訴人他們的名字，制服上也沒有身分識別，事實上這些人根本不穿軍服。根據媒體的說法，桑切斯將軍堅持認為，若打算從被拘留者口中得到可採取行動之情報，最佳方式就是採取極端的訊問手段及徹底保密，而契普的說法和媒體的描述正好不謀而合。一些針對美國軍方人員的監獄規定也讓人們容易推卸責任，或許也是促成虐待事件層出不窮的因素。根據一份未標示日期、標題為「操作守則」的監獄備忘錄內容，該份備忘錄適用範圍涵蓋

高度設防院區（1A 層級），其中規定「軍情局（軍事情治局）不涉足此區。」

「此外，建議所有隔離區內之軍方人員對特殊被拘留者隱匿真實身分。高度建議穿著消毒過（去除身分辨識特徵）的制服，隔離區域內的人員不應以真實名稱及軍階稱呼彼此。」[23]

陸軍的調查行動也透露了費德里克描述的極端監獄政策的確是事實。他們發現訊問者曾鼓勵在監獄工作的後備役憲兵對被拘留者做一些動作，好讓他們的身心狀態適合接受質問[24]。傳統上既存的界限是憲兵只負責拘留程序，軍情人員才負責蒐集情報，但現在後備役軍人也被用來協助預備被拘留者接受強制訊問的工作，兩者間的分際漸趨模糊。在一些最糟的虐囚案件中，軍事情報人員也被判有罪。像是為了從某位伊拉克將軍口中獲取情報，訊問者把他十六歲兒子全身弄濕後塗上泥巴，接著赤裸裸地拖到嚴寒的戶外，即是其中一例。中士山謬‧波弗南斯（Samuel Provenance，Alpha 連，第三〇二軍情營）曾向幾個通訊社表示有兩位訊問者曾性虐待一名少女，而且有其他人員知情。我們也將在下一章中看到除了契普‧費德里克的夜班憲兵的虐囚行為之外，一些軍人和平民犯下了更糟的虐行。

「我希望『虐囚案』的調查對象不只涵蓋犯下罪行的人，一些鼓勵、教唆罪行的人也應該受到調查。」馬克‧基密特准將、伊拉克聯軍行動的副指揮官在接受《六十分鐘 II》節目的丹‧瑞德（Dan Rather）專訪時這麼說。「當然他們也必須同樣負起某種程度的責任。」

契普‧費德里克也得負責約十五至二十名的「幽靈被拘留者」，這些人只被登記在 OGA ── 其他政府單位（Other Government Agency，簡稱 OGA）的所有物清單上。他們被認為是握有有價值情報的高階將領，因此訊問者被全權授權不惜動用一切必要手段來獲取可採取行動之情報。這些被拘留者之所以被稱為「幽靈」，原因是沒有任何官方記錄可證明他們曾待過阿布葛拉伊布監獄，他們不曾列在正式清單中，也沒有任何身分。在訪問中，契普透露，「我曾看到他們其中之一，那時他已經被三

角洲部隊的軍人殺死了。他們殺了那個人。但我的印象是，沒有人在乎，沒有人在乎那裡發生了什麼事。」[25]

「那個人」指的是某個幽靈被拘留者，他受到一位海豹特戰部隊隊員的嚴重毆打，接著在 CIA 探員的訊問過程中一直被吊在拷問臺上，最後被活活悶死，然後被塞進一堆冰塊中再裝進屍袋，手臂上還插著靜脈注射針管（由軍醫插入），謀殺他的人認為這樣能假裝他是因為生病被送進醫院。在他被某個計程車司機載到某處棄屍之前，一些值夜的憲兵們（葛雷那和哈門）和他合照了幾張相片做紀念，這麼做只是為了留下記錄而已。這些值夜憲兵們均親眼目睹 1A 層級院區訪客從事的各種殘忍虐行，而這必然創造出一種接納、容忍虐待行為的新社會規範。如果連謀殺罪都可以逃脫，那麼掌摑兩下抵死不從的被拘留者或命令他們做出一些不雅的姿勢，這又有什麼不得了？想當然耳他們會這樣想。

恐懼的因素

監獄的牆內充滿許多令人恐懼的事物，不僅對囚犯們而言是如此，對契普·費德里克和其他獄卒們而言亦然。和大多數監獄中的情形相似，囚犯們有的是時間和辦法，他們幾乎可以把弄得到的任何東西改造成武器。床上或窗子上拆下金屬、破玻璃甚至磨尖的牙刷都被他們做成了武器。腦袋不那麼靈光但口袋有幾個錢的囚犯則賄賂伊拉克獄卒替他們弄到刀槍彈藥。只要有錢，獄卒們也願意轉交字條和信件給他們的家人，或幫忙家人轉交。費德里克的單位接替第七十二憲兵連的工作時，他就曾被他們的人警告過很多伊拉克獄卒非常貪污腐敗——他們甚至或提供囚犯安全資訊、監獄地圖、衣服和武器幫助逃獄。他們也走私藥品給被拘留者。儘管費德里克在名義上負責管理這群獄卒，但他們拒絕巡邏，通常只在監獄單位外面的桌子旁抽菸閒聊。這也是造成契普在管理拘留監獄時感到持續挫折與壓力的因素之一，不能夠忽視。

監獄裡的囚犯不斷在言語和肢體上攻擊獄卒，有些人向他們扔排泄物，也有人會用指甲劃傷獄卒的臉。最讓人害怕且出乎意料之外的系列

攻擊事件發生在二〇〇三年十一月二十四日，當時一位伊拉克警察走私一把手槍、彈藥及刺刀給監獄中的敘利亞暴動嫌疑分子，契普的小小部隊和對方發生了槍戰，最後在沒有損失人命的情況下制服了他。然而這事件讓那裡的每個人都變得時時處於警戒，甚至比以前更擔心自己會成為致命攻擊的目標。

囚犯們也經常因為伙食惡劣而鼓譟不安，牢裡的伙食份量既少又難吃。而當迫擊砲彈在靠近阿布葛拉伊布監獄的「無屏護區」爆炸時，也可能會造成騷動。正如先前提過的，這座監獄每天都受到迫擊砲轟炸，獄卒和囚犯們均有死傷。「我一直感到很恐懼，」契普向我坦承，「迫擊砲和火箭砲攻擊，槍枝的交火，對我來說都很嚇人，在來到伊拉克之前我從來沒有上過戰場。」契普無論如何得撐下去，因為他的官位比那些被拘留者、憲兵同事和伊拉克警察都還高，所以他必須在他們面前表現出勇敢的樣子。情境要求他得假裝不害怕，而且表現得冷靜鎮定。在他看似沉著自若的舉止下，實際隱藏著劇烈的內在騷動，而隨著獄中犯人人數持續增加，以及上級不斷加強施壓要求取得更多「可採取行動之情報」時，契普內在與外在間的衝突更形惡化了。

除了持續承受高度恐懼之外，契普還必須承受壓力以及新工作的複雜要求所造成的精疲力竭，對此他完全沒有受到適當的準備和訓練。而關於他的核心價值——秩序、整齊、清潔——與充斥在他周遭的混亂、骯髒及脫序之間的巨大歧異，也是必須一併考慮的因素。儘管他必須負責管理整座監獄，他仍表示自己感到「脆弱無力」，因為「沒有人和我共事，對於這個地方的管理我也無法做任何改變。」他也開始覺得自己像個無名小卒，因為「沒有人尊重我的地位，很明顯那裡沒有人當責（accountability）。」此外，受到監獄硬體環境的呆板與醜陋影響，他發現自己變成毫無特色的人。契普在當班時被規定不能穿著完整的軍服，於是地方的匿名性又與個人的匿名性結合發揮影響。而在他們的周遭來去的大部分訪客和民間訊問人員都不用姓名稱呼。你無法立刻辨識出負責人的身分，而不斷湧入的大量囚犯不是穿著橘色連身衣褲就是一絲不

掛，一樣認不出他們有什麼差異。這是我所能想像到最容易造成去個人化的環境了。

阿布葛拉伊布與史丹佛監獄的相似處

我們已經調查過契普的工作環境，現在我們可以來看看契普和他的獄卒同事們的心理狀態與史丹佛監獄實驗中獄卒的相似性。由於個人和地方的匿名性所造成的去個人化效果顯而易見，對囚犯的去人性化從以下幾點可以明白看出：以號碼稱呼、強迫裸體、清一色的外觀，再加上獄卒們無法了解他們的語言。一位值夜班的憲兵肯恩・戴維斯（Ken Davis）在之後一個電視紀錄片中，描述去人性化如何根深柢固地烙印在他們思維中，「我們從來沒受過當獄卒的訓練，上面的人只說：『用你們想像力。讓他們乖乖招來。希望我們回來時他們已經準備好要招了。』我們一把囚犯帶進來，他們的頭上馬上就被放上沙袋了。他們把犯人牢牢綁住、把他們摔在地上，還有些人的衣服會被剝光。他們跟所有人說，這些人只配當狗（似曾相似的用詞？）於是你開始向人們散播這種想法，然後忽然間，你開始把這些人看成禽獸、開始對他們做出一些想都沒想過的事。事情就是從這裡開始變得很嚇人。」[26]

「沉悶」在這兩個監獄環境中都起了作用，當事情都在控制之下時，長時間值夜的確會讓人覺得很無聊。沉悶是採取行動一個強而有力動因，這樣可以帶來一些興奮感、一些有節制的刺激感。這兩組獄卒都是自動自發地決定要「找點事做」，決定讓一些有趣好玩的事發生。

由於獄卒們在從事這項艱難複雜的工作前並未受過任務訓練，實際執行時也沒有管理人員督導，於是在不需要對誰負責的情況下，結果當然是全玩過了頭。在這兩座監獄中，系統操作者都允許獄卒享有任意處置囚犯的權力。除此之外，獄卒們也都擔心囚犯們脫逃或叛變。阿布葛拉伊布監獄的環境顯然比史丹佛監獄要危險得多，後者的環境相對起來也良善許多。然而正如實驗結果所示，每當夜晚時，獄卒的虐待行為以及他們對囚犯的侵略性即呈現上升趨勢。阿布葛拉伊布的 1A 層級院區一

樣如此,只是做法更邪惡、更極端。此外,兩個案例中最糟的虐待行為均發生在夜間值班時間,這時獄卒們覺得最不受權威監督,所以可以不必遵守基本規定。

我必須澄清,這裡描繪的情境力量並不是像米爾格蘭的實驗典範那樣直接刺激獄卒們幹下壞事。事實上,只有一些民間訊問人員曾經鼓勵他們「軟化」被拘留者,目的是使他們變脆弱。在阿布葛拉伊布——以及史丹佛監獄——中,情境力量創造出一種**自由**,是這種自由讓獄卒們不再受到一般社會和道德觀點對虐待行為的束縛限制。顯然對這兩組負責值夜班獄卒來說,責任分散的結果是讓他們以為可以逃避許多行為的禁忌,而當新出現的規範讓一度難以想像的行為變成可接受時,就不會有人挑戰他們了。這現象正是所謂「山中無老虎,猴子稱大王」,這也讓人回想起高汀的《蒼蠅王》,當負責監督的成人缺席時,戴上面具的劫掠者就大肆作亂了。這現象應該也提醒了各位,在前一章中提到的匿名性及侵略行為研究。

由詹姆斯‧施萊辛格(James Schlesinger)所帶領的獨立調查小組,比較了這兩個監獄情境,提出一些具有啟發性的結論。我十分驚訝地發現,在報告中指出史丹佛的模擬監獄環境和阿布葛拉伊布這個完全真實環境之間的相似性。在長達三頁的附錄(G)中,報告描述了心理學的壓力源、囚犯所受非人待遇的基礎條件,以及當一般常人以非人性方式對待他者時所牽涉的社會心理學因素:

「基於對社會心理學原則的基礎性理解,以及對眾多已知環境風險因子的意識,根據這兩者,完全是預料得到全球反恐怖主義戰爭期間發生虐囚事件的潛在可能性。」(大多數軍中領導人不是不熟悉,就是蔑視對其士兵而言顯而易見的風險因素。)

「具有里程碑意義的史丹佛研究……為所有軍方拘留作業提供深具警示意義的教訓,而故事發生的環境是相對良善的。對比之下,在軍方拘留作業中,軍人在充滿壓力的交戰之下工作,面臨的環境卻是極為險

惡。

「心理學家已嘗試了解平常表現出善良人性的個體及群體，在某些情況下卻出現完全迴異的行徑，這樣的事是如何發生、原因為何。」

施萊辛格調查報告中除了指出有助解釋虐待行為發生的社會心理學概念之外，重要的是也納入包括去個人化、去人性化、敵人形象、群體迷思（groupthink）、道德脫鉤、社會助長（social facilitation）等心理機制。這些過程我們已經在之前史丹佛監獄的篇章中全部討論過了，除了「群體迷思」之外，它們也全都適用於阿布葛拉伊布監獄。我不認為那種偏差的思考方式（促進形成與領導意見相符的群體共識）曾在夜班獄卒之間發揮作用，因為他們並非以系統化的方式籌劃虐待行為。

社會心理學者蘇珊・費絲柯及其同僚在一份發表於《科學》期刊的獨立分析中也支持施萊辛格調查報告中所採取的觀點。他們做出一個結論，「造成阿布葛拉伊布事件的部分原因是出自尋常的社會過程，而不是異常的個人邪惡特質。」他們指出這些社會過程包括從眾、社會化的服從權威、去人性化、情感性偏見（emotional prejudice）、情境壓力源（situational stressor）以及漸進升高虐待程度的嚴重性。[27]

一位前駐伊拉克軍人提供了進一步的證詞，說明了 SPE 經驗用於了解伊拉克軍事監獄中行為動態的適切性，以及強而有力領導的重要性。

金巴多教授：

我是一名軍人，來自於建立克羅帕拘留營（Camp Cropper）的單位，這個拘留營是復興黨政權垮台後美軍在巴格達建立的第一個拘留中心。我可以肯定，在你的監獄研究和我的伊拉克觀察心得之間有明確的關連。我在伊拉克服役期間曾經廣泛接觸憲兵人員以及被拘留者，親眼目睹了許多你在研究中所描述過的情境實例。

然而和阿布葛拉伊布的那些軍人不同的是，我們的單位受到強有力

的領導，因此事情從未惡化到那種程度。我們的領導者了解規則，也制定標準，並且確實監督以確保規則受到遵守。違規行為都會受到調查，一旦事證明確，違規者就會受到應有的處分。對所有參與其中的人來說，拘留任務都是去人性化的任務。我認為我在開始的兩週之後就開始麻木了。然而領導者的積極作為讓我們沒有忘掉自己是誰，以及我們來到伊拉克的原因。我十分高興能閱讀到你的實驗摘要，它讓我能夠更清楚地思考這整件事。

祝 心怡

泰倫斯·布拉奇亞斯（Terrence Plakias）[28]

1A 層級監獄中的性動態

在 Alpha 層級監獄單位的夜班人員中，男女混雜是頗不尋常的特色之一。值得注意的是，在這個缺乏監督的年輕人文化中，女性極具有吸引力。二十一歲的林蒂·英格蘭的出現，讓這個情緒高昂緊繃的氛圍更加騷動不安。林蒂經常在值夜時間來找她的新男友查爾斯·葛雷那，這對情侶很快就開始展開狂野的性惡作劇，把過程用數位相機和錄影機拍攝下來。而最後她懷孕了，並在之後生下了查爾斯的孩子。不過林蒂當時在葛雷那和二十九歲的憲兵衛梅根·安布爾之間，一定有不尋常的關係，因為在查爾斯被送進監獄後，林蒂和梅根結婚了。

媒體把焦點放在英格蘭、葛雷那和安布爾的三角關係上，卻極少報導在伊拉克罪犯之中，有些妓女在後備役憲兵面前袒胸露乳供他們拍照。此外，照片中也有不少裸體的男伊拉克被拘留者，除了上級長官交待必須差辱他們之外，另一個原因是採購上出了差錯，他們沒有足夠的橘色獄服。有些犯人因此得穿上女人的粉紅色內褲。因此之故，強迫囚犯把粉紅內褲穿在頭上當有趣的差辱手法，也就不是什麼太遙遠的事

了。

　　儘管契普要求分別安置未成年被拘留者和成人，據稱仍有一群伊拉克囚犯強暴了一位收容在同一處的十五歲男孩。專業軍士薩布雷娜‧哈門用奇異筆在其中一名強暴犯腿上寫了「我是強暴犯」，另一個人則被用唇膏在乳頭周圍畫上人臉，胸部也被唇膏寫上他的編號。濃厚的性氛圍於是一發不可收拾。證據顯示，一位憲兵曾用螢光棒雞姦一名男性被拘留者，也許還用上了掃帚。男性被拘留者經常受到獄卒聲稱要強暴他們的恐嚇。還有其他證據顯示一名男憲兵強暴了一位女被拘留者。活脫一個色情大本營，而非軍事監獄。

　　在眾多獨立調查中，負責主導某一項調查的詹姆斯‧施萊辛格曾描述那些夜班的夜間活動，有些是他親眼看見，有些是他耳聞，「那裡就像是《動物屋》（電影名）一樣」。情境不斷惡化，超出了任何人的控制。

　　契普‧費德里克回想這些虐待行為，在他記憶中，這些事集中在下列時間發生：

　　二〇〇三年十月一日到十日：強迫裸體、將囚犯靠在牢房牆上、強迫穿著女性內衣。這些事發生與第七十二憲兵連即將把工作交接給其他單位有關。

　　十月一日到十月二十五日：強迫做出性行為姿勢（在軍情人員面前一絲不掛地銬在一起）。一位聲稱來自關塔那摩（GITMO）的不知名人士為葛雷那示範了一些 GITMO 中使用的施壓動作。

　　十一月八日：根西院區爆發騷動（Ganci，阿布葛拉伊布監獄中的院區之一）。事情發生在七名被拘留者被移往屏護區（1A 層級院區）途中，他們持有多種武器並計畫劫持一名憲兵做為人質然後殺了他。許多我們從媒體上熟知的虐行都在那晚上演。軍犬也是大約在這時候進入監獄。

警告字條

塔古巴將軍在調查報告中做出結論,他認為這些憲兵派駐於此的目的是為了參與某些由上級所指揮的虐待行為。他宣稱,「來自軍情單位(Military Itelligence,簡稱 MI)和其他美國政府單位的訊問者主動要求憲兵衛事先軟化證人的身心狀態,以便有利於他們的訊問工作。」

在喬治・費伊(George Fay)少將的調查報告中,甚至針對軍情人員在虐行中扮演的角色進一步做出更強烈的譴責聲明。他的報告注意到在長達七個月的期間,「軍情人員據稱要求、鼓勵、寬恕或引誘憲兵人員(陸軍後備役值夜獄卒)從事虐囚行為,他們也(或)參與虐行,也(或)違反訊問程序及適用法律。」[29] 我們將在下一章中更完整回顧兩位將軍的報告,以突顯系統疏失及指揮部在虐行方面的共謀角色。

葛雷那的角色

在阿布葛拉伊布監獄夜班人員中,後備役下士葛雷那扮演的角色就像史丹佛監獄夜班裡的「約翰・韋恩」。他們都是事件的刺激因子。「約翰・韋恩」策劃進行自己的小小實驗,因此行為逾越獄卒角色的界限,而葛雷那下士對囚犯的身心虐待則遠超出他角色的容許範圍。重要的是,葛雷那和「約翰・韋恩」都是屬於具有領袖氣質的人物,他們散發出自信,加上態度一板一眼、直截了當,影響了夜班的其他人。儘管費德里克中士是他的上級,但是葛雷那才是 1A 層級院區中掌握實權的人物,即便費德里克在時也一樣。似乎是他最先想到照相的主意,而且許多照片也是由他的數位相機拍攝。

葛雷那是後備海軍陸戰隊的成員,他曾在波灣戰爭中擔任獄卒,不過沒出過什麼事。沙漠風暴行動期間,他曾在最大的戰俘營中工作了六個禮拜,一樣沒出事。「他是讓我們保持振奮的人之一。」一名該連成員回想道。在另一位夥伴的記憶中,葛雷那是個「有趣的傢伙,個性外向,隨便說兩句話就能讓人發笑。」他又繼續說:「從我所看到的,他

不是個有壞心腸的人。」然而根據葛雷那同單位其他成員的說法，他曾差點和一些士兵及伊拉克囚犯爆發暴力衝突，但因負責指揮的戰地指揮官指派單位中紀律良好的士兵接手，因而避免了衝突。

認識葛雷那三十年的老鄰居對他的評價也是正面的，「他是個真正的好人。對他我只有讚美的話可說，他從來沒有給任何人帶來麻煩。」他的母親在他的高中年刊中寫下了她的驕傲，「你一直讓你父親和我引以為榮，你是最棒的。」[30]

不過在這些稱頌之詞的另一面卻是截然不同的葛雷那，他對妻子曾有過施暴記錄，妻子最後和他離了婚。媒體報導也指出，他在一座終極設防監獄中擔任行為矯正官期間，曾受到好幾次懲戒。

在 1A 層級院區的夜班中，所有對葛雷那反社會行為的外在約束都煙消雲散。軍紀廢弛，取而代之的是混亂和各種沒有保持適當距離的親暱行為，完全看不見任何強力的權威體制，再加上軍情人員及民間訊問者一直鼓勵他在訊問前做些事讓被拘留者「軟化」，於是葛雷那很快就上鉤了。

在那個放縱不安定的環境中，查爾斯‧葛雷那徹底沉醉於性而無法自拔。他和林蒂‧英格蘭有一腿，他們的性事有留下許多照片記錄。他也讓一名伊拉克女人露出乳房和外生殖器供他拍照。根據報導，葛雷那強迫囚犯們在彼此面前集體手淫，還命令一絲不掛的男囚在地上爬，「這樣他們的陰莖就得在地板上拖行」，當他們做這些事時，他則大聲咆哮罵他們是群「死同性戀」[31]。此外，第一個想到要讓裸體囚犯疊成金字塔的也是葛雷那。當頭上套著袋子的囚犯被迫在一群有男有女的士兵面前手淫時，葛雷那還跟林蒂‧英格蘭開玩笑說：「這列手淫的隊伍，就是妳的生日禮物。」[32]

在葛雷那受審後，費德里克寫信跟我談到，「我不會把所有責任推到他身上，他就是有一套辦法可以讓你覺得做這些事沒什麼大不了。我對我的行為感到非常抱歉，如果可以重回二〇〇三年十月，我不會做出同樣的事……。我希望自己可以變得更堅強……。」[33]

契普‧費德里克仍然深深後悔自己受到葛雷那的影響。這個例子可以證實契普的人格傾向聽命行事的預測具有效力。請回想契普的心理評估結果：契普一般來說害怕被別人拒絕，擔心因此出現意見衝突的局面，他會為了被人接納而讓步；他改變自己的想法來適應別人，這樣他們就不會「生我的氣或討厭我」。其他人甚至可以影響他已經下定決心的事。而悲哀的是，他的決心已被壓力、恐懼、疲憊以及葛雷那的影響給逐漸侵蝕了。

另一個葛雷那

在黑澤明的經典電影《羅生門》中，一群經驗同一事件的人，對事件的描述卻有截然不同的面貌。這正是史丹佛監獄中發生的現象。獄卒「約翰‧韋恩」和囚犯道格之後各自對媒體都有一套故事，一個說自己只是「表演出」殘酷的樣子，另一個則說自己只是假裝抓狂。而最近前任獄卒赫爾曼又對自己的行為有了另一個版本的說法：

當時如果你問我，我對他們造成什麼樣的影響，我會說，他們一定是膽小鬼，要不很弱要不就是裝的。因為我不相信我做的事真的會讓誰精神崩潰。我們只是在找樂子而已。你知道吧。我們只是在那裡玩木偶戲，讓那些人做點動作之類。[34]

其他的 SPE 囚犯和獄卒若不是認為那是個可怕的經驗，就是覺得那沒什麼大不了。在某種程度上，現實只存在旁觀者心中。然而在阿布葛

拉伊布，人們的生活卻被軍隊、軍事法庭及媒體共同構築起來的現實給劇烈壓縮了。

調查活動一開始，葛雷那就被形容成「害群之馬」——嗜虐、邪惡，無法無天地虐待被拘留者。他過去在美國境內一座監獄內惹麻煩的記錄被翻出來當證據，證明他把暴力、反社會傾向帶進了 1A 層級院區。但事實上，這又是媒體不負責任的誇大其辭。一份賓州格林郡（Greene County）懲治機構的檔案記錄檢視了葛雷那的行為表現，記錄顯示他**從未**被指控、懷疑冒犯或苛待犯人，也不曾因此受到懲戒。

我們更從虐囚事件最關鍵月份的表現評量中，發現了不負責任的怪物葛雷那和優秀軍人葛雷那之間的戲劇性對比。二〇〇三年十一月十六日，在一份由排長布林森上尉交給他的發展諮商表格（4856）中，布林森上尉因他工作表現優異而特別提及：

葛雷那下士，你於巴格達監獄（BCF）之 1 級院區擔任軍情特區（MI Hold）之未受銜軍官（NCOIC）工作表現優異。你已從 MI 人員那裡得到許多讚賞，尤其 LTC（可能是喬登中校〔Lt. Col. Jordan〕）更對你讚譽有佳。繼續保持下去，你的優異表現將幫助我們成功完成各項任務。

接下去他被警告要穿著他的軍服以及保持儀容整潔（在那一層工作的人沒有人做到）。第二項警告則指出他和其他人在高壓氣氛下工作，葛雷那被要求要注意這樣的壓力可能對他行為產生的影響，尤其是對特殊被拘留者動用武力方面。然而葛雷那對於適當運用武力的個人看法被該名上級接納，因為他接著說到，「當你認為你有必要自我防衛時，我百分之百支持你的決定。」

後備役憲兵肯恩・戴維斯最近曾描述他和葛雷那的互動，令人驚訝的是他採取了支持的看法：

有一天晚上，他值完班後嗓子都啞了。

所以我問他：「葛雷那，你生病啦？」

他回答我：「沒生病。」

我說：「那是怎麼回事？」

於是他告訴我：「我得大吼大叫才行，而且我對被拘留者做了一些我覺得在道德跟倫理上都過不去的事。你覺得我該怎麼辦？」

我說：「那就不要做。」

他說：「我別無選擇。」

我問他：「什麼意思？」

他說：「每次有炸彈落在鐵絲網或圍籬外時，他們就進來跟我說，又有一個美國人犧牲了。除非你幫幫我們，否則他們的死你也有份。」[35]

對 1A 層級院區高壓力環境的提醒，讓人以為會有某個心理健康工作者被召來，以便協助這方面的心理問題。的確有一名精神病醫師被派到阿布葛拉伊布待了好幾個月，但是他既沒有對有需求的憲兵們提供任何治療或諮商，也不曾協助患有精神病的被拘留者。據報導，他的主要任務是協助軍方情治單位增進訊問的效率。梅根·安布爾堅稱，「並沒有可靠證據可主張發生雞姦或強姦，也找不到這類相片或錄影帶，至少那些事並非調查中涉案的七名憲兵所為。」她繼續說道，「從調查行動一開始我就握有所有的相片和錄影帶，我在那地方一天待將近十三小時，我沒見到任何強暴或雞姦行為。」[36]

我們有辦法了解那裡發生什麼事嗎？是誰或是什麼樣的因素該為阿布葛拉伊布監獄中發生的恐怖暴行負責？

「戰利紀念照」：數位相片中的惡行

殘忍的虐待、酷刑折磨及謀殺事件，在國與國交戰、面對著罪犯時，在士兵面對「敵人」、警察面對嫌犯、獄卒面對囚犯時，肯定是層出不窮的。我們可以預料戰場上，在那些冒著生命危險履行職責的情況下，所產生的虐待行為。但我們無法預料且無法接受的是，當生命安全

未受到立即威脅,而囚犯又是如此脆弱毫無抵抗能力時,民主政府的代表們竟可以做出如此殘酷的行為。

從阿布葛拉伊布監獄流出的數位照片震驚了全世界。在這之前,我們不曾看過獄卒們性虐待或酷刑的影像證據,這群男女顯然對他們邪惡行徑樂在其中。更是前所未聞的是,他們甚至大膽到在鏡頭前擺出各種姿勢,並拍照記錄他們的野蠻行為。他們怎麼做得出來?為什麼要用相片為虐行留下記錄?讓我們思考一下幾個可能的解釋。

數位的力量

一個簡單的答案是,新的數位科技讓每個人都能搖身一變成為攝影師。隨拍隨看,無須等待,而且相片還可以輕易上傳到網路上與人們分享,不需要送到沖印店送洗。也因為數位相機體型小巧、容量龐大,價格相對便宜,因此早成為普遍的配備,任何人都可以輕易拍下上百張現場畫面。網路部落格及個人網頁容許一般人也能體會一夕成名的快感,所以「擁有」可以透過網站散布到全世界的稀有畫面並因此成名,成為一件光榮的事。

一個業餘色情網站以鼓勵男性網友上傳妻子或女友的裸照,來交換免費收看網站中所提供的色情影片[37]。相同手法,士兵們也被要求用戰場上的照片來交換免費色情影片,而許多人都這麼做了。他們會在一些圖片上打上警告標誌,像是一群美國士兵站在一具伊拉克人燒焦的殘骸前,笑著比出勝利手勢,標題寫著「寶貝,燃燒吧」的圖片就是一例。

來自其他時代的戰利紀念照

這類影像喚起了人們過去的一段歷史。在一八八〇年代到一九三〇年代間,美國有許多黑人男女被私刑處死或是活活燒死,旁觀者及加害者則在旁擺出勝利姿勢拍下照片留念。我們在上一章中已經了解到,這些影像正象徵了極致的去人性化。照片中記錄黑人被拷打、謀殺的過程,他們的「罪行」只是因為反抗白人,且這些罪狀多半是捏造的;這

些記錄著惡行的照片竟還被做成明信片，用來寄或送給親朋好友。在一些照片中，甚至還有父母帶著滿臉笑容的孩子前往觀賞黑人男女被暴力謀殺時的痛苦模樣。這類明信片的檔案目錄，讀者可以參閱《無處可逃》（*Without Sanctuary*）一書[38]。

其他這類戰利紀念照片，還有二次大戰期間德國軍人拍下他們對付波蘭猶太人和俄國人的個人暴行。我們在前一章中注意到，即使是一開始拒絕槍殺猶太人的德國後備役警察，所謂的「普通人」，在經過一段時間後也開始拍下他們身為劊子手的戰績[39]。在傑尼那・史脫克（Janina Struk）的《鏡頭下的納粹大屠殺》（*Photographing the Holocaust*）中，蒐集了一些記錄劊子手執行處決過程的相片[40]。而土耳其人對亞美尼亞人的屠殺暴行，一樣也被鏡頭拍攝下來，蒐錄在一個紀念此次種族屠殺事件的網站上[41]。

在動物權概念興起之前，還有另一類戰利紀念寫真也十分普遍，大型動物獵人或是釣客們興高采烈地展示捕獲的旗魚、老虎、北美灰熊照片。我記得海明威曾在一張照片上擺出那樣的姿勢。這類紀念勇敢狩獵隊獵人所拍攝的肖像照片中，最經典的一張，莫過於美國老羅斯福總統驕傲地站在他剛獵得的龐大犀牛旁的合影。在另一張相片中，這位前總統和他的兒子科莫特（Kermit）站在一隻水牛上，兩人交疊著雙腿，姿態十分冷靜，手上各拿了一把長槍[42]。這類戰利紀念照公開展示了一位男人的力量以及他對自然中大型野獸的主宰優勢——照片清楚顯示這些野獸被他的技巧、勇氣及技術征服了。有趣的是，在這些照片中的勝利者表情，多半相當陰鬱，很少見到笑容；這些勝利者才剛和可畏的野獸進行過一場戰鬥。就某種意義來說，他們的姿勢比較像是年輕的大衛拿著彈弓站在剛被打倒的巨人歌利亞面前哀悼。

為觀眾表演的暴露狂

許多阿布葛拉伊布監獄的夜班獄卒們臉上均帶著笑容，這指出勝利紀念照的另一面向：暴露狂（exhibitionist）。我們從一些照片看到，虐待

　　好像只不過是暴露狂的道具，只為了用來表現他們在不尋常環境中所能做出的最極端行為。這些暴露狂也像是預先設想了有一群偷窺狂（voyeur），急切想欣賞他們譁眾取寵的表現。然而暴露狂們卻沒能想到，輕易分享及散布這些檔案可能會造成的後果，他們無法控制誰會看見這些照片，這些照片於是成了他們犯行的鐵證。

　　除了前面提到的一張戴帽男性雙手被接上電線的符號性圖像，以及以狗嚇唬囚犯的照片之外，大多數戰利紀念照本質上均帶有性的意涵。酷刑與性的連結讓這些照片有色情圖片的意味，對許多觀者來說是讓人心神不寧卻又十分迷人的。我們全都被邀請進入發生施虐與受虐性行為的囚室，近距離目睹這些行為。儘管觀看這些虐待行為是十分恐怖的經驗，人們還是無法將目光移開。我驚訝地發現網際網路滿足偷窺症患者欲望的程度，一個網址為 www.voyeurweb.com 的網站聲稱，每天可以吸引兩百二十萬名嗜好獨特的訪客造訪他們提供的免費色情網站。

複雜的動機與社會動態

　　人類的行為十分複雜，做出一件事情背後通常不只有一個原因。而在阿布葛拉伊布監獄，除了性慾及暴露慾兩種因素之外，我認為數位照

片是幾個動機及人際動態結合下的產物。地位及權力的取得、復仇心理及報復行為、對無助者的去個人化——這些很可能都是最後出現虐待行為並拍攝照片的部分原因。此外我們還必須考量到，這些行為實際上是在訊問者的容許及計畫下進行。

以照片威脅被拘留者

還有個簡單的原因可以解釋在阿布葛拉伊布監獄中拍下的戰利紀念照，這單純只是因為來自軍方和民間的訊問者告訴憲兵們要這麼做。這版本的故事來自已退休的監獄指揮官卡屏絲基以及被指控的士兵們的說法，拍下特殊姿勢照片的點子是為了用來當作要脅物以協助訊問。「他們拍下這些特殊照片是為了用來取得自白，『從要害下手』。」二○○六年五月四日卡屏絲基在史丹佛大學舉行的一場小組討論會中表示。「他們會拿出筆記型電腦秀出相片，然後告訴囚犯們『招吧，否則明天就換你被疊在金字塔最上面。』」「這些相片是故意、有計畫地被拍攝下來。」[43]

我們可以肯定，有些照片明顯可以看出是為了某個人的數位相機而擺出姿勢，照片中的憲兵對著鏡頭微笑，比出勝利姿勢，並指著場景中的某樣東西以提醒人注意。在一張人性盡失的照片中，林蒂‧英格蘭拖著地板上的一名被拘留者，他的脖子上還纏著拴狗的皮帶，這張照片最可能就是在上述情況下拍攝。她不可能在前往伊拉克時，特地在行囊裡帶了條狗繩。要讓這類社會助長發生並接管整個情境，唯一需要的只是官員的允許，哪怕只是允許憲兵們拍攝一張虐待照片，情況也會一發不可收拾，在工作中拍攝更多富有創意的邪惡照片成了新的夜間活動。事情一旦起了頭，就很難煞車了，因為憲兵們的無聊找到了宣洩的出口，他們可以出口怨氣、展示自己的支配優勢，並在性的遊戲中找到樂趣——直到喬伊‧達比揭發他們的惡行，一切才結束。

建立地位的渴望及宣洩復仇心理

讓我們承認一件事，陸軍後備役軍人在軍隊階層中的地位一般較

低，而被指派到這個恐怖監獄裡擔任夜間值班人員的後備役憲兵，地位
又會因此更加低落。他們明白自己是最底層的人物，在最糟的環境中工
作，得服從民間人士的命令，而且沒有任何關心這裡發生什麼事的權威
人士可以求助。舉目所見，唯一和他們一樣地位低落的一群人就是囚
犯。

　　因此這些虐待行為以及記錄下虐行的舉動，本質都和希望建立地位
有關，也就是希望透過這個向下對比建立獄卒對囚犯的明確社會支配地
位。酷刑和虐待乃是行使純粹的權力，目的是為了展示他們對劣勢者的
絕對控制能力。某些獄卒需要這些相片來證明自己的優越性，同時向同
儕傳達他們的支配地位。其中也可能涉及某種程度的種族主義，這裡指
的是對十分不同的「他者」——阿拉伯人抱持的一般性負面態度。這是二
○○一年九一一事件以來的敵意轉移，也是對任何阿拉伯背景的棕色皮
膚人士所發動的恐怖攻擊。

　　還有一個立即性的動機是許多士兵都有的：希望為被伊拉克暴動分

子殺害或受重傷的同袍們復仇的心理。很明顯是復仇心理作祟，才造成他們報復曾參與騷動或被控強暴男孩的人犯。例如被疊成金字塔的七名囚犯即是因為在根西區滋事才被送進 1A，而過程中還傷害了一名女性憲兵。所以羞辱和毒打的目的是為了讓他們知道不服管教的後果，「幫他們上一課」。而契普‧費德里克唯一毆打過的一名囚犯則是另一個例子，他在他胸口狠狠揍了一拳，因為這名囚犯被控扔石頭打傷了那名女憲兵。強迫被拘留者模仿口交動作或是在女性士兵面前公開手淫並拍攝下這些羞辱過程，這些不只是讓人難堪的伎倆；士兵們安排的性愛劇碼是對他們認為行為超過界限的被拘留者的報復手段。

去個人化及狂歡節效應的影響

然而我們又該如何解釋林蒂‧英格蘭的想法？——她認為這一切都只是「好玩和遊戲而已」。在這個個案中，我相信去個人化起了作用。稍早我們提到人和地方的匿名性能創造出截然不同心理狀態，當這種心理狀態和行為責任的分散加在一起時，就會導致去個人化。演員們完全沉浸在高度的心理活動中，不再做理性思考，也不關心事情後果。在追求當下的享樂現實中，過去與未來全都暫時被丟在一旁。在這個心靈空間中，情感主導理性、激情掙脫社會束縛。

這就是狂歡節效應，當個人的身分隱藏在面具之下時，平常受到壓抑的各種原欲的、暴力的、自私的衝動都會宣洩出來。行為回應著情境的需求而立即爆發，不再深思熟慮或瞻前顧後。把小說《蒼蠅王》裡面的現象搬到紐約大學的實驗室裡面時，我們看到經過去個人化的女性對無辜的受害者下手越來越重。在我們的史丹佛監獄裡，一些獄卒也創造出同樣的現象。如同阿布葛拉伊布的情況，人們在這些情境中體驗到行為的自由尺度放寬之際，約束侵略行為及反社會行為的規範也被擱置了。

就像我從不曾鼓勵我的獄卒做出殘酷行為一樣，軍方也不曾鼓勵它的獄卒性虐待囚犯。然而在這兩個情境中都盛行一種默許放縱的寬鬆氣

氛，讓獄卒以為自己可以為所欲為，他們以為自己不需要負個人責任，以為沒人看見，所以可以僥倖逃脫。在這個脈絡中，傳統道德推理能力被削弱了，以前學到的教訓敵不過行動的誘因；戴奧尼索司所代表的原欲衝動壓倒了阿波羅代表的合理性。道德脫鉤接著發揮作用，沉溺在氣氛中無法自拔的人們的心智及情感風貌於是改變了。

虐行比較：英國及美軍菁英的實例

如果我主張在 1A 層級夜班中發揮作用的社會心理學原則並不是**個人**特有，而是相應於特定**情境**，那麼我們應該可以在其他相似環境中找到類似的虐待行為，只不過加害者為同一個戰場上的不同軍人。的確至少有兩個類似行為的例子，但是美國媒體很少注意到。

駐紮在伊拉克巴士拉監獄（Basra Prison）的英軍也發生性虐待俘虜的事件，他們把囚犯們脫光，然後強迫他們彼此做出模仿雞姦的動作。這些相片也震驚了英國社會，社會大眾不肯相信自己的年輕人會做出如此可怕的事而且還拍下照片。這些虐待者當中還有一位曾因為上一場戰役而受勳的軍人，這事實更嚴重破壞了英國民眾的期待。更糟糕、更嚴重的是，二○○四年六月二十九日英國廣播公司做出標題為「英軍販賣交易虐囚照片」的報導，報導副標則為「英國軍人販賣交易數百張記錄對伊拉克俘虜殘暴行為的照片」。數名服務於皇家蘭開郡軍團菁英部隊的士兵們將一些這類影像交給英國《每日鏡報》，在其中一張照片中，戴上頭罩的囚犯受到來福槍拖毆打，被撒尿，頭上還被一把槍抵住。這些士兵宣稱他們在一個「照片交易社群」上還分享了更多這類虐囚照片，但是在離開伊拉克時，放在行李箱中的照片被他們的陸軍指揮官查獲銷毀了。

二○○四年五月十二日，在《六十分鐘 II》節目中，哥倫比亞廣播公司的主持人丹‧瑞德播放了一捲由一名美軍製作的家庭錄影帶，內容是關於在貝卡營（Camp Bucca）和阿布葛拉伊布監獄的狀況。錄影片段上可看見一名年輕士兵對伊拉克囚犯的鄙視態度，鏡頭上的她說：「我

們已經死了兩名囚犯⋯⋯不過誰管它？重點是我要操煩的人少了兩個。」數名來自貝卡營並因在該地虐囚而受到指控的軍人告訴瑞德：「問題是由指揮鏈開始——這些酷刑和凌虐照片拍下時的指揮鏈，和管理阿布葛拉伊布的指揮鏈是一樣的。」[44]

另一個有證據的失控例子則是涉及來自美國第八十二空降師的軍人，駐紮地是在法魯賈附近的水星前哨作戰基地（Forward Operating Base〔簡稱 FOB〕 Mercury）。在被移送到阿布葛拉伊布監獄前，暴動分子和囚俘都會被暫時監禁在這裡。「他們（法魯賈當地居民）叫我們『謀殺狂』，因為他們知道一旦被我們逮到而且在被送到阿布葛拉伊布前落到我們手上，他們就會付出悲慘代價。」這名中士繼續描述他們怎麼「狗幹一名受制者」、揍他一頓、狠狠虐待他。他繼續說道，「營裡每個人都知道，如果你想要發洩挫折的話就到受制者營區去。某種程度上它只是個運動而已。」

來自同一單位的另一名中士說明他做出虐待行為的動機，行為包括用棒球棒打斷被拘留者的腿。他說：「有時候我們覺得很無聊，這時會先叫某個人坐在角落，然後讓他們疊成金字塔。這辦法比較早，不過很像阿布葛拉伊布。我們只是為了好玩才這麼做。」

陸軍中尉伊安・費許貝克（Ian Fishback）是這個「菁英單位」的軍官，他於二○○五年九月向「人權觀察協會」（Human Rights Watch）作證發生在該監獄的大規模虐囚行為。他透露他的士兵們也使用數位影像記錄下他們的恐怖行徑。「（在水星 FOB）他們說他們也擁有類似阿布葛拉伊布監獄的虐囚照片，因為這些照片的相似度太高，所以他們把照片銷毀了。他們燒了那些照片。他們是這麼說的，『他們因為那些我們也被交代去做的事情惹上了麻煩，所以我們要銷毀這些照片。』」[45]

我們在下一章中還會見到這位中尉，他會仔細描述他所屬單位所犯下的虐行，除了性虐待之外，均吻合了阿布葛拉伊布監獄 1A 層級院區中發生的事件。

費德里克接受審判

為了這七名受指控的憲兵人員,由軍方調查人員和檢察官組成的團隊在準備辯護過程中投注了相當大的熱誠。(如果負責管理阿布葛拉伊布的軍方指揮官,也曾付出那些關注和資源的一小部分在監督和紀律的維持上,現在或許就不需要在這些審判上花費任何心力了。)他們的遊戲計畫很簡單也很有說服力:蒐集了充分的證據和證詞之後,他們決定幫每位被告申請提出認罪協商,這樣一來,當他們表明認罪並作證指認其他憲兵同僚後,原本可能被判處的重刑就能從輕發落。審判程序是從涉案情節最輕的人開始,如傑瑞米‧西維茨(Jeremy Sivits),他們的策略是犧牲其他人的上訴,將辯護主力放在情節最嚴重的三人:費德里克、葛雷那、英格蘭身上。

441

費德里克被指控五項罪名。在做為認罪協商一部分的「事實協定書」上，費德里克接受下列罪行為真實、經得起證實並且可被採納為證據：

- 共謀虐待被拘留者
- 怠忽職守
- 虐待被拘留者
- 以毆打方式從事傷害行為
- 與他人從事猥褻行為

最後一項指的是他被控強迫數名被拘留者在有男有女的士兵及其他被拘留者面前手淫，同時加以拍照。

審判

二〇〇六年十月二十、二十一日，儘管辯護律師曾提出申請變更審判地至美國，費德里克的審判照舊於巴格達舉行。由於我拒絕前往如此危險的地方，因此我改往位於義大利那不勒斯的海軍基地，並在一個高度戒護的房間內透過視訊會議提供我的證詞。過程真是困難，首先是我的證詞不斷因聲音回傳的延遲而被打斷，其次是電視螢幕上的審判畫面常常模糊不清，更糟的是我必須跟一個電視螢幕講話，沒辦法跟法官直接互動，雪上加霜的是我又被告知不能在作證中使用筆記，這表示我曾仔細研讀過的五份調查報告的數百頁內容，以及我對費德里克及 1A 層級院區所蒐集到的背景資料，全部都得靠自己回想。

由於費德里克已進入認罪申請程序，我的證詞必須完全聚焦在明確說明情境及系統對他的行為影響，也就是確切指明一個不正常環境對一個極為正常的年輕人行為的影響。我也概要地報告了心理評估結果，他在進入 1A 層級院區前的一些正面背景，以及我和他訪談中的重要內容。這樣做的目的是要支持我所提出的結論：費德里克並不是帶著病態傾向進入該行為脈絡。我反而主張是**情境**誘發了他所涉及的脫軌行為，而對

此他深感遺憾及罪惡。

我也清楚表示在試著了解費德里克的行動如何受到情境中的社會動態影響過程中，我所做的並不是「找藉口心理學」（excusiology），而是在判決中經常未受到嚴肅考慮的概念分析工作。此外，在對此案提出我的專家見證及關連性同時，我也概述了史丹佛監獄實驗及虐待行為發生的環境和阿布葛拉伊布之間的一些相似處，以及我的研究主要性質和發現。（我的完整證詞出現在二〇〇四年十月「伊凡·『契普』·費德里克審判記錄」的第兩百九十四頁至三百三十頁，遺憾的是此項文件無法透過網路查閱。）

檢察官梅傑·麥可·霍里駁回了我情境主張的論點。他認為費德里克能夠辨別是非，有足夠的軍隊訓練勝任此項工作，而且對於是否參加被指控的不道德、有害行為，基本上有能力做出合理判斷。因此他將罪過完全歸給費德里克的天性，認為他的惡行乃出於故意，同時將所有情境或系統性的影響排除於法庭的考量之外。他也暗示日內瓦公約是具有效力的，而這些士兵應該要知道它所約束的是哪些行為。然而這並不是事實，正如我們將在下一章見到的：小布希總統及他的法律顧問在一組法律備忘錄中變更了對這些被拘留者及酷刑虐待的定義，因此造成日內瓦公約在這場「反恐戰爭」中失去了效力。

裁定

軍事法官詹姆斯·波爾（James Pohl）上校只花了一個小時就完成了所有被指控罪行的有罪裁定。費德里克被判八年的有期徒刑。我的證詞顯然對於減輕他判決的嚴重度來說微不足道，他的律師蓋瑞·梅爾斯強而有力的抗辯也一樣。在這個由軍方及布希政府指揮鏈所搭起的國際公共關係舞台上，我在本書中詳加闡述的所有情境及系統性因素均顯得無足輕重。他們必須讓世界和伊拉克人民看見他們「對犯罪活動決不手軟」的決心，嚴懲少數害群之馬的流氓軍人，以便保持美軍的整體優良形象。只要他們所有人都被送審、宣判、送入大牢，美國軍方所蒙上的污

點就會逐漸被世界淡忘。[46]

　　查爾斯・葛雷那拒絕認罪，獲判十年徒刑。林蒂・英格蘭在經歷一連串錯綜複雜的審判後，獲判三年徒刑。傑瑞米・西維茨，一年；傑佛・戴維斯，六個月。薩布雷娜・哈門因證據顯示她在進入阿布葛拉伊布監獄前對伊拉克人的態度十分和善，獲得六個月徒刑的輕判。最後則是梅根・安布爾，未被判處任何刑期。

相關比較

　　毫無疑問地，契普・費德里克參與的虐待行為讓他手下的被拘留者受到身體和情感上的傷害，也為他們的家庭蒙羞並為此憤怒。他認罪了，也因被指控的罪行而獲判有罪，被處以重刑。從伊拉克人民的觀點來看是種寬待，但從我的角度看卻是嚴懲，因為是情勢促使並支持這些虐待行為發生。然而，在其他戰爭中也有軍人因殘害平民至死而被判罪，將他們判決與契普的比較，可以給我們帶來一些啟發。

　　美國軍方的榮譽過去曾因越戰而蒙塵，當時的查利連（Charlie Company）侵略美萊村搜索越共，他們沒有找到任何人，但是經年累月的壓力、沮喪，再加上對越共的恐懼，使得他們爆發，將槍管轉向平民。超過五百名越南婦孺、上了年紀的老人死於機關槍近距離掃射下，人們活生生被燒死在他們的茅屋裡，還有許多婦女遭到強暴、內臟被挖出。有些人甚至被剝下頭皮！在《尋訪美萊倖存者》（*Interviews with My Lai Vets*）這部影片中，一些士兵曾以不帶情感就事論事的語氣描述了可怕的暴行。西穆爾・賀許（Seymour Hersh）在他的書《美萊屠村紀實》（*My Lai 4*）裡仔細報導了這次屠殺事件，這是事件發生一年後第一次公開報導。

　　而只有一位士兵──中尉小威廉・卡利（William Calley Jr.）因而被判有罪。他的上級恩內斯特・梅迪納（Ernest Medina）上尉當時也在「搜索暨摧毀任務」現場，據報導曾親自射殺多名平民，卻從所有指控中安然脫罪並辭去了職務。梅迪納上尉的綽號叫做「瘋狗」，他對他所領導

的查利連相當自豪，曾宣稱，「我們是戰場上最優秀的一連。」也許他太過急於下定論了。

卡利中尉因預謀殺害超過一百名的越南美萊村民而被判有罪。原本刑期為終身監禁，後因特赦而被縮短為三年半，他被軟禁於營房中服完了刑期，沒待過一天監獄。大多數人不知道的是，卡利中尉後來得到了特赦，並且回到他的社區裡成為一名收費的晚宴後演說者、受人尊敬的生意人。如果卡利是應徵入伍的士兵而不是軍官，事情會不會不一樣呢？如果查利連的士兵們也拍下「戰利紀念照」，讓那些言語文字無法傳達的殘酷屠殺場面血淋淋地出現在人們眼前，事情會不會不一樣呢？我認為答案是肯定的。

將這些夜班憲兵與其他最近因犯罪行為而被軍法庭起訴、宣判的軍人比較，我們可以得到另一組對照，從這當中明顯可看出，儘管犯下同樣甚至更嚴重的罪行，這些軍人所得到的判決還是寬大得多。

費德里克中士最重可被判處十年徒刑，開除軍籍、降為最低階二等兵（E1）。由於他提出認罪協商，因此最後獲判八年徒刑、開除軍籍、降階為二等兵並喪失所有津貼和給付，包括他存了二十二年的退休入息。

普萊斯（Price）士官長因傷害、虐待及妨礙司法而被判有罪。最重可被判八年徒刑、開除軍籍、降為最低階二等兵。最後獲判降階為上士，無徒刑、未被開除軍籍。

葛雷那下士因傷害、虐待、默示性串謀、猥褻行為及廢弛職守而被判有罪。最重可被判處十五年徒刑、開除軍籍、降為最低階二等兵。最後獲判十年徒刑、開除軍籍、降階為二等兵及罰金。

布蘭德（Brand）士兵因傷害、虐待、做偽證及致人殘廢而被判有罪。最重可處十六年徒刑、開除軍籍、降為最低階二等兵。最後只被判降階為二等兵。

英格蘭士兵因串謀、虐待、猥褻行為而被判有罪。最重可處十年徒刑、開除軍籍、降為最低階二等兵。最後獲判三年徒刑。

馬丁（Martin）上尉因重傷害、傷害、妨礙司法及身為長官而行為不檢被判有罪。最重可處九年徒刑。最後獲判服刑四十五天。

軍方司法部在面對這些可比較的罪行時，天平明顯出現了傾斜。我認為這是因為戰利紀念照的關係，讓司法在判決時特別不利於夜班憲兵們。這類比較的完整版本以及這六名受軍法審判的士兵們和他們的性格，以及其他關於阿布葛拉伊布虐囚事件的澄清說明，請參見這個有趣網站：www.supportmpscapegoats.com。

獄卒費德里克成為第789689號囚犯

當我們試著描述「路西法效應」時，了解人性的轉變一直是我們的焦點。而我們所能想像得到的最極端也最難得的轉變之一，或許是某個人從身為獄卒的權力者淪為無權無勢的階下囚。悲哀的是在這個案子裡，這樣的事卻發生在曾經表現優良的行為矯正官、盡忠職守的軍人、充滿愛意的丈夫身上。他曾因軍事法庭的判決以及他在接下來坐牢期間所受的殘酷對待而深受打擊、幾乎崩潰。在位於利文沃思堡（Fort Leavenworth）美國軍事人員懲戒所（U.S. Disciplinary Barracks）裡的「倉庫路」上，契普・費德里克成了編號789689號人犯。在被移送巴格達之後，契普又被送回科威特，即便他沒有自殘或傷害他人的危險，仍在那裡接受隔離監禁。他描繪那裡的狀況就像是又想起阿布葛拉伊布監獄，不過他被囚禁在利文沃思堡時的情形更糟。

所有針對「阿布葛拉伊布虐囚七嫌」的審訊一結束，契普的待遇馬上就得到改善。他開始到監獄的美髮學校去學習新技能，因為他無法再回去當懲戒官了。「我很想復職回到軍中，回到那個地方去重新證明自己。我從來不是一個會放棄的人，我可以改變……我已準備好為我的國家、家人、朋友犧牲。我希望自己可以改變什麼……能夠將我大部分的成人生涯用來為國服務，我覺得很光榮。」[47]

　　你看見契普的想法跟 SPE 囚犯史都華 819 的相似之處了嗎？史都華強調希望回到我們的監獄中證明給他的牢友們看，讓他們知道他不是個糟糕的人。這也讓我們回想起一個經典的社會心理學實驗，該研究顯示，一個群體的入會儀式越嚴格，人們對它的忠誠度就會越高。[48]

最後的話

　　在下一章中，我們將結束討論非人性行為情境中個別軍人的惡行，進一步思考在孕育阿布葛拉伊布及其他軍事監獄中虐行的條件時，系統扮演了什麼樣的角色。系統影響力的運作創造並維持了一種「虐待文化」，而我們將檢視系統錯綜複雜的影響力。首先我們將回顧軍方許多獨立調查中的重點。這樣做將讓我們了解這些調查對於系統變項——如領導缺失、任務特訓不足甚至缺乏、資源不足，以及訊問——自白優先——的著墨程度，而這些系統變項是促成阿布葛拉伊布夜班虐行的主要因素。接著我們將檢視人權觀察協會對其他可比較之虐行所做的報告，聽聽駐在伊拉克的美國陸軍菁英部隊第八十二空降師的軍官說法。我們將擴大研究範圍，調查軍方及政府指揮鏈曾在其他軍事監獄中運用哪些方式創造出相似的情境，以促進他們的「反恐戰爭」、「防暴戰爭」。方法是藉助美國公共電視網（PBS）節目《前線》（*Frontline*）製作的紀錄片《酷刑的問題》（二〇〇五年十月十八日）中的訪談及分析，針對先是禁止關塔那摩監獄的酷刑而後將其轉移至阿布葛拉伊布及其他地方的做法，該節目對於布希政府和軍方指揮鏈的角色做了詳盡說明。

　　我在這章中的角色從行為科學家變成心理調查報導者，而在下一章，我要再次改變我的角色成為檢察官。我將指控我所挑選出的軍方指揮鏈成員錯誤運用他們的權威，先是在關塔那摩監獄裡用酷刑訊問，接著又將這套技巧搬到阿布葛拉伊布。他們許可憲兵和軍情人員運用酷刑技巧——運用消毒過的措詞方式——卻疏於對 1A 層級院區的值班憲兵提供領導、監督、當責、任務特訓，我將主張他們因過犯及忽略的罪行而

有罪。

在讓系統接受這個假設的審判過程中，我將把美國總統布希及他的顧問們放入被告席，因為他們重新定義酷行，認為在他們那無所不在、含糊不清的反恐戰爭中，酷刑是可被接受的必須手段。他們也被指控讓被軍方逮捕的暴動者和所有「外國人士」無法獲得日內瓦公約提供的保護。國防部長倫斯斐被控創造訊問中心，使得「被拘留者」承受許多極度高壓的「虐待」，只為了得到自白和情報的含糊目的。他也許也必須為其他破壞美國道德價值的事件負責任，例如利用美國政府的「非常規引渡」（extraordinary rendition）方案，將具有高度情報價值的被拘留者送到外國拷問，即所謂「酷刑工作外聘」。

我希望表示的是從布希、錢尼（Cheney）到倫斯斐以及以降的指揮階層所代表的系統奠定了這些虐行的基礎。如果真相是如此，那麼，我們做為一個民主社會就有責任採取行動以確保避免未來的虐行發生，因此我們必須強調是訊問中心的結構特質及運作政策變更是由系統所執行。

最後我必須說，我明白對某些讀者而言，我強調我們小小的史丹佛監獄模擬實驗和一座危險的真實戰地監獄之間的相似性是有些言過其實。但重要的並不是物理實體上的差距，而是這兩者間可比較的基本心理動態[49]。容我也進一步指出，許多獨立調查者也做出了這類比較，如施萊辛格報告（引用於本章的一開始）以及前海軍密碼學家亞蘭·韓斯利（Alan Hensley）的報告，他在分析虐待行為的被告中做出以下結論：

阿布葛拉伊布的案子屬於金巴多研究中已詳細說明過的模式，該模式由我們可實際指認出的因素所架構而成，並導出事先存在的經驗證據，可讓我們確信無疑地預測到這一連串的事件將在參與者完全不經深思熟慮的情況下發生。[50]

我希望以《新聞週刊》巴格達辦公室主任朗·諾蘭（Ron Nordland）

的一篇分析做為這一段旅程的句點，他談到在這場立意良善的戰爭中出了什麼錯時說道：

　　哪裡出錯了？很多事情都出錯了，但最大的轉捩點還是阿布葛拉伊布醜聞案。自從二〇〇四年四月開始，解放伊拉克的任務已經變成絕望的損害管制工作，阿布葛拉伊布的虐囚陰霾對許多伊拉克民眾來說已經疏遠了，對這些人來說這樣做發揮不了什麼作用。儘管軍方宣稱從這座監獄取得了「可採取行動之情報」，但並沒有證據顯示，這些虐待及羞辱拯救過任何一條人命或逮到什麼主要的恐怖分子。[51]

第 15 章
讓系統接受審判：
指揮層級的串謀

在費德里克中士的審判辯論終結時，軍事檢察官梅傑·麥可·霍里曾做了一番愛國主義的激昂陳詞，有助我們接下來分析監禁在伊拉克、阿富汗和古巴軍事監獄中的「非法武裝分子」及被拘留者運用酷刑的現象，他是這麼說的：

庭上，我想提醒您，敵人也和我們一樣依靠士氣戰鬥，而這個事件將讓我們的敵人士氣大振，不管是在現在還是以後。我也希望您能想想以後可能會投降的敵人。我們希望他們是受到美國陸軍的戰鬥力震嚇而屈服，但如果一個囚犯——不是囚犯就是敵人，認為投降就會受到屈辱和不堪對待，那他為什麼不戰鬥到最後一口氣？而我們得祈禱他不會在戰鬥中奪走我們軍人的性命，這些命原本是不該丟的。（被告憲兵的）這類行為會造成長期影響，最終會影響到我們的軍人子弟、陸海空軍，他們可能以後會成為俘虜，而他們的待遇，我想我就說到這裡了。

這位檢察官繼續指出在「阿布葛拉伊布虐囚七嫌」的所有審判中，唯一要緊的事就是軍方的榮譽：

最後我要說，庭上，美國陸軍的榮譽十分珍貴，同時也十分脆弱。我們對所有軍隊都抱持神聖的信任感，尤其是對美國陸軍，因為我們負有極大的責任以及力量，這力量就是對其他人動用武力。而唯一能讓我們和暴民、匪類等不正當使用武力的人有區隔的，就是我們擁有的榮譽

感，我們相信我們正在做對的事，我們聽命行事而這些事是光榮的，但這行為（發生在阿布葛拉伊布監獄的凌虐和酷刑）損害了這份榮譽感。而和其他軍隊一樣，我們也需要一個高道德標準來振作士氣。[1]

我在費德里克的審判上的終結辯論因為是即席的，所以沒有留下文字記錄。在辯論中我提出一些在本章中將發展出的關鍵主張——情境和系統力量運作導致了虐行的論點，這些主張將提供更完整的視野。自從審判（二〇〇四年十月）以來，不斷有新證據浮出檯面，這些證據清楚表明在阿布葛拉伊布監獄 1A 層級院區中發生的凌虐與酷刑背後有許多軍方指揮官的串謀參與。以下是我的聲明內容：

費伊報告和塔古巴報告都指出，如果軍方曾經拿出他們投注在審判中的任何一點資源和關注，這（虐行）就可以避免，阿布葛拉伊布事件就不會發生。但他們對阿布葛拉伊布漠不關心。它的優先性被排在最後，安全性就跟巴格達古文明博物館一樣受到忽視（這座博物館中的文化珍藏在巴格達「解放後」被洗劫一空，而美軍只是袖手旁觀）。它們都是「低優先」（軍事）項目，而在這些不利的條件環境下，爆發了阿布葛拉伊布事件。所以我認為軍方應該受到審判，尤其是費德里克中士的所有上級難辭其咎，他們對所有發生的事都該知情，他們的責任是去避免、阻止、挑戰它，卻沒有做到。他們才是必須接受審判的人。如果說費德里克中士必須負起一定的責任，無論他的判決如何，其嚴重性都已被整串指揮鏈需負的責任給減輕了。[2]

在本章中，我們將採取幾個不同方向來帶領我們揪出躲在阿布葛拉伊布這齣大戲幕後扮演關鍵角色的人，他們是讓這齣悲劇上演的導演、編劇、舞台指導等核心。這些憲兵們從某種意義上來說不過是些微不足道的角色，他們是「七個尋找作者的劇中人」，或許他們現在該找的是導演。

我們的任務是去確定，在阿布葛拉伊布監獄屏護區的訊問室裡的情

境外，又存在什麼樣的系統壓力。我們必須指認出在各層級指揮鏈中扮演角色的特殊人物，他們創造出讓這些憲兵人性自我崩壞的條件。當系統力量依時間順序逐一揭露時，我的角色將從辯護專家變成檢察官。我將站在檢察官的位置向大家介紹一種新的現代邪惡，即「當權之惡」（administrative evil），在這些虐行中，政治及軍事的指揮鏈正是以當權之惡為基礎扮演著串謀者的角色[3]。無分公共或是私立組織都一樣，由於組織是在合法、而非倫理的架構下運作，因此在達成其意識形態、總體規劃、損益平衡或是獲利底線等目的的過程中，其冰冷的理性運作即可能造成人們受苦甚至死亡。而當這樣的情況發生時，它們總是拿目的來正當化其效率至上的手段。

阿布葛拉伊布虐囚案中的系統錯誤

除了阿布葛拉伊布，伊拉克全境、阿富汗和古巴的軍事監獄都傳出類似的虐行報導，為了回應這些報導，五角大廈至少啟動了十二項官方調查行動，而在擔任費德里克中士的辯護人的準備過程中，我曾仔細研讀其中半數的調查報告。在這個小節中，我將依時間順序簡要概述某些相關的關鍵報告，並引用原文指出結論中的重點。這麼做將讓我們對高階軍事人員及政府官員評估這些虐行的原因有個概念。由於除了其中一項之外，所有調查行動都由軍方下令並依照特定指令聚焦於加害者，因此大多數調查報告均未指控軍方及政治領袖在創造有利虐行條件上扮演的角色。唯一例外的是由國防部長倫斯斐下令執行的施萊辛格報告。

由於這些報告採取俯視方式而非由下往上的視角來看指揮鏈，觀點均受到了侷限，也正如人們所預期的，失去了獨立性及公正性。但針對我們所欲指控的軍方及行政指揮鏈，它們仍提供了一個起點，我們將補充其它媒體和機構對涉案軍人第一手證詞的報導，以便讓整個因果圖像更完整。（關於阿布葛拉伊布虐囚事件及調查報告的完整年表，請參見註釋中的網站[4]。）

「萊德報告」：第一個警訊

陸軍首席執法專員、憲兵司令唐納・萊德（Donald Ryder）少將在桑切斯將軍令下籌備發表了第一份報告（二〇〇三年十一月六日）。萊德是在八月時在陸軍風紀單位要求下受任領導一個評估團隊。這個單位被簡稱作 CJTF-7（Combined Joint Task Force 7，第七多國特遣部隊），是一個結合陸海空軍、海軍陸戰隊及文職人員的多軍種 DoD（Department of Defense，簡稱 DoD）任務部隊。

這份檔案回顧了伊拉克整個監獄系統並提出改善方法。文章結語中，萊德提出結論，他認為確曾發生嚴重違反人權的事件，而「泛系統」內也普遍存在訓練和人力資源不足的事實。他的報告也關切憲兵與軍情人員的模糊界限，憲兵的角色只限於看管囚犯，後者的任務才是訊問。這份報告指出軍情人員試圖招募憲兵加入行列，協助「預備」被拘留者接受訊問。

憲兵與情治人員之間的緊張狀態可溯及阿富汗戰爭，當時憲兵與情治人員共同合作，負責使因犯「進入適合接受後續訪問的狀態」，此即瓦解因犯意志力的委婉說法。萊德建議建立常規以「定義憲兵的角色……將獄卒與軍情人員的工作內容清楚區分開來。」他的報告應使所有管理軍事監獄系統的負責人有所警覺。

儘管做出有價值的貢獻，「萊德削弱了他的警告力道，」根據記者西穆爾・賀許的說法，「方法是藉由他的結論指出情況尚未到達嚴重地步。儘管某些程序的確出現瑕疵，他卻說他發現『沒有憲兵人員被有目的地運用在不適當的監獄工作上。』」請記得這份報告發表於二〇〇三年秋天，早於專業軍士喬伊・達比出面糾舉惡行前（二〇〇四年一月十三日），當時正是 1A 層級院區發生最窮凶惡極虐行的高峰期。賀許在《紐約客》（New Yorker）上的一篇文章（二〇〇四年五月五日）將醜聞公諸於世，而對萊德的報告他下了這樣的結論，「他的調查報告說好聽是個失敗，說難聽可以說是隱瞞事實。」[5]

「塔古巴報告」：完整詳盡、立場強硬[6]

二〇〇四年二月，惡名昭彰的照片已在軍方高層及犯罪調查單位間流傳，桑切斯將軍被迫採取比萊德的漂白工作更積極的行動。他指派了安東尼歐・M・塔古巴少將（Antonio M. Taguba）針對虐囚說法、未被列入記錄的囚犯逃脫事件，以及普遍的軍紀廢弛、無人當責等現象進行更完整的調查。塔古巴的工作成果十分令人讚賞，他在二〇〇四年三月發表了一份詳盡周延的調查報告。儘管這份報告原本希望維持機密，但因報告內容對廢弛職務的軍官提出直接指控並含有做證據的「那些照片」，新聞價值太高，最後還是被洩漏給媒體（或許還賣了一大筆錢）。

塔古巴報告被洩漏給《紐約客》，由賀許撰寫的封面故事揭露了這篇報告的主要發現和照片，不過同一批照片在稍早前被洩漏給《六十分鐘II》的製作人，並在二〇〇四年四月二十八日的節目中播出（讀者應該會回想起，我就是從這裡開始這段旅程）。

塔古巴沒有浪費時間駁斥他的將領同僚的報告。他寫道（強調部分由我加上），「不幸的是，許多在（萊德的）評估報告中已呈現出的**系統性問題**正是這次調查的主要對象。」「事實上，許多受拘留者受虐事件發生於該評估報告進行期間，或是接近該期間。」報告中繼續說道，「與萊德少將的報告相反的是，我發現隸屬第三七二憲兵連、八百憲兵旅的人員的確被指示違反監獄設施規定，為軍情人員的訊問工作進行『預備工作』。」他的報告清楚指出陸軍情治單位長官、中情局探員、私人包商和OGA人員（Other Government Agencies，其他美國政府單位，簡稱OGA）「主動要求憲兵衛軟化證人的身心狀態，以便有利於進行證人訊問工作。」

為了支持這個主張，塔古巴引用了數名獄卒的宣示證詞，其中提及了軍方情治人員和訊問者的串謀角色：

專士（專業軍士）薩布雷娜・哈門，第三七二憲兵連，曾在宣示證

詞中陳述某個虐待事件，事件中一位受拘留者被安置在一個箱子上，手指、腳趾和陰莖都被纏上電線，她說：「我的工作就是要讓那個人犯保持清醒。」她說軍情人員曾和CPL（下士）蔦雷拿（原文照引，應做蔦雷那）交談。她宣稱，「MI（軍情人員）希望讓他們招供。蔦雷拿（原文照引，應做蔦雷那）和費德里克的工作就是協助MI和OGA讓人們招供。」

塔古巴也引用來自傑佛·戴維斯中士的證詞，他提到他觀察到軍情人員和OGA對憲兵獄卒的影響：

「我親眼見到在MI控制下的1A院區中發生許多我會質疑其道德正當性的事情。在1A院區裡，我們被告知這裡對囚犯待遇的規定和SOP（Standard Operating Procedure，標準操作程序，簡稱SOP）都和別的地方不同。但我從沒看過那地方的任何規定或SOP，都是空口說白話毫無根據可言。負責管理1A院區的士兵是蔦雷涅（原文照引，應做蔦雷那）下士。他說官員代表和MI軍人會叫他做些事，但都不是明文規定，他抱怨（原文照引）。」當被問到為何1A跟1B院區的規定跟其他院區不同時，戴維斯中士的陳述是，「其他院區關的都是一般囚犯，只有1A跟1B是由軍情人員控制的。」當被問到為何他沒有告知他的上級指揮鏈發生虐行的事，他聲稱，「因為我認為如果他們做的事跟平常不同或是有不合乎規定的地方，一定會有人出來說話。（不為之惡再次發揮了作用）而且那個院區歸MI管轄，而看起來MI的人是容許這些虐待行為。」戴維斯中士也聲稱他曾聽到MI用迂迴的方式暗示獄卒們虐待人犯。當被問到MI的談話內容時，他說：「幫我們讓這人軟化下來。」「今晚絕不要讓他好過。」「讓他吃點苦頭。」他聲稱聽到這些話被交代給CPL蔦雷涅（原文照引，應做蔦雷那）和SGT（Sergeant，中士，簡稱SGT）費德里克。最後SGT戴維斯陳述道（原文照引），「就我所知，MI的人稱讚過蔦雷涅（原文照引，應做蔦雷那）在MI支配院區的管理方式。比方

他們說，『做得好。他們很快就招了。他們有問必答，最後招了不少好情報，』還有繼續保持下去啊，這類的話。」

第三七二憲兵連的專業軍士傑森・肯諾（Jason Kennel）向塔古巴做的陳述也勾起我們對 SPE 的回憶，當時獄卒為了懲罰違規行為把囚犯們的床墊、床單、衣服、枕頭全部沒收走；肯諾是這麼說的：

我看到他們一絲不掛的，MI 叫我們把他們的床墊、床單和衣服通通收走。」他記不得是 MI 裡面哪個人叫他這麼做的，但是他的意見是，「如果他們要我那樣做，他們就得給我公文。」而後來他被告知「我們不能做任何讓犯人感到尷尬的事。」

於是我們看見，一方面該院區的 MI 人員和其他政府單位以非官方方式慫恿憲兵虐待受拘留者，另一方面則是虐待情境的現實，兩者間不一致的情形持續存在，以上所述不過是其中一例。指揮鏈一方面開口下達虐待的指令，另一方面卻在官方公開聲明中強調「我們絕不寬容虐囚行為或任何非人道待遇之行為。」藉由這樣的方式，他們便有理由在之後假裝毫不知情似地推卸責任。

塔古巴報告中特別指出，最高層軍方將領在得知這些極端虐行後曾建議進行軍法審判，後來卻未貫徹執行。由於他們對虐待行為知情在先，他們的不為便強化了一個印象，讓人以為虐待囚犯可以不需要付出代價。

溝通不良、教育失敗及領導無方是我們犯的錯誤

塔古巴提出許多例子，在這些例子中，這些軍人和陸軍後備役憲兵既未受到妥善訓練，也未得到足夠的資源和資訊；然而要勝任阿布葛拉伊布監獄中的獄卒這個困難工作，這些都是必需的。報告中陳述：

在第八百憲兵旅和隸屬其下的單位中，知識的缺乏、執行力不足，以及對服從基本法治、管理、訓導和指揮方面之要求疏於重視，這些現象都普遍存在……。

而在受拘留者及罪犯收容的處置方面，整個第八百憲兵旅的 AOR（Area of Responsibility，**責任區**）範圍內，從不同拘留所、不同院區到不同營區，**甚至不同值班時間**全都有自己的做法。（加強部分是我為了強調 1A 院區的日夜班差異而加上。）

報告同時也提及：

阿布葛拉伊布和貝卡營拘留監獄的收容人數遠超出其上限，而獄卒的人力和資源配置嚴重不足。這種失衡狀態造成各監獄單位生活條件惡劣、逃獄及無人當責。監獄過分擁擠也使得指認和隔離被拘留人口的領導者能力降低，這些人可能組織逃獄行動或在監獄內策動鬧事。

塔古巴也提出證據證實曾發生囚犯逃獄、暴動事件，並在報告中描述憲兵和被拘留者間的致命衝突。在每個案例中，報告都會重複提出一個結論：「本調查團隊並未收到任何關於這些事件的調查結果、促進因素或改善行動方面的資訊。」

塔古巴特別關切憲兵旅明顯訓練不足的問題，這些軍方指揮官已知卻未曾改善：

我發現第八百憲兵旅並未接受適當的任務訓練教他們如何管理阿布葛拉伊布綜合監獄內之監獄單位及懲教機構。正如萊德評估報告中發現到的，我也同意在第八百憲兵旅人員並未於調動期間受過懲治教育相關訓練。由於在調動前和調動後的訓練期間，憲兵人員都沒有接到精確的任務分配，他們因此無法接受任務特訓。

　　除了人手嚴重不足之外，被派駐至阿布葛拉伊布的軍人生活品質極其惡劣。那裡沒有 DFAC（餐廳）、沒有 PX（郵局）、理髮廳，也沒有 MWR（育樂交誼中心）。有的是一堆迫擊砲攻擊、零星的步槍和 RPG（火箭砲）攻擊，對監獄中的軍人和被拘留者生命均構成嚴重威脅。監獄人口爆滿，該旅卻無足夠資源和人力解決後勤調度問題。最後一點，由於憲兵與該旅過去曾有共事經驗，關係十分親近，因此友情經常優先於位階上的從屬關係。

塔古巴抨擊指揮官怠忽職守、經驗不足

　　相較於其他所有針對阿布葛拉伊布虐囚事件的調查報告，塔古巴報告的另一項特色是他在報告中明白點出指揮官無能行使其指揮職權，以及哪些人應當受到某些形式的軍事懲處。塔古巴將軍明確指出，許多軍方領導者的指揮風格根本是個笑柄，稱不上什麼典範，我們在此將花一些篇幅呈現他這麼做的理由。這些領導者原本應該要為無助的憲兵們提供一套可以遵循的規矩和尺度，因此塔古巴這麼說：

　　　關於第八百憲兵旅人員在阿布葛拉伊布監獄所從事的任務，我發現，負責在二○○三年十一月後接管阿布葛拉伊布 FOB（前哨作戰基地）的二○五憲兵旅，以及負責管理 FOB 內部之被拘留者的第八百憲兵旅，這兩個單位的指揮官之間明顯缺乏有效溝通聯繫並且互有爭執不和。兩個指揮部之間既沒有明確的責任劃分、缺乏指揮層級上的互動協調，在運作方面也未能整合。而最低階人員之間的串連行動也鮮少受到指揮官的監督。

　　我閱讀塔古巴分析報告所得到的心得是，阿布葛拉伊布不僅是**上級軍官們**貨真價實的「動物屋」，也包括 1A 院區的陸軍後備役憲兵夜班人員。這裡一共有十二名軍官和 NCO（Noncommissioned Officer，士官）曾受到申斥或懲戒，涉及的不當行為包括行為不端、怠忽職守、未行使

領導職和酒精濫用。其中一個令人瞠目結舌的例子來自李奧‧莫克（Leo Merck）上尉、第八七○憲兵連的指揮官，他被指控偷拍自己手下女兵的裸照。第二個例子則是一群怠忽職守的 NCO，他們不但和資淺士官稱兄道弟打成一片，更離譜的是在下車時無端擊發 M-16 步槍，結果造成燃油箱不慎炸毀的意外！

塔古巴建議應解除這十二名軍人的指揮職或甚至解職，並在將官人員申誡備忘錄上留下記錄，他們原本應當是屬下一般兵和後備役軍人的行為表率，表現卻是荒腔走板。

不只軍方人員難辭其咎，塔古巴的調查結果也顯示幾位民間訊問人員和通譯員曾個別涉入虐囚行為，並且不恰當地要求憲兵們參與他們對 1A 院區被拘留者的訊問工作。在這些人當中，塔古巴報告點名了以下幾名涉案罪嫌：史蒂芬‧史泰法諾維茲（Steven Stephanowicz）——美國國防部約聘民間訊問人員、CACI（California Analysis Center I）僱員，隸屬第二○五軍事情報旅；以及約翰‧伊色雷（John Israel）——美國國防部約聘民間通譯、CACI 僱員，也隸屬於第二○五軍事情報旅。

史泰法諾維茲被控「許可或同時指使從未受過訊問技巧訓練的憲兵們為訊問過程『創造有利條件』，這是未曾經過授權並且符合（原文照引，應做不符合）行為守則／落實政策。他清楚知道自己所下的指令就是**身體虐待**。」（強調部分由我加上）這正是費德理克和葛雷那提到過的，一些似乎負責 1A 院區主要事務的民間人士慫恿他們去做的事，也就是指使他們採取各種必要手段，以便在訊問過程中取得可採取行動的情報。

從塔古巴對史尼德中士告誡中，我們也可見到「不為之惡」的負面示範；塔古巴指出史尼德看見「一位直屬其管轄的士兵在他面前用力踐踏一名被拘留者完全裸露的手腳，但他沒有舉發他。」

在我們結束塔古巴報告以便繼續探討其他獨立調查報告的調查結果之前，我必須特別提到這個強而有力的結論；一些軍官及民間工作人員從不曾因為阿布葛拉伊布虐囚事件而受審，甚至沒被起訴，然而在這個結論中卻清楚指出他們有罪：

在位於伊拉克的阿布葛拉伊布／BCCF 以及貝卡營，有幾位美國陸軍軍人犯下令人震驚的罪行，他們的作為嚴重違反了國際公約。

除此之外，在第八百憲兵旅和第二〇五軍情旅中扮演關鍵角色的上級領導者也未能遵守既有規則、政策及指揮令的要求，盡力避免從二〇〇三年八月至隔年二月發生在阿布葛拉伊布及貝卡營的虐囚事件……。

必須特別提到的是，我懷疑陸軍上校湯瑪斯·M·帕帕斯、陸軍中校史提芬·L·喬登（Steven L. Jordan）以及兩位民間人士史蒂芬·史泰法諾維茲和約翰·伊色雷必須為阿布葛拉伊布虐囚案**負起直接或間接責任**，我也強烈建議根據前幾段中所做說明立即懲處，並啟動第十五號調查程序（Procedure 15 Inquiry）[譯1] 以判定他們的完整過失範圍。（強調部分由我加上）

而我必須追加一個訊息，沒有任何軍官因串謀虐囚而被判定有罪。只有卡屏絲基准將受到申斥並降階上校──她隨後就請辭了。史提夫·喬登中校是唯一因此受審的軍官，但他在虐囚案中的角色只讓他受到了申斥處分。然而關於軍方及政府司法不公的例子，最令人難以置信的還是塔古巴少將受到的待遇。由於他的報告詳盡周延地蒐集記錄了關於軍官、軍方以及民間訊問者的串謀證據，他被告知將永遠無法獲得升遷。作為一名菲律賓裔的最高階軍事將領，他的廉政品格使他完成一份誠實的報告，而不是按照軍方長官的期望去做，這項對他品格的羞辱也迫使他提前自卓越的軍旅生涯中退役。

「費伊／瓊斯報告」：向上及向外追溯責任 [7]

這是由安東尼·R·瓊斯（Anthony R. Jones）中將協助喬治·R·費伊（George R. Fay）少將完成的報告，調查的是第二〇五軍事情報旅

譯1　美國軍規，提供對情報工作的行為規範。依據第十五號程序可對有問題之情報活動展開指認、調查，及提出報告。

涉及阿布葛拉伊布虐囚事件的真相。他們同時也調查是否有任何位階高於該旅指揮官之組織或人員以任何方式涉入虐囚案中[8]。儘管他們的報告仍然將責任歸咎個人加害者的標準天性式歸因模式——再次以「少數道德墮落的軍民」當箭靶,但這份報告的確以具有啟發性的方式將因果關係擴展至情境及系統性因素。

「阿布葛拉伊布事件不是在真空中發生。」費伊/瓊斯報告以這句話為開場白,概述「操作性情境」(operational situation)如何促使虐囚事件發生。和我提到過的社會心理學分析相符的是,這份報告仔細分析了在行為發生的環境及周邊,強而有力的情境和系統性力量的運作情形。請思考一下我從結案報告中摘錄的以下三段文字意涵:

> 陸軍中將瓊斯發現,儘管上級長官並未犯下虐行,但他們的確必須為以下事情負起責任,他們對監獄疏於監督;未能即時回應紅十字國際委員會(International Committee of the Red Cross,簡稱ICRC)的報導,以及他們簽署了政策備忘錄,卻未能在戰略層次針對執行面提出清楚、一致的指引。

> 陸軍少將費伊發現,在二〇〇三年七月二十五日至二〇〇四年二月六日期間,有二十七名第二〇五 MI 軍旅人員據稱曾要求、鼓舞、赦免或誘使阿布葛拉伊布監獄之憲兵人員(MP)虐待被拘留者,或/同時**參與虐囚**,或/同時違反訊問程序、實施政策及訊問工作之規則。(強調部分由我加上)

> 駐阿布葛拉伊布監獄的軍事單位領導人或是對於軍人及阿布葛拉伊布軍事單位具有監督責任的人,他們並未盡責管理屬下或未能直接督導這項重要任務。這些領導人沒有適當懲戒他們的軍人,沒有從錯誤中學習,也沒有提供持續的任務特訓……。**如果是在遵行軍事信條、任務訓練持續執行的情況下,虐待行為不會發生。**(強調部分由我加上)

這兩位將領的聯合報告總結出多項阿布葛拉伊布虐囚案的促成因

素。他們總共指出了七項因素，除了一項可歸為天性式範疇外，其他均屬情境或系統性因素：

（1）「個人犯罪特質」（後備役憲兵的天性因素）

（2）「領導不力」（系統性因素）

（3）「該旅與上層梯隊間的非正常性指揮關係」（系統性因素）

（4）「多個機構／組織參與阿布葛拉伊布監獄的訊問工作」（系統性因素）

（5）「未能有效監督、認證及整合約聘訊問者、分析員及通譯」（系統性因素）

（6）「對 MP 和 MI 於訊問過程中應扮演的角色及責任缺乏清楚了解」（情境和系統性因素）

（7）「阿布葛拉伊布監獄中缺乏安全及防禦設施」（情境及系統性因素）

費伊／瓊斯報告接著明確指出，在這七個虐囚事件的促成因素中，有六個可歸因於系統或情境性因素，只有一個屬於天性因素。這份報告將這概觀進一步延伸，突顯出在促進虐行發生時扮演關鍵角色的幾個系統性失誤：

　　跳脫個人責任、領導者責任以及指揮部責任將視野向後延伸，我們將發現系統性的問題和爭議也促成這虐行一觸即發的環境。報告中列舉了數十項特定系統失誤，從政策面向到領導、指揮及控制議題，乃至資源和訓練議題均入列。

團隊合作：配合中情局非法調查

我十分驚訝地發現，這份報告也對中情局在刑求訊問活動中扮演的角色公開提出質疑，而這些原本應該是秘密進行的活動：

對訊問者和被拘留者的行為管理方面存在著系統性的無人當責情況，這對阿布葛拉伊布監獄的拘留業務造成相當大的困擾。我們不清楚中情局如何以及透過何種授權方式，可以將像二十八號被拘留者＊這樣的人安置在阿布葛拉伊布，因為中情局和盟軍駐伊拉克聯合軍事司令部（CJTF-7）之間並未對這項主題簽署任的協議備忘錄。當地的中情局高級職員讓陸軍上校帕帕斯和陸軍中校喬登相信，他們被允許**可以不依照該監獄既有規則和程序做事**。（強調部分由我加上）（＊我們將在稍後篇章中談到關於這位被拘留者的事，他的名字是曼那多·阿賈馬地〔Manadel al-Jamadi〕。）

製造病態的工作環境

中情局間諜在這類「高於法律且不受法律約束」的秘密情報工作中採取的做法，造成的負面效果如癌細胞在環境中迅速擴散，在費伊／瓊斯報告中曾以心理分析手法針對此詳盡描繪：

二十八號被拘留者之死以及訊問室中發生的各種插曲，在阿布葛拉伊布監獄中的美軍社群（MI 和 MP 社群一樣）中都廣為人知。由於沒有人為此負起責任，而且似乎有些人能不受法律和規則約束，於是各種猜測和不滿逐漸傳出。這股憤怒促使阿布葛拉伊布監獄形成一個病態環境，但二十八號被拘留者的死亡事件還是沒有解決。

報告中也簡短提到了匿名性的運用形成一個保護殼，使某些人得以逃脫謀殺罪名，「中情局官員在阿布葛拉伊布監獄工作時均使用化名（原文照引），而且從未透露真實姓名。」

當自我辯護的藉口成真

費伊／瓊斯報告支持了契普·費德里克及其他夜班憲兵的主張，他們聲稱所做的許多虐囚行為都受到在該單位從事情報蒐集工作的各類人

士鼓舞與支持：

「被告憲兵聲稱他們的行為是在 MI 授意下進行。儘管這是有利於自己的辯護，但這些主張的確有一些事實基礎。**事實是，在阿布葛拉伊布創造出的環境促成這類虐行發生，事實是，這情形維持一段長時間卻未被更高權力階層發現。**這一小群道德墮落、無人監督的士兵和平民一開始只是強迫被拘留者裸體、羞辱他們、施壓力、給他們體力訓練（運動），最後才變成性侵害和身體傷害。」（強調部分由我加上）

這兩位進行調查的將領重複指明系統和情境性因素在虐行中扮演的主要角色。然而他們無法放棄天性式的歸因方式，而將加害者視為「敗德」者，認為他們是所謂鍋裡的老鼠屎，而在那口鍋子裡的其他人全都有著「絕大多數軍人的高尚表現」。

好狗做壞事

費伊／瓊斯報告詳盡說明了某些用來促進訊問效率的「可接受」策略，並揪出其中錯誤，這是第一批這麼做的調查報告之一。例如它指出狗被運用在訊問中，而這些狗是由裘佛瑞·米勒（Geoffrey Miller）少將從古巴關塔那摩監獄送來的，不過報告上加上一句，「狗在訊問過程中被用來對被拘留者產生『威嚇』作用，但這項策略使用並未受到適當授權。」

一旦官方允許用戴上嘴套的狗來恐嚇囚犯，這些狗私下被拿下嘴套以加深恐嚇威力的日子也不會遠了。費伊／瓊斯報告中確認有一位民間訊問者（二十一號，私立 CACI 僱員）在訊問過程中使用未戴嘴套的狗，他還向憲兵們大吼要他們用狗對付一位被拘留者，「讓他回老家。」為了讓囚犯們知道這些狗可以咬死人，那隻狗才剛把那名被拘留者的床墊咬爛。另一位訊問者（十七號，第二軍情營）則被控對狗的不當運用情形知情不報，他目睹一名軍犬巡邏員讓一隻沒戴嘴套、情緒激昂的狗

進入兩個少年的牢房裡嚇唬他們。這名訊問者也親耳聽見軍犬巡邏兵們在討論中比賽他們用狗把人嚇到大便在褲子上的本事，卻同樣沒有回報。那些巡邏兵聲稱曾用狗把好幾個被拘留者嚇到尿失禁。

一絲不掛、去人性化的囚犯

　　裸露也是從阿富汗及關塔那摩引進的管理策略，目的是讓被拘留者保持合作態度。當阿布葛拉伊布監獄也開始運用這種策略時，費伊／瓊斯報告指出其後果就是，「權威人士的意見和恰當合法主張之間的界限模糊了。他們不假思索地直接將裸露運用於伊拉克戰區的監獄中。將衣物當成激勵因素（裸露）的做法之所以重要，因為它可能升高對被拘留者『去人性化』的效應，並促成其他額外且情節更嚴重的虐待行為（憲兵所為）發生。」

譴責對象：軍官、軍情人員、訊問者、分析員、通譯、翻譯者、軍醫

　　費伊／瓊斯報告在結論中宣布，在調查過程中他們發現有二十七位人士必須為阿布葛拉伊布監獄虐囚事件負責任，他們有罪，這些人有的被指出名字，有的則被指出代號。對我而言重要的則是人數，也就是對虐囚案知情、親眼目睹，甚至以各種方式參與其中，卻沒有做任何事來避免、阻止或向上回報的人的人數。他們全都為這群憲兵提供了「社會認可」，讓他們以為繼續這樣為所欲為可以被接受。他們的微笑和保持沉默代表整個訊問團隊周遭社會網絡的支持，代表他們對原本該受譴責的虐行豎起了大拇指。於是我們再一次看見了不為之惡如何促成了惡行。

　　軍醫和護士們經常因為未對痛苦中的人伸出援手，或是對殘忍行為袖手旁觀甚至助紂為孽，因而犯下罪行。他們簽發假死亡證明、對造成傷口和四肢骨折的原因說謊。他們違背了當初進入醫護學院的誓言，引用醫學及生物倫理學教授史提芬‧H‧邁爾斯（Steven H. Miles）在《被背叛的誓言》（*Oath Betrayed*）[9] 一書中的說法，他們是「為了廢渣出賣自己的靈魂」。

　　兩位陸軍將領做的完整調查平息了所有天性論式的質疑，即認為 1A 院區夜班憲兵們虐待折磨囚犯全是基於個人動機偏差或是虐待狂衝動使然。這份報告反而呈現了複雜多元的因果關係。許多其他軍人和平民都被指出以各種方式參與了虐待和刑求過程。這些人中有的是加害者，有的是火上加油的人，還有的是袖手旁觀、知情不報者。此外我們也看見許多軍官也被指明必須為虐行負責，因為他們領導不力，也因為他們創造出這個混亂、荒誕的環境，使得契普和他的屬下們被迫捲入，無法脫身。

　　然而這份調查報告卻未直接指出桑切斯將軍的罪行。不過桑切斯並沒有因此而徹底脫身，根據保羅‧J‧克恩（Paul J. Kern）將軍對記者透露的說法，「我們並未發現桑切斯將軍有罪的證據，不過我們認為他必須為已發生及未發生的事情負責。」[10] 現在我得說，這還真是精巧的文字遊戲：桑切斯將軍不是「有罪」，他只是對一切事情「有責任」而已。不過在我們的審判中，我們對他可不會那麼仁慈。

　　接下來我們將開始討論由倫斯斐下令進行的一項調查，主導這項調查工作的不是別人，正是前任國防部長詹姆斯‧施萊辛格。這個調查委員會並未展開全新而獨立的調查行動，反而訪問了軍方高層和五角大廈的領導人們，而他們的報告為我們正在分析的案子提供了許多重要的訊息報導。

「施萊辛格報告」：確認罪行 [11]

　　這是我們討論的最後一份調查報告，針對情境和系統性影響在我們的案子裡扮演的角色，它提供了珍貴的證據。這份報告詳盡說明了拘留中心許多運作漏洞，也指出領導和指揮系統的罪行，並揭露在達比將虐囚照片光碟拿給一位軍方犯罪偵查人員後，軍方的一切掩飾手段，這些內容均是我們特別關注的。

　　在這份報告中，最讓我意想不到也最稱許的是，它在其中一章中詳盡敘述了社會心理學研究對於了解阿布葛拉伊布虐囚事件的重要性。不

幸的是這部分被藏在附錄 G 中，所以不太可能被許多人閱讀到。施萊辛格報告中的這個附錄也呈現了阿布葛拉伊布情境和發生在史丹佛監獄實驗進行期間的虐待行為之間的相似性。

軍中虐待行為普遍

　　首先，報告指出美國軍事監獄普遍盛行「虐待行為」（報告中沒出現過「酷刑」這字眼）。二〇〇四年十一月間，在美軍聯合行動區域內就有三百樁虐囚指控，其中確立為「虐待行為」的案件有六十六件是由駐在關塔那摩和阿富汗部隊所為，超過五十五件發生於伊拉克。這些事件中有三分之一與訊問工作相關，根據報導至少有五位被拘留者死於訊問過程中。當時還有另外二十四個被拘留者死亡的案子正在進行調查。這個恐怖的描述似乎證實了費伊和瓊斯的報告中所言，1A 院區虐行並非發生在真空中，而是其來有自。儘管這些虐行或許是軍人施虐的例子中最顯而易見的，但它們的情節嚴重性或許還比我們等一下將拜訪的其他軍事拘留所中發生的謀殺和重傷害輕微些。

主要問題區域和造成情況惡化的條件

　　施萊辛格報告中確認出五個主要問題區域，它們形成了虐行發生的背景脈絡：

　　（1）憲兵和軍情人員沒有受到充分任務特訓。

　　（2）裝備及資源短缺。

　　（3）訊問人員承受必須取得「可採取行動之情報」的壓力（由一個既缺乏經驗也從未受過訓練的人，面對一群在接受訊問前最長已羈押九十天的被拘留者）。

　　（4）領導人「很弱」且經驗不足，卻必須在一個太過混亂、複雜的系統中試著掌舵。

　　（5）中情局的人照自己的規則行事，不對軍方指揮部門的人負責。

又是領導不力的問題

這份報告再次突顯了一個事實：領導不力的情形出現在每一層級中，並顯示出這如何促成夜班憲兵們的恐怖虐行：

如果提供適當的訓練、領導及監督，阿布葛拉伊布監獄1區牢房夜班時間的病態行為可以被避免。這些虐行……代表的是偏差行為，以及缺乏領導和紀律。

還有更多訊問期間的虐行沒被拍下，還有更多在阿布葛拉伊布以外地方訊問時發生的虐行沒被報導出來。

同樣地，這些虐行不能只怪罪於某些個人不守法紀，或是只歸咎於某些領導人無能實施懲戒，**還有更高層的機構及個人必須為此負責。**（強調部分由我加上）

美國參謀首長聯席會議主席理察・梅爾斯將軍曾嘗試要拖延美國哥倫比亞廣播公司在二〇〇四年四月公開發表這些照片，所以他一定很清楚這些照片具有某些「可能的重要性」。然而正如我先前提到的，這位高層將領卻能心安理得地公開說他認為這些事情都不是「系統性的」，要怪就該怪「少數害群之馬」做了壞事。

從社會心理學角度分析對他者的非人待遇

在針對軍事拘留所虐行所發起的十二項調查行動中，施萊辛格報告的獨特之處在於，它細膩地思考其中涉及的倫理議題，並概述阿布葛拉伊布監獄中運作的心理壓力源和情境力量。不幸的是這些特殊報導都被藏在報告最後面的附錄H「倫理議題」，以及附錄G「壓力源及社會心理學」裡，但它們應該是要受到重視。

與我個人相關的是，這個調查委員會指出史丹佛監獄實驗和阿布葛拉伊布虐囚案的相似性。讓我簡短回顧施萊辛格報告中相關部分的主要論點：

　　基於對社會心理學原則（原文照引）的基礎性理解，以及對眾多已知環境風險因子的意識，根據這兩者，完全可以料到在全球反恐怖主義戰爭期間發生虐囚事件的潛在可能……。來自社會心理學的發現指出，戰爭狀態及以拘留者管理中出現的動態會帶來虐待行為的內在風險，因此在處理時必須十分謹慎，並且小心計畫和訓練。

　　然而這份報告也指出，大部分軍方領導人對如此重要的風險因素一點都不清楚。施萊辛格報告也明白表示了解虐待行為的心理學基礎並不是為加害者找藉口，就像我之前不斷在書中表示的：即使「某些情況的確升高了虐待行為發生的可能性」，但是「這些情況不能成為蓄意從事不道德或非法行為者的藉口，也無法幫他們脫罪」。

史丹佛監獄實驗的教訓

　　施萊辛格報告極富勇氣地公開宣告，「具有里程碑意義的史丹佛研究示範了一則警世傳奇，這對所有軍事拘留行動都有參考價值。」報告中也清楚表示，對照史丹佛監獄實驗中相對良善的環境，「在軍方拘留作業中，軍人在充滿壓力的交戰狀況下工作，面臨的環境卻極為險惡。」意思是比起模擬實驗所觀察到的情況，可以預期在戰爭狀態下的憲兵人員會出現更極端的恃權凌虐行為。施萊辛格報告也繼續探索我們在本書中持續追蹤討論的核心議題。

　　「心理學家已嘗試去了解平常富有人情味的個體與群體，為何有時在某些情境下會出現截然不同的行為表現，以及這過程如何發生。」報告中概述了一些有助於解釋造成尋常人出現虐待行為的心理學概念，包括：去個人化、去人性化、敵人形象、群體迷思、道德脫鉤、社會助長及其他環境因素等。

　　其中特別顯著的環境因素就是廣泛運用裸露。「除去衣物成了被廣泛運用的訊問手段，造成阿布葛拉伊布監獄裡整群被拘留者被迫長時間裸露。」施萊辛格報告也敏銳分析了在 1A 院區的憲兵和其他人的虐囚行

為中，強迫裸露為何是個重要原因，報告中指出，一開始的動機是要讓拘留者感覺脆弱，因此更容易順從訊問者。但這個策略最後助長了該區中去人性化狀態，報告中也說明了過程。

隨著時間過去，「裸露對獄卒和訊問者可能都產生了心理作用。穿衣是一種固有的社會行為，因此當被拘留者的衣物被剝除後，在和他們互動的人眼中就產生了意外的去人性化效果……。去人性化降低了道德和文化的藩籬，而它們通常是防止虐待他人的有效障礙。」

這份調查報告和未在本書中呈現的其他報告的共通點主要有兩個：它們都詳細說明了造成阿布葛拉伊布虐囚案的各種情境和環境促成因素；也都確認導致虐行的許多系統和結構促成因素。然而，由於這些報告的作者是由軍方高層官員或國防部長倫斯斐任命，因此他們在要譴責更上層的指揮鏈時就卻步了。

為了讓我們看清這幅更巨大的因果關係圖，現在要停止探討證據基礎，轉而回顧最近一份來自人權觀察組織的報告，這是最具規模的世界人權捍衛組織。（請參見 www.hrw.org）

人權觀察組織報告：「動用酷刑不必受懲罰？」[12]

〈動用酷刑不必受懲罰？〉是人權觀察組織（簡稱 HRW）報告（發表於二〇〇五年四月）的聳動標題，這份報告中強調，針對美國軍人和公民對虐待囚犯、刑求和謀殺等犯行，世人需要一個真正獨立的調查行動。它號召全面調查導致嚴重違反人權行為的政策制定者。

我們想像得到阿布葛拉伊布監獄的刑求室、關塔那摩監獄的類似場所，以及其他位於阿富汗、伊拉克的軍事監獄，都是先由布希、錢尼、倫斯斐、鄧內特（Tenet）等「締造者」設計出來，然後再由「開罪者」——操弄全新語言和概念的律師上場，用各式各樣新方法和工具合法化他們的「酷刑」，這些人包括總統法律顧問艾伯托・剛札爾斯（Alberto Gonzales）、約翰・游（John Yoo）、傑伊・拜畢（Jay Bybee）、威廉・塔

夫特（William Taft）以及約翰·艾許考夫特（John Ashcroft）。而負責建造這個刑求系統的「工頭」則是軍方領導人如米勒、桑切斯、卡屏絲基等將軍和他們的手下。完工後進來的才是負責執行強制訊問、虐待、刑求等日常勞務的技術人員，即軍情單位的軍人、中情局間諜、民間約聘及來自軍中的訊問者、翻譯、軍醫和包括費德里克和他夜班弟兄們的憲兵。

阿布葛拉伊布監獄的虐囚照片被公諸於世後不久，布希總統就誓言要「將做錯事的人繩之以法。」[13]然而 HRW 的報告指出，只有低階憲兵們受到司法制裁，創造出這些政策的人、提供意識形態並批准虐行發生的人卻能全身而退。HRW 報告做出了結論：

> 這幾個月以來，事態很清楚，刑求和虐待事件不只出現在阿布葛拉伊布監獄，在世界各地的數十個拘留所中也都發生了同樣的事件，許多案件都造成了死亡或嚴重創傷，而許多受害者和蓋達組織或恐怖主義根本毫無關連。有證據顯示，虐待行為也發生在受到控管的國外「秘密地點」，官方將罪嫌送到第三世界國家的監獄裡刑求。然而直到今天，唯一因為做壞事而被繩之以法的都是指揮鏈最底端的人。證據指出，該受懲罰的人不只這些，但是該為這整個更大的虐囚模式負起責任的政策制定者，卻在免責的保護下安然無恙。
>
> 正如這份報告所示，證據指出，包括國防部長唐納·倫斯斐、前中情局局長喬治·鄧內特、前美國駐伊拉克最高指揮官李卡多·桑切斯中將，前古巴關塔納摩拘留營指揮官裘佛瑞·米勒少將等人在內的高階平民及軍方領導人，這些人的決定及發布的政策促成了情節嚴重的大規模違法事件。各種情況強烈指出他們要不是心知肚明自己的行動造成這些事件，要不也應該要知道。當我們將越來越多資料和虐行證據並陳時，便可看出他們沒有採取行動阻止這些虐行。
>
> 在獲得上級許可並在最後三年中普遍被運用的強制訊問方式裡，也包括那些如果換成是別的國家將會被美國再三斥為野蠻酷刑的技巧。就

算在陸軍戰地手冊中也譴責其中一些方法，被認定為酷刑。

即便是 1A 院區夜班憲兵們令人做嘔的虐待和刑求照片，相較於軍人、中情局幹員及民間人士所犯下的謀殺事件，也會相形失色。「如果美國要洗刷阿布葛拉伊布事件留下的污點，就必須調查下令或寬恕虐行的高層，並且全盤公布總統的授權內容，」人權觀察組織特別顧問李德‧布洛迪（Leed Brody）這樣表示。他又補充，「華盛頓首府必須斬釘截鐵地駁斥任何仗著反恐名義的虐囚行為。」[14]

搭便車效應

我來清楚說明伊拉克、阿富汗和古巴關塔納摩灣基地的虐囚範圍和程度。最近一份陸軍方面的聲明指出，從二〇〇一年十月以來，共收到超過六百件虐囚指控案。其中有一百九十件未受調查或是並沒有已知的調查行動——犯案者是幽靈虐待者。其他至少四百一十件受調查的指控所獲結果如下：一百五十件受紀律懲戒、七十九件受軍法審判、五十四件被判有罪、十件獲判一年以上刑期、三十件獲判不滿一年刑期、十四件不必坐牢、十件獲判無罪、十五件案子懸而未決或是被撤銷控訴，七十一件受到行政懲戒或非司法懲戒。總計起來，在這份報告於二〇〇六年四月發表時至少還有兩百六十件案子處於調查終結或狀態未明[15]。軍犬巡邏員麥可‧史密斯（Michael Smith）中士因用未戴嘴套的狗折磨被拘留者而被判六個月徒刑，他堅稱他是「聽從上級指令，軟化囚犯態度以協助訊問。」據報導他曾說過，「軍人不該和藹可親」，他的確做到了。[16]

截至二〇〇六年四月十日止，沒有任何證據顯示軍方曾試著以個人下令從事虐行，或縱容屬下犯下虐行的名義起訴應負起指揮官刑事責任的任何一名軍官。在所有鉅細靡遺的虐囚調查報告中，只有五名軍官被控應負起刑事責任，但沒有一位是以指揮官刑事責任的罪名起訴。軍方以非刑事審訊及行政申誡的方式對這些誤入歧途的軍官施以薄懲，意味

他們只犯了小過，沒有什麼大不了的處罰。即使在超過七十件嚴重違法的虐行案件中有十件是殺人案，另二十件是傷害案件，情況也是一樣。美國軍方的寬大為懷使中情局間諜和民間人士連帶受惠，前者至少涉入十個虐囚指控案，更有二十名為軍方工作的約聘人員捲入這些案件中。明顯可見的是在阿布葛拉伊布之外的地方，虐待被拘留者的情況普遍存在，而在許多虐待與刑求案件中皆存在著指揮官責任的缺失。（關於虐待事件及有罪軍官不受起訴的完整報告請參見註釋 [17] 。）

HRW 向上調查指揮鏈缺失

人權觀察組織在報告中提出詳細的證據，證實美國的軍事監獄系統中廣泛存在著由憲兵和軍情人員、中情局及民間約聘訊問人員所為的虐囚行為，而在控訴戰爭罪和刑求的刑事責任時，HRW 幾乎是直接將矛頭指向指揮鏈：

儘管在調查一位好整以暇的國防部長及其他高階官員的過程中顯然會遇上不小的政治阻礙，但有鑑於犯罪情節如此重大，惡行證據更是層出不窮、數量龐大，美國政府未將調查層次向上拉高顯然是不負責任的做法。除非設計或授權這些非法政策的人也受到懲罰，否則美國總統布希和其他人對阿布葛拉伊布虐行照片發表的「噁心」抗議根本毫無意義可言。如果沒追究這些罪行的真正責任，再過幾年，世界各地的大屠殺加害者都將拿囚犯所受的待遇當擋箭牌，以逃避對他們暴行的譴責。確實，當像美國這樣的世界強權公然藐視禁止刑求的法律時，等同是邀請其他人有樣學樣。華盛頓首府最迫切需要的人權捍衛者的信譽，已經因為刑求事件揭發而受損，如果因為政策制定者完全不必負責任而讓惡行繼續猖獗，損害將會更加嚴重。[18]

非法政策的制定者全身而退

美國及國際法都認可「指揮官責任」或「上級責任」原則：無論是

民間或軍方權威人士，都可能因為屬下的犯罪行為而必須負起刑事責任。這類責任的成立必須滿足三個條件。首先，必須要有清楚的上下從屬關係。其次，上級必須知情，或有理由知情屬下將犯罪或已然犯罪。第三，上級沒有採取必須、合理的手段來避免犯罪行為或是懲罰加害者。

一九九六年「戰爭罪法案」（War Crimes Act of 1996）、一九九六年「反刑求法案」（Anti-Torture Act of 1996）及「軍法統一法典」（Uniform Code of Military Justice，簡稱 UCMJ）均規定戰爭罪和刑求行為應受懲罰。人權觀察協會公開表示，**表面證據案件**的存在，提供對下列四位官員展開犯罪調查的充分理由：國防部長唐納・倫斯斐、前中情局局長喬治・鄧內特、李卡多・桑切斯中將、裘佛瑞・米勒少將。

這些官員每一位都須為其管轄權下發生的虐行負起責任，我在這裡只能概述其中幾點理由，HRW 報告中提供了完整的敘述及支持證據可供進一步參考。

國防部長倫斯斐受審

倫斯斐曾告訴參議院軍事委員會：「這些事情發生在我的權責範圍之下，身為國防部長，我對它們有責任，我必須負起全部責任。」[19]

HRW 堅持認為，「基於『指揮官責任』的理由，倫斯斐部長應為美軍在阿富汗、伊拉克和關塔納摩等地所犯的戰爭及刑求罪行接受調查。倫斯斐部長藉由鑽取漏洞、藐視日內瓦公約而創造出犯下戰爭罪和刑求罪的條件。」[20] 他的做法是批准使用違反日內瓦公約及反刑求公約的訊問技術，他也允許隱藏被拘留者以便使國際紅十字委員會無法接觸到他們。」HRW 繼續指出：

從阿富汗戰爭的最初期開始，倫斯斐部長就漠視各項簡報、ICRC 報告、人權報告及新聞報導中指出美軍犯下包括刑求在內之戰爭罪的事實。沒有證據顯示他曾運用其權威警告必須停止虐待囚犯之行為。要是

他當時這麼做，或許可避免許多軍人犯罪。

倫斯斐部長許可關塔那摩監獄使用非法訊問技術，一項調查將可判定在他撤銷不經他允許下使用這些技術的批准之前，這些非法訊問技術是否使該地被拘留者受到非人待遇。這項調查行動也可查出是否正如新聞記者西穆爾・賀許宣稱，倫斯斐部長曾核准一項秘密計畫，鼓勵對伊拉克囚犯施加身體壓制及性的羞辱。如果兩項指控中有一項為真，那麼倫斯斐部長除了必須負起指揮官責任之外，他還必須為身為虐囚犯行的教唆者而負起責任。

倫斯斐授權對關塔那摩監獄囚犯運用違反日內瓦公約及反刑求公約的各項訊問手段，這些方法後來又被引進位於阿富汗和伊拉克的軍事監獄。他曾針對被拘留者接受訊問前之預備工作做過多項指示，其中包括：壓迫性姿勢（如站姿），最多為四小時，隔離狀態下使用，最長三十天。運送或訊問過程中可使用頭罩覆蓋住被拘留者頭部。剝奪光線及聲音。除去所有提供舒適之物品（包括宗教性物品）。強制修面（剔除面部毛髮之類）。除去衣物。利用拘留者個人的恐懼（例如怕狗）來造成壓力。在標準作業程序中還鼓勵讓被拘留者暴露於高溫、極冷、強光或尖銳巨大的聲音中。

在二〇〇三年的五月和七月（阿布葛拉伊布虐囚事件被公開揭露前），以及二〇〇四年的二月，國防部一再接獲來自國際紅十字委員會關於被拘留者受虐及刑求事件的警告。[21]ICRC 的報告指出數百件來自許多軍事基地的虐囚指控，並再三要求立即採取行動。這些關切都被置之不理，虐囚情形變本加厲，ICRC 的視察也被取消。在 ICRC 二〇〇四年二月呈送給聯軍長官的機密報告中，提出多項違反聯軍拘留原則之「保護人的自由不受到剝奪」的事實指控：

- 逮捕過程及拘留初期的殘酷待遇，經常造成死亡或重傷
- 訊問過程中為取得情報而強加身心壓制

- 長時間隔離監禁於毫無光線的牢房中
- 以過度或不符合比例原則方式運用武力導致拘留期間之傷亡

　　加州大學柏克萊分校的新聞學教授馬克‧丹那（Mark Danner）在他《刑求與真相：美國、阿布葛拉伊布與反恐戰爭》（*Torture and Truth: America, Abu Graib and the War on Terror*）一書中回顧了所有相關記錄，並根據他詳細的調查結果做出一個結論，「當你閱讀這些檔案時會發現，國防部長倫斯斐幾乎是親自許可了那些超出軍法容許範圍的作業程序，而就其所許可的囚犯待遇來說，作業程序也超出民法的容許範圍。」[22]

前中情局長喬治‧鄧內特受審

　　HRW 指控前中情局長喬治‧鄧內特的行為違背多項法律。在鄧內特的指示並據稱獲得他的特殊授權之下，CIA 對被拘留者運用水刑（幾乎使嫌犯溺水），也以扣留藥物的方式折磨他們。據報導，CIA 運用的技術還包括幾乎讓囚犯窒息、強迫保持「壓迫性姿勢」、光線及聲音轟炸、睡眠剝奪以及讓被拘留者以為他們落入把刑求當家常便飯的外國政府手中。在鄧內特局長的指示下，CIA 把被拘留者「讓給」其他政府，以便對他們刑求。在鄧內特局長的指示下，CIA 將被拘留者送到秘密地點，使他們得不到法律保護，使他們手無寸鐵、沒有資源、沒有醫療及其他一切所需，使他們無法接觸外面世界只能任人擺佈。於是被拘留者被關在長期無法與外界連絡的拘留所中，成了名副其實的「失蹤人口」。

　　回顧一下費伊／瓊斯調查報告中的結論，「CIA 的拘留和訊問方式造成逃避責任、虐待行為、單位間的合作減少，並產生一種不健康的神秘氣氛，使得阿布葛拉伊布的整體氛圍更加惡化。」CIA 根本是以自己的規則做事，完全視法律於無物。

　　在鄧內特的指示下，CIA 也大量創造出所謂「幽靈被拘留者」。人數到底有多少？答案我們永遠不能肯定，不過保羅‧克恩將軍、負責監督費伊／瓊斯調查行動的高級軍官曾告訴參議院軍事委員會，「人數是數

十人，也許高達百人」。CIA 讓許多被拘留者從阿布葛拉伊布監獄檔案中消失，以便逃過 ICRC 的監督。

被謀殺後棄屍的「冰人」

費伊／瓊斯報告中曾提及一個「幽靈化」案件：二○○三年十一月，一位名叫曼那多·阿賈馬地的伊拉克被拘留者被海豹特戰部隊帶到阿布葛拉伊布，並在那裡接受一位從未出現在正式記錄中的 CIA 情報員訊問。賈馬地被「刑求至死」，但是他的死因卻以不尋常的方式被掩蓋起來。

調查報導記者珍·梅爾（Jane Mayer）揭發了這位 CIA 人員在這樁殺人案中扮演的邪惡角色，以及湮滅事實的惡行。她在《紐約客》（二○○五年十一月十四日）上發表了一篇極富感染力的報導〈一次致命的訊問〉，文中提出一個問題：「CIA 可以合法殺死人犯嗎？」

我們努力想理解契普和其他所謂「流氓軍人」在阿布葛拉伊布工作時的行為脈絡，而阿賈馬地案對此格外重要。從這個案子中我們了解到他們深深陷入的環境；他們看到幽靈拘留者被殘酷地虐待、刑求，有些人甚至被殺，而這些事都成了家常便飯；他們親眼目睹加害者「逃脫謀殺罪行」，而這種事是千真萬確。

當然了，對照被稱為「冰人」（Ice Man）的幽靈被拘留者阿賈馬地的遭遇，他們對飽受折磨的人犯所做的事比較像「好玩跟遊戲而已」。阿賈馬地被毆打、窒息致死，然後丟進一堆冰塊裡，這件事他們都知道得一清二楚。

阿賈馬地據稱提供爆裂物品給叛亂分子，因而被視為是具有極高價值的訊問對象。二○○三年十一月四日凌晨兩點，一組海豹特戰部隊在他位於巴格達城外的家中逮捕他。他被捕時一隻眼睛瘀青、臉龐有一道割痕，身上至少六根肋骨斷裂，顯然是劇烈掙扎後的下場。海豹特戰部隊將阿賈馬地交給 CIA，CIA 將他拘留在阿布葛拉伊布接受訊問，由馬克·史華納（Mark Swanner）負責指揮。在一位翻譯的陪同下，這位

CIA 探員將阿賈馬地帶進該監獄中一處由 CIA 把持的牢房內，將他全身脫光，然後向他大吼大叫，要他說出武器在哪裡。

根據梅爾斯在《紐約客》的報導，史華納接著交代憲兵把阿賈馬地帶到 1A 層級院區的淋浴間訊問。兩名憲兵接到（來自匿名民間人士）命令，將這名人犯銬在牆上，即使他當時幾乎動彈不得了。他們被告知將他從手臂懸吊起來，這是被稱為「巴勒斯坦懸吊法」的刑求姿勢（最早使用這種刑求方式的是西班牙的宗教裁判所，當時被稱作吊刑）。當他們離開房間時，一名憲兵回憶道，「我們聽見許多聲慘叫。」不到一小時後，曼那多・阿賈馬地就死了。

當時值班的憲兵華特・迪亞茲（Walter Diaz）曾表示沒必要那樣把他吊起來，他已經被手銬銬住而且完全沒有抵抗動作了。當史華納命令他們把屍體從牆上卸下時，「血像水龍頭開了似地從他的鼻子和嘴裡噴出來。」迪亞茲說道。

接著 CIA 該如何處置被害者遺體的問題？憲兵指揮官唐納・李斯（Donnald Reese）上尉及軍情人員指揮官湯瑪斯・帕帕斯上校被告知這椿發生在他們當班時間的「不幸事件」，不過他們不必擔心，因為 CIA 的髒手會把事情處理好。阿賈馬地的屍體被放在淋浴間裡直到隔天早上，他被透明膠帶捆住裝進冰塊堆裡以延緩腐化速度。隔天來了一位軍醫，將靜脈注射針筒插進「冰人」阿賈馬地的手臂，假裝他還活著，然後像病人一樣放在擔架上抬出監獄。這樣做是為了不要影響其他拘留者的心情，他們被告知阿賈馬地是心臟病發作。接著一位當地的計程車司機把屍體運到一個不知名的地方棄屍。

所有的證據都被湮滅了，一點書面資料都沒留下，因為阿賈馬地這名字從來沒出現在任何官方記錄上。海豹特戰部隊以粗暴的手段對待阿賈馬地，無罪；軍醫沒被指認出來，逃過一劫；幾年後，馬克・史華納仍繼續為中情局工作，沒被起訴！案子差不多就此終結了。

在葛雷那下士的數位相機拍下的駭人照片中，其中的幾張非常像是「冰人」。首先有一張照片是專業軍士薩布雷娜・哈門露出迷人的笑容，

彎身在阿賈馬地傷痕累累的屍體上，比出大拇指朝上的手勢。接著在冰人被移走前，葛雷那也加入留影行列，他在一張照片中對薩布雷娜·哈門露出讚許的笑容作為回應。當然了，契普和其他夜班憲兵都知道發生了什麼事。這類事情發生以及嫻熟的處理方式，意味著 1A 院區牢房是個任何東西都可以不著痕跡靜悄悄消失的地方。如果不是他們拍下這些照片、如果不是達比敲響了警鐘，這個一度在秘密地方中發生的一切，將永遠不為人知。

然而 CIA 仍然繼續努力擺脫禁止刑求及謀殺的法律束縛，即使他們正在打一場全球反恐怖主義的戰爭也無法改變他們的做法。諷刺的是，史華納曾經承認，從那名被殺的幽靈人犯口中並**沒有**取得任何有用情報。

李卡多·桑切斯中將受審

李卡多·桑切斯中將跟倫斯斐一樣曾大聲承認他的責任，「身為駐伊拉克最高指揮官，我承認必須為發生於阿布葛拉伊布監獄的事件負起責任。」[23] 但是這類責任必須承受相當後果，不能只是拿來在公開場合惺惺作態。人權觀察組織將桑切斯中將列入必須為戰爭及刑求罪行受審的四大首寇之一，該會在報告中指出：

> 桑切斯將軍應為身為戰爭罪及刑求罪的首謀，或身為「指揮官責任」的追究對象而受調查。桑切斯將軍授權使用違反日內瓦公約及反刑求公約的訊問技術。根據人權觀察協會調查，他明知或應知直屬其指揮權責下的軍隊犯下刑求罪及戰爭罪，卻未採取有效手段阻止。

我在本書中安排桑切斯中將受審的原因是基於 HRW 報告中透露的這項事實，「他頒布了違反日內瓦公約和反刑求公約的訊問規則及技術，再者，他明知或應知直屬其指揮權責下的軍隊犯下刑求罪及戰爭罪。」

由於數個月以來在關塔那摩監獄進行的訊問並未得到「可採取行動

之情報」，因此阿布葛拉伊布的人都承受了莫大的壓力，不管要動用什麼方法，他們都得從恐怖分子口中取得情報才行，而且是立刻就要。馬克・丹那曾經透露，軍事情報官威廉・龐斯（William Ponce）上尉曾寄出一封電子郵件給他的同僚，敦促他們在二〇〇三年八月中前交出一份「訊問志願清單」。在這封郵件中，威廉上尉以陰沉的口吻預示了即將發生在阿布葛拉伊布的惡行，「面對被拘留者絕不需要手下留情。」並接著表示，「柏茲上校（位階第二高的駐伊拉克軍事情報指揮官）已經說得很清楚，他要這些人崩潰。我軍的傷亡人數不斷增加，我們得開始蒐集情報好讓弟兄們能避免任何進一步的攻擊行動。」[24]

二〇〇三年的八月到九月，新任關塔那摩拘留所指揮官裘佛瑞・米勒帶領了一個專業軍士參訪團造訪伊拉克。他的主要任務是要將這套新的鐵腕政策推廣給桑切斯、卡屏絲基以及其他軍官。根據卡屏斯基的說法，「米勒將軍明白告訴桑切斯，他要得到情報。」[25] 只有得到倫斯斐和其他高階將領的明確支持，米勒才有辦法指揮其他軍官，而他所謂在關塔那摩的成功經驗則是他受到支持的原因。

桑切斯在二〇〇三年九月十四日的一份備忘錄中正式列出了他的規定，提出的訊問手段比之前憲兵和軍情人員運用的辦法更極端。[26] 他清楚表示了他的目標，其中包括，「製造恐懼、讓被拘留者失去判斷力、造成被捕者的心理震撼」。這些由倫斯斐透過米勒一路傳遞過來的新核准技術包括：

運用軍犬：在維護訊問過程的安全性同時也利用阿拉伯人的懼狗心理達到威嚇效果。犬隻必須戴上嘴套，並由巡邏員隨時控制，以避免和被拘留者接觸。

睡眠管理：被拘留者二十四小時內最少可給予四小時睡眠，睡眠管理的持續時間勿超過七十二小時。

運用吼叫、響亮樂音及燈光控制囚犯：目的在製造恐懼、使被拘留者失去判斷力及延長被捕者的心理震撼期。應控制在不造成傷害的程度範圍內。

壓迫性姿勢：運用身體姿勢（坐、站、跪、趴等）達成體罰效果，每次不超過一小時。使用一或多種姿勢時，總時數不應超過四小時，每個體罰姿勢間應給予適當休息。

欺敵：讓被拘留者以為訊問他們的人不是美國人，而是來自其他國家。

施萊辛格報告指出，在桑切斯發布的訊問技術中有十幾種超出美國陸軍戰地手冊第三十四至五十二章[譯2]中的容許範圍，甚至比關塔那摩軍事監獄裡用的手法還要極端。二〇〇五年三月為回應來自 FDIA 的控訴，桑切斯的備忘錄被公諸於世；而就在一年前（二〇〇四五月），桑切斯在對國會的宣誓證詞中撒謊，說他從未下令或批准實施包括運用狗來進行威嚇、睡眠剝奪、巨大噪音或製造恐懼等訊問手法。基於上述所有理由，桑切斯應該要受到審判。

關於下令虐囚之事，軍方指揮層級到底直接參與到什麼程度？英勇

譯2　美國陸軍戰地手冊第三十四至五十二章的內容是情報訊問活動的相關規範。

揭發虐囚惡行的喬伊・達比提供了來自士兵的觀點，「沒有一個負責指揮的人知道發生虐囚的事，因為那些人根本不想知道。這才是真正的問題。整個指揮層級的人都活在自己的小小世界裡，忘記自己該做什麼。所以這根本不是什麼陰謀，事情很明白，這完全是疏忽之過。他們該死地竟然完全不知情。」[27] 由於他在阿布葛拉伊布醜聞案中的角色，桑切斯被迫從最高軍事指揮官的位置上提前退職（二〇〇六年十一月一日），他坦承，「這是我提前退休的關鍵因素，也是唯一的因素。」（引自二〇〇六年十一月二日《衛報》報導〈美國將領說阿布葛拉伊布事件讓他提前出局〉）

裘佛瑞・米勒少將受審

人權觀察基金會堅持，「身為受到嚴密控管之古巴關塔那摩監獄營地指揮官，裘佛瑞・米勒少將須為該地發生的戰爭罪及刑求罪罪行負起潛在責任並接受調查。」再者，「他明知或應知直屬其指揮權責下的軍隊對關塔那摩監獄被拘留者犯下刑求罪及戰爭罪罪行。」此外，「裘佛瑞可能建議伊拉克方面採取某些訊問手段，而這些訊問手段是導致發生在阿布葛拉伊布監獄之戰爭罪及刑求罪罪行的最直接原因。」

裘佛瑞・米勒少將自二〇〇二年十一月起擔任關塔那摩聯合特遣部隊指揮官，直至二〇〇四年四月成為伊拉克拘留任務副指揮將領，他擔任這個職務直到二〇〇六年。他被派往關塔那摩是為了取代李克・巴克斯（Rick Baccus）將軍，巴克斯將軍堅持必須嚴格遵守日內瓦公約的指導原則，因此被上級認為他把囚犯們「寵壞了」。於是在裘佛瑞少將的一聲令下，原本的「X 光營」變成收容六百二十五名人犯、共一千四百名憲兵和軍情人員駐紮的「三角洲營」。

米勒是個革新者，他一手建立了專門的訊問團隊，這是首次結合軍事情報人員和憲兵防衛部隊的創舉，也模糊了過去在美國陸軍中牢不可破的界限。為了了解囚犯腦子裡在想什麼，米勒十分倚仗專家，「他帶進了心理學家、精神科學家等行為科學專家（來自民間和軍方）。他們找

出人的心理弱點，研究如何操縱犯人心理使他們願意合作，搜尋人的精神和文化等幾處脆弱面。」[28]

米勒的訊問者利用犯人的醫療記錄，試圖讓被拘留者陷入憂鬱、喪失判斷力，直到崩潰為止。犯人如果反抗，就讓他們挨餓，一開始至少有十四個人自殺，而在接下來的幾年內，試圖自殺的人數更是高達數百人[29]。光是最近就有三位關塔那摩監獄的被拘留者用牢房裡的床單上吊，沒有一個人在被拘留多年後受到正式起訴。一位政府發言人沒有看出這些自殺行為想要傳達的訊息是絕望，反而譴責他們的做法是為了博取注意力的公關式舉動[30]。一位海軍少將就極力主張這些行為不是絕望之舉，而是「向我們發動的不對稱戰爭」。

倫斯斐部長正式授權使用連美軍都禁止運用的粗暴訊問技巧，米勒的訊問團隊變得更具侵略性。阿布葛拉伊布於是成了米勒的新實驗室，測試的假設是需要用什麼手段才能從反抗的囚犯口中獲取「可採取行動之情報」。倫斯斐帶著他的助手史提芬·坎邦（Stephen Cambone）到關塔那摩和米勒會面，目的就是要確定他們都在玩同樣的把戲。

我回想起卡屏絲基說米勒告訴她，「妳得把犯人當狗看，如果……他們認為自己跟狗有絲毫不同，那麼妳從一開始就喪失對訊問過程的主控權了……這辦法有效，我們在關塔那摩灣就是這麼做。」[31]

記錄顯示卡屏絲基將軍也說過米勒「到那裡跟我說他要把拘留作業給『關塔那摩化』（在阿布葛拉伊布進行）。」[32] 帕帕斯上校也曾表示米勒告訴他用狗可以有效創造出有利於取得犯人情報的氣氛，而狗「戴或不戴嘴套」都可行。[33]

為了確保他的命令被執行，米勒寫了一份報告並確保他所留下的團隊都收到一份光碟，其中詳盡列出必須遵守的指令。接著桑切斯將軍授權執行新的嚴酷規定，規定中詳盡說明許多被運用於關塔那摩的訊問技術。陸軍退役將領保羅·克恩清楚指出將關塔那摩策略運用在阿布葛拉伊布所造成的問題，「我認為這造成了困惑，我們在阿布葛拉伊布的電腦裡發現 SECDEF（Secretary of Defense Rumsfeld's，國防部長倫斯斐的

備忘錄），但那是寫給關塔那摩的，不是給阿布葛拉伊布。這造成了一些困惑。」[34] 基於上述所有理由，裘佛瑞·米勒將軍被我們加入審判被告名單中，他們的罪名是「違反人性」。[35]

在必須為阿布葛拉伊布虐刑負起系統性責任的指揮階層當中，位居頂端的是美國副總統迪克·錢尼，以及總統喬治·W·布希；然而人權觀察協會的控訴卻在追究到這裡之前卻步了。但我不會有所遲疑。等一下我將把這兩位加入我們在本書中舉行審判的被告清單中。他們設定重新定義刑求的議程、擱置國際法提供給犯人的保護，並鼓勵CIA對犯人運用一系列非法、致命的訊問技巧，只為了他們對所謂反恐戰爭的執著迷戀。

不過我們必須先進一步探討下列問題：1A院區發生的虐待行為是否只是少數害群之馬所為的單獨事件？或者他們的攻擊行為實屬於更大規模的虐行模式的一部分，這個模式受到高層默許並被許多軍方和民間幹部廣為運用在包括暴動嫌犯的逮捕、拘留和訊問過程之中。我的論點是，這是個由上至下開始腐敗的墮落環境。

刑求無所不在，身體傷害當小菜

虐囚照片首次被公諸於世的隔天，美國參謀首長聯席會議主席理察·梅爾斯堅持否認這類虐行是系統性犯罪行為，反而把所有責任都推到「阿布葛拉伊布七嫌」身上。他公開表示（二〇〇五年八月二十五日），「事實上我們針對阿布葛拉伊布事件至少展開了十五項調查行動，我們已經在處理了。我的意思是，不過就是幾張隨手拍下的照片，如果說這些事只發生在阿布葛拉伊布夜班時間，事實也是這樣，參加的人就只有一小群守衛而已，我們可以很明顯看出這不是什麼更普遍的問題。」[36]

他真的讀過任何調查報告嗎？單從我在這裡概述過的幾項獨立調查

的部分內容，就能明白看出犯下虐行的遠不只是照片上出現的那幾個來自 1A 院區的憲兵。這些調查指出，軍事指揮官、民間訊問人員、軍事情報人員和 CIA 共同創造了醞釀出虐行的條件。更糟的是，他們甚至參與其中一些更致命的虐行。

我們也回想起施萊辛格調查小組曾仔細描述五十五件發生於伊拉克境內的虐囚事件，以及二十件仍在緩慢調查中的被拘留者死亡案例。塔古巴報告也找到許多無法無天的虐行例子，說明了阿布葛拉伊布監獄發生的「**系統性**、非法的虐囚行徑」。國際紅十字委員會也曾告訴美國政府，美國許多軍事監獄中被拘留者受的待遇已經涉及「等同於刑求」的身心壓迫。

此外，紅十字會的報告還指出，阿布葛拉伊布的訊問人員用的方法「似乎是軍事情報人員標準作業程序的一部分，目的是用來取得自白和情報。」而我們剛剛才讀到最近的統計資料顯示，美國位於伊拉克、阿富汗和古巴境內的軍事監獄中曾發生超過六百件以上的虐待案件。這些聽起來像是少數害群之馬在一個惡劣監獄的惡劣牢房裡做出來的事嗎？

在阿布葛拉伊布之前被揭露的性虐囚事件

儘管軍方和民間的行政指揮官都希望將伊拉克發生的虐待和刑求事件當作獨立事件，是二〇〇三年秋天在阿布葛拉伊布 1A 院區值夜班的少數不良軍人的獨立作為，然而新的陸軍檔案記錄卻揭穿這不實宣稱。二〇〇六年五月二日，由美國公民自由聯盟（American Civil Liberties Union，簡稱 ACLU）公布的陸軍檔案記錄透露，在阿布葛拉伊布醜聞爆發的兩週前，政府高層官員已經得知這些極端的虐囚事件。一份題為〈伊拉克及阿富汗虐囚指控案〉（*Allegations of Detainee Abuse of Iraq and Afghanistan*）、日期註明為二〇〇四年四月二日的情報文件中，就詳盡記載了正在調查中的六十二件美軍虐待及殺害被拘留者案件。

這些案子包括傷害、用拳頭捶、用腳踢、痛毆、模仿死刑行刑、性侵害女囚、威脅要殺害一名伊拉克兒童以便「讓其他伊拉克人知道教

訓」、把被拘留者衣服脫光、痛打一頓、用爆裂物嚇他們、向銬上手銬的伊拉克兒童丟擲石塊、用他們的圍巾綁成繩結讓他們窒息、訊問時用槍口對準被拘留者等。至少有二十六件的案子中涉及被拘留者死亡。在這些案子當中,有些幾乎已通過了軍法訴訟程序,虐行的範圍超出阿布葛拉伊布監獄,而觸及美軍基地克羅帕營、貝卡營及其他位於伊拉克摩蘇爾(Mosul)、薩馬拉(Samara)、巴格達、提克理特(Tikrit)等地的拘留中心,以及位於阿富汗的奧崗─E(Orgun-E)軍事基地。(關於ACLU 的完整報告請參見註釋 37)

　　針對由陸軍准將理察‧佛米卡(Richard Formica)所領導的第十二項軍方虐囚調查結果,一份五角大廈的報告指出在二〇〇四年初,美國特種部隊持續運用嚴酷且未經授權的訊問手法對待被拘留者,為期長達四個月。這件事發生在二〇〇三年阿布葛拉伊布虐囚案之後,而且這些訊問手法已經廢止了。有些受到虐待的拘留者在長達十七天的時間裡只得到餅乾和水充飢,全身一絲不掛地被關在小到只容站立或躺倒的牢房裡一個禮拜,飢寒交迫,得不到睡眠,承受著極端的精神負荷。儘管這些虐行被揭發,但沒有一個軍人受到處罰或至少受到申誡處分。佛米卡認為這些虐待行為既不是出於「蓄意」,也不能怪罪於「個人失誤」,而是「不當政策的失敗」使然。在這個粉飾太平的看法之後,他根據自己的觀察補充說,「沒人因為這樣的對待而看起來憔悴不堪。」38 他的發言真是太令人驚訝了!

海軍陸戰隊冷血謀殺伊拉克人民

　　我在本書中一直將焦點放在了解監獄的惡劣環境如何讓本性良善的獄卒墮落,但還有一個更大、後果更致命的環境,那就是戰爭。無論發生在什麼時代、哪一個世紀,戰爭都會將平凡人、甚至是好人變成殺手。殺害他們的指定敵人,這就是士兵們受訓練的目的。然而在戰鬥的極端壓力下,在疲憊、恐懼、憤怒、仇恨及復仇火焰的熊熊燃燒下,人可能會在道德邊界迷失,殺害敵軍以外的平民。除非是嚴格維持軍隊的

紀律，每一個軍人都知道必須為自己的行動負起個人責任，並且行動受到上級的嚴密監督，否則一旦毫無節制地釋放出憤怒，他們就可能會做出強暴殺害敵方軍民的惡行。我們知道在越南美萊村以及其他不甚廣為人知的軍隊屠殺事件中，例如美軍猛虎部隊在越南所幹下的屠殺行為裡，這類人性迷失都真實地存在。上面提到的美軍菁英戰鬥部隊，在越戰期間曾以長達七個月的時間持續屠殺手無寸鐵的平民 39。悲哀的是，戰爭的殘酷從戰場蔓延到家鄉，並重新在伊拉克上演。 40

軍事專家警告，由於在不對稱的戰事中，軍人們作戰的對象往往是四處流竄的敵人，在這樣的壓力下，維持紀律會越來越困難。所有戰爭都曾發生過戰時殺戮，絕大多數的侵略部隊都曾犯下這類暴行，即便是高科技部隊也一樣。「戰鬥會帶來壓力，以平民為對象的犯罪行為就是典型的戰鬥壓力反應，如果你讓夠多的士兵參與夠多的戰鬥，其中一些人就會開始謀殺平民。」這是一位華盛頓軍方智庫的資深官員的說法。 41

我們必須承認軍人是訓練有素的殺手，他們在戰鬥營中成功完成了密集的學習經驗，而戰場就是他們測試身手的地方。他們必須學會壓抑從前受到道德訓練——基督教十誡之一的「汝不可殺人」。新的軍事訓練就是將他們洗腦，以便讓他們接受在戰時殺人是種自然的反應，這就是所謂「殺人學」（Killology）的科學內涵。殺人學這名詞的英文是由一位退休中校戴夫‧葛羅斯曼（Dave Grossman）、現任西點軍校軍事科學教授所創，他在他的網站以及著作《論殺人》（On Killing）中對此有詳細說明。 42

然而這門「製造殺手的科學」有時候會失去控制，讓人把謀殺當成家常便飯。請想想一名二十一歲的美軍殺害一名伊拉克平民，只因為他拒絕在交通檢查哨前停下。「這好像不算什麼。在那裡殺死一個人就跟捻死一隻螞蟻一樣容易。我是說，殺人就像是，『來吧，我們吃點披薩』一樣，意思是原本我以為殺人會是什麼改變你一生的經驗，結果我殺了人，感覺卻像是，『好啊，那又怎樣。』」 43

二〇〇五年十一月十九日，在伊拉克一個叫做哈迪塞（Haditha）的小鎮上，一顆放在路旁的炸彈爆炸了，殺死了一名美國海軍陸戰隊隊員並造成其他兩名士兵受傷。接下來幾小時中，根據一份海軍陸戰隊調查報告上的說法，有十五名伊拉克平民被一枚臨時製成的爆裂物殺害。案子就這麼結了，幾乎每天都有許多伊拉克人被這種方式殺害，這不是什麼新鮮事。然而哈迪塞鎮上的一個居民（塔哈・泰貝特〔Taher Thabet〕）製作了一捲錄影帶，影帶中記錄了死亡平民彈痕累累的屍體，並把它交給《時代》雜誌位於巴格達的辦公室。這個舉動促使相關單位啟動了一個嚴格的調查行動，以查明二十四名平民被該海軍陸戰營殺害的事件真相。事情經過似乎是海軍陸戰隊隊員進入三戶民宅，並以步槍射擊和丟擲手榴彈的方式有條不紊地殺害了大多數居民，其中包括七名孩童和四名婦人。他們也射死了一名計程車司機，以及在附近路邊攔計程車的四名學生。

當海軍陸戰隊高級軍官知道陸戰隊隊員違反交戰信條無故殺害平民後，顯然曾企圖掩飾這件事。二〇〇六年三月，該海軍陸戰隊營的指揮官以及他的兩位排長被解除指揮權，其中一人聲稱自己是「政治犧牲者」。在本書撰寫時，仍有幾個行動在調查這起事件，可能會發現有更高層指揮官涉案。對於這個可怕的故事我們必須補充一個重點，來自第三排、基洛（Kilo）連的海軍陸戰隊員都是經驗豐富的軍人，而這是他們的第二或第三趟任務。他們曾參加稍早在法魯賈發生的激烈戰役，半數弟兄都在這場戰鬥中身亡或受重傷。因此在哈迪塞鎮屠殺事件前，他們早已醞釀了巨大的憤怒與復仇情緒。[44]

戰爭是軍人的地獄，但是戰場上的平民和兒童的處境更惡劣，尤其是軍人在道德的路徑上迷失、開始野蠻對付他們時。另一個最近發生並正在調查的事件中，美軍在伊拉克伊薩奇（Isaqui）的一個小村莊裡殺害了十三名平民。其中一些人被發現時全身被捆綁，由頭部槍擊射殺，包括幾名兒童在內。一位美軍高級官員承認有一些「非戰鬥人員」被殺害，並把這些平民的傷亡稱為「間接破壞」（我們再次看見與道德脫鉤息

息相關的委婉詞標籤化機制 45）。

請想想，當一位高級官員允許士兵殺死平民，這時會發生什麼事？四名美軍被控在伊拉克提克理特的一次民宅突擊行動中殺死三名手無寸鐵的伊拉克人，這次行動是由他們旅長麥可‧史提爾（Michael Steele）下令，指令是「所有男性暴動者、恐怖分子格殺勿論。」洩漏這條新交戰守則的士兵曾被其他同袍威脅不准將這次槍擊死亡事件告訴任何人。46

戰爭中最大的恐懼之一是軍人強暴無辜的一般女性，正如我們在第一章中曾經描述過發生於盧安達胡圖族民兵屠殺圖西族女性的殘酷記錄。相似恐怖暴行的指控也出現在伊拉克，一群美軍（隸屬第一○一空降師）在聯邦政府法庭上被控殺死一名十四歲女孩的父母及她四歲大的妹妹後強暴她，然後從頭部將她射殺，最後將所有人的屍體燒毀。明確證據顯示，這群美軍在交通檢查哨見到這名女孩後就開始計畫犯下這起血案，他們在行凶前先脫下了制服（以免被認出），並在強暴她之前先殺死她的家人。而軍方卻在一開始將謀殺的責任怪罪給暴動分子。47

讓我們現在告別抽象的概化、統計數字和軍方調查，來聽聽幾位陸軍訊問人員現身說法，關於他們的所見所聞以及他們如何虐待被拘留者。他們談到虐待行為普遍發生、目睹到的刑求模式，以及他們自己親自做過的事，這些都有公開記錄可查證。

我們也將簡短回顧新近揭露出在關塔那摩實行的計畫，這個計畫中被媒體暱稱為「拷問小姐」（Torture Chicks）的年輕女性訊問人員運用各種性誘惑，以做為訊問的技巧。這些女性訊問人員的出現以及她們所使用的策略，必然是經過指揮官許可，並不是她們自己主動決定要在古巴的監獄裡賣弄風騷。我們將會知道，不只是 1A 院區的陸軍後備役憲兵們會犯下下流虐行，連菁英士兵和軍方官員都會對囚犯做出更野蠻的傷害行為。

最後我們將看到刑求的範圍幾乎是無遠弗屆，因為在命名為「引渡」、「非常規引渡」甚至「反常規引渡」的計畫中，美國將刑求「向外

輸出」至其他國家。我們會發現不只有海珊會刑求他的人民，美國也一樣這麼做，而新的伊拉克政權也在伊拉克全境各秘密監獄內刑求其男女同胞。這些人在各種不同名目的包裝下來到，真實的面目卻只有一個——刑求者，了解到這點，我們只能為伊拉克人民感到無比傷痛。

證人現身說法

專業軍士安東尼·拉古拉尼斯（Anthony Lagouranis，已退休）曾擔任陸軍訊問人員長達五年（二〇〇一年至二〇〇五年），並在二〇〇四年間前往伊拉克進行任務。雖然他是第一次派駐到阿布葛拉伊布，仍被安排進入一個特殊的情報蒐集單位，該單位負責伊拉克全境拘留設施的訊問任務。當拉古拉尼斯談到伊拉克境內訊問單位中瀰漫的「虐待文化」時，他的根據資料是來自全國各地，並不僅限於阿布葛拉伊布監獄的 1A 院區。48

下一位證人則是羅傑·布洛考（Roger Brokaw，已退休），他自二〇〇三年春天起曾在阿布葛拉伊布監獄擔任訊問員工作長達六個月。布洛考表示，在他曾經交談過的人當中，僅有少數者，比例約百分之二的人具有危險性或是暴動分子。他們大多數是由伊拉克警察逮捕或是指認，被找上的理由可能是因為跟某個伊拉克警察有嫌隙或是單純被討厭而已。這兩位證人都說情報蒐集工作之所以缺乏效率，跟拘留所內人滿為患而且大多數人沒有什麼好情報可提供有關。有些人只是住在暴動發生區域內，就被警察把一家男性全部逮捕回去。由於那裡缺乏訓練有素的訊問者和翻譯，就算這些被拘留者真的有什麼情報，輪到他們被訊問時，情報也已經過時跟緩不濟急了。

花了這麼多力氣卻只得到極少有用的結果，於是帶來許多挫折。而這些挫折又帶來許多侵犯行為，正如挫折感帶來侵略性的古老假設。隨著時間流逝，暴動越演越烈，來自軍方指揮官的壓力也越益龐大，因為指揮官也感覺得到指揮鏈上層行政部門長官心中的急切。情報的取得變得至關重要。

布洛考說：「因為他們得立刻找到人來問出點東西。他們有一定的配額，每個禮拜要訊問多少人，然後交報告給上面的人。」

拉古拉尼斯說：「我們很少從囚犯身上問到什麼好情報，我覺得這都該怪我們淨抓一些沒有情報好給的無辜者。」

布洛考：「我說過話的人裡面有百分之九十八的人都不該待在那裡。把這些人抓來只是為了交差，他們突擊搜索民房，然後把房子裡的人全都抓出來丟進拘留所裡。帕帕斯上校（說），他有得拿到情報的壓力。拿到情報，他說『如果我們拿到情報，我們就可以救其他人的命，你知道，像是找到武器、找到那些暴動分子的藏身處，我們就可以救士兵的命。』我想這造成一種想法，認為不管訊問人員或憲兵想做什麼來軟化這些人，這些事都可以原諒。」

布洛考也說指揮鏈的人由上而下釋放出一個訊息，「絕不手軟」。[49]

布洛考：「『我們要絕不手軟』我聽過這句話，某個晚上開會時喬登中校說，『我們要絕不手軟，我們要讓那些人知道，你知道我的意思，讓他們知道誰才是老大。』他指的就是被拘留者。」

隨著反抗聯軍的暴動事件致命性越來越高、範圍越來越廣，憲兵和軍情人員必須取得可採取行動的情報資料的壓力也越來越大。

拉古拉尼斯又做了更詳細的補充，「現在這種事在伊拉克到處都是，他們到人們的家中去刑求。步兵隊進到民家去刑求。他們會用一些工具，比方說像烙鐵。他們會用斧頭敲碎人們的腳，把骨頭、肋骨打斷。你知道，這是——這是很嚴重的事。」他又說，「當部隊出動到民宅裡突擊時，他們會留在房子裡刑求他們。」

為了取得情報，憲兵和軍情人員到底可被允許做到什麼程度？

拉古拉尼斯：「這些虐刑部分是為了取得情報，也有部分只是單純的虐待狂發洩。你會越做越過分，沒辦法停手，想看看自己可以幹到什麼地步。對人們來說，如果你跟一個你覺得可以全權掌控、你的力量遠遠壓倒他的人坐在一起，然後你卻沒辦法教他照你說的去做，這時出現強烈的挫折感是很自然的事。然後你每天都做同樣的事，每天每天。有

一天當你感覺到達某個點，你會開始想要玩點大的。」

當把高濃度的恐懼跟復仇情緒等心理催化劑加進這個反覆無常的亂局時，會發生什麼事？

拉古拉尼斯：「如果這些沒完沒了的轟炸真的讓你憤怒，我的意思是他們向我發射 RPG（Rocket-Propelled Grenade，火箭砲），但你卻無能為力。於是你跟一個你覺得可能是幹出這些好事的傢伙待在訊問間裡面，你就會想盡可能把氣出在他身上。」

他們真的做到什麼地步？

拉古拉尼斯：「我記得有一個負責管理訊問所的陸軍准衛，他聽說過海豹特戰部隊的人怎麼用冰水來降低犯人的體溫，然後你知道，他們會幫他量肛溫，確定他不會死。他們會讓他持續徘徊在低體溫狀態。」而交出他們所要的情報的報酬就是在人犯被凍死前幫他解凍！

於是我們見到強而有力的心理學策略「社會塑造」（social modeling）付諸實踐。這名訊問員運用類似的方法進行訊問——他一整個晚上都把一個冷冰冰的金屬搬運箱當作訊問間。

拉古拉尼斯：「我們讓犯人的體溫維持在低體溫，讓他待在我們叫做『環境操控』的地方裡面，用（吵鬧尖銳的）音樂聲和閃光燈轟炸他。然後我們會把軍用巡邏犬帶進來對付犯人。雖然這些狗都被控制住了，像是上了嘴套或由軍犬巡邏員牽著，可是犯人因為被眼罩遮住所以根本不知道。那些狗都是很高大的德國牧羊犬。然後我會問犯人問題，如果我不喜歡他的答案，我就跟軍犬巡邏員做個手勢，狗就會狂吠然後撲到囚犯身上，但其實牠沒辦法咬人。有時候他們就會尿在連身衣上，因為實在太害怕了，你了解吧？尤其是他們的眼睛被矇住，他們根本不知道發生了什麼事，你知道，這種處境會令人很恐懼。我被命令去做像這樣的事情，我叫那個准衛在他叫我做的每一件事情上簽名。」

某些平常會被有道德感的人自我譴責的行為舉動，現在卻成了道德脫鉤機制的運作方式。

拉古拉尼斯：「那是因為你真的覺得自己喜歡自外於正常社會，你

了解嗎？你的家人、朋友，他們並沒有看見那裡的事情經過。在這裡的每個人都在某種程度上參與了這場我不知該怎麼說，神經病妄想，或是如果想要好聽點的字眼，幻覺。原本完整的世界瞬間分崩離析了。我的意思是，我覺得心情很平靜。還記得我待在摩蘇爾的搬運箱裡，你知道，我整個晚上都跟一個傢伙（接受訊問的犯人）待在一起。感覺就像是徹底跟這世界隔絕了，包括道德隔絕，你覺得好像可以對這傢伙做任何事，甚至你也想這麼做。」

終其餘生，這個年輕的訊問員都將記得他在為國服務時曾親身參與並認識了邪惡。他描述暴力的增長趨勢，以及暴力如何滋長暴力。

拉古拉尼斯：「你會越做越過分，沒辦法停手，想看看自己可以幹到什麼地步。那似乎是人性的一部分。我的意思是，我確定你讀過在美國監獄裡面做過的研究，就是你把一群人放到監獄裡讓他們管理裡面的另一群人，讓他們可以支配他們，殘酷行為、刑求很快就會出現，你知道嗎？所以這種事很平常。」（我們可以認為他指的是史丹佛監獄嗎？如果是的話，SPE 在都市神話裡面已經變成一座『真的監獄了』。）

要減少虐待行為的發生，最基本需要的是強而有力的領導：

拉古拉尼斯：「我在我到過的每個拘留所裡面都看到這種事（殘暴行為和虐待）。如果沒有真的很強的領導者，昭告所有人『我們不容許虐待犯人』……每個拘留所都會有虐待行為發生。就連那些根本不打算取得情報的憲兵也一樣，他們只是有樣學樣，因為那裡的人都是這麼做。如果沒有自律或是上面的人來管理，大家就會變成那樣。」

而在親眼目睹來自「海軍陸戰隊兩棲偵查部隊在伊拉克北巴別（North Babel）所犯下的虐刑」之後，拉古拉尼斯再也無法忍受了。他開始寫報告揭發虐刑，用照片記錄囚犯身上的傷口、錄下他們的宣示證詞，接著把所有資料交給海軍陸戰隊的指揮鏈。但就像契普・費德里克也曾跟他的上級長官抱怨阿布葛拉伊布監獄的種種不正常狀況，他們的抱怨下場都一樣，針對這位訊問員的來信，海軍陸戰隊的指揮部門中沒有人有任何回應。50

　　拉古拉尼斯：「甚至沒有人來看看發生了什麼事。沒有人來跟我談過。這些虐待報告就好像寄到一個不知名的地方去了。沒有人來調查他們，或許是他們沒辦法，或許是不想。」（官方的沉默姑息讓所有異議都顯得噁心。）

　　關塔那摩監獄裡的訊問團隊可以做到多過分？「○六三號犯人」這個特殊案例可以說明。這位犯人的名字是穆罕默德・阿蓋達尼（Mohammed al-Qahtani），他被認為是九一一恐怖攻擊中的「第二十名劫機者」。他受過各種你想像得到的虐待。他曾經被刑求到尿在自己身上，連續好幾天無法睡覺、被迫挨餓，被一隻兇惡的警犬逼嚇。他的持續抵抗換來進一步的虐待。○六三號犯人被迫穿上女性胸罩，頭上被放了一條女用皮帶，訊問員拿他當取笑對象，說他是同性戀。他們甚至給他戴上狗鍊，然後叫他做一些狗常玩的把戲。一位女性訊問人員先是叉開大腿跨坐在他身上刺激他產生性反應，接著再斥責他違背了自己的宗教信仰。《時代》雜誌的調查記者幾乎鉅細靡遺且詳盡生動地記錄了阿蓋達尼長達一個月的秘密訊問生活[51]。這段日子幾乎就是由各種殘暴野蠻的訊問策略，再加上一些精緻複雜的技巧及許多可笑愚蠢的把戲組合而成。但事實上，任何經驗豐富的警探都可以在更短時間內運用不那麼墮落的手法來問出更多情報。

　　海軍的法律顧問亞爾柏托・默拉（Alberto Mora）聽聞這項訊問的事後極感震驚，在他的想法中，任何軍隊或政府均不該寬恕這些非法的訊問方式。默拉發表了一份極具說服力的聲明，聲明中提出的基本架構使我們能正確了解到寬恕虐待式訊問代表了什麼意涵：

　　假如我們不再宣布殘暴的行為是非法行為，反而將之納入政策當中運用，這樣的做法將會改變人民與政府之間的基本關係，並徹底摧毀人權概念。憲法指出人擁有天賦人權，並非國家或法律所賦予，人應擁有人格之尊嚴，人權概念中包含了免於殘酷待遇的權利。人權是普世原則，而非僅限於美國——即便是那些被指為「非法武裝分子」的人也應享

有人權。如果您做出了例外，整部憲法都將因此崩塌。這是個根本性轉變的議題。[52]

　　親愛的讀者，我現在將要求你試著想像自己扮演陪審員的角色，請你就這些經過計畫的訊問策略，與那些被稱為「思想變態的」1A院區憲兵們在照片中的虐待行為做個比較。在許多張照片中，我們可看到被拘留者頭上被戴上女用內褲，但除此之外最可怕的還是林蒂‧英格蘭用狗繩綁在一位犯人頸上牽著他在地板上爬的那張。現在我們似乎可以合理地做個結論，戴在頭上的女用內褲、狗繩以及慘無人道的場面，全都是借自最早運用過這些技巧的CIA及米勒將軍在關塔那摩的特別訊問團隊，這些策略後來成了普遍被接受的訊問方式，並在戰區內被廣泛運用，只是沒被允許拍下照片而已！

精銳軍人的虐行

　　我們對整個指揮結構提出的控訴，最令人印象深刻的見證或許來自伊安‧費許貝克上尉，費許貝克是西點軍校的榮譽畢業生，並在服役於伊拉克的菁英空降部隊擔任上尉。他在最近一封寫給約翰‧麥坎（John McCain）參議員抱怨虐囚事件猖獗的信中起首這樣寫道：

　　我是西點軍校畢業生，目前正於陸軍步兵服役，軍階是中尉。我和八一二空降師一起出過兩趟戰鬥任務，一次前往阿富汗，一次是伊拉克。雖然我的任務是為全球反恐而戰，但是我的上級的行動與聲明卻讓我認為，美國的政策日內瓦公約不適用於阿富汗或伊拉克。

　　在與人權觀察協會做多次訪談後，費許貝克上尉又透露了更多特定細節，說明訊問員必須遵守的合法界限所產生的困惑造成了什麼令人不安的結果。他的單位駐紮在靠近法魯賈的水星營前哨作戰基地（FOB），兩位來自同單位的中士也對他的說法提出補充[53]。（儘管我們在前一章

中已經提及，但我還是要在這裡呈現費許貝克上尉的完整說法及事件背景。）

在寫給麥坎參議員的信中，費許貝克證實了包括在訊問前慣例毆打犯人臉部及身體、將沸騰的化學藥品倒在犯人臉上、例行將犯人銬在讓人身體不支累倒的位置，以及讓犯人失去意識的強迫操練等虐行存在。他們甚至會將犯人疊成金字塔，就像阿布葛拉伊布的做法。在阿布葛拉伊布醜聞案爆發前，這類虐行就已經存在，而且直到醜聞和爆發後從不曾間斷。

在水星FOB裡，我們讓犯人們疊成金字塔，不是裸體，但是是疊成金字塔狀。我們強迫犯人們做些充滿壓力的操練，一次至少兩小時……。曾經有個情況是我們用冷水把一個犯人淋溼，然後把他整夜留在外頭。（這裡又出現了拉古拉尼斯曾提到過的，讓犯人暴露於極端情境的虐待技巧。）也曾經發生一個士兵拿棒球棒用力揍被拘留者的腿。這些方法都是我從我的NCO（Non-Commissioned Officer，未受銜軍官，即士官長）那裡學來的。

費許貝克也證實這些虐待行為是由指揮官下令並受到原諒，「他們會告訴我，『這些傢伙就是上個禮拜丟下 IED（Improvised Explosive Device，應急爆裂裝置）的那些人。』然後我們會狠狠教訓他們一番，讓他們吃苦頭……不過你會開始了解，這就是那裡的做事法則。」（我們回想起之前曾討論過，一個特殊情境中會逐漸浮現新規範，新做法很快就會變成必須奉行的標準。）

令人驚訝的是，費許貝克說他的士兵們也用數位相機拍下他們的虐囚行徑。

（在水星FOB）他們說他們也有類似阿布葛拉伊布監獄的虐囚照片，因為這些照片之間的相似度太高，所以他們把照片銷毀了。他們是這麼

497

說的，「他們（阿布葛拉伊布的軍人）因為那些我們也被交代去做的事情惹上了麻煩，所以我們要銷毀這些照片。」

最後，費許貝克上尉展開一趟長達十七個月的說明活動，向他的上級們解釋他對這一切虐行的關切與怨言，結果和訊問者安東尼‧拉古拉尼斯以及費德里克上士如出一轍，他並沒有收到任何下文。於是他只好將他的信寄給麥坎參議員將一切公諸於世，這件事鞏固了麥坎參議員對於布希政府擱置日內瓦公約的反對立場。

「拷問小姐」： 關塔那摩自白室裡的膝上豔舞

我們的下一位證人透露了軍方（或許與 CIA 合作）在關塔那摩監獄中發展出來的新墮落把戲。「性被拿來當武器，以便使拘留者和他的伊斯蘭信仰之間出現隔閡。」在該監獄營中工作的軍方翻譯人員艾瑞克‧薩爾（Erik Saar）這麼說道。這位年輕的士兵滿懷愛國主義熱忱來到關塔那摩灣，相信自己一定能對這場反恐戰爭有所貢獻。然而他很快地了解到他根本幫不上忙，在那裡發生的事完全是「一場錯誤」。二〇〇五年四月四日，在艾美‧古德曼（Amy Goodman）廣播節目「今日民主」的訪談中，薩爾以生動寫實的方式詳述了被用於對付囚犯的各種性策略，全部都是他親眼目睹。他在相當於一本書篇幅的醜聞告白《鐵網內：一個軍情人員在關塔那摩的親身見聞》（*Inside the Wire: A Military Intelligence Soldier's Eyewitness Account of Life at Guantanamo*）詳述了這次的訪談。54

在他於該監獄服役的六個月期間，阿拉伯語十分流利的薩爾擔任翻譯工作，將官方訊問者的話和問題翻譯給犯人聽，再以英語將犯人的答覆傳達給訊問人員。於是他得扮演「大鼻子情聖席哈諾式角色」，用適當的語言將符合訊問者和犯人動機的確切意思傳達給這兩個人。而這個新虐待把戲必須由富有性魅力的女性訊問員上場演出。薩爾說道，「這個女性訊問人員會用性誘惑的方式讓被訊問的犯人覺得自己是不潔的……

她會在犯人背上揉搓自己胸部，談論關於自己身體部位的一些事……犯人十分震驚而且憤怒。」

薩爾辭掉了他的工作，因為他認為這樣的訊問策略「根本無效而且無助於維護我們的民主價值。」[55]《紐約時報》的專欄作家莫林‧道得（Maureen Dowd）於是創了一個暱稱「拷問小姐」，用來稱呼用性魅力從囚犯身上套取情報和自白的女訊問員[56]。

薩爾曾說過一段特別戲劇性的邂逅，可以歸類在軍方命名為「女性空間進犯」的訊問技巧之下。主角是一位具有「高情報價值」的二十一歲沙烏地阿拉伯人，他大部分的時間都待在牢房裡祈禱。在開始訊問前，負責的女性訊問人員，我們稱她為「布魯克」，布魯克和薩爾兩個人先經過一番「消毒」程序，把制服上的名字貼起來以免洩漏身分。然後布魯克說：「要問供的被拘留者是個雜碎，我們得好好對付他。」原因她說得很明白，「不下猛藥那個雜碎不會招，所以今天晚上我要來試試新花樣。」軍方認為這個沙烏地阿拉伯人和九一一事件的劫機者一起接受飛行訓練，因此他有很高的情報價值。薩爾指出，「當軍方訊問者跟被拘留者問話時，如果他不合作，他們很快就會『下猛藥』：對囚犯厲聲高叫、升高對抗情勢，或是表現出一副壞條子的嘴臉，完全忘記要跟犯人建立交情。」

布魯克繼續說：「我只要讓他覺得除了合作別無其他選擇就行了。我想讓他覺得自己很髒，髒到他沒臉回到牢房裡花一整個晚上禱告。我們要在他和他的上帝中間設下障礙。」[57]於是當犯人不願意配合回答問題時，布魯克決定下點猛藥。

「出乎我意料，」薩爾高聲說，「她開始解開上衣的鈕釦，動作很慢、很挑逗，就像脫衣舞孃一樣，露出在胸前撐得緊緊的合身棕色陸軍T恤……然後慢慢向他走過去，用她的胸部在他背上摩蹭。」她用誘惑的口吻說：「你喜歡這對美國大奶子嗎？我看到你下面開始硬了。你想你的阿拉真主會怎麼說呢？」接著她轉了個圈坐到他正對面，把手放在他的胸前，挑逗地說：「你不喜歡這對大奶子嗎？」當那個犯人轉頭看

薩爾時，她開始挑戰他的男子氣概，「你是同性戀嗎？為什麼你一直看他？他覺得我的奶子很不賴，你呢？」（薩爾點頭贊成。）

犯人抵抗她的動作，往她臉上吐了口口水。但她不為所動，開始發動另一波更強烈的攻勢。她開始解開褲子的鈕子，一邊問那名犯人：

「法里克（Fareek），你知道我現在是生理期嗎？我這樣碰你你有什麼感覺？」（當她把手從她的內褲裡抽出來時，她的手上看起來像是沾了經血。然後她最後一次問他，是誰教他去學開飛機、是誰送他去上飛行學校。）「你這賤人，」她用氣音一邊說，一邊把他以為是經血的東西擦到他臉上，「你想早上你的弟兄們看見你時會怎麼想，如果他們知道你臉上沾的是個美國女人的經血？」布魯克說著站起身，「順便告訴你，我們把你牢房裡的水給關了，所以你臉上的血得留到明天早上了。」當我們離開訊問間時，她掉頭就走……她用了她認為最可能拿到長官要的情報的辦法，她盡力了……我剛才到底做了什麼鳥事？我們在這地方幹的是什麼勾當？

這的確是個好問題。對薩爾或其他人來說，卻不可能有清楚的答案。

關塔那摩監獄中的其他虐行

艾瑞克·薩爾透露了關塔那摩監獄中的其他做法，全都是欺詐、不道德、非法的。他和訊問團隊的其他成員都接受到嚴格命令，要求他們絕不可和紅十字國際委員會的觀察員交談。

當行程預定要參觀「典型」訊問過程的要人來訪時，監獄方面就會安排「演戲」。他們會弄一個假場景，讓場面看起來很正常、很一般。這讓我們想起納粹在捷克斯拉夫的特雷辛城（Tereseinstadt）集中營的模式，他們也是這樣愚弄國際紅十字委員會的觀察員和其他人，讓他們以為裡面的犯人都很滿意他們的重新安置。薩爾形容，在這個「萬事美好」的場景內，所有的東西都被「消毒」過了：

我加入這個情報團隊後所學到的事情之一就是，如果有重量級貴賓

來訪，通常這類人指的可能是將軍、上級政府單位的執行長、情報局來的人，甚至是國會代表團，這時候所有人都會團結合作，他們會告訴訊問員去找一個之前表現很合作的人帶到訊問間裡，貴賓來訪的時候就讓他們坐在觀察室裡觀察裡面的訊問過程。基本上他們會找曾經合作過的人，找可以面對面坐著正常交談的人，還有就是可能以前曾經提供過一些情報的人，然後他們就可以重新演一場戲給參觀的貴賓看了。

然後基本上，對於一個情報專家來說，這種做法根本是一種羞辱。老實跟你說，我不是唯一一個這樣覺得的人，因為在情報社群裡面，你存在的意義和價值就是提供做決策的人正確的資訊，讓他們做正確的決定。這就是情報人員存在的唯一目的，提供正確的資訊。弄出一個虛假世界好讓來參觀的人以為這裡是某個樣子，可是實際上卻根本不是這樣，這種做法完全損害到我們身為專業情報工作者所盡的一切努力。

酷刑工作「外聘」

偷偷摸摸的刑求伎倆被當是用來對付頑抗嫌犯的工具，目的是迫使他們吐出情報，而我們從 CIA 的秘密計畫中可以得知這些手段的普遍程度，CIA 利用這些秘密計畫將犯人迅速移送到願意為美國做髒事的國家。在被稱為「引渡」計畫或「非常規引渡」計畫的政策中，數十甚至也許數百名「高情報價值恐怖分子」（High-Value Terrorist，簡稱 HVT）被 CIA 租賃的商用飛機載送到多個其他國家[58]。布希總統顯然曾授權允許 CIA 讓拘留中的人犯「消失」，或是「引渡」至其他以刑求知名（且國際特赦組織記錄有案）的國家[59]。這類囚犯通常被單獨監禁在「秘密地點」的拘留所內與世隔絕。而在「反常規引渡」計畫中，甚至授權外國官方在非戰鬥狀態及非戰爭地區逮捕「嫌犯」，然後將他們轉送到拘留地，通常是關塔那摩監獄，剝奪所有國際法提供的基本法律保護。

憲法權利中心董事長麥可・雷特納（Michael Ratner）談到這項計畫：

我把這叫做酷刑工作的外聘計畫，它的意思是在這場所謂的反恐戰爭裡面，CIA可以從世界各地把想要的人抓起來，然後如果不想自己動手拷打或訊問犯人，不管你用什麼詞來稱呼，就把他們送到和我們情治單位關係密切的其他國家，可能是埃及也可能是約旦。[60]

負責這項引渡計畫的CIA高級長官是麥可・謝爾（Michael Scheuer），他透露實情：

我們把這些人送回他們的出身地中東，前提是如果那些國家有專為他們成立的合法管道並且願意接受他們。他會得到符合該國法律的待遇，不是根據美國法律，你可以挑，可能是摩洛哥、埃及或約旦的法律。[61]

在這些國家所用的訊問技巧裡頭，顯然包括了CIA不想要搞清楚的酷刑手段，他們只要能夠從被拘留者手中得到有用的「情資」就好。不過在我們這個高科技時代，這種計畫不可能被隱瞞太久。一些美國盟邦針對至少三十架次的飛行記錄展開調查，這些飛機班次被懷疑被CIA用於酷刑輸出計畫。調查結果透露，重要嫌疑犯被送往前蘇聯共和國一分子的東歐國家。[62]

依我的判斷，這項酷刑工作的外聘計畫顯示，並不是CIA和軍方情資間諜不願意刑求囚犯，而是他們認為那些國家的特工知道怎麼做才會更好。他們嫻熟運用「三級刑求」[譯3] 技術的時間比美國人還長。我在這裡大致介紹的不過是其中一小部分，實際上虐行的對象遍及美國軍事監獄中各式各樣的拘留者，範圍遠較此普遍，我的目的是要駁斥美國政府宣稱這類虐待和刑求事件不是「系統性的」犯行。

來自拘禁於伊拉克和阿富汗拘留所內人犯的驗屍和死亡報告顯示，

譯3　三級刑求（third degree）指的是運用造成犯人身體或精神痛苦的技巧，以便得到所需情報。這些技巧根據恐嚇及造成痛苦的程度不同而分為三階段進行。這個詞最早來自西班牙宗教法庭訊問異端時所採取的階段式刑求手法，後來又被納粹用來指稱以刑求方式取得自白的訊問手法。

在四十四件死亡案件中，有一半是在海豹特戰部隊、軍情人員或 CIA 訊問過程中或訊問後發生。這些殺人事件是由虐待性刑求技巧造成，這些手法包括戴頭罩、噎住口部使其窒息、勒絞、用鈍器毆打、水刑、剝奪睡眠以及使犯人暴露於極端溫度下。 ACLU 的執行長安東尼·羅米洛（Anthony Romero）清楚指出，「毫無疑問這些訊問過程導致死亡。那些知情卻坐視不管的高官，以及創造這些政策並為之背書的人應該負起責任。」[63]

究辦到頂：錢尼及布希的責任

在（阿布葛拉伊布）照片被公開後幾個月內，情勢越來越清楚，這裡面有一個虐行模式，而這不是幾個不守規矩士兵的個人行為能造成的。是布希政府決定要扭曲、忽視規定或對規定置之不理，才會導致這模式出現。美國政府的政策在阿布葛拉伊布以及世界各地製造出不擇手段虐囚的風氣。

這是人權觀察協會在一份標題為〈美國：動用酷刑不必受懲罰？〉的報告中做的摘要聲明，這讓我們把注意力放到指揮鏈的最上層——副總統錢尼和總統布希的責任。

反恐戰爭制定了刑求新典範

和他前一任期中針對「貧窮」和「毒品」所發動的毫無意義的名詞戰爭一樣，布希政府重蹈覆轍地在二○○一年的九一一攻擊過後宣布發動「反恐戰爭」。這場新戰爭的核心假設是，恐怖主義是對「國家安全」及「國土」的首要威脅，因此必須盡一切手段對付。事實上，所有國家都拿此種意識形態基礎當作取得人民和軍隊支持的手段，以遂行壓迫及侵略行動。在一九六○和七○年代，巴西、希臘及許多國家的右翼獨裁政權即曾隨心所欲地運用此種意識形態以正當化刑求，及處死被宣布為

「國家公敵」的人民[64]。一九七〇年代晚期，義大利右翼的基督教民主黨也曾運用「緊張策略」的政治控制手段，加深人民對赤軍旅（Red Brigades，激進共產黨員）恐怖主義行動的恐懼。當然了，最經典的例子莫過於希特勒將猶太人標籤化，稱他們是造成一九三〇年代德國經濟崩潰的禍首。於是來自國家內部的威脅成為他們向外征服計畫的正當理由，因為他們必須在德國以及納粹占領的國家裡終止這樣的邪惡行為。

恐懼是國家所握有的最特別的心理武器，利用恐懼，國家可以使人民為了交換萬能政府所許諾的安全生活，而願意犧牲基本自由以及法治的保障。恐懼先是得到美國民意及國會多數支持對伊拉克發動先制戰爭，而接下來恐懼又讓他們繼續支持布希政府愚蠢堅持的各項政策。一開始恐懼的傳播方式帶有歐威爾式味道，人們預測海珊持有的「大規模毀滅性武器」將對美國及美國盟邦發動核子攻擊。例如在國會投票決議是否支持發動伊拉克戰爭的前夕，布希總統告訴全國人民及國會，伊拉克是個威脅美國安全的「邪惡國家」。「了解這些事實後，」布希談到，「美國人不應該忽略這個集結起來對付我們的威脅。面對大難將至的明確證據，我們不該等待最後的結果證明──冒著煙的槍管出現才做決定，因為你看見的證據有可能是核子攻擊的蕈狀雲。」[65]但是將這朵蕈狀雲散布到全美國的人不是海珊，而是布希政府。

而在接下來幾年，所有布希行政團隊的主要成員都曾在一場接一場的演說中呼應這個悲慘的警告。政府改造委員會的特殊調查部為眾議員亨利‧A‧華克斯曼（Henry A Waxman）準備了一份報告，內容為布希政府對伊拉克議題的公開聲明。這份報告用的公共資料庫蒐集了所有布希、錢尼、倫斯斐、國務卿柯林‧鮑威爾（Colin Powell）、國家安全顧問康多莉札‧萊斯（Condoleezza Rice）的公開聲明。根據這份報告，這五位官員在一百二十五次公開露面的場合中，共針對伊拉克的威脅發表了兩百三十七次「錯謬且造成誤導」的具體聲明，每位平均為五十次。在九一一恐怖攻擊屆滿一週年後的二〇〇二年九月，公開記錄顯示，布希政府發表了將近五十次誤導和欺騙大眾的公開聲明。[66]

在普立茲獎得主朗・薩斯凱德（Ron Suskind）的調查分析中，薩斯凱德追蹤布希政府對於反恐戰爭的計畫，發現早在九一一事件後不久，錢尼發表的聲明中即初見端倪。錢尼是這樣解釋的，「如果巴基斯坦科學家正協助蓋達組織建立或發展核子武器有百分之一的機會，我們就必須當成確有其事來回應。重要的不是在於我們的分析……而是在於我們該如何回應。」薩斯凱德在他《百分之一論》（One Percent Doctrine）一書中寫道，「所以我們可以說：有一種行動標準存在，它塑造了美國政府在未來數年內的表現與回應。」而薩斯凱德也繼續指出：不幸的是，在這種新形式壓力——如反恐戰爭，再加上原以為會乖乖歸順的人民卻出乎意料不斷暴動、叛亂所造成的認知不協調，這一切使得龐大的美國聯邦政府無法以有效率或是有力的方式運作。67

從布希政府的國土安全部對於恐怖攻擊警報（顏色代碼）系統的政治化，也可以看出另一種恐怖製造手法。我認為這個系統的目的一開始就像所有災難預報系統一樣，是為了動員人民防範恐怖威脅的來臨。但是隨著時間過去，這十一種模糊的警告從來沒有提供人民行動的實際建議。當接到颶風警報時，人們被告知要疏散；當接到龍捲風警報時，我們知道得撤退到避難室，但是當發出某個地方或某個時間將發生恐怖攻擊的警報時，政府只告訴人民要「更加警覺」，當然了，還有告訴我們要照常生活。儘管官方宣稱握有「可靠消息」，但是當許多這類威脅預報每一個都失靈落空後，卻從來沒有公開做出任何說明或簡報。動員全國力量對付每一個威脅危機，其代價至少是每個月十億美元，更帶給所有人民不必要的焦慮與壓力。到最後，與其說以顏色代表威脅程度的警報是有效的警報方式，倒不如說是政府在沒有任何恐怖攻擊的情況下為確保並維持國民對恐怖分子的恐懼所採取的昂貴辦法。

法國存在主義作家卡謬曾說過，恐懼是一種手段；恐怖製造了恐懼，而恐懼則讓人民不再理性思考。恐懼讓人們只能用抽象方式來想像造成威脅的敵人、恐怖分子、暴動者，認為他們是必須被摧毀的力量。一旦我們把人想像為某一類別的實體、抽象的概念，他們的面目就會模

糊，化為「敵人的臉」，即使是平常愛好和平的人也會升起一股想要殺戮、刑求敵人的原始衝動。[68]

我曾在公開場合評論過，這類「幽靈警報」十分異常且危險，不過有證據明顯指出布希民意支持率的上升和這類警報的試探有密切相關[69]。這裡的爭議是布希政府藉著激起並持續人民對大敵當前的恐懼，而讓總統得以取得國家戰時最高統帥的地位。

於是在最高統帥的封號及大肆擴張國會所賦予權力的情況下，布希和他的顧問們開始相信他們可以凌駕於國法和國際法之上，只要用重新制定的官方合法詮釋來堅持他們的政策主張，任何政策都是合法。邪惡之花在阿布葛拉伊布黑牢中盛開了，而它們的種子是由布希政府種下。布希政府藉由國家安全威脅，在人民心中種植出恐懼與脆弱感，訴諸訊問／刑求手法以求贏得反恐戰爭，正是這威脅、恐懼、刑求的三部曲種下了邪惡的種子。

「酷刑副總統」錢尼

一位《華盛頓郵報》的編輯把錢尼稱為「酷刑副總統」，因為他盡力廢除麥坎對於國防部的預算授權議案所提的修正案，並且終於使得這項修正案遭到變更[70]。該項修正案要求給予美國軍事拘留所內的犯人人道待遇。為了讓 CIA 能夠放手運用其認為取得情報所必須的任何手段，錢尼非常努力展開遊說，以便使 CIA 的行動能夠不受限於法律。錢尼主張，這樣的法案將會讓 CIA 情報人員綁手綁腳，並使他們在為全球反恐戰爭奮戰時承擔被起訴的潛在風險。（而我們對他們奮戰方式的殘忍性與危險性已經略有所知。）

這項法案通過完全沒有挫折錢尼，他仍然熱烈支持 CIA 任意運用任何手段從被秘密囚禁嫌疑恐怖分子口中取得自白和情報。當我們想到錢尼在九一一攻擊後馬上發表的言論，對他的堅定立場就不會有任何驚訝了。錢尼在美國國家廣播公司（NBC）《與媒體有約》（*Meet the Press*）電視節目中接受訪談時，說出一段值得注意的發言：

　　我們得做一些事，一些雖然是黑暗面的工作，如果你要這麼說。我們在情報世界的陰暗面裡工作已經有一段時間。很多該做的事都得安安靜靜完成，如果想要把事情辦好就不要多話，運用我們情報人員可以取得的資源和手段悄悄地去做。這就是這種人的世界的運作方式，所以基本上為了達成我們的目標，我們必須要能按照我們的意思運用任何方法，這很重要。[71]

　　在美國國家公共廣播電台（NPR）的一次訪談中，前任國務卿鮑威爾以及勞倫斯・沃克森（Lawrence Wilkerson）上校曾指控由錢尼—布希的新保守主義團隊所發布的指令，是造成伊拉克和阿富汗虐囚事件的主因。沃克森概述了這些指令的下達路徑：

　　對我而言很清楚的是，查核追蹤記錄顯示這些來自副總統（錢尼）辦公室的指令透過國防部（倫斯斐）下達到戰場上的指揮官，對於戰場上的軍人而言，這些謹慎的圓滑措詞只意謂兩件事：我們得不到足夠的有用情報，你們得拿到證據才行，再者順道提一下，這裡有一些辦法或許派得上用場。

　　沃克森也指出錢尼的顧問大衛・艾丁頓（David Addington）「是支持總統以最高統帥身分撇開日內瓦公約束縛的死硬派。」[72] 這番發言讓我們直接將矛頭對準了權力最高層。

「戰爭最高統帥」布希總統

　　在對抗全球恐怖主義看不見終點的戰爭中，布希總統身為最高指揮官，一直倚賴一個法律顧問團隊為他建立合法性基礎，這個團隊協助布希對伊拉克發動先制性的侵略戰爭，重新定義酷刑，製造出新的交戰守則，甚至透過所謂「愛國者法案」限制人民的自由，並授權各種方式的非法竊聽，包括偷聽、裝設竊聽裝置及電話監聽。如同往常，所有事情

都是為了保護神聖國土之國家安全的名義，都是為了進行一場全球反「不用說大家都知道是什麼」的戰爭。

刑求備忘錄

在二〇〇二年八月一日美國司法部發表的一份被媒體稱為「刑求備忘錄」的備忘錄中，以狹隘的方式定義「刑求」，刑求不再是指某些具體作為，而是由其最極端的後果來定義。這份備忘錄中主張身體疼痛的強度必須「等同於某些嚴重的受傷情形，如器官衰竭、身體功能障礙或甚至是死亡所帶來的疼痛」才叫做刑求。根據這份備忘錄的說法，如果要以酷刑罪名起訴任何人，必須要是被告具有造成「嚴重身心疼痛或受苦」的「特定意圖」才行。「心理折磨」則被狹隘定義為僅包括導致「具有持久性之重大心理傷害，例如持續數月或數年」的行為。

備忘錄中繼續堅稱早期批准的一九九四年反刑求法可被視為違憲，因為這個法令與總統的最高統帥權力互相牴觸。司法部的法學者們還提出其他指導方針賦予總統重新詮釋日內瓦公約的權力，以符合布希政府在反恐戰爭中的目的。在阿富汗被捕的好戰分子、塔利班士兵、蓋達嫌犯、暴動分子以及所有被圍捕並移送拘留所的人，都不被當成戰俘，因此無法享有任何戰俘的法律保護。身為「敵方非武裝分子」的他們會被無限期囚禁在世界上任何一座拘留所中，既沒有律師也不會以任何特定罪名起訴。此外，總統顯然批准了 CIA 的一個計畫，計畫的目的是讓高情報價值的恐怖分子從這世界上「消失」。

雖然我們只握有間接證據，但這些證據是可信的。舉個例子，詹姆斯·萊森在他《戰爭狀態：中情局及布希政府秘密的一頁》（*State of War: The Secret History of the C.I.A. and the Bush Administration*）一書中做出結論，他指出關於 CIA 涉嫌使用極端的新訊問策略，「在層級非常高的政府官員之間有個秘密共識，他們將布希隔離開來，並讓他能夠推諉毫不知情。」[73]

關於布希和他的法律顧問團隊的關係，另一個較不仁慈的說法來自

法學家安東尼・路易斯（Anthony Lewis），他在完整回顧所有可參考的備忘錄後說道：

> 備忘錄讀來像是個流氓律師寫給黑手黨大老，內容是建議如何規避法律而不被逮到監獄。這備忘錄的主題簡直就是怎樣避免被起訴。……而另一個更令人深深感到不安的主題是總統可以下令對犯人動用酷刑，即便這受到聯邦法律以及國際反刑求公約禁止，而美國正是這公約的締約國之一。[74]

讀者們已經和我一起讀過這裡簡單介紹的相關資料（包括虐囚事件調查報告、ICRC 報告等資料），現在將繼續一起閱讀這二十八個由布希的法律顧問、倫斯斐、鮑威爾、布希以及其他人所發表的「刑求備忘錄」，這些文件為阿富汗、關塔那摩及伊拉克等地的刑求預先鋪設了一條合法之路。由凱倫・葛林柏格（Karen Greenberg）和約書亞・德瑞圖（Joshua Dratel）將完整的備忘錄書面記錄編成一本長達一千兩百四十九頁的書，書名為《刑求報告：到阿布葛拉伊布之路》（*The Torture Papers: The Road to Abu Ghraib*）。這本書揭露了布希政府的法律顧問群對法律技術的曲解與誤用[75]，它讓我們深刻了解到，「在這全世界最法治化的國家裡為保護美國人民貢獻良多的法律技術，竟可被誤用於邪惡的目的。」[76]

法律學教授喬丹・鮑斯特（Joadan Paust，前美國陸軍軍法處上尉）針對幫忙正當化刑求拘留者的布希法律顧問寫道，「從納粹時代以來，我們就再也沒有看過這麼多法律專家如此明確涉及與戰俘待遇及訊問相關的國際罪行。」

在一長串的顧問名單中，排在最上頭的是總檢察長艾伯托・剛札爾斯（Alberto Gonzales），他協助完成一份法律備忘錄，對於「刑求」做了如上述所言的重新詮釋。直到阿布葛拉伊布虐囚照片被公諸於世後，剛札爾斯和布希總統才公開譴責這份備忘錄，認為它對於刑求的概念做了

最極端的詮釋。剛札爾斯對於在反恐戰爭架構下擴張總統權力所做的貢獻，並不亞於極具影響力的納粹法學家卡爾‧史密特（Carl Schmitt）。史密特提出如何在非常時期讓執政者擺脫法律束縛的觀點，協助希特勒擱置德國憲法並賦予他獨裁權。剛札爾斯的傳記書寫者指出，剛札爾私其實是個可愛的人，他向你走過來時的樣子就像個「普通人」，一點也看不出有什麼虐待狂或心理病態傾向[77]。然而，他的制度性角色所發表的備忘錄卻是造就公民自由被擱置以及殘酷訊問嫌疑恐怖分子的禍首[78]。

國防部犯罪查緝行動中心反對關塔那摩訊問作業

根據最近微軟國家廣播公司（MSNBC）的報導，美國國防部犯罪查緝行動中心領導人說，他們曾再三警告五角大廈的高級官員（從二〇〇二年初開始持續數年），個別獨立的情報單位運用嚴厲的訊問技術將得不到什麼可靠情報，而且可能構成戰爭罪，一旦被公諸於世更是讓國家蒙羞。然而經驗豐富的犯罪調查人員的關切與忠告大部分都被忽視了，指揮關塔那摩和阿布葛拉伊布訊問作業的指揮鏈人員支持用他們偏愛的高壓、強制性訊問方式，因而對這些意見置若罔聞。前海軍法律顧問亞爾柏托‧J‧默拉曾在公開記錄中支持犯罪查緝行動中心成員的看法，「讓我強烈地為這些人感到驕傲的是他們說，『即使被命令這麼做，我們也不願意服從。』他們是英雄，這是最好的形容了。他們表現出無與倫比的個人勇氣與正直，捍衛了美國價值以及我們所賴以生存的體制。」但最後這些調查人員還是沒能中止虐行，他們做到的只有讓國防部長倫斯斐收回對某些最嚴厲訊問技術的授權，因此緩和了情勢而已。[79]

對反恐戰爭的執迷

我們可以看見，布希對反恐戰爭的執迷促使他走向一條危險的路，這是已故參議員名言所揭示的一條道路，「用極端手段捍衛自由，並非罪惡；以溫和步伐追求正義，不是美德。」於是布希在沒有任何法律明文依據的情況下授權美國國家安全局（NSA）對美國人民進行國土內部

監視。在這項龐大資料採集工程的任務中，NSA 將自電話及網路上監聽擷取的大量資料交給聯邦調查局分析，工作量實際上超出了美國聯邦調查局（FBI）的能力範圍，FBI 根本無法負荷有效處理這類情報的工作量。[80]

根據《紐約時報》在二〇〇六年一月的詳盡報導，這類監測工作必須「從後門進入」美國本土負責轉接國際電話的主要電信交換中心，因此須取得美國最大電信業者的秘密合作[81]。《時代》雜誌的揭弊報導透露出，在不受法律束縛或國會查核及平衡的情況下，將這樣的權力賦予總統的做法本身即是過度。這例子也被用來比較布希與尼克森，他們都認為總統可以凌駕法律，尼克森曾「在一九七〇年代解開拴住境內監視惡犬的皮帶」，而他為此辯解的理由是，「總統做一件事時，就表示那件事不是非法的。」[82] 布希和尼克森不僅說法類似，關於總統可不受懲罰的想法也如出一轍。

我們從布希首開先例使用了副署聲明，也可窺知布希認為總統職權凌駕於法律之上。副署聲明是指在對國會通過的法律行使同意權過程中，總統申明他有不服從他剛簽署這項法律的特權。布希運用這策略的頻率遠多於美國歷史上的其他總統，總次數超過七百五十次；每當議會通過的法案和他對憲法的詮釋有衝突時，他就會運用此策略以違反議會決議，麥坎提出的反刑求修正案施予個人限制即是其中一例。[83]

然而最近一項最高法院的判決限制了總統的職權，布希對行政權的主張也因而受到挑戰。這項判決公開譴責布希政府計畫讓關塔那摩監獄的被拘留者在軍事委員會（法官席）前受審，此做法既未曾受到聯邦法授權，同時也違法了國際法。《紐約時報》的報導指出，「這項判決是布希政府大肆擴張總統權力舉動以來所遭遇到的最大挫敗。」[84]

弔詭的是，當布希政府亟欲將恐怖主義的邪惡掃出這世界時，所做所為卻讓自己成了「當權之惡」的最佳範例。這是個將痛苦加諸於人、使人受苦至死的政權，卻想要用官方、理性、有效率的程序來掩飾其行為本質——為達到他們自認為位階更高的目的而不擇手段。[85]

陪審員們，你們做出什麼裁定？

你們已經讀過多位證人的證詞、主要獨立調查小組摘要報告中的精華，部分人權觀察協會、紅十字會、ACLU、國際特赦組織的廣泛分析，以及美國公共電視網《前線》節目對美國軍事拘留所中虐待與刑求性質的報導。

你現在還認為費德里克和夜班憲兵們在阿布葛拉伊布 1A 層級院區犯下的虐行是行為脫軌，是由被稱為「流氓軍人」的少數「害群之馬」單獨犯下的單一事件嗎？

還有，你現在是否認為這類虐待和酷刑是強制訊問的「系統性」計畫的一部分？在這些訊問過程中發生的虐待和刑求事件，程度是否更深，時間、地點以及涉案者的範圍是否更大？

在被控犯下照片中虐行的憲兵們已經認罪的情況下，你現在是否認為由於情境性的力量（大染缸）以及情境性的壓力（製造這個染缸的人）在這些人身上的作用，因此應可減輕其刑？

對於阿布葛拉伊布、許多其他拘留所以及 CIA 黑牢中的虐待事件，以下每一個軍事指揮鏈上的高階將領都該負有串謀之責：裘佛瑞·米勒少將、李卡多·桑切斯中將、湯瑪斯·帕帕斯上校以及史提芬·喬登中校，你是否願意並且準備好對他們做出判決？[86]

對於阿布葛拉伊布、許多其他拘留所以及 CIA 黑牢中的虐待事件，以下每一個政治指揮鏈上的高階官員都該負有串謀之責：前中情局局長喬治·鄧內特、國防部長倫斯斐，你是否願意並且準備好對他們做出判決？

對於阿布葛拉伊布、許多其他拘留所以及 CIA 黑牢中的虐待事件，以下每一個政治指揮鏈上的高階官員都該負有串謀之責：副總統迪克·錢尼、總統喬治·W·布希，你是否願意並且準備好對他們做出判決？

暫停起訴

（若想了解最近一場針對布希政府「違反人類罪行」的判決記錄，請參考註釋[87]）

針對阿布葛拉伊布監獄虐刑的指揮串謀罪行，你也可以到 www.LuciferEffect.com 的網路投票區實際投票決定他們有罪或是無辜，倫斯斐、錢尼、布希都在那裡接受審判，已經有許多美國人民投下他們的一票，現在是其他國家人民表達他們意見的時候了。

讓陽光照入

那麼，現在我們已經一起走到這趟漫長旅途的終點。我要感謝你不畏懼面對某些人性中最黑暗的一面持續到最後。重訪史丹佛監獄實驗中的虐刑現場，對我來說特別困難。要去面對我在爭取契普·費德里克的案子有更好結果時所表現出的無能為力，也是艱難的。多年來，我一直是個樂觀主義者，面對所有種族滅絕、大屠殺、私刑、刑求以及人類對其他人所犯下的恐怖罪行，我始終在這樣的壓力下保持希望，認為在集體行動下，我們所有人都會更有能力對抗「路西法效應」。

在這段旅程的最後階段，我想讓陽光照亮人類心理最黑暗的角落。現在是抑惡揚善的時候了，我將運用兩種方式來達到這目的。首先，你們將會得到一些忠告，告訴你們如何抵抗你們不想也不需要的社會作用力轟炸。在承認情境力量在許多脈絡中會讓人們做出惡劣行為的同時，我也明白指出，我們並非這類力量的奴僕。透過了解情境力量的運作，我們才能夠抵抗、反對及避免它們帶領我們迷失於令人不快的誘惑中。這樣的認識可以使我們逃離包括順從、屈從、勸服及其他形式的社會作用力及社會壓迫的強大魔掌。

在這趟旅程中，我們沿途探索了人類性格的脆弱、不堪一擊和朝三暮四，而在最後我們將對英雄們獻上讚美來做結束。不過現在我希望你

們會樂意接受一個前提：在強有力的系統及情境力量的支配下，普通的人，即使是好人也可能會被誘惑加入並做出惡行。如果你們接受，那麼要準備好接受一個完全相反的前提：我們之中任何人都有可能成為英雄，我們都等待著一個情境出現，好可以證明自己身上有些「好東西」。

現在讓我們學習如何抵抗誘惑，並向英雄們獻上禮讚。

第 16 章
抗拒情境影響力，讚頌英雄人物

每個出口都是通往他方的入口。

——湯姆·司脫帕，《羅森克蘭茲與吉爾登司騰已死》
（Tom Stoppard, *Rosencrantz and Guildenstern Are Dead*）

　　我們已通過囚禁旅伴心靈的黑暗之地，來到了旅程的終點。我們曾目睹透露人性殘酷面的各色症狀，驚訝於善人如何輕易被環境改變，成為十分殘酷的人，而且改變程度可以多劇烈。我們的概念焦點始終是嘗試要對人性轉變過程能有更好的理解。雖然邪惡存在任何環境中，但我們更近距離地檢視了邪惡的繁殖地——監牢及戰場。它們總是成為人性的嚴峻考驗，在這兩個地方，權威、權力及支配彼此混雜，受到秘密的掩飾時，這股力量會讓我們擱置自己的人性，並從身上奪走人類最珍視的品質：關愛、仁慈、合作與愛。

　　我們把許多時間花在我和同事在史丹佛大學心理學系地下室創造的模擬監獄上。在那段短短的日子裡，位於加州帕洛阿圖市天堂般的史丹佛大學成了人間煉獄。健康的年輕人在身為囚犯的極端壓力、挫折及絕望下反應出病態症狀。對應於他們被隨機指派擔任獄卒的學生，他們原本只是用輕挑的心態來扮演這角色，最後卻一再跨越界限開始認真虐待「他們的囚犯」。不到一個禮拜，我們小小「實驗」中的模擬監獄就融入集體意識的背景中，被囚犯、獄卒及監獄工作人員形成的逼真現實取代。而管理這座監獄是心理學家，不是國家。

　　我十分仔細地審視了人性轉變的性質，在這之前從沒有人對此做過如此完整的描繪，而我的目的是要讓每一個讀者盡可能逼近制度力量壓倒個人力量的環境。我試著讓各位了解，許多看似無足情重的情境變

因，如社會角色、規定、規範、制服等，對於深陷於系統中的所有人來說卻有強而有力的影響，而這過程是如何一步步展開的。

在概念層次上，我提出當我們嘗試了解犯罪行為和表面上的人格變化時，應對情境和系統過程投注更勝於以往的關切與比重。人類行為總是易受情境力量影響。而這個脈絡往往鑲嵌於一個更大的整體中，通常是一個以自我持存為目的的特殊權力系統。包括法律、宗教和醫學界人士的大多數人慣於採用傳統的分析，認為行動者才是唯一的因果施為者。於是情境變數以及系統性決定因素要不是被小看就是被忽略，而它們卻是形塑人們行為以及改變行動者的元兇。

我希望在這本書中提供的例子和訊息能夠挑戰將個人內在特質當做行動主要根由的想法，這是種死板的基本歸因錯誤。社會脈絡是由系統一手打造和維持，我們認為也有必要辨識出系統提供的情境力量及行為的支撐力量。

我們的旅程從模擬監獄出發，來到了伊拉克阿布葛拉伊布監獄夢魘般的現實中。令人驚訝的是，一個是模擬，一個是現實，然而這兩個監獄中竟然有相似的社會心理過程。在阿布葛拉伊布監獄裡，我們的分析焦點都放在伊凡·契普·費德里克中士這個年輕人身上，在他身上我們看到了雙重的轉變：從一個有為的軍人變成可惡的獄卒，然後讓囚犯們遭受莫大痛苦。我們的分析揭露一件事：費德里克和軍方、民間人士加諸於被拘留犯的大量虐待與酷刑，是由天性、情境及系統性因素所促進、培育，在這之中都扮演了關鍵角色，情形和史丹佛監獄實驗一樣。

我的立場接著從力求中立的社會科學研究者轉變成檢察官的角色，同時向各位讀者裁判們揭發了軍方指揮高層和布希政府的罪行，他們共謀串創造了一些條件，讓大多數的美國軍事監獄充斥著毫無節制的虐刑。正如我一再提及的，提出這些觀點的目的並不是為了要幫憲兵們推卸責任或脫罪，對這類惡行的說明與理解不能成為行為的藉口。藉著理解事件的發生經過以及體察在士兵身上發揮的情境力量，我的目的是要找出前瞻性的方法，讓我們能夠修正引誘出惡行的狀況。懲罰是不夠

的。「惡劣系統」創造「惡劣情境」，「惡劣情境」造成「害群之馬」，「害群之馬」出現「惡劣行為」，就算是好人也無法免於受影響。

請容我最後一次定義個人、情境及系統。個人是生命舞台上的一名演員，其行為自由度是由架構他的基因、生物、肉體及心理特質所賦予。情境是行為的脈絡，透過它的酬賞及規範功能，情境有力量針對行動者的角色和地位給予意義與認同。系統由個人及機構施為者組成，施為者的意識形態、價值和力量創造出情境，也規定了行動者的角色以及行為期許，要求在其影響範圍內的人扮演它規定的角色，做出被允許的行為。

在這趟旅程的最後階段，我們將思考如何避免負面的情境力量或與之對抗，這是我們所有人都時常得面對的。我們將探討怎樣抵抗我們不願意、不需要卻每天不斷向我們施壓的影響力。我們不是情境力量的奴僕，但是得學會抵抗和對付的辦法才行。在一起探索過的所有情境中，始終都有極少數人能在情境力量底下仍能屹立不搖。現在是擴充這股力量的時候了，讓我想想他們是怎麼辦到的，好讓更多人可以追隨他們的腳步。

如果我曾在某種程度上引導你去承認：在某些情況下，**你**也可能像書內介紹的研究參與者或像真實的阿布葛拉伊布監獄裡的人一樣，那麼你是不是也能接受自己可能是個英雄？我們將讚揚人性美好的一面，歌頌在我們之中的英雄，以及所有人身上都有的英雄形象。

學會抗拒有害的影響

有妄想症的人在順從、遵從或是回應勸說訊息上有極大的困難，甚至當勸告來自善意的諮商師或是他們所愛之人時也是如此。他們的犬儒心態和對人的不信任，會築起一道孤立的藩籬，使他們從大多數社會場合中缺席。雖然他們需要付出極大的心理代價，但他們可以堅決地抵抗社會影響力，所以能提供免於受影響的極端例子。相對於這種人，過分

容易被騙、無條件信任別人的人則是另一種極端，他們是所有騙子眼中的肥羊。

重點並不是要我們疏遠被假定身上具有負面天性——如愚蠢、天真等特質所欺騙——的人，我們需要做的是了解那些像我們一樣的人，為什麼會被徹底誘惑，以及這過程如何發生。然後才能站在有利的位置上去抵抗這股力量，並且將對這類騙局的意識及抵抗方式傳播出去。

抽離與沉浸的二元對立

人類的處境中存在一個基本的二元性，即抽離（detachment）相對於沉浸（saturation），或犬儒式懷疑（cynical suspicion）相對於參與（engagement）。儘管因為害怕被「捲入」而將自己從他人身邊抽離是種極端的防衛姿態，不過當我們越是對其他人勸說保持開放態度，就越有可能被他們支配，這倒也是事實。然而開放、熱情地與他人交往乃是人類幸福的基本條件，我們希望強烈地感覺到別人的存在，徹底地相信他人，希望自發地與人互動，並且與他人緊密相連。我們想要全然「沉浸」在生命當下，至少在某些時候，我們想要暫停評價機制，放棄原本的害怕與保留。我們希望跟著《希臘左巴》（*Zorba the Greek*）一起熱情起舞。[1]

然而我們必須經常評估自己的人際投入是否值得。我們每個人都面對的挑戰是如何熟練自如地擺盪於完全沉浸與適時抽離的兩極間。我們都常面對一個棘手的問題——該如何知道什麼時候該和其他人站在一起，什麼時候該支持並忠於某個目標或一段關係，而不是輕易離開。我們生存的世界中有些人打算利用我們，但也有一些人是真誠希望和我們分享他們認為對彼此都有正面意義的目標，而我們該如何分辨這兩種人？這正是親愛的哈姆雷特和奧菲莉雅所面對的難題。

在我們開始認識對抗心智控制力量的特定方法前，必須先考慮另一種可能性：「個人無懈可擊」（personal invulnerability）的古老幻想[2]。我們總是認為只有別人會受到影響，自己則刀槍不入。錯！我們的心理學

巡禮應該已經說服你承認，我們所強調的情境力量確實會讓大部分人淪陷其中。但是你不並在那些人的行列中，這是你的想法，對嗎？我們從知識性評估中所學到的教訓總是難以影響我們對自己行為的規範，對抽象概念的「那些其他人」適用的教訓也往往不容易拿來適用於具體的自身。我們每個人都不一樣，就像沒有兩個一模一樣的指紋，沒有兩個人會擁有相同的基因、成長過程和人格模式。

個體差異應受到頌揚，但是我們經常見到，當面對強大、共通的情境力量時，個人的差異卻退縮、受到壓抑。這樣的情形發生時，行為科學家們只要知道行為的脈絡，即使對組成群體的特定個人一無所知，仍然能夠準確預測大多數人的未來行為。然而我們應該明白，即便是最好的心理學也無法預測每個個體在既定情境下的行為表現，因為一些我們不能掌握的個體變異性始終存在。也因此，你大可拒絕我們接下來要學的教訓，理由是它們不適用於你；你是特例、常態分布的尾端。不過你必須知道這麼做的代價：你可能會在毫無防衛的情況下被情境力量席捲。

抗拒有害影響的十步驟

在這趟旅程中我們見到許多邪惡的果實，如果認真思考滋養、孕育它們的社會心理學原則，就能運用這些原則的不同版本強化人們生命中的光明面，排除其黑暗面。由於有各種不同類型的影響力存在，因此有必要針對每種類型發展出對應的抵抗方式。與錯誤的不協調承諾（dissonant commitment）戰鬥時，需要不同的手法才有辦法反抗用來對付我們的「順從—酬賞」策略。在應付會將我們去人性化或去個人化的人時，往往會出現勸服性的言論以及有力的傳播者，強迫我們採取不同的原則，但這些原則卻不是我們需要的。切斷群體思維的做法，和減輕強力遊說我們加入者的影響方式也有所不同。

我已經為你們製作了一本詳盡的說明手冊，不過它的內容過於深入、專門，無法在這一章中交代清楚。於是我把它放在我為這本書架設

的網站上，讓你們所有人都可以免費讀到，網址是：www.LuciferEffect.com。用網路發表的方式，好處是可以讓你在閒暇時閱讀、做筆記、查閱手冊內容根據的參考資料，並且好好思考在哪些情況下你會把這些抵抗策略實踐在生活中。同時當你遇到一些狀況，發現有某個特殊社會影響力策略被用在你或你認識的人身上時，也可以把這本方便使用的手冊拿出來，找出下次當你遇到同樣事情時可以有什麼樣的解決辦法，就可以站在比較有利的位置上來應付挑戰。

　　以下就是我用來抵抗有害社會影響力的十步驟方案，它們同時也可以促進個人的彈性以及公民的德行。它所採用的觀點穿透了各種影響力方案，並提供簡單、有效的模式來處理。抵抗力的關鍵在於以下三種能力的發展：**自我覺察力、情境敏感度、街頭智慧**，我簡稱為「三 S 力」。你將會看見，這三種能力對許多一般性的抵抗策略十分重要。

步驟一：「我犯錯了！」

　　讓我們從承認自己的錯誤開始，先跟自己認錯，然後跟其他人認錯，讓我們接受「人皆有過」這句名言。你曾經判斷失誤，做了一個錯誤的決定。當你做出決定時，你有十足的理由，但是現在你知道自己錯了，請你說出這三個神奇的句子：「對不起」、「我為我的過錯道歉」、「請原諒我」。請跟自己說你會記取教訓，從錯誤中成為一個更好的人。不要再將你的時間、金錢和資源浪費在錯誤的投資上，向前走吧。當你公開這樣做時，就不再需要去正當或合理化你的錯誤，繼續支持惡劣或是不道德的行動。坦承錯誤，會讓降低認知失調的動機變小，當現實上的抑制物出現時，不協調就消失了。發現錯誤時請你「當機立斷」，別頑固地非要「堅持到底」不可，雖然有一時的損失，但往往能得到長遠的回報。

步驟二：「我會很警覺。」

　　在很多情況下，聰明人會做出蠢事，那是因為他們沒有察覺影響力

的施為者在言語或行動上的關鍵特質，忽略了明顯的情境線索。就像是我們太常依賴自動飛行模式，依賴經常派上用場的老套台詞，卻從沒有停下來好好評估它們是否適用於這場合、這時間[3]。

讓我們遵從哈佛大學研究者艾倫‧南格（Allen Langer）的忠告，我們必須改變我們平常漫不經心的態度，變得更有警覺，處在新情境中尤其如此[4]。我們在熟悉的情境中時，即使舊習慣已經過時或變錯誤了，它們仍會繼續支配我們的行為，所以不要猶豫給自己的大腦一點警告。我們得時常提醒自己不要用自動飛行模式來生活，而是要始終活在當下，要對當前情境的意義有所反思。絕對不要用不在乎的心態涉足高尚、有道德敏感度人們畏懼的場合。如果能夠在警覺性之外再加入「批判性思考」到你的抵抗策略裡，結果會最好[5]。要求任何主張都有證據支持，任何意識形態都必須被充分闡述，如此你才能區分什麼是實質，什麼是花言巧語。試著判斷別人建議的手段是不是能正當化具有潛在傷害性的目的。

在做任何事情的當下，試著想像未來的後果會是什麼樣的局面。拒絕用迅速簡單的辦法來解決複雜的個人或社會問題。從孩子們小時候起就鼓勵他們批判性思考，提醒他們注意欺騙人的電視廣告、帶有偏見的主張，以及接收到的扭曲觀念。幫助孩子們成為更聰明、更謹慎的知識消費者[6]。

步驟三：「我會負責任。」

無論如何，為自己的決定和行動負責，可以讓行動者成為駕駛座上的行動者。當你允許其他人削弱、分散自己應負的責任時，就等同讓他們坐到後座去開車，不必負責任的駕駛自然會開著車子不顧一切往前衝。當我們擁有個人責任感，並且願意為自己的行動負責任時，就會比較有能力對抗有害的社會影響力。當我們越意識到責任分散只是種掩飾，使我們看不清自己在執行可疑行動的共謀角色，就會越不容易盲目服從權威。當你越不接受責任被轉嫁、被分散到黑幫、兄弟會、工廠、

部隊或企業成員之中時，就越能抗拒順從反社會團體的規則。記得，當你今天在做一件不對的事情時，想像一下你未來站在法庭上受審的情景，想像一下當你說著「我只是聽命行事」、「每個人都這麼做」時，沒有人接受你辯解的景象。

步驟四：「我會堅持自己的獨特性。」

不要允許其他人將你去個人化，不要讓他們把你放入某個分類、某個盒子、某個自動販賣機裡，不要讓他們把你變成一個客體、一樣東西。請堅持你的個體性；禮貌地告訴他們你的名字和憑證，大聲清楚地讓他們知道你。請堅持讓別人也這麼做。在互動時與人做視線接觸（拿掉遮掩住視線的太陽眼鏡），釋放關於自己的訊息以強化你獨一無二的個性。當身處影響力作用的情境中，尋找你和占據支配地位之人的共通性，並藉由這共通點來強化你們之間的相似性。匿名性和秘密會掩蓋惡行，並且削弱人與人間的連結。匿名性和秘密會變成去人性化的溫床，正如我們所知，去人性化會為霸凌者、強暴犯、刑求者、恐怖分子以及暴君提供殺戮戰場。

試著做些事，改變讓人們感覺匿名的社會狀態。另一方面則是支持讓人們覺得自己特別的做法，因為人們可以從中得到個人價值感而提升自我價值。絕不要對人或讓人對你產生負面的刻板印象，嘲笑別人的字眼、標籤或玩笑都具有破壞力。

步驟五：「我會尊敬公正的權威人士，反抗不義者。」

在每一個情境中，試著分辨哪些人是真正擁有專業、智慧、資深資歷或特殊地位並值得尊重的權威者，哪些人則是只會要求別人服從卻說不出像樣道理的不公正權威。許多披上權威外衣的人其實只是擅於推銷自己的冒牌領袖、烏龍先知或是過分自信的人，這些人不該受到尊重，反而應該別聽他們的話，讓他們受到公開的批判性檢驗才對。

父母、老師和宗教領袖們應該更積極教育孩子們有足夠的能力做出

批判性的區別。當一個人的權威立場具有充分理由時，孩子們應該要有禮聽話，但是當權威並不值得尊敬時，反抗他們才叫做聰明的好孩子。對付優先性立場不符合我們最佳利益卻自稱為權威的人，這樣做可以減少我們盲從的機會。

步驟六：「我希望被群體接受，但也珍視我的獨立性。」

比起《魔戒》（*Lord of the Rings*）中神秘的金色指環誘惑，渴望被社會群體接受的誘惑力量更為強大。這股渴望被接受的力量會讓一些人幾乎願意做任何事，只求被接納，而為了避免被群體拒絕，甚至會做出更極端的行為。人確實是社會性動物，通常我們的社會連結都對我們有好處，而且能幫助我們達成獨自一人辦不到的重要目標。然而有時候，我們也會遇到該服從群體的規則時，卻傷害了社會整體利益的情形。因此重要的是要能夠判斷什麼時候該服從，什麼時候該拒絕。我們每個人終究都只活在自己的心靈中，活在孤獨之中，所以必須樂意並且也隨時準備好主張自己的獨立性，而不應擔憂被社會拒絕。

這件事並不容易，尤其對於自我形象尚未穩固的年輕人以及自我形象建立在工作之上的成年人來說更是如此。成為「團隊一分子」的壓力壓迫他們為了團隊利益犧牲個人道德，而這樣的壓力幾乎難以抗拒。這時你需要的是退後一步尋求局外人的意見，尋找支持你的獨立性、增進你的價值的新群體。永遠都有其他不同的、更好的群體等待你加入。

步驟七：「我會對架構化資訊維持警覺心。」

創造架構化資訊的人不是藝術家，就是舌粲蓮花的騙子。架構化的議題往往比小心翼翼在界限內進行說服的言論更有影響力。而且有效的架構化資訊可以只是一些聲音、影片段落，或是標語、代表圖案，看起來一點也不像是在傳達特定意識型態。我們在完全沒有意識到它們的情況下受到影響，架構化資訊型塑我們對於它們推廣的觀念或議題的態度。我們渴望被架構為「稀有」的東西，即使那些東西實際上是滿坑滿

谷。我們嫌惡被架構為具有潛在損失的東西，偏愛似乎能讓我們獲得好處的，甚至當正負結果預測為相同時也一樣[7]。

我們全都不希望扮演輸家，希望自己永遠是贏家。語言學家喬治‧拉科福（George Lakoff）清楚指出，重要的是去意識到架構化資訊的力量並且維持警覺心，才能夠抵消它們在不知不覺中對於我們情緒、思想和投票行為的影響[8]。

步驟八：「我會平衡我的時間觀。」

當我們讓自己受困於延伸的現在式時間中時，可能會被引導做出並不真正認同的行為。當我們不再感受到過去的承諾及對未來的責任時，就等同於對情境誘惑敞開自我，你將可能做出像小說《蒼蠅王》中一樣的暴行。如果身邊的人變得殘酷嗜虐或失去控制，請你不要「隨波逐流」，你還可以仰賴一個超越現在取向的享樂主義或宿命論的時間觀。

你可能會對你的行動的未來結果先做個損益分析。你或許充分意識到一個囊括你個人價值和行為標準的過去時間框架。藉著發展出平衡的時間觀，你可以根據情境和手邊的任務將過去、現在或未來用於行動評估上，相較於過分依賴單一或某兩個時間框架的時間觀，你將可以取得比較有利的位置，做出更負責任、更有智慧的回應。當過去與未來結合起來時，將能抑制現在的暴行，從而削弱情境的力量[9]。

舉例而言，研究顯示，協助荷蘭猶太人逃避納粹追捕的正直非猶太人，他們並沒有跟他們的鄰居一樣找理由說服自己不要伸出援手。這些英雄們倚賴的是從過去生活中建立起來的道德結構，同時堅守住未來的時間觀，他知道自己將會從未來回顧這個可怕情境，而他們將被迫回答這樣的問題：當他們選擇是否臣服於恐懼和社會壓力時，是否做了正確的事[10]。

步驟九：「我不會為了安全感的幻覺而犧牲個人或公民自由。」

對安全感的需求是人類行為有力的決定因素。當面對所謂安全威脅

或是面對讓我們遠離危險的承諾時，我們可能會受到操弄而做出無法贊同的事。那些兜售、傳播影響力的人藉著提出一份浮士德式的契約而取得支配我們的權力，契約內容是：只要你交出部分自由給當局，不管是個人還是公民自由，我們就會保證你毫髮無傷。扮演撒旦角色的誘惑者會跟你說，只有當所有人都犧牲一點小小的權利或自由時，他的力量才有辦法拯救你。請拒絕這樁交易。絕對不要為了安全的許諾犧牲基本的個人自由，因為你的犧牲是真實而且立即生效，但他的許諾卻是個遙遠的幻覺。

這原則不僅適用於傳統的婚姻安排，也同樣適用於一個好公民考慮是否對國家利益盡到責任；如果領導人承諾的個人和國家安全是以全民的集體犧牲為代價，要求擱置法律、犧牲隱私權和自由時，請拒絕這樁交易。弗洛姆的經典名著《逃避自由》提醒我們，這是法西斯領袖採取的第一步，即便是在名義上的民主社會也一樣。

步驟十：「我會反對不公正的系統。」

個人往往會在系統的強大力量面前退卻，這些系統包括我們曾形容過的軍隊和監獄系統，以及幫派、教派、兄弟會、企業，有時甚至是功能出問題的家庭。但如果與其他有相似想法和決心的人一起合作，將個人的抵抗能力結合起來，就有可能造成一些改變。

本章的下一節將要談到一些改變系統的個人的故事，他們有的人自願承擔風險，擔任吹哨者的角色，揭發他們之中成員的惡行，有的人則是積極做一些事來挑戰系統。

抵抗系統的作為可以是指身體的出走，離開一個所有資訊、賞罰都受到控制的總體情境；可以是指挑戰群體思維的心態，記錄下所有惡行的證據；也可以是指取得其他權威人士、諮詢者、調查記者或自願者的協助。系統擁有巨大的力量，它可以抗拒改變，甚至連正當的抨擊都無法搖撼。在系統中，要挑戰不公不義系統和大染缸的製造者，個人英雄

精神的最佳做法就是號召其他人一起加入行動。系統會把個人的反對重新定義為妄想症發作，兩個人的反對當作一對瘋子在發聲，不過當有三個人站在你這邊時，你們的想法就會變成值得考慮的一股力量。

關於面對有害影響力以及不合法舉動的勸服言論時，如何建立個人及群體的抵抗力和彈性，以上這十個步驟其實只是初級工具。我們前面提到，完整的建議以及有研究基礎的相關資料可上「路西法效應」網站查詢，分類名稱為「抵抗影響力守則」。

在出發前往這趟旅程的最後一站之前，我想補充一個最後的建議：不要鼓勵小奸小惡，例如欺騙、說謊、八卦、散布流言、說有種族或性別歧視意味的笑話、捉弄別人或恃強凌弱。這些小惡可能會是犯下更嚴重惡行的踏腳石。極惡的罪行都是從看似不起眼的小惡開始。記住，通往邪惡之路是條溼滑的陡坡，一旦走上去，就很容易繼續往下滑。

英雄行為的弔詭

一名女性挑戰一位比她年長的權威人物，迫使他承認必須為在自己監督下發生的惡行負起共犯責任。她的作為有所進展，最後制止了虐待行為，使得無辜犯人不再受到獄卒的凌虐。如果有許多人曾經親眼目睹囚犯的痛苦遭遇，而他們明知系統犯下了暴行卻不曾出面對抗，那麼她的行動是否有資格稱為「英雄式」行動？

我們希望能在這裡頌揚曾經做出英雄之舉的特殊人物。但在被拱上臺的英雄之中，大部分的人卻堅持他們只是做了每個人在那情境下該做的事，並沒有什麼了不起。他們拒絕把自己當成「英雄」。也許他們的反應跟所有人根深柢固的觀念有關——英雄應該是超人或女超人，不是凡夫俗子所能企及，這麼想不只是謙遜使然，而是跟我們對於「何謂英雄行為」的錯誤概念有關。

讓我們來看看人性最好的一面，以及平凡人是如何變成英雄。我們將檢視其他關於英雄舉動的概念和定義，並提出辦法來分類不同的英雄

行徑，接著再說明無法被囊括進分類的例子，最後會針對惡的平庸性與英雄行為做個對照表。不過還是先讓我們回到這位開啟本節討論主題、同時中止了史丹佛實驗的英雄及其事蹟。

讓我們回想一下（第八章），當時的克麗斯汀娜·馬斯勒是從史丹佛心理系畢業的新科博士，而我和她之前就在交往了。當她看見一整排頭上罩著袋子的囚犯們被押往廁所，獄卒們則大吼大叫地對他們發號司令，而我卻對他們所受的苦顯然漠不關心時，她克制不住爆發了。

她後來說明了她當時的感受，而她對於自己行動的詮釋，則讓我們更加了解英雄行為的複雜現象。[11]

我對他（金巴多）大發雷霆（我一向是相當自持的人），我又怒又怕地留下了眼淚，說了類似「你對這些孩子們所做的事太可怕了！」的話。

身為史丹佛監獄實驗的「終結者」，我這個角色會說出什麼重要的故事呢？我想我會想要強調幾個重點。首先讓我說說哪些故事不是真的。相對於美國標準（也是陳腐的）迷思，史丹佛監獄實驗不是個人獨自對抗多數的故事，而是關於多數的故事──和監獄研究有接觸的每個人（包括實驗參與者、研究者、觀察者、顧問及家人和朋友們）如何完全陷入這研究的故事。這個故事主要敘述的是這股情境力量如何壓倒人的人格和善念。

那麼，為什麼我的反應特別不同？我想在兩樣事實中可以找到答案：我是後期才進入那情境當中的「局外人」。跟其他人都不同的是，我在這個研究中從來就不持贊成意見。跟其他人都不同的是，我在監獄中沒有一個社會定義的角色。跟其他人都不同的是，我沒有每天都待在那裡，隨著情境改變以及虐待氣氛升高而漸漸深陷。所以我在週末時進入的情境和其他人進入的情境並不真的是「同一個」情境──我並不了解他們先前共同經驗的事情和地方、共有的觀點。對他們而言，那個情境仍被認為在正常範圍內，但對我來說，那裡根本是個瘋人院。

　　做為一個局外人，我也沒辦法選擇不服從特定的社會規則，所以我採取很不一樣的抗議形式——直接挑戰情境本身。從某些人的角度來看，這個挑戰是英雄式的舉動，但是在那時候，我並不覺得這樣做有什麼特別。相反地，成為一個越軌的人並且同時要懷疑自己對情境和人們的判斷，甚至懷疑自己是不是夠格當個社會學心學研究者，這實在是非常可怕而且孤獨的經驗。

　　克麗絲汀娜接著提出了一個資格性問題。一個有資格被稱為「英雄行為」的個人反叛，它的目的必須是嘗試改變系統、糾正不公正的行為、改正錯誤：

　　我私底下必須考慮的問題還有一個：如果菲爾不接受我的堅決反對還是決定繼續實驗，我該怎麼做？我該找位階更高的人，像是系主任、院長或人體受試者研究委員會申訴？我該當告密的人嗎？我無法確定自己會這麼做，也很高興最後我不必面對這抉擇。不過回顧整件事，我必須這樣做才能把我的價值觀轉化為有意義的行動。當有人抱怨某件事不正義，而這些抱怨最後只造成表面上的改變，情境本身卻還是原封不動時，抗議和不服從就沒有什麼意義了。

　　她詳細說明了我們在米爾格蘭研究中曾討論的一個論點，當時我們主張口頭抗議只不過是「老師」的自我療傷藥，好讓他對自己正在對「學生」做的事感覺好過點。挑戰權威時，必要做到**行為上拒絕服從**。然而在米爾格蘭實驗中，我們只看到教師加害者們在離開令人痛苦的情境時，個個顯得沉默而退縮，除此之外，他們沒有做出任何更明顯的違抗舉動來試圖改變什麼。針對扮演英雄的少數人在反對權威人物後到底該做什麼，克麗絲汀娜做出一個空前有力的回應：

　　在經典的原始米爾格蘭研究中，有三分之一的實驗參與者違反指令

並拒絕完成實驗，而這件事到底有何意義？假設這不是一個實驗，假設米爾格蘭跟他們說的『幌子故事』是真的，也就是有一些研究者正在研究懲罰對於學習和記憶力的影響，他們將舉辦多場實驗，測試一千名實驗參與者，參與者必須回答關於明智的懲罰所具有的教育價值的實際問題。如果不服從研究者指令，拒絕完成研究，你拿到了酬勞，不吭一聲一走了之，那你的英雄式舉動還是沒辦法阻止接下來九百九十九人遭受同樣的痛苦。如果你沒有做下一步動作，去挑戰整個結構和研究的預設，那就只會是一個獨立事件，不會產生任何社會衝擊。個人的拒絕服從必須要能夠轉化成為系統性的違抗，迫使情境或是施為者做出一些改變才行，不能只安於改變某些操作性條件。邪惡情境太容易吸收異議者，甚至英雄反抗人物的善意了，他們只要頒個獎章鼓勵他們的作為，再發張證書當甜頭，自然就可以讓他們保持沉默，不再公開表示意見。

什麼舉動是英雄式行為，什麼樣的人是英雄？

　　當一個人做了一件有資格稱為英雄之舉（根據我們即將說明的標準）的行動，卻沒有被認為是「英雄」，那是怎麼一回事？再進一步問，在什麼樣的情況下，他或她的行為不但不會被視為英勇，而且還被認為是懦弱的表現？

　　克麗絲汀娜的舉動產生的正面結果是中止了某個逐漸失控的情境，這情境造成的傷害越演越烈已經偏離了初衷。她不認為自己是英雄，因為她只是表達個人的感受和信念，而這些情緒與信念的表達又（被我這位主要調查者）轉變成她想要的結果。她不需要當「吹哨人」去跟更高層的權威人士告狀以要求他們介入，停止這場脫軌的實驗。

　　我們將她的情況和研究中的兩個潛在英雄──克萊416和「中士」相比較；克萊416和「中士」都曾公然反抗獄卒的權威，並因此吃了不少苦頭。克萊的絕食抗議以及拒絕吞下壞掉的香腸，徹底挑戰了囚犯的支配，原本應該能夠號召獄友們站起來捍衛他們的權利才對。事實卻不然。雖然受到獄卒「約翰·韋恩」騷擾，「中士」還是拒絕公開對一位

囚犯罵髒話，他的行為原本應該要被他的獄友們視為英雄式反抗，並且號召他們拒絕對這樣的虐待行為讓步才對。事實卻不然。為何不？

在這兩個案例中，他們都是單獨行動，並未和其他犯人們分享他們的價值觀和善念，也沒有要求他們支持和認同這項舉動。因此獄卒們可以輕易地為他們貼上「麻煩製造者」的標籤，將他們污名化，成為造成其他囚犯權益被剝奪的罪魁禍首。他們的行為本來應該要被視為英雄之舉，但因為他們沒有把其他異議者帶出來一起改變整個虐待行為的系統，所以沒被當成英雄。

他們的例子也提出了關於英雄之舉的另一面向。英雄式行為和英雄地位都是社會賦予的。行動者以外的某個人將這份榮耀賦予這個人和他的所做所為。某個行為之所以被視為英雄式舉動而做出這行為的人被視為英雄，表示這行為的重要性及其產生的有意義結果必然符合社會共識。等等！話別說太快！一個謀殺無辜猶太平民的巴勒斯坦自殺炸彈客在巴勒斯坦會被視為英雄，但是在以色列卻會被人當成惡魔。同樣地，壓迫者可能被當成是英勇的自由鬥士，也可能被當成懦弱的恐怖主義代理人，端視賦予他們地位的人是誰而定。[12]

這意味著，英雄式行為的定義始終受到文化和時間的限制。直到今日，木偶操偶師仍在土耳其偏遠鄉村的孩童面前演出亞歷山大大帝的傳奇故事。亞歷山大曾在那些鄉鎮設置司令部，他的士兵們則和村人們通婚。對他們來說，亞歷山大大帝是個偉大的英雄，但是對遭到他統治世界無情鐵蹄所征服的鄉鎮而言，即便在他過世數千年後，亞歷山大仍被描繪為最可惡的惡棍。[13]

除此之外，一個英雄的作為要成為任何文化的歷史，必須先被讀書識字的人，以及有權力寫歷史的人記錄、保存下來，或是透過口傳傳統代代相傳。窮人、土著、被殖民者或是文盲的人們因為無法為他們的行為留下記錄，因此他們的英雄人物往往鮮為人知。

定義英雄人物和英雄式行為

行為科學領域從不曾針對英雄式行為做過系統性調查[14]。文學、藝術、神話和電影中對於英雄和英雄式行為的探討似乎最完整、充分。許多不同資料來源都記錄下人類存在的黑暗面：殺人和自殺、犯罪率、監獄人口、貧窮水準以及既定人口數中的精神分裂症基本率。正面人類活動的相同量化資料則不那麼容易取得。我們並沒有逐年記錄一個社群中的人做了多少慈善、仁愛或是同情心的活動。我們只有偶爾會聽到某個英雄式行為。由於這些正面人類活動的基本率顯然相當低，導致我們相信英雄式行為很少見，而英雄人物則十分與眾不同。

然而，正向心理學運動的新研究和經驗嚴格性，又再度引發研究強調人性光明面的重要性。由馬丁‧塞利格曼（Martin Seligman）及其同僚為先鋒的正向心理學運動，開創了強調正向人性的典範，縮小了心理學長期以來以負面人性為焦點的傾向。[15]

目前英雄式行為被接受的概念主要都在強調其身體上的風險，並未充分討論這類行為的其他內涵，例如目的崇高性，以及個人犧牲的非暴力行為。從正向心理學者對人類美德的分析中，可歸納出一組包含六個主要類別的美德行為，幾乎可以得到跨文化的普遍認同。這六個類別包括：智慧與知識、勇氣、人道、正義、節制與超越。在這六個類別中，勇氣、正義和超越都是英雄式行為的核心特質。超越指的是超出自我限制的信念與行動。

英雄式行為主要的焦點是人性的善良面。我們關心的是英雄故事，因為它們是強而有力的提醒，提醒人們有能力對抗邪惡勢力，提醒人們不要對誘惑讓步，提醒人們超越自己的平庸性，提醒人們注意行動的呼籲，並且在其他人怯於行動時踏出第一步。

許多現代字典中將英雄式行為描寫為「英勇」和「勇敢」，而這些詞又接著被形容為「勇氣」，而勇氣的解釋又讓我們再次回到「英雄式的」形容。然而較早的字典卻努力要打破這概念，並且將描寫英雄式行為的

字眼區分得更細膩。例如在一九一三年的《韋氏辭典》就將英雄式行為和勇氣、勇敢、堅毅、無畏、英勇和勇猛連結起來。[16]

軍事英雄

歷史上大多數英雄作為的例子，強調的都是有勇氣的行為，指的是表現出勇敢、英勇以及冒著受重傷或死亡的風險。根據心理學家愛莉絲・伊格麗（Alice Eagly）和索文・貝克（Selwyn Becker）的看法，勇氣以及目的崇高性的結合，較有可能讓一個人被視為英雄而不僅是勇士[17]。但是在英雄式行為的崇高性經常以沉默、難以捉摸的姿態出現。一般來說，冒著生命或身體損傷的危險或是冒著個人犧牲的風險就引人注目多了。從古代史詩到現代的新聞報導寫作，戰爭英雄的英雄典範一直常盛不衰。

特洛伊戰爭的希臘軍隊指揮阿基里斯（Achilles）就經常被舉為戰爭英雄的典型[18]。阿基里斯的戰爭功績是建立在他對軍規的篤行上，而軍規又將他的行動定義為英勇。然而儘管他的行為是英雄式，但是他的壓倒性動機只是為了追求榮耀與名聲，追求世人記憶中的不朽。

歷史學者露西・修斯・哈雷特（Lucy Hughes-Hallett）曾主張，「一個英雄應該犧牲自己讓其他人活下來，這樣一來，他就能在其他人記憶中永遠長存……。阿基里斯會獻上一切，包括生命，以顯示他的獨一無二，賦予生命意義，逃離被遺忘的命運。」[19]以個人肉體存在為賭注交換世世代代的追念，這欲望似乎已是另一個時代的遺俗了，然而當我們評價現代的英雄行為時，這想法仍然值得我們認真思考。

關於英雄的歷史觀點也指出英雄人物有某些天生特質。露西・修斯・哈雷特寫道，「亞里斯多德曾寫到，有些人天生就超凡脫俗、氣宇非凡，由於他們與眾不同的天賦才能，因此自然而然就能超出凡人的思維或是體能上的限制：『沒有任何律則足以說明這群非凡之人，他們本身就是律則。』」亞里斯多德式概念的英雄式行為定義是，「是一種偉大精神的表達，和勇氣及正直相關，鄙棄非英雄人物的絕大多數人賴以維

生之箝制性妥協──是廣受認可的崇高美德……（英雄人物）有能力達成豐功偉業──打敗一支軍隊、拯救一個民族、保存一個政治體制、完成一趟旅程──而且**沒有其他任何人**能辦到。」[20]（強調部分由我加上）

平民英雄

如果阿基里斯是戰爭英雄的原型，那麼平民英雄蘇格拉底則和他一樣偉大。他的教誨對於雅典當權者如此具有威脅性，以至於他成了政府譴責的目標，最後因拒絕放棄他的觀點而受到審判並被處以死刑。如果比較阿基里斯的軍人英雄和蘇格拉底的平民英雄，我們就可以清楚看到，英雄式行為通常是為了服務其他人或是為了捍衛社會的基本道德原則，而英雄通常在建設性和毀滅性力量的拉鋸核心登場。修斯·哈雷特指出，「死亡的鴻毛逐漸豐滿了機會之翼。」她提出一個看法：英雄將自己暴露於生命危險下以追求永生。阿基里斯和蘇格拉底之死成為英雄精神的強有力示範，均是因為他們為了獻身於他們選擇的異於主流的行為規範。

蘇格拉底選擇為了自己的理想而死，這是民間英雄力量的基準，將受到永恆緬懷。我們都曾聽說蘇格拉底在聆聽宣判時，曾召喚阿基里斯的形象以捍衛自己的決心，寧死不屈從於欲壓制他反對體制聲音的專橫律法。

回想一九八九年六月五日北京天安門廣場上的中國民主運動，一位「無名反抗者」的英勇事蹟，他隻身勇敢面對十七輛排成一列正準備開往天安門血洗自由集會的坦克車。這位年輕人阻止了這列坦克車的行進長達三十分鐘，然後他爬上開路坦克的上方，根據報導他質問坦克車駕駛，「你們來這裡做什麼？這城因為你們亂成一片了。回去吧，你們掉頭回去，不要殺害我的同胞。」這位無名的「坦克青年」立刻成了國際性的反抗象徵；他面對了人類勇氣的終極測試，隻身挑戰軍事強權的英勇，在人們心中刻畫下一幅永恆的輝煌圖像。這幅情景透過媒體傳播到全世界，使他成為舉世的英雄。關於他的英雄舉動的最後結果有各種不

同說法，有的報導指出他被囚禁起來，其他則說他已被處死，還有人說他匿名逃亡了。無論他最後的下場如何，這位坦克青年已被《時代雜誌》列入二十世紀百位最具影響力人物（一九九八年四月），他平民英雄的地位已確立無疑。

平民百姓從事英雄式舉動時，必須冒的身體風險不同於軍人和第一線救護人員，因為職業人士受到職責和行為準則束縛，也因為他們受過訓練。若考慮責無旁貸或是非職責所需的身體風險，英雄作為的標準也有所不同，不過兩者對於承諾形式和潛在犧牲行動的要求則十分類似。

「身體風險式英雄」與「社會風險式英雄」

一個心理學家提供的定義指出，身體風險是定義英雄人物的特質之一。對貝克和伊格麗而言，英雄是「選擇為某個人或更多人冒險的人，儘管他們的行動可能帶來死亡或是嚴重的身體傷害。」[21] 他們也承認構

成英雄行為的動機，例如受到原則驅使的英雄之舉，但並未詳細說明。令人好奇的是，心理學家們會推動如此狹隘的英雄式行為模範，卻排除其他或許有資格稱為英雄行徑的個人冒險形式，例如冒著失業、被監禁或是喪失地位的風險等。

塞利格曼及其同僚也將英雄式行為的概念粗分為包括「勇氣」、「正義」和「超越」等幾個觀點，這是他們美德和力量分類系統中的一部分。舉例而言，「勇氣」的美德乃是建立在四個品格力上：誠實性、勇敢（大抵類似於無畏）、不屈不撓（類似堅毅）以及熱情。「正義」被視為另一種德行，底下包含了公正、領導能力和合群等品格力。在實踐上，為達到崇高目的概念或理想的通常最終都是正義，例如廢除奴隸制度。最後，「超越」也是涉及英雄式行為的德行；超越是強迫個人與更大宇宙連結的一股力量，並能賦予我們的行動和存在意義。儘管英雄式行為的文學作品中並未清楚表達超越性，或許可將之與一九一三年《韋氏辭典》關於英雄作為中的堅毅性概念相連。超越性可以允許從事英雄式行為的個人與他或她的行為產生的負面後果分離開來，無論後果是事先預料到或是事後才察覺。為了成為英雄人物，一個人必須能超越英雄之舉必然帶來的立即風險與危害，做法或許是藉由改造風險的性質，或許是將風險與「更高秩序」價值關連以改變風險的意義。

英雄式行為的新分類

受到與史丹佛監獄實驗相關的英雄式行為的思考啟發，我開始就這引人入勝的議題與我的心理學同事季諾・法蘭科（Zeno Franco）對話，以便對這主題有更完整的探討。我先是擴大了英雄式風險的概念，接著提出一個關於英雄式行為的強化定義，最後才產生一個新的英雄作為分類法。「風險」或「犧牲」顯然不該只限於對身體完整性或死亡的立即威脅。英雄作為的風險可能是指任何對於生活品質的嚴重威脅。舉例而言，英雄式行為可以包括面對健康的長期威脅或是嚴重的財務損失；失去社會或經濟地位；或是被放逐。由於這樣做大幅放寬了英雄作為的定

義，因此我們有必要排除某些英雄式行為的形式，這些行為事實上可能不屬於真英雄而是「偽英雄」。

並不是所有異議分子、戰事或聖人都是英雄。英雄必須同時體現出深思熟慮的崇高理想以及潛在的犧牲。有時候個人被賦予並非他們的行動所應得的英雄地位，因為這樣做可以滿足某個機構或是政府的目的。這些「偽英雄」是由強而有力的系統力量操控的媒體創造出的產物。[22]

英雄從事的英雄事蹟會透過許多不同方式得到報償，若他們在行動當下曾經預期得到這些附加收穫，他們就必然沒有資格成為英雄。如果附加收穫是在行動後逐漸累積起來，並不在事前預期之中，也不是推動行動的動力，它們就仍然是英雄式行動。這裡的重點是，英雄之舉是以社會為中心，而非自我為中心。

英雄式作為應該被定義為擁有以下四種關鍵特質：一、必須出於自願；二、必須涉及冒險或如生命威脅之類的潛在犧牲、對於身體健全性的立即威脅，或是對健康的長期危害、可能造成個人生活品質嚴重下降；三、必須服務於某個或某些他人，或是服務一整個社群；四、行動當下必須不預期有附帶性或外在性的收穫。

為了某個崇高理念而獻身的英雄式行為通常不像冒著身體風險的英雄之舉一樣戲劇化。然而身體風險性的英雄作為經常是瞬間決定的結果，是片刻間的行動。此外，身體風險性英雄作為通常都涉及重傷或死亡的可能性，但並不確定。一般而言，從事這項行動的個人不久後就會離開該情境。但另一方面，可能會有人主張某些形式的平民英雄作為比冒著身體風險的英雄作為還要更偉大。例如曼德拉、馬丁·路德·金恩及史懷哲均志願將自己的壯年時期投身於日復一日的民間活動中，他們的作為即可稱為英雄。就這意義而言，與身體風險性的英雄作為相關的風險應稱為**危險**較恰當，而平民式的英雄作為所冒的風險則應稱為**犧牲**。

犧牲所帶來的代價不受時間限制。一般來說，平民英雄較有機會仔細回顧他們的行動，衡量斟酌他們所做決定的後果。他們每個人原本都

可能選擇放棄捍衛自己的主張，因為行動的代價已經不勝負擔，卻沒有這麼做。他們每一位都冒著降低生活品質標準的風險。他們的行動會帶來嚴重後果：被捕、監禁、刑求，讓家人生活於危險中，甚至被暗殺。

我們可以說，當面對危險時堅持最高的平民理念乃是英雄作為的概念核心。為從事英雄式行為所遇到的危險冒身體風險，僅是面對威脅的一種方式。平民英雄的作為提醒我們，英雄式行為「是蔑視危險，而不是無知或不知輕重，它是出於對**某個偉大目標的崇高奉獻**（強調部分由我加上），是對自己能以為目標奉獻的精神面對危險的自信。」危險可能是立即的生命危險，也可能是潛伏性的。讓我們思考一下曼德拉因反對種族隔離暴政而開啟他長達二十七年的牢獄生涯時發表的聲明：

> 終其一生，我獻身為非洲人民而奮鬥。我曾經對抗過白人統治，也曾經對抗過黑人統治。我珍惜民主和自由社會的理想，所有人能和平共處，擁有均等的機會。這是我願意去活出的理想、願意去實現的理想。但如果有必要，我也隨時準備好為這理想而死。[23]

以這個更彈性的英雄式行為定義為基礎，法蘭科和我兩人製作了一個暫行的分類表（該表請見本章章末），表中共包含了十二個英雄式行為的次分類，其中兩個次分類乃以軍事、身體風險性的英雄類型區別之，剩下十個次分類則以平民、社會風險性的英雄類型區別。此外，這個分類表也指出了這十二種英雄類型的特徵差別，以及他們所遭遇到的風險形式，並從歷史及當代資料中找到的一些例子。

我們是從推理過程以及回顧文學作品中演繹發展出這個分類表。它既不是以經驗為基礎，也沒有經過經驗確認，只是個暫行的模型，我們願意接受來自新研究發現或讀者們的認證與補充而修正。我們提供的這些次分類、定義、風險形式以及例子，很明顯都受到文化和時間限制。它們很大程度上反映的是歐美、中產階級、成人、後現代觀點。其他觀點的加入勢必能擴充及豐富這個分類表。

英雄榜點名

為了更具體說明英雄式行為的概念，並說明不同形式的英雄作為，我將點名十二位特別令人感興趣或是我個人熟識的英雄人物，在這裡概略介紹他們的故事。我曾主張是時勢造英雄，因此可以用幾個主要情境標誌將其中一些英雄人物分在同一類，例如種族隔離政策以及瓊斯鎮的大規模自殺／謀殺事件。

種族隔離英雄

在推動自由和人性尊嚴的前鋒部隊中有一群特殊的英雄，他們自願終身對抗系統性壓迫。在近代中，甘地和曼德拉各自走上一條英雄式道路，朝向拆除種族隔離系統的理想終點邁進。一九一九年，甘地開始他對英國殖民印度的消極抗爭。他因此入獄兩年。此後的二十年中，甘地持續為印度解放而奮鬥，為印度階級社會內每個人能享有平等待遇而奮鬥，也為宗教的包容性而奮鬥。第二次世界大戰耽擱了印度民族自覺運動的腳步，但印度終於在一九四八年自大不列顛帝國手中獨立。甘地在印度獨立後不久就遭到暗殺，但他以非暴力抗爭手段對抗壓迫而成為世人的典範。[24]

一九四八年，南非正式實施了合法的種族隔離制度，從此後直到一九九四年廢除為止，南非的黑人成為被奴役的一群。一九六二年，曼德拉因煽動罷工和示威抗議集會以及其他罪名遭審判。接下來二十七年中，他一直被囚禁於惡名昭彰的羅本島監獄（Robben Island prison）中。坐監期間，曼德拉和追隨他的政治犯們利用監獄系統創造出一個真實且具有象徵意義的抵抗情境，激起南非人民和全世界要求結束種族隔離制度的聲浪與行動。他轉變了好幾代囚犯們自我產生的認同，帶領他們了解到他們是政治犯，可以有尊嚴地以行動來支持一個正義的目標。在過程中，他也幫助改變了許多獄卒的態度和信念，同時挑戰了整個監獄系統。[25]

反共產英雄

在東歐共產政權殘酷統治下，人們每天生活在威脅中，這樣的情境下誕生了一個特殊的英雄——瓦茨拉夫‧哈維爾（Václav Havel）。哈維爾和達賴喇嘛一樣與眾不同，但也是尋常人，曾經參與劇場運動，是個作家。然而他一手締造了一九八九年推翻捷克共產黨政權的「絲絨革命」（Velvet Revolution）。在這政府終於相信共產主義的極權烙印已將捷克斯拉夫民族珍視的價值摧毀殆盡前，哈維爾一再被捕入獄，將近五年的時間都在牢中度過。他是帶頭起草「七七憲章」的關鍵人物，也組織了由知識分子、學生和工人所組成的捷克人權運動。

身為非暴力反抗哲學的熱情支持者，哈維爾因為對「後極權主義」的詳盡闡述而享有盛名，這個概念挑戰了捷克人民的想法，過去他們消極服從於權威，因此維護了壓迫性的政權，哈維爾使他們重新相信自己有力量改變它。哈維爾在自獄中演講及寫給妻子的書信中一再表明，推翻無法忍受的社會和政治秩序的第一步，就是人民必須了解到自己正安逸地生活在謊言中。

這位真誠無偽、害羞的男士被聯邦議會推選為總統，而共產主義政府也終於在人民的力量下交還政權，哈維爾成了新捷克共和國首位以民主方式選出的總統。卸下總統職務之後，他現在仍以富有名望的平民身分持續反對政治上的不公義，全力支持致力世界和平的活動。[26]

越戰英雄

在極端受迫下，詹姆斯‧史托克戴爾和休‧湯普森的行動呈現兩種截然不同的軍事英雄類型。史托克戴爾是史丹佛大學胡佛研究所的同事（我的心智控制課程的客座講師），他在二〇〇五年以八十一歲高齡過世，同時被晉升為海軍二級上將。在許多人心目中，史托克戴爾無疑是二十世紀的軍事英雄典範，他曾反覆承受極端殘酷的刑求拷問長達七年之久，卻沒有對俘虜他的越南人絲毫讓步。他生存下來的關鍵原因是依賴他早年受到的哲學訓練，在戰俘的歲月中，始終謹記斯多噶主義哲學

家的教誨。史托克戴爾的思想中心使得他得以哲學式地將自身從他無法控制的刑求和痛苦中抽離，專注於思考在周遭環境中所能控制的事物。他為自己以及和他一起囚禁的人創造出以自我意志為出發點的行為規範。一個人的意志必須不被敵人打倒，才能在極度創傷的狀況中生存，這正是數千年前伊比鳩魯被羅馬統治者刑求時親身示範的教誨。[27]

休‧湯普森曾在一場逼近死亡的戰役中表現出無與倫比的勇氣，因而成為傑出的英雄人物，而他要對抗的竟然是自己的士兵！美國軍事史上最慘絕人寰的事件之一莫過於一九六八年三月十六日越戰的美萊村大屠殺。估計約五百零四名宋美村（Son My village，由美萊四村和美奇四村〔My Khe 4〕組成）的越南村民遭到美軍和查利連長官恩內斯特‧梅迪納上尉、小威廉‧卡利中尉的圍捕及屠殺[28]。為了報復因埋伏和詭雷造成的美軍死傷，威廉‧卡利下令摧毀在代號中被稱為「粉紅村」的村莊，該村被懷疑窩藏越共。但因為沒有找到任何越共蹤影，因此美軍把所有村民集中起來，再以機關槍掃射至死（有些人被他們活活燒死、強暴，甚至剝去頭皮），老弱婦孺和嬰兒都不放過。

當大屠殺正展開時，一輛由小休‧湯普森（Hugh Tompson, Jr.）准尉駕駛的直升機正好為了掩護任務而在村子上空，他目睹地面上發生的暴行，於是降落下來救了一群還活著的越南村民。當湯普森和他的兩名機組員發出煙霧信號彈後回到直升機時，還看見梅迪納上尉和其他美軍一邊跑過來一邊向傷者開槍。湯普森駕駛他的直升機飛回到美萊村時，美軍正準備炸毀一間裡頭塞滿受傷越南人的茅屋，於是他下令停止屠殺行為，並且威脅如有任何士兵或軍官違抗他命令，直升機的重機關槍就會向他們開火。

儘管兩位尉官的軍階都比湯普森還高，但軍階並沒有阻止他伸張自己的道德感。當他下令將土坑裡的越南人抬出來時，一位中尉反對，表示他們可能會引爆手榴彈，湯普森回答他：「我會做得比他們還過火。叫你的士兵不要輕舉妄動。我的槍口正對著你們。」他接著又命令另外兩架直升機飛來將十一位受傷的越南平民撤離就醫。而他的直升機則回

頭救起一個還攀在死去母親身上的小嬰兒。一直到湯普森向他的上級報告這場大屠殺後，他們才得到停火命令。[29]

由於湯普森戲劇性地介入，以及這事件所受到的媒體矚目，他後來在軍中成了不受歡迎的人物，為了懲罰他，他一再被要求出最危險的飛行任務。他的飛機曾五次被擊落，他曾摔斷脊骨，並且長期承受這場夢魘般經驗帶來的心靈創傷。而美國軍方花了三十年的時間才願意承認他和他的機組夥伴——葛蘭·安德利歐塔（Glenn Andreotta）和勞倫斯·高本（Lawrence Colburn）的英雄事蹟，而頒給他們國軍英雄勳章，這是軍方對於未直接參與對敵作戰軍人的最高榮譽。休·湯普森於二〇〇六年一月辭世。（弔詭的是，卡利中尉則在某些地方受到英雄般的待遇，甚至有首向他致敬的歌曲曾登上一九七一年美國流行金曲排行榜前四十名。[30]）

戰火中的吹哨人

這是較不戲劇化的英雄式行為，涉及的是個人迫使系統正視其不願面對的事實：自己的高級官員和其他軍人對平民施虐。我這裡要說的是喬伊·達比的英雄事蹟，一位勇敢揭發阿布葛拉伊布虐囚事件的後備役憲兵。

對於憲兵及情蒐人員在阿布葛拉伊布屏護區 1A 層級牢房中犯下的大量虐待情事，我們都已經知之甚詳。當酷刑、羞辱動作和暴力行為的戲劇性照片迫使軍事指揮官再也無法視而不見時，令人憤慨的可恥行為終於迅速中止了。阻止這些恐怖事情繼續發生的，卻是一個再平凡不過的年輕人做出的非凡之舉。根據我在軍方的連絡人的說法，喬伊·達比的確發揮了巨大的個人毅力才能做出這樣的舉動，因為他只是一個低階的後備役軍士，卻迫使他的上級長官注意到自己轄下所發生的恐怖暴行。

當達比第一次看見他的弟兄查理·葛雷那給他的光碟片上的照片時，他覺得那些照片有趣極了。「對我來說，第一次看到脫光光的伊拉克人疊成的金字塔，還滿好笑的……那些照片實在很新奇，所以我笑出

來了。」[31] 在最近一次訪談中他這樣回憶到。但是當他看到越來越多照片時（明顯有性羞辱意味的照片，還有展示毆打痕跡的照片），他開始覺得不一樣了。「好像有什麼東西不對勁，我無法停止想這件事。大概三天後，我決定向上級檢舉這些照片。」這對達比來說是個困難的決定，因為他非常清楚自己面對的道德衝突，「你必須了解，我不是會出賣別人的人……。但是這件事超出我的界限。我必須做出選擇，是要做一件在道德上對的事，還是要對其他士兵維持忠誠。兩者不可能兼顧。」[32]

除非他可以用匿名身分檢舉，否則達比還是擔憂會受到同袍報復[33]。於是達比拷貝了一份照片光碟，用打字方式寫了一封匿名信，然後把所有東西放進一個黃色信封袋裡交給一位犯罪查緝處的幹員，只說是在辦公室裡撿到的。不久後，特殊幹員泰瑞・皮朗（Tyler Pieron）找到達比質問他，並讓他承認，「我就是把東西放在那裡的人。」接著他提出一份宣示證詞。達比的身分一直維持匿名，直到二〇〇四年國防部長倫斯斐在一場有關虐囚事件的國會聽證會上意外「說溜嘴」，洩漏了他的身分，當時達比正在餐廳裡和好幾百名軍人一起吃晚飯。他迅速被帶離現場，並且在接下來好幾年都被藏在軍方的保護拘留所裡。「但是我一點也不後悔。我在檢舉這些照片前對自己所做的決定感到心安理得。我知道如果被發現是我的話，我一定會被討厭。」

照片揭露導致政府開始調查阿布葛拉伊布監獄及其他收容被拘留者之軍事設施內的虐行。達比的行動阻止了許多虐待和刑求事件繼續發生，並使得阿布葛拉伊布監獄的管理方式產生重大改變。[34]

我協助讓達比在二〇〇四年接受美國心理學學會之會長獎表揚，但他無法親自出席領獎。由於他本人以及他的妻子、母親接到許多的報復恐嚇，幾乎有三年的時間都必須待在軍方的保護拘留所內。達比在二〇〇五年獲頒甘迺迪勇氣人物獎，直到那時，他的英雄作為才終於獲得全國肯定。甘迺迪圖書館基金會董事長卡洛琳・甘迺迪在頒獎時曾說道，「願意冒個人風險增進國家利益並維護美國民主價值的人，該受到政府各部門的肯定與鼓勵。美國感激陸軍軍士喬伊・達比所做的一切，他維護

了我們奉為立國根本的法治精神。」

瓊斯鎮英雄

一九七八年十一月十八日，蓋亞那的瓊斯鎮發生一場大規模的自殺及謀殺事件，在那次悲劇當中共有九百一十三位美國人罹難，而其中戴比‧萊頓（Debbie Layton）和理查‧克拉克（Richard Clark）倖存了下來。戴比來自加州奧克蘭市一個相對富裕、受過教育的白人家庭，理查則來自舊金山，出身於密西西比州一個貧微的非裔美人家庭。他們逃離瓊斯鎮的可怕夢魘，抵達舊金山灣區後，都成了我的朋友。他們兩位都夠格稱為英雄，儘管方式不同；戴比扮演吹哨人，理查則是個好心的見義勇為者。

戴比在十八歲那年加入牧師吉姆‧瓊斯創立的宗教團體「人民聖殿」。許多年來，她一直是個忠誠的信徒，最後還成了神殿的財務幹事。也因為職務的關係，她被委託從瓊斯鎮轉出數百萬美元存到瑞士銀行的秘密帳戶中。她的母親和兄長賴瑞也都是神殿的成員。但是隨著時間過去她逐漸了解到，比起瓊斯向信眾們許諾的種族和諧共處、生活自給自足的烏托邦，瓊斯鎮更像個集中營。近一千名的忠實信徒被迫從事沉重的勞動工作，經常處於半飢餓狀態，並受到身體和性方面的虐待。他們身邊被武裝警衛包圍，間諜滲透進生活中。瓊斯甚至強迫他們固定做自殺操演，稱之為「白夜」計畫；這也讓戴比心生恐懼，並且開始了解到，他做這些事的真正目的是為了準備讓信徒們集體自殺。

在受到人身安全的極大威脅下，戴比決定逃離瓊斯鎮，並將那裡潛在的毀滅力告知擔心他們安危的親人及政府。她甚至無法將她的潛逃計畫事先讓母親知道，只因為擔心抱病中母親的情緒反應會讓瓊斯得知她的計畫。戴比終於運用了種種複雜策略逃離了瓊斯鎮，她立即盡她所能通知當局瓊斯鎮中的虐待情形，並警告他們，她相信一場悲劇已經迫在眉睫。

一九七八年六月，她向美國政府發出了一份宣誓文件，警告可能將

有一場集體自殺行動。這份宣誓文件中包含了三十七個詳細要點，一開始即指出，「關於，人民聖殿成員集體自殺之威脅及可能性，我戴博拉‧萊頓‧布雷琪以下所言句句屬實，如有造假願受偽證罪處罰：這份宣誓書的目的是為喚起美國政府注意一個已存在的情況，該情況已威脅到生活於蓋亞那瓊斯鎮之美國公民的生命安全。」

六個月後，她的災難性預言竟恐怖地應驗了。悲哀的是她呼籲援助的請求遇上多疑的政府官員，他們拒絕接受如此怪異的故事是真的。儘管如此，某些憂心的家屬確實相信她的話，促使加州國會議員李歐‧萊恩（Leo Ryan）展開調查，陪同萊恩前往蓋亞那的還有一位記者、一位攝影師及一些家屬。當萊恩被欺騙相信那裡是理想生活環境，並準備帶著正面評價回到美國時，有幾個決定在他保護下脫逃的家庭加入了萊恩一行人。不過為時已晚，當時瓊斯已深陷進偏執妄想中，認為叛逃者一定會將瓊斯鎮的真實情況洩漏給外界。於是瓊斯指使人謀殺了國會議員及一些隨行人員，接著下令將摻入氰化物的含糖飲料發給厭倦而疲憊不堪的信徒。我在第十二章中摘錄過他惡名昭彰的最後一小時演說，完整版本的演說可上網至瓊斯鎮網站上查詢。[35]

戴比‧萊頓曾寫過一本十分有說服力的書，說明為什麼她和這麼多人會受到這惡魔般的傳教士勸誘與蠱惑而掉入他的陷阱。吉姆‧瓊斯如何從一個善意的神職人員變成了死亡天使，這令人不寒而慄的路西法式轉變過程在其書《誘人之毒》中有完整呈現[36]。我曾在別處主張，瓊斯運用的心智控制策略和喬治‧歐威爾的經典小說《一九八四》中描繪的策略明顯相似，這使得瓊斯鎮成為研究田野，而瓊斯鎮現象則是我們所能想像得到最極端心智控制手法的一場實驗——也許甚至受到美國中情局贊助[37]。

理查是個單純、實際的人，他雖然說話溫吞，卻對於人群和地方有敏銳的觀察力。他曾說，當他一抵達瓊斯鎮時，就察覺到有某些事情非常不對勁。在這個許諾之地裡，沒有一個人的臉上帶著笑容；在這個想像中應該十分富足的地方，每個人都在挨餓。人們竊竊私語，從不高聲

談笑。遊戲前不但得先工作，甚至除了工作外根本沒有時間玩樂。不分晝夜都聽得到瓊斯的聲音在耳邊嗡嗡作響，他不是親自發表演說，就是透過錄音帶放送談話。男女分別住在不同營房內，已經結婚的夫婦們若沒有經過瓊斯允許，甚至也不能行房。沒有人有辦法離開，除非他們能夠在離家幾千哩外的異國叢林裡找到出路。

理查‧克拉克構想了一個計畫。他自願擔任沒人願意接下的「豬圈」工作，那是個臭味四溢的地方，獨立位於瓊斯鎮的不規則院區中，但對理查而言是個理想地方，他可以從這裡逃離瓊斯令人頭腦發昏的演講轟炸，從叢林中找出通往自由之路。當他開始緩慢、謹慎地進行脫逃計畫時，他把這件事告訴了黛安娜，並說等到時機成熟，他們兩個人就可以一起離開。為了挑戰瓊斯佈下的大量眼線，理查做出十分危險的決定，把他的計畫告訴極少數家庭的成員。

十一月八日星期天早晨，瓊斯下令所有人都放一天假，以便慶祝萊恩參議員帶著在這農業社會主義烏托邦中看到的美好成果訊息歸國。這正是理查的脫逃信號。他召集了八名同夥假裝要出去野餐，然後帶著他們逃出叢林到達安全的地方。當他們抵達蓋亞那的首府喬治城時，他們所有親朋好友都已命喪黃泉。

理查‧克拉克最近因自然原因過世，他一直知道，相信自己的直覺、街頭智慧以及自己對「不一致性的察覺力」是個正確決定。最重要的是，他欣慰自己拯救了跟隨他逃離黑暗之心的人；理查‧克拉克，一位平凡的英雄人物。[38]

拯救猶太兒童逃出納粹毒手的英雄

波蘭婦女艾琳‧山德勒（Irene Sendler）曾拯救了近兩千五百名原本必死無疑的猶太兒童逃出納粹魔手，她與二十名波蘭天主教徒組織成一個團體，協助將住在華沙猶太區的猶太兒童們裝在籃子或救護車裡偷渡出去。雖然她明知在納粹占領下的波蘭，任何幫助猶太人的人被逮到，就可能會連同家庭成員一起槍殺。山德勒最後在一九四三年被納粹逮

捕，儘管一再受到刑求折磨，卻始終拒絕透露安置在非猶太家庭中的孩子姓名。她最近因為她的英雄行為得到波蘭參議院表揚，但高齡九十七歲的她已經虛弱得無法親自參與頒獎典禮。不過山德勒曾經寄了一封信給她所拯救的其中一位孩子，她在信中說道，「我和那些如今已不在人世的偉大祕密信差們一起拯救的每個孩子，都是我存在的理由，而不是光榮的頭銜。」

英雄式行為的四維座標模型

以勇氣的概念以及這裡所舉的英雄式行為例子為根據，我製作了一個英雄行為的基本模型。在某個特殊個人的總體動機架構中，英雄式行為可被描繪為三種連續體：**風險／犧牲類型、參與形式或方式、追尋目標**。在「風險／犧牲類型」的橫軸上，一端可固定為人身危險，令一端則是社會犧牲。同樣地，在「參與形式或方式」的縱軸上，一端固定為採取主動（英勇特質），令一端則是採取被動（具有堅毅特質）。而在第三個維度上，「追尋目標」則可以用以保全性命還是堅持理想為目的來形容。儘管這兩個目標在某些方面是同樣的意思——顧全性命也是個高貴的想法，不過在這個脈絡中，此一區分還是重要。頁描繪英雄式行為的三維座標模型。

本模型中要加入的第四面向為**時間性**（Chronicity）。英雄可以是在立即作為下產生，也可能要隨著時間積累才能看出他們的偉業。在戰爭的背景下，急性的英雄式行為，也就是在單一行為中展現的英雄作為會被形容為勇敢之舉——在單場戰鬥中表現出勇氣的行為。對照之下，慢性的英雄式行為則叫做英勇之舉，是在長期抗戰中所表現出的勇氣。還沒有對應的詞可用來指稱持久的平民英雄作為，也許是因為在民間領域裡，在險境中表現英雄之舉的戲劇性特質不是那麼容易辨認的緣故。

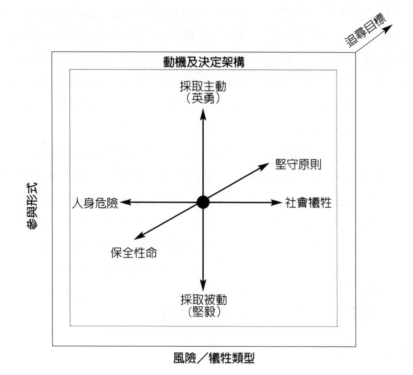

英雄的對照：非凡與平凡

貪生怕死的土壤上孕育不出盛名之木。

——約翰·米爾頓

　　傳統概念中，英雄是秀異卓越的人種，現在我們要加入一個相反的觀點——有些英雄只是做出非凡之舉的平凡人。第一種英雄的形象比較浪漫，也比較受到古代神話和現代媒體的歡迎和喜愛。這種觀點認為英雄做的事情是平凡人異地而處時不會做，或是做不到的。這些超級明星一定是生來就帶著英雄的基因，英雄不是常規，是異例。

　　第二種觀點，我們可以稱為「規則就是例外」，這種想法導引我們去檢視情境和人之間的互動，檢視在特殊時間和空間中推動人做出英雄之舉的動態。情境的作用或許是激發行動的催化劑，也可能是扮演降低行動阻礙的角色，社會支持網絡的形成就是其中一種方式。值得注意的是，在大多數例子中，參與英雄式行動的人都一再拒絕被冠以英雄美譽，正如克麗絲汀娜的案例。

　　這些行英雄事蹟的人認為他們只是採取在那時候看似必要的行動而已。他們相信任何人都會做出一樣的舉動，要不然會難以理解為什麼其他人沒有這麼做。曼德拉曾說過，「我不是聖人，我只是因為處於非比尋常的環境中，所以變成領袖的平凡人。」[39] 我們常從做出英雄之舉的人們口中聽到這類話，這些人來自社會各階層，他們會說「這沒什麼」、「我做了我該做的」。這些是「平凡」或日常生活中的勇士們的謙抑之詞，是我們的「平庸英雄」。接下來讓我們將正面的平庸性和漢娜‧鄂蘭教給我們的所謂「邪惡的平庸性」做個對照。

論邪惡的平庸性

　　邪惡的平庸性概念來自鄂蘭對於阿爾道夫‧艾希曼受審時的觀察，艾希曼被控犯下侵害人權的罪行，協助策劃歐洲猶太人的人種滅絕行動。在《艾希曼受審於耶路撒冷：關於邪惡的平庸性的一份報告》書中，鄂蘭系統地闡述了這觀點，她認為不應該將這類人視為例外，把他們當成禽獸或是變態的虐待狂。她主張，這類典型被用於詮釋邪惡罪行加害者的天性式歸因，作用只是將加害者和人類社群成員隔絕而已。但是漢娜‧鄂蘭說，我們應該揭露的是艾希曼和那些跟他類似的人身上的平凡性。了解到這點後，就會更加意識到這類人是所有社會中普遍而潛藏的一股危險力量。艾希曼抗辯他只是按照命令行事而已。關於這位集體屠殺劊子手的動機與良知，鄂蘭指出，「就他的基礎動機來說，他相當確定自己不是他所稱『內心卑劣的人』，意思是他內心深處藏著一個下流混帳；就他的良知而言，他記得非常清楚，如果說他會覺得良心不安

的話，唯一的原因只會是因為他沒有服從指令——以極度熱誠和一絲不苟的手法將數百萬男女老幼送上斷魂路。」

在鄂蘭對艾希曼的描繪中，最令人震驚的是從各方面來說，艾希曼似乎是個極端正常而且徹底平凡的人：

共有半打的精神病學家鑑定艾希曼的精神狀態屬於「正常」，據說其中一位是宣稱，「無論如何，他的精神狀態比做完他精神鑑定之後的我還要正常。」而另一位則發現，就他的整體心理狀態，他對妻小、父母、兄弟姊妹及友人的態度來評估，他「不僅是個正常人而且還非常討人喜歡。」[40]

鄂蘭提出她至今仍維持經典地位的結論：

艾希曼的問題正是在於，他跟太多人其實沒有兩樣，他們既不是變態也不是虐待狂，而且他們過去是、現在也仍是可怕且駭人地正常。從法律制度及道德判斷標準而言，這種正常性比所有暴行總和都還令人震驚，因為這意味著……此一新類型犯罪者的確是人類公敵……在他幾乎不可能知道或不覺得自己做錯的環境下犯下這些罪行。[41]

接著鄂蘭寫下了這段鏗鏘有力的話語，她形容艾希曼帶著尊嚴步向絞刑架：

彷彿在生命的最後幾分鐘，他用他的一生總結了人性之惡這門漫長課程曾給我們的教訓——邪惡那令人喪膽、蔑視一切言語和思想的平庸性。[42]

我們前面提過「平凡人」犯下暴行的觀點，歷史學家克理斯多福・布朗寧已做出完整的探討。他揭露了由數百名來自德國漢堡的男性所組

成的一〇一後備隊，在遙遠波蘭村莊中犯下的滅猶罪行，而這些罪行或是屬於系統性行為，或是由個人所為。這些屬於工人及中下階層的中年居家男子槍殺了數千名手無寸鐵的猶太人，不分男女老幼，並且將另外數千名猶太人強制送往死亡集中營。然而布朗寧在他的書中堅決聲稱他們全都是「平凡人」。他認為納粹政權的大規模屠殺政策「並非少數攪亂日常生活寧靜的失常或特殊事件，正如一〇一後備隊的故事指出，集體謀殺成了例行公事。正常性本身最後變成極度反常。」[43]

心理學者厄文・史脫普也持同樣觀點。他的研究使得他逐漸導出結論，「邪惡從平凡思維中滋長並由普通人付諸實行，這向來是通則，不是例外。」[44]根據齊格蒙特・鮑曼（Zygmunt Bauman）對猶太人大屠殺的分析，殘酷的行為應該從社會根源來歸因，而不是歸咎於「性格分析學式的」決定因素或是「人格缺陷」。鮑曼更進一步認為，有能力聲張道德自主性以抗拒破壞性權威指令的少數個人，才是通則中的例外。在面對試煉之前，這樣的人極少能意識到他或她擁有的力量。[45]

邪惡平庸性的另一種特質將我們引進拷問者巢穴，這類人的任務是運用一切必要手段來摧毀受害者意志、抵抗力及尊嚴，而我們得思考的是，他們和病態性罪犯是否有任何差異。研究拷問者的人的共通看法是，總體而言我們無法從拷問者的背景看出他們和一般大眾的差別，在他們從事這個骯髒工作之前並不具備性格上的特殊性。約翰・康洛伊（John Conroy）曾在愛爾蘭、以色列和芝加哥三個不同事件地研究參與拷問的人，他得出的結論是：在所有案例中，那些「最惡劣的行徑」都是由「一般人」犯下。他主張拷問者在鎮壓敵人的過程中表達了他們所代表的社群意志。[46]

我的同事希臘心理學者米卡・哈若托斯・費陶洛斯曾深度分析受希臘軍政府訓練擔任官方許可刑求者的軍人（一九六七至一九七四年間），她得到的結論是：拷問者不是天生，而是後天訓練而成。針對「誰有辦法成為有效率的拷問者？」這問題，她的答案是「任何人的兒子都辦得到」。只需要短短幾個月，來自農村的普通年輕男性就可以被訓練成「兇

器」，做得出畜牲一樣的殘暴行為，他有能力使用最可怕的手法來羞辱、傷害任何被貼上「敵人」標籤的人——當然了，那些人全都是自己的同胞[47]。這類結論不是僅適用於某個國家，許多極權政體中都有出現過共通現象。我們曾研究過巴西的「暴力工作者」，這些警察為統治巴西的軍政府刑求、謀殺巴西人民。而從我們所能蒐集到的所有證據中顯示，他們也都是些「平凡人」。[48]

論英雄之舉的平庸性[49]

我們現在可以準備考慮這樣的觀點：大部分成為惡行加害者的人可以和做出英雄之舉的人直接相比較，因為他們有一個共通點——都只是平凡的一般人。邪惡的平庸性與英雄之舉的平庸性之間有許多相似性。兩者都不能直接歸因於獨一無二的天性傾向；無論在基因或是內在心理面上，做出這兩類事情的人都不具有病態或良善的特殊內在特質。兩種狀況都是在特殊時間、特殊時間中才浮現，在這之中，情境性力量扮演著強制的角色，推促著特定個人跨過不行動到行動之間的決定界限。當個人被行為脈絡中產生的牽引力量攫獲時，會有做出決定的決定性時刻。這些力量結合起來，增加了個人做出傷害他人或幫助他人行為的機會。他們的決定或許是有意為之，或許是無意識中做成。然而在大多數情況下，強烈的情境力量經常會強力驅使人行動。情境的行動引導力包括：群體壓力和群體認同、行動責任的分散、只考慮眼前不顧後果、社會模式的出現，以及對某個意識型態的承諾。

在猶太大屠殺期間對猶太人伸出援手的歐洲基督徒的說法中，有個共有的主題，總結說就是「善良的平庸性」。這些做了正確的事卻絲毫不以英雄自居的拯救者，認為自己只是表現了何謂正派合宜言行的共通感受，這樣的人數量多得令人注目再三。而在納粹絕世空前的系統性種族滅絕行動背景下，他們的善良平庸性格外使人印象深刻。[50]

我在這趟旅程的路上已嘗試告訴各位，阿布葛拉伊布監獄的虐囚憲兵獄卒和史丹佛監獄實驗中的虐囚獄卒都說明了《蒼蠅王》類型的暫時

性人格變化，亦即從尋常人變成邪惡的加害者。我們必須將這些人和持續執行大規模暴行的暴君對照並列，後者包括阿敏將軍、史達林、希特勒和海珊。我們也應該將一時的英雄和終身英雄對照觀察。

在美國阿拉巴馬州的一輛公車上，羅莎·帕克斯拒絕坐到公車後方的「有色人種」座位區；喬伊·達比揭發阿布葛拉伊布虐囚事件；應聲趕往救援危難中受害者的英雄之舉，是指發生在特定時間、地點的勇敢作為。對照於此，甘地或是德蕾莎修女的英雄之舉則是終身篤行的英勇作為。慢性英雄和急性英雄的對照正如同勇敢與英勇的對照一般。

這意味著，我們之中任何人都能輕易成為英雄或是邪惡加害人，一切端視我們如何受到情境力量影響而定。重要的是，我們必須找出如何限制、約束及避免促使我們做出社會病態行為的情境性及系統性力量。此外同樣不可少的是，每個社會都要在公民之中培養出「英雄形象」意識。我們可以透過傳達這樣的訊息來培養英雄形象的公民意識：每個人都在等待成為英雄的時刻到來，而在時候到來時期望人們做出正確的事。對每個人來說，決定性的問題是：是否採取行動幫助他人？是否要避免傷害他人？還是該什麼是都不做？我們應該要預備許多桂冠頒發給發現自己潛藏力量和美德，並讓勇氣和美德推促他們對抗不公正和殘忍行為、始終堅持節操的人。

我們已回顧過大量反社會行為的情境性決定因素的研究，特別是米爾格蘭對權威力量的調查，以及史丹佛監獄實驗中揭露的制度性力量，這些研究透露出，正常的一般人可以被引導對無辜的他者做出殘酷的行為，而這改變可以到達什麼程度 [51]。儘管在這些研究以及許多其他的研究中，大多數人或是服從、順從、屈從，或是被勸服、受到誘惑而做了不該做的事，但始終有少數人抗拒、抗議、拒絕服從不符合人性的指令。從某種意義上而言，面對輕易讓大多數人淪陷的強有力情境力量，一個人的抵禦能力也就是英雄精神所在。

抵抗情境力量之人的人格，是否不同於盲目服從者 [52]？一點也不。相反地，英雄之舉的平庸性概念堅持認為，在重要時刻做出英雄之舉的

人和輕易受到誘惑的大多數人並沒有根本上的差異。但並沒有足夠的經驗研究可支持這主張。這是因為英雄式行為並不是可以做系統性研究的單純現象，它難以被清楚定義，也無法當場進行資料蒐集。英雄式行為瞬間即逝，難以預料，完全只能透過回溯的方式評價。也由於英雄們通常是在英雄行為發生後數個月或數年後才接受訪談，因此這些也許會被攝影家亨利・卡提耶・布列松（Henri Cartier-Bresson）稱為「決定性瞬間」的英雄作為，我們也找不到相關回溯性研究[53]。總而言之，我們並不了解在英雄們決定冒險的那一刻，他們的決定基礎是什麼。

英雄作為證實了人類之間的關聯

世界各地每個國家中都有成千上萬的平凡人一旦身處特殊環境中會決定做出英雄之舉，其原因至今尚未完全了解。表面上看來，我們所採取的觀點似乎戳破了英雄神話，把原本稀有特殊的事物變得平凡無奇。不過實情並非如此，因為我們的立場仍然承認英雄作為特殊而稀有。英雄式行為維護了一個社群的理想，並提供非比尋常的指引，也為有利社會的行為提供了角色示範。英雄式行為的平庸性代表著我們所有人都是等待中的英雄，是我們所有人在某個時間點上都可能面對的選擇。

我認為，若我們將英雄之舉當成是人人皆有的人性，而不是被選中的少數才有的稀少特質，將更能增進每個社群中的英雄式行為。根據記者卡羅・戴皮諾（Carol Depino）的說法，「每個人都有能力成為某種程度上的英雄。有時候你可能不了解。對某個人來說，一個英雄之舉可能只是把門敞開然後跟他打聲招呼。我們所有人都是某個人的英雄。」[54]

關於平凡英雄的普遍性，將可激勵我們重新思考我們之中的尋常英雄，那些用他們的日常犧牲豐富我們生命的人們。

於是，我們來到這趟深入黑暗之心的漫長旅程尾聲，而我們將帶著離別訊息返回：該當讚頌英雄式行為和英雄人物。我們將以集體心靈中更巨大的良善，以及凡夫俗子們立志成為個人英雄的決心，打擊並最終

戰勝存在人與人之間的邪惡。這並不是個抽象概念，而是如俄羅斯詩人、史達林時代的勞改營囚犯索忍尼辛提醒的，「善惡之界存乎一心。誰願意摧毀自己心中的一部分？」[55]

　　感謝你與我分享這趟旅程。
　　再會！

菲爾・金巴多

英雄式行為分類表

	次類別	定義	風險／犧牲	範例人物
軍事英雄式行為： 英勇、勇敢、勇猛	1. 軍事及其他職責所在之身體風險性英雄	個人因從事軍職或其他緊急狀況之職業，而需要一再出入高風險情境中；必須有超出職責所需的作為才符合英雄式作為條件	●重傷 ●死亡	阿基里斯 美國最高榮譽勳章受獎者 休·湯普森[譯1] 海軍上將詹姆斯·史托克戴爾[譯2]
平民英雄式行為	2. 平民英雄：非責無旁貸之身體風險性英雄	明知將冒生命危險之情況下仍試圖拯救他人兔於身體傷害或死亡之平民	●重傷 ●死亡	獲卡內基英雄基金會授獎之英雄人物
社會英雄式行為： 堅毅、勇氣、無畏	3. 宗教人物	終身奉獻於體現最高原則之宗教性服務，或開闢宗教／精神上之新境界。通常具有導師地位，或成為助人活動之大眾典範	●以禁慾苦行方式犧牲自我 ●顛覆宗教正統	佛陀 穆罕默德 聖方濟 德蕾莎修女

譯1 在越南美萊村屠村事件中，空中偵察員休·湯普森（Hugh Thompson）不惜違抗指令駕駛直升機保護美萊村民。

譯2 Admiral James Stockdale，已故美國海軍名將，為美國海軍史上受獎最多的將官之一。曾在一九六四年東京灣事件率領海軍空中分隊，一九六五年座機被擊落於敵國境內。在越南淪為戰俘，是曾為戰俘的海軍最高階將領。

	次類別	定義	風險／犧牲	範例人物
社會英雄式行為：堅毅、勇氣、無畏	4. 政治或宗教人物	轉而從事政治事業以推動更大規模變革的宗教領袖，或是擁有推動政治實踐之深刻精神信念體系的政治人物	●暗殺 ●受監禁	甘地 金恩博士 曼德拉 圖圖大主教
	5. 異議人士	明知（有時候是經深思熟慮）危險而不顧生命安危致力於實踐某個目標的政治或宗教人物	●為致力於某一目標或理想而犧牲生命或幾近喪命	耶穌 蘇格拉底 聖女貞德 荷西·馬蒂 （José Martí）[譯3]
	6. 政治或軍事領袖	通常為領導一個國家或人群渡過艱苦時期的人物；致力於統一國家、提出共同願景，並可體現出族群之存續不可或缺之特質。	●暗殺 ●落選 ●受抹黑 ●受監禁	林肯 李將軍 羅斯福總統 英國前首相邱吉爾 捷克前總統哈維爾

譯3　古巴革命英雄，一八九二年創立古巴革命黨，爲推動脫離西班牙殖民而發起獨立戰爭並因此陣亡。

	次類別	定義	風險／犧牲	範例人物
社會英雄式行為：堅毅、勇氣、無畏	7. 冒險者／探險家／發現者	地理上未知世界的探索者、運用創新、未被證實為可行的交通方式的人	●身體健康 ●重傷 ●死亡 ●機會成本（旅途全程）	奧德賽 亞歷山大大帝 艾蜜莉亞·厄哈特[譯4] 尤里·蓋加林[譯5]
	8. 科學（發現）英雄	科學上未知世界的探索者、運用創新、未被證實為可行的研究方法的人、對人類具價值之新科學資訊的發現者	●無法說服他人研究發現的重要性 ●受到職業上的排斥或放逐 ●遭受財務損失	伽利略 愛迪生 居禮夫人 愛因斯坦
	9. 救人於危難的行善者	助人於危難者；涉及強烈抑制利他行為發生的情境；不見得有立即的身體風險	●受到權威人士的懲罰性制裁 ●被捕 ●受刑求 ●死亡 ●機會成本 ●被放逐	納粹猶太人大屠殺中的援救者 海莉特·塔布曼[譯6] 史懷哲 理查·克拉克 艾琳·山德勒

譯4　Amelia Earhart，美國著名女飛行員、作家。第一位獲頒飛行榮譽十字勳章、第一位單獨飛越大西洋的女飛行員。她還創下了許多飛行紀錄，並出版書分享自己的飛行經驗。一九三七年在全球首次環球飛行途中神祕失蹤。

譯5　Yuri Gagarin，前蘇聯太空人，一九六一年四月十二日搭乘東方一號太空船升空繞行地球軌道一周，是人類有史以來第一次進入太空。他從此沒有再做過太空飛行，但積極參與訓練太空人，於一次飛行練習中墜機遇難。

譯6　Harriet Tubman，出生於美國南方奴隸家庭的非洲裔女性。曾透過由廢奴主義者及奴隸們築成之「地下鐵道」（Underground Railroad）祕密網狀系統，幫助許多黑奴逃出蓄奴地區。她後來積極參與廢奴運動，並在南北戰爭期間在南軍中擔任護士，同時執行間諜和偵查任務。戰後她利用遲來的微薄養老金建立養老院收容非裔窮人、老人。

	次類別	定義	風險／犧牲	範例人物
社會英雄式行為：堅毅、勇氣、無畏	10.生命鬥士／受迫害者	克服殘障或逆境之個人，無論環境與條件仍獲得成功，並為他人提供了示範榜樣	●失敗 ●被拒絕 ●受蔑視 ●被嫉妒	何瑞修·艾爾杰 譯7 海倫·凱勒 愛蓮諾·羅斯福（Eleanor Roosevelt） 羅莎·帕克斯 譯8
	11.科層體制中的英雄	任職於內部機構間或機構內出現紛爭的大型組織；在強烈壓力下仍堅守原則	●危及細心經營的職業生涯 ●職業上受到的排斥或放逐 ●遭受財務損失 ●失去社會地位 ●失去信用 ●遭到危及身體安全的報復	路易·巴斯德
	12.糾舉內部不法者	意識到組織內之非法或不道德作為之個人，在不預期得到酬賞的心態下將這些作為報導出來	●危及細心經營的職業生涯 ●職業上受到的排斥或放逐 ●遭受財務損失 ●失去社會地位 ●失去信用 ●遭到危及身體安全的報復	朗·萊登奧爾 譯9 戴博拉·萊頓 譯10 克麗斯汀娜·馬斯勒 喬伊·達比

譯7 Horatio Alger，美國作家，曾寫作出版數本以白手起家、窮人致富為主題的故事。後來這名字成為美國人心中白手起家，奮鬥不懈終於成功者的代名詞，「何瑞修·艾爾杰神話」也是美國夢的具體代表。

譯8 Rosa Parks，黑人民權運動者。一九五五年十二月一日在一輛實施種族隔離政策的公車上拒絕將少數保留給黑人的位置讓座給兩位後上車的白人因而被捕。她的行動與被捕遭遇開啟了後來金恩博士領導一連串的非暴力抗爭行動。

譯9 Ron Ridenhour，寫信向美國國會揭發越南美萊村屠村事件的越戰退伍軍人，後來成為一位優秀的調查記者。

譯10 Deborah Layton，前「人民神殿」教派信徒，在蓋亞納集體自殺慘案發生前曾寫信給美國政府，警告集體農場中的失控情境可能將危及美國公民安危。但未獲重視。

注釋

序言

1 阿布葛拉布監獄（Abu Ghraib Prison）監獄虐囚案，有媒體稱「美軍虐待伊拉克戰俘事件」，用以總稱二〇〇三年美軍占領伊拉克後，在境內發生的一連串虐囚事件。

第一章

1 出自米爾頓 *"Complete Poems and Major Prose"*（ed. M. Y. Hughes New York: Odyssey Press, 1667/1957）第一冊第二五四頁，於第二冊四十四到二八九頁描述撒旦和惡魔的會議。

2 伊蓮‧佩格斯，《撒旦之源》（*The Origin of Satan*）第十七頁。（New York: Random House, 1995），p. xvii.

3 請見大衛‧法蘭克福所著 *"Evil Incarnate: Rumors of Demonic Conspiracy and Satanic Abuse in History"*（Princeton, NJ: Princeton University Press, 2006）p. 208-209。

4 有些值得一讀的書籍，都探討了對邪惡的心理學觀點，包括：R. F. Baumeister, *Evil: Inside Human Cruelty and Violence*（New York: Freeman, 1997）; A. G. Miller, ed., *The Social Psychology of Good and Evil*（New York: Guilford Press, 2004）; M. Shermer, *The Science of Good & Evil: Why People Cheat, Gossip, Care, Share and Follow the Golden Rule*（New York: Henry Holt, 2004）; E. Staub, *The Roots of Evil: The Origins of Genocide and Other Group Violence*（New York: Cambridge University Press, 1989）; J. Waller, *Becoming Evil: How Ordinary People Commit Genocide and Mass Killing*（New York: Oxford University Press, 2002）。

5 有越來越多針對文化心理學的研究文獻，比較了鼓吹個人獨立的社會（個人取向）和強調人際互助的社會（群體取向），探討這兩種不同的社會的不同行為表現和價值觀。要了解不同觀點會如何影響「自我概念」，以下的著作都很不錯：海瑟‧馬克斯（Hazel Markus）和北山忍（Shinobu Kitayama）合著的 "Models of Agency: Sociocultural Diversity in the Construction of Action," in Nebraska Symposium on Motivation, ed. V. Murphy-Berman and J. Berman, *Cross-Cultural Differences in Perspectives on Self.*（Lincoln: University of Nebraska Press, 2003）。

6 探究性格天生概念的一篇最佳參考文獻，是蘇珊‧吉爾曼（Susan Gelman）的 *The Essential Child: Origins of Essentialism in Everyday Life*（New York: Oxford University Press, 2003）。而針對了解智能（intelligence）是否為天生（固定）或是漸進學習（可改變），在許多不同領域中影響成功與否因素的其他資源，可以參考 Carol Dweck 幾十年來的研究精華：*Mindset: The New Psychology of Success*（New York: Random House, 2006）。

7 針對處理這樣的校園暴力事件，我的心理系同事艾略特‧阿隆森（Elliot Aronson）做了一個具建設性的研究。他使用社會心理學的力量，提供一個改善校園社會環境的藍

圖，以同情和合作取代競爭和拒絕：E. Aronson, *Nobody Left to Hate: Teaching Compassion After Columbine*（New York: Worth, 2000）。

8　Heinrich Kramer and Jakob Sprenger, *The Malleus Maleficarum of Kramer and Sprenger*（*The Witches' Hammer*）, edited and translated by Rev. Montague Summers（New York: Dover, 1486/1948）。也可以在線上瀏覽史蒂芬妮·芭瑞（Stephanie du Barry)於一九九四年的這篇評論：http://users.bigpond.net.au/greywing/Malleus.htm.

9　我們必須相信，長久以來神學上對女性的暴力態度。歷史學家安妮·芭斯多（Anne Barstow）回溯整個系統的運作，指出廣泛地接受由教會或是國家背後的男性權力對女性的欺壓，也就是「女巫狂熱」（witch craze）的開始。出自 Anne L. Barstow, *Witchcraze: A New History of European Witch Hunts*（San Francisco: HarperCollins, 1995）。

10　C. Wright Mills, *The Power Elite*.（New York: Oxford University Press, 1956）, pp. 3-4.

11　Sam Keen, *Faces of the Enemy: Reflections on the Hostile Imagination* (enlarged ed.)（New York: Harper & Row, 1986/2004）。也可以參考由比爾·澤西（Bill Jersey）和山姆·金恩共同製作的一系列 DVD。更多訊息請參考：www.samkeen.com

12　L. W. Simons, "Genocide and the Science of Proof" *National Geographic*, January 2006, 28-35. 另外還有達頓（D. G. Dutton）、多雅寇斯基（E. O. Doyankowski）和邦德（M. H. Bond）在《侵略和暴力行為》（*Aggression and Violent Behavior*）第十集（2005 年 5-6 月）第 437-473 頁合寫的「大規模屠殺：由軍事屠殺到種族滅絕」(Extreme Mass Homicide: From Military Massacre to Genocide)，是令人印象深刻且見解獨到的分析。這些心理學家認為，政治和歷史的因素形塑了軍事屠殺、種族屠殺和政治屠殺的目標群體（target group）的選擇。這樣的選擇基於一個信念：此目標群體先前長期取得不正當的好處。因為這樣，就有了足夠的理由報復這群「如癌一般的群體」(cancerous group)。相對地，殺害無辜人們的理由源於一個假設的概念：他們認為，進攻的族群也就是現在的攻擊者，未來有風險和危機的威脅。

13　在一些令人悲慟的故事中，那些對女性使用性暴力作為武器的恐怖行為的人，在彼得·蘭思曼（Peter Landesman）於 2003 年 9 月 15 日於《紐約時報》82-131 頁所作的調查報導中，都被他稱為「強暴部長」。（以下所有相關引述都來自這篇報導）

14　Jean Hatzfeld, *Machete Season: The Killers in Rwanda Speak*；New York: Farrar, Straus and Giroux, 2005）.

15　R. Dallaire with B. Beardsley, *Shake Hands with the Devil: The Failure of Humanity in Rwanda* (New York: Carroll and Graf, 2004）.

16　心理學家李夫頓（Robert Jay Lifton），也就是《納粹醫生》（*The Nazi Doctors*）的作者認為，強暴常常是戰爭中蓄意使用的工具，讓痛苦和羞辱持續極端地影響受害者個人和她身邊的每一個人。蘭思曼：「女人是聖潔的象徵，一個家庭以這個為中心打轉，而這樣突如其來的殘酷攻擊，羞辱了她們全部的人。所有意味著羞辱的氛圍，在生存者和她的整個家庭中持續迴盪著。這種方式之下，強暴比死亡還可怕。」也可以閱讀 A. Stiglmayer, *Mass Rape: The War Against Women in Bosnia-Herzegovina*, (Lincoln: University of Nebraska Press, 1994）.

17 張純如：《南京大屠殺：被遺忘的二戰浩劫》（*The Rape of Nanking: The Forgotten Holocaust of World War II*； New York: Basic Books, 1997），p. 6.

18 A. Badkhen, "Atrocities Are a Fact of All Wars, Even Ours" *San Francisco Chronicle*, August 13, 2006, pp. E1-E6, and D. Nelson and N. Turse, "A Tortured Past" *Los Angeles Times*, August 20, 2006, pp. A1, ff.

19 A. Bandura, B. Underwood, M. E. Fromson, " Disinhibition of Aggression Through Diffusion of Responsibility and Dehumanization of Victims" *Journal of Research in Personality* （1975）；253-269. 受試者相信，隔壁房間的其他學生真的依照他們所按下的鍵而受到不同程度的電擊；事實上，動物和其他人都是虛構的，沒有任何人受到電擊。

20 引述自我們發表在《紐約時報》上，陳述關於監獄人員與執行死刑中道德分離的文章： Benedict Casey, "In the Execution Chamber the Moral Compass Wavers" *The New York Times*, February 7, 2006. see M. J. Osofsky, A. Bandura, & P.G.Zimbardo, "The Role of Moral Disengagement in the Execution Process," *Law and Human Behavior*, 29（2005）;371-393.

21 我最近為了在二〇〇五年十月五日，前捷克前總統哈維爾（Václav Havel）生日當天受獎「the Havel Foundation Vision 97 Award」，為得獎感言而發展出這些主題。請見「在恐怖攻擊年代的解放心理學」（Liberation Psychology in a Time of Terror），線上瀏覽：www.zimbardo.com.havelawardlecture.pdf（已改為：www.prisonexp.org/pdf/havelprize.pdf）

22 Rabindranath Tagore, *Stray Birds* (London: Macmillan, 1916), p. 24.

第二章

1 去個人化（deindividuation）的早期研究與理論整理於我在 1970 年代所撰寫的章節： "The Human Choice: Individuation, Reason, and Order Versus Deindividuation, Impulse, and Chaos," *1969 Nebraska Symposium on Motivation*, ed. W. J. Arnold and D. Levine (Lincoln: University of Nebraska Press, 1990), pp. 237 — 307. 而關於破壞公物較新的文章可以參見 P. G. Zimbardo, "Urban Decay, Vandalism, Crime and Civic Engagement," in *Schrumpfende Städte/Shrinking Cities*, ed. F. Bolenius (Berlin: Philipp Oswalt, 2005).

2 研究生史考特・福雷沙（Scott Fraser）主導布朗克斯的研究團隊，而他的夥伴艾比・霭貝森（Ebbe Ebbesen）主導帕洛阿圖市的研究團隊。

3 "Diary of an Abandoned Automobile," *Time*, October 1, 1968.

4 我們有取得當地警方執行實地實驗的許可，所以警察通知我，鄰居們關心那輛廢棄的汽車失竊了──被我偷了。

5 「破窗理論」（Broken Windows Theory）：重建街坊秩序可減低犯罪率，首先出自 James Q. Wilson and George L. Kelling, "The Police and Neighborhood Safety," *The Atlantic Monthly*, March 1982, pp. 22 — 38

6 我曾經協助發展一個反戰抗議者訓練的計畫，讓他們可以得到在接下來的選舉中提倡和平的候選人爭取市民支持，使用的是一些基本的社會心理學策略，還有一些說服和順從的技巧。我在耶魯的老師鮑伯・亞伯森（Bob Abelson）和我將這些概念集合起

來，成爲一份執行手冊：R. P. Abelson and P. G. Zimbardo, *Canvassing for Peace: A Manual For Volunteers*（Ann Arbor, Mich.: Society for the Psychological Study of Social Issues, 1970）。

7　這一波警民衝突首見於一九六七年十月威斯康辛大學。學生抗議惡名昭彰的製造業者陶氏化學公司在校園中徵才，因爲他們的汽油炸彈正燃燒著地球和越南人民。情況也同樣相近，大學校長過度匆忙作下決定，想要仰賴警察來遏制示威的學生群眾；他們被催淚瓦斯弄到雙眼紅腫，遭警棍痛打，而且全都是蓄意傷害。我尤其難忘一個強烈震撼的媒體影像：十幾個警察痛打一個在地上喘息爬行的學生，大多數警察都因爲催淚瓦斯而難以辨識，或者乾脆脫掉可以辨識身分的外套。匿名加上威權，就會導致一場災難。但這一場事件，也意外地引起全美國學生的動員。大多數人都是沒有政治立場，也從來沒有參與過這類活動的學生──不像某些歐洲國家，他們的歷史往往都長期記載著人民對抗政府對於公眾教育不合理的約束以及爲其他不公平投訴抗議。

那是在一九七○年五月於俄亥俄州肯特州立大學，學生抗議尼克森和季辛吉主張前進東埔寨，令越戰越演越烈。一些學生到預備軍官訓練營（ROTC）放了把火，接著就是上千名國家衛兵奉命佔領校園，對著抗議者噴灑催淚瓦斯。俄亥俄州州長詹姆士‧羅德（James Rhodes）在電視上公開演說：「我們要斬草除根地解決這個問題，否則只是治標不治本。」令人遺憾的言辭，一語道盡了國家衛兵對這些創造麻煩的學生所做的極端作爲──沒有協商或和解的餘地，必須徹底剷除。這群手無寸鐵的學生在五月四日群聚起來，無畏地向七十位步槍裝上刺刀的衛兵們走去。其中一個士兵驚慌失措，一不小心直接向他們開槍。突如其來的閃光之下，大部分的衛兵也向學生們發射子彈。大約只有三秒鐘，就發射了六十七發子彈。四個學生中彈身亡，八個受傷，其中有些傷勢較嚴重。其中有一部分死傷者並非抗議學生，只是剛好走在上學途中和子彈的射程之內。像是山德拉‧史庫爾（Sandra Schewer），是在四百呎外被射擊，而更諷刺的是，一個預備軍官訓練營的學生比爾‧施羅德（Bill Schroeder），不是抗議者也遭射擊，堪稱「池魚之殃的受害者」（victims of "collateral damage"）。

一個士兵事後說：「我的腦袋告訴我這不是對的，但是我對一個人開槍，他就硬生生倒下了。」從來沒有人爲這些殺人的罪名負責，一幅針對這件事件的漫畫描繪一個年輕女性對著這些倒下的學生遺體驚聲尖叫，更燃起了舉國反戰的情緒。

相較於肯特州立大學的屠殺事件，十天後，密西西比傑克遜州立大學還有另一件相似卻較鮮爲人知的事件：國安部隊佔據校園，上百發子彈瞄準黑人學生掃射，造成三個學生死亡、十二個學生受傷。

相對於這些致人於死的衝突，一九七○年五月全國性學生挺身而出的大多數活動就都較爲和平，雖然其中仍有許多動亂和暴力的例子。在一些案例中，國家當局開始斟酌如何避免暴力衝突。在加州，當時的州長雷根（Ronald Reagan）宣布關閉二十八個大學校區和行政系統長達四天。衛兵被派遣到肯塔基大學、南加州大學、伊利諾大學香檳分校和威斯康辛大學麥迪遜分校。柏克萊、馬里蘭大學園區和其他地方，那時也發生了一些衝突。在加州夫勒斯諾州立大學（Fresno State College），汽油彈破壞了耗資百萬美元的電腦中心。

8　這個計畫，「史丹佛學生去激進化」（Standford student "depolarization"），是由史丹佛教

職員和學生團體發起的，並且得到帕洛阿圖市議會的支持。而在此之前，我曾經到市民大會堂熱切地爲促進和解盡份心力。

9 對於帕洛阿圖警察進行「星期天逮捕行動」的描述，並不是將當時場景記錄建檔，大部分是我自己事後的回顧，再加上企圖創造合理故事線索的目的。我對我們研究的實驗流程和理論背景的描述，結合了先前我向蘇裘總局長和 KRON 電視製作人所做的解釋，以請求逮捕行動的拍攝合作事宜，和在到達警察局之前向攝影師所做的說明，加上我回憶那天早上我和執行逮捕的警察所說的話，也都是我企圖傳遞給讀者的重要資訊，省掉故意賣弄學問地說一堆制式化的背景知識。眞正執行這個研究時，是根據更多的理論背景，檢驗相關影響的特質或是性格等等因子與情境因子，以了解在新的行爲背景下行爲的轉變。在後來的幾個章節中，就會更加具體而容易明瞭。

10 接下來的三個場景，是根據三位模擬犯人的可靠資訊，以及一開始的背景資料和後來的訪談，再加上他們在星期天逮捕行動中的觀察。毫無疑問地，我已經獲得「創造的許可」（creative license），可以將這些資訊延伸擴充用以建構這些想像的情境之中。我們會看見，這些情境和他們接下來在虛擬監獄中的犯人行爲，的確有些平行相呼應之處。

第三章

1 除非另有說明，所有犯人和獄辛的對話都來自實驗錄影帶的逐字稿，犯人和獄辛的名字全都修改以保護其眞實身分。史丹佛監獄實驗材料和原始資料和分析結果，都將全數保存在俄亥俄州亞克朗市的美國心理學歷史典藏館（Archives of the History of American Psychology in Akron, Ohio），並且收藏在典藏館的菲爾·金巴多文獻區裡。第一批會置入的，就是史丹佛監獄實驗。聯絡典藏館的方式：www.uakron.edu 或 ahap@uakron.edu。SPE 研究已經成爲許多媒體的熱烈探討對象，也有些受試者選擇在媒體上曝光身分。然而，這是第一次我爲了廣大群眾如此詳細撰寫這個實驗的內容，因此，我必須決定更換所有犯人和獄辛的姓名來保護他們的眞實身分。

2 這些規定，是傑夫和同夥學生們在實驗前一年春天的社會心理學行動課程中發展出來的。計畫中，他們在自己的宿舍中創造了模擬監獄。那堂課中，學生從我建議總計超過十個實驗計畫挑選一個。這些計畫的主旨，都在調查每個人對社會規範的觀點，像是將老者接回家中養老，或是參加宗教活動，還有融入犯人和獄辛的角色的社會化歷程。傑夫和其他一票學生選擇監獄作爲研究的一部分主題，他們在自己的宿舍裡設計且運作一個虛擬監獄長達一個星期——戲劇化的結果，促成了現在這個正式的實驗。
在學生安排這座模擬監獄時，我給過一些建議，但是一直到課堂呈現那天，我才曉得他們在那星期的模擬監獄中經歷了什麼。在正式講課前公開地表達那樣強烈的感覺，我很驚訝，對於他們的行爲和他們在新角色中的朋友，竟摻雜著憤怒、挫折、羞愧、迷惘，我接著和他們所有人一起作彙報，證實那個情境眞的帶給他們滿滿的衝擊。但是我也必須考量，他們是自己選擇進入這個主題，又不太清楚是否他們或監獄的擺設有沒有不尋常、不恰當之處——只有在控制恰當且隨機分派獄辛和犯人角色，才能眞

正區分情境因子和個人性格。那也促使了我們設計第二年夏天的研究。傑夫最後報告的團體研究，在一九七一年五月十五至十六日，簡單地定名爲「模擬監獄」。（非發表的報告書，史丹佛大學，一九七一年春天。）

3　獄卒交班報告（Guard's Shift Report）。

4　犯人最後評估的錄音帶（Prisoner's taped final evaluation）。

5　第一週史丹佛大學 Tressider 學生中心規劃的主菜如下：
晚餐：
● 星期天：燉牛肉
● 星期一：紅番椒炒豆
● 星期二：雞肉派
● 星期三：火雞肉
● 星期四：玉米餅和培根
● 星期五：義大利麵和肉丸子
早餐：五盎司果汁、穀片或水煮蛋和一顆蘋果。
午餐：兩片麵包搭配以下其一冷盤——香腸、火腿或肝泥香腸。一個蘋果、一塊餅
　　　乾、牛奶或水。

6　犯人回顧日記。

7　犯人回顧日記。

8　犯人回顧日記。

9　歸檔的犯人信件。

10　引述自獄卒在一九七一年十一月於 NBC Chronolog 的訪談。

11　犯人回顧日記。

12　獄卒會議錄影帶所記錄的逐字稿。請參見 DVD ： *Quiet Rage: The Stanford Prison Experiment*。

第四章

1　史丹佛監獄實驗在這和其他章的引述，來自各式各樣的資料來源，是我試圖找尋特定的恰當材料。這些檔案，大多是實驗進行中所拍攝的錄影帶逐字稿、值班後寫下的獄卒值班報告，或研究結束後的訪談記錄，受試者回家幾個星期後再回到學校來的最後評估報告，研究結束後陸陸續續寄回來的回顧日記、訪談錄音帶，以及一九七一年九月 NBC 電視台節目 "Chronolog" 的電視訪談，還有個人觀察，也包括其後克雷格・哈尼、克麗斯汀娜和我在已發表章節中的回憶。這個引述，則來自最後評估報告。

2　除非另有說明，犯人和獄卒的對話都來自實驗中錄影帶的逐字稿。

3　獄卒值班報告。

4　獄卒回顧日記。

5　獄卒回顧日記。

6　犯人 8612 所說的這句話，是整個實驗之中最具戲劇性的。爲了讓這個模擬實驗可以執

行，每個人都必須要表現得就像在一個真正的監獄，而不是在一個模擬的監獄裡。這在某個意義上，牽涉到承認所有關於監獄象徵的架構並非只是實驗，大家都得有這種共同的自我審視（self-censorship）。這也意味著，雖然每個人知道一切都只是個實驗，但還是必須假裝這就是個真正的監獄。8612這句話粉碎了這個架構，他說這不是個監獄，只是模擬實驗。他讓當時混亂的環境頓時靜默，因為他以具體、但有些詭異的例子解釋，為何這不是個監獄——在真正的監獄裡，他們不會拿走你的衣服和床。另一個犯人公開挑戰他，卻只是簡單地說：「他們會。」在那交換意見後，自我審視規則被增強了，而剩下的犯人、獄卒和工作人員，則繼續在自我強加的限制下表現明顯的事實。關於自我審視的運轉機制，Dale Miller 最近的著作有詳細說明：*An Invitation to Social Psychology: Expressing and Censoring the Self*（Belmont, CA: Thomson Wadsworth, 2006）。

7　犯人回顧日記。

8　犯人訪談錄音。

9　在這個例子裡，「合約」的意義並不是那麼清楚。相關資訊詳見監獄實驗網站：www.prisonexp.org。網站上有下列實驗材料：我們提供給受試者的研究敘述說明，受試者簽署的同意書，以及交給史丹佛大學人類受試者研究委員會的申請書。

10　犯人回顧日記。

11　犯人回顧日記。

12　犯人回顧日記。

13　引述自之後 SPE 回憶的章節：P. G. Zimbardo, C. Maslach, and C. Haney, "Reflections on the Stanford Prison Experiment: Genesis, Transformations, Consequences," in ed. T. Blass, *Obedience to Authority: Current Perspectives on the Milgram Paradigm*, (Mahwah, NJ: Erlbaum, 1999), pp. 193 — 237.

14　同上註。

15　犯人最後訪談（Prisoner's final interview）。

第五章

1　除非另有說明，犯人和獄卒對話都來自實驗中錄影帶的逐字稿。

2　獄卒值班報告。

3　NBC 電視台節目"*Chronolog*" 的電視訪談（1971 年 11 月）。

4　獄卒回顧日記。

5　犯人回顧日記。

6　線人（Spy）與金巴多博士的最後會談錄音記錄。

7　犯人回顧日記。

8　犯人回顧日記。

9　海軍研究處補助我的「去個人化研究」（deindividuation research；請見十三章），並且擴大贊助至監獄實驗。這是海軍研究處補助編號：N001447-A-0112-0041。

10 請見 Leon Festinger, *A Theory of Cognitive Dissonance* (Stanford, CA: Stanford University Press, 1957). See also my edited volume of research by my NYU students, colleagues, and me, Philip G. Zimbardo, ed., *The Cognitive Control of Motivation* (Glenview, IL: Scott, Foresman, 1969).

11 請見 Irving Janis and Leon Mann, *Decision Making: A Psychological Analysis of Conflict, Choice, and Commitment* (New York: Free Press, 1977).

第六章

1 所有獄卒、犯人、工作人員和牧師間互動的對話皆出自錄影帶的逐字稿，再加上工作日誌和我個人的回憶。牧師的名字已更改以保護他的真實身分，但是其他關於他或是他與犯人與我的互動，都盡可能的精確真實。

2 我們可以在第十四章看到相同的反應：一個真正的獄卒，阿布葛拉伊布監獄的工作人員弗雷德·里克警衛官，抱怨對於犯人的可處置（permissible）界線缺乏清楚的指示。

3 獄卒值班報告。

4 犯人回顧日記。

5 線人與金巴多博士的最後會談錄音記錄。

6 NBC電視台節目 *"Chronolog"* 的電視訪談（1971年11月）。

7 稍微離題，我發現有個人看過我討論犯人的去個體化和獄卒權力，這個人，就是有名的黑人政治犯喬治·傑克森的辯護律師。我在星期六（一九七一年八月二十一日）下午收到他給我的信，邀請我當他當事人的專家證人，他的當事人在索萊達兄弟案件中被控謀殺警衛，就快要開庭了。他希望我可以與他的當事人對談，當時他被關在聖昆丁附近的拘留所，那地方很諷刺地叫做「最高矯治中心」（The Maximum Adjustment Center）（也許是借用喬治·歐威爾《1984》這本書的用語）。但那個星期六事情多到讓我不得不婉拒這個邀請。後來傑克森據稱因潛逃而被殺，而我也在其後涉入了幾個審判案件。在某次聯邦法院的審訊中，「最高矯治中心」被質疑是一個「殘酷和異常懲處」的地方。此外，我也曾擔任「聖昆丁六人」蓄意謀殺案件二審判專家證人。這個審判在瑪琳郡法院（Marin County Courthouse）進行──知名建築師萊特（Frank Lloyd Wright）為它設計的優美線條，正好和「最高矯治中心」形成幾乎可以說是喜劇性的反差效果。

8 犯人最後評估。

9 我們的「假釋委員會」在星期三舉行聆聽會，詳細的說明在下一章。然而，沒有任何一個犯人真的被「假釋」，我不確定「中士」會怎麼歸因，其他兩位之所以被提早釋放，是因為極度的壓力反應。也許獄卒告訴其他犯人「那兩位已經被提早釋放」，是為了讓他們保有一線希望。「最高防護」（Maximum security）一定是表示，他們被關在黑洞。

10 犯人最後評估。

11 重聽這幕場景的錄音帶時，我突然覺得，這個獄卒好像是《鐵窗喋血》裡由史特羅瑟·馬丁（Strother Martin）扮演的殘忍典獄長；事實上，他的長相和動作更像鮑爾

斯‧布瑟（Powers Boothe）在電影《圭亞那悲劇》（*Guyana Tragedy*, 1980）裡扮演的吉姆‧瓊斯（Rev. Jim Jones）。這個驚悚的悲劇僅僅發生在六年後。《鐵窗喋血》（1967）由唐‧皮爾斯（Donn Pearce）編劇，斯圖亞特‧羅森伯格（Stuart Rosenberg）執導，保羅‧紐曼（Paul Newman）領銜主演。《圭亞那悲劇》的導演則是威廉‧葛拉漢（William Graham）。

第七章

1　第一天，卡羅‧派瑞史考特就對其他聽證會委員以下面的這個長篇大論做為開場：「我們知道假釋委員會常常否決理想的假釋申請人選，那個人過來委員會之前，已經接受過訓練、治療、諮商。他們否決假釋的理由非常簡單，只是因為他很窮、他是累犯、他的鄰居不支持他被釋放回家、他的雙親已逝、沒有任何所得，因為他們只是不喜歡他的長相，或是因為他一槍打死警察，而接著他們可能會挑選一些沒有任何問題的理想犯人……理想犯人──可是他們還是否決掉他的第三次、四次、五次、六次申請。那些最有可能又回到監獄的，最有可能被監獄環境完全形塑和擾亂迷惑、無法再回到社會的年輕孩子，和那些乖乖做事、從不惹麻煩，而且可以在監獄外不作奸犯科的那些人比起來，最後反而比較可能獲得假釋。聽起來很不可思議，但事情就是如此──監獄重要的大事。監獄需要犯人。這些人群聚監獄，不是為了再回到監獄一次，還有許多事情等著他們去做。但是剛進來的人通常尚未明確定罪……當你以假釋委員會的身分對他們說，『我有許多閒時間來跟你們耗。』話是這麼說，但是事實上，假釋委員沒有必要去看待如此平淡無奇的細節，那些……。」

2　除非另有說明，否則所有犯人和獄卒對話都來自實驗中錄影帶的逐字稿，裡頭包含所有聽證會的引述。

3　我曾在維卡維爾監獄（Vacaville Prison）參加過許多次加州假釋委員聽證會，這是由舊金山法律事務所的西德妮‧沃林斯基（Sidney Wollinsky）策劃為公眾辯護計畫的一部分；這個計畫，是設計來評估在不確定的審判系統中假釋委員會的功能，也是當時和加州懲治部門的一個議題。在那個系統之中，法官可以訂定判決年數，像是五年到十年，而不是固定年數。然而，犯人通常會服完最大值而不是平均值。

　　這令我心寒又難過。看見每個犯人絕望地在短短被分配到的幾分鐘內提出申請，試圖讓兩個委員信服他可以被釋放。其中一個委員甚至沒有注意聽他的報告，因為他正讀著每天大排長龍的資料清單中，下一位犯人的資料。而另一個瀏覽他的資料的委員，可能才第一次讀。當假釋被駁回後，大部分犯人必須再等一年才有機會再來一次。我的筆記顯示，最可能獲得假釋的條件是服刑時間夠長。如果問到犯人的過去──罪名、受害者和審判的細節，或是他在監獄系統惹出的麻煩──就通常不會被假釋。無論如何，如果他被詢問到關於現在有做什麼樣建設性的努力，好讓他可以提前釋放，或出獄之後有什麼計畫，那麼被假釋的機會就會增加。也可能假釋委員心裡早已下了決定，只是無意識地詢問一堆為什麼犯人不值得被釋放的問題，蒐集過去的罪證和重大事件。另一方面，如果委員在這個犯人資料中瞧見幾許指望，他們就會聚焦在詢問

如果獲得假釋，他未來計畫做什麼；聽到這樣的問法，犯人最少可以先享受幾分鐘非常樂觀、被釋放的可能性。

4 珍・艾略特，「藍眼／棕眼證論」（*blue-eyes/brown-eyes demonstration is told in: W. Peters, A Class Divided, Then and Now* （Expanded Edition, New Haven, CT: Yale University Press, 1971/1985），彼得斯（Peters）拍攝的兩部得獎紀錄片，ABC 新聞紀錄（the ABC News documentary）《眼睛風波》（*The Eye of the Storm*, 可以洽 Guidance Associates, New York），和 PBS 前線紀錄（PBS Frontline documentary）《班級分裂》（*A Class Divided*, 可在線上獲得資訊：www.pbs.org/wgbh/pages/frontline/shows/divided/etc/view.html）。

5 這段卡羅的談話，引述自賴瑞・戈爾茨坦（Larry Goldstein）製作的 NBC *Chronolog* 訪談節目，一九七一年九月在史丹佛所拍攝，我的秘書蘿姍・蘇莎特（Rosanne Saussotte）整理了逐字稿。但不幸的是，節目播出前他們剪掉了這段談話。

6 George Jackson, Soledad Brother: *The Prison Letters of George Jackson* (New York: Bantam Books, 1970), pp. 119 — 20.

第八章

1 清醒夢（Lucid dreaming）是作夢者處在一個半夢半醒的狀態，可以監控甚至控制自己作夢的內容。關於這個有趣的現象，可以看看我同事 S. LaBerge 的書，是一本很不錯的新近參考書目：*Lucid Dreaming: A Concise Guide to Awakening in Your Dreams and in Your Life* （Boulder, CO: Sounds True Press, 2004）。

2 科特・班克斯與犯人的訪談錄音。

3 獄卒的最後評估。

4 犯人的最後評估。

5 獄卒的最後評估。

6 獄卒的最後評估。

7 獄卒的最後評估。

8 NBC *Chronolog* 電視節目訪談，1971 年 11 月。瓦尼許是經濟學三年級研究生。

9 獄卒的最後評估。

10 獄卒回顧日記。

11 「帶著規則工作」（work to rule, 基本定義詳見 http://en.wikipedia.org/wiki/Work_to_rule）：就一個策略而言，"Work to rule" 是有組織性的勞工罷工，其中一種可能的形式。因為社會緊急工作人員像是警察和消防隊員，如果他們開始罷工，馬上就會遭到解雇或是替換。顯然地，美國的第一個先例就是有名的一九一九年波士頓警員罷工（Boston Police Strike）。當時的麻薩諸塞州州長卡爾文・柯立芝（Calvin Coolidge）解雇了一千兩百名員警，並宣稱：「在任何時間、地點，沒有人任何有權利在危及大眾安全時罷工。」這句話現今被廣泛地被引用。他以大眾的支持作為跳板，不但幫助他成為代理總統，甚至選上了美國總統。還有一個例子是一九六九年亞特蘭大警察部門，那時美國警察聯誼會（Fraternal Order of Police；FOP）以與 work to rule 看似相同方式「怠工」

（slowdown）策略實行罷工。在那個時候，「嬉皮」（hippie）激進主義者通常不會被逮捕，而且受到警方寬宏的待遇，大家都能接受，是不成文的規定。爲了爭取更好的工作報酬與合理的工作時數，FOP 開始「怠工」，藉由開出大量的罰單給「嬉皮」和其他輕微的犯法者，使得當局系統壅塞，讓實際警力運作無法有效執行。那個時候，人人擔心犯罪事件一觸即發，最後透過討價還價，警察得到了更好的酬勞和待遇。可見 M. Levi, *Bureaucratic Insurgency: The Case of Police Unions* (Lexington, MA: Lexington Books, 1977)，以及 *International Association of Chiefs of Police, Police Unions and Other Police Organizations* (New York: Arno Press and The New York Times, 1971) (Bulletinno. 4, September 1944).

12 犯人的最後訪談。

13 犯人實驗後問卷。

14 犯人的最後評估。

15 政治歷史學家希拉‧霍華德（Sheila Howard）追溯第一位使用絕食抗議作爲政治工具，史無前例的絕食者爲特倫斯‧麥克斯維尼（Terence MacSwiney），他是科克市（Cork）新上任的市長，在一九二〇年因爲捍衛政治立場而成爲犯人，後因絕食抗議而死。葛瑞‧亞當斯（Gerry Adams；「新芬運動」〔Sinn Fein〕的領導者）表示，麥克斯維尼直接影響到甘地（請見巴比‧山得斯〔Bobby Sands〕的書之序言）；從一九七六到一九八一年間，愛爾蘭政治犯有許多諸如此類的絕食抗議，最有名的一次，也是最後一次，甚至造成十個人死亡，包括七位愛爾蘭共和軍（Irish Republican Army, IRA）成員，特別的是其中一位是他們的領導人。巴比‧山得斯和三位愛爾蘭解放軍（Irish National Liberation Army, INLA）、共和黨員（IRA/INLA）犯人在位於貝爾法斯特正南方的 Long Kesh 監獄，絕食抗議。不同於其他抗議，他們的方式是「毛毯抗議」：拒絕穿監獄制服，因爲這代表了一個人犯罪的身分，但在他們絕食抗議時裹著毛毯保持溫暖。

在監獄裡，巴比‧山得斯寫了一系列激勵人心的詩句和其他零星文章；他激起了國際間對被佔領的民族背後政治因素的支持，特別是伊朗和中東的巴勒斯坦。同樣地，巴勒斯坦的國旗與愛爾蘭三色旗（代表天主教／國家主義／共和主義：Catholic/nationalist/republican）一同飄揚在德瑞城（Derry）和貝爾法斯特地區。

相關參考書目包括：Shelia Howard, *Britain and Ireland 1914 － 1923* (Dublin: Gill and Macmillan, 1983); Gerry Adams, *Foreword to Bobby Sands Writings from Prison* (Cork: Mercier Press, 1997); and Michael Von Tangen Page, *Prisons, Peace, and Terrorism: Penal Policy in the Reduction of Political Violence in Northern Ireland, Italy, and the Spanish Basque Country, 1968 － 1997* (New York: St. Martin's Press, 1998).

16 犯人的最後評估。

17 犯人最後面談，也是下個引述的來源。

18 獄辛回顧日記。

19 犯人回顧日記。

20 犯人實驗後問卷。

21　犯人回顧日記。

22　這個延伸和接下來的引述，是來自克麗斯汀娜‧馬斯勒和克雷格‧哈尼、我所著作三
段收錄中的其中一段：P. G. Zimbardo, C. Maslach, and C. Haney, "Reflections on the
Stanford Prison Experiment: Genesis, Transformations, Consequences," in *Obedience to
Authority: Current Perspectives on the Milgram Paradigm*, ed. T. Blass (Mahwah, NJ: Erlbaum,
1999), pp. 193 — 237. Quote is on pp. 214 — 16.

23　出處同上，pp. 216 — 17。

24　布魯諾‧貝托漢（Bruno Bettelheim）報告了在納粹集中營的囚犯身上出現相同的現
象，他在大屠殺的早期被拘留在那，那是集中營變成屠殺營之前。他敘述一些同伴如
何放棄繼續生存下去的念頭，變得形同行屍走肉。他令人動容地完整敘述關於在那樣
可怕的情境下的生存和放棄，如何令人永生難忘。以下是他這篇散文〈Owners of Their
Face〉的部分內容，出自他的著作 *"Surviving and Other Essays"*（New York: Alfred A.
Knopf, 1979）：

我從保羅‧瑟蘭（Paul Celan）的詩，以及在經歷過集中營中的生離死別，觀察他人和
自己而得到了一些體悟：即使受到 SS 最惡劣的對待，也不能澆熄生存的意志──那便
是，只要一個人可以鼓起勇氣繼續懷抱希望，就能維持住自己的自尊心。嚴刑拷打可
以強化一個人的決心，不讓致命的敵人破壞生存下去的渴望，並且在被限制的環境下
盡力保持一個人的真實存在。雖然 SS 的殘暴會迫使一個人傷痕累累，但這也讓一個人
更真實地體會到活著的感覺，讓一個人更能夠繼續挺下去，伺機在某一天擊垮敵人。
……所有事情都只為一個重點。如果完全沒有或只有一絲絲的跡象，顯示外頭龐大的
世界裡有人深深地關心一個犯人的命運，也就是外在世界所能賜予的正向意義象徵，
要是最後連這個都消失殆盡了，讓他感到遭世界遺棄，通常伴隨著他的意志和生存能
耐消耗殆盡的悲慘結果。他只能尋找一個非常清楚的、沒有被拋棄的明證──但 SS 保
證很少有人可以找得到，尤其是在滅絕集營中裡──大部分人的希望，還是破滅。這
些瀕臨絕望和崩潰瓦解的極限狀態的人裡，有些人已變成了行屍走肉，因為他們的生
命動能已經不起作用了──就像「穆斯林」（回教徒），他們不敢相信，別人會像他們
那樣堅定地相信自己沒有被忽略、遺忘（第105～106頁）。

第九章

1　獄卒回顧日記。

2　賽羅是一個十八歲的大學新鮮人，並且考慮成為一名社工人員。

3　獄卒事件記錄報告。

4　除非另有說明，所有犯人和獄卒對話都來自實驗中錄影帶的逐字稿。

5　一九七一年八月二十九日，公眾辯護律師寄給我的信件。

6　「緊急事件壓力處理」（Critical Incident Stress Debriefing；CISD）是針對災後壓力受害
者最基本的治療方式，像是恐怖攻擊、天災、強暴和其他虐待行為。然而，近來實證
結果挑戰了它的治療價值，甚至還有實例指出可能會因此增加和延長壓力而產生不良

後果，一些例子顯示，用這種方式讓人們宣洩情緒，不但沒有得到情緒釋放效果，反而還提高了負面想法。一些相關的參考文獻包括：B. Litz, M. Gray, R. Bryant, and A. Adler, "Early Intervention for Trauma: Current Status and Future Directions," *Clinical Psychology: Science and Practice 9* (2002): 112 — 34. R. McNally, R. Bryant, and A. Ehlers, "Does Early Psychological Intervention Promote Recovery from Posttraumatic Stress?" *Psychological Science in the Public Interest 4* (2003): 45 — 79.

7　犯人回顧日記。

8　獄卒回顧日記。每個受試者只得到一星期的酬勞，但因爲提早終止而沒有得到第二星期的酬勞，每位犯人和獄卒，一天都有十五美元的酬勞。

9　獄卒回顧日記。

10　犯人的最後評估。

11　犯人的最後評估。

12　犯人回顧日記。

13　獄卒回顧日記。

14　犯人的最後評估。

15　犯人回顧日記。

16　獄卒最後的訪談。

17　獄卒實驗後問卷。

18　獄卒回顧日記。

19　獄卒回顧日記。

20　犯人實驗後問卷。

21　獄卒回顧日記。

22　獄卒訪談錄音。

23　獄卒回顧日記。

24　訪談紙本紀錄：*Quiet Rage: The Stanford Prison Experiment*。

25　NBC Chronolog 電視訪問，1971 年 11 月播出。

26　獄卒回顧日記。

27　獄卒回顧日記。

28　綽號「約翰・韋恩」的獄卒赫爾曼，可以和我的同事約翰・史泰納（John Steiner）的遭遇相互呼應。約翰・史泰納是所羅馬州立大學（Sonoma State University）社會學榮譽退休教授，也是一個大屠殺的倖存者，年輕時曾經在布亨瓦德（Buchenwald）集中營待過好幾年。聽說我們的犯人給一個最壞的獄卒取名叫做「約翰・韋恩」時，他這麼和他的自身經驗對照：「我們都不曉得集中營裡的獄卒的名字，所以我們叫他們『德國中尉』（Herr Lieutenant）或是『S. S. 警官先生』（Mr. S. S. Officer），就是沒有名字，沒有身分識別。然而，其中最兇惡的一個獄卒，我們特別給他取了個綽號。因爲他射殺人無需任何理由，只是殺他們，把他們推向電籬笆，殘暴地像是野蠻的西部牛仔，所以我們叫他『湯姆・米克斯』（Tom Mix），但是只敢偷偷在他背後講。湯姆・米克斯是三〇到四〇年代最強硬的電影牛仔，約翰・韋恩跟隨其後，成爲新一代的代表人

物。

29 獄卒的最後評估。

30 獄卒實驗後問卷。

31 獄卒實驗後問卷。

第十章

1 習得的無助感概念一開始來自於馬丁‧塞里格曼（Martin Seligman）及其夥伴的動物研究。狗在制約實驗中被強制施以電擊，由於他們無法逃跑只能接受電擊，所以很快地就會不再試著逃跑了，他們就像放棄一樣認命接受電擊，即使給他們逃跑的機會也一樣。後來的實驗發現在人類身上也出現同樣的情形，之前曾被迫接收噪音的人，即使讓他們可以停止新出現的噪音，他們也什麼都不做。類似情形在臨床憂鬱症患者、受虐兒童及配偶、戰俘及某些養老院的老人身上也同樣明顯。相關參考資料請見 M. E. P. Seligman, *Helplessness: On Depression, Development and Death* (San Francisco: Freeman, 1975); D. S. Hiroto, "Loss of Control and Learned Helplessness," *Journal of Experimental Psychology* 102 (1974): 187-98; J. Buie, "'control' Studies Bode Better Health in Aging," APA Monitor, July 1988, p.20.

2 關於我們所蒐集到的資料及其統計分析結果，最佳的參考資料是我們所發表的第一篇科學論文：Craig Haney, Curtis Banks, and Philip Zimbardo, "Interpersonal Dynamics in a Simulated Prison," *International Journal of Criminology and Penology 1* (1973): 69-97. 這份期刊目前已廢刊，由於不屬於美國心理學學會的出版物，因此也沒有留存下檔案記錄。不過這篇文章的 PDF 檔可上網搜尋到，網址為 www.prisonexp.org 以及 www.zimbardo.com。也請見 P. G. Zimbardo, C. Haney, W. C. Banks, and D. Jaffe, "The Mind is a Formidable Jailer: A Pirandellian Prison." *The New York Times Magazine*, April 8, 1973, pp. 36ff; P. G. Zimbardo, "Pathology of Imprisonment," *Society 6* (1972): 4, 6, 8.

3 T. W. Adorno, E. Frenkel-Brunswick, D. J. Levinson, and R. N. Sanford, *The Authoritarian Personality* (New York: Harper, 1950)

4 R. Christie, and F. L. Geis, eds. *Studies in Machiavellianism* (New York: Academic Press, 1970).

5 A. I. Comrey, *Comrey Personality Scales* (San Diego: Educational and Industrial Testing Service, 1970).

6 Figure 16.1, "Guard and Prison Behavior," in P. G. Zimbardo and R. J. Gerrig, *Psychology and Life*, 14th ed., (New York: HarperCollins, 1996), p. 587.

7 B. Bettelheim, *The Informed Heart: Autonomy in a Mass Age* (Glencoe, IL: Free Press, 1960).

8 E. Aronson, M. Brewer, and J. M. Carlsmith, "Experimentation in Social Psychology," in *Handbook of Social Psychology, vol. 1*, ed. Lindzey and E. Aronson (Hillsdale NJ: Erlbaum, 1985).

9 K Lewin, Field Theory in Social Science (New York: Harper 1951). K. Lewin, R. Lippitt, and R. K. White, "Patterns of Aggressive *Behavior in Experimentally Created* 'Social Climates.'"

Journal of Social Psychology 10 (1939): 271-99.

10 Robert Jay Lifton, *The Nazi Doctor. Medical Killing and the Psychology of Genocide* (New York: Basic Books, 1986), p. 194.

11 一九六七年十一月電影《鐵窗喋血》於美國上映。

12 P. G. Zimbardo, c. Maslach, and C. Haney, "Reflections on the Stanford Prison Experiment: Genesis, Transformation, Consequences," in *Obedience to Authority: Current Perspectives on the Milgram Paradigm,* ed. T. Blass (Mahwah, NJ: Erlbaum, 1999), pp. 193-237; 引自第二二九頁。

13 出自囚犯的最後訪談，訪談日期為一九七一年八月十九日。

14 R. J. Lifton, *Thought Reform and the Psychology of Totalism* (New York: Harper 1969).

15 L. Ross, and R. Nisbett, *The Person and the Situation* (New York: McGraw-Hill, 1991).

16 L. Ross, "The Intuitive Psychologist and His Shortcomings: Distortions in the Attribution Process," *Advances in Experimental Social Psychology, vol. 10,* ed. L. Berkowitz (New York: Academic Press, 1977), pp. 173-220.

17 莎拉・萊沃（Sarah Lyall）對這些角色的完整描述請見 " To the Manor Acclimated," *The New York times*, May 26, 2002, p. 12.

18 Zimbardo, Maslach, and Haney, "Reflections on the Stanford Prison Experiment." p. 226.

19 A. Zarembo, "A Theater of Inquiry and Evil," *Los Angeles Times*, July 15, 2004, pp. A1.

20 L. Festinger, *A Theory of Cognitive Dissonance* (Stanford, CA: Stanford University Press, 1957); P. G. Zimbardo and M. R. Leippe, The Psychology of Attitude Change and Social Influence (New York: McGraw-Hill, 1991); P. G. Zimbardo, The Cognitive Control of Motivation (Glenview, IL: Scott, Foresman, 1969).

21 R. Rosenthal and L. F. Jacobson, *Pygmalion in the Classroom: Teacher Expectation and Pupils' Intellectual Development* (New York: Holt, 1968).

22 V. W. Bernard, P. Ottenberg, and R. Redl, "Dehumanization: A Composite Psychological Defense in Relation to Modern War," in *The Triple Revolution Emerging: Social Problems in Depth,* eds. R. Perruci and M. Pilisuck (Boston: Little, Brown, 1968), pp. 16-30.

23 H. I. Lief and R. C. Fox, "Training for 'Detached Concern' in Medical Students," in *The Psychological Basis of Practice*, ed. H. I. Lief, V. F. Lief, and N. R. Lief (New York: Harper & Row, 1963); c. Maslach, "'Detached Concern' in *Health and Social Service Professions*," paper presented at the American Psychological Association annual meeting, Montreal, Canada, August 30, 1973.

24 P. G. Zimbardo, "Mind Control in Orwell's 1984: Fictional Concepts Becomes Operational Realities in Jim Jones' Jungle Experiment," in *1984: Orwell and Our Future,* eds. M. Nussbaum, J. Goldsmith, and A. Gleason (Princeton, NJ: Princeton University Press, 2005), pp. 127-54.

25 引自費曼（Feynman）為調查挑戰者號太空船失事意外之羅傑斯委員會報告（Rogers Commission Report）所撰寫的附錄。他在自傳性作品的第二卷中也曾描述此次經驗，

請見 *What Do You Care What Other People Think? Further Adventures of a Curious Character* (Princeton, NJ: Princeton University Press, 2005), pp. 127-54.

26 G. Ziemer, *Education For Death: The Making of the Nazi* (New York: Farrar, Staus and Giroux, 1972).

27 E. Kogon, J. Langbein, and A. Ruckerl, eds, *Nazi Mass Murder: A Documentary History of the Use of Poison Gas* (New Haven, CT: Yale University Press, 1993), pp.5, 6.

28 Lifton, *The Nazi Doctors* (1986), pp. 212, 213.

第十一章

1 「總體情境」（total situation）是強烈影響人性運作的一種情境，高夫曼（Erving Goffman）運用總體情境概念來描繪情境對於精神病患和犯人的影響，李夫頓也用這個概念來說明中國共產黨訊問環境的強大力量。在總體情境中，人們的身心狀態會受到拘束，造成所有的訊息和報償結構都被限制在情境的狹小範圍內。克雷格‧漢尼和我將這個概念延伸至高級中學，因為高中這個情境有時候很像監獄。請見 E. Goffman, *Asylums: Essays on the Social Situation of Mental Patients and Other Inmates* (New York: Doubleday, 1961); R. J. Lifton, *Thought Reform and the Psychology of Totalism* (New York: Norton, 1969); C. Haney and P. G. Zimbardo, "Social Roles, Role-playing and Education: The High School as Prison," *Behavioral and Social Science Teacher, vol. 1* (1973): 24-45.

2 P. G. Zimbardo, *Psychology and Life*, 12th ed. (Glenview, IL: Scott, Foresman, 1989). Table "Ways We Can Go Wrong," p. 689.

3 L. Ross and D. Shestowsky, "Contemporary Psychology's Challenges to Legal Theory and Practice," *Northwestern Law Review 97* (2003): 108-14.

4 S. Milgram, *Obedience to Authority* (Mew York: Harper & Row, 1974).

5 D. Baumrind, "Some Thoughts on Ethics of Research: After Reading Milgram's 'Behavioral' Study of Obedience," *American Psychologist 19* (1964): 421-23.

6 許可文件載於《人體受試者研究評論》（*Human Subjects Research Review*），可上網查詢，網址為 www.prisonexp.org，在 "Links" 選項底下。

7 請見 L. Ross, M. R. Lepper, and M. Hubbard, "Perseverance in Self-Perception and Social Perception: Biased Attributional Processes in the Debriefing Paradigm," *Journal of Personality and Social Psychology 32* (1975): 880-92.

8 L. Kohlberg, The Philosophy of Moral Development (New York: Harper & Row, 1981).

9 請見尼爾‧米勒（Neal Miller）對生物回饋及自動調節機制的研究，他的親身示範也告訴我們基礎研究可以有何種卓著貢獻：N. E. Miller, "The Value of Behavioral Research on Animals," *American Psychologist 40* (1985): 423-40; N. E. Miller, "Introducing and Teaching Much-Needed Understanding of the Scientific Process," *American Psychologist 47* (1992): 848-50.

10 P. G. Zimbardo, "Discontinuity Theory: Cognitive and Social Searches for Rationality and

Normality — May Lead to Madness," in Advances in Experimental Social Psychology, vol. 31, ed. M. Zanna (San Diego: Academic Press, 1999), pp. 345-486.

11 關於《寂靜的憤怒》這部影片的詳情,請見 P. G. Zimbardo, (writer and producer) and K. Musen, (co-writer and co-producer), *Quiet Rage: The Stanford Prison Experiment* (video) (Stanford, CA: Stanford Instructional Television Network, 1989).

12 個人通信,電子郵件,通信日期爲二〇〇五年六月五日。

13 C. Haney, "Psychology and Legal Change: The Impact of a Decade," *Law and Human Behavior 17* (1993): 371-98; C. Haney, "Infamous Punishment: The Psychological Effects of Isolation," *National Prison Project Journal 8* (1993): 3-21; C. Haney, "The Social Context of Capital Murder: Social Histories and the Logic of Capital Mitigation," *Santa Clara Law Review 35* (1995): 547-609; C. Haney, *Reforming Punishment: Psychological Limits to the Pain of Imprisonment* (Washington, DC: American Psychological Association, 2006); C. Haney and P. G. Zimbardo, "The Past and Future of U.S. Prison Polley : Twenty-five Years After the Stanford Prison Experiment," *American Psychologist 53* (1998): 709-27.

14 P. G. Zimbardo, C. Maslach, and C. Haney, "Reflections on the Stanford Prison Experiment: Genesis, Transformations, Consequences," in *Obedience to Authority: Current Perspectives on the Milgram Paradigm,* ed. T. Blass (Mahwah, NJ: Erlbaum, 1999). 引文出自第二二一頁、二二五頁。

15 同前引書,第二二〇頁。

16 C. Maslach, "Burned-out," *Human Behavior*, September 1976, pp. 16-22; C. Maslach, *Burnout: The cost of Caring* (Englewood Cliffs, NJ: Prentice-Hall, 1982); C. Maslach, S. E. Jackson, and M. P. Leiter, *The Maslach Burnout Inventory*, (3rd ed.) (Palo Alto, CA: Consulting Psychologists Press, 1996); C. Maslach, and M. P. Leiter, *The Truth About Burnout* (San Francisco: Jossey-Bass, 1997).

17 班克斯繼續在學術上開創出傑出的事業,他只花了三年就拿到了史丹佛的博士學位,並成爲普林斯頓大學心理系第一位非裔美籍終身職教授。他接著來到哈佛大學任教,並且爲美國教育測驗服務社(Educational Testing Service)提供優異服務,還是創辦《黑暗心理學期刊》(*Journal of Black Psychology*)的編輯。遺憾的是,一九九八年時他因癌症而英年早逝。SPE 結束之後,傑夫(David Jaffe)也同樣在醫學界開創出一番傑出事業,他現在是聖路易斯兒童醫院(St. Louis Children's Hospital)的急診部主任,也在位於密蘇里州聖路易斯市的華盛頓大學擔任小兒科副教授。

18 P. G. Zimbardo, "The Stanford Shyness Project," in *Shyness: Perspectives on Research and Treatment,* ed. W. H. Jones, J. M. Cheek, and S. R. Briggs, (New York: Plenum Press, 1986), pp. 17-25; P. G. Zimbardo, *Shyness: What It Is, What to Do About It* (Reading, MA: Addison-Wesley, 1977); P. G. Zimbardo and S. Radl, *The Shy Child* (New York: McGraw-Hill, 1986); P. G. Zimbardo, P. Pilkonis, and R. Norwood, "The Silent Prison of Shyness," *Psychology Today*, May 1975, pp. 69-70, 72; L. Henderson and P. G. Zimbardo, "Shyness as a Clinical Condition: The Stanford Model," in *International Handbook of Social Anxiety,* L. Alden and R. Crozier

(eds.) (Sussedx, UK: John Wiley & Sons), pp. 431-47.

19 P. G. Zimbardo, "The Power and Pathology of Imprisonment," Congressional Record, serial no. 15, October 25, 1971, Hearings before Subcommittee No. 3 of the Commmittee on the Judiciary, House of Representatives, Ninety-Second Congress, First Session on Corrections, Part II, Prison Reform and Prisoner's Rights: California (Washington, DC: U.S. Government Printing Office, 1971).

20 P. G. Zimbardo, "The Detention and Jailing of Juveniles," (Hearings Before U.S. Senate Committee on the Judiciary Subcommittee to Investigate Juvenile Deliquency, September 10, 11, and 17, 1973) (Washington, DC: U.S. Government Printing Office, 1974), pp. 141-61.

21 P. G. Zimbardo, "Transforming Experimental Research into Advocacy for Social Change," in Applications of Social Psychology, eds. M. Deutsch and H. A. Hornstein (Hillsdale, NJ: Erlbaum, 1983).

22 S. H. Lovibond, X. Mithiran, and W. G. Adams, "The Effects of Three Experimental Prison Environments on the Behaviour of Non-Convict Volunteer Subjects," Australian Psychologist (1979): 273-87.

23 A. Banuazizi and S. Movahedi, "Interpersonal Dynamics in a Simulated Prison: A Methodological Analysis," American Psychologist 17 (1975): 152-60.

24 N. J. Orlando, "The Mock Ward: A Study in Simulation," in Behavior Disorders: Perspectives and Trends, O. Milton and R. G. Wahlers, eds. (3rd ed., Philadelphia: Lippincott, 1973), pp. 162-70.

25 D. Derbyshire, "When They Played Guards and Prisoners in the US, It Got Nasty,. In Britain, They Became Friends," The Daily Telegraph, May 3, 2002, p. 3.

26 M. G. Bloche and J. H. Marks, "Doing unto Others as They did to Us." The New York Times, November 4, 2005.

27 J. Mayer, "The Experiment," The New Yorker, July 11 and 18, 2005, pp. 60-71.

28 Gerald Gray and Alessandra Zielinski, "Psychology and U.S. Psychologists in Torture and War in the Middle East," Torture 16 (2006): 128-33, 引文出自第一三〇頁至一三一頁。

29 "The Schlesinger Report," in The Torture Papers, eds. K. Greenberg and J. Dratel (UK: Cambridge University Press, 2005), pp. 970-71. 關於這份獨立調查報告,在第十五章中我們將有詳盡的闡述。

30 Richard Alvarez, review of Stanford Prison Experiment, Cover, September 1995, p. 34.

31 Philip French, review of "Das Experiment," The Observer, online, March 24, 2002.

32 Peter Bradshaw, review of "Das Experimen," The Guardian, online, March 22, 2002.

33 Roger Ebert, review of "Das Experiment," Chicago Sun-Times, online, October 25, 2002.

34 Blake Gopnik, "A Cell with the Power to Transform," The Washington Post, June 16, 2005, pp. C1, C5.

35 W. Mares, The Marine Machine: The Making of the United States Marine (New York: Double-day, 1971).

第十二章

1 魯益師（C. S. Lewis, 1898-1963），劍橋大學的中世紀及文藝復興時期英文教授，也是一位小說家、童書作家，在道德和宗教議題方面頗受歡迎的講者。在他最知名的著作《地獄來鴻》（*The Screwtape Letters, 1944*）中，他模仿一位來自地獄的資深惡魔的口吻寫信給一個小惡魔，鼓勵他在人間好好努力。而《核心集團》（*The Inner Ring*）則是一九四四年他在倫敦大學國王學院開給學生聆聽的紀念講座。

2 R. F. Baumeister and M. R. Leary, "The Need to Belong: Desire for Interpersonal Attachments as a Fundamental Human Motivation," *Psychological Bulletin 117* (1995): 427-529.

3 R. B. Cialdini, M. R. Trost, and J. T. Newsome, "Preference for Consistency: The Development of a Valid Measure and the Discovery of Surprising Behavioral Implications," *Journal of Personality and Social Psychology 69* (1995): 318-28; 也請見 L. Festinger, A Theory of Cognitive Dissonance (Stanford, CA: Stanford University Press, 1957).

4 P. G. Zimbardo and S. A. Andersen, "Understanding Mind control: Exotic and Mundane Mental Manipulations," in *Recovery from Cults*, ed. M. Langone, (New York: W. W. Norton, 1993); 也請見 A. W. Scheflin and E. M. Opton, Jr., *The Mind Manipulations: A Non-Fiction Account* (New York: Paddington Press, 1978).

5 除了規範性、社會性壓力要求人必須附和他人觀點外，理性力量也是其中一個因素，因為人們可能可以提供有價值的訊息和智慧。請見 M. Deutsch and H. B. Gerard, "A Study of Normative and Informational Social Influence upon Individual Judgment," *Journal of Abnormal and Social Psychology 51* (1995): 629-36.

6 Associated Press (July 25, 2005), "'Cool Mom' Guilty of Sex with Schoolboys: She Said She Felt Like 'One of the Group,'"這份報導是關於二〇〇三年十月至二〇〇四年十月間，她在科羅拉多州鄉間的高登鎮（Golden）所舉辦的性愛、毒品派對。

7 關於自利取向、以自我為中心並認定自己在「水準之上」的偏見心態已經有廣泛研究。關於自利偏誤在各個不同適用領域中的主要影響之概論，請見 D. Myers, *Social Psychology*, 8th ed. (New York: McGraw-Hill, 2005), pp. 66-77.

8 E. Pronin, J. Kruger, K. Savitsky, and L. Ross, "You Don't Know Me, but I Know You: The Illusion of Asymmetric Insight," *Journal of Personality and Social Psychology 81* (2001): 639-56.

9 S. E. Asch, "Studies of Independence and Conformity: A Minority of One Against a Unanimous Majority," *Psychological Monographs 70* (1951): whole no. 416; S. E. Asch, "Opinions and Social Pressure," Scientific American, November 1955, pp. 31-35.

10 M. Deutsch and H. B. Gerard (1955).

11 T. Blass, *Obedience to Authority: Current Perspectives on the Milgram Paradigm* (Mahwah, NJ: Erlbaum, 1999), p. 62.

12 一九四九年，我在紐約布朗克斯區的詹姆斯‧蒙若高中（James Monroe High School）就讀，當時坐在我旁邊的同班同學就是史丹利‧米爾格蘭。我們都是身形瘦削的孩子，滿懷著想要闖出一番事業的野心，好逃離我們居住的貧民區的禁錮。史丹利是個聰明

的小個子，我們會去找他，希望從他那裡得到可信賴的答案。我則是人緣好的高個兒，總是笑笑的，其他人來找我通常是爲了得到社交方面的建議。而從那麼早的時期起，我們就已經開始邁向情境主義者的道路了。我轉學到蒙若高中前，曾在北好萊塢高中（North Hollywood High School）度過可怕的一年，我在那個學校受到排擠，完全交不到朋友（我後來才知道，我被排擠的原因是有流言傳說我出身紐約的一個西西里黑手黨家族），卻被選爲三年級班上的「吉米·蒙若」，這在是蒙若高中最受歡迎的男孩才會冠上的頭銜。史丹利和我曾經討論這樣的轉變是怎麼發生的。我們都同意，改變的人並不是我，情境才是最重要的因素。數年後我們再次碰面，那是在一九六○年的耶魯大學校園，我們都是剛起步的助理教授，他在耶魯，而我在紐約大學，情況卻倒轉了，史丹利希望受人歡迎，而我則很想要變得聰明些。越是得不到的東西，人們就越想要。

我也應該提一下，我和史丹利之間另外有個共通點，是我最近才發現的。我是最初建立地下實驗室的人，而這地點在整修後則成爲米爾格蘭進行他在耶魯的服從權威實驗的地點（在他無法再繼續使用社會學者O. K. 摩爾〔O. K. Moore〕那間雅致的互動實驗室後）。那間實驗室是我在數年前爲了我和厄文·薩諾福（Irving Sarnoff）合作的一項研究而設置，當時我們要測試的是一些佛洛伊德式預測，主題是關於恐懼和焦慮對社會親密性（social affiliation）的影響差異。我在上心理學導課的那棟樓的地下室弄了個小小實驗室，那棟建築有個可愛的英國名字，叫做「林斯利－席騰登大樓」（Linsly-Chittenden Hall）。還有一個有趣地方就是，米爾格蘭的實驗和SPE都是在地下室進行。

13 T. Blass, *The Man Who Shocked the World* (New York: Basic Books, 2004), p. 116.

14 請見 R. Cialdini, *Influence*. (New York: McGraw-Hill, 2001).

15 J. L. Freedman and S. C. Fraser, "Compliance Without Pressure: The Foot-in-the-Door Technique," *Journal of Personality and Social Psychology 4* (1966): 195-202; 也請見 S. J. Gilbert, "Another Look at the Milgram Obedience Studies: The Role of the Graduated Series of Shocks," *Personality and Social Psychology Bulletin 4* (1981): 690-95.

16 *E. Fromm, Escape from Freedom* (New York: Holt, Rinehart and Winston, 1941).美國由於擔憂恐怖分子對國家安全造成威脅，而這樣的恐懼又受到政府官員推波助瀾，於是許多人民、五角大廈以及國家領導人接受了這樣的看法：爲了避免未來的攻擊行動，刑求人犯是獲得情報的必要手段。我將在第十五章中主張，這樣的理由是造成阿布葛拉伊布監獄中美國獄卒動手虐待囚犯的原因之一。

17 Blass, *The Man Who Shocked the World, Appendix C*, "The Stability of Obedience Across Time and Place."

18 C. K. Hofling, E. Brotzman, S. Dalrymple, N. Graves, and C. M. Pierce, "An Experimental Study in Nurse-Physician Relationships," *Journal of Nervous and Mental Disease 143* (1966): 171-80.

19 A. Krackow and T. Blass, "When Nurses Obey or Defy Inappropriate Physician Orders: Attributional Differences," *Journal of Social Behavior and Personality 10* (1995): 585-94.

20 W. Meeus and Q. A. W. Raaijmakers, "Obedience in Modern Society: The Utrecht Studies,"

Journal of Social Issues 51 (1995): 155-76.

21 引文出自 *The Human Behavior Experiments*, transcript: Sundance Lock, May 9, 2006, Jig Saw Productions, p. 20. 文字稿可上網查詢，網址爲 www.prisonexp.org/pdf/HBE-transcript.pdf.

22 關於脫衣搜身騙局的引文和資訊都出自同一篇文章，這篇提供相當豐富訊息的文章請見 Andrew Wolfson, "Hoax Most Cruel," in The Courier-Journal, October 9, 2004. 也可上網查詢，網址爲 www.courier-journal.com/apps/pbcs.dll/article?AID=/20051009/NEWS01/510090392/1008Hoax.

23 引自一九七九年的一場電視訪談，請見 Robert v. Levine, "Milgram's Progress," *American Scientist* Online, July-August 2004. 原始出處爲 Blass, *Obedience to Authority,* pp. 35-36.

24 R. Jones, "The Third Wave," in *Experiencing Social Psychology*, ed. A. Pines and C. Maslach (New York: Knopf. 1978), pp. 144-52; 也請見朗‧瓊斯所寫的一篇談到他的第三波課堂實驗的文章，可上網查詢，網址爲 www.vaniercollege.qc.ca/Auxilliary/Psychology/Frank/Thirdwave.html.

25 電視寫實劇《波潮洶湧》（The Wave），由亞歷山大‧葛拉斯霍夫（Alexander Grasshoff）執導，一九八一年播出。

26 W. Peters, *A Class Divided Then and Now* (expanded ed.) (New Haven, CT: Yale University Press, 1985 [1971]). 彼得斯（Peters）參與了兩部得獎紀錄片的拍攝過程，分別是美國廣播公司（ABC）的紀錄片《暴風眼》（*The Eye of the Storm*，Guidance Associates, New York）以及美國公共電視網《前線》（*Frontline*）節目的後續記錄報導，《分裂的班級》（*A Class Divided*，可上網觀看，網址爲 http://www.pbs.org/wgbh/pages/frontline/shows/divided/etc/view.html）.

27 H. H. Mansson, "Justifying the Final Solution," *Omega: The Journal of Death and Dying 3* (1972): 79-87.

28 J. Carlson, "Extending the Final Solution to One's Family," unpublished report, University of Hawaii, Manoa, 1974.

29 C. R. Browning, *Ordinary Men: Reserve Police Battalion 101 and the Final Solution in Poland* (New York: HarperCollins, 1993), p. xvi.

30 E. Staub, *The Roots of Evil: The Origins of Genocide and Other Group Violence* (New York: Cambridge University Press, 1989), pp. 126, 127.

31 J. M. Steiner, "The SS Yesterday and Today: A Sociopsychological View," in *Survivors, Victims, and perpetrators: Essays on the Nazi Holocaust,* ed. J. E. Dinsdale (Washington, DC: Hemisphere Publishing Corporation, 1980), pp. 405-56; 引自第四三三頁。也請見 A. G. Miller, *The Obedience Experiments: A Case Study of Controversy in Social Science* (New York: Praeger, 1986).

32 D. J. Goldhagen, Hitler's Willing Executioners (New York: Knopf, 1999). 也請見這份評論 Christopher Reed, "Ordinary German Killers," in *Harvard Magazine*, March-April 1999, p. 23.

33 H. Arendt, *Eichmann in Jerusalem: A Report on the Banality of Evil*, revised and enlarged edition (New York: Penguin Books, 1994), pp. 25, 26, 252, 276. 也是下一個引文的出處。

34　M. Huggins, M. Haritos-Fatouros, and P. G. Zimbardo, *Violence Workers: Police Tortures and Murders Reconstruct Brazilian Atrocities* (Berkeley: University of California Press, 2002).

35　M. Haritos-Fatouros, *The Psychological Origins of Institutionalized Torture* (London: Routledge, 2003).

36　Archdiocese of São Paulo, *Torture in Brazil* (New York: Vintage, 1998).

37　美洲學校的官方網站網址爲 www.ciponline.org/facts/soa.htm/；也可參考一個批判性網站，網址爲 www.soaw.org/new.

38　F. Morales, "The Militarization of the Police," *Covert Action Quarterly 67* (Spring-Summer 1999): 67.

39　T. McDermott, *Perfect Soldiers: The Hijackers: Who They Were, Why They Did It* (New York: HarperCollins, 2005).

40　M. Kakutani, "Ordinary but for the Evil They Wrought," *The New York Times*, May 20, 2005, p. B32.

41　Z. Coile, "'Ordinary British Lads,'" *San Francisco Chronicle,* July 14, 2005, pp. A1, A10.

42　A. Silke, "Analysis: Ultimate Outrage," *The Times* (London), May 5, 2003.

43　我和這個事件產生關連的原因是認識了逃離這場大屠殺的少數人之一的哥哥，他妹妹叫黛安娜‧路易（Diane Louie），還有她的男朋友理查‧克拉克。當黛安娜和理查回到舊金山後，我爲他們進行諮商，從他們那裡得到不少關於這場恐怖事件的第一手報導。後來我又擔任賴瑞‧萊頓（Larry Layton）的專家證人，賴瑞被控串謀殺害國會議員萊恩，透過賴瑞我又和他的妹妹黛比‧萊頓成爲了朋友，她是反抗吉姆‧瓊斯獨裁統治的另一位英雄人物。我們將在最後一章中談到更多關於他們的英雄事蹟。

44　瓊斯在一九七八年十一月八日悲劇事件發生的最後一小時演説稿被稱爲「死亡錄音」（FBI no. Q042），可免費上網查詢，這是加州奧克蘭市的瓊斯鎭協會所提供的善意服務，將這段演講轉錄爲文字的是瑪莉‧麥克高米克‧瑪嘉（Mary Mccormick Maaga）；網址爲 http://jonestown.sdsu.edu/Aboutjonestown/Tapes/Tapes/Deathtape/Q042.maaga.html.

45　M. Banaji, "Ordinary Prejudice," *Psychological Science Agenda 8* (2001): 8-16；引自第十五頁。

第十三章

1　Jonathan Swift, *Gulliver's Travels and Other Works* (London: Routledge, 1906 [1727]). 斯威夫特對於人類同胞的譴責是間接的，來自於他另一個自我，即小説中的主人翁格列佛在遊歷大人國和其他地方時受到形形色色奇人異士的言語抨擊。我們這些人形獸在書中被描述爲「最卑劣的畸形生物」。我們也從書中得知，我們的不完善是無藥可救，因爲「沒有那麼多時間去矯正人形獸所犯下的惡行和蠢事，即便他們的本性至少還留了那麼一點美德與智慧的空間。」

2　R. Weiss, "Skin Cells Converted to Stem Cells," *The Washington Post,* August 22, 2005.

3　W. Golding, *Lord of the Flies* (New York: Capricorn Books, 1954), pp.58, 63.

4　P. G. Zimbardo, "The Human Choice: Individuation, Reason, and Order Versus Deindividuation, Impulse and Chaos," in *1969 Nebraska Symposium on Motivation*, eds. W. J. Arnold and D. Levine (Lincoln: University of Nebraska Press, 1970).

5　M. H. Bond and D. G. Dutton, "The Effects of Interaction Anticipation and Experience as a Victim on Aggressive Behavior," *Journal of Personality 43* (1975): 515-27.

6　R. J. Kiernan and R. M. Kaplan, "Deindividuation, Anonymity , and Pilfering," paper presented at the *Western Psychological Association Convention*, San Francisco, April 1971.

7　R. J. Watson, Jr., "Investigation into Deindividuation Using a Cross-Cultural Survey Technique," *Journal of Personality and Social Psychology* 25 (1973): 342-45.

8　關於去個人化，一些相關參考資料請見 E. Diener, "Deindividuation: Causes and Consequences," *Social Behavior and Personality 5* (1977): 143-56; E. Diener, "Deindividuation: The Absence of self-Awareness and Self-Regulation in Group Members," in *Psychology of Group Influence,* ed. P. G. Paulus (Hillsdale, NJ: Erlbaum, 1980), pp. 209-42; L. Festinger, A. Pepitone, and T. Newcomb, "Some Consequences of De-individuation in a Group," *Journal of Abnormal and Social Psychology* 47 (1952): 382-89; G. Le Bon, The Crowd: A Study of the Popular Mind (London: Transaction, 1995 [1895]); T. Postmes and R. Spears, "Deindividuation and Antinormative Behavior: A Meta-analysis," in *Psychological Bulletin* 123 (1998): 238-59; S. Prentice-Dunn and R. W. Rogers, "Deindividuation in Aggression," in *Aggression: Theoretical and Empirical Reviews,* eds. R. G. Green and E. I. Donnerstein (New York: Acaademic Press, 1983), pp. 155-72; S. Reicher and M. Levine, " On the Consequences of Deindividuation Manipulations for the Strategic Communication of Self: Identifiability and the Presentation of Social Identity," *European Journal of Social Psychology* 24 (1994): 511-24; J. E. Singer, c. e. Brush and S. C. Lublin, "Some Aspects of Deindividuation : Identification and Conformity," *Journal of Experimental Social Psychology* 1 (1965): 356-78; C. B. Spivey and S. Prentice-Dunn, "Assessing the Directionality of Deindividuated Behavior: Effects of Deindividuation, Modeling, and Private Self-consciousness on Aggressive and Prosocial Resonses," *Basic and Applied Social Psychology* 4 (1990): 387-403.

9　E. Goffman, *Stigma: Notes on the Management of Spoiled Identity* (Englewood Cliffs, NJ: Prentice-Hall, 1963).

10　請見 C. Maslach and P. G. Zimbardo, "Dehumanization in Institutional Settings: 'Detached Concern' in Health and Social Service Professions; The Dehumanization of Imprisonment," paper presented at the American Psychological Association Convention, Montreal, Canada, August 30, 1973.

11　R. Ginzburg, 100 Years of Lynching (Baltimore: Black Classic Press, 1933). 印在明信片上到處發行的私刑照片，請見 J. Alen, H. Ali, J. Lewis, and L. F. Litwack, Without Sanctuary: Lynching Photography in America (Santa Fe, NM: Twin Palms Publishers, 2004).

12　請見 H. C. Kelman, "violence Without Moral Restraint: Reflections on the Dehumanization of Victims and Victimizers," *Journal of Social Issues 29* (1973): 25-61.

13 B. Herbert, "'Gooks' to 'Hajis.'" *The New York Times,* May 21, 2004.

14 A. Bandura, B. Underwood, and M. E. Fromson, "Disinhibition of Aggression Through Diffusion of Responsibility and Dehumanization of Victims," *Journal of Research in Personality 9* (1975): 253-69.

15 關於道德脫鉤議題，請見亞柏特・班度拉文章中的廣泛探討，其中主要有：A. Bandura, Social Foundations of Thought and Action: A Social Cognitive Theory (Englewood Cliffs, NJ: Prentice-Hall, 1986); A. Bandura, "Mechanisms of Moral Disengagement," in *Origins of Terrorism: Psychologies, Ideologies, Theologies, States of Mind,* ed. W. Reich (Cambridge, UK: Cambridge University Press, 1990) pp. 161-91; A. Bandura, "Moral Disengagement in the Perpetration of Inhumanities," *Personality and Social Psychology Review* (Special Issue on Evil and Violence) 3 (1999): 193-209; A. Bandura, "The Role of Selective Moral Disengagement in Terrorism," in *Psychosocial aspects of Terrorism: Issues, concepts and Directions,* ed. F. M. Mogahaddam and A. J. Marsella (Washington, DC: American Psychological Association Press, 2004), pp. 121-50. A. Bandura, C. Barbaranelli, G. V. Caprara, and C. Pastorelli, "Mechanisms of Moral Disengagement in the Exercise of Moral Agency," *Journal of Personality and Social Psychology 71* (1996): 364-74; M. Osofsky, A. Bandura, and P. G. Zimbardo, "The Role of Moral Disengagement in the Execution Process," *Law and Human Behavior 29* (2005): 371-92.

16 在一份來自路透社新聞的報導中，一位三十五歲名叫穆坎娃雅（Mukankwaya）的胡圖族母親說她和其他胡圖族女性曾圍捕鄰居的小孩，因為她們現在認為圖西族是她們的敵人。她說她們抱持可怕的決心，拿著巨大的棍棒把嚇呆的孩子們活活打死。「因為他們認識我們，所以他們都沒哭。」她說道，「他們只是睜大了眼睛。我們殺的人多到數不清。」她的道德脫鉤方式是她相信她和其他婦女們是在「給那些孩子們恩惠」：他們現在就死總比成為孤兒好，因為他們的父親都已經死在政府發給圖西族男人的大砍刀下，而他們的母親也都遭到強暴和殺害了。這些孩子們將來的日子一定會非常艱辛，所以她和其他胡圖族母親們認為自己有理由打死這些孩子，這樣他們就不必面對悲慘的未來。

17 請見 S. Keen, *Faces of the Enemy: Reflections on the Hostile Imagination* (San Francisco, CA: HarperSanFrancisco, 2004 [1991]). 其套裝影碟也十分值得一看（2004）。

18 引自 Harry Bruinius, *Better for All the World: The Secret History of Forces Sterilization and America's Quest for Racial Purity* (New York: Knopf, 2006).

19 請見 F. Galton, *Hereditary Genius: An Inquiry into Its Laws and Consequences,* 2nd ed. (London: Macmillan, 1892; Watts and Co. 1950); R. A. Soloway, *Democracy and Denigration: Eugenics and the Declining Birthrate in England,* 1877-1930 (Chapel Hill: University of North Carolina Press, 1990); Race Betterment Foundation, *Proceedings of the Third Race Betterment Conference* (Battle Creek, MI: Race Betterment Foundation, 1928); E. Black, *War Against the Weak: Eugenics and America's Campaign to Creat a Master Race* (New York: Four Walls Eight Windows, 2003); E. Black, *IBM and the Holocaust: The Strategic Alliance Between Nazi Germany and America's*

Most Powerful Corporation (New Yok: Crown, 2001).

20 M. L. King, Jr., *Strength to Love* (Philadelphia: Fortress Press, 1963), p. 18.

21 B. Latané and J. M. Darley, *The Unresponsive Bystander: Why Doesn't He Help?* (New York: Appleton-Century-Crofts, 1970).

22 J. M. Darley and B. Latané, "Bystander intervention in Emergencies: Diffusion of Responsibilities," *Journal of Personality and Social Psychology 8* (1968): 377083.

23 D. A. Schroeder, L. A. Penner, J. F. Dovidio, and J. A. Pilliavan, *The Psychology of Helping and Altruism: Problems and Puzzles* (New York: McGraw-Hill, 1995). 也請見 C. D. Batson, "Prosocial Motivation: Why Do We Help others?" in *Advanced Social Psychology*, ed. A. Tesser (New York: McGraw-Hill, 1995), pp. 333-81; E. Staub "helping a Distressed Person: Social, Personality, and Stimulus Determinants," *Advances in Experimental Social Psychology,* vol. 7, ed. L. Berkowitz (New York: Academic Press, 1974), pp. 293-341.

24 J. M. Darley and c. D. Batson, "From Jerusalem to Jericho: A Study of Situational Variables in Helping Behavior," *Journal of Personality and social Psycology 27* (1973): 100-8.

25 C. D. Batson et al. "Failure to Help in a Hurry: Callousness or Conflict?," *Personality and Social Psychology Bulletin 4* (1978): 97-101.

26 "Abuse Scandal to Cost Catholic Church at Least $2 Billion, Predicts Lay Leader," Associated Press, July 10, 2005. 也請參見紀錄片《遠離邪惡》(*Delivers Us form Evil*),這是部關於奧立佛・歐葛雷弟(Oliver O'Grady)神父的影片,他被控在長達二十年間於加州北部連續犯下兒童性騷擾罪行,受害者包括小男孩和小女孩。而紅衣主教羅杰・馬洪尼(Roger Mahoney)明知許多關於歐葛雷弟的怨言,卻並未將他免職,反而定期將這名性上癮的神父調到其他教區,讓他可以繼續殘害其他孩子的新鮮肉體。(這部影片由艾美・柏格〔Amy Berg〕所執導,獅門影業〔Lionsgate Films〕於二○○六年十月發行。)

27 L. Ross and R. E. Nisbett, *The Person and the Situation* (Philadelphia: Temple University Press, 1991).

28 A. Bandura, *Self-Efficacy: The Exercise of Control* (New York: Freeman, 1997).

29 R. Kueter, *The State of Human Nature* (New York: iUniverse, 2005). 關於文化的心理影響力之評論,請見 R. Brislin, *Understanding Culture's Influence on Behavior* (Orlando, FL: Harcourt Brace Jovanovich, 1993). 也請見 H. Markus and S. Kitayama, "Culture and the Self: Implication for Cognition, Emotion and Motivation," *Psychological Review* 98 (1991): 224-53.

30 L. Ross and D. Shestowsky, "Contemporary Psychology's Challenge to Legal Theory and Practice," *Northwestern University Law Review 97* (2003): 1081-1114; 引自第一一一四頁。對於法律及經濟學中情境地位的探討,瓊・韓森(Jon Hanson)及大衛・游希馮(David Yosifon)兩位法律學者曾做過廣泛評論及分析,十分值得參考,請見 Jon Hanson and David Yosifon, "The Situation: An Introduction to the Situational Character, Critical Realism, Power Economics, and Deep Capture," *University of Pennsylvania Law Review* 129 (2003): 152-345. 此外我的研究夥伴克雷格・哈尼也曾針對司法體系需納入更多情境因素

寫過大量文章，舉例而言，請見 C. Haney, "Making Law Modern: Toward a contextual Model of Justice," *Psychology, Public Policy and Law* 8 (2002): 3-63.

31 F. D. Richard, D. F. Bond, Jr., and J. J. Stokes-Zoota, "One Hundred Years of Social Psychology Quantitatively Described," Review of *General Psychology* 7 (2003): 331-63.

32 S. T. Fiske, L. T. Harris, and A. J. C. Cudy, "Why Ordinary People Torture Enemy Prisoners," *Science* (Policy Forum) 306 (2004): 1482-83; 引自第一四八二頁。也請見蘇珊‧費絲柯（Susan Fiske）在《社會動物》（*Social Beings*，New York: Wiley, 2003）中的分析。

第十四章

1 國防部拘留作業獨立調查小組（Independent Panel to Review DoD Detention Operations）結案報告。完整報告內容可在史丹佛監獄實驗網站查詢，網址為 www.prisonexp.org/pdf/SchlesingerReport.pdf/。該報告之發布日期為二○○四年十一月八日。

2 美國哥倫比亞廣播公司（CBS）《六十分鐘 II》節目的報導可上網查詢，網址為 www.cbsnews.com/stories/2004/04/27/60II/main614063.shtml.

3 證據顯示，梅爾斯將軍曾在阿布‧格拉卜事件報導預定於《六十分鐘 II》播出的八天前打電話給丹‧瑞德，要求美國哥倫比亞廣播公司延後播出這段節目。他的理由是為了避免危及「我們的國軍」以及他們在「戰爭方面的努力」。而 CBS 遵從了梅爾斯的要求，將這段報導延後兩週播出。一直到 CBS 發現《紐約客》正準備刊出調查記者西穆爾‧賀許的詳盡報導，最後 CBS 才決定播出。這個要求顯示軍方高層完全明白媒體即將披露的訊息將會造成「形象問題」。

4 Congress Testimony: Donald Rumsfeld, Federal Document Clearing House, 2004; Testimony of Secretary of Defense Donald H. Rumsfeld Before the Senate and House Armed Services Committees, May 7, 2004. 皆可上網查詢，網址分別為 www.highbeam.com/library/wordDoc.doc?docid=1P1:94441824; www.defenselink.mil/speeches/2004/sp20040507-secdef1042.html.

5 引自 Adam Hochschild, "What's in a Word? Torture," *The New York Times*, May 23, 2004. 針對僅將這些行徑視為「虐待」而非「刑求」的觀點，蘇珊‧桑塔格（Susan Sontag）曾在一篇短文中提出簡練而明確的反駁，請見 "Regarding the Torture of Others," *The New York Times Magazine*, May 23, 2004, pp. 25ff.

6 梵諦岡外長喬凡尼‧拉約洛（Giovanni Lajolo）總主教持不同觀點，「刑求？這對美國是比九一一事件更沉重的打擊。不一樣的只是，這打擊不是來自恐怖分子，而是美國人自己。」總部設於倫敦的阿拉伯語報紙《Al-Quds Al-Arabi》的主筆則表示，「這些解放者比獨裁者還要壞。對美國而言，這是壓垮駱駝的最後一根稻草。」

7 我曾想要發起一個「喬伊‧達比英雄基金」（Joe Darby Hero Fund），然後向全國募款，等他一旦不再受到軍方保護時即可把這筆錢給他。一位為《今日美國》（*USA Today*）工作的媒體記者瑪莉蓮‧埃里亞斯（Marilyn Elias）說她的報紙會刊出關於這位「躲藏

中的英雄」的故事，如果我可以提供一個讓人捐錢過去的地方，她會在文章裡提到這個英雄基金。於是一連好幾個月，我徒勞無功地想說服各式各樣組織做爲這筆基金的公開管道，這些組織包括國際特赦組織、達比家鄉的銀行、我在帕洛阿圖市的聯邦銀行，以及一個刑求受害者協會。每個單位都給我一堆虛假理由推托掉了。我可以說服當時的美國心理協會（APA）主席戴安娜・侯珀鈴（Diane Halperin）在 APA 年會上頒給達比會長獎，但是這提議卻受到董事會成員大力反對。對許多人而言，這件事太政治性了。

8　引自〞A Question of Torture,〞 PBS News *Frontline*, October 18, 2005.

9　CBS, *60 Minutes II,* April 28, 2004.

10　"Iraq Prison Abuse Stains Entire Brigade," *The Washington Times* (www.washingtontimes.com), May 10, 2004.

11　Janis Karpinski with Steven Strasser, *One Woman's Army: The Commanding General at Abu Ghraib Tells Her Story* (New York: Miramax, 2005).

12　英國國家廣播公司第四頻道（Radio 4）的節目於二〇〇四年六月十五日訪談卡屏絲基之內容。二〇〇六年五月四日，她也在史丹佛大學舉行的一場會議中重申這些指控，我擔任這場會議的引言人。

13　這份心理評估包括和軍方心理學者歐文・瓊斯於二〇〇四年八月三十一日及九月二日進行之訪談，以及接下來的一系列心理測驗。進行的測驗包括明尼蘇達多個性測驗二版（MMPI-2）；米龍臨床多軸度測驗三版（Million Clinical Multiaxial Inventory-3[YC1]）；魏氏智力測驗簡易版（Wechsler Abbreviated Scale of Intelligence）。九月二十一日這份官方心理諮商報告以及測驗資料送到我手上，並轉交給帕洛阿托市的太平洋心理研究院（Pacific Graduate School of Psychology）擔任博士培訓計畫主持人的賴瑞・巴特萊（Larry Beutler）博士。他運用獨盲測驗方法詮釋，以避免對地位和測驗對象認知造成的干擾。當我在家中與契普訪談時，我也爲他進行馬斯賴許心理倦怠測驗（Maslach Burnout Inventory，簡稱MBI），這份測驗的結果送去給一名工作倦怠方面專家、任職加拿大沃夫維爾（Wolfville）組織發展中心（Center for Organizational Development）的麥克・雷特（Michael Leiter）博士詮釋。並於二〇〇四年十月三日收到他的正式評估結果。他也採取盲法以避免對測驗對象背景的認知所造成的干擾。

14　Psychology consultation report, August 31, 2004.

15　關於這方面的資料與相關研究之概述，請見我所出版的：P. G. Zimbardo, *Shyness: What It Is. What to Do About It* (Reading, MA: Perseus Books, 1977).

16　第三七二憲兵連是駐紮於馬里蘭州克里薩普鎮（Cresaptown）的後備役軍人單位。這連隊的大多數成員均來自阿帕拉契山區的低收入小鎮，地方上的媒體時常出現募兵廣告。那裡的人爲了賺錢或是看看這個世界，常在青少年時期就從軍去了，也可能因爲當兵是離開成長小鎮的唯一辦法。根據報導，第三七二連的成員間團隊關係十分緊密。請見 *Time magazine*, Special Report, May 17, 2004.

17　我與契普於二〇〇四年九月三十日進行的訪談，以及二〇〇五年六月十二日的私人書信。

18 對歐文‧瓊斯博士的訪談評估報告以及契普接受的一系列心理測驗（測驗日期二○○四年八月三十一日至九月二日）之摘要。

19 瓊斯博士對所有測驗結果的摘要。

20 這裡及他處的引文均出自〈委託人測驗詮釋〉（Test Interpretation of Client），此爲賴瑞‧巴特萊博士於二○○四年九月二十二日給我的書面報告。

21 關於認知過載及認知資源負荷議題有相當大量的心理學文獻。以下是少數參考資料：D. Kirsh, "A Few Thoughts on Cognitive Overload," *Intellectica* 30 (2000): 19-51; R. Hester and H. Garavan, "Working Memory and Executive Function: The Influence of Content and Load on the Control of Attention," *Memory & Cognition* 33 (2005): 221-33; F. Pass, A. Renkl, and J. Swelle, "Cognitive Load Theory: Instructional Implications of the Interaction Between Information Structures and Cognitive Architecture," *Instructional Science* 32 (2004): 1-8.

22 所有問答內容均來自於二○○四年九月三十日於我家中進行的訪談錄音記錄，由我的助理馬特‧伊斯崔達（Matt Estrada）轉錄爲文字稿。

23 R. J. Smith and J. White, "general Granted Latitude at Prison: Abu Ghraib Used Aggressive Tactics," *The Washington Post*, June 12, 2004, p. A01, 可上網查詢，網址爲 www.washingtonpost.com/wp-dyn/articles/A35612-2004jun11.html.

24 關於訊問人員利用操弄憲兵來幫助他們取得情報這件事，一位退役的軍方訊問人員和我分享他的看法：「這就是難處所在了。道德敗壞的訊問者（訊問者來自不同單位，位階向下依序是，年輕的軍方訊問人員、約僱人員、中情局人員）的確很樂意利用願意相信他們的人的成見來達成目的。我曾遇過負責拘留工作的人員（在這個例子，負責管理監獄任務的是一個連的步兵）打算在我身上套用美國文化裡面對訊問者的所有刻板印象；但是當我花點時間跟他們解釋我完全沒參與他們懷疑我做過的事，以及我爲什麼沒那麼做時，他們就了解我對這事情的看法，而且他們同意也願意修正他們的作業方式來支持我的看法。人類控制另一個人類，這是非常令人敬畏的責任，只能被教育、被訓練、被理解這麼做，而不應該是被下令這麼做。」二○○六年八月三日收到這段經驗分享，分享者希望匿名。

25 我與契普‧費德里克於二○○四年九月三十日進行的訪談。

26 肯恩‧戴維斯的陳述被放進一部紀錄片中，片名是《人類行爲實驗》（*The Human Behavior Experiments*），二○○六年六月一日於日舞頻道（Sundance Channel）播出。

27 S. T. Fiske, L. T. Harris, and A. J. Cuddy, "Why Ordinary People Torture Enemy Prisoners," *Science* 306 (2004): 1482-83; 引自第一四八三頁。

28 引自個人通信，電子郵件，通信日期爲二○○六年八月三十日，獲得重印之許可。作者目前工作於美國商業部安全局。

29 關於這份由喬治‧費伊少將與瓊斯（Anthony R. Jones）中將共列作者的調查報告，我們將在下一章中有更多探討。這份報告的部分內容請見 Steven Strasser, ed., The Abu Ghraib Investigations: The Official Reports of the Independent Panel and the Pentagon on the Shocking Prisoner Abuse in Iraq. (New York: Public Affairs, 2004).
完整報告內容可上網查詢，網址是 http://news.findlaw.com/hdocs/docs/dod/fay82504rpt.pdf.

30 M. A. Fuoco, E. Blazina, and C. Lash, "Suspect in Prisoner Abuse Has a History of Troubles," *Pittsburgh Post-Gazette*, May 8, 2004.

31 引自一位軍事情報分析師於葛雷那審前聆訊上發表的證詞。

32 Stipulation of Fact, Case of United States v. Frederick, August 5, 2004.

33 引自契普寫給我之個人書信內容，二○○五年六月十二日寄自利文沃思堡。

34 引自獄卒「赫爾曼」於紀錄片《人類行爲實驗》中發表的談話，二○○六年六月一日播出。

35 同前引出處。憲兵肯恩‧戴維斯於紀錄片《人類行爲實驗》中發表的談話。

36 請見 www.supportmpscapegoats.com.

37 請見網站「現在全搞砸了」（Now That's Fucked UP）：www.nowthatsfuckedup.com/bbs/index.php（特別是參考 www.nowthatsfuckedup.com/bbs/ topic41640.html.）

38 Allen et al., *Without Sanctuary: Lynching Photography in America*.

39 Browing, *Ordinary Man* (1993).

40 Janina Struk, *Photographing the Holocaust: Interpretations of the Evidence* (New York: Palgrave, 2004).

41 請見 www.armenocide.am.

42 更多泰迪‧羅斯福與他兒子科莫特的戰利紀念照片，請見"On Safari with Theodore Roosevelt, 1909," 可上網查詢，網址爲 www.eyewitnesstohistory.com/tr/htm. 有意思的是，儘管帳單上名目是「蒐集」各種動物品種，實際上根本是以狩獵─殺戮爲目的的狩獵團行動，總共有五百一十二隻動物遭屠殺，其中有十七隻獅子，十一隻大象，以及二十隻的犀牛。諷刺的是，希奧多‧羅斯福（Theodore Roosevelt，小名泰迪‧羅斯福，Teddy Roosevelt）的孫子小科莫特是中情局在伊朗阿傑斯行動（Operation Ajax）的首腦，這也是該局第一個成功的政變，該行動於一九五三年推翻了（透過民主選舉選出的）伊朗總理穆罕默德‧莫沙德（Mohammed Mossadegh）。根據資深的紐約時報記者史蒂芬‧金瑟（Stephen Kinzer）的說法，這次行動立下後來半世紀的榜樣，在這段期間，美國政府與中情局先後聯手成功推翻了（或是支持推翻）瓜地馬拉的政府領導人（一九五四年），然後是古巴、智利、剛果、越南，一直到與我們的故事最相關的──伊拉克的薩達姆‧海珊（二○○三）。金瑟也指出這些國家在發生政變後，社會環境中變得充滿不穩定，民間衝突及暴力事件四起。這些行動產生的深遠影響持續到今日。它們所製造出的大量不幸與苦難讓那些地區激烈地與美國敵對。從阿傑斯行動以及最近的伊拉克戰事，美國又回到了原點，開始進行下一個反間諜任務，甚至開始策劃對伊朗發動戰爭。西穆爾‧賀許，我的家庭友人也是調查美萊事件和阿布‧格拉卜事件的紐約客記者，即曾對此做過報導披露，可上網查詢，網址爲 www.newyork.com/fact/content/?50124fa_fact; S. Kinzer, *All the Shah's Men: An American Coup and the Roots of Middle East Terror* (Hoboken, NJ: Wiley, 2003); S. Kinzer, *Overthrow: America's Century of Regime Change from Hawaii to Iraq* (New York: Times Books, 2006).

43 這段引文來自我在小組討論會（我擔任這場會議的引言人）中所做的筆記。這是她參與二○○六年五月四日「布希政府所犯下的殘害人道罪行」（Crimes against Humanity

committed by the Bush Administration）會議所發表的演説，屬於議程的一部分。一位退役的軍方訊問人員質疑她認爲訊問人員是以上對下的方式准許憲兵拍下這些照片的説法，「我不認爲這個『許可』是來自訊問人員，如果有任何人做出許可的話……在我擔任訊問人員以及訊問作業督察者二十年的經驗中，該知道的『門路』我都聽説過了，而一個訊問人員不但樂意參與沒把握有助於訊問過程的非法行爲，還和其他人共謀完事並信賴他能不負所托，對我而言這説法似乎不太可信。」二〇〇六年八月三日收到這段經驗分享，分享者希望匿名。

44 這段哥倫比亞廣播公司對貝卡營虐囚事件的報導可上網查詢，網址爲 www.cbsnews/stories/2004/05/11/60II/main616849.shtml.

45 這些説法及更多資料請見人權觀察協會的報告「領導無能：關於美國陸軍第八十二空降師刑求伊拉克被拘留者之第一手報導」（Leadership Failure: Firsthand Accounts of Torture of Irqui Detainees by U.S. Army's 82nd Airborne Division），二〇〇五年九月二十四日發表，可上網查詢，網址爲 http://hrw.org/reports/2005/us0905.

46 契普・費德里克獲判的八年刑期在軍司令命令下減刑半年，又在陸軍憐恤及假釋委員會中獲得十八個月的減刑（二〇〇六年八月），這是根據我和其他許多人聲明中所提出的種種呼籲及酌情減刑的正當理由所做的決定。

47 個人通信，通信日期爲二〇〇五年六月十二日。

48 E. Aronson and J. Mills, "The Effect of Severity of Initiation on Liking for a Group," *Journal of Abnormal and Social Psychology 59* (1959): 177-81.

49 一位軍方官員曾對我説，「當我要形容負責拘留作業的人所做的毫無特色的殘酷行爲時，我自己曾用了『變成史丹佛』這個詞。」

50 韓斯利是學會認證合格之創傷性壓力專家（Board Certified of Experts in Traumatic Stress，簡稱BC ETS）也是美國創傷性壓力專家學會的認證會員，目前擔任美國聯邦政府的心理作戰（Psychological Operation，簡稱PSYOP）及反恐顧問。韓斯利在卡培拉大學研讀（Capella University）博士學位期間專攻創傷性壓力症候群，曾針對阿布葛拉伊布事件進行過廣泛研究。他也指出，「藉由對被告者代表性樣本的相似分析，或許可建立起這篇報告中的各項宣稱的信度。相似資料的正相關可能是顯示金巴多效應作用在阿布・格拉卜監獄的效度，因而可解釋偏差行爲。」（第五十一頁）。A. L. Hensley, "Why good People Go Bad: A Psychoanalytic and Behavioral Assessment of the Abu Ghraib Detention Facility Staff." 二〇〇四年十二月十日，呈送華盛頓特區地方辯護會之策略性軍法辯護文。

52 R. Norland, "Good Intentions Gone Bad," *Newsweek*, June, 13, 2005, p.40.

第十五章

1 Closing statement, October 21, 2004, by Major Michael Holley, Court-martial trial of Sergeant Ivan Frederick, Baghdad, October 20 and 21, 2004, p. 329.

2 My closing spontaneous statement, October 21, 2004, p.329.

3 「當權之惡」作用是讓機構人員只關心在過程中建立正確的程序、對的步驟,以便以最有效率的手段來達成目的。這些行政官員在做的同時並未確認達成目的的手段是否合乎道德、法律及倫理價值。為了方便起見,他們忽略了由於他們的政策和作為所製造出來的虐行,及其可怕的後果。當權之惡的罪孽是眾人有份的,警察和矯正部門、軍隊和政府核心以及激進革命團體都難脫關係。

正如我們在四十餘年前見過羅伯特・麥可那馬拉(Robert McNamara)對越戰採取的精密手法,他信賴科學分析的定見以及技術理性主導的形式主義手段來解決社會和政治問題,因此讓一個組織和其成員能夠包裝其惡行而使人不注意到倫理問題。其中之一是,政府以為了國家安全必須這麼做的理由,強制特勤人員參與平時被視為不道德、非法而且邪惡的行動。正如猶太人大屠殺以及二次大戰期間所有受拘留的日裔美籍公民都是行政權之惡的例證,我主張,布希政府將刑求計畫納入「反恐戰爭」中也是當權之惡的展現。

4 關於阿布葛拉伊布事件的大事記年表以及調查報告,有個不錯的單一資料可上網查詢,網址為 www.globalsecurity.org/intell/world/iraq/abu-ghurayb-chronology.htm.

5 關於調查記者西穆爾・賀許揭露阿布葛拉伊布虐囚事件的那篇報導,請見"Torture at Abu Ghraib. American Soldiers Brutalize Iraqis: How Far Up Does the Responsibility Go?" *The New Yorker*, May 5, 2004, p.42;可上網查詢,網址為 www.hotinourname.net/war/torture-5may04.htm.

6 可上網查詢,網址為 http://news.findlaw.com/nytimes/docs/iraq/tagubarpt.html#ThR1.14.

7 關於費伊/瓊斯報告,部分內容請見 Steven Strasser and Craig R. Whitney eds., The Abu Ghraib Investigations: The Official Reports of the Independent Panel and the Pentagon on the Shocking Prisoner Abuse in Iraq. (New York: Public Affairs, 2004). 完整內容可上網查詢,網址為 http://news.findlaw.com/hdocs/docs/dod/fay82504rpt.pdf. 也請見 Strasser and Whitney The 9/11 Investigations: Staff Reports of the 9/11 Commission: Excerpts from the House-senate Joint Inquiry Report on 9/11: Testimony from Fourteen Key Witnesses (New York: Public Affairs, 2004).

8 據報導中央司令部(CENTCOM)的指揮將領約翰・亞畢賽德(John Abizaid)曾要求一位軍階高於費伊少將的軍官指揮調查,以便訪談高級軍官;根據陸軍軍規,費伊少將無權面談高級官員,瓊斯中將則可。

9 Steven H. Miles, *Oath Betrayed: Torture, Medical Complicity, and the War on Terror* (New York: Random House, 2005).

10 Eric Schmitt, "Abuses at Prison Tied to Officers in Military Intelligence," *The New York Times*, August 26, 2004.

11 二〇〇四年八月二十六日,國防部拘留作業獨立調查小組(Independent Panel to Review DoD [Department of Defense] Detention Operations)成員在遞交結案報告時曾向國防部長倫斯斐做簡報。該調查小組的四名成員中包括前國防部長哈洛德・布朗(Harold Brown);前佛羅里達州眾議院議員提利・法勒(Tillie Fowler,R-Fla.);(退役)空軍上將查爾斯・A・侯納(Charles A. Horner);前國防部長、小組主席詹姆斯・R・

施萊辛格。包括附錄（G）在內的完整報告可上網查詢，網址為 http://www.prisonexp.org/pdf/SchlesingerReport.pdf.

12 請見 www.hrw.org。報告中還另有一項值得檢視的資料，也就是加拿大公共廣播公司（Canadian Broadcasting Corporation）《第五權》（*Fifth Estate*）節目所錄製的〈少數害群之馬〉（A Few Bad Apples），於二〇〇四年八月二十四日播放。這節目將焦點放在二〇〇三年十月二十五日夜間在 1A 院區中發生的事件，當時有數名士兵刑求伊拉克人犯，而其他人則做壁上觀。我們在第十四章中報導過這事件，事件引爆點是因為傳言指出那些人犯曾強暴一名男孩，不過事後證實傳言錯誤。此外美國哥倫比亞廣播公司的網站上也提供一些參考資料，包括造成這起虐行的大事記，西穆爾·賀許對阿布·格拉卜事件的報導，以及布希、倫斯斐和桑切斯所簽署的備忘錄。前一項資料來源的網址為 www.cbs.ca/fifth/badapples/resource.html.

13 請見 www.whitehouse.gov/news/releases/2004/05/20040506-9.html.

14 "Abu Ghraib Only the 'Tip of the Iceberg,'" Human Rights Watch Report, April 27, 2005.

15 E. Schmitt, "Few Punished in Abuse Cases," The New York Times, April 27, 2006, p. A24. 這份摘要乃是根據與人權觀察協會及人權第一組織（Human Rights First）有夥伴關係之紐約大學人權暨全球正義中心（Center For Human Rights and Global Justice）編製的完整報告。該中心研究員從資訊公法下的資料庫中取得約十萬筆文件做統計分析，其中有三分之二的虐行發生於伊拉克。

16 "Abu Ghraib Dog Handler Gets 6 months," CBS News Video Report, May 22, 2006. 可上網查詢，網址為 www.cbsnews.com/stories/2006/03/22/iraq/main1430842.shtml.

17 完整報告可上網查詢，網址為 http://humanrightsfirst.info/PDF/06425-etn-by-the-numbers.PDF.

18 包括我的引文出處段落在內的完整 HRW 報告可上網查詢，網址為 www.hrw.org/reports/2005/us0405/1.htm（執行摘要）；也請見 www.hrw.org/reports/2005/us0405/2.htm 可看到這篇報告的其他內容。

19 Congressional Testimony of Secretary of Defense Donald Rumsfeld, Hearing of the Senate Armed Services Committee on Mistreatment of Iraqi Prisoners, Federal News Service, May 7, 2004.

20 請見 www.genevaconventions.org/.

21 "Report of the International committee of the Red Cross (ICRC) on the Treatment by the Coalition Forces of Prisoners of War and Other Protected Persons by the Geneva Conventions in Iraq During Arrest, Internment and Interrogation," February 2004. 可上網查詢，網址為 http://download.repubblica.it/pdf/rapporto_crocerossa.pdf.

22 引自 "A Question of Torture," PBS *Frontline*, October 18, 2005.

23 Testimony of Lieutenant General Ricardo Sanchez, Senate Armed Services Committee, Hearing on Iraq Prisoner Abuse, May 19, 2004.

24 Mark Danner, *Torture and Truth: America, Abu Ghraib and the War on Terrorism* (New York: The New York Review of Books, 2004), p. 33.

25 Janis Karpinski, interview on "A Question of Torture," PBS Frontline, October 18, 2005.

26 引自 Lt. Ricardo Sanchez to Commander Central Command, memorandum, Interrogation and Counter-Resistance Policy, September 14, 2003, 可上網查詢，網址爲 www.aclu.org/SafeandFree/SafeandFree.cfm?ID=17851&c=206.

27 Joseph Darby interview, *GQ magazine*, September 2006.

28 The New Yorker's Jane Mayer, 引自 "A Question of Torture," PBS *Frontline*, October 18, 2005.

29 最近（二○○六年六月）有將近九十位被拘留在關塔那摩監獄中的人犯持續擴大絕食活動，抗議受到錯誤監禁。一位海軍指揮官將這活動視爲「博取注意力」的伎倆而隨便應付。爲了避免他們死亡，官員們必須遵照醫療指示以鼻管方式爲其中六位絕食者每日強制餵食。這本身無異於新的酷刑，儘管他們聲稱這方是「符合安全與人道」。請見 Ben Fox, "Hunger Strike Widens at Guantanamo," Associated Press, May 30, 2006, 以及 Andrew Selsky, "More Detainees Join Hunger Strike at Guantanamo," Associated Press, June 2, 2006.

在之前的一章中，我曾提到愛爾蘭和其他地方政治犯的絕食抗議，並將這情形與我們的囚犯克雷—486採取的策略相比較。最受推崇的愛爾蘭絕食抗議者之一鮑比・山德斯即死於絕食中。值得注意的是關塔那摩監獄絕食抗議活動的組織者賓亞・穆罕默德（Binyam Mohammed）即宣稱如果他們的訴求沒有得到重視，他和其他絕食抗議者寧可像鮑比・山德斯一樣「有堅持信念的勇氣，把自己活活餓死。沒有人應該認爲我在這裡的弟兄們會比他懦弱。」請見 Kate McCabe, "Political Prisoners' Resistance from Ireland to GITMO: 'No Less Courage,'" www.CounterPunch.com, May 5, 2006.

30 "GITMO Suicides Comment Condemned U.S. Officials' 'Publicity Stunt' Remark Draws International Backlash," Associated Press, June 12, 2006. 該政府官員爲高林・葛瑞非（Colleen Graffy），負責公共外交事務的副助理國務卿；海軍少將則是亨利・哈里斯（Henry Harris）。

31 Janis Karpinski, interview on "A Question of Torture," PBS *Frontline*, October 18, 2005. Also reported in "Iraq Abuse 'Ordered form the Top,'" BBC, June 15, 2004. 可上網查詢，網址爲 http://news.bbc.co.uk/1/hi/world/americas/3806713.stm. 當米勒到達阿布葛拉伊布時曾說：「我的看法是我們對這些囚犯太好了。在關塔那摩，犯人知道誰是老大，而且從一開始他們就知道了。」他說：「你得把犯人當狗看，如果你認爲或覺得事情不是這樣，那你就會失去主控權。」關於米勒的發言可上網查詢，網址爲 www.truthout.org/docs_2006/012406Z.shtml.

32 Scott Wilson and Sewell Chan, "As Insurgency Grew, So Did Prison Abuse," *The Washington Post,* May 9, 2004. 也請見 Janis Karpinski, *One Woman's Army* (New York: Hyperion, 2005), pp. 196-205.

33 Jeffrey R. Smith, "General Is Said to Have Urged Use of Dogs," *The Washington Post,* May 26, 2004.

34 General Kern in "A Question of Torture," October 18, 2005.

35 二○○六年六月三十一日，裘佛瑞・米勒少將自軍中退役。根據軍方及國會方面的消

息來源透露，他之所以選擇退休不繼續追求升遷或是三星官階，原因是他在阿布·格拉卜以及關塔納摩監獄的刑求、虐待事件中所扮演的角色已經搞臭了他的名聲。

36 梅爾斯將軍持續把阿布葛拉伊布虐囚事件怪罪給少數「老鼠屎」憲兵，而忽視或是故意不理會來自許多獨立調查報告中所有證據都透露高級官員的廣泛串謀以及系統方面疏失，這樣的行為要不是顯示出他的冥頑不靈就是他的無知。關於梅爾斯的發言可上網查詢，網址為 www.pbs.org/wgbh/pages/frontline/torture/etc/script.html.

37 關於刑求、虐待拘留者事件，在已發布的超過十萬頁政府文件中有詳盡記載，可透過美國公民自由聯盟（ＡＣＬＵ）的搜尋引擎公開取得，網址為 www.aclu.org/torturefoiasearch. 二○○四年四月的陸軍情報書內容也可上網查詢，網址為 www.rawstory.com/news/2006/New_Army_documents_reveal_US_knew_0502.html.

38 Eric Schmitt, "Outmoded Interrogation Tactics Cited," *The New York Times,* June, 17, 2006.

39 美國俄亥俄州的《托萊多劍報》（*Toledo Blade*）及其記者們曾因調查猛虎部隊在越南犯下的屠殺事件而拿到普立茲獎。這部隊在長達七個月的時間內四處殘殺越南平民，他們的所做所為在軍方刻意遮掩下塵埋了三十年。至於一○一空降師這個突擊隊則是在越南部隊中受到最高勳章表揚的隊伍之一。陸軍調查關於他們所犯下的包括戰爭罪、致殘行為、酷刑、謀殺以及無差別地攻擊平民等指控，並找到可起訴十八名軍人的充分證據，但卻未對他們提出任何指控。請見 "Buried Secrets, Brutal Truths," www.toledoblade.com. 專家同意，猛虎部隊胡作非為的暴行若能更早調查，可能可以避免六個月後的美萊屠村事件。

40 一名曾在伊拉克住過三年、能說阿拉伯語甚至伊拉克方言的美國記者尼爾·羅森（Nir Rosen）曾報導，「美國的占領行動已經成了一樁大規模罪行，受害對象即是伊拉克人民，而這罪行大多時候都是由美國人和媒體在無意識中犯下。」請見 Nir Rosen, "The Occupation of Iraqi Hearts and Minds," June 27, 2006, 可上網查詢，網址為 http://truthdig.com/dig/item/20060627_occupation_iraq_hearts_minds/. 也請見記者海佛·贊迦納（Haifer Zangana）的相關評論," All Iraq is Abu Ghraib. Our Streets Are Prison Corridors and Our Homes Cells as the Occupiers Go About Their Strategic Humiliation and Intimidation," The Guardian, July 5, 2006.

41 Anna Badkhen, "Atrocities Are a Fact of Al Wars, Even Ours: It's Not Just Evil Empires Whose Soldiers Go Amok," *San Francisco Chronicle*, August 13, 2006, pp. E1, E6. 引用自全球安全網站（GlobalSecurity.org）管理者約翰·派克（John Pike）的發言，文載於 E1。

42 Dave Grossman, *On Killing: The Psychological Cost of Learning to Kill in War and Society* (Boston: Little, Brown, 1995). 克羅斯曼（Grossman）的網站網址為 www,killology.com.

43 Vicki Haddock, "the Science of Creating Killers: Human Reluctance to Take a Life Can Be Reversed Through Training in the Method Known as Killology," *San Francisco Chronicle*, August 13, 2006, pp. E1, E6. 引用自前陸軍一等兵史蒂芬·葛林（Steven Green）發言，文載於 E1。

44 David S. Cloud, "Marines May Have Excised Evidence on 24 Iraqi Deaths, " The New York Times, August 18, 2006; Richard A. Oppel, Jr., "Iraqi Leader Lambasts U.S. Military: He says

There Are Daily Attacks on Civilians by Troops," *The New York Times*, June 2, 2006.

45 D. S. Cloud and E. Schmitt, "Role of Commanders Probed in Death of Civilians," *The New York Times*, June 3, 2006; L. Kaplow, "Iraqi's Video Launched Massacre Investigation," Cox News Service, June 4, 2006.

46 MSNBC.COM, "Peers Vowed to Kill Him if He Talked, Soldier Says," Associated Press report, August 2, 2006, 可上網查詢，網址為 www.msnbc.com/id/14150285.

47 T. Whitmore, "Ex-Soldier Charged with Rape of Iraqi Woman, Killing of Family," June 3, 2006. 可 上 網 查 詢 ， 網 址 為 http://news.findlaw.com/a/0/51/07-04-2006/d493003212d3/a9c.html; Julie Rawe and Aparisim Ghosh, "A Soldier's Shame," *Time*, july 17, 006, pp. 38-39.

48 Roger Brokaw and Anthony Lagouranis, on "A Question of Torture," PBS *Frontline*, October 13, 2005, 可上網查詢，網址為 www.pbs.org/wgbh/pages/frontline/torture/interviews.html.

49 「絕不手軟」（to take the gloves off）這說法在英文中一般用來指拿下在拳賽中使用的柔軟拳擊手套，在沒有拳套的保護下以光禿的指節來打擊對手。口語上的意思就是不要去管一般格鬥中雙方的規範，盡全力給予對手嚴酷的打擊。

50 T. R. Reid, "Military Court Hears Abu Ghraib Testimony: Witness in Graner Case Says Higher-ups Condoned Abuse," *The Washington post*, January 11, 2005, page A03. 「費德里克因認罪曾參與阿布葛拉伊布虐囚案而從中士被降級為一等兵，他表示他曾詢問過六位軍階從上尉到中校的高級軍官關於獄卒的行為，但他們並未命令他停止這些虐行。費德里克也說一位被稱為『羅密歐幹員』的中情局官員曾經叫他幫忙『軟化』一名暴動嫌犯，以便進行質問。他作證，這名幹員曾跟他說別管士兵們做了什麼，『只要別殺了他們就好。』」可上網查詢，網址為 www.washingtonpost.com/wp-dyn/articles/A62597-2005Jan10.html.

51 A. Zagorin, and M. Duffy, "Time Exclusive: Inside the Wire at Gitmo," *Time*, 可上網查詢，網址為 www.time.com/time/magazine/article/0,9171,1071284,00.html.

52 引自 Jane Mayer, "The Memo," *The New Yorker*, February 27, 2006, p.35.

53 關於與費德里克及其他兩位中士做的訪談，詳情發表於人權觀察協會的報告" Leadership Failure: Firsthand Accounts of Torture of Iraqi Detainees by the Army's 82nd Airborne Division," September 2005, vol. 17, no. 3(G), 可 上 網 查 詢 ， 網 址 為 hrw.org/reports/2005/us0905/1.htm. 關於費許貝克寫給參議員參坎的完整信件則發表於二〇〇五年九月十八日的《華盛頓郵報》；可上網查詢，網址為 www.washingtonpost.com/wpdyn/content/article/2005/09/27/AR2005092701527.html.

54 Erik Saar and Viveca Novak, *Inside the Wire: A Military Intelligence Soldier's Eyewitness Account of Life at Guantanamo* (New York: Penguin press, 2005).

55 Erik Saar, radio interview with Amy Goodman, "Democracy Now," Pacifica Radio, May 4, 2005, 可上網查詢，網址為 www.democracynow.org/article.pl?sid=05/05/04/1342253.

56 Maureen Dowd, "Torture Chicks gone Wild," *The New York Times*, January 30, 2005.

57 薩爾和訊問人員「布魯克」的引述請見 Inside the Wire, pp. 220-228.

58 關於這些引渡計畫的一個極佳故事，請見 A. C. Thompson and Trevor Paglen, "The CIA's Torture Taxi," *San Francisco Bay guardian,* December 14, 2005, pp. 15, 18. 這項調查揭露，一架私人公司所屬、編號 N313P 的波音噴射機曾獲得前所未有的機密工作許可，可降落在世界上任何軍事基地，根據追蹤發現，這架飛機用來綁架一名黎巴嫩裔的德國人卡列德．亞馬斯利（Khaled El-Masri）。根據 ACLU 人權專家史蒂芬．華特（Steven Watt）的說法，中情局用於這類引渡工作的機群有二十六架，這是其中的一架。

59 請見 Human rights Watch, "The Road to Abu Ghraib," June 2004, 可上網查詢，網址為 www.hrw.org/reports/2004/usa0504/. 也請見 John Barry, Michael Hirsh, and Michael Isikoff, "The Roots of Torture," Newsweek, May 24, 2004, 可上網查詢，網址為 http://msnbc.msn.com/id/4989422/site/newsweek/：「根據熟知內情的消息來源透露，總統指令授權中情局在美國境外建立一系列祕密拘留所，被收容在這些拘留所中的人犯均遭受到空前嚴厲的訊問。」

60 *Frontline,* "The Torture Question," transcript, p. 5.

61 同前引處。

62 Jan Silva, "Europe Prison Inquiry Seeks Data on 31 Flights: Romania, Poland Focus of Investigation into Alleged CIA Jails," Associated Press, Nov. 23, 2005.

63 "21 Inmates Held Are Killed, ACLU Says," Associated Press, October 24, 2005; 完整報告請見 ACLU, "Operative Killed Detainees During Interrogations in Afghanistan and Iraq," October 24, 2005, 可上網查詢，網址為 www.wclu.org/news/NewsPrint.cfm?ID=19898&c=36.

64 請見 M. Huggins, M. Haritos-Fatouros, and P. G. Zimbardo, *Violence Workers: Polince Torturers and Murderers Reconstruct Brazilian* Atrocities (Berkeley: University of California Press, 2002).

65 White House, President Bush Outlines Iraqi Threat: Remarks by the President on Iraq (October 7, 2002). 可上網查詢，網址為 www.whitehouse.gov/news/releases/2002/20/20021007=8.html.

66 "Iraq on the Record: The Bush Administration's Public Statements on Iraq," Prepared by the House of Representatives committee on Government Reform — Minority Staff's Special Investigations Division, March 26, 2004, 可上網查詢，網址為 www.reform.house.gov/min/.

67 Ron Suskind, *The One Percent Doctrine: Deep Inside America's Pursuit of Its Enemies Since 9/11* (New York: Simon & Schuster, 2006), p. 10.

68 Adam Gopnik, "Read It and Weep," *The New Yorker*, August 28, 2006, pp. 21-22.

69 Philip Zimbardo with Bruce Kluger, "Phantom Menace: Is Washington Terrorizing Us More than Al Qaeda?" *Psychology Today*, 2003, 34-36; 羅斯．麥克德莫特（Rose McDermott）和金巴多也在書章〈恐懼政治：恐怖行動警報的心理學〉（The Politics of Fear: The Psychology of Terror Alerts）中闡述過這個主題，收錄於 *Psychology and Terrorism*, eds. B. Bonger, L. M. Brown, L. Beutler, J. Breckenridge, and Philip Zimbaro (New york: Oxford University Press, 2006), pp. 357-70.

70 *The Washington Post,* October 26, 2005, p. A18.

71 這是二〇〇一年九月十六日，錢尼於馬里蘭州大衛營接受《提姆．拉瑟與媒體有約》（*Meet the Press with Tim Russert*）節目訪問時所做出的評論。完整內容可上網查詢，網

址爲 www.whitehouse.gov/vicepresident/news-speeches/speeches/vp20010916.html.

72 引自 Maureen Dowd, "System on Trial," *The New York Times,* November 7, 2005.

73 James Risen, *State of War: The Secret History of the C.I.A. and the Bush Administration* (New York: Free Press, 2006).

74 Anthony Lewis, "Making Torture Legal," *The Washington Post*, June 17, 2004, 可上網查詢，網址爲 w w w . w a s h i n g t o n p o s t . c o m / w p - srv/nation/documents/dojinterrogationmemo20020801.pdf. 二〇〇三年三月六日國防部在備忘錄中向倫斯斐建議訊問技巧，這份備忘錄也可上網查詢，網址爲 www.news.findlaw.com/wp/docs/torture/30603wgrpt/.

75 K. J. Greenberg and J. L. Dratel, eds., *The Torture Papers: The Road to Abu Ghraib* (New York: Cambridge University Press, 2005). 本書部分內容可上網查詢，網址爲 www.ThinkingPiece.com/pages/books.html.

76 引自 Anthony Lewis, in Introduction to The Torture Papers, p. xiii. 我們也該提到，有一小群司法部律師圈裡的人（且所有人皆由布希政府指派）挺身而出，反對在法理上賦予總統實際上等同不受限制的權力監視、刺探人民，刑求有嫌疑的敵人。《新聞週刊》（*Newsweek*，二〇〇六年二月號）的記者將這場「宮邸造反」（Palace Revolt）稱爲「寧靜中帶有戲劇性的勇敢表現」。他們其中一些人爲了捍衛法治國家而非人治國家的原則而付出了高昂代價，受到排擠、升遷被拒甚至被鼓勵辭去這項工作。

77 B. Minutaglio, *The President's Counselor: The Rise to Power of Alberto Gonzales* (New York: HarperCollins, 2006).

78 R. J. Gonzales, Review of Minutaglio's The President's Counselor, *San Francisco Chronicle*, July 2, 2006, pp. M1 and M2.

79 Online: "Gitmo Interrogations Spark Battle Over Tactics: The Inside Story of Criminal Investigators Who Tried to Stop the Abuse," MSNBC.COM, October 23, 2006. www.msnbc.com/msn/com/id/15361458.

80 "FBI Fed Thousands of Spy Tips. Report: Eavesdropping by NSA Flooded FBI, Led to Dead Ends," *The New York Times*, January 17, 2006.

81 Eric Lichtblau and James Risen, "Spy Agency Mined Vast Data Trove, Officials Report," *The New York Times*, December 23, 2005. 也請見 Adam Liptak and Eric Lichtblau, "Judge Finds Wiretap Actions Violate the Law," T*he New York Times*, August 18, 2006.

82 Bob Herbert, "The Nixon Syndrome," The New York Times, January 9, 2006.

83 C. Savage, "Bush Challenges hundreds of Laws," The Boston Globe, April 30, 2006.

84 L. Greenhouse, "Justices, 5-3, Broadly Reject Bush Plan to Try Detainees," *The New York Times*, June 30, 2006. 一名海軍方面的律師被指定爲關塔那摩監獄中一名拘留者的律師代表，他因嚴肅而誠實地看待自己的職責，所以被布希政府否決升遷。儘管受到壓力，海軍少校查爾斯·斯威夫特（Charles Swift）並沒有讓他的葉門籍當事人在軍事法庭前認罪。他的結論是這樣的委員會不符合憲政體制，他並支持最高法庭在「韓丹對倫斯斐」一案（Hamdan v. Rumsfeld）中做出決議，否決這些委員會的效力。而否決他的升

邊也意味他二十年的卓越軍旅生涯需告一段落。《紐約時報》社論說道，「斯威夫特中校爲韓丹先生所做的辯護以及自二〇〇三年七月起在國會中所做的證詞，皆表示他已盡了一人的最大努力，揭發關塔那摩灣的可怕錯誤以及布希政府違反法紀的軍事委員會。」請見 "The Cost of Doing Your Duty," *The New York Times*, October 11, 2006, p. A26.

85 Guy B. Adams and Danny L. Balfour, *Unmasking Administrative Evil* (New York: M. E. Sharpe, 2004). 要了解布希政府的瑕疵政策以及五角大廈對戰爭現實的否認給伊拉克帶來什麼程度的災難，還有一個背景知識也同樣重要，請見 Thomas Ricks, Fiasco: The American Military Adventure in Iraq (New York: Penguin Books, 2006).

86 負責監督阿布葛拉伊布監獄訊問任務人員的喬登中校被陸軍調查人員指控七項罪名，並因犯罪性虐待而被判有罪，此時已是虐待事件浮上檯面的數年後了。根據報導，他曾建了一面三夾板牆，目的是爲了擋住視線以免他看見虐待犯人的舉動（根據二〇〇六年四月二十九日 Salon.com 網站的報導）。二〇〇六年四月二十六日，喬丹因違反軍法統一法典條款而被控七項罪名，但是直到二〇〇六年九月六日爲止，法庭並未做出任 何 決 定。 相 關 故 事 可 上 網 查 詢， 網 址 爲 cbsnews.com/stories/2006/04/26/iraq/main154777.shtml. 帕帕斯上校因在一個認罪協商中爲喬丹的違法罪行做證而得以免於被起訴。裴佛瑞·米勒少將引用憲法權利對自我歸罪的保障，而不必在涉及使用狗來威脅被拘留者的相關案件中做證。詳情請見 Richard A. Serrano and Mark Mazzetti, "Abu Ghraib Officer Could Face Charges: Criminal Action Would Be First in Army's Higher Ranks," *Los Angeles Times*, January 13, 2006.

87 二〇〇六年一月，美國布希政府違反人道罪行國際委任調查圍（The International Commission of Inquiry on Crimes Against Humanity Committed by the Bush Administration of the United States）在紐約市舉行審判，除了其他罪名外，這個法庭明確針對布希政府提出了下列六項罪狀，這些罪狀也符合我對倫斯斐、鄧内特、錢尼、布希的指揮串謀指控。

刑求。罪狀一：布希政府授權運用刑求和虐待手法，做法違反了國際人道及人權立法，也違反了美國的憲法及實定法。

引渡。罪狀二：布希政府授權將羈押在美國拘留所中的人犯轉送（「引渡」）至已知仍實行刑求制度的外國。

非法拘留。罪狀三：布希政府授權無限制拘留在國外戰區以及遠離任何戰區的其他國家中遭逮捕者，並拒絕使他們受到日内瓦公約對戰俘待遇之保障，以及美國憲法的保護；罪狀四：布希政府授權僅憑托辭即任意逮捕及拘留美國境内數以萬計的移民並在未受指控或審判的情況下將其拘留，此舉違反國際人權立法，也違反美國國内憲法、民權法；罪狀五：布希政府運用軍事力量逮捕及無限期拘留美國公民而未提出任何指控，並拒絕讓他們伸張己身權利，在美國法庭上對受到拘留之對待提出質疑。

謀殺。罪狀六：布希政府藉由授權中情局殺害總統指定的人選，他可以是世界上任何人，無論是美國公民或非美國人。

關於這場審判的更多資訊可上網查詢，網址爲 www.bushcommissionindictments_files/

bushcommission.org/indictments.htm. 也可觀看來自布希犯罪委員會的作證影帶，詳情請見 www.BushCommission.org.

第十六章

1　《希臘左巴》是尼可斯‧卡山扎契斯（Nikos Kazantzakis）的經典小說，寫於一九五二年。一九六四年安東尼‧昆（Anthony Quinn）在一部同名電影中詮釋亞力克斯‧左巴的角色，這部電影由參可‧卡科亞尼斯（Michael Cacoyannis）執導，聯袂演出的亞倫‧貝茲（Alan Bates）則是演性格羞怯、知識分子傾向的老闆，正好和左巴豪放不羈、以無比熱情擁抱生命的性格成對比。

2　B. J. Sagarin, R. B. Cialdini, W. E. Rice, and S. B. Serna, "Dispelling the Illusion of Invulnerability: The Motivations and Mechanisms of Resistance to Persuasion," *Journal of Personality and Social Psychology 83* (2002): 525-41.

3　一九七九年，英國城市曼徹斯特的一家伍爾沃斯連鎖店爆發一場火警，大部分人皆逃出火場，卻有十個人死於這場火災，他們原本有充裕的時間可以逃到安全地方。消防隊隊長表示，他們的死因是遵守「餐廳規定」而不是逃生守則。這些人當時已用完晚餐正在等候結帳；除非結完帳，否則不能夠離開餐廳。沒有人想要特立獨行，沒有人想要與眾不同。他們繼續等候，結果所有人全死了。
　　這個事件在我也參與製作的英國電視節目《人性大觀》（*The Human Zoo*）中有所描寫，購買請洽紐約的洞察力媒體出版社（Insight Media）。

4　E. J. Langer, *Mindfulness* (Reading, MA: Addison-Wesley, 1989).

5　D. F. Halpern, *Thought and Knowledge: An Introduction to Critical Thinking*, 4th ed. (Mahwah, NJ: Erlbaum, 2003).

6　C. Poche, P. Yoder, and R. Miltenberger, "Teaching Self-Protection to Children Using Television Techniques," *Journal of Applied Behavior Analysis,* vol. 21 (1988): pp. 253-61.

7　D. Kahneman and A. Tversky, "Prospect Theory: An Analysis of Decision Under Risk," *Econometrica* 47 (1979): 262-91. A. Tversky and D. Kahneman, "Loss Aversion In Riskless Choice: A Reference-Dependent Model," *Quarterly Journal of Economics* 106 (1991): 1039-61.

8　G. Lakoff, *Don't Think of an Elephant: Know Your Values and Frame the Debate* (White River Junction, VT: Chelsea Green, 2004). G. Lakoff and M. Johnson, *Metaphors We Live By*, 2nd ed. (Chicago: University of Chicago Press, 2003).

9　P. G. Zimbardo and J. N. Boyd, "Putting Time in Perspective: A Valid, Reliable Individual Differences Metric," *Journal of Personality and Social Psychology* 77 (1999): 1271-88.

10　Andre Stein, *Quiet Heroes: True Stories of the Rescue of Jews by Christians in Nazi-Occupied Holland* (New York: New York University Press, 1991).

11　本頁引自馬斯賴許對史丹佛監獄實驗之意義的反思，原文收錄於馬斯賴、哈尼與我合著的書中，請見 P. G. Zimbardo, C. Maslach, and C. Haney, "Reflections on the Stanford Prison Experiment: Genesis, Transformations, Consequences," in *Obedience to Authority:*

Current Perspective on the Milgram Paradigm, ed. T. Blass (Mahwah, NJ: Erlbaum, 2000): pp. 216-20.

12 關於自殺式恐怖行動的另類意義，請見心理學者法達利・莫哈但（Fathali Moghaddam）的新書：Fathali Moghaddam, *From the Terrorists' Point of View: What They Experience and Why They Come to Destroy Us* (New York: Praeger, 2006).

13 詳情請見參可・伍德（Michael Wood）嘗試追隨亞歷山大征途的精彩描寫：Michael Wood, *In the Footsteps of Alexander The Great: A Journey from Greece to Asia* (Berkeley: University of California Press, 1997). 伍德這趟旅行也被拍攝在英國國家廣播公司的一部絕佳紀錄片中，由馬雅影視（Maya Vision）製作。

14 本節中呈現的許多想法都是與季諾・法蘭科合作發展出來的，在我們合撰的論文中提供了更詳盡的內容，請見 "Celebrating Heroism: A Conceptual Exploration," 2006（本書撰寫時，論文正在接受發表審查中）。我也正進行一個新研究，目的是要嘗試去了解當個人抗拒服從權威的社會壓力時的決策矩陣。我的第一份研究與皮羅・布卡理歐（Piero Bocchario）合作，最近已於義大利西西里的帕勒莫大學（University of Palermo）完成，目前正準備中。

15 M. Seligman, T. Steen, N. park, and C. Peterson, "Positive Psychology Progress," *American Psychologist* 60 (2005): 410-21. 也請見 D. Strumpfer, "Standing on the Shoulders of Giants: Notes on Early Positive Psychology (Psychofortology)," *South African Journal of Psychology* 35 (2005): 21-45.

16 《法蘭西學院詞典》資料庫計畫：一九一三年韋氏辭典，可上網查詢，網址為 http://humanities,uchicago.edu/orgs/ARTFL/forms_unrest/webster.form.html.

17 A. Eagly and S. Becker, "Comparing the Heroism of Women and Men," *American Psychologist* 60 (2005): 343-44.

18 Lucy Hughes-Hallett, *Heroes* (London: HarperCollins, 2004).

19 同前引書，第十七頁。我們應該也記得，阿基里斯死後，他化為幽靈現身告訴奧德修斯（Odysseus），他寧可生而為農奴，也不願當個死去的英雄。荷馬並未把英雄視作為定義為戰爭的技巧和膽識，而是更社會性地定義為忠誠關係的締結與持續，以及人與人間的互助。只要他的舉止有禮、能夠相互尊重，養豬戶也可以是阿奇利斯這樣的英雄（同樣的人物也出現在荷馬史詩《奧德賽》（*Odyssey*）中，他保護了奧德修斯）。「若我父奧德修斯曾效勞於你，或對你承諾，現在請你助我一臂之力。」忒勒瑪科斯（Telemachus）在前去拜訪特洛伊之戰中活下來的戰爭英雄時這麼說。荷馬對英雄之舉的定義顯然與修斯・哈雷特大不相同。

20 同前引書，第五至六頁。這是亞里斯多德對「悲劇」英雄的定義。在這意義下，馬克白是個英雄人物，儘管他生性邪惡且惡行眾所皆知。悲劇英雄勢必得淪落，因為他認為自己「就是王法」，正如我們在《安蒂崗妮》這齣戲裡克里昂（Creon）這角色所見到的。

21 S. Becker and A. Eagly, "*The Heroism of Women and Men*," American Psychologist 59 (2004): 163-78; 引自第一六四頁。

22 僞英雄式行爲最糟的例子來自美國軍方對於美國士兵潔西卡・林區（Jessica Lynch）的無恥剝削利用。美國軍方以誇大事實以及說謊的手法將林區從一個在受傷失去知覺情形下被俘虜的普通士兵變成配得榮譽勳章的英雄，說她只用單手就擊退了凶殘的擄獲者。陸軍建構一個全屬虛構的情節，因爲伊拉克戰爭中幾乎完全沒有好消息可以送回美國，而在這時刻需要一個英雄來轉移國內注意力。一部英國國家廣播公司拍攝的紀錄片揭露了美國陸軍創造僞英雄過程中所說過的許多謊言及欺騙。然而一等兵林區的神話實在太美好了，就連美國國家廣播公司也在一部劇情片中重述了這個故事，林區的故事也登上主要雜誌的頭條，並在林區個人書中出現，這本書爲她賺進了百萬美元的預付版稅。請見" Saving Pvt. Jessica Lynch," BBC America documentary, July 18, 2003; Rick Bragg, *I Am a Soldier, Too: The Jessica Lynch Story* (New York: Vintage, 2003).

23 A. Brink, "Leaders and Revolutionaries: Nelson Mandela," 可上網查詢，網址爲 www.time.com/time/time100/leaders/profile/mandela.html.

24 D. Soccio, *Archetypes of Wisdom*, 2nd ed. (Belmont, CA: Wadsworth, 1995).

25 W. F. Cascio and R. Kellerman, *Leadership Lessons from Robben Island: A Mahifesto for the Moral High Ground* (manuscript submitted for publication).

26 我在二○○五年十月因在研究和寫作方面的成果而獲頒哈維爾基金會視界九七獎（Havel Foundation vision 97 Award），由於這個場合而有幸和哈維爾共度數日時光。我推薦閱讀他從獄中寫給妻子奧佳（Olga）的書信選集，也一併推薦保羅・威爾森（Paul Wilson）在本書序言中的政治背景介紹，請見 Václav Havel, *Letters to Olga: June 1979-September 1982* (New York: Knopf, 1988).

27 D. Soccio, *Archetypes of Wisdom* (Belmont, CA: Wadsworth, 1995).

28 S. Hersh, My Lai 4: A Report on the Massacre and Its Aftermath (New York: Random House, 1970). 威廉・林德爾（William Linder）的文章〈了解美萊軍法審判〉（Introduction to the My Lai Courts-Martial）提供了關於美萊村屠殺事件的最完整報導，包括涉案人員、照片以及導致小威廉・卡利中尉受審的連串事件，可上網查詢，網址爲 www.law.umkc.edu/faculty/projects/ftirals/mylai/MY1_intro.htm/.
一九九一年三月十六日，被指派到查利連的陸軍攝影師羅納德・黑貝爾（Ronald Haeberle）使用他的私人相機拍攝下美萊屠村事件中死去的越南婦女、兒童、嬰兒及長者，他的照片揭發了陸軍企圖掩飾眞相的謊言，這些死者並不是如軍方聲稱的暴動分子，而是遭冷血殺害的無辜、手無寸鐵的平民。和阿布葛拉伊布事件不同的是，沒有一張照片出現美國士兵在這場暴行中擺出拍照姿勢。

29 T. Angers, *The Forgotten Hero of My Lai: The Hugh Thompson Story* (Lafayette, LA: Acadian House Publishing, 1999).

30 這首獻給卡利中尉的頌歌的部分歌詞是：「長官，我完全聽命行事，全力去幹。是敵是友本來就很難判斷。但我們沒有一個人不了然於心。」

31 自從揭發阿布葛拉伊布監獄發生的暴行以來，喬伊・達比第一次公開發言，他在二○○六年九月份接受《GQ》雜誌威爾・S・希爾頓（Wil S. Hylton）的專訪，該篇文章的標題爲〈良心犯〉（Prisoner of Conscience，達比的發言引自該篇文章）。可上網查詢，

網址爲 http://men.style.com/gq/features/landing?id=content_4785/.

32 K. Zernike, "Only a Few Spoke Spoke Up on Abuse as Many Soldiers Stayed Silent," *The New York Times,* May 22, 2004, p. 1.

33 E. Williamson, "One Soldier's Unlikely Act: Family Fears for Man Who Reported Iraqi Prisoner Abuse," *The Washington Post*, May 6, 2004, P. A16.

34 與賴瑞‧詹姆斯上校的個人通信，通信日期爲二○○五年四月二十四日。

35 一九七八年十一月吉姆‧瓊斯的最後演說，可上網查詢，網址爲 http://jonestown.sdsu.edu/AboutJonestown/Tapes/Tapes/DeathTape/death.html.

36 D. Layton, *Seductive Poison: A Jonestown Survivor's Story of Life and Death in the People's Temple* (New York: Doubleday, 2003). 也可參考她的網站，網址爲 www.deborahlayton.com.

37 我把吉姆‧瓊斯和歐威爾的小說《一九八四》所運用的心智控制術與中情局的一個心智控制計畫聯結起來，看法請見我所撰寫的 P. G. Zimbardo, "Mind Control in Orwell's 1984: Fictional Concepts Become Operatoinal Realities in Jim Jones' Jungle Experiment," 收錄於 *1984: Orwell and Our Future*, eds. M. Nussbaum, J. Goldsmith, and A. Gleason (Princeton, NJ: Princeton University Press, 2005). 針對瓊斯鎮做爲中情局支持的實驗，在參可‧梅爾斯（Michael Meires）的論文中有詳盡說明，請見 Michael Meires, Was Jonestown a CIA Medical Experiment? A Review of the Evidence (Lewiston, NY: E. Mellen Press, 1968). (Studies in American Religion Series, vol.35).

38 關於理查‧克拉克及黛安娜‧路易的故事請見我和記者唐‧蘇利文（Dan Sullivan）合撰的一篇文章：D. Sullivan and P. G. Zimbardo, "Jonestown Survivors Tell Their Story," *Los Angeles Times*, March 9, 1979, part4, pp. 1, 10-12.

39 Brink, "Leaders and Revolutionaries."

40 H. Arendt, *Eichmann in Jerusalem: A Report on the Banality of Evil* (rev. and enlarged edition) (New York: Penguin, 1994 [1968]) pp. 25-26.

41 同前引書，第二七六頁。

42 同前引書，第二五二頁。

43 C. R. Browning, *Ordinary Men: Reserve Police Battalion 101 and the Final Solution in Poland* (New York: HarperPerennial, 1992), p. xix.

44 E. Staub, *The Roots of Evil: The Origins of Genocide and Other Group Violence* (New York: Cambridge University Press, 1989), p. 126.

45 Z. Bauman, *Modernity and the Holocaust* (Ithaca, NY: Cornell University Press, 1999).

46 J. Conroy, Unspeakable Acts, *Ordinary People: The Dynamics of Torture* (New York: Knopf, 2000).

47 M. Haritos-Fatouros, *The Psychological Origins of Institutionalized Torture* (London: Routledge, 2003).

48 M. Huggins, M. Haritos-Fatouros, and P. G. Zimbardo, *Violence Workers: Police Torturers and Murderers Reconstruct Brazilian Atrocities* (Berkeley: University of California Press, 2002).

49 英雄之舉的平庸性概念第一次出現在金巴多爲「二○○六年邊緣年度問題」（Edge

Annual Question 2006）所寫的一篇短文中，這是由約翰‧柏克曼（John Brockman）發起的年度活動，他邀請來自各領域的學者就一個刺激人思考的問題提出回答，該年的年度問題爲「什麼是你的危險想法？」請見 www.edge.org.

50 請見 Francois Rochat and Andre Modigliani, "Captain Paul Grueninger: The Chief of Police Who Saved Jewish Refugees by Refusing to Do His Duty," in *Obedience to Authority: Current Perspectives on the Milgram Paradigm,* ed. T. Blass (Mahwah, NJ: Erlbaum, 2000).

51 Stanley Milgram, *Obedience to Authority: An Experimental View* (New York: Harper & Row, 1974). 也請見 Philip Zimbardo, Craig Haney, William Curtis Banks, and David Jaffe, "The Mind Is a Formidable Jailer: A Pirandellian Prison," *The New York Times Magazine,* April 8, 1973, pp. 36ff.

52 將「服從者」和「反抗者」區別開的人格特質研究只找得到極少數有意義的預測項。在威權性格測驗（F-Scale）中得分較高的人比較可能服從權威，而反抗者的測驗分數則較低。請見 A. C. Elms and S. Milgram, "Personality Characteristics Associated with Obedience and Defiance Toward Authoritative Command," *Journal of Experimental Research in Personality 1* (1966): 282-89.
第二個可能影響服從與否的變相則是個人對生活的外控性影響力或內控性影響力的信念，那些接受自己的行爲乃是受外在力量所控制的想法的人，服從性也較強。同樣的心境下，在身爲基督徒的實驗參與者間，相信自己的生活乃由神掌舵的人服從性最強，而在對外在神聖力量控制信念的測驗中得分較低的人則傾向否定科學以及宗教權威。請見 Tom Blass, "Understanding Behavior in the Milgram Obedience Experiment: The Role of Personality, Situations, and Their Interations," *Journal of Personality and Social Psychology* 60 (1991): 398-413.

53 E. Midlarsky, S. F. Jones, and R. Corley, "Personality Correlates of Heroic Rescue During the Holocaust," *Journal of Personality* 73 (2005): 907-34.

54 Carol S. DePino, "Heroism Is a Matter of Degree," *El Dorado Time*s, 可上網查詢，網址爲 www.eldoradotimes.com/articles/2006/01/17/news/news6.tet.

55 Aleksandr I. Solzhenistyn, *The Gulag Archipelago, 1918-1956* (New York: Harper & Row, 1973).

國家圖書館出版品預行編目資料

路西法效應／Philip G. Zimbardo著；孫佩妏，陳雅馨譯. --三版. -- 台
北市：商周出版：英屬蓋曼群島商家庭傳媒股份有限公司城邦分公
司發行； 2022.03
　面： 公分. (科學新視野；82)

譯自：The Lucifer Effect: understanding how good people turn evil

ISBN 978-626-318-169-4 （平裝）

1.CST：心理分析論 2.CST：善惡

170.1　　　　　　　　　　　　　　　111000844

科學新視野 82

路西法效應（暢銷紀念版）

作　　　　者／菲利普‧金巴多（Philip G. Zimbardo）
譯　　　　者／孫佩妏、陳雅馨
責 任 編 輯／曹繼韋、黃靖卉

版　　　權／吳亭儀、江欣瑜
行 銷 業 務／周佑潔、林詩富、賴正祐、賴玉嵐
總 經 理／彭之琬
事業群總經理／黃淑貞
發 行 人／何飛鵬
法 律 顧 問／元禾法律事務所 王子文律師
出　　　版／商周出版
　　　　　　城邦文化事業股份有限公司
　　　　　　台北市南港區昆陽街16號4樓
　　　　　　電話：(02) 2500-7008 傳眞：(02) 2500-7759
　　　　　　E-mail：bwp.service@cite.com.tw
發　　　行／英屬蓋曼群島商家庭傳媒股份有限公司城邦分公司
　　　　　　台北市南港區昆陽街16號5樓
　　　　　　書虫客服服務專線：02-25007718‧02-25007719
　　　　　　24小時傳眞服務：02-25001990‧02-25001991
　　　　　　服務時間：週一至週五09:30-12:00‧13:30-17:00
　　　　　　郵撥帳號：19863813　戶名：書虫股份有限公司
　　　　　　讀者服務信箱E-mail：service@readingclub.com.tw
香港發行所／城邦（香港）出版集團有限公司
　　　　　　香港九龍土瓜灣土瓜灣道86號順聯工業大廈6樓A室；
　　　　　　電話：(852) 25086231 傳眞：(852) 25789337 E-mail：hkcite@biznetvigator.com
馬新發行所／城邦(馬新)出版集團 Cite (M) Sdn. Bhd.
　　　　　　41, Jalan Radin Anum, Bandar Baru Sri Petaling,
　　　　　　57000 Kuala Lumpur, Malaysia.
　　　　　　電話：(603)9056 3833　傳眞：(603) 9057 6622

封 面 設 計／徐璽設計工作室
排　　　版／極翔企業有限公司
印　　　刷／韋懋實業有限公司
經　　　銷／聯合發行股份有限公司
　　　　　　地址：新北市231新店區寶橋路235巷6弄6號2樓
　　　　　　電話：(02)2917-8022　傳眞：(02)2911-0053

■2008年3月24日初版　　　　　　　　　　　Printed in Taiwan
■2014年9月11日二版一刷
■2022年3月10日三版一刷
■2024年3月26日三版2.5刷
定價 650元

城邦讀書花園
www.cite.com.tw

讀者回函卡

感謝您購買我們出版的書籍！請費心填寫此回函卡，我們將不定期寄上城邦集團最新的出版訊息。

不定期好禮相贈！
立即加入：商周出版
Facebook 粉絲團

姓名：＿＿＿＿＿＿＿＿＿＿＿＿＿＿＿＿＿＿ 性別：□男 □女

生日：西元＿＿＿＿＿＿＿年＿＿＿＿月＿＿＿＿日

地址：＿＿＿＿＿＿＿＿＿＿＿＿＿＿＿＿＿＿＿＿＿＿

聯絡電話：＿＿＿＿＿＿＿＿＿ 傳真：＿＿＿＿＿＿＿

E-mail：

學歷：□ 1. 小學 □ 2. 國中 □ 3. 高中 □ 4. 大學 □ 5. 研究所以上

職業：□ 1. 學生 □ 2. 軍公教 □ 3. 服務 □ 4. 金融 □ 5. 製造 □ 6. 資訊

　　　□ 7. 傳播 □ 8. 自由業 □ 9. 農漁牧 □ 10. 家管 □ 11. 退休

　　　□ 12. 其他＿＿＿＿＿＿＿＿＿＿＿＿＿＿＿＿＿

您從何種方式得知本書消息？

　　　□ 1. 書店 □ 2. 網路 □ 3. 報紙 □ 4. 雜誌 □ 5. 廣播 □ 6. 電視

　　　□ 7. 親友推薦 □ 8. 其他＿＿＿＿＿＿＿＿＿＿

您通常以何種方式購書？

　　　□ 1. 書店 □ 2. 網路 □ 3. 傳真訂購 □ 4. 郵局劃撥 □ 5. 其他＿＿＿

您喜歡閱讀那些類別的書籍？

　　　□ 1. 財經商業 □ 2. 自然科學 □ 3. 歷史 □ 4. 法律 □ 5. 文學

　　　□ 6. 休閒旅遊 □ 7. 小說 □ 8. 人物傳記 □ 9. 生活、勵志 □ 10. 其他

對我們的建議：＿＿＿＿＿＿＿＿＿＿＿＿＿＿＿＿＿＿

　　　　　　　＿＿＿＿＿＿＿＿＿＿＿＿＿＿＿＿＿＿＿

　　　　　　　＿＿＿＿＿＿＿＿＿＿＿＿＿＿＿＿＿＿＿